THIRD EDITION

DENK MAL!

Deutsch ohne Grenzen

D0223489

Tobias Barske
University of Wisconsin – Stevens Point

Megan McKinstry
University of Missouri

Karin Schestokat
Oklahoma State University

Jane Sokolosky
Brown University

VISTA®
HIGHER LEARNING

Boston, Massachusetts

On the cover:
Porsche Museum in Stuttgart, Germany

Creative Director: José A. Blanco
Publisher: Sharla Zwirek
Editorial Development: Judith Bach, Jo Hanna Kurth, Sarah Wu
Project Management: Brady Chin, Faith Ryan
Rights Management: Annie Pickert Fuller, Ashley Poreda
Technology Production: Egle Gutierrez, Daniel Lopera López, Paola Ríos Schaaf
Design: Radoslav Mateev, Gabriel Noreña, Andrés Vanegas
Production: Oscar Díez, Sebastián Díez, Adriana Jaramillo

Student Text (Perfectbound) ISBN: 978-1-54330-365-0
Student Text (Casebound) ISBN: 978-1-54330-367-4
Instructor's Annotated Edition ISBN: 978-1-54330-368-1

Library of Congress Control Number: 2017955118

1 2 3 4 5 6 7 8 9 TC 23 22 21 20 19 18

Printed in Canada

INSTRUCTOR'S ANNOTATED EDITION

Table of Contents

The Vista Higher Learning Story
Your Specialized World Language Publisher

Independent, specialized, and privately owned, Vista Higher Learning was founded in 2000 with one mission: to raise the teaching and learning of world languages to a higher level. This mission is based on the following beliefs:

- It is essential to prepare students for a world in which learning another language is a necessity, not a luxury.
- Language learning should be fun and rewarding, and all students should have the tools they need to achieve success.
- Students who experience success learning a language will be more likely to continue their language studies both inside and outside the classroom.

With this in mind, we decided to take a fresh look at all aspects of language instructional materials. Because we are specialized, we dedicate 100 percent of our resources to this goal and base every decision on how well it supports language learning.

That is where you come in. Since our founding, we have relied on the invaluable feedback of language instructors and students nationwide. This partnership has proved to be the cornerstone of our success by allowing us to constantly improve our programs to meet your instructional needs.

The result? Programs that make language learning exciting, relevant, and effective through:

- unprecedented access to resources;
- a wide variety of contemporary, authentic materials;
- the integration of text, technology, and media;
- and a bold and engaging textbook design.

By focusing on our singular passion, we let you focus on yours.

The Vista Higher Learning Team

VISTA®
HIGHER LEARNING

500 Boylston Street, Suite 620, Boston, MA 02116-3736 TOLL-FREE: 800-618-7375
TELEPHONE: 617-426-4910 FAX: 617-426-5209 www.vistahigherlearning.com

Getting to Know
Denk mal!, Third Edition

Denk mal!, **Third Edition**, is a market-leading intermediate German program designed to provide students with an active and rewarding learning experience as they strengthen their language skills and develop their cultural competency. **Denk mal!** takes an interactive, communicative approach. It focuses on real communication in meaningful contexts to develop and consolidate students' speaking, listening, reading, and writing skills. **Denk mal!** features a fresh, magazine-like design that engages students while integrating thematic, cultural, and grammatical concepts within every section of the text.

NEW! to the Third Edition

- Enhanced Supersite—groundbreaking technology with powerful course management and options for customization

- New **Galerie** section highlighting notable people from the German-speaking world

- Two new authentic short films: **Gregors größte Erfindung** (lesson 7), **Blind Audition** (lesson 9)

- Three new **Literatur** readings: **Winterreise** by Wilhelm Müller (lesson 4), **Märchen vom Korbstuhl** by Hermann Hesse (lesson 5), **Eine größere Anschaffung** by Wolfgang Hildesheimer (lesson 7)

- Two new **Kultur** readings: **Radtouren in Nordrhein-Westfalen** (lesson 4), **Der Wiener Walzer** (lesson 5)

- Redesigned textbook icons, including easy-to-identify chat activities

- More grammar activities online

- Task-based activities—for more language practice

- Oral Testing Suggestions now available online as chat activities

Plus, the original hallmark features of Denk mal!

- Authentic short films by award-winning German filmmakers and a wide range of pre- and post-viewing activities

- Dramatic photos and thought-provoking discussion questions

- Real-life, practical vocabulary related to the lesson theme followed by directed and communicative activities

- Rich, contemporary cultural presentations

- Clear, comprehensive grammar explanations followed by thematically and culturally relevant activities

- Authentic literary selections including poems, short stories, and excerpts from novels

*Students must use a computer for audio recording and select presentations.

IAE-5

	ZU BEGINN	KURZFILM	STELLEN SIE SICH VOR, …

STRUKTUREN	KULTUR	LITERATUR	SCHREIBWERKSTATT
1.1 Word order: statements and questions . . . . .16 1.2 Present tense of regular and irregular verbs . . . . .20 1.3 Nominative and accusative cases; pronouns and possessive adjectives . . .24 Synthese 28	*„Amerika, du hast es besser"* 29	*Ersatzbruder* Herta Müller, Romanauszug 33	These und Beweisführung . . .38
2.1 Dative and genitive cases 54 2.2 Prepositions . . . . .58 2.3 **Das Perfekt**; separable and inseparable prefix verbs . .62 Synthese 66	*Berlin, multikulturell seit Jahrhunderten* 67	*Geschäftstarnungen* Wladimir Kaminer, Kurzgeschichte 71	Zitate 76
3.1 **Das Präteritum** . . . . . . .92 3.2 Coordinating, adverbial, and subordinating conjunctions . . . . .96 3.3 Relative pronouns and clauses . . . . .100 Synthese 104	*Hamburg: Medien-Mekka* . .105	*Zonenkinder* Jana Hensel, Auszug 109	Der Einleitungssatz 116
4.1 **Das Futur** . . . . .132 4.2 Adjectives (Part 1) . . . . .136 4.3 Adjectives (Part 2) . . . . .140 Synthese 144	*Radtouren in Nordrhein-Westfalen.* 145	*Winterreise* Wilhelm Müller, Auszug 149	Der Schluss 154

STRUKTUREN	KULTUR	LITERATUR	SCHREIBWERKSTATT

Icons

Familiarize yourself with these icons that appear throughout **Denk mal!**

 Presentational content for this section available online

 Textbook activity available online

 Partner Chat or Virtual Chat activity available online

 Pair activity

 Group activity

Additional practice on the Supersite, not included in the textbook, is indicated with this icon feature:

 Practice more at **vhlcentral.com**.

The Denk mal! Supersite

The **Denk mal!** Supersite is your online source for integrating text and technology resources. The Supersite enhances language learning and facilitates simple course management. With powerful functionality, a focus on language learning, and a simplified user experience, the Supersite offers features based directly on feedback from thousands of users.

Student Friendly

Make it a cinch for students to track due dates, save work, and access all assignments and resources.

Set-Up Ease

Customize your course and section settings, create your own grading categories, plus copy previous settings to save time.

All-in-One Gradebook

Add your own activities or use the grade adjustment tool for a true, cumulative grade.

Grading Options

Choose to grade student-by-student, question-by-question, or spot-check. Plus, give targeted feedback via in-line editing and voice comments.

Accessible Student Data

Conveniently share information one-on-one, or issue class reports in the formats that best fit you and your department.

For Instructors

- A gradebook to manage classes and grades, view rosters, and set assignments
- Time-saving auto-graded activities, plus question-by-question and automated spot-checking
- A communication center for announcements and notifications
- Online administration of quizzes and exams, now with time limits and password protection
- Testing Program in editable DOCX format
- MP3 files of the complete Lab and Testing Audio programs
- Tools to add your own content to the Supersite:
    - Create and assign Partner Chat and open-ended activities
    - Upload and assign videos and outside resources
- Pre-made sample syllabus and sample lesson plan in customizable DOCX format
- Answer keys, audioscripts, German and English videoscripts, grammar presentation slides, teaching suggestions, and **NEW!** task-based activities
- Single sign-on feature for integration with your LMS
- Live Chat for video chat, audio chat, and instant messaging
- Forums for oral assignments, group discussions, and projects
- vText—the online, interactive student edition with access to Supersite activities, audio, and video

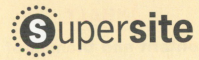

Supersite

Each section of the textbook comes with resources and activities on the **Denk mal!** Supersite, many of which are auto-graded with immediate feedback. Visit **vhlcentral.com** to explore this wealth of exciting resources.

Zu Beginn
- Audio of the **Vocabulary**
- Textbook and extra practice activities
- Partner Chat or Virtual Chat activity for increased oral practice

Kurzfilm
- Streaming video of the short film with instructor-controlled options for subtitles
- Pre- and post-viewing and extra practice activities

Stellen Sie sich vor, ...
- Main **Denk mal!** cultural reading
- **Projekt** search activity
- Textbook and extra practice activities

Strukturen
- Textbook grammar presentations
- Textbook and extra practice activities
- Partner Chat or Virtual Chat activities for increased oral practice
- **Synthese** composition activity

Kultur
- Audio-sync reading of the **KULTUR** reading
- Textbook and extra practice activities

Literatur
- Audio-sync, dramatic reading of the literary text
- Textbook and extra practice activities

Schreibwerkstatt
- **Aufsatz** composition activity

Wortschatz
- Vocabulary list with audio
- Customizable study lists

Plus! Also found on the Supersite:
- Lab audio MP3 files
- Live Chat tool for video chat, audio chat, and instant messaging without leaving your browser
- Communication center for instructor notifications and feedback
- A single gradebook for all Supersite activities
- WebSAM—the online Student Activities Manual (Workbook, Lab Manual)
- vText—the online, interactive student edition with access to Supersite activities, audio, and video

Supersite features vary by access level.
*Students must use a computer for audio recording and select presentations.

INHALT

outlines the content and themes of each lesson.

Lesson opener The first two pages introduce the lesson theme. Dynamic photos and brief descriptions of the theme's film, culture topics, and readings serve as a springboard for class discussion.

Reiseziel A locator map highlights each lesson's region of focus.

Lesson overview A lesson outline prepares you for the linguistic and cultural topics you will study in the lesson.

Supersite

Supersite resources are available for every section of the lesson at **vhlcentral.com**. Icons show you which textbook activities are also available online, and where additional practice activities are available. The description next to the ⑤ icon indicates what additional resources are available for each section: videos, audio recordings, readings, and more!

Supersite features vary by access level.

ZU BEGINN

practices the lesson vocabulary with thematic activities.

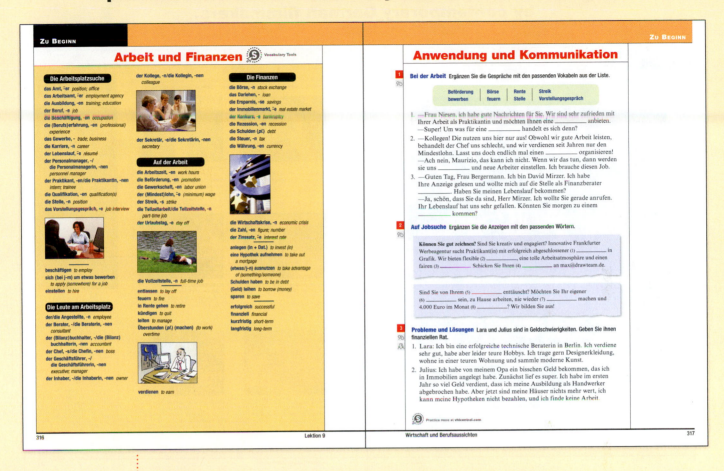

Vocabulary Easy-to-study thematic lists present useful vocabulary.

Photos and illustrations Dynamic, full-color photos and art illustrate selected vocabulary terms.

Anwendung und Kommunikation This set of activities practices vocabulary in diverse formats and engaging contexts.

Ⓢupersite

- Audio recordings of all vocabulary items
- Textbook activities
- Chat activity for conversational skill building and oral practice
- Additional activities for extra practice

KURZFILM

features award-winning short films by contemporary German filmmakers.

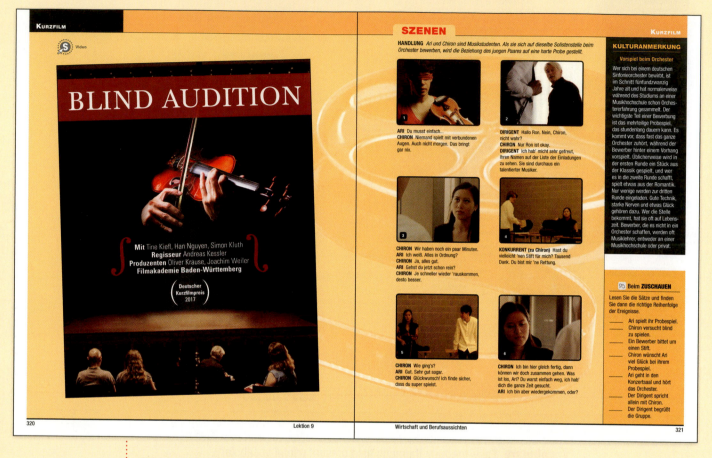

Films Compelling short films let you see and hear German in its authentic contexts. Films are thematically linked to the lessons.

Szenen Video stills with captions from the film prepare you for the film and introduce some of the expressions you will encounter.

Kulturanmerkung These sidebars with cultural information related to the **Kurzfilm** help you understand the cultural context and background surrounding the film.

Ⓢ upersite

- Streaming video of short films with instructor-controlled subtitle options

VORBEREITUNG AND ANALYSE

provide pre- and post-viewing support for each film.

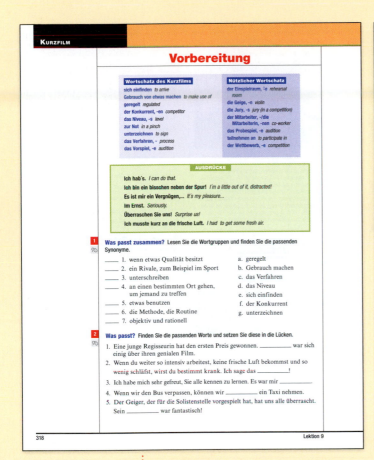

KURZFILM

Vorbereitung

Wortschatz des Kurzfilms

sich einfinden *to arrive*
Gebrauch von etwas machen *to make use of*
geregelt *regulated*
der Konkurrent, -en *competitor*
das Niveau, -s *level*
zur Not *in a pinch*
unterzeichnen *to sign*
das Verfahren, - *process*
das Vorspiel, -e *audition*

Nützlicher Wortschatz

der Einspielraum, -̈e *rehearsal room*
die Geige, -n *violin*
die Jury, -s *jury (in a competition)*
der Mitarbeiter, -/die Mitarbeiterin, -nen *co-worker*
das Probespiel, -e *audition*
teilnehmen an *to participate in*
der Wettbewerb, -e *competition*

AUSDRÜCKE

Ich hab's. *I can do that.*
Ich bin ein bisschen neben der Spur! *I'm a little out of it, distracted!*
Es ist mir ein Vergnügen,... *It's my pleasure...*
Im Ernst. *Seriously.*
Überraschen Sie uns! *Surprise us!*
Ich musste kurz an die frische Luft. *I had to get some fresh air.*

1 Was passt zusammen? Lesen Sie die Wortgruppen und finden Sie die passenden Synonyme.

_____ 1. wenn etwas Qualität besitzt
_____ 2. ein Rivale, zum Beispiel im Sport
_____ 3. unterschreiben
_____ 4. an einen bestimmten Ort gehen, um jemand zu treffen
_____ 5. etwas benutzen
_____ 6. die Methode, die Routine
_____ 7. objektiv und rationell

a. geregelt
b. Gebrauch machen
c. das Verfahren
d. das Niveau
e. sich einfinden
f. der Konkurrent
g. unterzeichnen

2 Was passt? Finden Sie die passenden Worte und setzen Sie diese in die Lücken.

1. Eine junge Regisseurin hat den ersten Preis gewonnen. _____ war sich einig über ihren genialen Film.
2. Wenn du weiter so intensiv arbeitest, keine frische Luft bekommst und so wenig schläfst, wirst du bestimmt krank. Ich sage das _____!
3. Ich habe mich sehr gefreut, Sie alle kennen zu lernen. Es war mir _____.
4. Wenn wir den Bus verpassen, können wir _____ ein Taxi nehmen.
5. Der Geiger, der für die Solistenstelle vorgespielt hat, hat uns alle überrascht. Sein _____ war fantastisch!

318 — Lektion 9

KURZFILM

Analyse

1 Richtig oder falsch? Lesen Sie die Sätze und entscheiden Sie, welches Aussage richtig oder falsch ist.

Richtig	Falsch	
☐	☐	1. Ari und Chiron bewerben sich für zwei Solistenstellen beim selben Orchester.
☐	☐	2. Der Dirigent ist unfair zu den Bewerbern.
☐	☐	3. Ari findet heraus, dass Chiron vor dem Probespiel allein mit dem Dirigenten spricht.
☐	☐	4. Chiron ist böse auf Ari, weil sie nicht ganz offen mit ihm ist.
☐	☐	5. Chiron gewinnt den Wettbewerb und bekommt die Solistenstelle.

2 Was ist richtig? Welcher der beiden Sätze beschreibt, was im Film passiert? Besprechen Sie zu zweit Ihre Antworten.

1. a. Ari und Chiron sind Geschwister.
   b. Ari und Chiron sind in einander verliebt.
2. a. Ari findet, dass Chiron sehr gut Geige spielt.
   b. Ari denkt, dass sie besser als Chiron Geige spielt.
3. a. Der Dirigent sagt Chiron, dass die Auswahl ein faires Verfahren ist.
   b. Der Dirigent sagt Chiron, dass er die Nummer sieben sein wird.
4. a. Chiron sagt Ari nichts von seinem Gespräch mit dem Dirigenten.
   b. Chiron will, dass auch Ari kurz mit dem Dirigenten spricht.
5. a. Chiron lässt den Stift bei dem Probespiel fallen.
   b. Chiron macht mit dem Stift nicht, was der Dirigent ihm gesagt hat.

3 Wer sagt das? Lesen Sie die Zitate zu zweit, und bestimmen Sie, wer was gesagt hat — Ari, Chiron, der Dirigent, die Mitarbeiterin, oder der andere Bewerber.

1. *Wir suchen außergewöhnliche Talente. Überraschen Sie uns!* _____
2. *Ich glaub', ich zieh was Schickes an.*
3. *Bitte finden Sie sich in zehn Minuten wieder hier im Einspielraum ein, um Ihre Nummer zu ziehen.*
4. *Tausend Dank! Du bist mir 'ne Rettung.* _____
5. *Glaubst du, ich bin nicht gut genug, um zu gewinnen?* _____
6. *Uns ist die Entscheidung nicht leichtgefallen.* _____
7. *Mach nochmal, entspann dich!* _____
8. *Niemand spielt mit verbundenen Augen.* _____

322 — Lektion 9

Vorbereitung Pre-viewing activities set the stage for the film by providing vocabulary support, background information, and opportunities to anticipate the film content.

Analyse Post-viewing activities check comprehension and allow you to explore broader themes from the film in relation to your own life.

Ⓢupersite

- Textbook activities
- Additional activities for extra practice

STELLEN SIE SICH VOR, ...

simulates a voyage to the featured country or region.

Die Schweiz und Liechtenstein

Ins Herz der Alpen

Kulturelle Vielfalt, eine traditionsreiche Geschichte, tiefe Seen und beeindruckende Berge sind die bekanntesten Attribute der **Schweiz**. Aber das Land bietet noch viel mehr: die Schweiz bewahrt noch heute ihre Tradition der Unabhängigkeit°; ist nicht Mitglied der Europäischen Union (EU) und hat ihre eigene Währung, den **Schweizer Franken**. **Bern** ist zwar die Hauptstadt der Schweiz, aber **Zürich** ist mit rund 423.000 Einwohnern die größte Stadt und auch das Wirtschaftszentrum dieses Landes, dessen Bankenbranche den wichtigsten Wirtschaftssektor bildet. **Zürich** liegt am **Zürichsee** und ist von Bergen umgeben. Man kann mit der Bahn auf den **Uetliberg** fahren und dort wunderbar wandern.

Basel, im Nordwesten der Schweiz, hat einen ganz anderen Charakter. Die Universitätsstadt hat eine besondere Geschichte und war im Mittelalter Zentrum des **Humanismus**. Einer seiner prominentesten Vertreter, **Erasmus von Rotterdam**, lebte zwischen 1514–1536 in Basel. Und der Philosoph **Friedrich Nietzsche** (1844–1900) hat hier seine *Geburt der Tragödie* verfasst. Auf dem Münsterhügel° kann man die Reste aus Basels vielseitiger Geschichte besichtigen. In der Eisenzeit lebten Kelten auf dem Hügel; später haben erst die Römer und dann die Reformation ihre Spuren hinterlassen°.

In der Zentralschweiz, im Schatten des **Pilatus**° und im Spiegelbild des **Vierwaldstätter Sees** liegt **Luzern**. Man kann den **Wasserturm**° bewundern und auch das **Löwendenkmal**, das Mark Twain als „das traurigste und bewegendste Stück Stein der Welt" bezeichnet hat.

Weiter im Osten, zwischen der Schweiz und Österreich, befindet sich **Liechtenstein**, das kleinste unter den deutschsprachigen Ländern. Dieses Fürstentum°, mitten in einer der schönsten Landschaften der Welt, hat weniger als 40.000 Einwohner, ist dafür aber das reichste Land Europas und galt lange als Steueroase°.

Vaduz ist Liechtensteins Hauptstadt und der Sitz seines Fürstenhauses°. Das Land hat ein demokratisches Parlament, aber der beliebte Fürst Hans-Adam II. ist Staatsoberhaupt° und hat erhebliche° Rechte. Die adelige° Familie bewohnt noch das mittelalterliche **Schloss Vaduz**, das oben auf dem Felsen° das Stadtbild dominiert. In der Innenstadt – so genannten Städtle – befinden sich zahlreiche Straßencafés, kleine Boutiquen und Galerien.

Unabhängigkeit independence Münsterhügel a hill in Basel Spuren hinterlassen leave traces Pilatus mountain outside of Lucerne Wasserturm tower in Lake Lucerne, emblem of the city Fürstentum principality Steueroase tax haven Fürstenhauses dynasty Staatsoberhaupt head of state erhebliche considerable adelige noble Felsen cliff Dreiländereck three-country point Staatsgrenzen national borders Einzelheiten particulars öffentliche Verkehr public transportation Angelegenheiten affairs gedeihen wirtschaftlich thrive economically

Übrigens...

Im Dreiländereck° Deutschland/Schweiz/Frankreich existiert seit Jahren eine ökonomische Symbiose. Man lebt in Deutschland, arbeitet in Basel und kauft Brot von seinem Lieblingsbäcker auf der französischen Seite der Grenze. Wegen der Staatsgrenzen° müssen infrastrukturelle Einzelheiten° gut koordiniert werden – z.B. der öffentliche Verkehr°. Deswegen wurde der **Trinationale Eurodistrict Basel** gegründet. Alle drei Länder regeln die Angelegenheiten° des Distrikts gemeinsam und gedeihen wirtschaftlich° nicht durch Konkurrenz, sondern durch Kooperation.

Entdeckungsreise

Gemütlich durch die Alpen Man sagt, dass der **Glacier Express** der langsamste Schnellzug der Welt sei. Der Zug fährt über 291 Brücken und durch 91 Tunnel durch die Alpen von St. Moritz nach Zermatt. Die ca. 270 km lange Fahrt dauert 7,5 Stunden, aber dafür kann man sich an den fantastischen Bergen und dem atemberaubenden° Panorama sattsehen°, denn die Wagen sind mit besonders großen Fenstern ausgestattet. Nichts für Menschen mit Höhenangst°!

Das Edelweiß Hoch in den Alpen, an einsamen steilen Hängen°, blüht eine edle weiße Blume, das Leontopodium alpinum. Das seltene beliebte **Edelweiß** ist die nationale Blume der **Schweiz** und gilt als Symbol der Reinheit°, aber es wächst nur an trockenen Berghängen mit viel Sonne. Weil Edelweiß pflücken° gefährlich sein kann, war es früher ein Beweis der Tapferkeit°, von einer Bergtour mit einer solchen Blume zurückzukehren.

atemberaubenden breathtaking sattsehen get an eyeful Höhenangst fear of heights steilen Hängen steep slopes Reinheit purity pflücken pick Tapferkeit bravery

Was haben Sie gelernt?

Richtig oder falsch? Sind die Aussagen **richtig** oder **falsch**? Korrigieren Sie die falschen Aussagen.

1. Die Schweiz gehört zur Europäischen Union.
2. Zürich hat mehr Einwohner als ganz Liechtenstein.
3. Nietzsche hat *Die Geburt der Tragödie* in Luzern geschrieben.
4. Der Präsident von Liechtenstein heißt Hans-Adam II.
5. Der Glacier Express ist ein Zug, der durch die Schweizer Alpen fährt.
6. Der Glacier Express fährt sehr schnell.
7. Edelweiß ist selten.
8. In der Schweiz symbolisiert Edelweiß die Reinheit.

Fragen Beantworten Sie die Fragen.

1. Welche Schweizer Sehenswürdigkeiten erwähnt der Text?
2. Welcher berühmte Philosoph hat in Basel gelebt?
3. Welches Denkmal in Luzern fand Mark Twain sehr rührend (*touching*)?
4. Welche Sprache spricht man in Liechtenstein?
5. Wer wohnt im Schloss Vaduz?
6. Warum kann es sich lohnen, mit dem Glacier Express zu fahren, obwohl der Zug so langsam fährt?
7. Wo wächst Edelweiß?

Präsentation Wählen Sie eines der Themen und bearbeiten Sie es zu zweit mit Hilfe des Internets. Präsentieren Sie das Ergebnis im Kurs.

1. Waren Sie schon einmal in der Schweiz oder in Liechtenstein? Wenn nicht, was würden Sie dort gerne besuchen? Finden Sie mindestens drei Sehenswürdigkeiten und diskutieren Sie Ihre Wahl mit einem Partner/einer Partnerin.
2. Der Glacier Express ist ein ganz besonderer Zug. Finden Sie heraus, ob und wo es andere Züge dieser Art gibt. Was ist besonders an diesen Zügen?

Magazine-like design Each reading is presented in the attention-grabbing visual style you would expect from a magazine.

Region-specific readings Dynamic readings draw your attention to culturally significant locations, traditions, and monuments of the country or region.

Activities The activities check comprehension of the **Stellen Sie sich vor, ...** readings and lead you to further exploration.

Supersite

- Cultural reading
- All textbook activities and online-only comprehension activity
- **Projekt** search activity

GALERIE

profiles important cultural and artistic figures from the country or region(s).

Profiles and dramatic images Brief descriptions provide a synopsis of the featured person's life and cultural importance. Colorful photos show you their faces and creations.

Analyse These activities check your comprehension of the readings and lead you to further exploration.

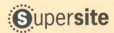upersite

- Textbook activities

STRUKTUREN

presents key intermediate grammar topics
with detailed visual support.

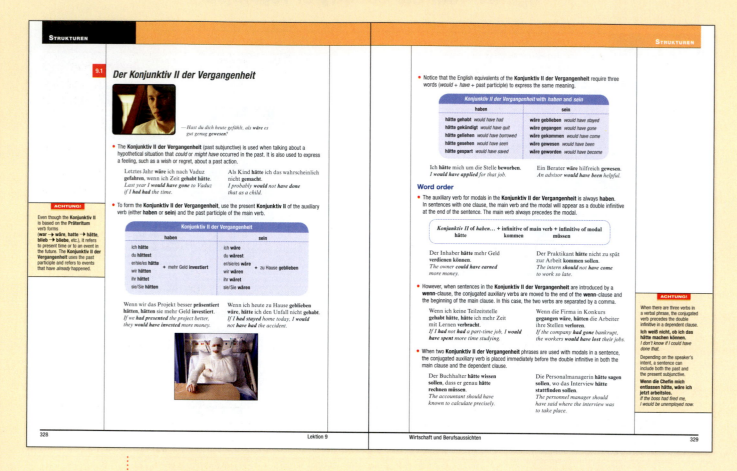

Integration of Kurzfilm Photos with quotes or captions from the lesson's short film show the new grammar structures in meaningful contexts.

Charts and diagrams Colorful, easy-to-understand charts and diagrams highlight key grammar structures and related vocabulary.

Grammar explanations Explanations are written in clear, easy-to-understand language for reference both in and out of class.

Achtung! These sidebars expand on the current grammar point and call attention to possible sources of confusion.

Querverweis These sidebars reference relevant grammar points actively presented in **Strukturen**.

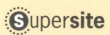

- Grammar presentations

STRUKTUREN

progresses from directed to communicative practice.

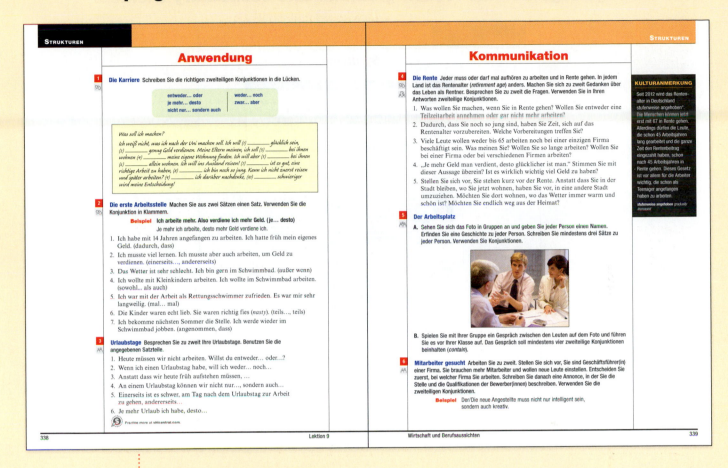

STRUKTUREN

Anwendung

1 **Die Karriere** Schreiben Sie die richtigen zweiteiligen Konjunktionen in die Lücken.

entweder... oder	weder... noch
je mehr... desto	zwar... aber
nicht nur... sondern auch	

Was soll ich machen?

Ich weiß nicht, was ich nach der Uni machen soll. Ich will (1) _____ glücklich sein, (2) _____ genug Geld verdienen. Meine Eltern meinen, ich soll (3) _____ bei ihnen wohnen (4) _____ meine eigene Wohnung finden. Ich will aber (5) _____ bei ihnen (6) _____ allein wohnen. Ich will ins Ausland reisen! (7) _____ ist es gut, eine richtige Arbeit zu haben, (8) _____ ich bin noch so jung. Kann ich nicht zuerst reisen und später arbeiten? (9) _____ ich darüber nachdenke, (10) _____ schwieriger wird meine Entscheidung!

2 **Die erste Arbeitsstelle** Machen Sie aus zwei Sätzen einen Satz. Verwenden Sie die Konjunktion in Klammern.

Beispiel Ich arbeite mehr. Also verdiene ich mehr Geld. (je... desto)
Je mehr ich arbeite, desto mehr Geld verdiene ich.

1. Ich habe mit 14 Jahren angefangen zu arbeiten. Ich hatte früh mein eigenes Geld. (dadurch, dass)
2. Ich musste viel lernen. Ich musste aber auch arbeiten, um Geld zu verdienen. (einerseits..., andererseits)
3. Das Wetter ist sehr schlecht. Ich bin gern im Schwimmbad. (außer wenn)
4. Ich wollte mit Kleinkindern arbeiten. Ich wollte im Schwimmbad arbeiten. (sowohl... als auch)
5. Ich war mit der Arbeit als Rettungsschwimmer zufrieden. Es war mir sehr langweilig. (mal... mal)
6. Die Kinder waren echt lieb. Sie waren richtig fies (nasty). (teils..., teils)
7. Ich bekomme nächsten Sommer die Stelle. Ich werde wieder im Schwimmbad jobben. (angenommen, dass)

3 **Urlaubstage** Besprechen Sie zu zweit Ihre Urlaubstage. Benutzen Sie die angegebenen Satzteile.

1. Heute müssen wir nicht arbeiten. Willst du entweder... oder...?
2. Wenn ich einen Urlaubstag habe, will ich weder... noch...
3. Anstatt dass wir heute früh aufstehen müssen, ...
4. An einem Urlaubstag können wir nicht nur..., sondern auch...
5. Einerseits ist es schwer, am Tag nach dem Urlaubstag zur Arbeit zu gehen, andererseits...
6. Je mehr Urlaub ich habe, desto...

Practice more at vhlcentral.com.

Kommunikation

4 **Die Rente** Jeder muss oder darf mal aufhören zu arbeiten und in Rente gehen. In jedem Land ist das Rentenalter (retirement age) anders. Machen Sie sich zu zweit Gedanken über das Leben als Rentner. Besprechen Sie zu zweit die Fragen. Verwenden Sie in Ihren Antworten zweiteilige Konjunktionen.

1. Was wollen Sie machen, wenn Sie in Rente gehen? Wollen Sie entweder eine Teilzeitarbeit annehmen oder gar nicht mehr arbeiten?
2. Dadurch, dass Sie noch so jung sind, haben Sie Zeit, sich auf das Rentenalter vorzubereiten. Welche Vorbereitungen treffen Sie?
3. Viele Leute wollen weder bis 65 arbeiten noch bei einer einzigen Firma beschäftigt sein. Was meinen Sie? Wollen Sie so lange arbeiten? Wollen Sie bei einer Firma oder bei verschiedenen Firmen arbeiten?
4. „Je mehr Geld man verdient, desto glücklicher ist man." Stimmen Sie mit dieser Aussage überein? Ist es wirklich wichtig viel Geld zu haben?
5. Stellen Sie sich vor, Sie stehen kurz vor der Rente. Anstatt dass Sie in der Stadt bleiben, wo Sie jetzt wohnen, haben Sie vor, in eine andere Stadt umzuziehen. Möchten Sie dort wohnen, wo das Wetter immer warm und schön ist? Möchten Sie endlich weg aus der Heimat?

5 **Der Arbeitsplatz**

A. Sehen Sie sich das Foto in Gruppen an und geben Sie jeder Person einen Namen. Erfinden Sie eine Geschichte zu jeder Person. Schreiben Sie mindestens drei Sätze zu jeder Person. Verwenden Sie Konjunktionen.

B. Spielen Sie mit Ihrer Gruppe ein Gespräch zwischen den Leuten auf dem Foto und führen Sie es vor Ihrer Klasse auf. Das Gespräch soll mindestens vier zweiteilige Konjunktionen beinhalten (contain).

6 **Mitarbeiter gesucht** Arbeiten Sie zu zweit. Stellen Sie sich vor, Sie sind Geschäftsführer(in) einer Firma. Sie brauchen mehr Mitarbeiter und wollen neue Leute einstellen. Entscheiden Sie zuerst, bei welcher Firma Sie arbeiten. Schreiben Sie danach eine Annonce, in der Sie die Stelle und die Qualifikationen der Bewerber(innen) beschreiben. Verwenden Sie die zweiteiligen Konjunktionen.

Beispiel Der/Die neue Angestellte muss nicht nur intelligent sein, sondern auch kreativ.

KULTURANMERKUNG

Seit 2012 wird das Rentenalter in Deutschland stufenweise angehoben°. Die Menschen können jetzt erst mit 67 in Rente gehen. Allerdings dürfen die Leute, die schon 45 Arbeitsjahren lang gearbeitet und die ganze Zeit den Rentenbeitrag eingezahlt haben, schon nach 45 Arbeitsjahren in Rente gehen. Dieses Gesetz ist vor allem für die Arbeiter wichtig, die schon als Teenager angefangen haben zu arbeiten.

stufenweise angehoben gradually increased

Anwendung Directed exercises support you as you begin working with the grammar structures, helping you master the forms you need for personalized communication.

Kommunikation Open-ended, communicative activities help you internalize the grammar point in a range of contexts involving pair and group work.

Kulturanmerkung These sidebars explain cultural references embedded in activities and expand the culture content of each lesson.

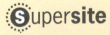

Supersite

- Textbook activities
- Chat activities for conversational skill building and oral practice
- Additional activities for extra practice

SYNTHESE

brings together the lesson grammar and vocabulary themes.

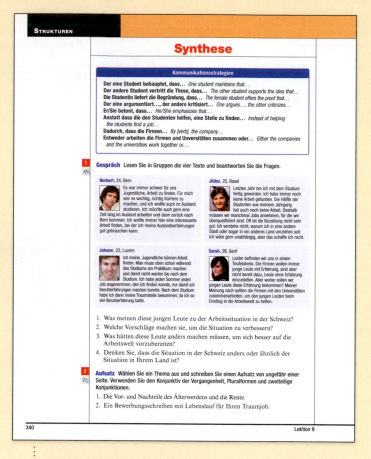

Fragen Realia and photography serve as springboards for pair, group, or class discussions.

Aufsatz This activity gives you the opportunity to use the grammar and vocabulary of the lesson in engaging, real-life writing tasks.

Strategien Tips, techniques, key words, and expressions help you improve your oral and written communication skills.

Supersite

- Textbook composition activity

KULTUR

features a dynamic cultural reading.

Readings Brief, comprehensible readings present additional cultural information related to the lesson theme.

Design Readings are carefully laid out with line numbers, marginal glosses, and box features to help make each piece easy to navigate.

Photos Vibrant, dynamic photos visually illustrate the reading.

Supersite

- Audio-sync technology for the cultural reading that highlights text as it is being read
- Textbook activities
- Additional activities for extra practice

LITERATUR

showcases literary readings by well-known German writers.

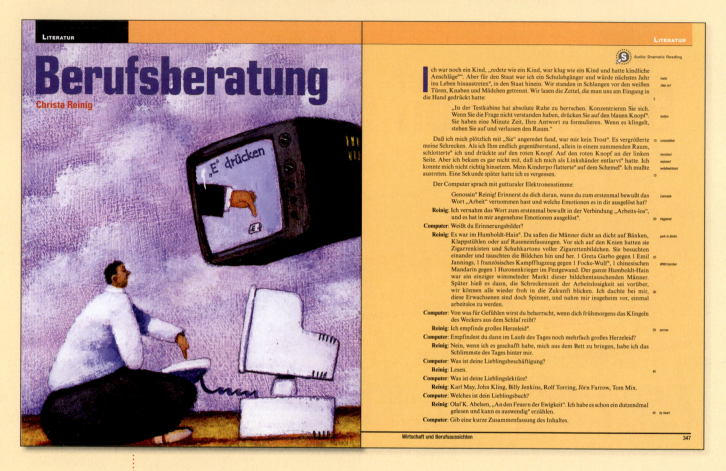

Literatur Comprehensible and compelling, these readings present new avenues for using the lesson's grammar and vocabulary.

Design Each reading is presented in the attention-grabbing visual style you would expect from a magazine, along with glosses of unfamiliar words.

ⓢupersite

- Dramatic readings of each literary selection bring the plot to life
- Audio-sync technology for the literary reading highlights text as it is being read

VORBEREITUNG UND ANALYSE

activities provide in-depth pre- and post-reading support for each selection in Literatur and Cultura.

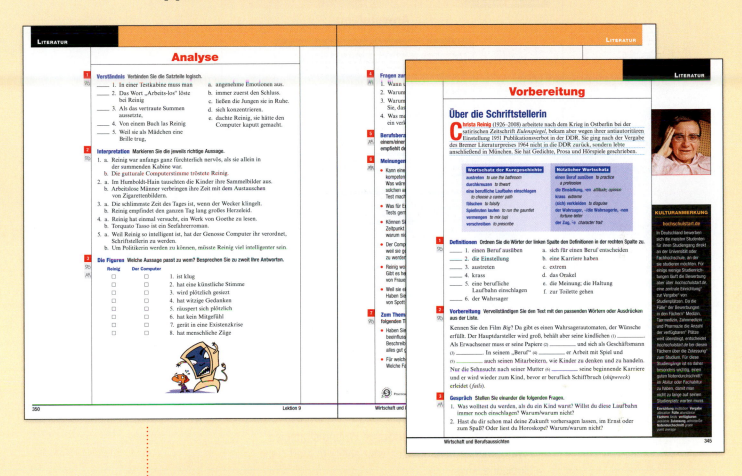

Vorbereitung Vocabulary presentation and practice, author biographies, and pre-reading discussion activities prepare you for the reading.

Analyse Post-reading activities check understanding and guide you to discuss the topic of the reading, express your opinions, and explore how it relates to your own experiences.

Supersite

- Textbook activities
- Additional activities for extra practice
- **Über den Schriftsteller** reading with online-only activity

SCHREIBWERKSTATT

synthesizes the lesson with a writing assignment.

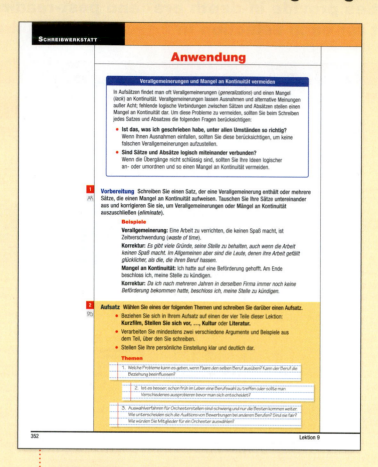

Vorbereitung & Anwendung Writing strategies with practice help develop your ability to draft clear, logical essays.

Aufsatz Writing topics bring the lesson together by asking you to construct and defend a thesis in the context of the lesson theme, film, and readings you have studied.

Supersite

• Composition engine for textbook composition activity

WORTSCHATZ

summarizes the active vocabulary in each lesson.

Wortschatz All the lesson's active vocabulary is grouped in easy-to-study thematic lists and tied to the lesson section in which it was presented.

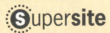upersite

- Vocabulary list with audio
- Customizable study lists

Denk mal! Film Collection

Fully integrated with your text, the **Denk mal!** Film Collection features dramatic short films by German-speaking filmmakers. These films are the basis for the pre- and post-viewing activities in the **Kurzfilm** section of each lesson. The films are a central feature of the lesson, providing opportunities to review and recycle vocabulary from **Zu Beginn**, and previewing and contextualizing the grammar from **Strukturen**.

These films offer entertaining and thought-provoking opportunities to build listening comprehension skills and your cultural knowledge of German speakers.

Besides providing entertainment, the films serve as a useful learning tool. As you watch the films, you will observe characters interacting in various situations, using normal, everyday language that reflects the lesson themes as well as the vocabulary and grammar you are studying.

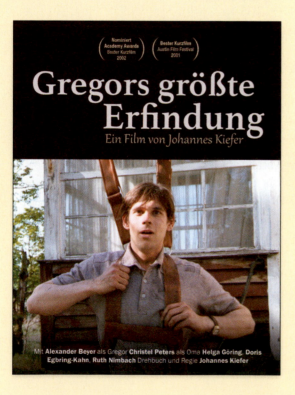

LEKTION 1
Outsourcing
(6 Minuten)

When a family decides to reorganize in the name of economic efficiency, they discover that certain family members aren't pulling their weight.

LEKTION 2
Die Klärung eines Sachverhalts
(20 Minuten)

An East German engineer is put under pressure by the secret police in a daylong interrogation. The STASI officer will stop at nothing to get him to withdraw his exit-permit application and keep him from moving to West Germany.

LEKTION 3
Elsas Geburtstag
(10 Minuten)

Workaholic father Bernie has promised his daughter Elsa that he won't miss her birthday again this year, but everything seems to work against him.

LEKTION 4
Björn oder die Hürden der Behörden
(14 Minuten)

Björn's plane to Istanbul is due to leave in three hours. He just needs to get his passport renewal approved in time. But nothing is simple in the world of bureaucracy.

LEKTION 5

Nashorn im Galopp

(15 Minuten)

Bruno seems to be the only one who can see Berlin's secret soul, but then he meets Vicky, whose fanciful imagination seems to be a match for his own. A unique, artistically driven take on boy-meets-girl.

LEKTION 6

Wer hat Angst vorm Weihnachtsmann?

(15 Minuten)

When the Lemms decide to hire a counterfeit Santa to entertain their children on Christmas Eve, things don't go exactly as they planned. But the children are delighted.

LEKTION 7

NEW! Gregors größte Erfindung

(11 Minuten)

Gregor's grandmother is becoming frailer. Can Gregor invent something that will allow her to keep living at home?

LEKTION 8

Gefährder

(12 Minuten)

In the not-too-distant past, just when the fear of government spying had faded, a university professor becomes the target of an antiterrorist investigation that hits too close to home.

LEKTION 9

NEW! Blind Audition

(17 Minuten)

Ari and Chiron, a romantic couple, are auditioning for the same position in an orchestra. How will the audition affect their relationship and their professional lives?

LEKTION 10

Spielzeugland

(14 Minuten)

In an attempt to shield her son from the harsh realities of 1940s Germany, Heinrich's mother tells him that his Jewish neighbors are leaving for Toyland. Then one morning, she wakes up to find that her neighbors are gone, and Heinrich's bed is empty.

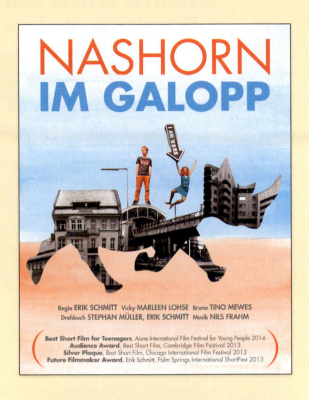

NASHORN IM GALOPP

Regie ERIK SCHMITT   Vicky MARLEEN LOHSE   Bruno TINO MEWES
Drehbuch STEPHAN MÜLLER, ERIK SCHMITT   Musik NILS FRAHM

Best Short Film for Teenagers, Aisne International Film Festival for Young People 2014
Audience Award, Best Short Film, Cambridge Film Festival 2013
Silver Plaque, Best Short Film, Chicago International Film Festival 2013
Future Filmmaker Award, Erik Schmitt, Palm Springs International ShortFest 2013

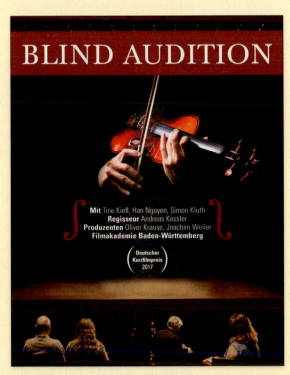

BLIND AUDITION

Mit Tine Kiefl, Han Nguyen, Simon Kluth
Regisseur Andreas Kessler
Produzenten Oliver Krause, Joachim Weiler
Filmakademie Baden-Württemberg

Deutscher
Kurzfilmpreis
2017

Denk mal! and the *World-Readiness Standards for Learning Languages*

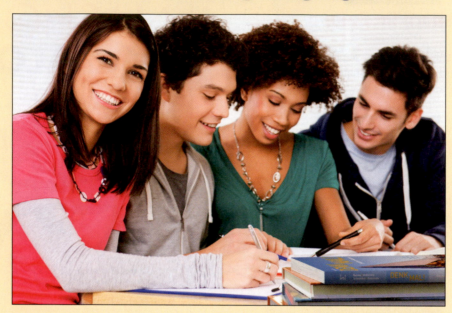

Since 1982, when the *ACTFL Proficiency Guidelines* were first published, that seminal document and its subsequent revisions have influenced the teaching of modern languages in the United States. **Denk mal!** was written with the concerns and philosophy of the *ACTFL Proficiency Guidelines* in mind. It emphasizes an interactive, proficiency-oriented approach to the teaching of language and culture.

The pedagogy behind **Denk mal!** was also informed from its inception by the *Standards for Foreign Language Learning in the 21st Century*. First published under the auspices of the *National Standards in Foreign Language Education Project*, the Standards are organized into five goal areas, often called the Five C's: Communication, Cultures, Connections, Comparisons, and Communities. National Standards icons appear on the pages of your IAE to call out sections that have a particularly strong relationship with the Standards.

Since **Denk mal!** takes a communicative approach to the teaching of German, the Communications goal is an integral part of the student text. Diverse formats (discussion topics, role-plays, interviews, oral presentations, and so forth) promote authentic communicative exchanges in which students provide, obtain, and interpret information, as well as express emotions or opinions. Interactive **Kommunikation, Synthese,** and **Analyse** activities allow students to synthesize grammatical, cultural, and thematic material to expand their communicative abilities. In addition to oral skills, written communicative skills are strengthened through a wide array of practical and creative tasks.

Denk mal! also stresses cultural competency and the ability to make connections as invaluable components of language learning. The **Kurzfilm, Stellen Sie sich vor, ... Kultur,** and **Literatur** sections all provide students with the opportunity to acquire information, to expand cultural knowledge, and to recognize distinctive viewpoints. Through connections with multiple disciplines such as film, literature, and art, students are exposed to various cultural practices and perspectives of German speakers. **Kulturanmerkung** sidebars provide additional opportunities for students to connect to language through culture.

Students develop further insight into the nature of language and culture through comparisons with their own. Compelling discussion topics throughout the text encourage students to compare new information with familiar concepts and ideas. In addition, the clear, comprehensive grammar explanations in **Strukturen** allow students to compare and contrast the grammatical structures of their own language with those presented in **Denk mal!**

Finally, **Denk mal!** encourages students to expand their use of language beyond the classroom setting and participate in broader, richer German-speaking communities. In the **Stellen Sie sich vor, ...** section of each lesson, outside projects provide access to a wealth of opportunities for students to expand their use of German outside the classroom.

As you become familiar with the **Denk mal!** program, you will find many more connections to the *World-Readiness Standards for Learning Languages*. We encourage you to keep its goals in mind and to make new connections as you work with the text and ancillaries.

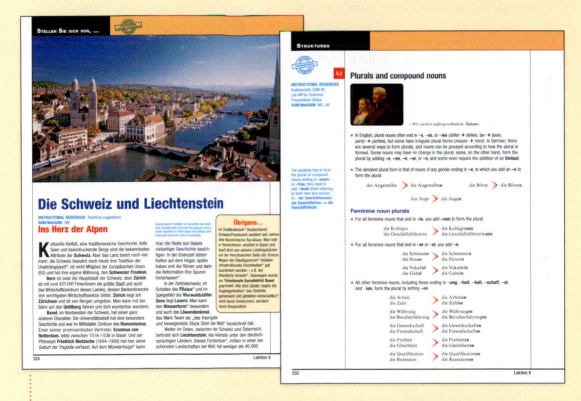

Communication Understand and be understood: read and listen to understand the German-speaking world, converse with others, and share your thoughts clearly through speaking and writing.

Cultures Experience German-speaking cultures through their own viewpoints, in the places, objects, behaviors, and beliefs important to the people who live them.

Connections Apply what you learn in your German course to your other studies; apply what you know from other courses to your German studies.

Comparisons Discover in which ways the German-speaking cultures are like your own—and how they differ.

Communities Engage with German-speaking communities locally, nationally, and internationally both in your courses and beyond—for life.

Instructor Resources

Denk mal!, **Third Edition**, offers a wide array of resources to support instructors and students. Below is a list of the key instructor support materials.

Instructor's Annotated Edition

This edition of **Denk mal!** contains activity answers, tips, suggestions, ideas for expansion, and more—all conveniently overprinted on the Student Edition page.

Online Instructor's Edition

The digital version of your annotated text for easy reference and portability

Supersite

The password-protected Instructor Supersite allows instructors to assign and track student progress through its course management system. Instructors have full access to the Student Supersite, and seamless integration with the **Denk mal! WebSAM** and **vText**. Instructor Resources for easy access and download include:

- sample syllabus and lesson plan
- scripts and translations for the **Kurzfilm** films
- teaching suggestions
- Student Activities Manual (SAM) Answer Key
- Grammar presentation slides
- task-based activities

For more details about the Supersite, see pages IAE-12 and IAE-13.

Testing Program

The Testing Program is delivered in editable DOCX format. Tests and exams can be downloaded from the Supersite or assigned online. The testing materials include lesson tests, a midterm exam, a final exam, and answer keys. Optional testing items are available for **Kurzfilm** and **Stellen Sie sich vor, ...** Audioscripts and MP3 files are provided for listening portions for each test and exam.

Program Components

Student Edition

The Student Edition is available in print and digital (online vText) formats.

Student Activities Manual (SAM)

The **Student Activities Manual** consists of two parts: the **Workbook** and the **Lab Manual**.

- ### Workbook

  The **Workbook** activities focus on developing students' reading and writing skills. Each workbook lesson reflects the organization of the corresponding textbook lesson; it begins with **Zu Beginn**, followed by **Kurzfilm**, **Stellen Sie sich vor, ...**, and **Strukturen**. Each lesson ends with **Schreibwerkstatt**, which develops students' writing skills through a longer, more focused assignment.

- ### Lab Manual

  The **Lab Manual** activities focus on building students' listening comprehension and speaking skills as they reinforce the vocabulary and grammar of the corresponding textbook lesson. Each Lab Manual lesson contains a **Zu Beginn** section followed by **Strukturen**, and ending with **Wortschatz**, a recording of the active lesson vocabulary.

WebSAM

Completely integrated with the **Denk mal!** Supersite, the **WebSAM** provides access to online **Workbook** and **Lab Manual** activities with instant feedback and grading for select activities. The complete audio program is accessible online in the **Lab Manual** and features record-submit functionality for select activities. The MP3 files can be downloaded from the **Denk mal!** Supersite and can be played on a computer, portable MP3 player, or mobile device.

Denk mal!, Third Edition, Supersite

Included with the purchase of every new student edition, the passcode to the Supersite (**vhlcentral.com**) gives students access to a wide variety of interactive activities for each section of every lesson of the student text, including auto-graded activities for extra practice with vocabulary, grammar, video, and cultural content; reference tools; the short films; the Lab Program MP3 files; and more. *For additional details, see pages IAE-12 and IAE-13.*

Teaching with Denk mal!

Orienting Students to the Textbook

You may want to spend some time orienting students to the **Denk mal!** textbook on the first day. Have students flip through **Lektion 1**. Explain that all lessons are organized in the same manner so that students will always know "where they are" in the textbook. Emphasize that all sections are self-contained, occupying either a full page or spreads of two facing pages. Call students' attention to the use of color and/or boxes to highlight important information in charts, diagrams, word lists, and activities. Provide a brief overview of the main sections of each lesson: **Zu Beginn, Kurzfilm, Stellen Sie sich vor, ..., Strukturen, Kultur, Literatur, Schreibwerkstatt**, and **Wortschatz**. Then point out the **Achtung!, Querverweis,** and **Kulturanmerkung** sidebars and explain that these boxes provide useful lexical, grammatical, and cultural information related to the material students are studying.

Flexible Lesson Organization

To meet the needs of diverse teaching styles, institutions, and instructional objectives, **Denk mal!** has a very flexible lesson organization. You can begin with the lesson opener spread and progress sequentially through the lesson, or you may rearrange the order of the material in each lesson to suit your teaching preferences and students' needs.

If you do not want to devote class time to teaching grammar, you can assign the **Strukturen** explanations for outside study, freeing up class time for working with the activities.

Identifying Active Vocabulary

The thematic vocabulary lists in **Zu Beginn** are active vocabulary, as are all words and expressions in the **Wortschatz** boxes of the **Kurzfilm, Kultur,** and **Literatur** sections. Words in the charts, lists, and sample sentences of **Strukturen** are also part of the active vocabulary load. At the end of each lesson, the **Wortschatz** section provides a convenient one-page summary of the items students should know and that may appear on quizzes and exams.

Note that the marginal glosses from the readings and film captions are presented for recognition only. They are not included in testing materials, although you may wish to make them active vocabulary for your course, if you so choose. The additional terms and lexical variations provided in the annotations of the Instructor's Annotated Edition are also considered optional.

Suggestions for Using *Inhalt* and *Zu Beginn*

Lesson Theme and Vocabulary

- Use the title, photo, and text on the lesson opening page as a springboard to introduce the themes and vocabulary of the lesson. Use the discussion questions in the introductory paragraph and **Preview** annotation for pair, group, or class activities.

- Allow time for students to scan the table of contents and flip through the pages of each lesson, much as they would a magazine. Have students point out sections that appeal to them, and briefly describe the cultural and thematic content of each lesson.

- To prepare students for new material, have them review what they already know about each theme by brainstorming related vocabulary words they have already learned.

- Introduce the new vocabulary by describing words and categories, then asking students yes/no or multiple-choice questions.

- Introduce the new vocabulary using Total Physical Response (TPR) or interactive class games such as Charades, Pictionary, and Hangman.

- Tell students that they will see some of the vocabulary in the context of a short film, and ask them to look at the vocabulary and predict what they think the short film might be about.

- Use the lab materials in class to introduce vocabulary and develop listening skills, or assign lab and workbook activities for extra practice outside of class.

Anwendung

- The **Anwendung** exercises can be done orally as class, pair, or group activities. One pair activity may also be completed online as Partner Chat or Virtual Chat activity. They may also be assigned as written homework.

- Insist on the use of German during pair and group activities. Encourage students to use the language creatively.

- Have students form pairs or groups quickly. Assign or rotate partners and group members as necessary to ensure a greater variety of communicative exchanges.

- Allow sufficient time for pair and group activities (between five and ten minutes depending on the activity), but do not give students too much time or they may lapse into English and socialize. Always give students a time limit for an activity before they begin.

- Circulate around the room and monitor students to make sure they are on task. Provide guidance as needed and note common errors for future review.

- Remind students to jot down information during pair and group discussion activities so that they can report the results to the class.

- Encourage students to practice more online on the **Denk mal!** Supersite.

Suggestions for Using *Kurzfilm*

The **Kurzfilm** section of the student text and the **Denk mal!** Film Collection were created as interlocking pieces. All photos in the **Kurzfilm** section are actual video stills from authentic, award-winning short films. These dramatic short films highlight the themes and language of each lesson and provide comprehensible input at the discourse level. The films and corresponding activities offer rich and unique opportunities to build students' listening skills and cultural awareness.

Depending on your teaching preferences and school facilities, you might show the films in class, or you might assign them for viewing outside the classroom at **vhlcentral.com**. You could begin by showing the first film in class to teach students how to approach viewing a film and listening to natural speech. After that, you could work with the **Kurzfilm** section and have students view the remaining films outside of class. No matter which approach you choose, students have the support they need to view the films independently and process them in a meaningful way. Here are some strategies for coordinating the film with the subsections of **Kurzfilm**.

Vorbereitung

- Preview the vocabulary in **Vorbereitung** using the activities provided and the suggestions for teaching vocabulary on page IAE-35.

- Initiate group discussion of important themes and issues. Ask students to compare recent films from the same genre or that touch on similar themes.

Szene

- The poster, photos, and text in **Szene** may be used in a variety of ways. Before the class views the film, you might ask students to read or act out the dialogues, invent endings, or make predictions based on the photos and captions. You may also use the scenes while viewing, pausing for discussion at each of the scenes pictured. You may even choose to play the film first as a springboard into the lesson, returning to the scenes and text later for reinforcement.

- Use the **Kulturanmerkung** sidebar to provide background information and cultural context before viewing the film, as a starting point for enrichment activities or projects, and to make connections to cultural information in other sections of the text.

- Use the film to introduce or reinforce the themes, vocabulary, and grammar points in each lesson, pausing and replaying examples of important words, structures, or concepts. If students need additional support before or while viewing, print the scripts (available at **vhlcentral.com**) and provide them to students. Students may read them ahead of time, looking up unknown words, or follow along as they watch.

- Before you show the film, ask students to read the **Beim Zuschauen** activity. Have them complete it while they watch the film.

Analyse

- Have students scan the comprehension questions before viewing the film. Pause the film after key scenes to ask related questions. Replay scenes as needed.

- Ask students to compare the plot, characters, and endings to their earlier predictions.

- Assign expansion and follow-up activities based on the film, such as film reviews, sequels, alternate endings, and comparisons with other **Kurzfilme** or recent movies.

Suggestions for Using *Stellen Sie sich vor, …*

The **Stellen Sie sich vor, …** section is designed to be visually stimulating. It gives students the opportunity to get acquainted with the geography, history, architecture, traditions, and notable people of German-speaking countries through engaging readings about the region of focus. In addition to the general suggestions listed here, the Instructor's Resources, available on the **Denk mal!** Supersite, contain specific teaching ideas and activities for all ten **Stellen Sie sich vor, …** sections.

• Use the locator map in the lesson opener to help students become familiar with the country or region(s) of focus.

• Use the main feature and photo of **Stellen Sie sich vor, …** to introduce the country or region(s) of focus. The feature articles can be assigned for outside reading, or you may use them in class to develop reading skills.

• Use the shorter readings as you would a travel brochure to highlight "must-see" locations or iconic people in each country or region. Encourage students to bring in photographs from their own travels in German-speaking countries, or assign group projects to research important cities, parks, architecture, etc., in the German-speaking countries or regions featured in each lesson.

• Check comprehension using the **Was haben Sie gelernt?** activities.

• Depending on your teaching preferences and time constraints, you may wish to use all of the **Projekt** features or you might select some for large oral projects. You may choose to have all students complete each **Projekt** or you may divide the class into small groups and assign a different lesson's **Projekt** to each group.

• Use the **Galerie** paragraphs to introduce students to notable people from the German-speaking world. Print out additional examples of **Galerie** artists' work for use in class discussion. You may wish to incorporate additional readings from **Galerie** authors into the **Literatur** lesson, focusing on genre, theme, or specific literary techniques. The films of famous directors and actors can be assigned for outside viewing and integrated with the **Kurzfilm** section. You may also have students select figures in the **Galerie** section for oral and written projects, such as mock interviews and biographies.

Suggestions for Using *Strukturen*

Grammar Explanations

- Have students read the explanations at home and come to class with any questions. Explain the grammar in German and try to keep explanations to a minimum, about five to ten minutes for each point. Grammar explanations should be assigned for homework so that class time can be devoted to the **Anwendung** and **Kommunikation** activities.

- Introduce new grammar in context, using short narrations, guided discussions, brief readings, or realia. Call on students to share what they already know about each grammar point.

- Use other sections in the text or other features in the ancillary material to reinforce grammatical concepts. For example, pause the **Kurzfilm** to discuss uses of each grammatical structure, or have students jot down examples as they watch. Have students take notes of key grammatical structures as they read the **Kultur** and **Literatur** selections or the **Kurzfilm** script, which you can print from the online Instructor's Resources.

Anwendung, Kommunikation, and *Synthese*

- The **Anwendung** exercises can be done orally as class, pair, or group activities. They may also be assigned as written homework.

- Activities marked with a mouse icon ∽ are also available on the Supersite with auto-grading or they can be submitted online for instructor grading. These activities may be assigned as homework; depending on students' success rate, devote additional time to the explanation or to extra **Anwendung** activities before moving on to **Kommunikation**.

- Insist on the use of German for all pair and group activities.

- Have students form pairs or groups quickly, or assign them yourself for variety. Allow sufficient time for **Kommunikation** activities (between five and ten minutes), but do not give students too much time or they may lapse into English and socialize. Always give students a time limit for an activity before they begin.

- Circulate around the room to answer questions and keep students on task.

- Encourage students to practice more online on the **Denk mal!** Supersite.

- Use **Synthese** activities to review all three grammar points and to make connections with the theme, vocabulary, and culture of the lesson. Encourage debate and open discussion.

Suggestions for Using *Kultur* and *Literatur*

Vorbereitung

- Preview the vocabulary in **Vorbereitung** using the activities provided and the suggestions for teaching vocabulary on page IAE-35.

- For **Kultur,** if applicable, refer students to the **Stellen Sie sich vor, ...** section for background information and cultural context. For **Literatur,** read the background information about each author.

- Introduce important themes and literary techniques used in the reading and call attention to genre and style. Encourage students to think about other works they have read in German or English that come from the same genre or that make use of similar themes and techniques.

Cultural and Literary Readings

- Talk to students about how to become effective readers in German. Point out the importance of using reading strategies. Encourage them to read every selection more than once. Explain that they should read the entire text through first to gain a general understanding of the plot or main ideas without stopping to look up words. Then, they should read the text again for a more in-depth understanding of the material.

- Discourage students from translating the readings into English or relying too heavily on a dictionary. Tell them that reading directly in the language will help them grasp the meaning better and improve their ability to discuss the reading in German.

- Use the reading to reinforce the themes and linguistic structures of each lesson.

Analyse

- Have students scan the comprehension questions before reading. Ask students to summarize the reading orally or in writing.

- For writing assignments, have students maintain a portfolio so that they can periodically review their progress. Have them create a running list of the most common grammatical or spelling errors they make when writing and use it for reference when revising their work or for peer editing. Explain your grading system for writing assignments. The following rubric could be used or adapted to suit your needs.

Evaluation			
Criteria	**Scale**	**Scoring**	
Appropriate details	1 2 3 4	Excellent	18–20 points
Organization	1 2 3 4	Good	14–17 points
Use of vocabulary	1 2 3 4	Satisfactory	10–13 points
Grammatical accuracy	1 2 3 4	Unsatisfactory	<10 points
Mechanics	1 2 3 4		

Suggestions for Using *Schreibwerkstatt*

- The **Schreibwerkstatt** essays are best suited as written homework. The preparation activities may be done orally in pairs or groups.

- Encourage students to be creative in their writings, but remind them to follow the essay requirements carefully and use vocabulary they know, rather than relying on a dictionary.

- Encourage students to use the checklists provided in the **Hinweise zum Überarbeiten eines Aufsatzes** appendix on pp. 395–396 of the student edition to review their work before handing in a draft or the final essay.

- Allow class time for peer review of drafts; remind students to be tactful in their comments and to give positive feedback while reading with a critical eye.

- Have them make a list of their frequent errors and review the material with them in class.

- Explain to students how you will grade their writing. For example, you could use the rubric on p. IAE-39 and adapt it to suit your needs.

Course Planning

The **Denk mal!** program was developed keeping in mind the need for flexibility and manageability in a wide variety of academic situations. The following sample course plans illustrate how **Denk mal!** can be used in courses on semester or quarter systems. You should, of course, feel free to organize your courses in the way that best suits your students' needs and your instructional goals.

Two-Semester System

This chart shows how **Denk mal!** can be completed in a two-semester course. Please see the Table of Contents (pp. IAE-6–11) for a breakdown of the material covered in each lesson.

Semester 1	Semester 2
Lessons 1–5	Lessons 6–10

Quarter System

This chart illustrates how **Denk mal!** can be used in the quarter system. If you wish to have more time for review at the end of the course, you may choose to teach four lessons in the first quarter instead of three. Keep in mind, however, that you will need to adjust testing materials accordingly with the **Testing Program** (available on the Supersite).

Quarter 1	Quarter 2	Quarter 3
Lessons 1–3	Lessons 4–6	Lessons 7–10

Acknowledgments

Vista Higher Learning would like to offer sincere thanks to the many instructors nationwide who reviewed **Denk mal!** Their insights, ideas, and detailed comments were invaluable to the final product.

Angela Bacher
Washington Township High School, NJ

Rachel Becker
Benjamin Franklin High School, LA

Joshua D. Bonzo
Washington State University, WA

Beth A. Burau
Bishop Lynch High School, TX

Kristen Calvert
Kouts High School, IN

Brittney Delariva
Highland High School, IN

Diane DeMarco-Flohr
Mallard Creek High School, NC

Sandra I. Dillon
Idaho State University, ID

Gregory Divers, PhD
Saint Louis University, MO

Cordula Drossel-Brown, PhD
Bellevue College, WA

Lara Ducate
University of South Carolina, SC

Dee A. Elder
Emil E. Holt High School, MO

Kathy Fegely
Antietam High School, PA

Miriam Friedmann
International School of Zug and Luzern, Switzerland

Jennnifer M. Gully
College of William & Mary, VA

Iris Haseloff
James Madison University, VA

Jenn Hesse
Henry M. Jackson High School, WA

Michaela Houldieson
Valparaiso High School, IN

Johanna Jurgens
Hinsdale Central High School, IL

Harris King
Clemson University, SC

Melanie Lasee
Ashwaubenon High School, WI

Norman LaValette
The Pingry School, NJ

Courtney M. Lee
Cosby High School, VA

Christina Leps
Pine Crest School, FL

Jared Loehrmann
Guajome Park Academy, CA

Ines Lormand
Edmond North High School, OK

Nichole Mathews
Hamilton Southeastern High School, IN

Amy S. McMahon
Parkway Central High School, MO

William D. Morgan, Jr.
The Walker School, GA

Helen G. Morris-Keitel
Bucknell University, PA

Andrea Newbolds
River Ridge High School, FL

Dr. Susan Norland
Northern Virginia Community Colllege, VA

Philippe Radelet
Benjamin Franklin High School, LA

Lisa Richardson
Avon High School, IN

Dr. Christine Rinne
University of South Alabama, AL

Marcel P. Rotter, PhD
University of Mary Washington, VA

Karin Schestokat
Oklahoma State University, OK

D. Schlegel
St. Joseph's Preparatory School, PA

Erica Shafran
Hempfield Area High School, PA

J. Stecklein
Wheat Ridge High School, CO

Joanna K. Stimmel
Pepperdine University, CA

J. R. Wagner
Gutenberg College, OR

Tonya Wagoner
Harrison County High School, KY

Jennifer Wandrey Aykens
Northern Virginia Community College, VA

David Wilke
Paynesville High School, MN

Melinda Wilson
Folsom High School, CA

Europa

Länder, in denen Deutsch
eine Amtssprache ist

ISLAND
Reykjavik

BARENTSSEE

EUROPÄISCHES
NORDMEER

SCHWEDEN
FINNLAND
Helsinki
NORWEGEN
Stockholm
Oslo
Tallinn
ESTLAND
RUSSLAND

DÄNEMARK
NORDSEE
Riga
LETTLAND
OSTSEE
LITAUEN
Vilnius
Kopenhagen
RUSSLAND
Minsk
WEISSRUSSLAND
Moskau

IRLAND
Dublin
die
NIEDERLANDE
Amsterdam
Berlin
Warschau
Kiew

GROSS-
BRITANNIEN
London
Brüssel
DEUTSCHLAND
POLEN
die SLOWAKEI
die UKRAINE

ÖSTERREICH
LIECHTENSTEIN
Vaduz
die SCHWEIZ

LUXEMBURG
BELGIEN
Luxemburg
Prag
TSCHECHISCHE
REPUBLIK
Bratislava
MOLDAWIEN
Kischinau

Paris
LIECHTENSTEIN
Wien
Budapest

ATLANTISCHER
OZEAN
FRANKREICH
Bern
Vaduz
ÖSTERREICH
SLOWENIEN
UNGARN
RUMÄNIEN
Bukarest
SCHWARZES
MEER

die SCHWEIZ
Ljubljana
Zagreb
KROATIEN
Belgrad
Monaco
ITALIEN
BOSNIEN-
HERZEGOWINA
Sarajevo
SERBIEN
KOSOVO
Pristina
BULGARIEN
Ankara

Andorra la Vella
MONACO
SAN
MARINO
MONTENEGRO
Podgorica
Sofia
Skopje

PORTUGAL
ANDORRA
Korsika
Rom
Tirana
ALBANIEN
MAZEDONIEN
die TÜRKEI

Madrid
VATIKANSTADT
GRIECHENLAND

Lissabon
SPANIEN
Sardinien
Balearische
Inseln
Sizilien
Athen
Nicosia
ZYPERN
Kreta

Algier
Tunis
Valletta
MALTA

Rabat
MITTELMEER

MAROKKO
TUNESIEN
Tripolis
Kairo

ALGERIEN
LIBYIEN
ÄGYPTEN

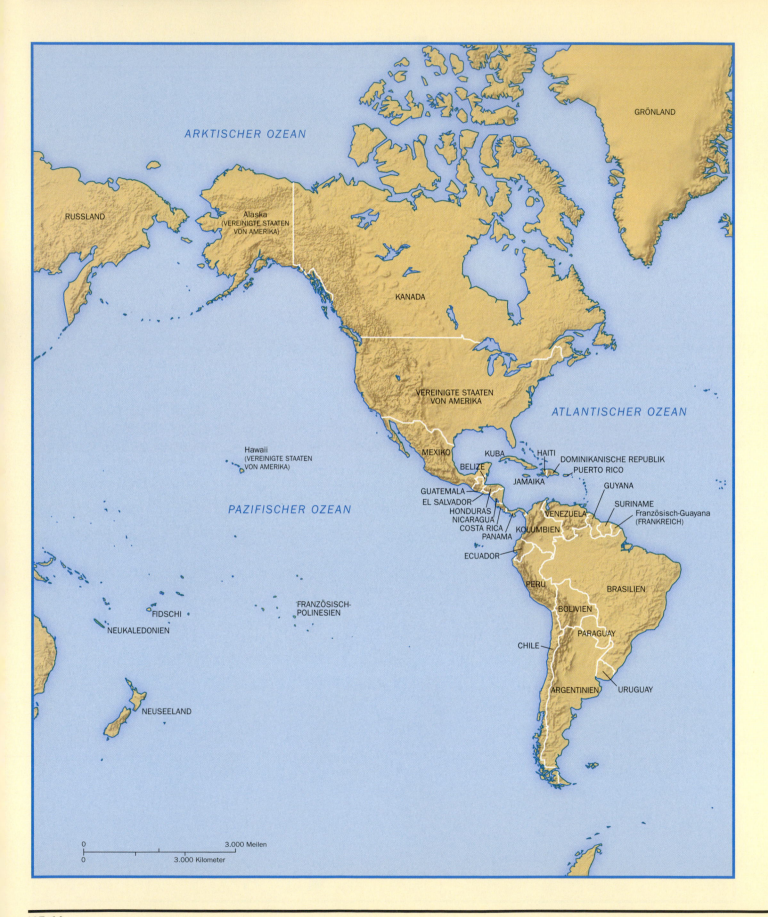

ARKTISCHER OZEAN

GRÖNLAND

RUSSLAND

Alaska
(VEREINIGTE STAATEN
VON AMERIKA)

KANADA

VEREINIGTE STAATEN
VON AMERIKA

ATLANTISCHER OZEAN

Hawaii
(VEREINIGTE STAATEN
VON AMERIKA)

MEXIKO

KUBA
HAITI
DOMINIKANISCHE REPUBLIK
PUERTO RICO

BELIZE

JAMAIKA

GUATEMALA
EL SALVADOR
HONDURAS
NICARAGUA
COSTA RICA
PANAMA

GUYANA

SURINAME
Französisch-Guayana
(FRANKREICH)

VENEZUELA

KOLUMBIEN

PAZIFISCHER OZEAN

ECUADOR

PERU

BRASILIEN

BOLIVIEN

FRANZÖSISCH-
POLINESIEN

FIDSCHI

PARAGUAY

NEUKALEDONIEN

CHILE

NEUSEELAND

ARGENTINIEN

URUGUAY

0   3.000 Meilen
0   3.000 Kilometer

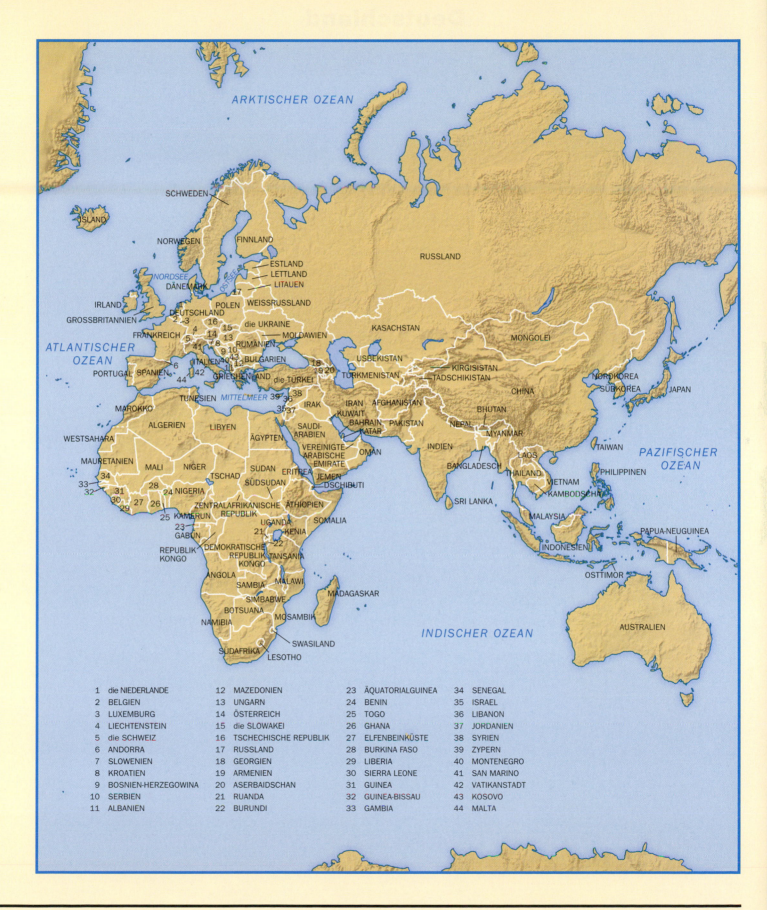

ARKTISCHER OZEAN

ISLAND

SCHWEDEN

NORWEGEN
FINNLAND
RUSSLAND

ESTLAND
NORDSEE LETTLAND
DÄNEMARK ÖSTSEE LITAUEN
17
IRLAND POLEN WEISSRUSSLAND
DEUTSCHLAND
GROSSBRITANNIEN 1
2 3 16
FRANKREICH 4 15 die UKRAINE
5 14 13 MOLDAWIEN KASACHSTAN
41 8 9 10 RUMÄNIEN MONGOLEI
ATLANTISCHER 43 BULGARIEN USBEKISTAN
OZEAN 6 40 12 18 KIRGISISTAN
ITALIEN 11 19 20 NORDKOREA
PORTUGAL SPANIEN 42 GRIECHENLAND die TÜRKEI TURKMENISTAN TADSCHIKISTAN SÜDKOREA JAPAN
44 CHINA
TUNESIEN MITTELMEER 39 38 IRAK IRAN AFGHANISTAN BHUTAN TAIWAN PAZIFISCHER
MAROKKO 35 37 KUWAIT PAKISTAN NEPAL MYANMAR OZEAN
ALGERIEN LIBYEN SAUDI- BAHRAIN
ÄGYPTEN ARABIEN KATAR INDIEN LAOS
WESTSAHARA VEREINIGTE OMAN BANGLADESCH THAILAND PHILIPPINEN
MAURETANIEN MALI NIGER ARABISCHE VIETNAM
TSCHAD SUDAN EMIRATE SRI LANKA KAMBODSCHA
33 34 SÜDSUDAN ERITREA JEMEN
32 31 28 24 NIGERIA DSCHIBUTI MALAYSIA
30 27 26 ZENTRALAFRIKANISCHE ÄTHIOPIEN INDONESIEN PAPUA-NEUGUINEA
29 25 KAMERUN REPUBLIK
23 UGANDA SOMALIA
GABUN 21 KENIA OSTTIMOR
REPUBLIK DEMOKRATISCHE 22
KONGO REPUBLIK TANSANIA
KONGO
ANGOLA
SAMBIA MALAWI
SIMBABWE MADAGASKAR
BOTSUANA
NAMIBIA MOSAMBIK AUSTRALIEN
INDISCHER OZEAN
SÜDAFRIKA SWASILAND
LESOTHO

1 die NIEDERLANDE	12 MAZEDONIEN	23 ÄQUATORIALGUINEA	34 SENEGAL
2 BELGIEN	13 UNGARN	24 BENIN	35 ISRAEL
3 LUXEMBURG	14 ÖSTERREICH	25 TOGO	36 LIBANON
4 LIECHTENSTEIN	15 die SLOWAKEI	26 GHANA	37 JORDANIEN
5 die SCHWEIZ	16 TSCHECHISCHE REPUBLIK	27 ELFENBEINKÜSTE	38 SYRIEN
6 ANDORRA	17 RUSSLAND	28 BURKINA FASO	39 ZYPERN
7 SLOWENIEN	18 GEORGIEN	29 LIBERIA	40 MONTENEGRO
8 KROATIEN	19 ARMENIEN	30 SIERRA LEONE	41 SAN MARINO
9 BOSNIEN-HERZEGOWINA	20 ASERBAIDSCHAN	31 GUINEA	42 VATIKANSTADT
10 SERBIEN	21 RUANDA	32 GUINEA-BISSAU	43 KOSOVO
11 ALBANIEN	22 BURUNDI	33 GAMBIA	44 MALTA

Deutschland

Österreich

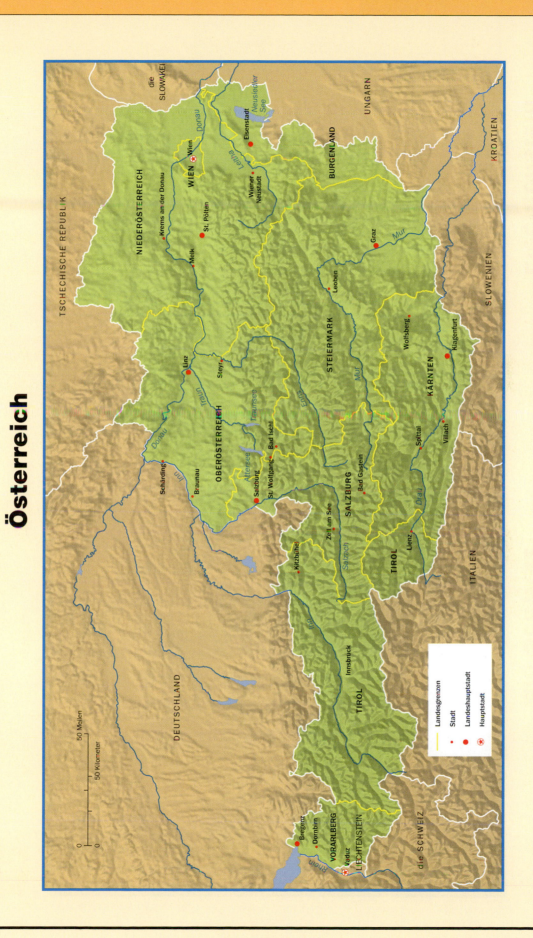

die SLOWAKEI

TSCHECHISCHE REPUBLIK

UNGARN

KROATIEN

SLOWENIEN

NIEDERÖSTERREICH

Neusiedler See

Donau

Leitha

BURGENLAND

Eisenstadt

WIEN ⊛ Wien

Krems an der Donau

St. Pölten

Melk

Wiener Neustadt

Graz

Mur

Linz

Steyr

Leoben

STEIERMARK

Traun

Traunsee

Enns

Mur

Wolfsberg

KÄRNTEN

Klagenfurt

OBERÖSTERREICH

Attersee

Bad Ischl

Schärding

Inn

Braunau

Salzburg

St. Wolfgang

Spittal

Villach

Drau

SALZBURG

Bad Gastein

Zell am See

Salzach

Kitzbühel

Lienz

TIROL

DEUTSCHLAND

Innsbruck

Inn

ITALIEN

50 Meilen

50 Kilometer

TIROL

die SCHWEIZ

Bregenz

Dornbirn

VORARLBERG

Vaduz

LIECHTENSTEIN

Rhein

Landesgrenzen
Stadt •
Landeshauptstadt ●
Hauptstadt ⊛

MAPS

Liechtenstein

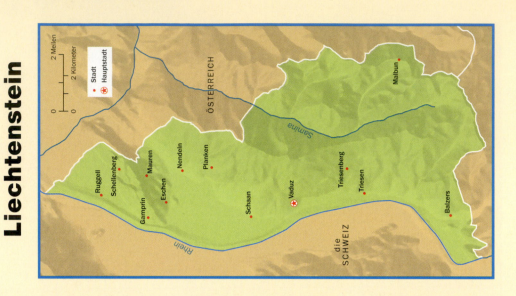

die Schweiz

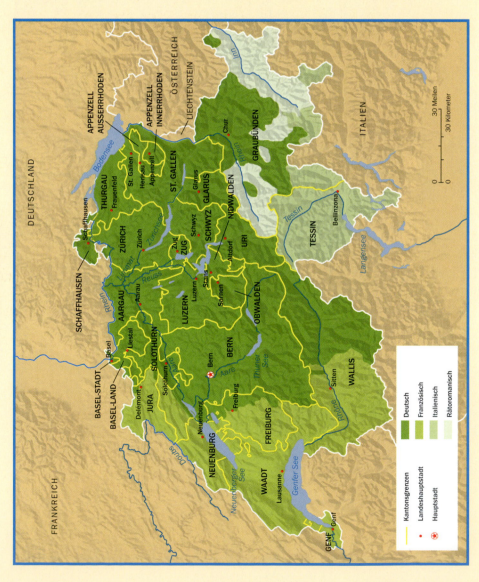

IAE-48

THIRD EDITION

DENK MAL!

Deutsch ohne Grenzen

Fühlen und erleben

Glücklich zu zweit? Eine solide Ehe und zwei Kinder? Ledig? Jeder hat seine eigene Vorstellung davon, wie die perfekte Familie aussieht. Aber egal, wie vielfältig unsere heutige Welt in Bezug auf (*regarding*) Liebe ist, zwei Dinge werden sich nicht ändern: jeder Mensch braucht andere, und menschliche Beziehungen sind nie einfach. Was denken Sie? Wie sind Ihre Beziehungen zu anderen? Fühlen Sie sich wohler allein oder zusammen mit anderen Menschen?

8

30

Reiseziel:
die Vereinigten Staaten

PREVIEW Point to the photo on the previous page. Engage students in a discussion about relationships.

Persönliche Beziehungen

Vocabulary Tools

Persönlichkeit

anhänglich *attached*
attraktiv *attractive*
bescheiden *modest*
bezaubernd/charmant *charming*
(un)ehrlich *(dis)honest*
einfallsreich *imaginative*
empfindlich *sensitive*
genial *highly intelligent*
liebevoll *affectionate*
optimistisch *optimistic*
pessimistisch *pessimistic*
(un)reif *(im)mature*
ruhig *quiet*
schüchtern *shy*
sorgfältig *careful*
stolz *proud*
vorsichtig *cautious*
zurückhaltend *reserved*

Familienstand

das (Ehe)paar, -e *(married) couple*

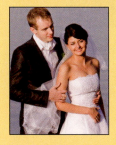

der/die Verlobte, -n *fiancé(e)*
der Witwer, -/die Witwe, -n
  widower/widow

heiraten *to marry*
sich (von j-m) scheiden lassen *to get*
  divorced (from)
(mit j-m) verheiratet sein *to be married (to)*

Point out the following abbreviations
used on this page: **j-m = jemandem,**
j-n = jemanden

SYNONYME
reizend ↔ bezaubernd
anziehend ↔ attraktiv
das Date, -s ↔ die Verabredung, -en
(ver)spüren ↔ empfinden ↔ fühlen
genug haben ↔ die Nase (von j-m/etwas)
  voll haben ↔ (j-n/etwas) satt haben
lästig sein (+ Dat.) ↔ stören

sich (mit j-m) verloben *to get engaged (to)*

geschieden *divorced*
ledig *single (unmarried)*
verlobt *engaged*
verwitwet *widowed*

Beziehungen

die Freundschaft, -en *friendship*

die Hochzeit, -en *wedding*
der Klatsch *gossip*
die Liebe (auf den ersten Blick) *love*
  (at first sight)
der/die Seelenverwandte, -n *soul mate*
die Verabredung, -en *date*
die Zuneigung, -en *affection*

(mit j-m) ausgehen *to go out (with)*
eine Beziehung haben/führen *to be in*
  a relationship
lügen *to lie*
etwas teilen *to share something*
sich (von j-m) trennen *to break up (with)*

verlassen *to leave*
sich verlassen auf (+ Akk.) *to rely (on)*
vertrauen (+ Dat.) *to trust*

(un)treu *(un)faithful*
unvergesslich *unforgettable*
leicht zu vergessen *forgettable*
vergesslich *forgetful*
verständnisvoll *understanding*

Gefühle

ärgern *to annoy*
fühlen *to feel*
(j-n/etwas) satt haben *to be fed up (with)*
hassen *to hate*
lieben *to love*
sich schämen (für + Akk./
  wegen + Gen.) *to be ashamed (of)*
stören *to bother*
träumen (von + Dat.) *to dream (of)*
verehren *to adore*
sich verlieben (in + Akk.) *to fall*
  in love (with)
böse werden *to get angry*

aufgeregt *excited*
begeistert *enthusiastic*

besorgt *worried*
bestürzt *upset*
deprimiert *depressed*
eifersüchtig *jealous*
enttäuscht *disappointed*
liebebedürftig *in need of affection*
verliebt (in + Akk.) *in love (with)*
wütend *angry*

INSTRUCTIONAL RESOURCES
Audioscripts, SAM AK, Lab MP3s
SAM/WebSAM: WB, LM

Anwendung und Kommunikation

1

Welches Wort passt nicht? Finden Sie in jeder Gruppe das Wort, das nicht zu den anderen passt.

1. attraktiv	charmant	bezaubernd	(leicht zu vergessen)
2. (hassen)	lieben	verehren	mögen
3. sich trennen	verlassen	(heiraten)	sich scheiden lassen
4. begeistert	optimistisch	(enttäuscht)	aufgeregt
5. bestürzt	besorgt	(begeistert)	deprimiert
6. (selbstsicher)	liebebedürftig	anhänglich	liebevoll
7. (ruhig)	böse	wütend	verärgert
8. bescheiden	zurückhaltend	schüchtern	(stolz)

2

Definitionen Finden Sie zu jeder Definition das Wort aus der Liste, das am besten passt.

einfallsreich	die Hochzeit	lügen	schüchtern	unreif
hassen	ledig	pessimistisch	träumen	zurückhaltend

1. Kindisch; noch nicht erwachsen: _unreif_
2. Eine Zeremonie, bei der zwei Menschen heiraten: _die Hochzeit_
3. Wenn man viele gute Ideen hat, dann ist man _einfallsreich_.
4. Wenn man die Welt negativ sieht, ist man _pessimistisch_.
5. Wenn man nicht verheiratet ist, ist man _ledig_.
6. Im Schlaf Bilder sehen: _träumen_
7. Unehrlich sein: nicht die Wahrheit sagen: _lügen_
8. Das Gegenteil von lieben: _hassen_
9. Wenn man nicht von sich aus auf andere Menschen zugeht, ist man _zurückhaltend_.
10. Wenn man anderen Menschen gegenüber ängstlich ist, ist man _schüchtern_.

3

Persönlichkeitstest Stellen Sie sich zu zweit die folgenden Fragen, um herauszufinden, was für eine Persönlichkeit Sie haben.

Ja	Manchmal	Nein		Punkte
☐	☐	☐	1. Es ist Freitag Abend. Sind Sie zu Hause?	**Ja** = 0 Punkte
☐	☐	☐	2. Morgen haben Sie einen wichtigen Mathetest. Lernen Sie am liebsten allein dafür?	**Manchmal** = 1 Punkt **Nein** = 2 Punkte
☐	☐	☐	3. Sie gehen in ein Café und sehen eine attraktive Person. Es ist Liebe auf den ersten Blick! Werden Sie sehr nervös?	**Ergebnisse**
☐	☐	☐	4. Sie haben Probleme. Behalten Sie sie für sich?	**0 bis 8 Punkte:** Sie sind ziemlich schüchtern! Vielleicht sollten Sie abends mehr ausgehen? Die Welt wartet auf sich!
☐	☐	☐	5. Träumen Sie davon, auf einer ruhigen Insel zu leben?	
☐	☐	☐	6. Sie sind auf einer Party und Sie kennen niemanden. Gehen Sie nach Hause?	**9 bis 12 Punkte:** Sie haben eine ausgewogene (*balanced*) Persönlichkeit.
☐	☐	☐	7. Sind Sie bescheiden?	**13 bis 16 Punkte:** Es macht großen Spaß, mit Ihnen auf Partys zu gehen. Aber können Sie auch zuhören?
☐	☐	☐	8. Sie müssen eine Rede halten (*give a speech*). Vergessen Sie, was Sie sagen wollen?	

 Practice more at vhlcentral.com.

---

1 Ask students if they remember what **sicher** means, and see if they can guess the meaning of **selbstsicher**. Also draw their attention to the word **verärgert**—the related word on the vocabulary list is **ärgern**.

1 Ask students to explain what the three remaining words from each group have in common.

1 Have students work in pairs to create their own "odd word out" exercise, using vocabulary from the list. Have one person from each pair read his/her word groups to the class so that everyone can guess which word doesn't belong.

2 Assign pairs of students a vocabulary word that they must define. Have them read their definitions out loud, and have the class guess the word being defined.

TEACHING OPTION
Have students use the vocabulary to describe their ideal partner: what he or she is like, what he or she is not like. Ask students if they believe that every person has a **Seelenverwandten**. Ask them what it means to have a soul mate.

3 Have students predict their own results before taking the quiz and then work through the test with a partner, reading the questions aloud to each other and discussing their answers as they go.

3 Ask students after the test: **Stimmt das Resultat?**

Vorbereitung

Wortschatz des Kurzfilms	
der Abfall, ¨-e	*decline*
das Beschäftigungsverhältnis, -se	*employment relationship*
der Beschluss, ¨-e	*decision*
die Effektivität	*effectiveness*
der Familienrat, ¨-e	*family council*
gründlich	*thorough*
die Mängel	*shortcomings*
j-m Bescheid sagen	*to let someone know*
das Sanierungskonzept, -e	*recovery plan*
der Stundennachweis, -e	*hourly timesheet*

Nützlicher Wortschatz	
etwas annehmen	*to accept something*
einstimmig	*unanimous*
j-m kündigen	*to terminate; to fire*
die Kündigung, -en	*written notice*
der Niedriglohn, ¨-e	*low wage*
die Qualitätskontrolle, -n	*quality control*
rentabel	*profitable, cost-efficient*
die Rolle, -n	*role*
der Wert, -e	*worth*

AUSDRÜCKE

Anstellung auf Ein-Euro-Basis *job that pays one Euro an hour*

eine Kostenanalyse durchführen *to perform a cost analysis*

ein Sanierungskonzept entwerfen *to draw up a recovery plan*

Tränen stehen in den Augen *tears well in the eyes*

mit sofortiger Wirkung *effective immediately*

1 **Das Ultimatum** Schreiben Sie die richtigen Wörter oder Ausdrücke in die Lücken.

MUTTER Ich habe gerade wieder den Müll zur Mülltonne gebracht. Mir reicht's! Das ist doch eigentlich die Aufgabe unserer Tochter!

VATER Ich weiß. In letzter Zeit hat sie ihre Arbeit zu Hause nicht sehr (1) ___gründlich___ gemacht.

MUTTER Und der (2) ___Wert___ der Arbeit unseres Sohnes lässt auch nach (*is slipping*). Er spielt nur noch Videospiele, anstatt sein Bett zu machen oder sein Zimmer zu putzen.

VATER Mhm.

MUTTER Ich denke, es ist Zeit, dass wir das im (3) ___Familienrat___ besprechen.

VATER Überleg mal: In einer richtigen Firma würde man den beiden bestimmt (4) ___kündigen___.

MUTTER Da hast du recht! Warum sagen wir ihnen nicht, dass sie diese (5) ___Mängel___ beheben (*correct*) müssen, oder sie bekommen kein Geld mehr.

VATER Und wenn sie das nicht (6) ___annehmen___?

MUTTER Dann kündigen wir ihnen (7) ___mit sofortiger Wirkung___.

VATER Das bedeutet also, dass sie zwar nicht mehr arbeiten müssen, aber dass sie auch kein Geld mehr bekommen.

MUTTER Genau! Ich bin mal gespannt (*curious*), wie sie auf diesen (8) ___Beschluss___ reagieren.

INSTRUCTIONAL RESOURCES
Film Collection,
Script & Translation
SAM/WebSAM: WB

2 **Eltern und ihre Kinder** Beantworten Sie zu zweit die folgenden Fragen zum Gespräch in **Aufgabe 1** auf Seite 6.

1. Beschreiben Sie den Vater und die Mutter in dem Gespräch. Sind das typische Eltern?

2. Warum sind sie mit ihren Kindern nicht zufrieden?

3. Was wollen Mutter und Vater machen, damit die Kinder im Unternehmen Familie besser mitarbeiten?

4. Wie, glauben Sie, reagieren die Kinder auf das Ultimatum?

3 **Eine traditionelle Familie**

A. Stellen Sie sich eine Familie mit Eltern, Kindern und Großeltern vor: Wie können Sie diese drei Generationen charakterisieren? Was ist jeder Generation wichtig (z.B. Arbeit, Hobbys, Gesundheit)?

jüngere Kinder	ältere Kinder	Vater	Mutter	Großeltern

3 With the entire class, discuss similarities and differences between the individual groups.

 B. Lesen Sie Ihre Antworten in der Gruppe vor. Machen Sie dann gemeinsam eine Liste und präsentieren Sie diese Liste im Kurs.

4 **Was passiert?** Schauen Sie zu zweit die beiden Bilder an und beschreiben Sie, was in jedem Bild passiert.

5 **Wer macht was in einer Familie?** Besprechen Sie die folgenden Fragen in Gruppen.

1. Was verstehen Sie unter einer traditionellen Familie? Einer modernen Familie?

2. Beschreiben Sie die Rollen von Müttern, Vätern und Kindern in traditionellen Familien. Sind die Rollen in modernen Familien anders? Beschreiben Sie die Unterschiede.

3. Welche Person ist in einer traditionellen Familie am wichtigsten? In einer modernen Familie?

KULTURANMERKUNG

Familien in Deutschland

Jahrzehntelang sank die Geburtenrate in Deutschland. 1994 war die durchschnittliche (*average*) Kinderzahl 1,2 Kinder pro Frau im gebärfähigen Alter (*of childbearing age*). Laut dem Statistischen Bundesamt hat sich dieser Trend seitdem aber umgekehrt (*reversed*): Im Jahr 2015 war die Kinderzahl auf 1,5 Kinder pro Frau gestiegen. In Österreich und in der Schweiz sieht man auch einen langsam steigenden Trend.

 Practice more at **vhlcentral.com**.

Video

Outsourcing

EIN FILM VON HANNA REIFGERST/MARKUS DIETRICH

Drehbuch Markus Dietrich, Hanna Reifgerst
Kamera Urs Zimmermann **Produktion** Hanna Reifgerst, Christiane Schlicht
Schnitt Wolfgang Bauer **Musik** Philipp E. Kümpel
Darsteller Frank Röth, Gesa Badenhorst, Tom Siegert, Anne Wittig, Shirin Kühn

Friedrich-
Wilhelm-Murnau-
Kurzfilmpreis
2007

dkf-
Regieförderpreis
2007

Camera
del Lavoro
(Milano)
2007

SZENEN

HANDLUNG *Eine Mutter kostet zu viel Geld und ist nicht effizient. Deshalb fasst ihre Familie den Beschluss, das Familienleben ohne sie zu organisieren.*

GABI Gib mir noch 5 Minuten!

MUTTER Hat jemand Maria Bescheid gesagt?
VATER Weiß nicht.

MUTTER Ist das schön. Alle gemeinsam beim Frühstück!

MUTTER Hiermit teilen wir Ihnen mit, dass Ihr Beschäftigungsverhältnis als Hausfrau… und Mutter mit sofortiger Wirkung beendet ist.

VATER Bei einer fünfköpfigen Familie mit nur einem Einkommen ist so was nicht tragbar°.
GABI Aus diesem Grund° haben wir ein Sanierungskonzept entworfen, das die Familie in den nächsten zwölf Monaten aus den roten Zahlen bringen wird.
VATER Wir werden die Küche schließen.

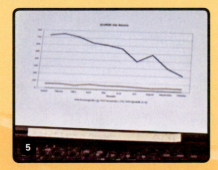

MUTTER So! Und wo wollt ihr kochen? Wer soll euch zur Schule fahren? Und was ist mit Maria? Wer kümmert sich um Maria?

tragbar *acceptable* **Grund** *reason*

KULTURANMERKUNG

HARTZ IV

Früher gab es in Deutschland für Personen ohne Arbeit entweder Arbeitslosengeld oder Sozialhilfe. Um das deutsche Sozialsystem zu reformieren und die Arbeitslosenzahlen zu reduzieren, wurde unter anderem der ehemalige Volkswagenchef Peter Hartz engagiert°. Als Teil der Hartz-Reformen gibt es seit 2005 nur noch Arbeitslosengeld I und II. Mit Hilfe dieser Reformen sollen mehr Arbeitslose wieder schneller anfangen zu arbeiten. Diese Reformen haben allerdings in ganz Deutschland höchst intensive Diskussionen ausgelöst°, da viele Menschen das Ende des deutschen Sozialstaats befürchten°.

engagiert *hired* **ausgelöst** *triggered*
befürchten *fear*

The film is short enough to be watched multiple times. Show the film initially without sound, and ask students to make predictions. Talking about the visual information provided in the film will help students process the language content.

🔊 Beim ZUSCHAUEN

Was passiert wann? Bringen Sie die folgenden Sätze in die richtige Reihenfolge.

_3_ **a.** Eine Frau liest einen Brief.

_2_ **b.** Eine Familie kommt zum Frühstück zusammen.

_1_ **c.** Ein Mann kommt nach Hause.

_5_ **d.** Eine Frau und ein kleines Kind gehen auf einer Straße.

_4_ **e.** Es gibt einen großen Streit.

1 Have students come up with other statements for the class.

Analyse

1 **Verständnis** Markieren Sie, ob die folgenden Aussagen über den Film **richtig** oder **falsch** sind. Korrigieren Sie die falschen Sätze.

Richtig	Falsch	
☑	☐	1. Eine Familie sitzt am Frühstückstisch.
☐	☑	2. Die Mutter bekommt eine Geburtstagskarte von der Familie. Die Mutter bekommt eine Kündigung von der Familie.
☑	☐	3. Die Familie ist mit der Arbeit der Mutter nicht zufrieden.
☑	☐	4. Die Familie hat finanzielle Probleme.
☐	☑	5. Die Mutter darf ihre Kinder in Zukunft nicht mehr sehen. Die Mutter darf jede Woche dreimal nach Hause kommen, Wäsche machen und die Kinder besuchen.
☐	☑	6. Am Ende des Films verlässt die Mutter das Haus mit der älteren Tochter. Am Ende des Films verlässt die Mutter das Haus mit der jüngeren Tochter.

2 **Was passt zusammen?** Verbinden Sie die Satzhälften.

__b__ 1. Die Mutter   a. will das Klo nicht putzen.

__e__ 2. Der Vater   b. freut sich, dass alle zusammen frühstücken.

__c__ 3. Gabi (die ältere Tochter)

__a__ 4. Thomas (Sohn)   c. macht eine Grafik über die Effektivität ihrer Mutter.

__d__ 5. Maria (die jüngere Tochter)   d. möchte ein Brötchen essen.

     e. hat mit seiner Mutter besprochen, dass seine Frau bei ihr wohnen kann.

3 **Was passiert im Kurzfilm?** Vervollständigen Sie jeden Satz gemäß dem Film. Besprechen Sie Ihre Antworten zu zweit.

1. Der Film spielt…
   a. in einer Großstadt.   b. in einer Kleinstadt.
   ⓒ in einer Vorstadt.

2. Der Vater legt der Mutter einen Brief unter ihren Teller, …
   ⓐ um ihr zu kündigen.   b. damit sie sich freut.
   c. weil er sie liebt.

3. Die Mutter…
   a. kümmert sich um die Haustiere.   ⓑ kocht.
   c. schafft eine schlechte Atmosphäre.

4. Gabi zeigt ihrer Mutter eine Grafik, damit sie sehen kann, …
   a. wie viel Gabi arbeitet.   ⓑ wie viel Geld die Familie sparen kann.
   c. für wie viel Geld das Zweitauto und die Küche verkauft wurden.

5. Die Mutter ist wütend, weil…
   a. sie mehr Geld will.   b. sie nicht kochen kann.
   ⓒ sie den Beschluss ihrer Familie nicht versteht.

6. Die Mutter und Maria gehen am Ende des Filmes Hand in Hand auf der Straße, …
   a. weil der Bus schon weg ist.
   b. weil sie zum Supermarket gehen.
   ⓒ weil sie aus dem Haus geworfen worden sind.

4 **Personenbeschreibung** Beschreiben Sie zu zweit das Leben dieser Personen. Machen Sie mindestens fünf Aussagen über den Tagesablauf und die Gefühlslage (*emotional state*) jeder einzelnen Person. Beantworten Sie anschließend die Fragen.

1.

2.

3.

4.

1. Wie beschreibt man am besten die Beziehung der Mutter zu den einzelnen Familienmitgliedern?
2. Wie macht die Mutter ihre „Arbeit"? Welche Beispiele gibt es im Film?
3. Wie reagiert die Mutter auf den Beschluss der Familie?
4. Was für eine Beziehung haben die Eltern?
5. Wie reagieren die Kinder, als der Mutter gekündigt wird?
6. Warum verlässt die Mutter am Ende das Haus mit Maria?

5 **Diskussion** Besprechen Sie die folgenden Fragen in Gruppen und überlegen Sie sich konkrete Beispiele für Ihre Antworten.

1. Wie viel ist die Arbeit einer Mutter wert, die „nur" Hausfrau ist? Kann man dieser Arbeit einen finanziellen Wert zuordnen? Warum/warum nicht?
2. Beschreiben Sie die Rollenunterschiede von Eltern und Kindern. Sollten Kinder so gleichgestellt sein wie Gabi in diesem Film?
3. Repräsentiert die Situation im Film – die Mutter ist Hausfrau und der Vater verdient das Geld – noch die Situation in der heutigen Gesellschaft? Wie sieht die moderne Familie aus?

6 **Zum Thema** Schreiben Sie einen ganzen Absatz über Ihre Reaktion auf eine der folgenden Situationen.

1. Die Mutter und Maria stehen vor Omas Haustür: Was passiert?
2. Ähnlich wie im Film wird Ihnen von Ihrer Familie als Tochter/Sohn/Vater/Mutter gekündigt: Wie reagieren Sie?

6 Students can use their answers to practice narrating in the past, present, or future tense in paragraph-length discourse.

Practice more at vhlcentral.com.

Die Vereinigten Staaten und Deutschland

INSTRUCTIONAL RESOURCES Teaching suggestions SAM/WebSAM: WB

Deutsche in den USA

Im 19. Jahrhundert° kommen Einwanderer° aus ganz Deutschland in die USA, denn in Deutschland ist die politische Situation schwierig. Viele Einwanderer sind Freiheitssuchende, die nach der missglückten° Revolution von 1848 ihr Glück in der **neuen Welt** suchen. In der alten Welt wurde die Hoffnung auf mehr Demokratie enttäuscht und deshalb verlassen viele Menschen ihre Heimat. Die Einwanderer teilen eine Gemeinsamkeit°: sie träumen von einem besseren Leben mit mehr Möglichkeiten°. Für die Deutschamerikaner stehen die Vereinigten Staaten für Freiheit, Demokratie und Geschäftigkeit°. Das Land gibt ihnen die Chance, etwas Neues aus eigener Kraft° aufzubauen.

Viele Deutsche gehen zum Beispiel nach **Milwaukee**. Dort ist das Land billig und die Stimmung optimistisch. Milwaukee ist im Jahr 1880 eine lebendige°, schnell wachsende° Stadt, und sie ist sehr attraktiv für die idealistischen Deutschen.

So viele Deutschamerikaner landen hier, dass die Stadt den Spitznamen° „**Deutsches Athen**" bekommt; das bedeutet, dass Milwaukee, ganz wie Athen, als sehr fortschrittlich gilt°. Auch heute gibt es nirgends in den USA einen so hohen Anteil° an Deutschamerikanern wie in Milwaukee. Die Stadt ist stolz auf ihre Geschichte. Deshalb veranstaltet° Milwaukee ein großes Fest: das *German Fest*. Jedes Jahr begeistert diese Veranstaltung mehr als 100.000 Besucher, und es ist das größte Fest dieser Art in den USA. Das *German Fest* findet jeden Sommer am Michigansee statt° und dauert° drei bis vier Tage. Man hat hier die Chance, einige der schönsten deutschen Traditionen kennen zu lernen und muss dafür amerikanischen Boden° nicht verlassen. Es gibt dort zum Beispiel eine **Handwerksschau°**, Tanzvorführungen mit Trachten° aus verschiedenen Regionen

Übrigens…

Schafkopf ist ein bayerisches Kartenspiel, das heute noch von vielen Milwaukeeanern fleißig gespielt wird. Um Schafkopf zu spielen, braucht man vier Spieler, besondere° Karten und einen einfallsreichen Kopf. Die Spieler bluffen, schimpfen° und eifern nach° den besten Karten in den richtigen Kombinationen. Asse° sind gut, aber am liebsten hat man die höchsten Trumpfkarten – die vier „Ober"°.

The card game **Schafkopf** is translated as *Sheepshead*; the name of the game may actually derive from the words **Schaff Kopf**.

Deutschlands, ein **Fußballturnier**, **Schafkopf°** und sogar ein **Dackelrennen°**. Ein **Kulturdorf°** gibt es auch, wo man ein bisschen Deutsch lernen und auch etwas über deutschamerikanische Geschichte in den USA herausfinden kann. Während des langen Wochenendes lernen die Besucher auch die deutsche Küche kennen: es gibt zum Beispiel **Kartoffelsalat**, **Bratwürste**, **Sauerkraut** und **Apfelstrudel**. Laut° Statistik essen die Besucher mehr als 9.000 kg Kartoffeln, ungefähr 20.000 Bratwürste und etwa 4.500 kg Sauerkraut. Das Sauerkraut, das man hier bekommt, wird nach altdeutschem Rezept gemacht, mit frischen Äpfeln, Speck° und Kümmel°. Die **Gemütlichkeit°** beim *German Fest* ist authentisch und alle, die das Fest besuchen, können etwas über Deutschland lernen und Spaß haben.

Jahrhundert *century* **Einwanderer** *immigrants* **missglückten** *failed* **Gemeinsamkeit** *common ground* **Möglichkeiten** *opportunities* **Geschäftigkeit** *bustle* **aus eigener Kraft** *on their own* **lebendige** *lively* **schnell wachsende** *fast growing* **Spitznamen** *nickname* **als…gilt** *is being considered …* **Anteil** *percentage* **veranstaltet** *organizes* **findet…statt** *takes place* **dauert** *lasts* **Boden** *soil* **Handwerksschau** *handicraft show* **Tanzvorführungen mit Trachten** *dance performances with traditional costumes* **Schafkopf** *Sheepshead (card game)* **Dackelrennen** *Dachshund derby* **Kulturdorf** *cultural village* **Laut** *According to* **Speck** *bacon* **Kümmel** *caraway* **Gemütlichkeit** *comfortable atmosphere* **besondere** *special* **schimpfen** *grumble* **eifern nach** *strive for* **Asse** *Aces* **Ober** *"overs," special Schafkopf cards*

Entdeckungsreise

Brooklyn Bridge John Augustus Roebling (Johann August Röbling), ein wichtiger deutsch-amerikanischer Ingenieur, entwickelte eine Methode, Drahtseile° aus Stahl° zu produzieren, was für den amerikanischen Brückenbau wichtig war. Sein bekanntestes Bauwerk, New Yorks *Brooklyn Bridge*, hat er leider nie gesehen, weil er 1869 an Tetanus starb.

Frankfurter Würstchen Schon 5.000 Jahre vor Chr. sollen die Ägypter Wurst gegessen haben. Die Deutschen aber haben Wurst

perfektioniert. Deutsche Einwanderer brachten ihre Wurstrezepte° mit in die USA. Die Wurst, die nach Amerika als „Frankfurter" kam – eine geräucherte° Wurst aus Schweinefleisch – ist eng verwandt mit dem Wiener Würstchen, das sowohl Schweinefleisch als auch Rindfleisch enthält.

Drahtseile *twisted wire cables* **Stahl** *steel* **Wurstrezepte** *sausage recipes* **geräuchterte** *smoked*

Was haben Sie gelernt?

Richtig oder falsch? Sind die Aussagen **richtig** oder **falsch**? Stellen Sie die falschen Aussagen richtig. *Some answers will vary.*

1. Milwaukee hatte den Spitznamen „Deutsches Athen". *Richtig.*
2. Viele Deutsche suchten in der neuen Welt Freiheit. *Richtig.*
3. Das *German Fest* in Milwaukee hat nur wenig Besucher. *Falsch. Es kommen sehr viele Besucher, mehr als 100.000 jedes Jahr.*
4. Es gibt nur Äpfel und Kartoffeln beim *German Fest*. *Falsch. Es gibt Apfelstrudel, Kartoffelsalat, Sauerkraut, Bratwürste und vieles mehr.*
5. Im Kartenspiel Schafkopf spielt Bluffen keine Rolle. *Falsch. Bluffen und schimpfen spielen eine Rolle.*
6. Johann Röbling starb, bevor die *Brooklyn Bridge* fertig gebaut wurde. *Richtig.*
7. Die Deutschen haben die Wurst erfunden (*invented*). *Falsch. Die Deutschen haben die Wurst perfektioniert.*

Fragen Beantworten Sie die Fragen. *Some answers will vary.*

1. Woher kommen die Einwanderer? *Die Einwanderer kommen aus ganz Deutschland.*
2. Was finden die Einwanderer in der neuen Welt gut? *Den Einwanderern gefällt die Idee von Freiheit, Demokratie und Geschäftigkeit.*
3. Warum nennt man Milwaukee auch das „Deutsche Athen"? *Die Stadt bekam diesen Spitznamen, weil so viele Deutsche da gelebt haben und weil Milwaukee, wie Athen, sehr fortschrittlich war.*
4. Wie oft findet das *German Fest* in Milwaukee statt? *Das Fest findet jeden Sommer in Milwaukee statt.*
5. Welche typisch deutschen Gerichte (*dishes*) gibt es auf dem *German Fest*? *Es gibt Kartoffelsalat, Bratwürste, Sauerkraut und Apfelstrudel.*
6. Was kann ein Dackel beim *German Fest* machen? *Ein Dackel kann am Dackelrennen teilnehmen.*
7. Wofür ist der deutsche Einwanderer John Roebling bekannt? *Er ist bekannt, weil er der Ingenieur der Brooklyn Bridge ist.*
8. Wie heißen die beiden Städte, nach denen zwei bekannte Sorten Würste benannt sind. *Frankfurt und Wien.*

Diskussion Besprechen Sie in Gruppen die folgenden Fragen.

1. Gibt es deutsche Feste in Ihrer Stadt oder Ihrem Land? Wo findet es statt? Was wissen Sie über die Geschichte des Fests?
2. Waren Sie schon mal auf einem amerikanischen *German Fest*? Wenn nicht, möchten Sie so etwas erleben? Wenn ja, was haben Sie erlebt?
3. Haben Sie jemals echte deutsche Spezialitäten wie Bratwurst, Sauerkraut, Kartoffelsalat oder Apfelstrudel gegessen? Wenn nicht, möchten Sie sie probieren?
4. Schafkopf ist ein altes deutsches Kartenspiel. Haben Sie es mal gespielt? Kennen Sie andere deutsche Kartenspiele?

Galerie

Ask students if they have eaten Brach candies, and whether they knew the founder was German. Point out that in addition to Milwaukee (see page 12), Chicago was also home to many German immigrants at the turn of the 20th century.

Wirtschaft
Emil Julius Brach (1859–1947)

Im Alter von sieben Jahren emigrierte Emil J. Brach mit seinen Eltern von Schönwald im Schwarzwald nach Burlington, Iowa. 1880 zog er nach Chicago, wo er eine gutbezahlte Stelle in einer Süßwarenfabrik (*candy factory*) bekam. Bald beschloss er, sich selbstständig zu machen, und eröffnete 1904 Brach's Confections. Brachs Scharfsinnigkeit (*acuity*) in Geschäftsdingen und die ausgezeichnete Qualität seiner Bonbons führten schnell zum Erfolg. Bald schon belieferte er große Warenhäuser. Im Jahr 1913 richtete er als erster Süßwarenhersteller ein Labor für Lebensmittelsicherheit (*food safety*) ein. Dort wurden Stichproben (*random samples*) auf Reinheit und Qualität untersucht.

Literatur
H. A. (1898–1977) und Margret Rey (1906–1996)

H. A. Rey war ein deutsch-amerikanischer Kinderbuchautor und Illustrator, der zusammen mit seiner Frau Margret die Kinderbuchserie *Curious George* erschuf (*created*). Auf Deutsch heißt sie *Coco, der neugierige Affe*. Hans Augusto, wie Rey eigentlich hieß, wuchs in Hamburg auf und emigrierte 1924 nach Brasilien, wo er 1935 die Hamburgerin Margret Waldstein heiratete. Sie lebten zunächst in Paris, flohen von dort aber 1940 in die USA, wo sie sich in New York niederließen (*settled*). 1941 erschien dort der erste Band von *Curious George*. In den nächsten 25 Jahren folgten weitere sieben Geschichten. Margret war für den Text und H.A. für die Illustrationen verantwortlich.

Ask students if they read the *Curious George books* or saw the film adaptation or TV show as children. Locate a copy of the German version and share it with the class.

Schauspiel

Kirsten Dunst (1982–)

Die amerikanische Schauspielerin Kirsten Dunst wurde 1982 in New Jersey geboren. Ihre Mutter ist Amerikanerin, ihr Vater stammt aus Hamburg. Kirsten wirkte schon mit drei Jahren in Werbefilmen (*commercials*) mit. Es folgte eine steile Hollywood-Karriere. Ihre erste größere Rolle war als Vampir Claudia in *Interview mit einem Vampir* (1994). Seit 2011 besitzt Dunst neben ihrem amerikanischen auch einen deutschen Pass. Die doppelte Staatsbürgerschaft (*citizenship*) hilft ihr, für europäische Filme engagiert zu werden.

Technologie

Ralph Henry Baer (1922–2014)

Ralph Henry Baer wurde 1922 als Sohn eines jüdischen Schuhfabrikanten in Rodalben, Rheinland-Pfalz geboren. 1938 floh die Familie in die USA und ließ sich in New York City nieder. Baer wurde Ingenieur. 1966 hatte er erstmals die Idee für eine Spielkonsole. Aber es dauerte noch 6 Jahre, bis die Firma Magnavox Baers Konsole Odyssey erfolgreich auf den Markt brachte. 1978 entwickelte Baer dann das elektronische Musikspielzeug Senso (*Simon*). Im Jahr 2006 bekam er die National Medal of Technology. 2010 wurde er in die Inventors Hall of Fame aufgenommen.

Analyse

Verständnis Finden Sie für jeden Satz die richtige Ergänzung.

1. 1913 richtete Emil Brach ein _____Labor_____ für Lebensmittelsicherheit ein.

2. Im Alter von sieben Jahren _____emigrierte_____ Emil Brach mit seinen Eltern in die USA.

3. Das Kinderbuch *Curious George* heißt auf Deutsch ____Coco, der neugierige Affe____.

4. ____Margret Rey____ schrieb die Texte für die *Curious George* Geschichten.

5. Kirsten Dunst ist Amerikanerin und besitzt seit 2011 auch die deutsche ____Staatsbürgerschaft____.

6. Kirsten Dunsts Karriere begann mit ____Werbefilmen____, als sie 3 Jahre alt war.

7. Der Ingenieur Ralph Henry Baer stammte aus ____Rodalben____ im Bundesland Rheinland-Pfalz.

8. 1978 entwickelte Ralph Baer das elektronische Musikspielzeug ____Senso____.

Diskussion Warum haben H. A. und Margret Reys Kinderbücher immer noch so großen Erfolg? Diskutieren Sie die Frage in kleinen Gruppen und ziehen Sie Handlung, Zeichnungen, Moral der Geschichten und andere Aspekte in Betracht.

Aufsatz Schreiben Sie einen kurzen Aufsatz über eines der folgenden Themen.

1. Baers Spielkonsole Odyssey ist der Beginn einer neuen Spielegeneration. Heute gibt es Unmengen elektronischer Spiele (z.B. Videospiele, Konsolen, Apps). Vergleichen Sie Spiele, die Sie kennen, und erklären Sie, wie diese sich von ihren Vorgängern (*predecessors*) unterscheiden (z.B. Gruppenspiele übers Internet Chatfunktionen und so weiter).

2. Viele Deutsche sind im Laufe der Zeit in die USA, nach Kanada und in andere Länder ausgewandert. Stellen Sie sich vor, Sie müssten oder wollten aus Ihrem Heimatland auswandern. In welches Land würden Sie gehen? Erklären Sie Ihre Wahl.

Ask students which Kirsten Dunst films or TV shows they have seen. If students have trouble thinking of films, suggest Bring It On, Spider-Man, Marie Antoinette, Hidden Figures, *and* The Beguiled. *Take a class poll for their favorite Kirsten Dunst movie.*

Ask students if they had ever heard of Ralph Baer before. Ask the class who likes playing video games and whether they have played any of the first generation games such as Simon or Pong, or any game on an old Odyssey console. Ask students to research other inventions by Baer.

1.1

INSTRUCTIONAL RESOURCES
Audioscripts, SAM AK,
Lab MP3s, Grammar
Presentation Slides
SAM/WebSAM: WB, LM

Word order: statements and questions

—*Wir haben folgendes Angebot für dich.*

Word order in statements

- In both English and German, simple statements require a subject and a verb. Basic word order in German places the conjugated verb as the **second** element of the sentence, preceded by the subject.

Subject	Verb
Ich	träume.
Wir 1	sind optimistisch. 2

- When an element other than the subject comes at the beginning of the sentence, the conjugated verb remains the second element and is instead followed immediately by the subject. This is called *inverted word order*. Note that the first element can be a single word or an entire phrase.

  Subject/verb word order:
  Ich heirate meinen Freund Thomas nächstes Jahr.
  1   2

  Inverted word order:

  Meinen Freund Thomas heirate ich nächstes Jahr.
         1   2

  Nächstes Jahr heirate ich meinen Freund Thomas.
    1   2

- When stressing certain information, the element to be emphasized (when, where, who, with whom, etc.) should be placed in the first position.

Wer geht heute mit Sven aus? *Who is going out with Sven today?*	**Ich gehe** heute mit Sven **aus**. *I'm going out with Sven today.*
Mit wem gehst du heute aus? *With whom are you going out today?*	**Mit Sven** gehe ich heute aus. *I'm going out **with Sven** today.*
Wann gehst du mit Sven aus? *When are you going out with Sven?*	**Heute** gehe ich mit Sven aus. *I'm going out with Sven **today**.*

- If a sentence with subject/verb word order contains multiple adverbs, the adverbs follow the TMP sequence (time, manner, place). Adverbs of time are often placed at the beginning of the sentence.

                      T   M   P
  Ich gehe **heute Abend** allein **ins Kino**.
  *I am going **to the movies alone tonight**.*

  Heute Abend gehe ich **allein ins Kino**.
  *Tonight I am going **to the movies alone**.*

ACHTUNG!

Remember that the subject of the sentence must come directly before or after the verb, as in these declarative sentences.

Ich rufe meinen Verlobten später an.

Später **rufe ich** meinen Verlobten an.

Meinen Verlobten **rufe ich** später an.
I'll call my fiancé later.

Have students hold up large pieces of paper, on each of which is written one element of a sentence. Have them create a statement with the pieces of paper, then move around to create new variations on the initial sentence. The person holding the verb remains in one spot, thus reinforcing the idea of the verb in second position as the "anchor" of the sentence.

QUERVERWEIS

For more complex sentences, see **Strukturen 3.2, pp. 96–97, 7.1, pp. 252–253,** and **10.2, pp. 372–373.**

- Separable prefix verbs have two parts, the conjugated verb and a prefix that is separated from the verb. The conjugated verb remains the second element while the prefix goes at the end of the sentence.

    Wir **rufen** heute Abend Mia **an**. **(anrufen)**
    *We're **calling** Mia tonight.*

    Manuel **sieht** gern **fern**. **(fernsehen)**
    *Manuel likes **to watch TV**.*

- Answers to questions that begin with the words **ja** and **nein**, or statements that follow the conjunctions **und** (*and*), **sondern** (*but, rather, on the contrary*), **denn** (*for, because*), **oder** (*or*), and **aber** (*but*) never use inverted word order.

    Ja, du bist bezaubernd.
    Yes, *you are charming.*

    Paul ist attraktiv **und** er tanzt gut.
    *Paul is attractive **and** he dances well.*

    Das Ehepaar lässt sich scheiden, **denn** sie verstehen sich nicht mehr.
    *The couple is divorcing, **because** they don't understand each other anymore.*

    Wir fliegen nicht zu den Verwandten, **sondern** wir fahren mit dem Auto.
    *We are not flying to our relatives, **but rather**, we are driving.*

Word order in questions

- To form a yes-no question, invert the subject and the verb.

    Liebst du mich?
    Do you *love me?*

    Bist du schüchtern?
    Are you *shy?*

- To form a question with a question word, place the question word first, then the verb, followed by the subject. Here is a list of question words.

Fragewörter	
Wann...? *When...?*	**Wieso...?** *Why...? (In what way?)*
Wie...? *How...?*	**Mit wem...?** *With whom...?*
Wo...? *Where...?*	**Wie viel/Wie viele...?** *How much/How many...?*
Wohin...? *Where to...?*	
Woher...? *Where from...?*	**Wer/Wen/Wem/Wessen...?** *Who/Whom/Whom/Whose...?*
Warum...? *Why...?*	

Wann besuchst du die Oma?
When are *you **visiting** Grandma?*

Warum trennt ihr euch?
Why are *you **separating**?*

Anwendung

1 **Bilden Sie Sätze** Schreiben Sie Sätze. Beginnen Sie jeden Satz mit dem unterstrichenen (*underlined*) Element.

Beispiel <u>mein Vater</u> / zu Hause / bleiben

Mein Vater bleibt zu Hause.

1. <u>meine Schwester Susi</u> / an der Uni / studieren   Meine Schwester Susi studiert an der Uni.

2. <u>wir</u> / zusammen / gehen / ins Restaurant   Wir gehen zusammen ins Restaurant.

3. <u>ich</u> / einladen / meine Freunde   Ich lade meine Freunde ein.

4. <u>meine Mutter</u> / mitkommen / nicht   Meine Mutter kommt nicht mit.

5. wir / <u>in der Bibliothek</u> / lernen   In der Bibliothek lernen wir.

6. Anita / Fußball / <u>spielen</u> / ?   Spielt Anita Fußball?

7. <u>um 18 Uhr</u> / mein Vater / zurückkommen   Um 18 Uhr kommt mein Vater zurück.

8. ich / müssen / <u>später</u> / in die Vorlesung / gehen   Später muss ich in die Vorlesung gehen.

2 For each item, have pairs of students formulate a new question and answer it. Ex.: **Wen lernt er im Buchladen kennen? Eine interessante Frau lernt er im Buchladen kennen.**

2 **Fragen** Beantworten Sie die folgenden Fragen.

Beispiel **Wann geht der Mann in die Stadt? (am Sonntag)**

Am Sonntag geht der Mann in die Stadt.

1. Wo lernt er eine interessante Frau kennen? (im Buchladen)

Im Buchladen lernt er eine interessante Frau kennen./Er lernt eine interessante Frau im Buchladen kennen./Eine interessante Frau lernt er im Buchladen kennen.

2. Wann wollen sie sich treffen? (am Montag)

Am Montag wollen sie sich treffen./Sie wollen sich am Montag treffen./Treffen wollen sie sich am Montag.

3. Wen rufst du am Montag Abend an? (meine Eltern)

Meine Eltern rufe ich am Montag Abend an./Am Montag Abend rufe ich meine Eltern an./Ich rufe meine Eltern am Montag Abend an.

4. Wie oft gehen Sie zusammen aus? (jeden Abend)

Jeden Abend gehen wir zusammen aus./Wir gehen jeden Abend zusammen aus.

5. Wann heiraten sie in Paris? (nächstes Jahr)

Nächstes Jahr heiraten sie in Paris./Sie heiraten nächstes Jahr in Paris./In Paris heiraten sie nächstes Jahr./Sie heiraten in Paris nächstes Jahr.

6. Wie oft träumt sie von einer Hochzeit? (jede Nacht)

Jede Nacht träumt sie von einer Hochzeit./Sie träumt jede Nacht von einer Hochzeit./Von einer Hochzeit träumt sie jede Nacht.

3 Ask students to come up with new phrases.

3 **Eine Beziehung** Bilden Sie Fragen aus den Satzteilen, und beantworten Sie dann die Fragen Ihres Partners/Ihrer Partnerin.

Beispiel —Wo bist du am Wochenende?

—In Chicago bin ich am Wochenende.

A	B	C
wann	bist du	am Wochenende
warum	gehst du	die Deutschstunde
mit wem	hasst du	eine Beziehung
wen	kommst du	wegen der Beziehung
wo	schämst du dich	nicht
wohin	triffst du	deinen Freund/deine Freundin

Practice more at
vhlcentral.com.

Kommunikation

4

Mein bester Freund/Meine beste Freundin Stellen Sie einander die Fragen und beantworten Sie sie.

> **Beispiel** **Wie heißt dein bester Freund/deine beste Freundin?**
> Er/Sie heißt Alex/Jasmin.

1. Woher kommt er/sie?
2. Wie alt ist er/sie?
3. Was macht er/sie?
4. Wann siehst du ihn/sie?
5. Wie oft rufst du ihn/sie an?
6. Wie viel Sport macht er/sie?
7. Wohin gehst du gern mit ihm/ihr?
8. Warum ist er dein bester Freund/sie deine beste Freundin?

5

Das Interview Sie arbeiten bei der Firma *Partnersuche* und müssen Ihren Kunden ein paar Fragen stellen, bevor Sie einen passenden Partner für sie suchen können. Schreiben Sie zuerst acht Fragen anhand der Stichwörter auf, und machen Sie dann das Interview.

1. wie / Sie / heißen
2. wie alt / Sie / sind
3. Sie / sind / ledig
4. Sie / glauben / an Liebe auf den ersten Blick
5. Sie / sind / manchmal / eifersüchtig
6. Sie / haben / genug / von liebebedürftigen Partnern
7. wie oft / Sie / gehen / aus
8. warum / Sie / suchen / jemanden

6

Die Familie Sie treffen sich zum ersten Mal mit einem deutschen Verwandten. Schreiben Sie zu zweit Fragen auf, die Sie stellen möchten, und spielen Sie dann das Gespräch vor.

> **Beispiel** **Berlin kennen**
> Kennst du Berlin?

Berlin kennen	nach Amerika gern reisen
Fußball spielen	New York kennen
in den USA studieren	viele Verwandte in den USA haben
Musik gern hören	zum Oktoberfest gehen

1.2

INSTRUCTIONAL RESOURCES
Audioscripts, SAM AK,
Lab MP3s, Grammar
Presentation Slides
SAM/WebSAM: WB, LM

ACHTUNG!

Remember, English has three different ways of talking about the present, but German has only one.
Ich gehe.
I am going.
I go.
I do go.

Ask students questions with the phrase **seit wann**. Ex.: **Seit wann lernen Sie Deutsch? Seit wann studieren Sie an dieser Universität? Seit wann tragen Sie eine Brille? Seit wann fahren Sie Auto?**

Present tense of regular and irregular verbs

—*Wer **kümmert sich** um Maria?*

- In German, the present tense (**das Präsens**) is used to express what is happening now (*I'm going*), what happens on a regular basis (*I go*), and what will happen in the near future (*I'll go*).

Use of the present tense		
now	**Ich gehe ins Kino.**	*I am going to the movies.*
regularly	**Ich gehe jeden Freitag ins Kino.**	*I go to the movies every Friday.*
near future	**Nach der Deutschstunde gehe ich ins Kino.**	*I'll go to the movies after class.*

- You also use the present tense to talk about something you started doing in the past and are still doing. These sentences usually include the preposition **seit** (*since, for*) and a date or length of time to indicate *since when* or *for how long* you've been doing something.

Ich **wohne seit** 2012 in Berlin.
*I **have been living** in Berlin since 2012.*

Simon **lernt seit** einem Jahr Deutsch.
*Simon **has been studying** German for a year.*

Regular verbs

- To form the present tense of regular verbs, add the appropriate ending to the verb stem [*the infinitive minus* **–en**]. The present tense endings are shown in the following table in red.

Present tense of regular verbs				
	gehen	**spielen**	**träumen**	**lachen**
ich	geh**e**	spiel**e**	träum**e**	lach**e**
du	geh**st**	spiel**st**	träum**st**	lach**st**
er/sie/es	geh**t**	spiel**t**	träum**t**	lach**t**
wir	geh**en**	spiel**en**	träum**en**	lach**en**
ihr	geh**t**	spiel**t**	träum**t**	lach**t**
sie/Sie	geh**en**	spiel**en**	träum**en**	lach**en**

- If the verb stem ends in **–d** or **–t**, add **e** before the **–st** or **–t** ending.

du bad*e*st *you bathe*
er bad*e*t *he bathes*
ihr bad*e*t *you bathe*

du arbeit*e*st *you work*
er arbeit*e*t *he works*
ihr arbeit*e*t *you work*

- If the verb stem ends in **–s**, **–ss**, **–ß**, **–x**, or **–z**, add **–t** (and not **–st**) for the **du** form.

  Du **hasst** diese neuen Autos?
  *You **hate** these new cars?*

  Du **tanzt** sehr gut.
  *You **dance** very well.*

- If the infinitive of a verb ends in **–eln** or **–ern**, drop the **–n** to get the verb stem. For these verbs, the present tense ending for the **wir** and **Sie/sie** forms is **–n** (not **–en**). For **–eln** verbs, the **ich** form drops the **–e** and the **–n** of the infinitive before adding the **–e** ending.

  Wenn sie mich **ärgern**, helfe ich ihnen nicht.
  *I won't help them if they **annoy** me.*

  Ich **bügle** mein Hemd und Sie **bügeln** Ihre Hosen.
  *I'll **iron** my shirt and you'll **iron** your pants.*

Irregular verbs

- Some German verbs are irregular: they use the same endings as regular verbs, but the vowel in the verb stem changes in the **du** and **er/sie/es** forms. Many of these verbs, called stem-changing verbs, fall into one of three main categories.

Stem-changing verbs		
a → ä	**e → i**	**e → ie**
fahren du fährst er fährt	**essen** du isst er isst	**befehlen** du befiehlst er befiehlt
laufen du läufst er läuft	**geben** du gibst er gibt	**geschehen** es geschieht
schlafen du schläfst er schläft	**helfen** du hilfst er hilft	**lesen** du liest er liest
tragen du trägst er trägt	**vergessen** du vergisst er vergisst	**sehen** du siehst er sieht

- The verbs **haben**, **sein**, and **wissen** are irregular in the present tense.

	haben	sein	wissen
ich	habe	bin	weiß
du	hast	bist	weißt
er/sie/es	hat	ist	weiß
wir	haben	sind	wissen
ihr	habt	seid	wisst
sie/Sie	haben	sind	wissen

Du **hast** keine Zeit.
*You don't **have** time.*

Wir **sind** verlobt.
*We **are** engaged.*

ACHTUNG!

The third-person singular form of **geben**, **es gibt**, is an idiomatic expression that means *there is* or *there are*.

Es gibt nicht genug Brot.
There's not enough bread.

Es gibt viele kluge Studenten.
There are a lot of bright students.

Pass out cards with a stem-changing verb on one side and a pronoun or the name of a person on the other. Have students form sentences using these elements and then expand the sentences by adding additional information. Ex.: **du / sprechen: Du sprichst Englisch und Deutsch.**

QUERVERWEIS

For information about the present-tense form of modal verbs, see **Strukturen 5.1, pp. 170–171**.

You may want to tell students about the other stem-hanging verb category: **o → ö**. **Er stößt die Mauer.** *He kicks the wall.*

Anwendung

1 Have students talk about their own relatives. You can help them out by giving them a list of regular verbs to work with: **diskutieren, einkaufen, lernen, singen, spielen, wohnen…**

1 **Die Familie** Schreiben Sie die richtigen Verbformen in die Lücken.

1. Ich _____wohne_____ (wohnen) in den USA.
2. Meine Eltern _____kommen_____ (kommen) aus Österreich.
3. Wir _____sind_____ (sein) seit sieben Jahren in den Staaten.
4. Meine Schwester _____geht_____ (gehen) in die Schule.
5. Mein Bruder und ich _____studieren_____ (studieren) an der Uni.
6. Die Eltern sagen immer: „Ihr _____besucht_____ (besuchen) uns nie!"
7. Sie denken: „Unsere Kinder _____sind_____ (sein) fleißig und lernen viel."
8. Die kleine Schwester sagt: „Du _____ärgerst_____ (ärgern) mich immer."
9. Wenn ich keine Prüfungen _____habe_____ (haben), gehe ich nach Hause.
10. Ich frage meine Professorin: „Wann _____geben_____ (geben) Sie uns mal keine Hausaufgaben?"

2 **Begegnung** Ergänzen Sie das Gespräch zwischen Peter und Martina. Verwenden Sie die Verben aus der Liste. Sie dürfen zwei Verben mehr als einmal verwenden.

arbeiten	geben	kommen	sprechen
finden	haben	machen	wissen

PETER Tag, Martina! Was (1) _____machst_____ du denn hier?

MARTINA Ich (2) _____arbeite_____ in dieser Firma. (3) _____Hast_____ du Zeit, einen Kaffee zu trinken?

PETER Gute Idee! Was (4) _____gibt_____ es Neues bei dir? Wie lange (5) _____arbeitest_____ du schon hier?

MARTINA Seit zwei Jahren.

PETER (6) _____Findest_____ du die Arbeit interessant?

MARTINA Und wie! (7) _____Weißt_____ du, so eine Stelle war immer mein Traum.

PETER (8) _____Sprichst_____ du oft mit unseren alten Freunden? (9) _____Macht_____ ihr oft etwas gemeinsam?

MARTINA Ja. (10) _____Kommst_____ du das nächste Mal mit?

3 Assign one sentence to a pair of students, and have them expand it into a more involved story. Have students share their stories with the class.

3 **Klatsch** Verwenden Sie die Satzteile in der Tabelle, um Sätze über sich selbst und andere zu bilden.

Beispiel Ich esse gern Wurst zum Frühstück.

A	B
ich	essen
der Professor/die Professorin	helfen
mein Freund/meine Freundin	lachen
meine Freunde und ich	laufen
meine Eltern	vergessen
?	?

Kommunikation

4 **Das Gespräch** Bilden Sie aus den folgenden Satzteilen einen ganzen Satz. Ergänzen Sie den Satz dann zu zweit mit weiteren Angaben.

Beispiel **schwimmen: mein Bruder**
—Mein Bruder schwimmt gern.
—Ich auch. Ich schwimme oft im Sommer.

1. heiraten: meine ältere Schwester
2. nie böse werden: ich
3. stören: die Verlobten
4. verehren: mein bester Freund
5. jemanden/etwas satt haben: wir
6. verlassen: der Professor
7. lächeln: die Schauspielerin
8. sprechen: mein Großvater

4 Encourage students to expand on their statements by adding more information about the person and the situation.

4 Have students formulate questions from these sentences to ask a new partner.

5 **Interpretation** Sehen Sie sich die Fotos in Gruppen an und beantworten Sie die Fragen.

1. Was machen die Personen auf den Fotos?
2. Was diskutieren sie?
3. Sind sie glücklich oder nicht? Warum?
4. Wohin gehen sie nach dieser Diskussion?

5 Have students use the last question as the starting point for a new story. They could write this story as homework.

6 **Frisch verheiratet** Auf dem linken Foto in Aufgabe 5 sehen Sie Nina und Erik, die neulich geheiratet haben. Verwenden Sie die Verben, um zu zweit eine Geschichte über das Leben von Nina und Erik nach der Hochzeit zu erfinden.

Beispiel —Morgen beginnt Erik eine neue Arbeit in der Bank.
—Nina hat keine Arbeit. Sie sucht eine neue Stelle.

ärgern	lügen	vergessen
beginnen	reisen	verlieren
entscheiden	suchen	vermissen
finden	verdienen	verstehen

6 Encourage students to make the story interesting and full of intrigue. Have the students read their stories out loud. The class can vote on which story would make a good movie.

1.3

INSTRUCTIONAL RESOURCES
Audioscripts, SAM AK,
Lab MP3s, Grammar
Presentation Slides
SAM/WebSAM: WB, LM

QUERVERWEIS

The accusative case is also
needed for certain prepositions.
See **Strukturen 2.2, pp. 58–59**.

ACHTUNG!

In English, nouns that don't refer
to people can always be replaced
by the pronoun *it*. In German, the
pronoun must correspond to the
gender of the noun it replaces.

Der Wagen ist viel zu teuer.
The car is much too expensive.

Er ist viel zu teuer.
It is much too expensive.

ACHTUNG!

The accusative case is used after
the phrase **es gibt**.

In Köln **gibt es einen** Dom.
There is a cathedral in Cologne.

Nominative and accusative cases; pronouns and possessive adjectives

Nominative and accusative cases

German has four cases: nominative (**der Nominativ**), accusative (**der Akkusativ**), dative (**der Dativ**), and genitive (**der Genitiv**). This section presents the nominative and accusative cases.

The case of a noun or pronoun depends on the role it plays in a sentence. *Nominative case* refers to the *subject* of the sentence (the person or thing that performs the action). *Accusative case* refers to the *direct object* (the person or thing that receives the action).

Nominative	Verb	Accusative
Die Frau	sucht	ihren Mann.
The woman	*is looking for*	*her husband.*

- The definite articles (**der**, **die**, **das**), indefinite articles (**ein**, **eine**), and personal pronouns (**ich**, **du**, **er**, etc.) change according to the case of the noun. The table below shows the form of definite and indefinite articles of nouns in the nominative case. These nouns can be replaced by the corresponding nominative pronoun.

Nominative			
	definite article	indefinite article	pronoun
Masculine	**der** Mann	**ein** Mann	**er**
Feminine	**die** Frau	**eine** Frau	**sie**
Neuter	**das** Fest	**ein** Fest	**es**
Plural	**die** Geschenke		**sie**

Der Freund von Mia ist pessimistisch, aber **er** hat sich trotzdem mit ihr verlobt.
Mia's boyfriend is a pessimist, but he got engaged to her anyway.

Die Frau im Erdgeschoss ist neugierig. **Sie** will immer wissen, wer uns besucht.
The woman on the ground floor is nosy. She always wants to know who is visiting us.

- Masculine singular nouns in the accusative case require a change in the article and the pronoun.

Accusative			
	definite article	indefinite article	pronoun
Masculine	**den** Mann	**einen** Mann	**ihn**
Feminine	**die** Frau	**eine** Frau	**sie**
Neuter	**das** Fest	**ein** Fest	**es**
Plural	**die** Geschenke		**sie**

Kennst du **den Professor**?
Nein, ich kenne **ihn** nicht.
Do you know the professor?
No, I don't know him.

Hast du **die Geschenke**?
Ja, ich habe **sie** bei mir zu Hause.
Do you have the gifts?
Yes, I have them at home.

- Definite articles belong to a group of words known as **der**-words. This group includes **all**- (*all*), **dies**- (*this*), **jed**- (*each*), **manch**- (*some*), **solch**- (*such a*), and **welch**- (*which*). Indefinite articles are known as **ein**-words, which include **kein** and the possessive adjectives **mein, dein, sein, unser, euer, ihr, Ihr**. All **der**-words and **ein**-words require the same case endings as **der** and **ein**, respectively.

Point out to students that not all **ein**-words follow the declension of **der**-words.

Der- and ein-words declension

	Der-words		Ein-words	
	Nominative	Accusative	Nominative	Accusative
Masculine	dies**er**	dies**en**	mein	mein**en**
Feminine	dies**e**	dies**e**	mein**e**	mein**e**
Neuter	dies**es**	dies**es**	mein	mein
Plural	dies**e**	dies**e**	mein**e**	mein**e**

Dieser Wein schmeckt mir nicht. Darf ich **deinen Wein** probieren?
*I don't like **this wine**. May I taste **your wine**?*

- The form of some question words also depends on the case.

Nominative	Accusative
Was? *What?*	**Was?** *What?*
Wer? *Who?*	**Wen?** *Whom?*

Was macht die Frau?
What is the woman doing?

Wen siehst du?
Whom do you see?

- The nominative case is used for nouns following the verbs **sein**, **werden**, and **bleiben**.

Der Student **ist** auch **der** Präsident vom Deutschklub.
The student is also the president of the German Club.

Pronouns and possessive adjectives

- Nominative and accusative personal pronouns replace nouns and must agree in number and case with the person or item to which they refer. Possessive adjectives show to whom something belongs or how two people or items are related to each other.

Remind students that possessive adjectives are **ein**-words.

Personal pronouns

Nominative		Accusative	
ich	wir	mich *me*	uns *us*
du	ihr	dich *you*	euch *you*
er	sie	ihn *him*	sie *them*
sie	Sie	sie *her*	Sie *you*
es		es *it*	

Possessive adjectives

mein *my*	unser *our*
dein *your*	euer *your*
sein *his*	ihr *their*
ihr *her*	Ihr *your*
sein *its*	

Ich sehe **ihn**.
*I see **him**.*

Maria ruft **ihren** Bruder nie an.
*Maria never calls **her** brother.*

ACHTUNG!

Note that the nominative case is used after **sein**, **werden**, and **bleiben** only with predicate nouns (nouns that refer to the subject of the sentence). When any of these verbs is followed by a time expression, the expression takes the accusative case.

Wir bleiben einen Monat in Berlin.
We are staying in Berlin for a month.

ACHTUNG!

When adding an ending to **euer**, drop the second **e**.

Ist das euer Hund?
Is that your dog?

Ich sehe euren Hund.
I see your dog.

Anwendung

1

Der Abschied Wählen Sie das richtige Wort aus.

1. _____ Mann ist attraktiv.
   a. Die   (b.) Der   c. Den

2. _____ Frau ist optimistisch.
   a. Den   b. Der   (c.) Die

3. Sie haben _____ liebevolles Kind.
   (a.) ein   b. eines   c. eine

4. Die Frau besucht _____ Freunde.
   a. ihren   (b.) ihre   c. ihr

5. Sie sieht _____ Mann zum letzten Mal vor der Reise.
   (a.) ihren   b. ihr   c. ihrer

6. Er wird _____ Frau lange nicht sehen.
   a. sein   b. seiner   (c.) seine

7. _____ Tochter umarmt (*embraces*) sie.
   (a.) Die   b. Der   c. Das

8. „Ich liebe dich, _____ Kind", sagt die Mutter.
   a. meine   (b.) mein   c. meines

2 Have students role-play the dialogue.

2

Sport Schreiben Sie die Possessivpronomen mit den richtigen Endungen in die Lücken.

ERIC Spielst du Fußball?

JONAS Ja, ich spiele gern Fußball. (1) _____Unsere_____ (Unser-) Mannschaft heißt Rostocker Renner. Ich habe (2) _____mein_____ (mein-) erstes Spiel dieses Wochenende. Spielst du?

ERIC Nein, aber (3) _____mein_____ (mein-) Bruder spielt seit fünf Jahren Fußball. Ich sehe (4) _____seine_____ (sein-) Spiele nicht so oft, aber (5) _____meine_____ (mein-) Mutter geht oft.

JONAS Spielen in den USA viele Leute Fußball? Spielen (6) _____eure_____ (euer-) Freunde Fußball?

ERIC Ja, (7) _____unsere_____ (unser-) Schule bietet Fußball an. Am Wochenende spielen wir oft an der Uni. Hat (8) _____deine_____ (dein-) Universität ein Stadion?

JONAS Nein, leider nicht.

 Practice more at **vhlcentral.com**.

Kommunikation

3

Familie und Freunde Bilden Sie zu zweit zwei Sätze mit den angegebenen Wörtern, einmal mit dem Wort als Subjekt (Nominativ), einmal mit dem Wort als Objekt (Akkusativ).

Beispiel **die Familie**
—Meine Familie ist sehr groß.
—Ich liebe meine Familie.

das Ehepaar	die Hochzeit	die Verabredung
der Freund	die Liebe	der Verlobte
die Freundin	der Partner	die Verlobte
die Freundschaft	der Seelenverwandte	die Witwe

4

Wie findest du deine...? Schreiben Sie die passenden Wörter aus der Liste in die Lücken, um Ihr eigenes (*own*) Leben zu beschreiben. Stellen Sie einander dann die Fragen.

alt	intelligent	neu	sauber	schmutzig
freundlich	laut	ruhig	schick	teuer

1. Meine Familie ist _____. Wie findest du deine Familie?
2. Mein(e) Mitbewohner(in) ist _____. Wie findest du deinen/deine Mitbewohner(in)?
3. Mein Studentenwohnheim ist _____. Wie findest du dein Studentenwohnheim?
4. Mein Haustier ist _____. Wie findest du dein Haustier?
5. Meine Freunde sind _____. Wie findest du deine Freunde?

4 Have students create new items and answer the questions.

5

Die ganze Familie Erfinden Sie in Gruppen eine Geschichte über diese Familie. Wer ist mit wem verwandt? Verwenden Sie Possessivpronomen.

5 Have students share their stories with the group. You might want to have them focus on one particular person.

Synthese

1 Ask students if they know any international students at their university. **Kennen Sie ausländische Student(inn)en an Ihrer Universität? Haben Sie auch Angst davor Englisch zu sprechen? Möchten Sie immer etwas Neues lernen?**

1

Fragen Sabine verbringt ein Jahr in den USA. Lesen Sie ihre E-Mail und beantworten Sie die Fragen in Gruppen.

Von:	sabine@email.de
An:	familie.mueller@email.de
Betreff:	Hallo aus den USA!

Liebe Mutti! Lieber Papi!

Mir geht es super gut! Ich bin total begeistert! Das Essen ist toll. Das Wetter ist schön. Die Leute sind liebevoll. Die erste Woche verbringe ich bei einer Gastfamilie, da die Studentenwohnheime an der Uni noch nicht offen sind. Normalerweise bin ich schüchtern und ich schäme mich, Englisch zu sprechen. Die Familie ist aber sehr verständnisvoll und sagt mir immer, ich soll nicht so besorgt sein. Jetzt bin ich nicht mehr so ängstlich!

Am Wochenende bin ich mit dem Sohn von unserer Nachbarin ausgegangen. Er heißt Jacob. ☺ Seine Eltern sind geschieden und er wohnt bei seiner Mutter. Seinen Vater besucht er oft und sie spielen dann regelmäßig Tennis zusammen. Das möchte ich hier auch gern lernen. Jacob wird mir zeigen, wie man Tennis spielt.

Ich vermisse euch sehr!

Liebe Grüße

Sabine

1. Wie findet Sabine die USA?
2. Warum ist sie bei einer Gastfamilie?
3. Wie findet sie ihre Gastfamilie?
4. Wie ist es für Sabine, neue Leute kennen zu lernen?
5. Glauben Sie, sie wird sich in Jacob verlieben?

2 Tell students that within certain contexts, **mein Freund** or **meine Freundin** means *boyfriend* or *girlfriend*. If you want to say that you are *just friends*, say the person is **ein Freund/eine Freundin von mir** (*a friend of mine*).

2

Aufsatz Schreiben Sie jeweils eine E-Mail zu den folgenden Themen. Schreiben Sie mindestens drei Absätze in jeder E-Mail.

- Schreiben Sie eine E-Mail an Ihren besten Freund/Ihre beste Freundin. Erzählen Sie von Ihrem guten Freund/Ihrer guten Freundin, in den/in die Sie sich gerade verliebt haben.

- Schreiben Sie eine E-Mail an Ihre Mutter. Da die Uni gerade erst angefangen hat, möchten Sie ihr davon erzählen, was es Neues gibt, was Sie mit Freunden so machen, was Sie studieren und so weiter.

Kommunikationsstrategien

Vorschläge (*Suggestions*) für den Anfang einer E-Mail:
An ihre Mutter: Lieb**e** Mama!
An einen Freund: Lieb**er** Simon!

Vorschläge für das Ende einer E-Mail:

Ich vermisse dich.	Liebe Grüße (LG)
Schreib mal wieder!	Gruß
Schönes WE! (Schönes Wochenende!)	Küsschen
Für eine Frau: Dein**e** Emma	Für einen Mann: Dein Aden

Practice more at
vhlcentral.com.

Vorbereitung

Wortschatz der Lektüre	Nützlicher Wortschatz
auswandern *to emigrate*	**hauptsächlich** *mainly*
der Einfluss, -̈e *influence*	**der Kreis, -e** *county*
einwandern *to immigrate*	**schlendern** *to walk leisurely*
das Erbe *heritage*	**siedeln** *to settle*
die Heimat *homeland*	**der Ursprung, -̈e** *origin*
die Identität, -en *identity*	
der Nachfahr, -en/die Nachfahrin, -nen *descendant*	
pflegen *to cultivate*	
der Vorfahr, -en *ancestor*	

1

Pauls Familiengeschichte Ergänzen Sie Pauls Familiengeschichte mit den richtigen Wörtern aus der Liste.

ausgewandert	Erbe	pflegen
Einfluss	Heimat	Vorfahren

Paul und Anna sprechen über ihre Familie. Paul sagt: „Meine (1) ___Vorfahren___ kommen aus Deutschland. Ihre (2) ___Heimat___ ist eigentlich die Pfalz (*Palatinate region*), aber ein Teil meiner Familie ist im 19. Jahrhundert nach Pennsylvania (3) ___ausgewandert___. Im Kreis Lancaster ist der deutsche (4) ___Einfluss___ immer noch groß, aber nicht alle Leute dort sind aus Deutschland. Viele Familien (5) ___pflegen___ ihr deutsches (6) ___Erbe___ mit deutschem Essen und deutschen Festen."

2

Interview Stellen Sie einander die folgenden Fragen.

1. Woher kommen deine Vorfahren? Hast du deutsche Vorfahren?
2. Kennst du jemanden mit deutschen Vorfahren? Wen?
3. Kennst du Leute, die in die USA eingewandert sind? Warum sind sie eingewandert?
4. Hast du schon einmal Stadtteile besucht, wo hauptsächlich Einwanderer wohnen? Erzähl davon.

3

Der deutsche Einfluss in den USA Besprechen Sie in Gruppen die folgenden Fragen.

1. Warum sind so viele Menschen in die USA eingewandert?
2. Was verspricht die Freiheitsstatue und warum?
3. Was assoziieren Sie mit Deutschland, Österreich und der Schweiz?
4. Was wissen Sie über den deutschen Einfluss in den USA? Kennen Sie deutsches Essen, deutsche Feste, deutsche Produkte? Welche?
5. Was wissen Sie über die Amischen und die Mennoniten?
6. Welche Städte in den USA kennen Sie, die einen deutschen Ursprung haben?

Talk to students about the political unrest in Germany at the beginning of the 19th century, and point out that the United States was perceived as the promised land. Ask students: **Was bot Amerika den Auswanderern im 19. Jahrhundert, was Deutschland nicht hatte? (persönliche Freiheit, freies Land für Ackerbau, Glaubensfreiheit, politische Freiheit)**

KULTURANMERKUNG

Johann Wolfgang von Goethe hat das folgende Gedicht 1827 geschrieben. Er scheint sich zuweilen nach einem Neuanfang gesehnt° zu haben, obwohl er sich letztlich doch nicht dazu durchringen° konnte, Europa zu verlassen und das Experiment in der Neuen Welt zu wagen°.

Den Vereinigten Staaten
Amerika, du hast es besser
Als unser Kontinent, das alte
Hast keine verfallenen° Schlösser
Und keine Basalte.
Dich stört nicht im Innern
Zu lebendiger Zeit
Unnützes° Erinnern
Und vergeblicher° Streit. […]

gesehnt *longed*
durchringen *bring himself to*
wagen *dare* **verfallenen** *dilapidated*
Unnützes *useless*
vergeblicher *futile*

„Amerika,
du hast es besser"

Hans Zimmer (see p. 178) is a pioneer in the use of digital synthesizers with computer technology and electronic keyboards in combination with traditional orchestras for film and television. He has written the theme music for over 130 films, among them *Dunkirk*, *Hidden Figures*, *12 Years a Slave*, and *Inception*. **Die Prinzen** (*The Princes*) are a German rock group. **Bauhaus** is a type of architecture.

 Audio: Reading

Wer heute an den deutschen Einfluss in den USA denkt, kommt wohl auf Oktoberfeste, deutsche Autos und Wörter wie „Gesundheit", „kaputt" oder „Kindergarten". Wenn man etwas weiter fragt, fallen vielleicht Namen wie Hans Zimmer, Die Prinzen und Konzepte wie Exil und Bauhaus.

Man kann den deutschen Einfluss sehr weit zurückverfolgen. Seit dem späten 17. Jahrhundert sind viele Deutsche nach Amerika ausgewandert. Damals steckte unser Land noch in den Kinderschuhen° und bot den Siedlern perfekte Bedingungen° für einen Neuanfang.

Deutsche Einwanderer haben aus politischen, religiösen oder wirtschaftlichen Gründen° ihre Heimat verlassen und sich in verschiedenen Regionen der USA niedergelassen. Eine dieser vielen Gruppen sind die Pennsylvanien-Deutschen. Die Mehrheit von ihnen ist im 17. Jahrhundert aus der Pfalz° in William Penns Kolonie ausgewandert. Die erste Gemeinde° Germantown entstand von 1683 bis 1685. Viele Familien in dieser Region pflegen noch deutsche Traditionen, aber bei den Jüngeren ist dieses deutsche Erbe nicht mehr wirklich Teil ihrer Identität.

Eine viel ausgeprägtere° deutsche Identität findet sich bei den weltabgewandten° Mennoniten und den Amischen, die in Pennsylvanien immer noch ihrem Traum vom Leben nachgehen°. Beide Gruppen sind christliche Anabaptisten. Die Mitglieder der ersten Mennoniten-Gemeinde kamen 1683 von Krefeld nach Germantown, um ihre Religion frei ausüben zu dürfen°. Pazifismus und Antimaterialismus gehörten zu den Grundwerten° der Mennoniten und zusammen mit den Quäkern protestierten sie gegen die Sklaverei°. Sie arbeiten heute noch auf dem Land, bilden ihre Kinder in eigenen Schulen aus und kleiden sich einfach.

Die Amischen leben nach strengen Regeln°, der „Ordnung". Sie dürfen weder Elektrizität noch Telefone oder Autos benutzen. Amische Siedlungen° gibt es nicht nur in Pennsylvanien, sondern auch weiter im Westen der USA, z.B. in Iowa. Hier findet man die Amana Kolonien. Sie bestehen aus sieben Dörfern, die sich nach der großen Wirtschaftskrise in den USA zur Amana Gesellschaft zusammengeschlossen haben. Seither ist dies eine geschäftlich° erfolgreiche Gemeinschaft wie aus dem amerikanischen Traum. Gastfreundschaft°, Geschäfte und eine Atmosphäre wie aus vergangenen Zeiten ziehen jährlich Tausende von Besuchern an.

Andere deutsche Siedlungen mit langer Tradition gibt es in Texas, wie z.B. Fredericksburg. Noch heute sprechen die Nachfahren der Auswanderer zu Hause den Texas-Deutschen Dialekt. Dieser Dialekt ist eine witzige Mischung aus Deutsch und Englisch. Da kann man Sätze hören wie: „Meine Vorfahren sind im Jahre 1850 nach Texas *gemoved*." Fredericksburg hat sich zu einem Wochenend-Ausflugsziel für Texaner aus Austin und San Antonio entwickelt. Sie übernachten in Pensionen, können jagen, fischen, durch Antiquitätengeschäfte und Museen bummeln° und dem deutschen Einfluss in Bäckereien, Restaurants und Läden nachspüren°. Das nicht weit entfernte New Braunfels lockt im November mit dem Wurstfest und das ganze Jahr über mit der Schlitterbahn°. ■

The names *Mennonite* and *Amish* derive from Menno Simons (1496–1561) and Jacob Amman (1656–1730), the original religious leaders of these groups.

Glossary (margin):
infancy • conditions • reasons • settled • Palatinate region • community • more distinctive • detached from the world • pursue • freely practice their religion • core values • slavery • rules • settlements • economically • hospitality • to stroll • follow • amusement park near New Braunfels

Herald-Zeitung

In den deutschstämmigen° Städten in Texas wurde bis vor dem 1. Weltkrieg auch auf Deutsch in den Schulen unterrichtet. Die Zeitung *Herald-Zeitung* in New Braunfels gab es bis zum 2. Weltkrieg in zwei Ausgaben: *The Herald* (auf Englisch) und *The Zeitung* (auf Deutsch).

deutschstämmigen *German-founded*

Analyse

1

Verständnis Wählen Sie die richtige Antwort aus.

1. Der deutsche Einfluss in Amerika geht bis ins ____ zurück.
   a. 18. Jahrhundert
   b. 17. Jahrhundert *(circled)*
   c. 19. Jahrhundert

2. Die meisten Pennsylvanien-Deutschen kommen aus ____.
   a. Österreich
   b. Bayern
   c. der Pfalz *(circled)*

3. Die Amischen haben ____.
   a. keine Religion
   b. Telefone
   c. strenge Regeln *(circled)*

4. Die Amana Kolonien sind in ____.
   a. Iowa *(circled)*
   b. Pennsylvanien
   c. Texas

5. In Fredericksburg kann man ____.
   a. Schlitterbahn fahren
   b. durch Antiquitätengeschäfte schlendern *(circled)*
   c. kein Deutsch hören

2 If students have not worked on the **Projekt** on the Supersite, have them brainstorm German words used in English. Ex.: **Angst**, **Gemütlichkeit**, **Weltanschauung**, **Zeitgeist**, **Schnitzel**, **jodeln**, **sitz bath** (*med.*), **sitz bones** (*Pilates, Yoga*)

2

Fragen zum Text Beantworten Sie zu zweit die folgenden Fragen. Some answers will vary.

1. Welche deutschen Wörter gibt es im Englischen?
   Deutsche Wörter wie Kindergarten, Gesundheit und kaputt gibt es im Englischen.
2. Warum haben die Deutschen ihre Heimat verlassen?
   Sie haben aus politischen, religiösen und wirtschaftlichen Gründen ihre Heimat verlassen.
3. Was dürfen die Amischen nicht, das für uns zum Alltag gehört?
   Sie dürfen weder Elektrizität noch Telefone oder Autos benutzen.
4. Wann haben sich die Amana Kolonien zu einer Gesellschaft zusammengeschlossen? Sie haben sich nach der großen Wirtschaftskrise zusammengeschlossen.
5. Was können die Touristen alles in Fredericksburg machen? Sie können jagen, fischen, durch Antiquitätengeschäfte und Museen bummeln und dem deutschen Einfluss in Bäckereien und Restaurants nachspüren.
6. Wann und wo gibt es jedes Jahr ein Wurstfest?
   Jedes Jahr gibt es in New Braunfels ein Wurstfest.

3 Before starting the activity, make sure everybody recognizes the person in the photo: Heidi Klum.

3

Bildbeschreibung Besprechen Sie in Gruppen die Person auf dem Foto.

1. Beschreiben Sie die Frau. Wie heißt sie? Was macht sie? Woher kommt sie?

2. Was für ein Mensch ist sie? Was können Sie über sie sagen?

4

Zum Thema Wählen Sie eins der folgenden Themen und schreiben Sie einen kurzen Aufsatz darüber.

1. Wann und wie ist Ihre Familie in die Vereinigten Staaten gekommen? Erzählen Sie Ihre Familiengeschichte.

2. Was haben Sie über den Einfluss deutscher Kultur und Geschichte in den USA gewusst, bevor Sie den Artikel gelesen haben? Was haben Sie aus dem Artikel und den Gesprächen in der Klasse gelernt? Geben Sie Beispiele.

Practice more at vhlcentral.com.

Vorbereitung

Über die Schriftstellerin

Herta Müller wurde am 17. August 1953 in Nitzkydorf, Rumänien geboren, einer Stadt in der Region Banat. Hier wuchs sie als Teil einer deutschsprachigen Minderheit (*minority*) auf. Erst mit 15 Jahren lernte Müller Rumänisch. 1987 reiste sie nach Deutschland aus. In ihren Werken schreibt Müller darüber, wie das Leben in einer Diktatur den Alltag der Menschen beeinflusst und wie sie damit umgehen. Für ihr Lebenswerk erhielt Müller 2009 den Literaturnobelpreis. *Ersatzbruder* ist ein Auszug (*excerpt*) aus Müllers Roman *Atemschaukel*.

Wortschatz der Kurzgeschichte

die Dienststube, -n *office*
(sich) (an)heben *to rise*
das Heimweh *homesickness*
mit j-m rechnen *to count on somebody*
Platz sparen *to save space*
schluchzen *to sob*
die Sense, -n *scythe*
der Stich, -e *sting; prick*
verschwimmen *to become blurred*
wegrutschen *to slide away*
zerreißen *to tear apart*
der Zwirn, -e *thread*

Nützlicher Wortschatz

der Ersatz, -e *replacement*
der Gefangene, -n *prisoner*
das Gefangenenlager, - *prison camp*
herrenlos *abandoned; adrift*
Rumänien *Romania*
sich verlassen fühlen *to feel abandoned*
die Zwangsarbeit *forced labor*

1

Definitionen Finden Sie für jede Definition den richtigen Ausdruck.

__g__ 1. wenn man etwas kaputt macht

__d__ 2. man glaubt, dass einem jemand helfen wird

__f__ 3. ein altes Wort für ein Büro

__a__ 4. man will unbedingt nach Hause, kann es nicht erwarten

__h__ 5. ein Werkzeug, mit dem man Gras schneidet

__e__ 6. wenn man laut und heftig weint

__c__ 7. jemand, der nicht frei ist

__b__ 8. eine Strafe, bei der man schwere Arbeit machen muss

a. das Heimweh

b. die Zwangsarbeit

c. der Gefangene

d. mit jemandem rechnen

e. schluchzen

f. die Dienststube

g. zerreißen

h. die Sense

2

Gespräch Besprechen Sie in Gruppen die folgenden Fragen.

1. Woran denken Sie, wenn Sie das Wort Gefangenenlager hören?

2. Warum könnte eine Familie einen Ersatzbruder brauchen?

3. Wie würden Sie reagieren, wenn Sie immer Hunger hätten, viel arbeiten müssten und sich alleine fühlten?

KULTURANMERKUNG

Deportation der Rumäniendeutschen

Nach dem zweiten Weltkrieg besetzte° die Rote Armee Rumänien. Auf Beschluss der sowjetischen Regierung mussten alle Männer zwischen 17 und 45 Jahren und alle Frauen zwischen 18 und 30 Jahren, die zur deutschen Minderheit gehörten, zur Zwangsarbeit in sowjetische Arbeitslager abtransportiert werden, weil sie als Unterstützer des Hitler-Regimes galten°. Als Zwangsarbeiter sollten sie die sowjetischen Industrieanlagen wiederaufbauen, die während des Krieges zerstört worden waren. Von Januar 1945 bis Dezember 1949 wurden mehr als 70.000 Rumäniendeutsche in Gefangenenlager verschleppt. Die Lebensbedingungen° in den Lagern waren unmenschlich. Mehr als 3.000 Gefangene starben dort.

besetzte *occupied* **galten** *were considered* **Lebensbedingungen** *living conditions*

Practice more at vhlcentral.com.

Ersatzbruder

(Auszug)   Herta Müller

Before the first reading, explain who the characters in this excerpt are:
Leopold Auberg, *protagonist*; **Tur (Artur) Prikulitsch**, *prison guard*;
Corinna Marcu, *woman prisoner with long hair*; **Zither Lommer
(David Lommer)**, *prisoner who played the zither*.

Hasoweh is a neologism created
by Müller combining **Hase** (*bunny*)
and **Oh weh!** (*Oh my!*).

Anfang November ruft Tur Prikulitsch
mich in seine Dienststube.

Ich habe Post von zu Hause.

Vor Freude tickt mein Gaumen°, *the roof of my mouth*
5 ich krieg den Mund nicht zu. Tur sucht im
halboffenen Schrank in einer Schachtel. An
der geschlossenen Schrankhälfte klebt ein
Bild von Stalin, hohe graue Backenknochen° *cheekbones*
wie zwei Abraumhalden°, die Nase imposant *mining waste heaps*
10 wie eine Eisenbrücke°, sein Schnauzbart wie *iron bridge*
eine Schwalbe°. Neben dem Tisch dubbert° *swallow/makes noise*
der Kohleofen, darauf summt ein offener
Blechtopf mit Schwarztee. Neben dem Ofen
steht der Eimer° mit Anthrazitkohle. Tur *pail*
15 sagt: Leg mal bisschen Kohle nach, bis ich
deine Post gefunden habe.

Ich suche im Eimer drei passende
Brocken°, die Flamme springt wie ein weißer *chunks*
Hase durch einen gelben Hasen. Dann springt
20 der gelbe durch den weißen,
die Hasen zerreißen einander und pfeifen zweistim-
mig Hasoweh. Das Feuer
bläst mir Hitze ins Gesicht
25 und das Warten Angst.
Ich schließe das Ofentür-
chen und Tur schließt den
Schrank. Er überreicht° mir *presents*
eine Rot-Kreuz-Postkarte.
30 An der Karte ist mit
weißem Zwirn ein Foto
angenäht°, akkurat gesteppt mit der Näh- *sewed on*
maschine°. Auf dem Foto ist ein Kind. Tur *sewing machine*
schaut mir ins Gesicht, und ich schau auf die
35 Karte, und das angenähte Kind auf der Karte
schaut mir ins Gesicht, und von der Schranktür schaut uns allen Stalin ins Gesicht.

Unter dem Foto steht:
Robert, geb. am 17. April 1947.
40 Es ist die Handschrift meiner Mutter.
Das Kind auf dem Foto hat eine gehäkelte
Haube und eine Schleife° unterm Kinn. Ich *crocheted bonnet and bow*
lese noch einmal: Robert, geb. am 17. April
1947. Mehr steht nicht da. Die Handschrift
45 gibt mir einen Stich, das praktische Denken
der Mutter, das Platzsparen durch das
Kürzel GEB. für geboren. Mein Puls klopft° *beats*
in der Karte, nicht in der Hand, in der ich
sie halte. Tur legt mir die Postliste und einen
50 Bleistift auf den Tisch, ich soll meinen Namen
suchen und unterschreiben. Er geht zum
Ofen, spreizt° die Hände und horcht°, wie das *opens/listens*
Teewasser summt und die Hasen im Feuer
pfeifen°. Erst verschwimmen mir vor den *whistle, wheeze*
55 Augen die Rubriken, dann die Buchstaben.
Dann knie ich am Tischrand, lasse die Hände
auf den Tisch fallen und das Gesicht in die
Hände und schluchze.

Willst du Tee, fragt Tur. Willst du
60 Schnaps. Ich habe geglaubt, du freust dich.

Ja, sage ich, ich freue mich, weil wir zu
Hause noch die alte Nähmaschine haben.

Ich trinke mit Tur Prikulitsch ein Glas
Schnaps und noch eins. Für Hautund-
65 knochenleute° ist das viel zu viel. Der Schnaps *skin-and-bones people*
brennt im Magen° und die Tränen° im *burns in my stomach/ tears*
Gesicht. Ich habe ewig° nicht geweint, meinem *for ages*
Heimweh trockene Augen beigebracht°. Ich *taught*
habe mein Heimweh sogar schon herrenlos
70 gemacht. Tur drückt mir den Bleistift in die
Hand und zeigt auf die richtige Rubrik. Ich
schreibe zittrig°: Leopold. Ich brauche deinen *shakily*
Namen ganz, sagt Tur. Schreib du ihn ganz,
sag ich, ich kann nicht.

75 Dann gehe ich mit
dem angenähten Kind
in der Pufoaika-Jacke° *quilted wadded jacket*
hinaus in den Schnee.
Von draußen sehe ich im
80 Fenster der Dienststube
das Fensterkissen gegen
den Luftzug, von dem
mir die Trudi Pelikan
erzählt hat. Es ist akkurat
85 genäht und ausgestopft°. *filled*
Die Haare der Corina Marcu haben dafür
nicht gereicht°, es sind bestimmt noch andere *weren't enough*
drin. Aus den Glühbirnen° fließen weiße *light bulbs*
Trichter°, der hintere Wachturm° pendelt *funnels/watchtower*
90 im Himmel. Im ganzen Schneehof sind
die weißen Bohnen vom Zither-Lommer
verstreut°. Der Schnee rutscht mit der *scattered*
Lagermauer immer weiter weg. Aber auf
dem Lagerkorso, wo ich gehe, hebt er sich
95 an meinen Hals. Der Wind hat eine scharfe
Sense. Ich habe keine Füße, ich gehe auf
den Wangen° und habe bald keine mehr. Ich *cheeks*
habe nur das angenähte Kind, es ist mein
Ersatzbruder. Meine Eltern haben sich ein
100 Kind gemacht, weil sie mit mir nicht mehr
rechnen. So wie die Mutter geboren mit
GEB. abkürzt°, würde sie auch gestorben *abbreviates*
mit GEST. abkürzen. Sie hat es schon getan.
Schämt sich die Mutter nicht mit ihrer
akkuraten Steppnaht aus weißem Zwirn,
105 dass ich unter der Zeile° lesen muss: *line*

Meinetwegen° kannst du sterben, wo du *As far as I'm concerned*
bist, zu Hause würde es Platz sparen. ■

> **Meine Eltern
> haben sich ein
> Kind gemacht, weil
> sie mit mir nicht
> mehr rechnen.**

Analyse

1

Verständnis Bilden Sie logische Sätze.

___d___ 1. Als Leopold in Turs Dienststube kommt, …

___b___ 2. Seine erste Reaktion auf diese Neuigkeit…

___a___ 3. Die zweite Reaktion auf die Postkarte…

___c___ 4. Nachdem Tur Leopold die Post gegeben hat, …

___e___ 5. Auf seinem Rückweg…

a. ist ein Schmerz wie ein Nadelstich.

b. ist Freude und Aufregung (*excitement*).

c. trinken beide Schnaps, und Leopold weint.

d. erfährt er (*finds out*), dass er Post bekommen hat.

e. fühlt sich Leopold traurig und verlassen.

2 Have students come up with other statements in class.

2

Was stimmt? Welche Aussagen sind richtig?

1. a. Leopold und Tur treffen sich jeden Tag in der Dienststube und trinken Schnaps.
   b. Leopold und Tur treffen sich heute in der Dienststube, weil Leopold Post bekommen hat.

2. a. Auf der Rot-Kreuz Karte ist ein Bild des Bruders, sein Name und sein Todestag.
   b. Auf der Rot-Kreuz Karte ist ein Bild des Bruders, sein Name und sein Geburtstag.

3. a. Leopold weint, weil ihm der Schnaps im Magen so weh tut.
   b. Leopold weint, weil er sich allein und verlassen fühlt.

4. a. Nachdem er die Karte bekommen hat, schreibt Leopold seinen Vornamen in die Liste.
   b. Nachdem er die Karte bekommen hat, schreibt Leopold seinen Nachnamen in die Liste.

5. a. Leopolds Eltern versuchen, ein normales Leben ohne ihn zu führen.
   b. Leopolds Eltern glauben, dass er bald wieder nach Hause kommen wird.

3 Have students come up with their own descriptions of Leopold and Tur and discuss any differences in how students perceive them.

3

Interpretation Vervollständigen Sie die Sätze.

1. Tur…
   a. ist ein Aufseher, der eine humane Seite hat und den Gefangenen ein bisschen hilft.
   b. ist ein strenger (*strict*) Aufseher, der schlecht mit den Gefangenen umgeht.

2. Leopold…
   a. hofft, wieder zu seiner Familie zurückkehren zu können.
   b. hat keine Hoffnung mehr, das Lager zu überleben.

3. Die Abkürzungen geb. bedeutet, …
   a. dass die Mutter nicht mehr auf die Karte schreiben darf.
   b. dass die Mutter nur so wenig wie möglich mit ihrem Sohn kommunizieren will.

4. Das Gefangenenlager…
   a. wird am Ende ein immer größeres Gefängnis (*prison*) für Leopold.
   b. wird am Ende ein Ort, wo Leopold seine Füße verliert.

4 **Der Erzähler**

A. Wählen Sie die Wörter aus der Liste, die Leopold am besten beschreiben.

aufgeregt	fröhlich	isoliert	stolz
deprimiert	hoffnungslos	liebebedürftig	verlassen
empfindlich	hungrig	müde	wütend

B. Vergleichen Sie Ihre Antworten mit denen Ihres Partners/Ihrer Partnerin und besprechen Sie eventuelle Unterschiede. Suchen Sie nach den Stellen im Text, die Leopolds Charakter am besten beschreiben.

5 **Fragen** Beantworten Sie die folgenden Fragen zu zweit.

1. Wie ist Leopolds Situation? Beschreiben Sie auch das Umfeld (*setting*), in dem er lebt.

2. Warum ist Leopold in Turs Dienststube?

3. Wie beschreibt Leopold seine Mutter? Welche Gefühle drückt er aus?

4. Was bedeutet es, wenn man „sein Heimweh herrenlos macht"?

6 **Ihre Meinung** Besprechen Sie in Gruppen die folgenden Fragen.

1. Haben Sie schon einmal ein Foto von einem neuen Familienmitglied gesehen? Wie haben Sie reagiert? Vergleichen Sie Ihre Reaktion mit der von Leopold.

2. Leopolds Situation im Gefangenenlager ist hoffnungslos. Wie überleben Menschen in solch einem Umfeld? An was denken sie? Woher nehmen sie Hoffnung?

3. Auf der Rot-Kreuz Postkarte steht: „Robert, geb. am 17. Mai 1947". Wie interpretiert Leopold diese Zeile? Glauben Sie, dass seine Interpretation richtig ist?

4. Haben Sie schon einmal Kriegsgeschichten in Ihrer Familie gehört? Vergleichen Sie diese Geschichten mit dem Auszug *Ersatzbruder*. Welchen Unterschied macht die Perspektive des Erzählers?

5. Wie wird Leopolds Körper in dieser Geschichte beschrieben? Wie reagiert sein Körper am Anfang und am Ende?

6. Was glauben Sie, wie die Geschichte weitergeht?

7 **Zum Thema** Schreiben Sie einen Aufsatz von ungefähr 100 Wörtern zu einem der folgenden Themen.

- Beschreiben Sie ein Erlebnis aus Ihrer Kindheit oder Schulzeit, als Sie sich ganz allein auf der Welt gefühlt haben.

- Leopold bekommt einen Brief von seiner Mutter. Nach langer Zeit ist es das erste Lebenszeichen von seiner Familie, aber die Freude wechselt schnell in Ärger. Haben Sie sich schon einmal sehr über etwas gefreut, bevor Sie sich sehr darüber geärgert haben?

6 Remind students that whatever they tell each other about their families should be kept in confidence.

KULTURANMERKUNG

Rotkreuz-Familiennachrichten

Das Rote Kreuz ist eine neutrale internationale Hilfsorganisation. Diese Neutralität ist weltweit anerkannt°. Wenn jemand wegen eines Krieges oder einer Naturkatastrophe nicht erreichbar ist, kann die Familie mit Hilfe einer Rotkreuz-Familiennachricht Kontakt zu dieser Person aufnehmen. Auf einem kleinen Stück Papier darf man Informationen über die Familie schreiben, allerdings keine politischen oder militärischen Nachrichten. Behörden° im Kriegs- oder Katastrophengebiet können die Familiennachrichten lesen. Anschließend werden sie an das gesuchte Familienmitglied weitergeleitet°.

anerkannt *recognized* **Behörden** *authorities* **weitergeleitet** *forwarded*

Practice more at **vhlcentral.com**.

Anwendung

After students read the strategy, brainstorm examples of good thesis statements with the class.

These und Beweisführung (*arguments*)

Eine akademische Hausarbeit besteht aus drei Teilen: die **Einleitung** (*introduction*), der Hauptteil und der **Schluss** (*conclusion*). In der Einleitung sollten Sie die **These** objektiv, kurz und klar formulieren und im Hauptteil durch Argumente untermauern und begründen.

Die Argumente, die die These darlegen oder sie begründen, können Folgendes ausdrücken:

- **Authorität:** drückt die Meinungen einer Figur aus oder beruht auf der Theorie eines Experten.

- **Beweiskraft:** Zitate und Beispiele werden angegeben.

- **Widerlegung:** Argumente, die der Meinung der Autorin/des Autors widersprechen, werden widerlegt.

- **Vergleich/Gegenüberstellung:** zwei Dinge oder Situationen werden miteinander verglichen/werden einander gegenüber gestellt.

- **Allgemeine Meinung:** bezieht sich auf die allgemeine Meinung für oder gegen eine Argumentation.

---

1 Before starting the **Vorbereitung** activity, give the class a thesis statement. (Ex.: **Alle Studenten müssen ein A in diesem Kurs bekommen.**) Then call on individual students to present different arguments to support that thesis. After a student makes an argument, have the class categorize it as **Authorität, Beweiskraft, Widerlegung, Vergleich,** or **Allgemeine Meinung.** Encourage students to contribute until you have heard arguments in all five categories.

1 **Vorbereitung** In welche Kategorien passen die folgenden Themen?

1. **Widerlegung / Allgemeine Meinung:** Heutzutage stimmen alle jungen Leute damit überein, dass…

2. **Vergleich / Widerlegung:** Während die Menschen im 19. Jahrhundert ein unkompliziertes Leben ohne moderne Kommunikationsmittel führten, ist das Leben heute…

3. **Vergleich / Autorität:** Ein berühmter Professor hat schon 1960 die Theorie vertreten, dass…

2 **Aufsatz** Wählen Sie eins der folgenden Themen und schreiben Sie darüber einen Aufsatz.

- Beziehen Sie sich in Ihrem Aufsatz auf einen der vier Teile dieser Lektion: **Kurzfilm, Stellen Sie sich vor, …, Kultur** oder **Literatur**.

- Verarbeiten Sie mindestens zwei verschiedene Argumente und Beispiele aus dem Teil, über den Sie schreiben.

- Stellen Sie Ihre persönliche Einstellung klar und deutlich dar.

Themen

1. Stellen Sie sich vor, Sie sind die Mutter aus dem Film *Outsourcing*. Schreiben Sie einen Aufsatz, in dem Sie erklären, wieso Ihre Rolle für die Familie so wichtig ist und warum Sie nicht gefeuert werden sollten (*should not be fired*).

2. Stellen Sie sich vor, Sie sind Leopold aus *Ersatzbruder*. Schreiben Sie eine Antwort auf den Brief der Mutter. Gehen Sie auf das, was die Mutter geschrieben hat ein (*respond*), und beschreiben Sie Ihre Gefühle.

3. Wie würden Sie Ihre Ideen von Liebe und Respekt für eine andere Person (ein Familienmitglied, einen Freund/eine Freundin, einen Kameraden/eine Kameradin) definieren, nachdem Sie den Kurzfilm gesehen und den Kulturartikel und die Kurzgeschichte gelesen haben?

Persönliche Beziehungen

 Vocabulary Tools

Persönlichkeit

anhänglich *attached*
attraktiv *attractive*
bescheiden *modest*
bezaubernd/charmant *charming*
(un)ehrlich *(dis)honest*
einfallsreich *imaginative*
empfindlich *sensitive*
genial *highly intelligent*
liebevoll *affectionate*
optimistisch *optimistic*
pessimistisch *pessimistic*
(un)reif *(im)mature*
ruhig *quiet*
schüchtern *shy*
sorgfältig *careful*
stolz *proud*
vorsichtig *cautious*
zurückhaltend *reserved*

Familienstand

das (Ehe)paar, -e *(married) couple*
der/die Verlobte, -n *fiancé(e)*
der Witwer, -/die Witwe, -n *widower/widow*

heiraten *to marry*
sich (von j-m) scheiden lassen *to get divorced (from)*
(mit j-m) verheiratet sein *to be married (to)*
sich (mit j-m) verloben *to get engaged (to)*

geschieden *divorced*
ledig *single (unmarried)*
verlobt *engaged*
verwitwet *widowed*

Beziehungen

die Freundschaft, -en *friendship*
die Hochzeit, -en *wedding*
der Klatsch *gossip*
die Liebe (auf den ersten Blick) *love (at first sight)*
der/die Seelenverwandte, -n *soul mate*
die Verabredung, -en *date*
die Zuneigung, -en *affection*

(mit j-m) ausgehen *to go out (with)*
eine Beziehung haben/führen *to be in a relationship*
lügen *to lie*

(etwas) teilen *to share something*
sich (von j-m) trennen *to break up (with)*
verlassen *to leave*
sich verlassen auf (+ Akk.) *to rely (on)*
vertrauen (+ Dat.) *to trust*

(un)treu *(un)faithful*
unvergesslich *unforgettable*
leicht zu vergessen *forgettable*
vergesslich *forgetful*
verständnisvoll *understanding*

Gefühle

ärgern *to annoy*
fühlen *to feel*
(j-n/etwas) satt haben *to be fed up (with)*
hassen *to hate*
lieben *to love*
sich schämen (für + Akk./wegen + Gen.) *to be ashamed (of)*
stören *to bother*
träumen (von + Dat.) *to dream (of)*
verehren *to adore*
sich verlieben (in + Akk.) *to fall in love (with)*
böse werden *to get angry*

aufgeregt *excited*
begeistert *enthusiastic*
besorgt *worried*
bestürzt *upset*
deprimiert *depressed*
eifersüchtig *jealous*
enttäuscht *disappointed*
liebebedürftig *in need of affection*
verliebt (in + Akk.) *in love (with)*
wütend *angry*

Kurzfilm

der Abfall, ̈e *decline*
das Beschäftigungsverhältnis, -se *employment relationship*
der Beschluss, ̈e *decision*
die Effektivität *effectiveness*
der Familienrat, ̈e *family council*
die Kündigung, -en *written notice*
die Mängel *shortcomings*
der Niedriglohn, ̈e *low wage*
die Qualitätskontrolle, -n *quality control*
die Rolle, -n *role*

das Sanierungskonzept, -e *recovery plan*
der Stundennachweis, -e *hourly timesheet*
der Wert, -e *worth*

etwas annehmen *to accept something*
j-m kündigen *to terminate; to fire*
j-m Bescheid sagen *to let someone know*

einstimmig *unanimous*
gründlich *thorough*
rentabel *profitable, cost-efficient*

Kultur

der Einfluss, ̈e *influence*
das Erbe *heritage*
die Heimat *homeland*
die Identität, -en *identity*
der Kreis, -e *county*
der Nachfahr, -en/die Nachfahrin, -nen *descendant*
der Ursprung, ̈e *origin*
der Vorfahr, -en *ancestor*

auswandern *to emigrate*
einwandern *to immigrate*
pflegen *to cultivate*
schlendern *to walk leisurely*
siedeln *to settle*

hauptsächlich *mainly*

Literatur

die Dienststube, -n *office*
der Ersatz, -e *replacement*
der/die Gefangene, -n *prisoner*
das Gefangenenlager, - *prison camp*
das Heimweh *homesickness*
Rumänien *Romania*
die Sense, -n *scythe*
der Stich, -e *sting; prick*
die Zwangsarbeit *forced labor*
der Zwirn, -e *thread*

(sich) (an)heben *to rise*
mit j-m rechnen *to count on somebody*
Platz sparen *to save space*
schluchzen *to sob*
sich verlassen fühlen *to feel abandoned*
verschwimmen *to become blurred*
wegrutschen *to slide away*
zerreißen *to tear apart*

herrenlos *abandoned; adrift*

Zusammen leben

Das Leben in einer so großen Metropole wie Berlin ist vielfältig und spannend. Man hat endlos viele Möglichkeiten, interessante Menschen kennen zu lernen und sich mit ihnen ins Leben zu stürzen (*plunge*). Allerdings bringt das Leben in der Großstadt auch Probleme mit sich: Lärm, Verkehr, Kriminalität, Verschmutzung und Anonymität.

Gibt es diese Probleme in allen Städten? Muss es sie geben? In was für einer Stadt leben Sie? Wie würden Sie Ihre Stadt beschreiben?

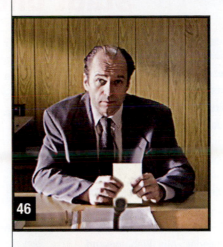

46

68

Reiseziel: Berlin

PREVIEW Invite students to share their views on city life; have them cite some of their favorite cities. Have them comment on the statement: **Das Leben in einer Metropole ist vielfältig und spannend.** Elicit reactions and opinions.

Stadt und Gemeinschaft Vocabulary Tools

Lokalitäten

die Feuerwache, -n *fire station*
das Gerichtsgebäude, - *courthouse*
das Polizeirevier, -e *police station*
das Rathaus, ̈er *city/town hall*
der Stadtrand, ̈er *outskirts*
der U-Bahnhof, ̈e/die U-Bahn-Station, -en *subway station*
die Unterbringung, -en *accommodations*
der Verein, -e *association; club*
der Vorort, -e *suburb*
das (Wohn)viertel, -/die (Wohn)gegend, -en *neighborhood*
der Wolkenkratzer, - *skyscraper*
der Zeitungskiosk, -e *newsstand*

Wegbeschreibungen

die Allee, -n *avenue*
die Ampel, -n *traffic light*
der Bürgersteig, -e *sidewalk*
die Ecke, -n *corner*
der Kreisverkehr *traffic circle*
die Kreuzung, -en *intersection*
der öffentliche Personennahverkehr (ÖPNV)/die öffentlichen Verkehrsmittel *public transportation*
die Reklametafel, -n *billboard*
die Richtung, -en *direction*
die (Fahr)spur, -en *lane*
das Verkehrsschild, -er/ das Verkehrszeichen, - *traffic sign*
der (Verkehrs)stau, -s *(traffic) jam*

der Zebrastreifen, - *crosswalk*
SYNONYME
Spaß (an etwas) haben ↔ sich amüsieren
übersiedeln ↔ umziehen

aussteigen *to get out (car); to get off (bus, train)*
einsteigen *to get in (car); to get on (bus, train)*

eine Wegbeschreibung geben *to give directions*
liegen *to be located*
überqueren *to cross (a road, river, ocean)*
sich verlaufen/sich verfahren *to get/ to be lost*

Die Leute

der Angeber, -/die Angeberin, -nen *show-off*
der Anhänger, -/die Anhängerin, -nen *fan*
der Ausländer, -/die Ausländerin, -nen *foreigner*
der Bürger, -/die Bürgerin, -nen *citizen*
der/die Fremde, -n *stranger*
der Fußgänger, -/die Fußgängerin, -nen *pedestrian*

der Mieter, -/die Mieterin, -nen *tenant*
der Mitbewohner, -n/die Mitbewohnerin, -nen *housemate, roommate*
der Nachbar, -n/die Nachbarin, -nen *neighbor*
der Polizeibeamte, -n/die Polizeibeamtin, -nen *police officer*
der Zimmergenosse, -n/ die Zimmergenossin, -nen *roommate*

Aktivitäten

das Nachtleben *nightlife*
die Stadtplanung, -en *city/town planning*

sich amüsieren *to have fun*
(an)halten/stoppen *to stop*
plaudern *to chat*
umziehen *to move*
verbessern *to improve*
vorbeigehen *to walk past*
wenden *to turn (around)*

Probleme

die Freiheitsstrafe, -n *prison sentence*
der Gesetzesverstoß, ̈e *breach of law*
der Konflikt, -e *conflict*
der Pflegefall, ̈e *nursing case*
die Unterstellung, -en *allegation*
das Verbrechen, - *crime*
das Verhör, -e *interrogation*

sich beschweren (über) *to complain (about)*
im Stich lassen *to abandon (someone)*
zwingen (zu) *to force (someone)*

strafbar *punishable*

Zum Beschreiben

gefährlich *dangerous*
laut *noisy*
lebhaft *lively*
leer *empty*
persönlich *personal*
privat *private*
sicher *safe*
überfüllt *crowded*
unerwartet *unexpected*
voll *full*

INSTRUCTIONAL RESOURCES
Audioscripts, SAM AK, Lab MP3s
SAM/WebSAM: WB, LM

Anwendung und Kommunikation

1 **Was ist das?** Finden Sie die Wörter in der linken Spalte, die zu den Beschreibungen in der rechten Spalte passen.

<u>f</u> 1. der Zebrastreifen   a. wenn die Polizei viele Fragen stellt

<u>b</u> 2. der Wolkenkratzer   b. ein sehr hohes Gebäude

<u>e</u> 3. der Verein   c. eine Person aus einem anderen Land

<u>c</u> 4. der Ausländer   d. das Gegenteil von *voll*

<u>d</u> 5. leer   e. der Club

<u>a</u> 6. das Verhör   f. wo Fußgänger die Straße überqueren

2 **Was fehlt?** Schreiben Sie die Wörter in die passenden Lücken.

der/die Anhänger(in)	der Konflikt	die Reklametafel	die U-Bahn-Station
aussteigen	der Pflegefall	sich beschweren	der Zebrastreifen

1. Am Wochenende gehe ich zu einem Fußballspiel ins Olympiastadion in Berlin. Ich bin <u>Anhänger/Anhängerin</u> von Hertha Berlin.

2. Daniel fährt immer mit den öffentlichen Verkehrsmitteln. Weil er morgens meistens zu spät aufsteht, muss er immer zur <u>U-Bahn-Station</u> rennen.

3. Mein Zug hat mehr als zwei Stunden Verspätung. Ich gehe jetzt zur Information und <u>beschwere mich</u>.

4. Meine Oma ist krank. Sie lebt in einem Altenheim, weil sie ein <u>Pflegefall</u> ist.

5. Nach der Arbeit fahre ich nicht gleich nach Hause, sondern treffe meine Freundin Nina in der Stadt. Ich muss die S1 nehmen und am Potsdamer Platz <u>aussteigen</u>.

6. In einer großen Stadt wie Berlin, wo viele Menschen zusammenleben, gibt es oft Streit und <u>Konflikte</u>.

3 **Stadt oder Land?** Beantworten Sie die Fragen. Besprechen Sie Ihre Antworten zu zweit.

Was magst du lieber	A	B
1. (A) eine moderne Wohnung im Wolkenkratzer oder (B) eine schöne Villa in einem ruhigen Vorort?	☐	☐
2. (A) in einer Einkaufsstraße in der Stadt oder (B) online einzukaufen?	☐	☐
3. (A) einen Nachmittag im Kunstmuseum oder (B) ein Picknick?	☐	☐
4. (A) die Anonymität einer Großstadt oder (B) die Freundlichkeit einer Kleinstadt?	☐	☐
5. (A) einen lebhaften Bürgersteig voll mit interessanten Fremden oder (B) einen einsamen, schönen Waldweg?	☐	☐
6. (A) die ganze Nacht im Club zu tanzen oder (B) mit Freunden am Lagerfeuer (*campfire*) zu plaudern?	☐	☐
7. (A) das Unerwartete (*unexpected*) oder (B) das sichere Leben?	☐	☐
8. (A) Verkehrsstau oder (B) leere Straßen?	☐	☐

4 **Stoppt den Verkehr!** In vielen Großstädten gibt es zu viel Verkehr. Machen Sie zu dritt Vorschläge, wie man Verkehrsprobleme lösen kann.

Ⓢ Practice more at **vhlcentral.com**.

1 To quickly check comprehension, turn a few of the words into T/F questions: **Richtig oder falsch? Der Angeber arbeitet auf dem Zebrastreifen.** To expand the activity, have students work in small groups to come up with two or three more statements based on the vocabulary list. Have them read their statements aloud for the rest of the class to try to guess the correct answer.

3 Divide the class into two groups to debate the pros and cons of city life. Allow each group a few minutes to prepare ideas.

4 Assign roles and do this activity as a role-play. The roles could include a *resident* concerned about safety in his/her neighborhood; a teenager, a teacher, etc. Participants should invent stories about how they have been negatively affected by the problem. Each group should present their role-play to the class. The group that uses the most new vocabulary words wins.

Vorbereitung

INSTRUCTIONAL RESOURCES
Film Collection,
Script & Translation
SAM/WebSAM: WB

Wortschatz des Kurzfilms

der Ausreiseantrag, ⁻e *exit permit*

ausschneiden *to clip*

es ernst meinen *to be serious*

j-m etwas ersparen *to spare someone something*

j-m hinterhersteigen *to chase after someone*

landesverräterische Nachrichtenübermittlung
traitorous information transmission

die Meisterschaft, -en *championship*

die Republikflucht *defection from East to West Germany*

schmackhaft *flavorful*

die Vergünstigung, -en *preferential treatment*

der Verräter, -/die Verräterin, -nen *traitor*

Nützlicher Wortschatz

die DDR (Deutsche Demokratische Republik) *GDR (German Democratic Republic)*

die Erpressung, -en *extortion; blackmail*

die Freiheit, -en *freedom*

der Gewissenskonflikt, -e *moral conflict*

die Karriereleiter, -n *career ladder*

die Privatsphäre, -n *privacy*

der Sachverhalt, -e *fact*

die Stasi (Staatssicherheit) *secret police (former GDR)*

die Zerreißprobe, -n *(emotional) ordeal*

AUSDRÜCKE

ratfatz unter die Räder kommen *to fall apart in a hurry*

sich nicht jeden Schuh, der drückt, anziehen *to not assume responsibility for everything*

Das ist nicht auf Ihrem Mist gewachsen. *You didn't think of that.*

auf der Wassersuppe daherschwimmen *to be naive, not very bright*

Ask students if they can think of an English expression similar to **"Ich bin nicht auf der Wassersuppe dahergeschwommen."** (*I wasn't born yesterday.*)

1 Have students write definitions for the words and phrases not used in this activity. Then, have them take turns reading their definitions out loud and letting the rest of the class guess the words.

1 Was passt zusammen? Suchen Sie für jeden Ausdruck die richtige Definition.

___c___ 1. ein Formular, das man ausfüllt, wenn man aus einem Land weg will

___a___ 2. ein Ort, der nicht öffentlich ist, und an dem man nicht beobachtet wird

___b___ 3. wenn man etwas nicht zum Spaß sagt, sondern es wirklich so ist, wie man es sagt

___d___ 4. das Recht, zu tun, was man will

a. die Privatsphäre

b. etwas ernst meinen

c. ein Ausreiseantrag

d. die Freiheit

2 Welche Vokabel passt? Suchen Sie für jeden Satz die Vokabel, die logisch passt.

1. Die ___Stasi___ wusste in der DDR fast alles über die Bürger.

2. Wenn Bürger mit der Stasi kollaborierten, bekamen sie oft ___Vergünstigungen___ wie zum Beispiel ein neues Auto oder besseres Essen.

3. Mit den gesammelten Informationen wurden Bürger durch ___Erpressung___ manipuliert.

4. Wenn die Stasi etwas von einem Bürger wollte, benutzte sie oft Anreize (*incentives*), wie ein neues Auto oder besseres Essen, um ihm eine Kollaboration ___schmackhaft___ zu machen.

5. Menschen, die in der DDR nicht glücklich waren, versuchten oft durch ___Republikflucht___ aus dem Land wegzukommen.

6. Diese Leute galten als ___Verräter___ und Gegner der DDR.

3

Was denkst du? Stellen Sie einander die folgenden Fragen.

1. Wie wichtig sind dir Familie und Freunde? Was würdest du für sie (nicht) tun?

2. Bist du schon einmal in einem unangenehmen (*uncomfortable*) Gespräch gewesen? Mit wem?

3. Was würdest du machen, damit dein Lebenspartner/deine Lebenspartnerin glücklich ist?

4. Was ist wichtiger, Prinzipien oder materielle Dinge (z.B. ein neues Auto, eine größere Wohnung)?

5. Welche Aspekte des Lebens darf ein Staat beeinflussen (*to influence*)? Welche nicht? Warum?

6. Welche Vorteile gibt es in einem kapitalistischen Land und welche gibt es in einem sozialistischen Land?

4

Das Leben in einer Demokratie Füllen Sie zuerst die Tabelle aus, und diskutieren Sie dann mit einem Partner/einer Partnerin die Vor- und Nachteile einer Demokratie.

4 Encourage students to use words from the **Wortschatz** in their answers.

A. Suchen Sie zu jedem Thema Vorteile (*advantages*) und Nachteile (*disadvantages*).

Themen	Vorteile	Nachteile
Politik		
Reisen		
Familie		
Polizei		
Technologie		
Arbeiten		

B. Was halten Sie vom Leben in einer Demokratie? Was würde passieren, wenn Sie nicht in einer Demokratie leben würden?

5

Was passiert? Schauen Sie sich in Gruppen die Bilder an. Beschreiben Sie jedes Bild und diskutieren Sie die Fragen.

1. Was macht Menschen glücklich? Sehen Sie sich besonders das erste Bild an.

2. Wer könnte der Mann auf dem zweiten Bild sein? Was für ein Gerät sieht man im Hintergrund (*background*)? Beschreiben Sie die Situation.

3. Wie kommt der Mann im ersten Bild in die Situation im dritten Bild? Was könnte passiert sein?

 Practice more at vhlcentral.com.

Video

Die Klärung eines
Sachverhalts

Regie: Sören Hüper und Christian Prettin

Schauspieler: Josef Heynert,
Horst-Günter Marx, Julia Brendler,
Joachim Kappl

Kurzfilmbiber
Prädikat besonders wertvoll
Filmfest Biberach 2008

HANDLUNG *Aus Liebe zu seiner Frau stellt der staatstreue DDR-Bürger Jürgen Schulz einen Ausreiseantrag. In einem 24-stündigen Verhör versucht ein Stasi-Offizier Schulz davon abzubringen°.*

STASI BEAMTER Ziehen Sie Ihren Ausreiseantrag zurück, unterschreiben Sie, und dann können Sie gehen.

SYBILLE SCHULZ Du bist doch nicht...?
JÜRGEN SCHULZ Doch! Bin befördert worden°. Ab 1.10.1985, Leiter° der Technischen Abteilung.

JÜRGEN SCHULZ Hallo! Kennst du mich noch? Ich bin der Pittiplatsch°
SYBILLE SCHULZ Was machst denn du hier?
JÜRGEN SCHULZ Na, eine Privatvorstellung° für die Sybille, weil die so dolle° traurig ist!

ANWALT Trotzdem ist ein Ausreiseantrag schon seit zehn Jahren völlig legal.
SYBILLE SCHULZ Völlig legal?
ANWALT Seit der Staatsratsvorsitzende° die Schlussakte von Helsinki unterzeichnet hat.

JÜRGEN SCHULZ Ich will hier nicht weg. Aber, ich weiß, wenn wir bleiben, verliere ich dich.
SYBILLE SCHULZ Ich kann sie doch jetzt nicht im Stich lassen°.

STIMME Unter Beachtung des Umfangs° und der Intensität des strafbaren Handelns des Angeklagten° schloss sich der Senat dem Antrag des Vertreters der Bezirksstaats-anwaltschaft° an und erkannte auf eine Freiheitsstrafe° von 18 Monaten.

Have students correct the false statements in **Beim ZUSCHAUEN**.

abzubringen *dissuade* **befördert worden** *been promoted* **Leiter** *manager* **Pittiplatsch** *GDR TV character* **Privatvorstellung** *private show* **dolle** *very* **Staatsratsvorsitzende** *Chairman of the State Council of the GDR* **im Stich lassen** *abandon* **Umfangs** *extent* **Angeklagten** *accused* **Bezirksstaatsanwaltschaft** *prosecutor* **Freiheitsstrafe** *sentence*

KULTURANMERKUNG

Pittiplatsch und Trabbis

Pittiplatsch (kurz: Pitti) war eine bekannte und sehr beliebte Puppenfigur in der DDR. Von 1962 bis 1991 erschien Pitti-platsch zusammen mit der Ente Schnatterinchen und dem Hund Moppi in fast 3.000 Sendungen. Ein Puppenspiel-Ensemble tritt mit diesen Figuren seit 1993 vor allem in Ostdeutschland wieder auf.
Der Trabant (kurz Trabbi) war neben dem Wartburg das populärste Auto in der DDR. Fast jeder Erwachsene hatte eine Bestellung° entweder für einen Trabbi oder einen Wartburg. Allerdings dauerte es Jahre, bis man sein neues Auto bekam. Nach dem Fall der Mauer wurde der Trabbi zum Kultobjekt. In Berlin gibt es zum Beispiel ein Trabbi-Museum.

Bestellung *order*

Give students some background information about the former GDR: Erich Honecker held the office of Chairman of the State Council of the GDR (**Staatsratsvorsitzender**) from 1976 through the fall of the Berlin Wall in 1989. The Helsinki Final Act (**Schlussakte** von **Helsinki**) was signed in 1975 with the goal of improving relations between the West and the Communist nations.

🔗 Beim ZUSCHAUEN

Sind die folgenden Sätze **richtig** oder **falsch**?

1. Jürgen Schulz soll seinen Ausreiseantrag zurückziehen. *Richtig*
2. Jürgen Schulz ist nicht sehr erfolgreich in der DDR. *Falsch*
3. Die Eltern von Jürgen Schulz leben in Westdeutschland. *Falsch*
4. Sybille Schulz hatte eine Affäre mit einem Arzt. *Falsch*
5. Die Stasi bietet Jürgen Schulz ein neues Auto an, wenn er in der DDR bleibt. *Richtig*
6. Jürgen Schulz muss 18 Monate lang ins Gefängnis. *Richtig*

NATIONAL communication culture comparisons STANDARDS

1 You may want to revisit this **Kurzfilm** when you discuss the film *Gefährder* in Lektion 8. Have students note the parallels and differences between the characters in each film and the situations they encounter.

Analyse

1

Die Personen im Film Verbinden Sie die Satzteile und vergleichen Sie dann Ihre Antworten miteinander.

___b___ 1. Der Beamte, der Jürgen Schulz befragt, …

___f___ 2. Jürgen Schulz…

___e___ 3. Martin Brenska…

___c___ 4. Die Eltern von Sybille Schulz…

___a___ 5. Der Anwalt…

___d___ 6. Sybille Schulz…

a. hilft DDR-Bürgern, die einen Ausreiseantrag stellen wollen.

b. arbeitet für die Stasi.

c. leben in Westdeutschland und haben gesundheitliche Probleme.

d. ist Krankenschwester und erwartet ein Kind.

e. lebt und arbeitet als Arzt in Westdeutschland.

f. ist Wirtschaftsingenieur.

2

Interview oder Rückblende (*flashback*)? Passieren die folgenden Situationen im Interview oder in den Rückblenden?

1. Pittiplatsch soll Sybille Schulz helfen, damit sie nicht traurig ist. In der Rückblende.

2. Sybille und Jürgen Schulz diskutieren ihre Ausreise nach Westdeutschland. In der Rückblende.

3. Jürgen Schulz kann seinen Trabbi früher bekommen. Im Interview.

4. Jürgen Schulz soll die drei Bilder aus dem Brief an seine Schwiegereltern erklären. Im Interview.

5. Sybille und Jürgen Schulz besuchen einen Anwalt. In der Rückblende.

6. Jürgen Schulz unterschreibt das Befragungsprotokoll. Im Interview.

7. Das Baby von Jürgen Schulz soll einen anderen Vater haben. Im Interview.

8. Jürgen Schulz ist beruflich erfolgreich. In der Rückblende.

3

Was ist richtig? Welcher Satz beschreibt, was im Film passiert? Besprechen Sie Ihre Antworten zu zweit.

1. a. Jürgen Schulz ist ein aktiver Oppositioneller in der DDR.

   (b.) Jürgen Schulz ist Parteimitglied.

2. (a.) Jürgen Schulz ist ein fleißiger und erfolgreicher Wirtschaftsingenieur.

   b. Jürgen Schulz arbeitet als Artist in einem Zirkus.

3. (a.) Jürgen Schulz sammelt Zeitungsartikel in einem Aktenordner (*binder*).

   b. Jürgen Schulz ist ein Spion (*spy*), der Informationen über DDR-Firmen für den Westen sammelt.

4. a. Sybilles Vater ist Anhänger des Fußballclubs Lokomotive Leipzig.

   (b.) Sybilles Vater ist Anhänger des Fußballclubs Dynamo Dresden.

5. a. DDR-Bürger dürfen nicht nach Westdeutschland ausreisen.

   (b.) DDR-Bürger können einen Ausreiseantrag nach Westdeutschland stellen.

6. (a.) Die westdeutsche Regierung hat Jürgen Schulz aus dem DDR-Gefängnis freigekauft.

   b. Die Schwiegereltern von Jürgen Schulz haben ihn aus dem Gefängnis freigekauft.

4 Personenbeschreibung

A. Schreiben Sie die Adjektive auf, die Jürgen Schulz und den Stasi-Offizier am besten beschreiben.

4 Have students come up with additional adjectives that describe these two characters.

~~aggressiv~~	glücklich	isoliert	~~naiv~~	schuldig
desillusioniert	ideologisch	menschlich	pedantisch	treu

Jürgen Schulz: _naiv, ..._

Stasi Offizier: _aggressiv, ..._

B. Vergleichen Sie Ihre Antworten miteinander und begründen (*justify*) Sie Ihre Wahl.

5 Fragen zum Film Beantworten Sie in Gruppen die Fragen zu den Personen im Film.

1. Am Anfang sagt der Stasi-Offizier zu Jürgen Schulz: „Das ist kein Verhör. Es handelt sich lediglich um eine Befragung zur Klärung eines Sachverhalts." Stimmt das wirklich? Warum/warum nicht?

2. Wie versucht der Stasi-Offizier Jürgen Schulz zum Verbleib in der DDR zu bewegen? Nennen Sie mindestens zwei Beispiele.

3. Warum geht Jürgen Schulz am Ende ins Gefängnis? Was hat er getan?

6 Diskussion Besprechen Sie die folgenden Fragen in Gruppen und geben Sie konkrete Beispiele für jede Antwort.

1. „Jürgen Schulz wurde 1987 von der BRD für knapp 100.000 DM aus der Haft freigekauft. Bis zum Fall der Mauer wurden 33.755 politische Häftlinge gegen Devisenzahlungen in den Westen abgeschoben. Die DDR erwirtschaftete auf diese Weise insgesamt 3,4 Milliarden DM." Darf sich ein Staat auf diese Art und Weise Geld beschaffen (*procure*)?

2. Jürgen Schulz geht für seine Frau und ihr gemeinsames Leben ins Gefängnis. Wie viele Menschen, die Sie kennen, würden das tun? Warum oder für wen?

3. Wie geht das Leben von Jürgen Schulz und seiner Frau nach dem Film weiter?

7 Zum Thema Schreiben Sie einen Absatz (10 Zeilen) über Ihre Reaktion auf eine der folgenden Situationen.

1. Sie leben in der ehemaligen DDR, wollen aber weg. Was machen Sie? Haben Sie den Mut, sich mit der Staatspolizei anzulegen?

2. Sie müssen sich zwischen einem Leben mit Ihrem Partner/Ihrer Partnerin und einem Leben im Luxus entscheiden. Was machen Sie?

Filmtipp Ask if students are familiar with the Oscar-winning film **Das Leben der Anderen**, which deals with Stasi surveillance in the former GDR.

Practice more at **vhlcentral.com.**

Berlin

INSTRUCTIONAL RESOURCES: Teaching suggestions **SAM/WebSAM:** WB

Berlin, damals und heute

Berlin ist Deutschlands alte und neue Hauptstadt. Im Kaiserreich° (1871–1918) wurde Berlin erstmals zur Hauptstadt von ganz Deutschland und ist es auch während der Weimarer Republik und des Dritten Reiches geblieben. Nach der Teilung Deutschlands wurde Bonn die Hauptstadt der Bundesrepublik, während die Deutsche Demokratische Republik ihre Hauptstadt im Ostteil der geteilten° Stadt behielt°. Nach der Wiedervereinigung Deutschlands wurde Berlin wieder die gesamtdeutsche Hauptstadt. Diese Stadt ist das kulturelle und politische Zentrum Deutschlands und auch ein eigenes Bundesland, Stadtstaat genannt.

Berlin ist reich° an Geschichte, und man findet Spuren der Vergangenheit an jeder Ecke. Es gibt elegante Schlösser aus dem Preußischen Königreich, die **Kaiser-Wilhelm-Gedächtniskirche** als Zeugin° des Kaiserreichs und den alten Reichstag mit seiner neuen Kuppel° als Zeichen der gesamtdeutschen Demokratie. Das **Reichstagsgebäude** ist der Sitz des **Deutschen Bundestags**. Im Plenarsaal° versammelt sich° das Parlament der Bundesrepublik. Die Glaskuppel, die 1999 fertiggestellt wurde, weist auf das deutsche Streben° nach politischer Transparenz hin°.

Wenn man oben in der Kuppel steht, kann man die Vorgänge° unten im Plenarsaal beobachten.

Gleich neben dem Reichstag, in der Mitte Berlins, befindet sich das **Brandenburger Tor**, wo Ost und West aufeinandertreffen. Das symbolträchtige Portal wurde 1791 zum Andenken an Friedrich den Großen errichtet. Seither° hat es wichtige Momente der Geschichte gesehen. Einst° stand es hinter der Mauer auf dem Boden° der DDR. Als 1989 hier Ost- und Westdeutsche zusammen den Fall der Mauer gefeiert haben, wurde das Tor vom Zeichen der Teilung° zum **Symbol der deutschen Einheit**°. Jenseits° des Brandenburger Tores erstreckt° sich der **Tiergarten**, der den brandenburgischen Fürsten als Jagdrevier° gedient hat. Heute ist der Tiergarten ein großer Park, in dem viele Berliner bei gutem Wetter grillen.

Hinter dem Brandenburger Tor liegt der **Pariser Platz,** und hier befinden sich Botschaftsgebäude° und das Hotel Adlon. Zwischen der US-amerikanischen Botschaft und dem **Potsdamer Platz** liegt das **Holocaust-Mahnmal**°.

Übrigens…

Berlin ist in zwölf Bezirke° aufgeteilt° und jeder Bezirk hat ein eigenes Kolorit°. Prenzlauer Berg im Bezirk Pankow z.B. ist voll von Künstlern und guten Cafés. Berlin-Mitte birgt die meisten Touristenattraktionen. Und Friedrichshain-Kreuzberg ist einfach angesagt°. Mit exotischem Flair und tollem Nachtleben zieht dieses Viertel junge Avantgardisten an.

Have students create a time line of key events at the **Brandenburger Tor** to help them gain an overview of German history.

Dieses 2007 gebaute Denkmal° für die ermordeten Juden Europas ist größer als zwei Football-Felder und besteht aus parallelen Reihen von grauen Betonstelen°.

Berlin ist auch für sein Shoppingangebot und seine Ausgehmöglichkeiten° bekannt. Typische **Einkaufsmeilen°** sind zum Beispiel die **Hackeschen Höfe** oder die **Kastanienallee**, wo sich kleine Modeläden, Cafés, Kneipen, Kunstgalerien und Souvenirshops aneinanderreihen°. Auch der **Kurfürstendamm** ist eine beliebte Einkaufsstraße. In seiner Nähe befindet sich das bekannte **KaDeWe** (Kaufhaus des Westens) – eines der größten Kaufhäuser Europas.

Auch das **Berliner Nachtleben** ist sehr lebendig. Vor den Berliner Clubs stehen oft viele Menschen Schlange°. Es kann schwer sein, in einen Club hineinzukommen. Der Türsteher° entscheidet°, wer hinein darf, und er kann genauso unnachgiebig° sein wie etwa… eine Mauer aus Beton.

Kaiserreich *empire* **geteilten** *divided* **behielt** *kept* **reich** *rich* **Zeugin** *witness* **Kuppel** *dome* **Plenarsaal** *plenary hall* **versammelt sich** *gathers* **weist auf…** *hin alludes to* **Streben** *quest* **Vorgänge** *activities* **Seither** *Since that time* **Einst** *Once* **Boden** *soil* **Zeichen der Teilung** *symbol of division* **Einheit** *unity* **erstreckt sich** *sprawls* **Jenseits** *On the other side of* **Jagdrevier** *hunting ground* **Botschaftsgebäude** *embassy buildings* **Holocaust-Mahnmal** *Holocaust memorial* **Denkmal** *monument* **Betonstelen** *concrete slabs* **Ausgehmöglichkeiten** *options for going out* **Einkaufsmeilen** *strip mall* **aneinanderreihen** *lay side-by-side* **stehen… Schlange** *stand in line* **Türsteher** *bouncer* **entscheidet** *decides* **unnachgiebig** *unyielding* **Bezirke** *boroughs* **aufgeteilt** *split up* **Kolorit** *atmosphere* **angesagt** *hip*

Entdeckungsreise

Berlins U-Bahn Die meisten Berliner fahren mit öffentlichen Verkehrsmitteln. 2016 legte die Berliner **U-Bahn** über 21 Millionen Kilometer zurück°. Die U-Bahn zieht sich wie ein magischer Faden° durch die Stadt. Wer einsteigt, kann schnell von einer Sehenswürdigkeit bis zur nächsten fahren. Und zum Beobachten von Menschen ist es eine gute Stelle – in der U-Bahn tritt man mit der echten Stadt in Kontakt.

Ampelmännchen Eine Besonderheit auf den Verkehrsampeln im Ostteil Berlins und in ganz Ostdeutschland sind die Ampelmännchen. Diese Verkehrssignale für Fußgänger, ein rotes stehendes° und ein grünes gehendes° Männchen, wurden 1969 in der DDR vom Verkehrspsychologen Karl Peglau entwickelt.

Nach der Wiedervereinigung sollten die Ampelmännchen zunächst durch die Verkehrssignale aus Westdeutschland ersetzt werden, aber die Bevölkerung protestierte, und das Ampelmännchen konnte seinen Platz behaupten°. Die Ampelmännchen sind sehr beliebt, und mittlerweile kann man Souvenirs wie T-Shirts und Schlüsselanhänger° kaufen.

legte… zurück *covered a distance* **Faden** *thread* **stehendes** *standing* **gehendes** *walking* **sich… behaupten** *stand its ground* **Schlüsselanhänger** *key ring*

Was haben Sie gelernt?

Richtig oder falsch? Sind die Aussagen **richtig** oder **falsch?** Stellen Sie die falschen Aussagen richtig.

Some answers will vary.

1. Das Brandenburger Tor ist heute ein Zeichen der deutschen Einheit. Richtig.
2. Das Holocaust-Mahnmal ist bunt. Falsch. Das Mahnmal ist ganz grau.
3. Im Tiergarten kann man gut einkaufen. Der Tiergarten ist ein Park.
4. Das KaDeWe ist ein bekanntes Kaufhaus in Berlin. Richtig.
5. Friedrichshain-Kreuzberg ist angesagt, aber das Nachtleben dort ist uninteressant. Falsch. Friedrichshain-Kreuzberg hat ein tolles Nachtleben.
6. Die meisten Berliner fahren mit dem Auto zur Arbeit. Falsch. Die meisten Berliner benutzen lieber öffentliche Verkehrsmittel.
7. Die Ampelmännchen sind schwarz und weiß. Falsch. Die Ampelmännchen sind grün und rot.
8. Ampelmännchen gibt es vor allem in Ostdeutschland. Richtig.

Fragen Beantworten Sie die Fragen. Some answers will vary.

1. Seit wann ist Berlin die Hauptstadt von ganz Deutschland? Seit dem Kaiserreich (gegründet 1871.)
2. Wann wurde das Brandenburger Tor gebaut? Das Brandenburger Tor wurde 1791 gebaut.
3. Was kann man sehen, wenn man in der Glaskuppel des Reichstags steht? Man kann die Vorgänge unten im Plenarsaal sehen.
4. Welche typischen Einkaufsmeilen gibt es in Berlin? Es gibt die Hackeschen Höfe und die Kastanienallee.
5. Warum sollte man in Berlin mit der U-Bahn fahren? Man kann schnell durch die Stadt fahren.
6. Warum sind die Ampelmännchen so beliebt? Was glauben Sie?

Diskussion Besprechen Sie in Gruppen die folgenden Fragen.

1. Waren Sie schon mal in Berlin? Wenn ja, wann war das? Was haben Sie gesehen? Was haben Sie gemacht?
2. Was möchten Sie in Berlin gern sehen und machen? Warum? Nennen Sie vier Sehenswürdigkeiten oder Aktivitäten.
3. Machen Sie eine Umfrage im ganzen Kurs. Welche Sehenswürdigkeit oder Aktivität ist am beliebtesten?
4. Warum ist Berlin wohl ein beliebtes Reiseziel für Touristen aus aller Welt? Denken Sie sowohl an die Geschichte als auch an die heutige Stadt.

Galerie

Skulptur
Clemens Behr (1985–)

Clemens Behr wurde 1985 in Koblenz geboren. Zuerst studierte er Grafikdesign in Dortmund, später Bildhauerei in Berlin. Man findet seine Installationen in Galerien und auf öffentlichen Plätzen, wie U-Bahnhaltestellen, Hauswänden oder in Parks. Seine collagenartigen Skulpturen bestehen aus Müll und alltäglichen Materialien, wie zum Beispiel Holz, Fließen und Pappe. „Mit meinen Installationen versuche ich Räume zu transformieren und zu verfremden", so Behr. Der junge Künstler hat sich in der Kunstszene längst einen Namen gemacht. Seine Exponate konnten nicht nur in Europa, sondern auch schon in den USA, Indien und Brasilien bestaunt werden.

Literatur
Günter Grass (1927–2015)

Günter Grass wurde 1927 in Danzig, heute Polen, geboren. Er zählt zu den bekanntesten deutschen Schriftstellern. Er war auch als Bildhauer, Maler und Grafiker aktiv. Mit seinem Debütroman *Die Blechtrommel* gelang ihm 1959 der internationale Durchbruch. Neben vielen Auszeichnungen erhielt er 1999 für sein Lebenswerk den Nobelpreis für Literatur. Seine Bücher wurden in zahlreiche Sprachen übersetzt und teilweise verfilmt. Grass war zeitlebens auch politisch aktiv. Seine Popularität als Schriftsteller nutzte er, um auf politische und gesellschaftliche Themen aufmerksam zu machen. Als Atomkraftgegner hielt er beispielsweise im April 2011 eine Lesung vor dem Kernkraftwerk Krümmel in der Nähe von Hamburg. Grass starb 2015 im Alter von 87 Jahren in Lübeck.

ARCHITEKTUR

Walter Gropius (1883–1969)

Der Deutsche Walter Gropius zählt zu den Vätern der modernen Architektur. Er ist vor allem für seine Gebäude im Bauhaus-Stil bekannt und war einer der Gründer (*founders*) der Kunstschule Staatliches Bauhaus. Obwohl er sein Architekturstudium an der Technischen Hochschule Charlottenburg 1908 abbrach (*abandoned*), startete er eine herausragende Karriere als Architekt. Sein erstes wichtiges Gebäude, das Fagus-Werk in Alfeld an der Leine, ist seit 2011 ein UNESCO-Weltkulturerbe. 1934 nannten die Nationalsozialisten das Bauhaus 'die Kirche des Marxismus'. Drei Jahre später ging Gropius in die USA, wo er an der Harvard University Professor für Architektur wurde.

Comics

Simon Schwartz (1982–)

Simon Schwartz ist ein deutscher Comiczeichner, Comicautor und Illustrator. Er ist vor allem für seine mehrfach ausgezeichneten (*awarded*) Comicromane *Drüben!* und *Packeis* bekannt. Hauptberuflich veröffentlicht (*publishes*) er aber Kurzcomics und Illustrationen in deutschen Zeitungen wie zum Beispiel der *Frankfurter Allgemeinen Sonntagszeitung* und der *Zeit*. Für Schwartz ist besonders wichtig, dass der Text und die Zeichnungen eine Einheit bilden; es soll ein Equilibrium zwischen beiden Komponenten existieren. Zu den wichtigsten Einflüssen auf ihn zählen der deutsche Zeichner Hannes Hegen ebenso wie der US-Zeichner Chris Ware.

Analyse

Verständnis Ergänzen Sie die fehlenden Wörter.

1. Die Installationen von ___Clemens Behr___ sind aus einfachen und recycelten Materialien, die man überall finden kann.

2. Die Geburtsstadt von Günter Grass ist ___Danzig___.

3. Im Jahr 1999 gewann Günter Grass den ___Literaturnobelpreis___.

4. Walter Gropius gründete die Kunstschule ___Staatliches Bauhaus___.

5. Simon Schwartz ist ein deutscher ___Comiczeichner___, ___Comicautor___ und ___Illustrator___.

6. Besonders wichtig ist Schwartz die ___Einheit___ von Text und Zeichnungen.

Diskussion

Simon Schwartz arbeitet vor allem an Kurzcomics und Illustrationen für Zeitungen. Er sagt, dass Comicromane zu lange dauern und er damit nicht genug Geld verdienen kann. Diskutieren Sie in kleinen Gruppen die Frage: Was ist die Verbindung (*connection*) zwischen Kunst und Geld? Präsentieren Sie die Ergebnisse im Kurs.

Aufsatz Schreiben Sie einen kurzen Aufsatz über eines der folgenden Themen. Suchen Sie die nötigen Informationen im Internet.

1. Stellen Sie sich vor, Sie sind Günter Grass und haben den Literaturnobelpreis erhalten. Erklären Sie in Ihrer Dankesrede, warum viele Ihrer Romane in der Stadt Danzig spielen und was Danzig für Sie bedeutet.

2. Beschreiben Sie einen Comic von Simon Schwartz. Vergleichen Sie diese Comics mit einem Comic, den Sie besonders gerne mögen.

3. Interessieren Sie sich für Architektur oder Bildende Kunst (*visual arts*)? Recherchieren Sie Clemens Behr, Walter Gropius oder die Bauhaus Bewegung (*movement*) im Internet, und schreiben Sie über eine Person oder ein Kunstwerk. Welchen Einfluss hat oder hatte die Person oder das Kunstwerk auf seine Umgebung und auf Sie? Was gefällt Ihnen (nicht) daran?

2.1

INSTRUCTIONAL RESOURCES
Audioscripts, SAM AK,
Lab MP3s, Grammar
Presentation Slides
SAM/WebSAM: WB, LM

QUERVERWEIS

Remember that the subject of the sentence takes the nominative case and the direct object requires the accusative case. See **Strukturen 1.3, pp. 24–25.**

QUERVERWEIS

Certain prepositions require the dative case. See **Strukturen 2.2, pp. 58–59.**

Remind students that indefinite articles (**ein-**) don't have plurals. **Meinen**, in this table, is here to show the plural endings of **ein**-words.

QUERVERWEIS

For information about possessive adjectives see **Strukturen 1.3, pp. 24–25.**

Remind students that adding endings to **euer** causes the second **e** to drop.

Remind students that nouns that form plurals with **-s** do not take the **-n** ending in the dative: **von den Hotels.**

Dative and genitive cases

Dative

- The dative case (**der Dativ**) indicates the indirect object of a sentence, expressing *to whom* or *for whom* an action is done.

> Emil gibt **dem Fahrer** das Ticket.
> *Emil gives the ticket **to the driver**.*

- To form the dative case, add the appropriate endings to the **der**- and **ein**-words, including possessive adjectives.

Dative				
	definite article	*der*-words	indefinite article/*ein*-words	
Masculine	d**em**	dies**em**	ein**em**	mein**em**
Feminine	d**er**	dies**er**	ein**er**	mein**er**
Neuter	d**em**	dies**em**	ein**em**	mein**em**
Plural	d**en** (+ **–n**)	dies**en** (+ **–n**)		mein**en** (+ **–n**)

Die Polizistin wartet neben der Ampel. Ich erkläre **der** Polizistin den Unfall.
***The** policewoman waits at the traffic light. I tell **the** policewoman about the accident.*

Aden hilft **seiner** Schwester bei den Hausaufgaben.
*Aden helps **his** sister with her homework.*

- In the dative, an **–n** is added to all plural nouns that do not already end in **–n**.

Ich zeige **den** Touriste**n** den Stadtplan.   Mein Vater bringt **den** Kinder**n** Geschenke.
I show the city map to the tourists.   *My father brings gifts to the children.*

- The rules for the dative case also apply to personal pronouns.

Personal pronouns in the dative		
mir *(me/to me)*	**ihm** *(him/to him)*	**uns** *(us/to us)*
dir *(you/to you)*	**ihr** *(her/to her)*	**euch** *(you/to you)*
	ihm *(it/to it)*	**ihnen/Ihnen** *(them/to them; you/to you)*

Die Professorin antwortet **mir** auf Englisch.   Ich gebe **ihm** das Geld.
*The professor answers **me** in English.*   *I give **him** the money.*

- In German word order, the indirect object comes before the direct object. However, when the direct object is a pronoun, the order is reversed: [*direct object pronoun*] + [*indirect object (noun or pronoun)*].

Ich gebe **dem Fremden**
eine Wegbeschreibung.
*I give directions **to the stranger**.*

Ich gebe **ihm** eine
Wegbeschreibung.
*I give **him** directions.*

Ich gebe **sie dem Fremden.**
*I give **them** to the stranger.*

Ich gebe **sie ihm.**
*I give **them** to him.*

- A number of verbs in German require a dative object.

gefallen	gehören	schmecken	passen
Gefällt dir das?	**Gehört ihm das Buch?**	**Das Essen schmeckt ihr.**	**Die Uniform passt mir gut.**
Do you like that?	*Does the book belong to him?*	*She likes the food.*	*The uniform fits me well.*

Other verbs that require an object in the dative case are **antworten**, **danken**, **glauben**, **gratulieren**, **helfen**, **folgen**, and **vertrauen**.

> Ich danke **dir**.
> *I thank you.*

> Kannst du **mir** helfen?
> *Can you help me?*

- Some idiomatic expressions with certain adjectives also require the dative case, including **ähnlich**, **dankbar**, **kalt**, **peinlich**, **teuer**, and **warm**.

> **Mir** ist viel zu **warm**!
> *I am way too warm!*

> Sven sieht **seinem** Vater **ähnlich**.
> *Sven resembles **his** dad.*

Genitive

- The genitive case (**der Genitiv**) is used to show possession. It corresponds to *'s* or to the word *of* in English. In German, the possessive *–s* (without an apostrophe) is used only with people's names.

> Maria**s** Viertel ist sehr lebhaft.
> *Maria's neighborhood is very lively.*

> Die Straßen **dieser** Stadt sind gefährlich.
> *The streets **of this** city are dangerous.*

- The masculine and neuter articles in the genitive are **des** and **eines**. Add the corresponding ending *–es* to **der**- and **ein**-words. To most masculine and neuter nouns you add an *–s* in the genitive. The feminine and plural definite articles are **der**. Add the ending *–er* to **der**- and **ein**-words. No ending is added to a feminine or plural noun in the genitive case.

Genitive			
	definite article	*der*-words	indefinite article/ *ein*-words
Masculine	d**es** (+ –s)	dies**es** (+ –s)	ein**es**/mein**es** (+ –s)
Feminine	d**er**	dies**er**	ein**er**/mein**er**
Neuter	d**es** (+ –s)	dies**es** (+ –s)	ein**es**/mein**es** (+ –s)
Plural	d**er**	dies**er**	mein**er**

> die Planung **des** Stadtzentrum**s**
> *the planning **of the** city center*

> der Preis **seiner** Wohnung
> *the price **of his** apartment*

- The dative and genitive cases also have corresponding question words. **Was** remains the same in all cases, but when asking about a person, use **wem** in the dative and **wessen** in the genitive.

Nominative	Accusative	Dative	Genitive
Wer? *Who?*	**Wen?** *Whom?*	**Wem?** *To whom?*	**Wessen?** *Whose?*

Make sure that students know the meaning of these verbs: **antworten** (*to answer/ to respond*), **danken** (*to thank*), **glauben** (*to think*), **gratulieren** (*to congratulate*), **helfen** (*to help*), **folgen** (*to follow*), **vertrauen** (*to trust*).

Make sure that students know the meaning of these adjectives: **ähnlich** (*similar*), **dankbar** (*thankful*), **kalt** (*cold*), **peinlich** (*embarrassing*), **teuer** (*expensive*), **warm** (*warm*).

QUERVERWEIS

Certain prepositions require the genitive case. See **Strukturen 2.2, pp. 58–59.**

ACHTUNG!

One-syllable nouns add *–es* at the end of the word (**des Mannes**). All nouns that end in **s**, **ss**, **ß**, **z**, or **t** add *–es*. For some masculine nouns, you must add an *–n* in the genitive case. Many of these nouns refer to people.
der Nachbar → des Nachbarn
der Herr → des Herrn
der Junge → des Jungen

In spoken German, the genitive case is often replaced by the preposition **von** [+ Dat.].
der Name des Mieters
der Name vom (von dem) Mieter
the name of the tenant

Anwendung

1 **Meine Stadt** Thomas zeigt Tobias seine Heimatstadt. Markieren Sie das richtige Wort. Achten Sie auf Nominativ, Akkusativ und Dativ.

1. Heute zeige ich (meinem / mein) Freund meine Heimatstadt.
2. Zuerst gebe ich (ihn / ihm) einen neuen Stadtplan.
3. Dann besuchen wir (das / dem) Rathaus.
4. Das Rathaus gefällt (meinem / meines) Freund gut.
5. Danach gehen wir über (der / den) Platz.
6. Hier sehen wir (die / der) moderne U-Bahn-Station.
7. Am Abend lade ich (unseren / unsere) Freunde ein.
8. Mein Freund dankt (mir / ich) für den schönen Tag.

2 **Besitz** Setzen Sie die Satzteile in eine richtige Genitivkonstruktion um.

Beispiel die Mitbewohner / mein Freund

die Mitbewohner meines Freundes

1. die Wohnung / ein Mieter _____ die Wohnung eines Mieters
2. die Aktivitäten / die Bürger _____ die Aktivitäten der Bürger
3. der Name / der Platz _____ der Name des Platzes
4. der Ort / das Verbrechen _____ der Ort des Verbrechens
5. das Nachtleben / mein Vorort _____ das Nachtleben meines Vororts
6. die Adresse / das Polizeirevier _____ die Adresse des Polizeireviers

3 **Das Familientreffen** Stefan und Luise unterhalten sich über ein Familientreffen letzte Woche. Füllen Sie die Lücken. Achten Sie auf die richtigen Fälle (*cases*).

STEFAN Hast du (1) ___meiner___ (mein) Oma zum Geburtstag gratuliert?

LUISE Ja, ist sie wirklich 90 Jahre alt geworden?

STEFAN Ja, ist sie. Wie geht es denn (2) ___deinem___ (dein) Opa?

LUISE Es geht (3) ___ihm___ (er) eigentlich ganz gut. Deine Oma ist die Schwester (4) ___meiner___ (mein) Oma, oder?

STEFAN Da hast du recht. Deswegen haben wir immer zusammen Urlaub gemacht. Das Gästezimmer (5) ___unseres___ (unser) Hauses war immer überfüllt, wenn ihr uns besucht habt. Aber es hat (6) ___uns___ (wir) gut gefallen und war wirklich kein Problem.

LUISE Und jetzt sind (7) ___deine___ (dein) Eltern geschieden. Der neue Mann (8) ___deiner___ (dein) Mutter ist sehr lebhaft. Mit ihm kann man sich gut unterhalten.

STEFAN Ja, das ist Mehmet. (9) ___Seine___ (Sein) Familie wohnt im Ausland. Leider vergesse ich immer die Namen (10) ___seiner___ (sein) Eltern und Geschwister.

LUISE Habt ihr (11) ___eure___ (euer) neuen Familienmitglieder gern? Plaudert ihr oft miteinander?

STEFAN Ja, wir amüsieren uns gut zusammen. Nächsten Sommer kommen sie uns wieder in Berlin besuchen.

Practice more at
vhlcentral.com.

Kommunikation

4

Ihre Stadt Stellen Sie einander die folgenden Fragen.

1. Was gefällt Ihnen (nicht) an Ihrer Stadt/Ihrer Universität?
2. Welche guten Restaurants gibt es in Ihrem Wohnviertel? Warum schmeckt Ihnen das Essen dort?
3. Wie finden Sie das Nachtleben in Ihrer Stadt? Kann man sich gut amüsieren?
4. Welche öffentlichen Verkehrsmittel gibt es? Benutzen Sie sie?
5. Sind Ihnen die Mieten in der Stadt zu teuer?
6. Welche Probleme gibt es in Ihrer Stadt/Ihrem Wohnviertel?

5

Was gehört wem? Kombinieren Sie einen Gegenstand aus der linken Spalte mit einer Person aus der rechten Spalte. Erklären Sie dann, warum die Person das Objekt braucht, oder was die Person mit dem Objekt macht. Arbeiten Sie in Gruppen.

Beispiel **die Wohnung / Herr Heimlich**

Die Wohnung gehört Herrn Heimlich. Er hat kein Haus.
Die Wohnung gefällt ihm. Sie liegt im Stadtzentrum.

das Auto	die Ausländerin
das Fahrrad	die Fremde
das Handy	der Junge
der Hund	die Mieterin
der Laptop	der Mitbewohner
die Tasche	der Nachbar
die Wohnung	die Polizeibeamtin
das Wörterbuch	

6

Ich verbessere meine Stadt Beenden Sie zu zweit die Sätze mit passenden Wörtern aus der Liste. Besprechen Sie dann Ihre Aussagen.

die Ampeln	gefährlich	parken	der Verkehr
bauen	der Konflikt	der U-Bahnhof	die öffentlichen
die Gebäude	laut	das Verbrechen	Verkehrsmittel

1. Meine Stadt braucht _____
2. Die Polizei soll _____
3. Wir planen _____
4. Wer unsere Wohngegend verbessern will, _____

6 Have students role-play a debate between the administration and the citizens of their town, in which they discuss these suggestions.

2.2

INSTRUCTIONAL RESOURCES
Audioscripts, SAM AK,
Lab MP3s, Grammar
Presentation Slides
SAM/WebSAM: WB, LM

Prepositions

—*Trotzdem ist ein Ausreiseantrag schon **seit** zehn Jahren völlig legal.*

Prepositions connect words and ideas and answer the questions *where*, *how*, and *when*. The objects of German prepositions take either the accusative, the dative, or the genitive case.

- Use the **accusative case** with the following prepositions.

bis	**durch**	**für**	**gegen**	**ohne**	**um**
until, to	*through*	*for*	*against*	*without*	*around, at*

Wir laufen **durch**
die Stadt.
*We run **through**
the city.*

Ich bin **gegen**
das Rauchen.
*I am **against**
smoking.*

Der Film beginnt
um 20 Uhr.
*The film begins
at 8 pm.*

- Use the **dative case** with these prepositions.

aus	**außer**	**bei**	**gegenüber**	**mit**	**nach**	**seit**	**von**	**zu**
from	*except for*	*at*	*across from*	*with*	*after, to, according to*	*since, for*	*from*	*to*

Außer mir spricht niemand Deutsch.
*No one speaks German **except** me.*

Nach einem Tag an der Universität
bin ich müde.
After a day at the university, I am tired.

Wir wohnen **seit** einem Jahr hier.
*We have been living here **for** a year.*

Meiner Meinung **nach** ist
Berlin herrlich!
*In my opinion (**According to** me),
Berlin is wonderful!*

- Use the **genitive case** with the following prepositions.

außerhalb	**innerhalb**	**jenseits**	**(an)statt**	**trotz**	**während**	**wegen**
outside of	*within*	*on the other side of*	*instead of*	*in spite of, despite*	*during*	*because of*

Die Bürger warten **außerhalb**
des Polizeireviers.
*The citizens wait **outside**
the police station.*

Trotz der Diskussionen kommt
es zu Auseinandersetzungen.
***Despite** the discussions
there are still disputes.*

ACHTUNG!

Here are some examples of the possible contractions of a definite article with prepositions.

auf + das = aufs
um + das = ums
bei + dem = beim
in + das = ins
in + dem = im

Wir fahren aufs Land.
We're going to the country.

ACHTUNG!

When you want to say *to someone's house*, use **zu**, but do not include the word **Haus**.

Ich gehe zu meiner Mutter.
I go to my mother's house.

Ich gehe zu Sabrina.
I go to Sabrina's house.

Zu Hause means *at home*.
Bei mir zu Hause means *at my house*.

You may wish to tell students that in spoken German, native speakers often use the dative case with **(an)statt, trotz, während,** and **wegen.**
wegen des Regens →
wegen dem Regen (*because of the rain*).

- Two-way prepositions can be used with either the **dative** or the **accusative** case, depending on meaning. When used to express *location* (**wo** + Dat.), use the dative case. If the sentence indicates *motion* toward or around a place (**wohin** + Akk.), use the accusative.

Two-way prepositions		
	Dative	**Accusative**
auf *on, on top of*	Das Buch liegt **auf dem** Tisch. *The book is lying **on the** table.*	Der Mann legt das Buch **auf den** Tisch. *The man puts the book **on the** table.*
an *at, on*	Der Mieter wohnt **am** Stadtrand. *The tenant lives **on the** edge of town.*	Der Mieter hängt das Bild **an die** Wand. *The tenant hangs the picture **on the** wall.*
hinter *behind*	Der Passagier sitzt **hinter dem** Fahrer. *The passenger is sitting **behind the** driver.*	Der Fahrer fährt **hinter das** Haus. *The driver drives **behind the** house.*
in *in, on*	Meine Mutter wohnt **in einem** Haus. *My mother lives **in a** house.*	Der Mann zieht **in ein** neues Haus um. *The man is moving **into a** new house.*
neben *next to*	Der Bus bleibt **neben dem** Auto stehen. *The bus stops **next to** the car.*	Der Bus fährt **neben das** Auto. *The bus drives **next to** the car.*
über *above, over*	Hoch **über dem** Fluss steht die Burg. *High **above the** river lies the castle.*	Der Vogel fliegt **über den** Fluss. *The bird flies **over the** river.*
unter *under*	**Unter dem** Gerichtsgebäude gibt es ein Parkhaus. *There's a parking garage **under the** courthouse.*	Der Fahrer legt die Schlüssel **unter seinen** Sitz. *The driver put the keys **under his** seat.*
vor *in front of*	**Vor dem** Rathaus ist der Platz. *The square is **in front of** city hall.*	Der Bus fährt **vor das** Rathaus. *The bus drives **in front of** city hall.*
zwischen *between*	Das Kind steht **zwischen den** Autos. *The child is standing **between the** cars.*	Das Kind läuft **zwischen die** Autos. *The child runs **between the** cars.*

- The following verbs can be used with two-way prepositions to show location or to describe where you are putting something.

Dative (*Wo?*)	Accusative (*Wohin?*)
liegen *to lie*	**(hin)legen** *to lay (down)*
stehen *to stand*	**(hin)stellen** *to put (down)*
hängen *to hang*	**(auf)hängen** *to hang (up)*
sitzen *to sit*	**setzen** *to sit down*

QUERVERWEIS

For more on prepositional verb phrases, see **Strukturen 5.3, pp. 178–179.**

Sie **stellte** das Buch **in das** Bücherregal.
*She **put** the book **onto** the shelf.*

Liegt die Katze **unter dem** Bett?
*Is the cat **under the** bed?*

Das Buch **steht im** Bücherregal.
*The book **stands on the** shelf.*

Normalerweise **legt** sie sich zum Schlafen auf **das** Sofa.
*She usually **lies on the** sofa when she wants to sleep.*

Anwendung

1

Der Wolkenkratzer Schreiben Sie das richtige Wort in die Lücken.

1. Emma geht _____ Arbeit.
   a. zur   b. auf   c. vom

2. Sie fährt jeden Tag _____ dem Auto.
   a. aus   b. mit   c. ohne

3. _____ des Verkehrs muss sie sehr früh losfahren.
   a. Innerhalb   b. Bei   c. Wegen

4. _____ zwei Jahren arbeitet sie in einer großen Firma.
   a. Seit   b. Durch   c. Für

5. Ihr Büro befindet sich _____ einem Wolkenkratzer.
   a. gegen   b. durch   c. in

6. _____ dem langen Tag freut sie sich auf das Nachtleben in der Stadt.
   a. Vor   b. Nach   c. Um

2

An der U-Bahn-Station Schreiben Sie die richtige Form der Wörter in die Lücken.

JANA Hallo, Klara! Was machst du hier in (1) ___der___ (die) U-Bahn? Fährst du in (2) ___die___ (die) Stadt?

KLARA Ja, ich muss ein Geschenk für (3) ___meine___ (meine) Mutter kaufen.

JANA Wohin gehst du?

KLARA Ich gehe in die Buchhandlung bei (4) ___der___ (die) Feuerwache.

JANA Meinst du die Buchhandlung neben (5) ___dem___ (das) Zeitungskiosk?

KLARA Ja, genau. Und du? Wohin gehst du?

JANA Ich gehe zur Bank, um Geld zu holen. Ich fahre morgen mit (6) ___meinen___ (meine) Mitbewohnerinnen nach Ibiza.

KLARA Hier kommt die U-Bahn.

3 Have pairs of students come up with new items, then switch with another pair to construct sentences from the elements.

3

Der Mitbewohner Bilden Sie Sätze aus den folgenden Satzteilen.

Beispiel **Herr Fischer / fahren / das Auto / zu / das Polizeirevier**
Herr Fischer fährt das Auto zum Polizeirevier.

1. der neue Mitbewohner / einziehen / in / die Wohnung
   Der neue Mitbewohner zieht in die Wohnung ein.

2. Lukas / fahren / durch / die Stadt
   Lukas fährt durch die Stadt.

3. ohne / der Verkehr / kommen / er / schnell / zu / der Zeitungskiosk
   Ohne den Verkehr kommt er schnell zum Zeitungskiosk.

4. dort / kaufen / er / eine Zeitung / statt / eine Fahrkarte
   Dort kauft er eine Zeitung statt einer Fahrkarte.

5. während / der Tag / träumen / er / von / sein Leben / jenseits / der Fluss
   Während des Tages träumt er von seinem Leben jenseits des Flusses.

6. außer / sein Bruder / wohnen / keine Verwandten / in der Nähe
   Außer seinem Bruder wohnen keine Verwandten in der Nähe.

 Practice more at **vhlcentral.com.**

Kommunikation

4

Wie komme ich dorthin? Sagen Sie Ihrem Partner/Ihrer Partnerin, wie man von der ersten Stelle in der Liste unten zur zweiten Stelle kommt.

Beispiel **das Stadtzentrum / die Universität**

—Wie kommt man vom Stadtzentrum zur Uni?

—Geh den Berg hinunter, dann geradeaus über den Fluss. Dort ist das Stadtzentrum.

- die Bibliothek / die Mensa
- die Einkaufsstraße / das Fitnesszentrum
- der große U-Bahnhof / die Universität

- das Rathaus / das beste Restaurant in der Stadt
- das Polizeirevier / die Buchhandlung
- die Feuerwache / das Café

5

Wo ist es? Was ist es? Suchen Sie sich ein Gebäude im Bild aus und beschreiben Sie, wo dieses Gebäude ist. Ihr Partner/Ihre Partnerin muss erraten (*guess*), was Sie beschreiben. Beschreiben Sie mindestens drei Gebäude.

Beispiel —Das Gebäude steht hinter dem Rathaus und neben dem Hotel.

—Ist es die Buchhandlung?

—Ja, das stimmt.

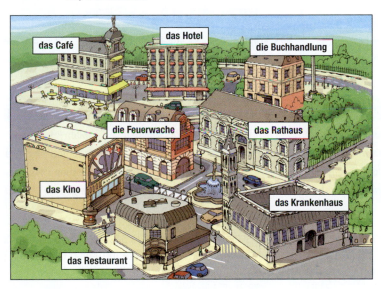

6

Das Stadtleben Stellen Sie einander die folgenden Fragen über das Stadtleben. Erklären Sie Ihre Antworten.

1. Mit wem amüsierst du dich gern? Was macht ihr gern zum Spaß?
2. Wohnst du lieber in einem Vorort oder im Stadtzentrum?
3. Bist du für oder gegen das Rauchen im Restaurant?
4. Bleibst du als Fußgänger immer an einer roten Ampel stehen oder läufst du über die Straße, ohne zu warten?
5. Fährst du in der Stadt gern mit dem Auto oder fährst du lieber mit der U-Bahn?
6. Machst du lieber Urlaub auf dem Land oder in der Stadt?

4 Remind students of the following vocabulary for giving directions:
Geh... (*Go...*);
den Fluss entlang (*along the river*);
nach rechts (*right*);
nach links (*left*);
immer geradeaus (*straight*);
bis zur Kreuzung (*to the intersection*);
überquere die Straße (*cross the street*)

2.3

INSTRUCTIONAL RESOURCES
Audioscripts, SAM AK,
Lab MP3s, Grammar
Presentation Slides
SAM/WebSAM: WB, LM

Das Perfekt; separable and inseparable prefix verbs

—*Immer wenn Zirkus Probst in der Stadt war,
ist Papa mit mir **hingegangen**.*

● **Das Perfekt**, the present perfect tense, is a compound tense, made up of an auxiliary verb (**haben** or **sein**) and the past participle. You will use **haben** to form the **Perfekt** of most verbs.

Ich habe gesprochen.
I have spoken./I was speaking./I spoke.

Ich bin gegangen.
I have gone./I was going./I went.

● To form the past participle of regular verbs (also called "weak" verbs), add **ge–** in front of the verb stem and **–t** to the end of the verb stem. When a cluster of consonants makes it difficult to pronounce the **–t** ending or the verb stem ends in **–t**, add **–et** instead.

parken	arbeiten	atmen	regnen
ge + park + t	ge + arbeit + et	ge + atm + et	ge + regn + et
gepark**t**	**ge**arbeit**et**	**ge**atm**et**	**ge**regn**et**

Past participles of some common regular verbs		
ärgern → **ge**ärger**t**	langweilen → **ge**langweil**t**	teilen → **ge**teil**t**
dauern → **ge**dauer**t**	plaudern → **ge**plauder**t**	träumen → **ge**träum**t**
haben → **ge**hab**t**	sagen → **ge**sag**t**	trennen → **ge**trenn**t**
heiraten → **ge**heirat**et**	stoppen → **ge**stopp**t**	zeigen → **ge**zeig**t**

QUERVERWEIS

Refer to the alphabetical list of irregular verbs in the **Appendix, pp. 409–411**.

● Many irregular verbs (also called "strong" verbs) form the past participle by adding **ge–** to the beginning of the verb stem and **–en** to the end. But the formation of the past participle of strong verbs varies greatly; thus, it is best to memorize them individually.

Past participles of some irregular verbs with *haben*	
besuchen → besuc**ht**	sehen → **ge**sehen
denken → **ge**d**acht**	sprechen → **ge**spr**ochen**
finden → **ge**f**unden**	stehen → **ge**st**anden**
geben → **ge**geben	treffen → **ge**tr**offen**

Hast du mit Herrn
Wagner **gesprochen**?
*Have you **spoken** to
Mr. Wagner?*

Hast du die neue Reklametafel
im U-Bahnhof **gesehen**?
*Have you **seen** the new billboard in
the subway station?*

- Use **sein:**

  ...with verbs that show a movement from one place to another: **aussteigen**, **einsteigen**, **fahren**, **fallen**, **fliegen**, **gehen**, **kommen**, **laufen**, **reisen**, **umziehen**.

  > Max **ist** gestern nach Hamburg **geflogen**.
  > *Max **flew** to Hamburg yesterday.*

  > Wir **sind** mit der U-Bahn **gefahren**.
  > *We **rode** the subway.*

  ...with verbs that show a change of condition: **aufwachen**, **aufstehen**, **sterben**, **wachsen**.

  > Paula **ist** spät **aufgewacht**.
  > *Paula **woke up** late.*

  > Die alte Frau Koch **ist gestorben**.
  > *(Old) Mrs. Koch **died**.*

  ...with the following verbs: **bleiben**, **gelingen**, **geschehen**, **passieren**, **sein**, **werden**.

  > Er **ist** zu Hause **geblieben**.
  > *He **stayed** at home.*

  > Es **ist** dunkel **geworden**.
  > *It **got (became)** dark.*

Perfekt form of some verbs that take *sein*		
aussteigen → ist aus**ge**st**ie**gen	kommen → ist **ge**kommen	sein → ist **ge**wesen
gehen → ist **ge**gangen	laufen → ist **ge**laufen	werden → ist **ge**worden

- For verbs with separable prefixes such as **an–**, **ein–**, **um–**, and **vorbei–** you add **ge–** between the prefix and the verb stem.

Past participles of some separable prefix verbs	
ankommen → an**ge**kommen	einladen → ein**ge**laden
anrufen → an**ge**rufen	einsteigen → ein**ge**stiegen
einkaufen → ein**ge**kauft	vorbeifahren → vorbei**ge**fahren

You may want to point out other common verbs that use **sein**: **einsteigen – eingestiegen, fallen – gefallen, gelingen – gelungen**

- However, for verbs with inseparable prefixes (**be–**, **ent–**, **er–**, **ge–**, **miss–**, **über–**, **unter–**, **ver–**, and **zer–**) you usually do not add **ge–** to the past participle.

Past participles of some inseparable prefix verbs		
beschweren → **be**schwert	überqueren → **über**quert	verdienen → **ver**dient
gefallen → **ge**fallen	unterhalten → **unter**halten	zerstören → **zer**stört

- The past participle of a verb that ends in **–ieren** does not begin with **ge–**, but it does end in **–t.** An exception: **verlieren**; the past participle is **verloren**.

  > amüsieren → amüs**iert**   diskutieren → diskut**iert**   passieren → pass**iert**

- In German word order, the conjugated auxiliary verb always takes the second position in the sentence. The past participle always comes last.

  > Der Polizist **ist** zum Polizeirevier **gefahren**.
  > *The policeman **drove** to the police station.*

QUERVERWEIS

For word order in **das Perfekt** with conjunctions and relative pronouns, see **Strukturen 3.2, pp. 96–97,** and **3.3, pp. 100–101.**

Anwendung

1

Der erste Tag in Berlin Margaret wohnt in Freiburg und macht Urlaub in Berlin. Sie schreibt eine Postkarte an ihre Oma. Schreiben Sie die richtige Verbform in die Lücken.

Liebe Oma!

Ich bin gut in Berlin (1) __angekommen__ (ankommen). Der Flug hat 2 Stunden (2) __gedauert__ (dauern). Ich bin sofort mit der Bahn in die Stadt (3) __gefahren__ (fahren). Ich bin am U-Bahnhof Alexanderplatz (4) __ausgestiegen__ (aussteigen). Dort habe ich die Weltzeituhr und den Fernsehturm (5) __gesehen__ (sehen). Ich bin am Roten Rathaus (6) __vorbeigegangen__ (vorbeigehen). Unter den Linden habe ich die neue Wache (7) __besucht__ (besuchen). Die Statue Pieta von Käthe Kollwitz hat mir sehr gut (8) __gefallen__ (gefallen). Ich bin dann weiter (9) __gelaufen__ (laufen), bis ich das Brandenburger Tor (10) __erreicht__ (erreichen) habe. Da bin ich aber auf einmal müde (11) __geworden__ (werden). Ich habe ein lebhaftes Café in der Nähe (12) __gefunden__ (finden) und habe mit einer begeisterten Berlinerin (13) __geplaudert__ (plaudern). Ich glaube, ich habe mich in Berlin (14) __verliebt__ (verlieben)!

Es wird ein toller Urlaub werden!

Küsschen

Margaret

KULTURANMERKUNG

Die Museumsinsel

Berlins Museumsinsel befindet sich auf der Spreeinsel in Berlin Mitte. Mit ihren fünf Museen ist sie seit 1999 ein UNESCO-Weltkulturerbe. **Das Neue Museum** enthält die Büste der Königin Nofretete°. Im **Pergamonmuseum** findet man den Pergamonaltar, der im 2. Jahrhundert vor Christus in der heutigen Türkei errichtet wurde. In der **Alten Nationalgalerie** gibt es europäische Kunst aus dem 19. Jahrhundert. Das Museum für Byzantinische Kunst, die Skulpturensammlung und das Münzkabinett° sind im **Bode-Museum** zu sehen. Im **Alten Museum**, das am Anfang des 19. Jahrhunderts als erstes von fünf Museen gebaut wurde, befinden sich die griechische Antikensammlung, sowie etruskische° und römische Kunst.

Nofretete *Nefertiti*
Münzkabinett *coin collection*
etruskische *Etruscan*

2

Die Museumsinsel Florian zeigt Sophie die Sehenswürdigkeiten in Berlin. Wählen Sie das richtige Verb aus der Liste und schreiben Sie es im **Perfekt** in die Lücke.

amüsieren	erzählen	kommen	träumen
denken	halten	langweilen	zeigen
erwarten	kennen lernen	sprechen	ziehen

SOPHIE Ich (1) __habe__ immer von einer Reise nach Berlin __geträumt__. Hier (2) __haben__ meine Eltern sich __kennen gelernt__. Sie (3) __haben__ schon so viel von Berlin __erzählt__.

FLORIAN Es ist super, dass du hier bist. Komm, ich zeige dir die Museumsinsel. Hier ist der Lustgarten. Dahinter ist das Alte Museum. Die schöne Nofretete (4) __ist__ 2009 von dort in das Neue Museum __gezogen__.

SOPHIE Meine Mutter (5) __hat__ immer vom Pergamonaltar __gesprochen__. Wo ist denn der?

FLORIAN Dieser Altar ist im Pergamonmuseum. Er (6) __ist__ Ende des 19. Jahrhunderts aus der Türkei nach Berlin __gekommen__.

SOPHIE Ich (7) __habe__ mich heute total gut __amüsiert__, Florian. Ich (8) __habe__ immer __gedacht__, dass Berlin voller Menschen ist. Aber es sind mehr, als ich (9) __erwartet__ __habe__!

FLORIAN Ich (10) __habe__ dir gern das Stadtzentrum __gezeigt__.

SOPHIE Ich (11) __habe__ mich überhaupt nicht __gelangweilt__. Vielen Dank!

Practice more at **vhlcentral.com**.

Kommunikation

3

Was ist passiert? Sehen Sie sich zu zweit die Illustrationen an. Erfinden Sie eine Geschichte für jede Situation. Verwenden Sie das **Perfekt**.

Beispiel Lara hat einen Brief von ihrem Opa in Berlin bekommen. Er hat sie nach Berlin eingeladen. Sie hat sofort ja gesagt und sich auf die Reise vorbereitet.

| Lara | Max und Lena | Hannah |

4

War es schön? Hier ist eine Liste von verschiedenen Aktivitäten. Wann haben Sie etwas zum letzten Mal gemacht? Stellen Sie einander Fragen.

Beispiel **bei rot über die Ampel gehen**

—Wann bist du das letzte Mal bei rot über die Ampel gegangen?

—Heute Morgen bin ich bei rot über die Ampel gegangen.

—Hat dich ein Polizist gesehen?

1. sich mit Freunden amüsieren
2. mit den öffentlichen Verkehrsmitteln fahren
3. etwas am Zeitungskiosk kaufen
4. sich in einer Großstadt verlaufen/verfahren
5. eine Wegbeschreibung geben
6. Spaß am Nachtleben in deiner Stadt haben
7. einen neuen Mitbewohner bekommen
8. mit deinen Zimmergenossen plaudern
9. in eine neue Stadt umziehen
10. lange im Verkehrsstau stehen

5

Wahr oder erfunden?

A. Schreiben Sie zu zweit zwei Kurzgeschichten. Eine Geschichte soll erfunden, aber lustig sein. Die andere Geschichte soll wahr, aber lustig oder fast unglaublich sein. Benutzen Sie viele Details und das **Perfekt** in Ihrer Geschichte. Passen Sie auf, dass Sie die folgenden Fragen in beiden Geschichten beantworten.

- Wann ist die Geschichte passiert?
- Sind Sie mit anderen irgendwohin gegangen?
- Wenn ja, wohin sind Sie gegangen?
- Sind Sie in der Stadt gewesen? Zu Hause? Bei Freunden?
- Ist die Situation in der Geschichte gefährlich gewesen? Wie?

B. Lesen Sie der Klasse beide Geschichten vor. Die anderen Student(inn)en müssen entscheiden, welche Geschichte die wahre und welche die erfundene ist.

5 You can also have students write their two stories as homework and discuss them with a partner the next day in class.

Synthese

1

Bildbeschreibung

A. Schauen Sie sich das Bild an und beantworten Sie zu zweit die Fragen.

- Wo sind die Leute? Beschreiben Sie den Ort.

- Beschreiben Sie die Gruppe in der Mitte. Sind diese Leute miteinander verwandt?

- Was machen die Leute?

B. Erfinden Sie eine Geschichte über diese Familie. Was haben diese Leute in der Stadt gemacht, bevor das Bild aufgenommen wurde? Beginnen Sie die Geschichte so:

Am Morgen...

2 **Aufsatz** Schreiben Sie eine Seite in Ihr Tagebuch über etwas, was Sie erlebt haben. Suchen Sie sich eins der Themen unten aus. Achten Sie auf Akkusativ, Dativ, Genitiv, Präpositionen und das Perfekt.

- Schreiben Sie über das Wohnviertel aus Ihrer Kindheit.

- Schreiben Sie über den ersten Tag in einer neuen Stadt.

- Schreiben Sie über eine(n) Ausländer(in) und wie Sie einander kennen gelernt haben.

- Schreiben Sie über eine Party mit Mitbewohnern und wie Sie sich amüsiert haben.

- Schreiben Sie über eine problematische Autofahrt mit viel Verkehr.

Kommunikationsstrategien
Diese Ausdrücke können Ihnen helfen, über die Vergangenheit zu schreiben.
damals *back then*
als ich ein Kind war *when I was a child*
in der Vergangenheit *in the past*
vor kurzem *a little while ago*
so weit ich mich erinnern kann *as far as I can remember*
Es hat mich daran erinnert, dass... *It reminded me that...*

Vorbereitung

Wortschatz der Lektüre

(sich) anpassen *to adjust to*
die Gemeinde, -n *community*
gewähren *to grant*
der Imbiss, -e *snack*
preisen *to praise*
die Regierung, -en *government*
die Staatsangehörigkeit, -en *nationality*
die (Wieder)vereinigung, -en *(re)unification*
die Vielfalt *variety*

Nützlicher Wortschatz

austauschen *to exchange*
behandeln *to deal with*
benachteiligen *to discriminate*
die Harmonie, -n *harmony*
integrieren *to integrate*
die Isolation, -en *isolation*
die Sprachkenntnisse (pl.) *linguistic proficiency*

1

Zuordnen Verbinden Sie die Wörter in der rechten Spalte mit den Definitionen in der linken Spalte.

__d__ 1. ein Imbiss
__f__ 2. die Staatsangehörigkeit
__b__ 3. eine Regierung
__e__ 4. die Gemeinde
__c__ 5. die Vereinigung
__a__ 6. preisen

a. loben; ganz toll finden
b. Das Parlament ist ein Teil davon.
c. wenn Teile zusammen kommen
d. eine Currywurst
e. die Menschen, die zu einer Kirche gehören oder in einer Stadt wohnen
f. zeigt, zu welchem Land man gehört

2

Integration Ergänzen Sie den folgenden Text mit den passenden Wörtern aus der Liste.

| anpassen | behandeln | Harmonie | Sprachkenntnisse |
| austauschen | benachteiligen | Isolation | Vielfalt |

In Berlin möchte eine (1) __Vielfalt__ von Kulturen in (2) __Harmonie__ zusammenleben. Das bedeutet, dass alle Menschen sich (3) __anpassen__ müssen, um Konflikte zu vermeiden (*avoid*). Die Deutschen sollten sich mit Ausländern (4) __austauschen__, sie gut (5) __behandeln__ und nicht (6) __benachteiligen__. Für Ausländer sind (7) __Sprachkenntnisse__ besonders wichtig, um einer (8) __Isolation__ vorzubeugen (*to prevent*).

3

Ist Ihre Stadt multikulturell? Besprechen Sie zu zweit die multikulturellen Aspekte Ihrer Stadt (oder einer Stadt, die Sie beide gut kennen).

1. Beschreiben Sie Ihre Stadt. Ist sie groß oder klein? Was für Leute wohnen in der Stadt?
2. Wohnen viele Ausländer da? Woher kommen sie? Welchen Einfluss haben sie auf das Leben in dieser Stadt?
3. Gibt es etwas in der Stadt, wofür (*for which*) sie berühmt ist? Was ist das? Beschreiben Sie es.

---

2 Have students discuss their impressions or experiences of living in a foreign country: **Haben Sie schon einmal in einem Land gewohnt, in dem Englisch nicht die offizielle Sprache ist? Welche Probleme hatten Sie dort? Wie wurden Sie von den Menschen, die dort wohnten, behandelt?**

KULTURANMERKUNG

Die Currywurst

Die Erfindung° der Currywurst wird aus heutiger Sicht° auf das Jahr 1949 datiert und Herta Heuwer zugesprochen, der Betreiberin° eines Schnell-Imbisses in Berlin Charlottenburg. Nach Ende des Krieges vermischte° sie Ketchup, Currypulver, Paprika und weitere Gewürze° miteinander und verfeinerte° damit ihre Bratwurst. Als „*Chillup*" ließ sie sich ihr Rezept 1959 sogar patentieren. Mit Pommes frites als Beilage ist die Currywurst heute aus der Deutschen Fastfood-Küche nicht mehr wegzudenken°. In Berlin gibt es mittlerweile sogar ein Currywurst-Museum.

Erfindung *invention*
Sicht *perspective*
Betreiberin *operator*
vermischte *mixed*
Gewürze *spices*
verfeinerte *refined*
nicht mehr wegzudenken *here to stay*

3 Before starting this activity, have students reflect on the cities they have lived in. Brainstorm things that might make these cities unique.

Have students speculate why
Koreans and Vietnamese came
to East Berlin while West Berlin
attracted people from Southern
Europe and Turkey.

Find images of Berlin on the Internet: the Wall, the new and old **Reichstag**, the **Gedächtniskirche**, the old and new **Alexanderplatz**, aerial shots of the city, etc. Show the images as you talk about the history of Berlin after World War II, about the Wall and what it meant not only for the city, but for all of Germany. Ask students what might be implied when people talk about a **Mauer im Kopf**.

Audio: Reading

Berlin multikulturell seit Jahrhunderten

Seit Juni 1990 ist Berlin wieder die Hauptstadt Deutschlands, und seit dem 1. September 1999 arbeiten die deutsche Regierung und das Parlament hier im neuen Reichstagsgebäude. Auf einem Gebiet von ca. 892 km² leben heute Menschen aus rund 190 Ländern und entsprechend° multikulturell ist die Atmosphäre dieser Stadt. Deutschland hat sich eigentlich nie als Einwanderungsland verstanden°. Berlin hingegen° hat eine lange Geschichte als Einwanderungsstadt. Das hat schon im 17. Jahrhundert zur Zeit des Großen Kurfürsten Friedrich Wilhelm angefangen. Er hat jüdischen° Familien aus Österreich und französischen Hugenotten ein neues Zuhause gewährt. Im Laufe des 19. Jahrhunderts sind vor allem Slawen aus Böhmen und Polen nach Berlin gekommen, und die jüdische Gemeinde hat vor 1933 rund 160.000 Mitglieder gezählt.

Nach dem 2. Weltkrieg wurde Berlin, so wie auch Deutschland, geteilt°. Nach Ostberlin, ab 1949 die Hauptstadt der DDR, sind viele Vietnamesen, Koreaner und Kubaner gekommen; Westberlin hat Gastarbeiter° aus Südeuropa und aus der Türkei angezogen. Mit rund 200.000 Personen ist die türkische Gemeinde in Berlin nun die weltweit größte außerhalb der Türkei. Viele von ihnen wohnen im Stadtteil Kreuzberg, zum Teil schon in der dritten Generation. Daher° ist es auch nicht verwunderlich°, dass der Döner neben der Currywurst mittlerweile der beliebteste Imbiss bei Touristen wie auch Berlinern geworden ist.

Die Presse preist Berlin als einen idealen Ort für den Dialog zwischen den Kulturen: Ethnische und kulturelle Vielfalt bedeutet Bereicherung°. Circa 500.000 Menschen nicht-deutscher Staatsangehörigkeit wohnen hier und prägen den unverwechselbar° weltoffenen Charakter der Stadt.

Aber die Wiedervereinigung und der Umgang° mit dem Reichtum an Kulturen ist nicht immer einfach. Die Einwohner und auch das Aussehen der Stadt müssen sich der neuen Zeit anpassen. Daher spricht man jetzt manchmal von einer Mauer im Kopf, und die Ausländerfeindlichkeit° macht sich gerade in Zeiten wirtschaftlicher Rezession bemerkbar.

Architektonisch hat Berlin sich der neuen Zeit angepasst. Die große Baustelle in der Stadtmitte und im Areal um den Alexanderplatz gibt es nicht mehr. Tell students that **die Gründerzeit** was the time of German industrial expansion (ca. 1848–1873). Wenn man aber mit der S-Bahn Linie 5 durch die ganze Stadt fährt, kann man am einen Ende noch die Plattenbauten° der ehemaligen° DDR sehen und am anderen die Villen der Gründerzeit. Man kann den Verlauf° der Berliner Mauer jetzt im Straßenpflaster° in der Nähe des Brandenburger Tores verfolgen und dabei sozusagen mit einem Fuß im ehemaligen Westen und mit dem anderen im ehemaligen Osten stehen. Reste der Mauer aber bleiben durch die Ausstellung der *East Side Gallery* den Besuchern und Einwohnern Berlins zugänglich°. So lebt die Geschichte der Stadt auch zwischen all den Neuerungen weiter. ■

unmistakable

dealings

hostility toward foreigners

prefabricated buildings

former

course

street surface

Tell students that portions of the *East Side Gallery* have been jeopardized by building projects.

accessible

accordingly

considered itself/ in contrast

Jewish

was divided

guest workers

Therefore

surprising

enrichment

Der Berliner Bär...

ist das offizielle Wappen° des Landes und der Stadt Berlin. Seit 2001 gibt es fast 2.000 bunt bemalte „Buddy Bären", davon rund 1.600 außerhalb von Berlin. Seit 2002 existieren sogar rund 150 „*United Buddy Bears*", die in Ausstellungen um die ganze Welt reisen, für Toleranz und Völkerverständigung° werben und für UNICEF und andere Kinderhilfsorganisationen Spenden° sammeln.

Wappen *coat of arms* **Völkerverständigung** *international understanding* **Spenden** *donations*

Analyse

1

Zuordnen Bilden Sie vollständige Sätze.

___c___ 1. Seit 1999 arbeitet die deutsche Regierung…

___e___ 2. Anders als Deutschland hat…

___a___ 3. Viele jüdische Familien kamen schon…

___f___ 4. Die türkische Gemeinde in Berlin…

___b___ 5. Die ethnische und kulturelle Vielfalt gibt…

___d___ 6. Teile der Berliner Mauer kann man…

a. im 17. Jahrhundert nach Berlin.

b. der Stadt Berlin ihren unverwechselbar weltoffenen Charakter.

c. wieder in Berlin, und zwar im neuen Reichstagsgebäude.

d. in der *East Side Gallery* sehen.

e. Berlin eine lange Geschichte als Stadt für Einwanderer.

f. ist die größte außerhalb der Türkei.

2

Richtig oder falsch? Entscheiden Sie, welche Aussagen **richtig** oder **falsch** sind. Korrigieren Sie dann zu zweit die falschen Aussagen.

Richtig	Falsch	
☑	☐	1. Heute leben in Berlin Menschen aus rund 190 Ländern auf einem Gebiet von ca. 892 km².
☐	☑	2. Ostberlin wurde 1949 die Hauptstadt von Deutschland.
☐	☑	3. *Hotdogs* sind die beliebtesten Imbisse der Berliner.
☑	☐	4. Die Berliner und die Architektur der Stadt müssen sich der neuen Zeit anpassen.
☑	☐	5. Ausländerfeindlichkeit und wirtschaftliche Rezession gehen oft Hand in Hand.
☐	☑	6. Die *Buddy Bären* gibt es nur in Berlin.

Ostberlin wurde 1949 die Hauptstadt der Deutschen Demokratischen Republik (Ostdeutschland).

Döner und Currywurst sind die beliebtesten Imbisse der Berliner.

Die Buddy Bären reisen um die ganze Welt.

3 You might want to assign some or all of these questions as homework to get students thinking about the project. Point them to websites about Berlin where they can get some ideas. Make sure to give them plenty of time in class for this exercise. Let students choose to be a certain person, such as the mayor, an architect, a restaurant owner, a shop owner, a child, a parent, a teenager, etc., and have them present their proposal from that person's perspective.

3

Stadtplanung Stellen Sie sich vor, Sie sind der/die Bürgermeister(in) von Berlin zur Zeit der Wiedervereinigung und Sie wollen eine moderne, multikulturelle Stadt.

A. Bilden Sie kleine Gruppen und beschließen Sie mit Hilfe Ihrer Berater(innen), was Sie machen wollen, damit Berlin eine solche Metropole wird.

• Was für öffentliche Verkehrsmittel soll es in der neuen Stadt Berlin geben? Was sind die Vor- und Nachteile jedes Verkehrsmittels?

• Soll es Fußgängerzonen und/oder autofreie Zonen geben? Wo und warum? Wo gibt es Parkplätze?

• Sollen Geschäftsanlagen und Wohngebiete getrennt werden oder integriert sein?

• Was für Museen, Theater, Konzertsäle, Kunsthallen und Sportstadien soll es geben? Wo?

• Gibt es neue Parkanlagen, Spielplätze oder Erholungsgebiete (*recreational areas*)?

B. Die verschiedenen Gruppen präsentieren nun der Klasse ihre Projekte. Die Klasse entscheidet dann, welches Projekt das beste ist.

• Was sind die Hauptpunkte jedes Projektes? Was sind die Hauptunterschiede der Projekte?

• Haben die Projekte Ideen gemeinsam? Welche?

 Practice more at **vhlcentral.com**.

Vorbereitung

Über den Schriftsteller

Wladimir Kaminer wurde am 19. Juli 1967 in Moskau geboren. Nach seinem Studium der Dramaturgie emigrierte er im Jahr 1990 nach Berlin. Die dortige Aufbruchstimmung (*optimism*) der deutschen Wiedervereinigung beeinflusste nicht nur ihn, sondern die gesamte Berliner Literaturszene. Kaminer schrieb literarische Beiträge (*contributions*) für Zeitungen, Zeitschriften und Fernsehen, hielt Lesungen und moderierte eine Radiosendung. Sein erster Roman *Russendisko* wurde 2012 verfilmt und machte ihn über die Grenzen Berlins bekannt.

Wortschatz der Kurzgeschichte	
augenscheinlich	*obvious*
betreiben	*to operate*
eifrig	*eager*
sich entpuppen	*to turn out to be*
locker lassen	*to give up*
das Schicksal, -e	*fate*
(sich) verbergen	*to hide*
volkstümlich	*folksy*

Nützlicher Wortschatz	
(an)zweifeln	*to doubt*
(einer Sache) nachgehen	*to go into the matter*
Sitten und Gebräuche	*manners and customs*

2 Remind students that they learned another meaning for **die Ecke** in **Zu Beginn**.

2 Help students brainstorm some of the sights in their city. Ex.: **Was zeigen Sie Besuchern in Ihrer Stadt und warum?**

3 Have students find the names of some Berlin restaurants on the Internet and decide what kind of food might be served in each place.

1 **Definitionen** Ordnen Sie die Wörter der linken Spalte denen in der rechten Spalte zu.

_e_ 1. offensichtlich, klar, deutlich
_a_ 2. etwas untersuchen
_d_ 3. etwas, was für eine Person oder ein Land typisch ist
_b_ 4. keinen Glauben schenken
_c_ 5. volkstümlich

a. einer Sache nachgehen
b. zweifeln
c. folkloristisch
d. Sitten und Gebräuche
e. augenscheinlich

2 **Vorbereitung** Stellen Sie einander die folgenden Fragen.

1. Gibt es in deiner Stadt Ecken (*confined, typical area*), die du Besuchern zeigen möchtest?
2. Ist deine Stadt multikulturell? Woran erkennt man das?
3. Welches ausländische Essen isst du gern?

3 **Gespräch** Beantworten Sie zu dritt die folgenden Fragen.

1. Was macht das Leben in einer so großen Stadt wie Berlin attraktiv?
2. Was sind typische Merkmale (*characteristics*) einer Großstadt/einer Kleinstadt?
3. Wie heißen die ausländischen Restaurants in deiner Stadt? Was soll mit diesen Namen suggeriert werden?
4. Stellen Sie sich vor, Sie sind in Berlin und möchten etwas Amerikanisches essen. Was für ein Restaurant suchen Sie? Was erwarten Sie von der Speisekarte, von der Bedienung, vom Essen?

KULTURANMERKUNG

Lust auf amerikanisches Essen?

Auch das lässt sich in Berlin finden. Da gibt es nämlich neben den bekannten Kettenrestaurants auch richtige *Diners*, komplett mit metallenen Barhockern° an der Theke° und dem Dekor der 50er Jahre. Hier kann man außer Hamburgern und Pommes frites auch ein richtiges amerikanisches Frühstück bekommen. Und wenn man Appetit auf Gegrilltes° hat, dann gibt es auch Restaurants, die *Spare-Ribs* mit Krautsalat° servieren.

Barhockern *bar stools* **Theke** *counter* **Gegrilltes** *grilled food* **Krautsalat** *coleslaw*

Wladimir Kaminer
Geschäfts

cast to

Einmal verschlug mich das Schicksal nach° Wilmersdorf. Ich wollte meinem Freund Ilia Kitup, dem Dichter aus Moskau, die typischen *typical areas of a city* Ecken° Berlins zeigen.

5   Es war schon Mitternacht, wir hatten Hunger und landeten in einem türkischen Imbiss. Die beiden Verkäufer hatten augenscheinlich nichts zu tun und tranken in Ruhe ihren Tee. Die Musik aus dem Lautsprecher kam meinem Freund bekannt vor. Er erkannte

Audio: Dramatic Reading

tarnungen

(Auszug aus *Russendisko*)

die Stimme einer berühmten bulgarischen
Sängerin und sang ein paar Strophen mit.

"Hören die Türken immer nachts bulgarische Musik?" Ich wandte mich mit dieser
Frage an Kitup, der in Moskau Anthropologie studierte und sich in Fragen volkstüm-
licher Sitten gut auskennt°. Er kam mit den
beiden Imbissverkäufern ins Gespräch.

"Das sind keine Türken, das sind Bulgaren, die nur so tun, als wären sie Türken",
erklärte mir Kitup, der auch ein wenig bulgarisches Blut in seinen Adern° hat. "Das
ist wahrscheinlich ihre Geschäftstarnung°."
"Aber wieso tun sie das?", fragte ich. "Berlin ist zu vielfältig. Man muss die Lage nicht
unnötig verkomplizieren. Der Konsument
ist daran gewöhnt, dass er in einem türkischen Imbiss von Türken bedient wird, auch
wenn sie in Wirklichkeit Bulgaren sind",
erklärten uns die Verkäufer.

Gleich am nächsten Tag ging ich in ein
bulgarisches Restaurant, das ich vor kurzem
entdeckt hatte. Ich bildete mir ein, die Bulgaren dort wären in Wirklichkeit Türken. Doch
dieses Mal waren die Bulgaren echt. Dafür
entpuppten sich die Italiener aus dem italienischen Restaurant nebenan als Griechen.
Nachdem sie den Laden übernommen hatten,
waren sie zur Volkshochschule° gegangen, um
dort Italienisch zu lernen, erzählten sie mir.
Der Gast erwartet in einem italienischen Restaurant, dass mit ihm wenigstens ein bisschen
Italienisch gesprochen wird. Wenig später
ging ich zu einem "Griechen", mein Gefühl
hatte mich nicht betrogen. Die Angestellten
erwiesen sich als° Araber.

Berlin ist eine geheimnisvolle Stadt.
Nichts ist hier so, wie es zunächst scheint. In
der Sushi-Bar auf der Oranienburger Straße
stand ein Mädchen aus Burjatien hinter dem
Tresen°. Von ihr erfuhr ich, dass die meisten
Sushi-Bars in Berlin in jüdischen Händen

sind und nicht aus Japan, sondern aus Amerika kommen. Was nicht ungewöhnlich für
die Gastronomie-Branche wäre. So wie man
ja auch die billigsten Karottenkonserven von
Aldi als handgeschnitzte° Gascogne-Möhr-
chen° anbietet: Nichts ist hier echt, jeder ist er
selbst und gleichzeitig ein anderer.

Ich ließ aber nicht locker und untersuch-
te die Lage weiter. Von Tag zu Tag erfuhr
ich mehr. Die Chinesen aus dem Imbiss
gegenüber von meinem Haus sind Vietnamesen. Der Inder aus der Rykestraße ist in
Wirklichkeit ein überzeugter Tunesier aus
Karthago. Und der Chef der afroamerikanischen Kneipe mit lauter Voodoo-Zeug an
den Wänden – ein Belgier. Selbst das letzte
Bollwerk° der Authentizität, die Zigarettenverkäufer aus Vietnam, sind nicht viel mehr
als ein durch Fernsehserien und Polizei-
einsätze entstandenes Klischee. Trotzdem
wird es von den Beteiligten bedient, obwohl
jeder Polizist weiß, dass die so genannten
Vietnamesen mehrheitlich aus der Inneren
Mongolei kommen.

Ich war von den Ergebnissen meiner
Untersuchungen sehr überrascht und lief eifrig weiter durch die Stadt, auf der Suche nach
der letzten unverfälschten Wahrheit. Vor
allem beschäftigte mich die Frage, wer die so
genannten Deutschen sind, die diese typisch
einheimischen Läden mit Eisbein und Sauerkraut betreiben. Die kleinen gemütlichen
Kneipen, die oft "Bei Olly" oder "Bei Schol-
ly" oder ähnlich heißen, und wo das Bier
immer nur die Hälfte kostet. Doch dort stieß°
ich auf° eine Mauer des Schweigens°. Mein
Gefühl sagt mir, dass ich etwas Großem auf
der Spur bin. Allein komme ich jedoch nicht
weiter. Wenn jemand wirklich weiß, was sich
hinter den schönen Fassaden einer "Deutschen" Kneipe verbirgt, der melde sich°. Ich
bin für jeden Tipp dankbar. ■

10

15 well versed

20 veins
business
camouflage

25

30

35

adult education
center

40

proved to be

45

50 counter

55 hand-cut
carrots from
Gascony

60

65 stronghold

70

75

80

85 ran into/silence

90 get in touch

Analyse

1

Verständnis Bilden Sie logische Sätze.

___d___ 1. Der Erzähler ging mit seinem Freund nach Wilmersdorf,

___b___ 2. Die Kellner im türkischen Imbiss

___e___ 3. Der Erzähler dachte, dass in einem bulgarischen Restaurant Türken arbeiteten,

___a___ 4. Die meisten Sushi-Bars in Berlin

___c___ 5. Als der Erzähler erfahren wollte, ob die deutschen Gaststätten von Deutschen geführt werden,

a. sind in jüdischen Händen.

b. haben nichts zu tun und hören bulgarische Musik.

c. stieß er auf eine Mauer des Schweigens.

d. um ihm einen Stadtteil von Berlin zu zeigen.

e. aber es waren wirklich Bulgaren.

2

Wählen Welche Aussagen sind richtig?

1. (a.) Ilia Kitup ist ein Dichter aus Moskau.
   b. Ilia Kitup zeigt seinem Freund typische Ecken von Berlin.

2. a. Die Kellner im türkischen Imbiss waren tatsächlich (*really*) Türken.
   (b.) Die Kellner im türkischen Imbiss tun so, als ob sie Türken wären.

3. a. Die Griechen im italienischen Restaurant konnten schon in Griechenland Italienisch.
   (b.) Die Griechen im italienischen Restaurant haben erst in Deutschland Italienisch gelernt.

4. a. In Berlin ist alles echt, so, wie man es erwartet.
   (b.) In Berlin ist manches nicht echt, weil viele eine Rolle spielen.

5. (a.) Der Autor ist sich nicht sicher, ob die einheimischen Gaststätten in Berlin wirklich von Deutschen betrieben werden.
   b. Die deutschen Restaurants in Berlin sind fest in deutscher Hand.

3

Interpretation Vervollständigen Sie die Sätze.

1. Ilia Kitup sang mit der Musik im türkischen Imbiss mit, weil er…
   a. schon öfter hier gegessen hat.
   (b.) die Stimme der bulgarischen Sängerin erkannt hat.

2. Die Bulgaren tun so, als ob sie Türken wären, weil…
   (a.) sie die Lage nicht unnötig verkomplizieren wollen.
   b. viele Ausländer in Berlin türkisch sind.

3. Beim Griechen erweisen sich die Angestellten als…
   a. Vietnamesen.
   (b.) Araber.

4. Berlin ist eine geheimnisvolle Stadt, weil…
   (a.) hier nichts so ist, wie es scheint.
   b. es hier so viele Restaurants gibt.

5. Vietnamesische Zigarettenverkäufer…
   a. leben in Ostberlin und kommen aus Vietnam.
   (b.) sind ein Klischee aus Fernsehsendungen.

4 **Der Erzähler** Beantworten Sie die Fragen zu dritt.

1. Welche Nationalität hat der Erzähler? Warum ist er nach Berlin gezogen? Wie lange wohnt er schon in Berlin?

2. Warum ist er mit seinem Freund noch um Mitternacht unterwegs?

3. Warum fasziniert es ihn so, dass nichts in Berlin echt ist, „aber doch jeder er selbst und gleichzeitig ein anderer?"

4. Warum glaubt er, dass die deutschen Lokale nicht von Deutschen betrieben werden?

5 **Fragen zur Geschichte** Beantworten Sie die Fragen zu zweit.

1. Warum ist es praktisch, dass der Freund des Erzählers Anthropologie studiert hat?

2. Warum, glauben Sie, betreiben z.B. Griechen in Berlin ein italienisches Restaurant und kein griechisches? Warum ist der Chef der afroamerikanischen Kneipe Belgier und nicht Afroamerikaner?

3. Warum nennt Aldi die Karotten in Dosen „Gascogne-Möhrchen"?

4. Ist es wichtig, ob die deutschen Kneipen in Berlin von Deutschen betrieben werden? Warum/warum nicht?

6 **Was meinen Sie?** Besprechen Sie in der Gruppe Ihre Meinung zu den folgenden Situationen.

1. Kennen Sie Fälle von „Geschäftstarnungen" in Ihrer Stadt? Welche?

2. Werden Sie misstrauisch (*suspicious*), wenn etwas nicht so ist, wie Sie es erwartet haben? Warum?

3. Wenn Sie in ein chinesisches Restaurant gehen, erwarten Sie dann, dass die Kellner(innen) chinesisch sprechen? Oder dass die Speisekarte auf Chinesisch gedruckt ist? Warum?

4. Waren Sie schon einmal in einem Restaurant, wo Sie die Speisekarte nicht verstehen konnten, weil Sie die Landessprache nicht sprechen? Was haben Sie gemacht? Wie haben Sie bestellt? Haben Sie bekommen, was Sie wollten, oder nicht?

7 **Zum Thema** Schreiben Sie einen Aufsatz von ungefähr 100 Wörtern über eins der folgenden Themen.

- Waren Sie schon einmal in einem Restaurant mit italienischer (oder thailändischer, russischer, spanischer, usw.) Küche, in dem die Kellner nur vorgaben, aus dem entsprechenden Land zu sein? Wie haben Sie darauf reagiert?

- Beschreiben Sie Ihre Gefühle bei Ihrem ersten Besuch in einer Großstadt. Falls (*If*) Sie in einer Großstadt wohnen, beschreiben Sie, wie Sie sich fühlen, wenn Sie eine Kleinstadt/ ein Dorf besuchen.

6 Find a menu in German on the Internet and bring it to class.

6 For additional practice, have students plan to open an American restaurant in Berlin. Have them think about the name, the décor, the type of food to be served, whether the menus will be in English or German, whether the staff will be American or German, which language they will speak, and how they will advertise the restaurant.

KULTURANMERKUNG

Ausländer in Berlin

Die Hauptstadt der Bundesrepublik ist auch die multikulturelle Hauptstadt Deutschlands. In Berlin leben über eine halbe Million Ausländer aus 190 verschiedenen Staaten. Ungefähr die Hälfte kommt aus anderen europäischen Ländern wie Polen, Italien und Bulgarien. Die größte Gruppe bilden aber die Türken mit ungefähr 98.000, gefolgt von Polen mit 56.000 und Syrien mit circa 31.000. Kein Wunder also, dass neben der Currywurst in Deutschlands Hauptstadt auch an jeder Ecke Döner und Pizza zu bekommen sind.

With the recent massive influx of refugees into Germany, Syrians have relocated predominantly to Berlin and as of 2016 formed the third-largest group of foreigners in the city.

Practice more at vhlcentral.com.

Anwendung

Zitate

In einem Aufsatz müssen Sie Ihre These mit Fakten unterstützen (*support*). Eine verlässliche Form von Fakten sind Zitate aus einem Originaltext. Ein Zitat muss:

- sich direkt auf das beziehen, was Sie schreiben wollen.

- im Zusammenhang stehen. Sie dürfen die Aussagen des Autors nicht verfälschen.

- die Quelle angeben. Wenn man einen Text zitiert ohne die Quelle anzugeben, begeht man ein Plagiat.

Das Zitat muss mit Anführungszeichen (*quotation marks*) gekennzeichnet sein: „…" oder »…«. Wenn Sie Teile des Textes auslassen, muss der ausgelassene Text so angezeigt werden: […]. Wenn Sie Wörter einfügen (*add*), damit es grammatisch richtig in Ihren Satz passt, werden diese Wörter ebenfalls mit [eckigen] Klammern gekennzeichnet. Wenn Sie im Zitat Ihre eigenen Worte gebrauchen wollen, muss das deutlich gemacht werden. Beispiele:

Direktes Zitat: Wladimir Kaminer erklärt, dass er das Geheimnis um die deutschen Kneipen in Berlin nicht lüften (*unveil*) kann und sagt: „Allein komme ich jedoch nicht weiter. Wenn jemand wirklich weiß, was sich hinter den schönen Fassaden einer ‚Deutschen' Kneipe verbirgt, der melde sich. Ich bin für jeden Tipp dankbar."

Zitatfragment: Wladimir Kaminer erklärt, dass er das Geheimnis um die deutschen Kneipen in Berlin nicht lüften kann und sagt: „Allein komme ich jedoch nicht weiter. Wenn jemand [es] wirklich weiß, [...] der melde sich. Ich bin für jeden Tipp dankbar."

Indirektes Zitat: Wladimir Kaminer erklärt, dass er das Geheimnis um die deutschen Kneipen in Berlin nicht lüften kann, und bittet deshalb um Hilfe.

Point out to students the difference between German („…" or »…«) and English ("…") quotation marks.

1 **Vorbereitung** Lesen Sie zu zweit den Text auf S. 35 und identifizieren Sie die Zitate.

Anwendung Give students examples of quotations from famous German-speaking authors. Have them practice using direct and indirect quotations.
„Der Mensch ist erst wirklich tot, wenn niemand mehr an ihn denkt." (Bertolt Brecht)
„Ein Freund ist ein Mensch, der die Melodie deines Herzen kennt und sie dir vorspielt, wenn du sie vergessen hast." (Albert Einstein)
„Sobald der Geist auf ein Ziel gerichtet ist, kommt ihm vieles entgegen." (Johann Wolfgang von Goethe)

2 **Aufsatz** Wählen Sie eins der folgenden Themen und schreiben Sie darüber einen Aufsatz.

- Beziehen Sie sich in Ihrem Aufsatz auf einen der vier Teile dieser Lektion: **Kurzfilm, Stellen Sie sich vor, …, Kultur** oder **Literatur**.

- Unterstützen Sie Ihre Aussagen mit mindestens drei direkten oder indirekten Zitaten aus dem gewählten Text oder Film.

- Schreiben Sie mindestens eine ganze Seite.

Themen

1. Im Film *Die Klärung eines Sachverhalts* müssen sich Jürgen und Sybille Schulz entscheiden, ob sie ihr bisheriges Leben hinter sich lassen und in die Bundesrepublik auswandern sollen. Was kann einen Menschen dazu bringen, für seine Überzeugung ins Gefängnis zu gehen?

2. Was bedeutet „zusammen leben" heutzutage in einer multikulturellen Stadt? Benutzen Sie Beispiele aus **Kultur** und **Literatur** in dieser Lektion, um Ihre Meinung zu unterlegen.

3. Vergleichen Sie das Leben in Berlin mit dem in einer amerikanischen Stadt Ihrer Wahl. In welcher Stadt lässt es sich Ihrer Ansicht nach besser leben und warum?

Stadt und Gemeinschaft

 Vocabulary Tools

Lokalitäten

die Feuerwache, -n *fire station*
das Gerichtsgebäude, - *courthouse*
das Polizeirevier, -e *police station*
das Rathaus, ̈er *city/town hall*
der Stadtrand, ̈er *outskirts*
der U-Bahnhof, ̈e/die U-Bahn-Station, -en *subway station*
die Unterbringung, -en *accommodations*
der Verein, -e *association; club*
der Vorort, -e *suburb*
das (Wohn)viertel, -/die (Wohn)gegend, -en *neighborhood*
der Wolkenkratzer, - *skyscraper*
der Zeitungskiosk, -e *newsstand*

Wegbeschreibungen

die Allee, -n *avenue*
die Ampel, -n *traffic light*
der Bürgersteig, -e *sidewalk*
die Ecke, -n *corner*
der Kreisverkehr, -e *traffic circle*
die Kreuzung, -en *intersection*
der öffentliche Personennahverkehr (ÖPNV)/die öffentlichen Verkehrsmittel *public transportation*
die Reklametafel, -n *billboard*
die Richtung, -en *direction*
die (Fahr)spur, -en *lane*
das Verkehrsschild, -er/das Verkehrszeichen, - *traffic sign*
der (Verkehrs)stau, -s *(traffic) jam*
der Zebrastreifen, - *crosswalk*

aussteigen *to get out (car); to get off (bus, train)*
einsteigen *to get in (car); to get on (bus, train)*
eine Wegbeschreibung geben *to give directions*
liegen *to be located*
überqueren *to cross (a road, river, ocean)*
sich verlaufen/sich verfahren *to get/ to be lost*

Die Leute

der Angeber, -/die Angeberin, -nen *show-off*
der Anhänger, -/die Anhängerin, -nen *fan*
der Ausländer, -/die Ausländerin, -nen *foreigner*
der Bürger, -/die Bürgerin, -nen *citizen*
der/die Fremde, -n *stranger*
der Fußgänger, -/die Fußgängerin, -nen *pedestrian*
der Mieter, -/die Mieterin, -nen *tenant*
der Mitbewohner, -/die Mitbewohnerin, -nen *housemate, roommate*

der Nachbar, -n/die Nachbarin, -nen *neighbor*
der Polizeibeamte, -n/die Polizeibeamtin, -nen *police officer*
der Zimmergenosse, -n/ die Zimmergenossin, -nen *roommate*

Aktivitäten

das Nachtleben *nightlife*
die Stadtplanung, -en *city/town planning*

sich amüsieren *to have fun*
(an)halten/stoppen *to stop*
plaudern *to chat*
umziehen *to move*
verbessern *to improve*
vorbeigehen *to walk past*
wenden *to turn (around)*

Probleme

die Freiheitsstrafe, -n *prison sentence*
der Gesetzesverstoß, ̈e *breach of law*
der Konflikt, -e *conflict*
der Pflegefall, ̈e *nursing case*
die Unterstellung, -en *allegation*
das Verbrechen, - *crime*
das Verhör, -e *interrogation*

sich beschweren (über) *to complain (about)*
im Stich lassen *to abandon (someone)*
zwingen (zu) *to force (someone)*

strafbar *punishable*

Zum Beschreiben

gefährlich *dangerous*
laut *noisy*
lebhaft *lively*
leer *empty*
persönlich *personal*
privat *private*
sicher *safe*
überfüllt *crowded*
unerwartet *unexpected*
voll *full*

Kurzfilm

der Ausreiseantrag, ̈e *exit permit*
die DDR (Deutsche Demokratische Republik) *GDR (German Democratic Republic)*
die Erpressung, -en *extortion; blackmail*
die Freiheit, -en *freedom*
der Gewissenskonflikt, -e *moral conflict*
die Karriereleiter, -n *career ladder*
landesverräterische Nachrichtenübermittlung *traitorous information transmission*

die Meisterschaft, -en *championship*
die Privatsphäre, -n *privacy*
die Republikflucht *defection from East to West Germany*
der Sachverhalt, -e *fact*
die Stasi (Staatssicherheit) *secret police (former GDR)*
die Vergünstigung, -en *preferential treatment*
der Verräter, - *traitor*
die Zerreißprobe, -n *(emotional) ordeal*

ausschneiden *to clip*
es ernst meinen *to be serious*
j-m etwas ersparen *to spare someone something*
j-m hinterhersteigen *to chase after someone*

schmackhaft *flavorful*

Kultur

die Gemeinde, -n *community*
die Harmonie, -n *harmony*
der Imbiss, -e *snack*
die Isolation, -en *isolation*
die Regierung, -en *government*
die Sprachkenntnisse (pl.) *linguistic proficiency*
die Staatsangehörigkeit, -en *nationality*
die (Wieder)vereinigung, -en *(re)unification*
die Vielfalt *variety*

(sich) anpassen *to adjust to*
austauschen *to exchange*
behandeln *to deal with*
benachteiligen *to discriminate*
gewähren *to grant*
integrieren *to integrate*
preisen *to praise*

Literatur

das Schicksal, -e *fate*
Sitten und Gebräuche *manners and customs*

(an)zweifeln *to doubt*
betreiben *to operate*
sich entpuppen *to turn out to be*
locker lassen *to give up*
(einer Sache) nachgehen *to go into the matter*
(sich) verbergen *to hide*

augenscheinlich *obvious*
eifrig *eager*
volkstümlich *folksy*

Medieneinflüsse

Jede Minute fliegen neue Mitteilungen auf uns zu – per Internet, per Handy, per Zeitung, per Radio, per Fernsehen. Haben Sie je darüber nachgedacht, welche Rolle diese Medien in Ihrem Leben spielen? Wie groß ist der Einfluss, den die Medien auf Ihre Ansichten und Ihr Verhalten (*behavior*) ausüben? Wer bildet Ihre Meinungen – Sie oder die Medien?

84

106

Reiseziel: Norddeutschland

SCHLESWIG-HOLSTEIN
HAMBURG
MECKLENBURG-VORPOMMERN

PREVIEW Have students reflect on the photo on p. 78, and engage them in a discussion about the influence of media. Trigger the discussion with the question from the text: **Wer bildet Ihre Meinungen – Sie oder die Medien?**

Medien und Kultur 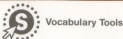 Vocabulary Tools

Kino, Rundfunk und Fernsehen

der Bildschirm, -e *(TV) screen*
der Dokumentarfilm, -e *documentary*
die Fernsehserie, -n *TV series*
die Folge, -n *episode*
das Interview, -s *interview (media)*

die Leinwand, ¨e *movie screen*
die Liveübertragung, -en/ die Livesendung, -en *live broadcast*
die (Nach)synchronisation, -en *dubbing*
das Radio, -s *radio*
der Radiosender, - *radio station*
die Reklame, -n *advertising*
der Rundfunk *radio; broadcasting*
die Seifenoper, -n *soap opera*
die Sendung, -en *TV program*
die Special Effects *special effects*
der Untertitel, - *subtitle*
der Zeichentrickfilm, -e *cartoon(s)*

aufnehmen *to record (audio)*
aufzeichnen *to record (video)*
drehen *to film*
erscheinen *to come out; to appear; to be published*
ein Interview führen *to conduct an interview (media)*
Radio hören *to listen to the radio*
senden/übertragen *to broadcast*

synchronisieren *to dub (a film)*

Die (Massen)medien

die aktuellen Ereignisse *current events*
die Fernsehwerbung, -en *TV advertisement*
die (Meinungs)umfrage *opinion poll; survey*
die Nachrichten (*pl.*) *(radio/television) news*
die Nachrichtensendung, -en *news program; newscast*
die Neuigkeit, -en/die Pressenotiz, -en *news story; news item*
der Werbespot, -s *commercial*
die Werbung, -en *advertisement*
die Zensur *censorship*

berichten *to report*
auf dem Laufenden bleiben *to keep up with (news)*
sich informieren (über + Akk.) *to get/to stay informed (about)*
auf dem neuesten Stand sein/bleiben *to be/to keep up-to-date*

aufgezeichnet *(pre-)recorded*
direkt/live *live*
einflussreich *influential*
objektiv *impartial; unbiased*
subjektiv *partial; biased*

Die Medienleute

der Journalist, -en/die Journalistin, -nen *journalist*
der Korrespondent, -en/die Korrespondentin, -nen *correspondent*
der Redakteur, -e/die Redakteurin, -nen *editor*
der Reporter, -/die Reporterin, -nen *reporter*
der Schauspieler, -/die Schauspielerin, -nen *actor/actress*
der Verleger, -/die Verlegerin, -nen *publisher*
der Zuhörer, -/die Zuhörerin, -nen *(radio) listener*

der Zuschauer, -/die Zuschauerin, -nen *(television) viewer*

Die Presse

die Anzeige, -n *newspaper ad*
das Comicheft, -e *comic book*
das Horoskop, -e *horoscope*

die Illustrierte, -n/die Zeitschrift, -en *magazine*
die Kleinanzeige, -n *classified ad*
die Lokalzeitung, -en *local paper*
die Monatsschrift, -en *monthly magazine*
die Pressefreiheit *freedom of the press*
die Pressemitteilung, -en *press release*
die Schlagzeile, -n *headline*
der Teil, -e *section*
die Wochenzeitschrift, -en *weekly magazine*
die (Wochen)zeitung, -en *(weekly) newspaper*

abonnieren *to subscribe*

SYNONYME
die Werbung ⟷ die Reklame

INSTRUCTIONAL RESOURCES
Audioscripts, SAM AK, Lab MP3s
SAM/WebSAM: WB, LM

Anwendung und Kommunikation

1 Beziehungen Ergänzen Sie die Wortpaare.

1. Fernseher = Bildschirm / Kino = _____Leinwand_____
2. Zuhörer = Radio / Zuschauer = _____Fernsehen_____
3. Charlie Brown = Comichefte / Bart Simpson = _____Zeichentrickfilme_____
4. Kaffee = Zeitung / Popcorn = _____Film_____
5. *Us Weekly* = Illustrierte / *New York Times* = _____Zeitung_____

1 Have students work in pairs to create more analogies using the vocabulary list.

2 Schlagzeilen Vervollständigen Sie die Schlagzeilen mit Wörtern aus der Liste.

berichten	Journalistin	Schauspielerin	Untertitel
Comicheft	Schauspieler	synchronisieren	Zuschauer

1. Hamburg: In einem Hamburger Kino springt ein Monster aus der Leinwand und stiehlt den _____Zuschauern_____ Popcorn.
2. München: Während der Dreharbeiten (*filming*) hat _____Schauspielerin_____ Franka Potente einen Herzinfarkt (*heart attack*).
3. Berlin: _____Journalistin_____ für die *Berliner Zeitung* erpresst (*blackmails*) die Bundeskanzlerin.
4. Stuttgart: Laut (*According to*) einer neuen Studie sind Kinder, die viele _____Comichefte_____ lesen, intelligenter als andere.
5. Los Angeles: _____Schauspieler_____ Will Smith will Präsident werden.

2 Have students write their own crazy headlines using words from the vocabulary page.

3 Meinungsumfrage Woher bekommen Sie Ihre Informationen? Kreuzen Sie **ja** oder **nein** an und besprechen Sie anschließend Ihre Antworten miteinander.

	Ja	Nein
1. Ich lese jeden Tag eine Zeitung im Internet.	☐	☐
2. Zeitungen sind eine bessere Informationsquelle (*source*) als Fernseh- oder Internetnachrichten.	☐	☐
3. Zeitungen werden in den nächsten Jahren verschwinden (*disappear*).	☐	☐
4. Wegen des Internets sind Menschen heute besser über aktuelle Ereignisse informiert als vor 10 Jahren.	☐	☐
5. Die Nachrichten in unserem Land sind zum Großteil objektiv.	☐	☐
6. Nachrichten im Radio sind oft subjektiver als im Fernsehen.	☐	☐
7. Manchmal werden unsere Nachrichten zensiert.	☐	☐
8. In der Politik können Meinungsumfragen sehr einflussreich sein.	☐	☐

3 These are presented as yes/no questions, but encourage students to expand upon their answers while speaking with their partners.

3 For Statements 3, 4, 6, and 8, add up your **ja**s and **nein**s for the entire class. Ask students to support their answers and to think about the greater political implications of spreading information via the Internet.

4 Interview Führen Sie zu zweit ein Interview.

Rolle 1: Sie sind Fernsehjournalist/Fernsehjournalistin. Sie drehen einen Bericht über die Fernseh-, Film-, Internet- und Radiogewohnheiten (*habits*) von Student(inn)en. Stellen Sie Fragen: Wie viele Stunden sehen Sie jeden Tag fern/hören Sie jeden Tag Radio? Wie informieren Sie sich über aktuelle Ereignisse? Was sind Ihre Lieblingssendungen? Usw.

Rolle 2: Sie werden für einen Fernsehbericht interviewt. Der Journalist/Die Journalistin möchte wissen, wie Sie sich informieren und wie Sie mit Medien umgehen (*deal with*).

S Practice more at **vhlcentral.com**.

KULTURANMERKUNG

- Die *Bild-Zeitung* ist die meistgelesene° Zeitung in Deutschland.
- Laut einer Studie von statista sahen die Deutschen 2016 täglich 223 Minuten fern.
- Laut dem Statistischen Bundesamt hatten 2016 87% aller deutschen Haushalte Internetzugang°.

meistgelesene *most-read*
Internetzugang *Internet access*

INSTRUCTIONAL RESOURCES
Film Collection,
Script & Translation
SAM/WebSAM: WB

Vorbereitung

Wortschatz des Kurzfilms

aufhören *to stop*
das Drehbuch, ⁼er *script*
sich erschrecken *to get frightened*
freihalten *to keep free*
die Kalkulationsverhandlung, -en *price negotiation*
rechtzeitig *on time*
reinschieben *to insert*
rumstehen *to stand around*
tauschen *to swap*
versprechen *to promise*

Nützlicher Wortschatz

abgelenkt *distracted*
gestresst *stressed*
das (schlechte) Gewissen *(guilty) conscience*
der Herzinfarkt, -e *heart attack*
der Karrieremacher, -/die Karrieremacherin, -nen *careerist*
der Notarzt, ⁼e *doctor on emergency call*
das Schuldgefühl, - *sense of guilt*
der Schweißausbruch, ⁼e *breaking into a sweat*
überarbeitet *overworked*
unkonzentriert *lacking concentration*

AUSDRÜCKE

Rate mal! *Guess!*

Das passt vorne und hinten nicht zusammen. *It doesn't work at all.*

Du bist ein Schatz! *You're a sweetheart!*

Wo brennt's denn? *What's wrong?*

Reg dich nicht auf! *Don't get worked up!*

---

1 Have students write their own definitions of the vocabulary items not used in this activity. Then have each student read one of their definitions out loud, and let the rest of the class guess the word.

1 **Was passt zusammen?** Suchen Sie für jeden Ausdruck die richtige Definition.

___b___ 1. das funktioniert überhaupt nicht

___d___ 2. man gibt sein Wort, dass man etwas tun wird

___f___ 3. Angst bekommen

___a___ 4. man hat Schuldgefühle, weil man etwas nicht macht

___c___ 5. pünktlich

___e___ 6. man schwitzt plötzlich

a. das schlechte Gewissen

b. das passt hinten und vorne nicht zusammen

c. rechtzeitig

d. etwas versprechen

e. der Schweißausbruch

f. sich erschrecken

2 **Welche Vokabel passt?** Suchen Sie für jeden Satz das passende Wort.

1. ____Karrieremacher____ haben ein Hauptziel im Leben: sie wollen bei der Arbeit erfolgreich sein.

2. Deshalb fällt es ihnen schwer, wenn sie mit dem Arbeiten am Ende des Tages ____aufhören____ sollen.

3. Sie haben oft ____Schuldgefühle/ein schlechtes Gewissen____, weil sie keine Zeit für Ihre Freunde und Familien haben.

4. Natürlich sind sie oft ____gestresst____ und leben ein eher ungesundes Leben.

5. Es fällt ihnen schwer, sich beim Autofahren auf den Verkehr zu konzentrieren, wenn sie durch ihr Handy ____abgelenkt____ werden.

6. Sie bekommen oft Krankheiten wie einen ____Herzinfarkt____.

3 **Was denkst du?** Stellen Sie einander die folgenden Fragen.

1. Was ist dir wichtiger, Familie und Freunde oder Karriere?

2. Was sind die Vorteile, wenn man sich auf seine Karriere konzentriert, und was sind die Vorteile, wenn man sehr viel Zeit mit seinen Freunden oder der Familie verbringt? Welche Nachteile gibt es?

3. Machst du viele Pläne für die Zukunft? Was machst du, wenn du zu viele Dinge gleichzeitig geplant hast?

4. Hast du viel Stress? Was würdest du tun, wenn du mehr als einen Termin/ein Projekt hättest und dich um alles gleichzeitig kümmern müsstest?

5. Wie gehst du mit Stress um? Was machst du, um Stress abzubauen (*decrease*)?

6. Hast du schon einmal einer anderen Person etwas versprochen und es dann nicht gehalten (*kept*)? Wie hat diese Person darauf reagiert? Was hast du gesagt?

3 Have students share each other's answers with the class.

3 As a class, brainstorm ways in which career and family responsibilities can conflict.

4 **Karriere oder Familie?** Füllen Sie zu zweit die Tabelle aus und diskutieren Sie, ob sich die folgenden Themen mit Karriere und Familie vereinbaren lassen (*reconcile*)?

Themen	Karriere	Familie
Erfolg		
Kinder		
Glück		
Gesundheit		
Geld		
Stress		

5 **Was passiert?** Schauen Sie sich in Gruppen die Bilder an. Beschreiben Sie jedes Bild und erfinden Sie kurze Geschichten mit Hilfe der Fragen.

1. Wer sind diese Personen?

2. Warum fährt das Mädchen auf dem Fahrrad hinter dem Auto her?

3. Der Mann liegt in einem Krankenwagen. Was ist passiert? Warum hält die junge Frau seine Hand?

 Practice more at **vhlcentral.com**.

Video

Regie: Claudia Lehmann   Drehbuch: Christina Töllner   Musik und Sounddesign: Lucas Kochbeck

Elsas Geburtstag

HAMBURG MEDIA SCHOOL

Mit Joachim Kappl als **Bernie**, Marie Claire Ohlsen als **Elsa**, Loretta Stern als **Julia**, Iris Minich als **Ulla**, Guido Lambrecht als **Walter**, Doris Kunstmann als **Herta**, Matthias Deutelmoser als **Tom**, Mignon Remé als **Greta**

HANDLUNG *Bernie List ist Filmproduzent. Seine Arbeit ist anspruchsvoll und er verbringt viel Zeit im Büro. Aber zum Geburtstag seiner Tochter Elsa will er unbedingt zu Hause sein.*

ELSA Immer musst du weg.
BERNIE Ja. Aber später feiern wir deinen Geburtstag.
ELSA Das hast du letztes Jahr auch schon gesagt.

SEKRETÄRIN Das sind die Anrufe von heute Morgen. Und dann sollte ich dich unbedingt daran erinnern, dass heute...
BERNIE Elsas Geburtstag ist.

ASSISTENTIN Entspann dich° mal. Das schaffst du° noch locker. Tschau.
BERNIE Tschau.

SEKRETÄRIN Bernie, ich weiß du bist auf dem Weg zu deiner Tochter. Aber Greta will das Set verlassen.
BERNIE Was?
SEKRETÄRIN Weil sie diese Szene nicht so spielen darf, wie sie will. Wie auch immer°. Du weißt, was passiert, wenn sie erst weg ist und der Verleiher° sein Geld aus dem Projekt zieht.

BERNIE Sie hat Geburtstag.
GRETA Und hier passiert nichts, gar nichts mehr.
MANN Wir brauchen einen Arzt! Notarzt! Schnell!

ELSA So hab' ich mir meinen 18. aber nicht vorgestellt.
BERNIE Ich hab's wieder nicht rechtzeitig geschafft.
ELSA Dafür kannst du mir jetzt nicht weglaufen.
BERNIE Versprochen. Herzlichen Glückwunsch.

Entspann dich *Relax* **Das schaffst du** *You'll make it*
Wie auch immer. *Anyhow.* **Verleiher** *distributor*

KULTURANMERKUNG

Berufstätige Eltern

In Deutschland leben fast 11 Millionen Kinder unter 14 Jahren. Sowohl Väter als auch° Mütter kümmern sich um die Erziehung° ihrer Kinder. Aber viele Eltern können nicht zu Hause bei ihren Kindern bleiben, sondern müssen arbeiten. In Deutschland arbeiten 74% aller Mütter und 90% aller Väter außer Haus. In 66% der deutschen Haushalte mit Kindern sind beide Partner berufstätig.

Sowohl... als auch *As well as* **kümmern sich um die Erziehung** *take care of the education*

Have students watch the movie once without sound, and ask them to speculate about the plot and describe the characters based on the visual information presented.

⌨ Beim ZUSCHAUEN

Sind die folgenden Sätze **richtig** oder **falsch**?

1. Mit seinem Auto überfährt Bernie List seine Tochter beim Fahrradfahren. *Falsch*
2. Elsa, Bernie Lists Tochter, hat Geburtstag. *Richtig*
3. Bernie List hat viel zu viel Arbeit geplant, um rechtzeitig zu Elsas Geburtstag zu Hause zu sein. *Falsch*
4. Bernie List hat große gesundheitliche Probleme, weil er so viel arbeitet. *Richtig*
5. Im Krankenwagen fährt Bernie Lists ältere Tochter mit. *Falsch*
6. Bernie List schafft es am Ende, zu Elsas Geburtstag rechtzeitig nach Hause zu kommen. *Falsch*

Analyse

1 **Was passiert zuerst?** Bringen Sie die Sätze in die richtige Reihenfolge.

__5__ a. Mit seinem Auto überfährt Bernie List fast ein kleines Mädchen auf einem Fahrrad.

__2__ b. Bernie List bespricht die Termine für den Tag mit seiner Sekretärin.

__3__ c. Auf dem Weg nach Hause klingelt sein Handy und es gibt Probleme am Set.

__6__ d. Bernie List fragt in einer Kneipe nach dem Weg.

__1__ e. Der Vater fährt morgens zur Arbeit.

__7__ f. Elsa kommt schnell zu ihrem Vater, als dieser an ihrem Geburtstag einen Herzinfarkt hat.

__4__ g. Bernie List fährt zum falschen Set.

2 **Was ist richtig?** Welcher Satz beschreibt am besten, was im Film passiert? Besprechen Sie zu zweit Ihre Antworten.

1. a. Der Vater muss noch ein Geschenk für seine Tochter kaufen.
   b.) Der Vater hat schon ein Geschenk für seine Tochter gekauft.

2. a. Elsa will an ihrem Geburtstag nur ein Geschenk von ihrem Vater.
   b.) Elsa ist es wichtig, dass ihr Vater an ihrem Geburtstag rechtzeitig nach Hause kommt.

3. a. Bernie List macht im Büro regelmäßig Pause.
   b.) Bernie List hat jeden Tag sehr viele Termine.

4. a.) Bernie List ist beim Autofahren unkonzentriert und macht Fehler.
   b. Bernie List ist beim Autofahren immer hochkonzentriert und passt auf den Verkehr auf.

5. a. Bernie List geht in eine Kneipe, weil er einen Stadtplan kaufen will.
   b.) Bernie List geht in eine Kneipe, weil er eine Auskunft braucht, um rechtzeitig zu Hause zu sein.

6. a.) Am Ende ist der Vater doch noch an Elsas Geburtstag mit ihr zusammen.
   b. Der Vater schafft es einfach nicht, mit Elsa an ihrem Geburtstag zusammen zu sein.

3 **Wer sagt was?** Entscheiden Sie, wer welchen Satz im Film sagt. Vergleichen Sie dann Ihre Antworten miteinander.

	BERNIE	ELSA
– Das hast du letztes Jahr auch schon gesagt.		✓
– So hab' ich mir meinen 18. aber nicht vorgestellt.		✓
– Wenn Sie mir jetzt nicht helfen, dann schaffe ich es auch wieder nicht rechtzeitig.	✓	
– Kommst du wirklich?		✓
– Hast du mir den Nachmittag freigehalten?	✓	
– Aber diesmal komme ich wirklich rechtzeitig.	✓	

4 Die Hauptfiguren

A. Schreiben Sie die Wörter auf, die Bernie und Elsa am besten beschreiben.

Some answers will vary.

| anhänglich | fleißig | jung | überarbeitet | unzuverlässig |
| erfolgreich | geschieden | kindlich | ungesund | verständnisvoll |

Bernie ist *ungesund, ...* _erfolgreich, fleißig, geschieden, überarbeitet, unzuverlässig_

Elsa ist *jung, ...* _anhänglich, kindlich, verständnisvoll_

B. Vergleichen Sie Ihre Antworten miteinander und besprechen Sie mögliche Unterschiede.

5 Bildbeschreibungen
Sehen Sie sich die Bilder genau an und beschreiben Sie sie. Beantworten Sie dann in Gruppen die Fragen zu den Bildern.

1. Am Anfang sagt Bernie List zu seiner Tochter: „Später feiern wir deinen Geburtstag. Diesmal komme ich wirklich rechtzeitig. Meine kleine Prinzessin. Du kriegst auch ein ganz tolles Geburtstagsgeschenk." Beschreiben Sie Bernie List. Ist er ein guter Vater? Wie ist seine Beziehung zu seiner Tochter?

2. Wie beeinflusst Bernies Arbeit die Beziehung zu seiner Tochter? Nennen Sie mindestens zwei konkrete Beispiele aus dem Film.

6 Diskussion
Besprechen Sie die folgenden Fragen in Gruppen und geben Sie konkrete Beispiele für jede Antwort.

1. Beschreiben Sie einen typischen Geburtstag aus Ihrer Kindheit. Was haben Ihre Eltern für Sie gemacht? Wer war alles da?

2. Wie geht das Leben von Bernie List nach dem Film weiter? Wie entwickelt sich die Beziehung zwischen Vater und Tochter?

3. Ist es einfacher, gesund zu leben, wenn man kein Karrieremacher ist? Glauben Sie, dass es hier Unterschiede zwischen den USA und Deutschland gibt? Erklären Sie Ihre Antwort.

7 Zum Thema
Schreiben Sie einen Absatz (10 Zeilen) über eines der folgenden Themen.

1. Arbeit und/oder Familie: In einer typischen Familie arbeiten heutzutage beide Eltern sehr oft ganztags. Sie wollen aber auch genug Zeit für Ihre Kinder haben. Wie machen Sie das?

2. Arbeiten kann in unserer modernen Gesellschaft sehr stressig und anstrengend sein. Wie organisieren Sie Ihr Leben, damit Sie Erfolg haben aber auch gesund bleiben? Beschreiben Sie dabei Ihre Prioritäten im Leben.

Ⓢ Practice more at **vhlcentral.com**.

4 Encourage students to come up with additional adjectives to describe each character beyond those listed. Ask them to cite examples from the film to support their descriptions.

5 **Expansion** Continue the discussion about the main characters. Ask: **Was muss passieren, damit Bernie List und Elsa ihren Geburtstag zusammen feiern können?**

6 Have pairs of students expand on question 3 by preparing a dialogue between Elsa and her father that takes place after the end of the film. Have volunteers act out their dialogues for the class.

Hamburg, Schleswig-Holstein und Mecklenburg-Vorpommern

INSTRUCTIONAL RESOURCES Teaching suggestions SAM/WebSAM: WB

Die Hanse

Hamburg, Schleswig-Holstein und Mecklenburg-Vorpommern sind drei Bundesländer im Norden Deutschlands. Sie haben historisch viel gemeinsam, denn im Mittelalter formierte sich an der Küste eine neue Wirtschaftskraft°: Es waren die Händler°, die ihre begehrten° Waren von einem Ort zum nächsten brachten.

Damals war es gefährlich, Handel zu treiben. Nicht selten beherrschten Seeräuber° das Meer. Deshalb schlossen sich Händler und Kaufleute° immer häufiger° zusammen°. So konnten sie sich gegenseitig beschützen°. Aus diesen kleinen Allianzen wuchs° im 12. Jahrhundert die **Hanse**. Mit ihrer Hilfe war damals an der **Nord**- und **Ostsee** ein sicherer und zuverlässiger Handel möglich.

Ursprünglich bedeutet das Wort Hanse „Gemeinschaft°" oder „Vereinigung°". Gemeint war damit zunächst eine Fahrgemeinschaft der Schiffe. Bis zum 13. Jahrhundert hatte sich die Hanse etabliert und breitete ihr Handelsnetz immer weiter aus°. Sie wurde zu einer wichtigen und einflussreichen Handelsmacht.

Die norddeutsche Stadt **Lübeck** war das Zentrum des Bundes. Sie hatte eine perfekte Lage° an der Ostsee, und im Meer direkt vor ihrer Küste gab es Fische, vor allem Heringe, im Überfluss°. Deshalb wurde Lübeck als „Königin der Hanse" bekannt. Auch **Hamburg**, **Kiel**, **Bremen** und **Rostock** wurden zu dieser Zeit wichtige Hansepartner. Außerdem waren Städte wie **Riga** (heute Lettland), **Danzig** (heute Polen) und Köln am Rhein Mitglieder der Gemeinschaft.

Durch ihren Mut brachten die einfallsreichen Kaufleute den Handel in Europa voran und ihre Städte zum Blühen°. Sie bauten Kanäle und Handelswege, förderten° landwirtschaftliche und industrielle Entwicklungen° und dominierten den europäischen Schiffbau.

Durch die Importe der Hanse verbesserte sich die Lebensqualität der Menschen: **Wolle** aus England, **Wein** aus

---

Übrigens…

Hamburg, Deutschlands zweitgrößte Stadt, ist durch und durch von Wasser geprägt°. Zwei große Flüsse – die Alster und die Elbe – fließen° hier zusammen und es gibt auch unzählige kleinere Kanäle, die man „Fleete" nennt. Die Stadt hat den Spitznamen „Stadt der 1.000 Brücken", aber Hamburg hat eigentlich mehr als 2.300 davon.

STELLEN SIE SICH VOR, …

dem Rheinland, **Kupfer°** und **Eisen°** aus Schweden, **Felle°** und **Pelze°** aus Russland, feine **Textilien** aus Flandern und **Spitze°** aus Brabant.

Doch der Erfolg der Hanse war nicht von Dauer. Im späten 15. Jahrhundert begann sie zu zerfallen° und verlor an Dynamik. Holländische und englische Kaufleute setzten sich immer mehr durch°. Beim letzten Treffen 1669 waren nur noch neun von ursprünglich 170 Städten vertreten°. Das markierte das Ende der Allianz. Trotzdem lebte die Hanse in der Identität der nördlichen Städte Deutschlands weiter. Bremen, Lübeck, Hamburg und Rostock hielten auch nach der Auflösung° des Bundes eng zusammen° und nennen sich heute immer noch „**Hansestädte**". Das wird zum Beispiel an den Autokennzeichen° deutlich (**HH** bedeutet Hansestadt Hamburg, **HB** steht für Hansestadt Bremen usw.) oder im Namen des Fußballclubs **Hansa Rostock**. Bis heute sehen sich die Hansestädte als besonders weltoffen, frei, selbstbewusst° und selbstbestimmend°.

Hanse, Handel, Wasser und Weltverkehr – diese vier Dinge haben den deutschen Städten des Nordens ihren besonderen Charakter verliehen°.

Wirtschaftskraft *economic force* **Händler** *traders* **begehrten** *coveted* **beherrschten** **Seeräuber** *pirates* **ruled Kaufleute** *merchants* **häufiger** *more common* **schlossen sich… zusammen** *joined together* **sich gegenseitig beschützen** *protect one another* **wuchs** *grew* **Gemeinschaft** *alliance* **Vereinigung** *coalition* **breitete… aus** *spread* **Lage** *location* **Überfluss** *abundance* **zum Blühen** *into bloom* **förderten** *furthered* **Entwicklungen** *developments* **Kupfer** *copper* **Eisen** *iron* **Felle** *hides* **Pelze** *fur* **Spitze** *lace* **zerfallen** *collapse* **setzten sich… durch** *took hold* **vertreten** *represented* **Auflösung** *dissolution* **hielten… eng zusammen** *stuck closely together* **Autokennzeichen** *license plates* **selbstbewusst** *confident* **selbstbestimmend** *self-determining* **verliehen** *lent* **geprägt** *characterized* **fließen** *flow*

Entdeckungsreise

Der NOK Wie kommt ein Schiff am schnellsten von der Nordsee zur Ostsee? Weil es den **Nord-Ostsee-Kanal** (NOK) gibt, müssen die Schiffe nicht um Dänemark herumsegeln°, sondern können direkt durch Schleswig-Holstein hindurchfahren. Der Nord-Ostsee-Kanal ist 98 Kilometer lang und läuft von Kiel an der Ostsee bis zur Nordsee. Der Kanal gehört zu Deutschland, aber Schiffe aus aller Welt dürfen ihn benutzen. Jedes Jahr fahren hier mehr Schiffe durch als durch den Panamakanal.

Warnemünde ist einer der schönsten Badeorte° der Welt. Jahrhundertelang war es ein ruhiges Fischerdorf. Im 19. Jahrhundert entwickelte sich das Dorf aber zu einem Seebad für die deutsche Oberschicht°. Heute hat Warnemünde lange Strände, prominente Gäste und Wellnesshotels, aber den Charme eines ehemaligen Fischerdorfs hat es nicht verloren.

herumsegeln *sail around* **Badeorte** *beach towns* **Oberschicht** *upper class*

Was haben Sie gelernt?

Richtig oder falsch? Sind die Aussagen **richtig** oder **falsch**? Stellen Sie die falschen Aussagen richtig.
Some answers will vary.

1. Die Hanse war ein Bündnis von Seeräubern. *Falsch. Die Hanse war ein Bündnis von Kaufleuten.*
2. Händler in der Hanse schützten einander. *Richtig.*
3. Hamburg war das Zentrum der Hanse. *Falsch. Lübeck war das Zentrum der Hanse.*
4. Heute ist die Hanse wichtig für die Identität von Bremen. *Richtig.*
5. Hamburg hat genau 1.000 Brücken. *Falsch. Hamburg hat mehr als 2.300 Brücken.*
6. Warnemünde ist ein Kanal, der die Ostsee mit der Nordsee verbindet (*connects*). *Falsch. Warnemünde ist ein Badeort. Der NOK ist der Kanal, der die Ostsee mit der Nordsee verbindet.*
7. Man muss um Dänemark herumsegeln, um mit dem Schiff von Hamburg nach Kiel zu kommen. *Falsch. Man kann durch Schleswig-Holstein hindurchfahren.*
8. Man findet in Warnemünde Wellnesshotels und lange Strände. *Richtig.*

Fragen Beantworten Sie die Fragen. *Some answers will vary.*

1. Können Sie erklären, was die Hanse war? *Die Hanse war ein Bündnis von Händlern im Mittelalter an der Nordsee und an der Ostsee.*
2. Wer oder was war die „Königin der Hanse"? *Die Stadt Lübeck, das Zentrum der Hanse, war die „Königin der Hanse".*
3. Welche Waren brachten die Hanseschiffe an die Nord- und Ostsee? *Sie brachten Wolle, Wein, Kupfer, Eisen, Felle, Pelze, Textilien und Spitze.*
4. Gibt es die Hanse heute noch? *Die Hanse gibt es nicht mehr, aber sie lebt in der Identität der Hansestädte weiter.*
5. Wie sehen sich Deutschlands Hansestädte heute? *Sie sehen sich als frei, selbstbewusst, weltoffen und selbstbestimmend.*
6. Wie heißt die „Stadt der 1.000 Brücken"? *Sie heißt Hamburg.*
7. Wer darf durch den NOK fahren? *Schiffe aus allen Ländern dürfen durch den NOK fahren.*
8. Was war Warnemünde bis zum 19. Jahrhundert? *Warnemünde war ein ruhiges Fischerdorf.*

Gruppenarbeit Besprechen Sie in Gruppen die folgenden Fragen.

1. Welche Hansestadt würden Sie am liebsten besuchen und warum? Schreiben Sie drei Sehenswürdigkeiten auf. Machen Sie dann eine Umfrage im Kurs, und vergleichen Sie ihre Antworten.

2. Vor allem wegen ihrer günstigen Lage an der Ostsee nannte man Lübeck die „Königin der Hanse". Wirtschaftlich ist die Hanse heute nicht mehr wichtig. Welche deutschen Städte spielen heutzutage genauso wichtige Rollen in der Wirtschaft wie Lübeck früher? Warum wohl? Spekulieren Sie.

Galerie

Mode

Karl Lagerfeld (1933–)

Wer kennt ihn nicht in der Welt der Mode? Weißes Haar, schwarze Sonnenbrille und oft Handschuhe – das ist Karl Lagerfeld. Geboren in Hamburg lebt er heute in der Modemetropole Paris. Als Kreativchef des französischen Modehauses Chanel übt er seit den 80er Jahren enormen Einfluss auf die Modewelt aus. Neben seinem Erfolg gibt es aber auch einige Skandale. Zum Beispiel, als er 75 Jahre alt wurde, feierte er offiziell seinen 70. Geburtstag!

Film

Fatih Akin (1973–)

Fatih Akin ist ein deutscher Regisseur (*director*) türkischer Abstammung (*descent*). Er ist in Hamburg geboren, wo er an der Hochschule für bildende Künste Visuelle Kommunikation studierte. Seine erfolgreichsten Filme sind *Gegen die Wand* (2004) und *Aus dem Nichts* (2017), der unter anderem den Golden Globe für den besten fremdsprachigen Film gewann. In vielen seiner Filme thematisiert Akin das Leben der Deutsch-Türken: ihre Probleme mit dem Leben zwischen zwei Kulturen. Obwohl die Charaktere in seinen Filmen nicht immer wissen, wohin sie gehören, sieht Akin sich selbst als Deutscher mit türkischen Wurzeln (*roots*).

Literatur
Thomas Mann
(1875–1955)

Thomas Mann war ein deutscher Schriftsteller aus Lübeck. Er stammte aus einer hanseatischen Familie und einer sozialen Schicht (*class*), die er in seinem ersten Roman *Buddenbrooks* genau beschrieb. Neben Romanen schrieb er auch Kurzgeschichten und Essays. Für sein Lebenswerk erhielt er 1929 den Literaturnobelpreis. Er engagierte sich stark als Philanthrop und Sozialkritiker. Mann gilt als einer der bekanntesten Autoren der Exilliteratur. Dabei handelt es sich um die Literatur, die von deutschen Autoren geschrieben wurde, nachdem sie vor Hitlers Regime ins Ausland geflohen (*fled*) waren.

Kunst
Isa Genzken (1948–)

Isa Genzken ist eine deutsche Künstlerin, die in Berlin lebt und arbeitet. Sie studierte Kunst in Düsseldorf, Köln, Berlin und Hamburg und arbeitet vor allem mit Skulpturen und Installationen. *Rose* (1993) ist eines ihrer bekanntesten Werke. Die Skulptur steht auf dem Messegelände in Leipzig, aber Genzkens Werke sind weit über Deutschland hinaus auf der ganzen Welt zu sehen. 2002 erhielt sie den Wolfgang-Hahn-Preis der Gesellschaft für Moderne Kunst am Museum Ludwig, Köln und 2004 den Internationalen Kunstpreis Kulturstiftung Stadtsparkasse München.

Analyse

Verständnis Füllen Sie jede Lücke logisch aus.

1. Fatih Akin ist ein international erfolgreicher Regisseur mit ___türkischen___ Wurzeln.

2. Akins Film ___Aus dem Nichts___ gewann 2017 einen Golden Globe.

3. ___Karl Lagerfeld___ ist den meisten Menschen wegen seines weißen Haares und seiner schwarzen Sonnenbrille bekannt.

4. Karl Lagerfeld arbeitet bereits seit den 80er Jahren als ___Kreativchef___ für das Modehaus Chanel.

5. Der Schriftsteller Thomas Mann wurde in der Stadt ___Lübeck___ geboren.

6. ___Exilliteratur___ wurde von Autoren geschrieben, die vor Hitlers Regime ins Ausland geflohen waren.

7. Isa Genzkens Werke sind vor allem ___Skulpturen___ und ___Installationen___.

8. Die Skulptur ___Rose___ aus dem Jahr 1993 ist eines der bekanntesten Werke von Isa Genzken.

Diskussion Fatih Akin porträtiert die Probleme, die Deutsch-Türken mit der Integration haben. Diskutieren Sie in kleinen Gruppen die Fragen: Wie schwierig ist es, in ein anderes Land zu ziehen und dort ein neues Leben zu beginnen? Welche Probleme könnte es geben? Wie kann Integration funktionieren? Präsentieren Sie die Ergebnisse im Kurs.

Aufsatz Schreiben Sie einen kurzen Aufsatz über eines der folgenden Themen. Suchen Sie die nötigen Informationen im Internet.

1. Warum ist das Alter so ein großes Problem für Karl Lagerfeld? Wie finden Sie sein Verhalten? Würden Sie sich wie Karl Lagerfeld verhalten?

2. Thomas Manns *Buddenbrooks* spielt in der norddeutschen Stadt Lübeck. Suchen Sie im Internet Informationen darüber, wie das Leben in Lübeck Anfang des 20. Jahrhunderts aussah. Wie war das Leben einer Familie, die Teil der Mittelschicht (*middle class*) war?

3.1

INSTRUCTIONAL RESOURCES
Audioscripts, SAM AK,
Lab MP3s, Grammar
Presentation Slides
SAM/WebSAM: WB, LM

Tell students that this
past tense is also called
das Imperfekt.

Das Präteritum

—*Du kannst dir überhaupt nicht vorstellen, was hier los ist.
Es **war** schrecklich.*

- You learned in **Lektion 2** how to *speak* about past events. In this lesson, you will learn how to *write* about past events. **Das Präteritum** (the simple past tense, or *narrative past*) is used primarily in written texts, such as articles, essays, and novels.

Letze Woche **drehte** ein Filmteam
einen Werbespot vor meinem Haus.
*Last week, a film crew **filmed** a
commercial in front of my house.*

Die Seifenoper **lief** im 4. Programm.
*The soap opera **was broadcast**
on channel 4.*

- Based on their simple past tense forms, German verbs can be divided into four categories: weak, strong, mixed (stem-vowel change + weak past tense endings) and modals.

Weak verbs			
	sagen	**arbeiten**	**informieren**
ich	sag**te**	arbeit**ete**	informier**te**
du	sag**test**	arbeit**etest**	informier**test**
er/sie/es	sag**te**	arbeit**ete**	informier**te**
wir	sag**ten**	arbeit**eten**	informier**ten**
ihr	sag**tet**	arbeit**etet**	informier**tet**
sie/Sie	sag**ten**	arbeit**eten**	informier**ten**

QUERVERWEIS

The **Präteritum** of modal
verbs will be presented in
Strukturen 5.1, p. 170.

ACHTUNG!

Add **e** after a verb stem ending
in –**d**, –**t**, –**s**, or –**ß**. Also add
e before the past tense endings
of verbs such as **öffnen**,
zeichnen, **regnen**, and **atmen**,
whose stems end with –**n** or –**m**
preceded by a consonant.

Tim **drehte** einen Dokumentarfilm.
*Tim **filmed** a documentary.*

Die Korrespondentin **berichtete**
live aus der Hauptstadt.
*The correspondent **reported**
live from the capital.*

Letztes Jahr **abonnierten** wir die Zeitung.
*We **subscribed** to the newspaper last year.*

Der Reporter ist zweisprachig und
führte das Interview auf Englisch.
*The reporter is bilingual and
conducted the interview in English.*

- Strong verbs have a stem vowel change and follow a different pattern of endings. The **du**, **wir**, **ihr**, and **sie/Sie** forms have endings similar to those of weak verbs. The **ich** and **er/sie/es** forms, however, do not add any endings to the stem.

ACHTUNG!

Werden is in a category by itself.

**ich wurde
du wurdest
er/sie/es wurde
wir wurden
ihr wurdet
sie/Sie wurden**

spr**e**chen spr**a**ch–

**ich sprach
du sprach**st**
er/sie/es sprach
wir sprach**en**
ihr sprach**t**
sie/Sie sprach**en**

schr**ei**ben schr**ie**b–

**ich schrieb
du schrieb**st**
er/sie/es schrieb
wir schrieb**en**
ihr schrieb**t**
sie/Sie schrieb**en**

QUERVERWEIS

See **Appendix pp. 409–411** for an alphabetical list of the **Präteritum** of strong and mixed verbs.

Tell students that strong and mixed verb stems do not follow consistent patterns and must be memorized individually.

Strong verbs		
beginnen → begann	gehen → ging	singen → sang
bekommen → bekam	helfen → half	sitzen → saß
bleiben → blieb	kommen → kam	stehen → stand
einladen → lud… ein	laufen → lief	tragen → trug
essen → aß	lesen → las	treffen → traf
fahren → fuhr	nehmen → nahm	trinken → trank
finden → fand	rufen → rief	verlieren → verlor
fliegen → flog	schlafen → schlief	werfen → warf
geben → gab	sehen → sah	ziehen → zog

Ich **aß** ein Stück Torte, und wir alle **tranken** Kaffee.
*I **ate** a piece of cake, and we all **drank** some coffee.*

- To form the **Präteritum** of mixed verbs, change the stem of the infinitive appropriately, then add the weak endings.

br**ing**en > br**ach**–

ich brach**te**
du brach**test**
er/sie/es brach**te**
wir brach**ten**
ihr brach**tet**
sie/Sie brach**ten**

Mixed verbs		
brennen → brannte	erkennen → erkannte	verbringen → verbrachte
denken → dachte	nennen → nannte	wissen → wusste

Er **brachte** ihr eine Wochenzeitung.
*He **brought** her a weekly newspaper.*

Ich **erkannte** den berühmten Schauspieler.
*I **recognized** the famous actor.*

- **Haben** and **sein** are used frequently in the **Präteritum**, both in writing and in speaking.

haben		sein	
ich hatte	wir hatten	ich war	wir waren
du hattest	ihr hattet	du warst	ihr wart
er/sie/es hatte	sie/Sie hatten	er/sie/es war	sie/Sie waren

Der britische Film **hatte** deutsche Untertitel und **war** sehr interessant.
*The British film **had** German subtitles and **was** very interesting.*

Anwendung

1

Die Woche zu Hause Schreiben Sie die richtigen Formen des **Präteritums** in die Lücken.

1. Letzte Woche _____hatte_____ (haben) ich eine Woche frei.
2. Ich _____ging_____ (gehen) nicht zur Uni.
3. Meine Freunde _____flogen_____ (fliegen) alle nach Spanien.
4. Leider _____blieb_____ (bleiben) ich hier.
5. Im Fernsehen _____lief_____ (laufen) aber eine neue Sendung.
6. Ich _____fand_____ (finden) sie sehr spannend (*exciting*).
7. Die Special Effects _____waren_____ (sein) toll.
8. Ich _____amüsierte mich_____ (amüsieren sich) total!

2

Berühmte Persönlichkeiten Was machten diese Personen in ihrem Leben? Bilden Sie Sätze im **Präteritum** mit den folgenden Satzteilen.

1871 Kanzler von Deutschland werden   Psychoanalytiker in Wien sein
als Schauspielerin in den USA arbeiten   das Lied *99 Luftballons* singen
das Drama *Faust* schreiben   Philosophie und Theologie studieren
im deutschen Widerstand kämpfen   schöne Musik spielen

1. Otto von Bismarck _____wurde 1871 Kanzler von Deutschland_____.
2. Goethe _____schrieb das Drama *Faust*_____.
3. Mozart _____spielte schöne Musik_____.
4. Sigmund Freud _____war Psychoanalytiker in Wien_____.
5. Hannah Arendt _____studierte Philosophie und Theologie_____.
6. Marlene Dietrich _____arbeitete als Schauspielerin in den USA_____.
7. Nena _____sang das Lied *99 Luftballons*_____.
8. Sophie Scholl _____kämpfte im deutschen Widerstand_____.

3

Wie war es damals? Besprechen Sie zu zweit die Technologie, die es früher gab oder nicht gab. Kombinieren Sie Wörter aus den Listen und verwenden Sie das **Präteritum**.

Beispiel   Mein Opa hörte Radio.

A	B	C
meine Familie	abonnieren	das Auto
meine Freunde	fernsehen	der Computer
meine Oma	haben	der Fernseher
mein Onkel	hören	das Internet
mein Opa	sich informieren	der MP3-Spieler
meine Professoren	lesen	das Radio
meine Vorfahren	senden	die Zeitung

Practice more at **vhlcentral.com**.

Kommunikation

4 **Das Interview** Sie sind Reporter(in) für eine Illustrierte. Ihr(e) Partner(in) spielt eine(n) berühmte(n) Schauspieler(in). Stellen Sie die folgenden Fragen. Der/Die Schauspieler(in) soll die Fragen ausführlich (*detailed*) beantworten. Anschließend schreiben Sie zusammen einen Artikel für die Illustrierte. Achten Sie darauf, dass Sie das **Perfekt** verwenden, wenn Sie das Interview führen, und das **Präteritum**, wenn Sie den Artikel schreiben.

- Sind Sie schon als Kind Schauspieler(in) gewesen?

- Haben Sie immer viel Erfolg (*success*) als Schauspieler(in) gehabt?

- Wollten Sie immer Schauspieler(in) werden? Warum/warum nicht?

- Gab es in Ihrer Stadt viele Kinos, als Sie jung waren?

- Wie fanden Sie den Soundtrack von Ihrem letzten Film?

- Haben Sie viel Geld mit Ihrem letzten Film verdient?

- Haben Sie sich oft mit dem Regisseur (*director*) Ihres letzten Films getroffen?

- Haben Sie oft im Ausland gearbeitet?

5 **Damals und jetzt** Sehen Sie sich die zwei Illustrationen an. Beschreiben Sie einander das Leben von früher und das Leben jetzt. Verwenden Sie **Präteritum** und **Präsens**. Jeder soll auf die Beschreibung des anderen reagieren.

6 **Der Klatsch** Erfinden Sie zu zweit eine Seifenoper. Erzählen Sie einander, was in der letzten Folge geschah (*happened*). Verwenden Sie das **Präteritum** und die Vokabeln aus der Liste.

das Ehepaar	sich ärgern
der Journalist	berichten
die Korrespondentin	jemanden satt haben
die Nachrichten	sich informieren
die Schlagzeile	lieben
der Verleger	sich schämen
der/die Verlobte	träumen

7 **Die Lokalzeitung** Sie sind Reporter(in) für die Lokalzeitung. Schreiben Sie einen Artikel über die Neuigkeiten an der Universität oder in Ihrer Stadt. Schreiben Sie über etwas, was schon passiert ist. Verwenden Sie das **Präteritum**.

INSTRUCTIONAL RESOURCES
Audioscripts, SAM AK,
Lab MP3s, Grammar
Presentation Slides
SAM/WebSAM: WB, LM

3.2

Coordinating, adverbial, and subordinating conjunctions

—*Du weißt, was passiert, **wenn** sie erst weg ist **und** der Verleiher sein Geld aus dem Projekt zieht.*

Als and **wenn** can both mean *when*, but they differ slightly in meaning and use.

Als is almost always used with the simple past and refers to a single point in time or period of time *when* something occurred.

Als ich Redakteur war, arbeitete ich bei einem Verlag in Hamburg.
When I was an editor, I worked for a publishing company in Hamburg.

Wenn can be used to talk about the past, present, or future and refers to something occurring repeatedly or on a regular basis. **Wenn** can often be translated as *whenever*.

(Immer) wenn ich eine Folge der Seifenoper verpasste, ärgerte ich mich.
When(ever) I missed an episode of that soap opera, I got upset.

Wenn ich nach Berlin fahre, besuche ich meine Kusine.
Whenever I go to Berlin, I visit my cousin.

- Conjunctions join words, phrases, clauses, and sentences together. They help to establish a logical relationship between the elements they join. German has coordinating, adverbial, and subordinating conjunctions; the most common ones are listed below.

Coordinating conjunctions	Adverbial conjunctions	Subordinating conjunctions	
aber *but*	**also** *therefore*	**als** *when*	**indem** *while*
denn *for; since; because*	**außerdem** *besides*	**bevor** *before*	**nachdem** *after*
oder *or*	**dann** *then*	**bis** *until*	**ob** *whether*
sondern *but rather*	**deshalb** *therefore*	**da** *since*	**obwohl** *although*
und *and*	**deswegen** *because of that*	**damit** *so that*	**seitdem** *since*
	sonst *otherwise*	**dass** *that*	**während** *while*
	trotzdem *nevertheless*	**ehe** *before*	**weil** *because*
		falls *in case*	**wenn** *if; when(ever)*

Der Verleger **und** der Redakteur diskutierten die Schlagzeilen.
*The publisher **and** the editor discussed the headlines.*

Es gibt in Deutschland keine Zensur, **denn** es gibt dort Pressefreiheit.
*There is no censorship in Germany, **since** they have freedom of the press.*

- Coordinating conjunctions can join words, clauses, or entire sentences. They do not affect word order in sentences or clauses: the verb stays in the second position.

Er hörte Radio **denn er hat** keinen Fernseher.
*He listened to the radio, **since** he doesn't have a TV.*

Wir drehen keinen Film, **sondern wir produzieren** eine neue Sendung.
*We're not making a movie, **but rather** we're producing a new show.*

- Adverbial conjunctions are adverbs that connect sentences or clauses. Word order in the clause following the conjunction (the dependent clause) is inverted, with the conjugated verb preceding its subject (conjunction + verb + subject).

Sie waren erst im Kino, **dann sind sie** mit Freunden ausgegangen.
*They were at the movies first, **then** they went out with friends.*

Ich mag Rundfunk, **deshalb studiere ich** Medienwissenschaften.
*I like broadcasting, **so** I'm majoring in media studies.*

QUERVERWEIS

For two-part conjunctions, see **Strukturen 9.3, pp. 336–337.**

- Subordinating conjunctions connect a main clause with a dependent clause. The dependent clause is *subordinate* to the main clause; it cannot stand alone. The word order in the dependent clause changes: the conjugated verb is moved to the end of the clause.

Die Zuschauer freuten sich über die Liveübertragung, **da** Eintrittskarten für das Fußballspiel schwer zu bekommen **waren**.
*Viewers were excited about the live broadcast, **since** tickets to the soccer game were hard to get.*

Wir haben eine Kleinanzeige in der Zeitung aufgegeben, **weil** wir die Comichefte verkaufen **wollten**.
*We placed a classified ad in the paper **because** we wanted to sell the comic books.*

- When you begin a sentence with the dependent clause, the conjugated verb of the main clause moves to first position. Thus, the sentence will have back-to-back verbs, separated by a comma.

<table>
<tr><td align="center">**Main clause first**</td><td align="center">**Dependent clause first**</td></tr>
<tr><td>Die Zuschauer **lachten** sehr laut, als der Zeichentrickfilm im Kino **lief**.
*The audience **laughed** loudly when the cartoon **was screened** at the movie theater.*</td><td>**Als** der Zeichentrickfilm im Kino **lief, lachten** die Zuschauer sehr laut.
*When the cartoon **was screened** at the movie theater, the audience **laughed loudly**.*</td></tr>
</table>

- In German, unlike in English, subordinating conjunctions are not typically placed directly next to one another.

Der Reporter weiß, **dass** er eine interessante Schlagzeile schreiben muss, **wenn** er seinen Artikel verkaufen will.
*The reporter knows **that if** he wants to sell his article, he has to write a catchy headline.*

- Use a comma before the coordinating conjunctions **aber**, **denn**, and **sondern** and before subordinating conjunctions found in the middle of a sentence. The comma is not essential before **und** and **oder**, but it may make the sentence clearer for the reader.

Diese Autorin schreibt viele Bücher, **denn** sie hat immer neue Ideen.
*This author writes a lot of books **because** she always has new ideas.*

Sie sieht jeden Abend die Nachrichten, **damit** sie informiert bleibt.
*She watches the news every evening **so that** she stays informed.*

Ich gehe ins Kino **und** er geht ins Konzert.
Ich gehe ins Kino, **und** er geht ins Konzert.
*I'm going to the movies, **and** he's going to the concert.*

QUERVERWEIS

Relative pronouns and question words within a sentence also work like subordinating conjunctions and require the verb to move to the end of the sentence. For more on this, see **Strukturen 3.3, pp. 100–101**.

Anwendung

KULTURANMERKUNG

Die deutsche Zeitungsbranche

Die Deutschen lesen gern Zeitung. Laut° einer Studie der Zeitungs-Marketing-Gesellschaft (ZMG) aus dem Jahre 2016 lesen 59% aller Deutschen täglich Zeitung. Diese Statistik ist in den letzten Jahren gesunken: 2009 waren es noch 71%. Trotzdem meint der Hauptgeschäftsführer des Bundesverbandes° Deutscher Zeitungsverleger, dass Zeitungen im deutschen Mediensystem eine existenziell wichtige Rolle spielen. Auch Jugendliche, die das Internet gern als Informationsquelle° benutzen, bevorzugen die Zeitung für Lokalnachrichten und für Politik.

laut *according to*
Bundesverband *federal association*
-quelle *source of*

1 For additional practice, when students have selected the correct conjunctions and completed the sentences, have them work in pairs and restate the sentences as a conversation between the two friends.

3 Before doing the activity, have students find the conjunctions and identify what kind of conjunction each one is: coordinating, adverbial, or subordinating. Have them say what kind of word order they can expect in the clause introduced by each conjunction.

Practice more at vhlcentral.com.

1 **Die Medien** Wählen Sie die richtigen Konjunktionen.

1. Mein Freund Paul fragte mich: „Gehen wir ins Kino (sondern / oder) bleiben wir zu Hause?"

2. Wir sind ins Kino gegangen, (denn / aber) das ist viel interessanter.

3. Der Zeichentrickfilm war lustig (und / ehe) wir haben uns amüsiert.

4. Das letzte Mal haben wir einen Dokumentarfilm gesehen, (bevor / weil) mein Freund Journalist werden möchte.

5. Paul liebt das Internet. Er fragt mich: „Warum liest du Zeitung, (wenn / indem) alles im Internet zu lesen ist?"

6. Ich halte mich auf dem Laufenden und ich lese gern, (deshalb / sondern) habe ich die Lokalzeitung abonniert.

2 **Die Illustrierte** Schreiben Sie die richtigen Konjunktionen in die Lücken. Sie dürfen jede Konjunktion nur einmal benutzen.

als	damit	ob	oder	und
bevor	dass	obwohl	seitdem	weil

Gestern las ich in einer Illustrierten über das Leben der Schauspieler. Die Reporter berichteten, (1) ____dass____ Schauspieler oft entscheiden müssen, (2) ____ob____ sie neun Monate von der Familie weg sein wollen. Für junge Schauspieler ist das sehr kompliziert, (3) ____weil____ sie auch für die Schule lernen müssen. Viele Familien träumen vom Leben eines Stars, (4) ____obwohl____ sie nicht wissen, wie kompliziert es ist.

Ein Mädchen erschien in hundert Fernsehwerbungen, (5) ____bevor____ sie eine Rolle in einem Film bekam. Jetzt arbeitet sie in der Filmindustrie. (6) ____Als____ sie noch zu Hause wohnte, hatte sie viel mehr Freizeit. (7) ____Seitdem____ sie an ihrem neuen Film arbeitet, hat sie keine Freizeit mehr. Die Mutter bleibt bei der Tochter, (8) ____damit____ sie nicht allein ist. Der Vater besucht sie einmal im Monat (9) ____oder____ die Mutter (10) ____und____ die Tochter fahren für einen Tag nach Hause zurück.

3 **Was machen wir gern?** Bilden Sie ganze Sätze aus den Satzteilen. Achten Sie auf Wortstellung.

1. die Zeitungsleser / lesen / gern / aktuell / Schlagzeilen / und / interessant / Kleinanzeigen Die Zeitungsleser lesen gern aktuelle Schlagzeilen und interessante Kleinanzeigen.

2. der Regisseur / übertragen / nicht nur / das Interview / auch / sondern / es / aufzeichnen Der Regisseur überträgt das Interview nicht nur, sondern zeichnet es auch auf.

3. der Journalist / schreiben / weil / lesen / seine Leser / das Horoskop / es / gern Der Journalist schreibt das Horoskop, weil seine Leser es gern lesen.

4. viele Zuschauer / ansehen / die Werbung / nichts / sie / suchen / obwohl Viele Zuschauer sehen die Werbung an, obwohl sie nichts suchen.

5. der Zuhörer / damit / die Umfrage / gewinnen / er / ein Preis / beantworten Der Zuhörer beantwortet die Umfrage, damit er einen Preis gewinnt.

Kommunikation

4 Ein Interview Beantworten Sie die Fragen zu zweit. Verwenden Sie Konjunktionen.

- Wollen Sie lieber einen Zeichentrickfilm oder einen Dokumentarfilm sehen? Warum?

- Lesen Sie die Lokalzeitung, eine internationale Zeitschrift oder ziehen Sie das Internet vor?

- Was können Sie einem Reporter über Ihre Universität berichten?

- Was für Filme würden Sie gerne (*would you like to*) drehen?

- Hamburg ist als die Medienstadt Deutschlands bekannt. Was ist die berühmteste Medienstadt in Ihrem Land? Warum?

- Was lesen Sie im Sommer, wenn Sie nicht an der Uni sind?

5 Meinungen zu den Medien Besprechen Sie zu zweit verschiedene Aspekte der Medien. Beenden Sie die Sätze und ergänzen Sie die Ideen.

- Wir informieren uns gern über das Ausland, weil…

- Wir lesen das Horoskop, damit…

- Ich sehe eine Fernsehsendung an, wenn…

- Bevor es Kabelfernsehen gab, …

- Obwohl Untertitel hilfreich sind, …

- Wir fragen uns, ob die Zensur…

6 Die Nachrichtensendung Sehen Sie sich in Gruppen das Bild an. Was ist passiert? Schreiben Sie danach einen Bericht über den Unfall für eine Nachrichtensendung.

- Weil der Autofahrer…

- Bevor der Unfall passiert ist, …

- Obwohl die Leute…

- Seitdem die Polizei…

- Während die Zuschauer…

INSTRUCTIONAL RESOURCES
Audioscripts, SAM AK,
Lab MP3s, Grammar
Presentation Slides
SAM/WebSAM: WB, LM

3.3

Relative pronouns and clauses

—*Ich bin Walter Winter. Ich hatte Ihnen mein Drehbuch geschickt. „Das Mädchen, **das** sich ausprobiert".*

- A relative clause modifies or describes a noun or pronoun found in the main clause of a sentence. A relative pronoun is used to join the two clauses. The conjugated verb comes at the end of the relative clause. Separable prefix verbs that appear at the end of the clause are written as one word.

> Ich sehe mir den Dokumentarfilm an, **der** jetzt im Kino läuft.
> *I'm going to see the documentary **that** is playing in theaters now.*

> Ich kenne einen österreichischen Studenten, **den** ich oft mit Skype **anrufe**.
> *I know an Austrian student **whom** I often **call** on Skype.*

- The relative pronoun replaces a noun or pronoun from the main clause (the antecedent). It always agrees in gender and number with its antecedent. The case of the relative pronoun is dictated by its function in the relative clause.

> **Der** Fernseher war nicht teuer.
> *The television was not expensive.*

+

> Sie kauften **den** Fernseher.
> *They bought the television.*

> Der Fernseher, **den** sie kauften, war nicht teuer.
> *The television **(that)** they bought was not expensive.*

- The following table shows how the relative pronoun must agree with the antecedent, and how it changes depending on its role in the relative clause.

	Antecedent der Schauspieler	**Relative pronoun** gender and number of antecedent with case of relative clause
Nominative	Das ist der Schauspieler, *That's the actor*	**der** sehr einflussreich ist. **who** *is very influential.*
Accusative	Das ist der Schauspieler, *That's the actor*	**den** ich gern kennen lernen möchte. **whom** *I would like to meet.*
Dative	Das ist der Schauspieler, *That's the actor*	**dem** ich gratulierte. **whom** *I congratulated.*
Genitive	Das ist der Schauspieler, *That's the actor*	**dessen** Filme traurig sind. **whose** *movies are sad.*

- Relative pronouns resemble definite articles, except in the dative plural and the genitive.

Relative pronouns				
	der	**die**	**das**	**die**
Nominative	der	die	das	die
Accusative	den	die	das	die
Dative	dem	der	dem	denen
Genitive	dessen	deren	dessen	deren

ACHTUNG!

In German, the main clause and the clause introduced by the relative pronoun are always separated by a comma.

- In English, the relative pronoun can sometimes be omitted. In German, however, the relative pronoun is always required.

> Das ist der Reporter, **den** ich sah.
> *That is the reporter **(whom) I saw**.*

- After the words **nichts**, **einiges**, **viel**, **wenig**, **alles**, and **etwas**, and after an adjective used as a neuter noun (e.g., **das Beste**), the relative pronoun is always **was**.

> Die Korrespondentin sagte **etwas**, **was** ich nicht verstand.
> *The correspondent said **something** (that) I didn't understand.*

> Werbung im Fernsehen ist **das Schlechteste**, **was** es gibt.
> *Television advertising is **the worst** (that) there is.*

- Prepositions used with relative pronouns come before the relative pronoun at the beginning of the relative clause and determine the case of the relative pronoun.

> Die Fahrerin erzählte dem Reporter von dem Stau, **über den** sie sich ärgerte.
> *The driver told the reporter about the traffic jams **that** she was annoyed **by**.*

> Ich kenne die Frau nicht, **mit der** du gestern zusammen warst.
> *I don't know the woman you were **with** yesterday.*

- To indicate location, the adverb **wo** can replace the preposition and the relative pronoun.

> Hier ist das Haus, **in dem** ich gewohnt habe.
> *Here is the house **in which** I lived.*

> Hier ist das Haus, **wo** ich gewohnt habe.
> *Here is the house **where** I lived.*

QUERVERWEIS

Was cannot be used as a relative pronoun with prepositions. For more on **wo**-compounds used as relative pronouns, see **Strukturen 5.3, pp. 178–179.**

- Use the relative pronouns discussed above to refer to a specific person, place, or thing. Use **wer**, **wem**, **wen**, or **wessen** to refer to people in general, when there is no specific antecedent. This corresponds to English *he/she who, whoever, anyone who.*

> **Wer** den ganzen Tag viel arbeitet, ist am Ende des Tages sehr müde.
> ***Whoever** works a lot all day is tired at the end of the day.*

- The forms of **wer** are often found as relative pronouns in proverbs and phrases.

> **Wer** zuerst kommt, mahlt zuerst.
> *First come, first served. (**Whoever** comes first gets served first.)*

> **Wem** der Schuh passt, der zieht ihn sich an.
> *If the shoe fits, wear it. (**Whomever** the shoe fits wears it).*

Anwendung

1

Ein Film Als Kind wächst Inga in einem Dorf in Mecklenburg auf. Informieren Sie sich über den Film *Das Novemberkind* (2008) und schreiben Sie die richtigen Relativpronomen in die Lücken.

1. Inga wohnt bei den Großeltern, _____ die Eltern ihrer Mutter sind, weil ihre Mutter Anne in der Ostsee ertrunken ist.
   a. denen   b. die   c. das

2. Eines Tages erscheint ein Mann, _____ Literaturprofessor ist und behauptet, ihre Mutter vor ein paar Jahren getroffen zu haben.
   a. das   b. den   c. der

3. Inga glaubt dem Professor, _____ sie zum ersten Mal sieht, nicht.
   a. den   b. der   c. denen

4. Sie erfährt aber, dass die Mutter, _____ damals aus dem Osten in den Westen geflohen ist (*fled*), noch lebt.
   a. der   b. das   c. die

5. Der Film, von _____ man viel über die deutsche Vergangenheit lernt, vermittelt oft das Gefühl eines Dokumentarfilmes.
   a. dem   b. der   c. das

2

Schwerin Schreiben Sie die richtigen Relativpronomen in die Lücken.

Von:	Frederike <frederike@email.de>
An:	Manuela <manuela@email.de>
Betreff:	Schwerin

Liebe Manuela!
Gestern war ich in Schwerin, der Hauptstadt von Mecklenburg-Vorpommern. Ich informierte mich über diese Stadt, (1) __die__ im Jahre 1160 gegründet wurde, und habe dann meine Reise geplant. Als ich aus dem Zug, mit (2) __dem__ ich fuhr, ausgestiegen war, kaufte ich einen Stadtplan, (3) __der__ 2 Euro gekostet hat. Das war ein guter Kauf! Ich besuchte das Schloss, (4) __das__ im 16. Jahrhundert gebaut wurde (*was built*). Ich sah viele schöne Gemälde, (5) __die__ mir gut gefallen haben. Der Schlossgarten, in (6) __dem__ ich mich ein bisschen ausruhte, hatte ein tolles Café. Dort lernte ich eine nette Familie kennen, (7) __die__ mir alles zeigte, (8) __was__ ich noch nicht gesehen hatte (*had seen*).
Liebe Grüße,
Frederike

3

Die Leute in den Medien Arbeiten Sie zu zweit. Bilden Sie aus zwei Sätzen einen Satz mit Hilfe eines Relativpronomens.

Beispiel Der Ausländer sieht sich einen Film an. Dieser Film hat Untertitel.
Der Ausländer sieht sich einen Film an, der Untertitel hat.

1. Der Journalist kommt aus Spanien. Er spricht Spanisch.
   Der Journalist, der Spanisch spricht, kommt aus Spanien.
2. Der Schauspieler versteht Russisch. Ich sprach mit dem Schauspieler.
   Der Schauspieler, mit dem ich sprach, versteht Russisch.
3. Die Korrespondentin berichtet jetzt aus den USA. Sie studierte in Hamburg.
   Die Korrespondentin, die in Hamburg studierte, berichtet jetzt aus den USA.
4. Der Redakteur liest viele Pressenotizen. Er entscheidet über diese Pressenotizen.
   Der Redakteur liest viele Pressenotizen, über die er entscheidet.
5. Die Zuschauer gehen in ein Kino. Dieses Kino zeigt viele synchronisierte Filme.
   Die Zuschauer gehen in ein Kino, das viele synchronisierte Filme zeigt.

Kommunikation

4

Unsere Gewohnheiten Besprechen Sie zu zweit die folgenden Fragen zu den Medien.

- Ist ein Zeichentrickfilm ein Film, den Sie sich gern ansehen? Warum/warum nicht?

- Sehen Sie lieber Filme, die synchronisiert sind oder die Untertitel haben? Warum?

- Gibt es eine Lokalzeitung, die Sie oft lesen? Welche und warum? Oder warum nicht?

- Abonnieren Sie oder Ihre Eltern Zeitschriften, die mit der Post kommen? Welche und warum? Oder warum nicht?

- Ist Pressefreiheit etwas, was Sie wichtig finden? Erklären Sie Ihren Standpunkt.

- Sehen Sie sich gern Dokumentarfilme an, die von deutscher Geschichte handeln? Warum/warum nicht?

- Gibt es in Ihrem Land Nachrichtensendungen, die objektiv sind? Wie finden Sie sie?

4 Have students underline the relative pronouns and explain their gender, number, and case.

5

Unsere Klassenkameraden Arbeiten Sie in Gruppen. Beschreiben Sie Ihre Klassenkameraden, indem Sie Sätze mit Relativpronomen schreiben.

John	John ist der Sportler, der gern Fußball spielt.

6

Was wir wissen Besprechen Sie in Gruppen, wie Sie diese Sätze beenden wollen. Geben Sie für jeden Satz einige Beispiele.

- Ein Journalist ist eine Person, die…

- Ein Reporter ist ein Mann, mit dem…

- Eine Schauspielerin ist eine Frau, über die…

- Kennst du eine deutsche Zeitschrift, die…

- Eine Liveübertragung von einem Fußballspiel ist etwas, was…

- Kabelfernsehen ist eine Erfindung, ohne die…

6 For additional practice, have students write similar statements about their families or about school personalities. Ex.: **Eine Cheerleaderin ist eine Person, die…; Mein Onkel Frank ist ein Mann, mit dem…**

Synthese

1

Gespräch Sehen Sie sich diese Statistik einer Umfrage an. Beantworten Sie die Diskussionsfragen.

Normalerweise benutzte Quelle für Informationen (© Statista Quelle: IfD Allensbach)

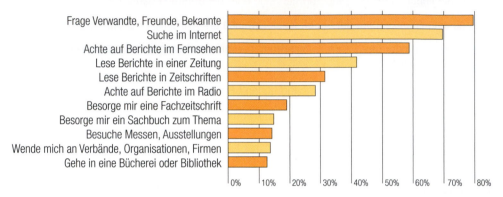

1. Wie informieren sich die meisten Leute über Themen, die sie interessieren? Finden Sie diese Methode gut oder nicht? Warum/warum nicht?

2. Wie viele Leute achten auf Berichte, die sie im Fernsehen sehen? Meinen Sie, dass Berichte im Fernsehen objektiv und hilfreich sind? Warum/warum nicht?

3. Was machen mehr Leute, wenn sie sich informieren wollen? Suchen Sie im Internet oder lesen Sie Berichte in einer Zeitung? Warum?

4. Wie informieren Sie sich, wenn Sie etwas wissen wollen?

Kommunikationsstrategien		
Nützliche Ausdrücke…		
Ihre Meinung sagen:	**unterschiedliche Meinungen ausdrücken:**	**die Umfrage besprechen:**
Meiner Meinung nach… *In my opinion…*	**Auf der einen Seite… auf der anderen Seite…** *On the one hand…, on the other hand…*	**Die Mehrheit/Minderheit der Befragten…** *The majority/minority of those asked…*
Ich persönlich meine/glaube/finde… *Personally, I think/ believe/find…*	**Glaubst du wirklich, dass…** *Do you really think that…*	**Die Studie zeigt, dass…** *The study shows…*
Ich bin total dagegen/dafür… *I am absolutely against/for…*	**Ich stimme dir zu, aber…** *I agree with you, however…*	**Fast 70% (Prozent)…** *Almost 70%…*
	Du denkst also, dass… *So you think that…*	**Laut der Umfrage…** *According to the survey…*

2

Aufsatz Wählen Sie eins der Themen. Schreiben Sie einen Aufsatz von ungefähr einer Seite. Verwenden Sie **Präteritum**, **Konjunktionen** und **Relativpronomen**.

• Sie sind Lehrer und wollen Eltern überzeugen, dass ihre Kinder während der Schulwoche nicht fernsehen sollen. Schreiben Sie einen Aufsatz mit guten Argumenten.

• Sie schreiben einen Artikel für die Lokalzeitung. Schreiben Sie über einen Ort in Deutschland, als ob Sie schon dort gewesen wären (*had been*). Informieren Sie sich zuerst darüber.

Vorbereitung

Wortschatz der Lektüre	Nützlicher Wortschatz
die Agentur, -en *agency*	(Nachrichten) beziehen *to get (the news)*
ausstrahlen *to broadcast*	drucken *to print*
bundesweit *nationwide*	die Quelle, -n *source*
die Hauptausgabe, -n *main issue*	die Schallplatte, -n *(vinyl) record*
renommiert *reputable*	
der Sitz, -e *headquarters*	
das Verlagshaus, ¨-er *publishing house*	
zuverlässig *dependable*	

1 **Die Seifenoper** Füllen Sie die Lücken mit den Wörtern aus der Liste.

Agentur	drucken	Sitz
ausgestrahlt	Quelle	Verlagshaus
bundesweit	renommiert	zuverlässig

Stellen Sie sich vor, Sie haben einen Roman geschrieben. Nun wollen Sie dafür ein (1) __Verlagshaus__ finden, und weil Sie in Hamburg wohnen, soll es seinen (2) __Sitz__ auch dort haben. Aber niemand will den Roman (3) __drucken__. Sie sind nicht entmutigt (*discouraged*), sondern schreiben den Roman in ein Drehbuch für eine Seifenoper um. Und dafür finden Sie auch schnell eine (4) __Agentur__. Da diese Agentur einen guten Ruf (*reputation*) hat, also recht (5) __renommiert__ ist, denken Sie, dass sie (6) __zuverlässig__ sein wird. Und das stimmt auch! Nach einem Jahr wird Ihre Seifenoper von einem großen Fernsehsender (7) __ausgestrahlt__ und (8) __bundesweit__ sehen eine Million Zuschauer Ihre Sendung.

2 **Pressefreiheit** Besprechen Sie in Gruppen die folgenden Fragen.

1. Warum ist Pressefreiheit wichtig?
2. Sind Journalisten und Reporter wirklich objektiv? Sollen sie es sein? Warum?
3. Gibt es heutzutage noch eine Zensur? Wo? Erklären Sie die heutige Situation.
4. Warum ist/war die Zensur ein Problem? Kann man sie umgehen? Wie?

3 **Ihre Medien** Beantworten Sie die folgenden Fragen zu zweit.

1. Aus welcher(n) Quelle(n) beziehen Sie Ihre Nachrichten?
2. Haben Sie eine Lieblingszeitung, -zeitschrift, -radiosendung, -fernsehsendung oder -webseite? Erzählen Sie davon.
3. Welche Nachrichten interessieren Sie besonders? Politische oder aktuelle Ereignisse? Sport? Kunst? Kultur? Warum?
4. Lesen Sie Nachrichten lieber regelmäßig in der Zeitung oder im Internet? Warum?
5. Aus welcher Stadt in den USA kommen die meisten Fernsehsendungen? Wo haben die meisten Verlage ihren Sitz?

1 Tell students that **Agentur** can combine with other nouns. Ex.: **die Filmagentur** (*film agency*), **die Werbeagentur** (*ad agency*)

3 Ask students if they are familiar with broadcasts like BBC news and how they compare to American news programs, such as on CNN. Ask them if they know where the American news shows are broadcast from. Ex.: **Kennen Sie BBC Nachrichten? Ist die Berichterstattung** (*reporting*) **da anders als in amerikanischen Nachrichtensendungen? Wenn ja, wie? Von wo werden die amerikanischen Nachrichtensendungen ausgestrahlt?**

Hamburg:
Medien-Mekka

Audio: Reading

Clips from *Tagesschau* and *Großstadtrevier* are on YouTube. Have students watch them and compare them to American newscasts and crime shows.

Hamburg schickt nicht nur Schiffe in alle Welt, sondern auch Zeitungen, Zeitschriften, Radiosendungen- und Fernsehsendungen. Hamburg ist nämlich eine Medienstadt. Ungefähr 70.000 Hamburger arbeiten in der Medienbranche und viele der wichtigsten deutschen Sendungen und Zeitungen kommen aus Hamburg.

Von dem 279 Meter hohen Fernsehturm in Hamburg-Mitte, der offiziell Heinrich-Hertz-Turm heißt, werden die Fernsehprogramme in und um Hamburg ausgestrahlt. Dazu gehören die Nachrichtensendungen *Tagesschau*, *Tagesthemen* und das *Nachtmagazin*, die man bundesweit sehen kann. Die *Tagesschau* gibt es seit 1952. Bis heute ist die Hauptausgabe um 20 Uhr die beliebteste Nachrichtensendung in Deutschland. Das ist für viele Beobachter der Medienbranche eine Überraschung: Die Sendung verzichtet auf° bunte Grafiken, charismatische Moderatoren und unterhaltsame° Geschichten. Nachrichtensprecher verlesen 15 Minuten lang die Themen des Tages aus ihrem Hamburger Studio und fast zehn Millionen Deutsche schauen jeden Abend zu.

Seit 1924 strahlt der NDR aus Hamburg als öffentlich-rechtlicher° Rundfunk auf mehreren Kanälen Musik- und Informationssendungen für Jung und Alt aus. Das *Hamburger Hafenkonzert* ist die älteste Radiosendung der Welt und wird auch in außereuropäische Länder übertragen.

dispenses with

entertaining

public and bound by law

Nicht nur Fernsehen und Radio kommen aus Hamburg. Im 18. Jahrhundert wollten die hiesigen° Kaufleute zuverlässige Nachrichten aus aller Welt haben. Damit begann die lange Tradition der großen Verlagshäuser dieser Stadt.Die Deutsche Presse-Agentur (dpa) hat ihren Sitz in Hamburg und es gibt auch zahlreiche Werbeagenturen°. Seit 1946 erscheint hier die überregionale° Wochenzeitung *Die Zeit* (und deren Online-Ausgabe) und seit 1947 die verkaufsstärkste deutsche Wochenzeitschrift, *Der Spiegel*.

Vor allem *Der Spiegel* hat sich mit investigativem Journalismus einen Namen gemacht. Die Redakteure und Reporter berichten oftmals sehr kritisch über Politik, Wirtschaft, Ausland und Gesellschaft. Immer wieder decken sie Skandale auf°. Da immer mehr Deutsche die aktuellen Nachrichten im Internet lesen, gewinnen die digitalen Ausgaben von *Spiegel* und *Zeit* immer mehr Leser. Journalismus in hoher Qualität ist nach wie vor° gefragt.

Auch zukünftige Journalisten sind in Hamburg richtig°. Der starke Medieneinfluss hat zur Gründung der privaten Hamburg Media School geführt. An der Hamburger Uni kann man Medien- und Kommunikationswissenschaften studieren und die Henri-Nannen-Schule ist eine der renommiertesten Journalistenschulen Deutschlands. Man kann in Hamburg in Bezug auf° Medien eben fast alles finden! ■

local

ad agencies

nationwide

uncover

still

in the right place

regarding

Tell students that **NDR** stands for **Norddeutscher Rundfunk**, a radio station.

Der Heinrich-Hertz-Turm

Bis Ende 2001 waren die Aussichtsplattform und das sich drehende° Restaurant auf 128 Metern Höhe des Heinrich-Hertz-Turms ein beliebtes Touristen-Ziel. Von diesem Wahrzeichen° der Stadt hatte man einen wunderbaren Ausblick über Hamburg und den Hafen. Und ganz Wagemutige° konnten von einer besonderen Plattform aus Bungee-Jumping machen. 2018 sollte der Turm wieder der Öffentlichkeit zugänglich gemacht werden.

drehende *rotating* **Wahrzeichen** *symbol* **Wagemutige** *daring people*

Analyse

NATIONAL communication cultures STANDARDS

1

Verständnis Entscheiden Sie, ob die folgenden Aussagen **richtig** oder **falsch** sind. Stellen Sie dann zu zweit die falschen Aussagen richtig.

Richtig	Falsch	
☑	☐	1. Viele Hamburger arbeiten in der Medienbranche.
☐	☑	2. *Die Zeit* ist die älteste Radiosendung der Welt.
		Die Zeit ist eine renommierte Zeitung in Deutschland.
☐	☑	3. *Die Tagesschau* ist eine Kriminalserie.
		Die Tagesschau ist die beliebteste deutsche Nachrichtensendung.
☑	☐	4. Die Musikindustrie in Hamburg ist stark und bietet etwas für Jung und Alt.
☑	☐	5. Die digitalen Ausgaben von *Der Spiegel* und *Die Zeit* gewinnen immer mehr Leser.
☑	☐	6. Viele große Verlagshäuser haben ihren Sitz in Hamburg.
☐	☑	7. Medien- und Kommunikationswissenschaften kann man nur an der Hamburg Media School studieren.

Man kann an der Hamburger Uni Medien- und Kommunikationswissenschaften studieren.

KULTURANMERKUNG

Die Beatles

Wussten Sie, dass die Beatles in den 60er Jahren mehrmals in Hamburg waren und dort in den Nachtclubs aufgetreten sind? In den Hamburger Musikstudios haben sie ihre Fertigkeiten° verbessert und einige frühe Hits aufgenommen. Die Beatles haben sogar Songs auf Deutsch gesungen, was manchmal erst nach mehreren Versuchen richtig geklappt° hat. Und ihren berühmten Mop-Haarschnitt° haben sie sich von dem deutschen Fotografen, ihrem Freund Jürgen Vollmer, abgeguckt°!

Fertigkeiten *skills* **geklappt** *worked* **Haarschnitt** *haircut* **abgeguckt** *copied*

2

Informationsquellen Besprechen Sie in Gruppen die folgenden Fragen.

1. Inwiefern (*In what way*) unterscheiden sich amerikanische von deutschen Zeitungen? Wo sind sie sich ähnlich?

2. Welche Funktion haben Illustrierte? Wer liest sie? Warum? Üben sie einen negativen oder einen positiven Einfluss auf die Leser(innen) aus? Erklären Sie Ihre Antwort.

3. Sind Nachrichtensendungen nur zur Information da oder auch zur Unterhaltung (*entertainment*)? Vergleichen Sie regionale Nachrichtensendungen mit bundesweiten.

4. Gibt es Kultserien im amerikanischen Fernsehen? Wovon handeln sie?

5. Welche Talkshows gibt es in den USA? Wann werden sie ausgestrahlt? Wer sieht sie?

2 If possible, bring German newspapers or magazines to class before doing this activity.

3

Eine Zeitschrift

A. Denken Sie sich in Gruppen ein Konzept für eine Zeitschrift aus. Die folgenden Fragen sollen Ihnen dabei helfen.

- Was ist das Thema der Zeitschrift und wie soll sie heißen?
- Was für Artikel soll es geben? (Interviews? Features? Bild-Reportagen?)
- Soll die Zeitschrift gedruckt erscheinen oder im Internet oder beides?
- Wie oft (monatlich, wöchentlich) soll die Zeitschrift erscheinen?
- Wo und wie wollen Sie für die Zeitschrift Werbung machen?
- Wo und wie soll die Zeitschrift verkauft werden?

B. Präsentieren Sie den anderen Student(inn)en Ihre Ideen für eine neue Zeitschrift. Machen Sie dann eine Umfrage und finden Sie heraus, welche Student(inn)en sich für ein Abo Ihrer Zeitschrift interessieren würden (*would*) und warum.

3 Ask if students can guess the meaning of **Abo**, which is a shortened form of **das Abonnement** (*subscription*).

Practice more at **vhlcentral.com**.

Vorbereitung

Über die Schriftstellerin

Jana Hensel wurde 1976 in der Nähe von Leipzig in der damaligen DDR geboren. Sie studierte Literatur und Romanistik in Leipzig, Marseille, Berlin und Paris. Bereits während ihres Studiums gab Hensel die Literaturzeitschrift EDIT in Leipzig heraus. Im Jahr 2002 erschien ihr erster Roman *Zonenkinder*, in dem sie ihre Erinnerungen an ein Deutschland zur Zeit der Wiedervereinigung aus Sicht einer Jugendlichen beschreibt. Das Buch schaffte den Sprung in die Bestsellerlisten und wurde in mehrere Sprachen übersetzt. 2010 erhielt Jana Hensel den begehrten (*prestigious*) Theodor-Wolff-Preis.

Wortschatz der Kurzgeschichte

sich (etwas) abgewöhnen *to give up (a habit)*
ausscheiden *to be eliminated*
einfältig *simple(-minded)*
einstürzen *to collapse*
heimlich *secretly*
die Rechtschreibung, -en *correct spelling*
verstummen *to go/to become silent*
zerschlagen *to shatter*

Nützlicher Wortschatz

das Andenken, - *keepsake*
sich erinnern *to remember*
fliehen *to flee; to escape*
schwelgen *to indulge*

1 **Definitionen** Finden Sie für jeden Ausdruck die richtige Definition.

_e_ 1. ausscheiden		a. etwas nicht mehr tun
_g_ 2. einfältig		b. nichts mehr sagen
_a_ 3. sich etwas abgewöhnen		c. nicht öffentlich
_d_ 4. zerschlagen		d. etwas kaputt machen
_b_ 5. verstummen		e. nicht mehr teilnehmen
_h_ 6. einstürzen		f. wie ein Wort richtig geschrieben wird
_f_ 7. die Rechtschreibung		g. nicht klug
_c_ 8. heimlich		h. in sich zusammenfallen

2 **Fragen** Stellen Sie einander die folgenden Fragen.

1. Kennst du Ausdrücke, die deine Eltern verwenden, du aber nicht? Gibt es regional verschiedene Ausdrücke für ein und dieselbe Sache in den USA?

2. Sieht deine Heimatstadt jetzt noch genauso aus wie in deiner Kindheit oder hat sich etwas verändert?

3. Was war dein Lieblingszeichentrickfilm, dein Lieblingsbuch, dein Lieblingsfilm, als du Schüler(in) warst?

4. Hast du dich schon einmal von einer Gruppe von Leuten ausgeschlossen (*excluded*) gefühlt? Warum war das so?

 Practice more at vhlcentral.com.

2 Ask students questions to get them to talk about their own past: **Was war wichtig in Ihrer Vergangenheit? Wie definiert sich Ihre Identität? Ist Ihre Identität anders als die Ihrer Klassenkameraden, wie und warum? Ist sie anders als die von Leuten, die aus anderen Regionen der USA und aus anderen Ländern der Welt kommen? Warum ist das so?**

Zonen
(Auszug)

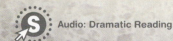
Audio: Dramatic Reading

Ost-Berlin

Die Kaufhalle hieß jetzt Supermarkt, Jugendherbergen wurden zu Schullandheimen, Nickis zu T-Shirts und Lehrlinge Azubis°. In der Straßenbahn musste man nicht mehr den Schnipsel entlochen°, sondern den Fahrschein entwerten. Aus Pop-Gymnastik wurde Aerobic, und auf der frisch gestrichenen Poliklinik stand eines Morgens plötzlich „Ärztehaus". Die Speckitonne verschwand und wurde durch den grünen Punkt ersetzt. Mondos hießen jetzt Kondome, aber das ging uns noch nichts an.

(Auszubildende) trainees
punch holes into
pieces of paper

5

Statt ins Pionierhaus ging ich jetzt ins Freizeitzentrum, unsere Pionierleiter waren unsere Vertrauenslehrer, und aus Arbeitsgemeinschaften wurden Interessengemeinschaften. In den Läden gab es alles aus der Reklame zu kaufen. Auf den Straßen saßen überall Hütchenspieler°. Und Mitschüler, die vor der Wende in den Westen gemacht° hatten, wie das damals hieß, tauchten plötzlich auf dem Schulhof auf, als seien sie nie weg gewesen, redeten so komisch betont und sahen aus wie aus der Medi&Zini.

10

thimblerigger
(shell game con artist)

moved to the West

Zu den Fidschis durfte ich nicht länger Fidschis sagen, sondern musste sie Ausländer oder Asylbewerber° nennen, was irgendwie sonderbar klang, waren sie doch immer da und zwischendurch nie weg gewesen. Für die Kubaner und die Mosambikaner hatte es kein Wort gegeben. Keins vorher und keins hinterher. Sie waren sowieso auf einmal alle verschwunden. Nicht anders als die Knastis°, die die Flaschen und Gläser in den SERO-Annahmestellen° entgegengenommen, nach Farbe und Größe sortiert und darauf aufgepasst hatten, dass wir abends nicht heimlich durch das Loch im Zaun in die großen Zeitschriftencontainer stiegen, um Westzeitschriften ihrer volkswirtschaftlich sinnvollen Zweitverwertung zu entreißen.

15

asylum seekers

20

ex-cons/GDR recycling places

kinder

Jana Hensel

Tell students that **eine Speckitonne** is a barrel to collect food remnants used to feed pigs. A pig was pictured on the barrel, hence the name.

Tell students that **ein Pionierleiter** is the leader of the **Pioniere**, the GDR youth groups, similar to the Boy and Girl Scouts.

Tell students that **Medi&Zini** is a free poster magazine for children with first aid and other sports-related medical tips, distributed in pharmacies.

Tell students that **Lütt Matten und die weiße Muschel** and **Der Bootsmann auf der Scholle** were East German children's books.

25   Die Dinge hießen einfach nicht mehr danach, was sie waren. Vielleicht
waren sie auch nicht mehr dieselben. Schalter hießen Terminals, Verpfle-
gungsbeutel wurden zu Lunchpaketen, Zweigstellen zu Filialen, der Polylux
zum Overheadprojektor und der Türöffner in der Straßenbahn zum Fahrgast-
wunsch. Assis° zu sagen habe ich mir schnell abgewöhnt, und Assikinder, mit

*Antisocial (short for **Asoziale**)*

30   denen wir in Lernpatenschaften Mathe und Rechtschreibung lernten und auf
die wir ein Auge haben sollten, damit sie nicht geärgert wurden, und die wir
besuchen gingen, wenn sie nicht zur Schule kamen, die gab es auch nicht mehr.
Die Olsenbande dagegen, über die wir uns an vielen Sonntagvormittagen
in einer Art sozialistischer Kinderkinomatinée ohne Sekt für 35 Pfennig halb
35   zu Tode gelacht hatten, die gab es noch; und genau das brachte mein Weltbild
endgültig zum Einsturz: Generationen von Kindern hatten diesen leider ziemlich einfältigen Dänen bei ihren Taschenspielertricks° zugesehen und geglaubt,

conjurer tricks

die große Welt ließe sie, zumindest ein wenig, teilhaben und hätte sie nicht ganz
vergessen. Als nach der Wende° dann jedoch kein Mensch im Westen je von

(turn) fall of the GDR

40   Egon, Benni und Kjeld gehört hatte, dafür aber jeder Karel Gott kannte, den
Prager, von dem wir nun wirklich glaubten, er habe nur für uns Deutsch gelernt
und gehöre uns, uns ganz allein, da verstand ich gar nichts mehr.
    Wenn mir heute Freunde aus Heidelberg oder Krefeld sagen, sie hätten
lange gebraucht, sich daran zu gewöhnen, dass Raider nicht mehr Raider,
45   sondern irgendwann Twix hieß, und wie sehr sie es lieben, in den Ferien für
ein paar Tage nach Hause zu fahren, weil man es da zwar nicht lange aushalte,
aber alles noch so schön wie früher und an seinem Platz sei, dann beneide ich
sie ein bisschen. Ich stelle mir in solchen Momenten heimlich vor, noch einmal durch die Straßen unserer Kindheit gehen zu können, die alten Schulwege
50   entlangzulaufen, vergangene Bilder, Ladeninschriften und Gerüche wieder
zu finden. In Gedanken lege ich mich still und von niemanden bemerkt, wie

dusty/ pile of exercise mats

zwischen zwei Pausenklingeln, auf den verstaubten° Matratzenberg° in der
hinteren Ecke der Turnhalle und halte meine Nase ganz dicht an die großen,
schweren Medizinbälle. Ich sehe hinüber zu den langen Turnbänken aus Holz,
55   streiche mit dem Handrücken darüber und erinnere mich an unsere Angst

splinters

vor den Splittern°, zogen wir auf dem Bauch liegend, mit weit ausholenden
Armbewegungen über sie hinweg. Nur wenn die eigene Mannschaft am Rand
stand und einen lautstark anfeuerte, verlor sich die Angst für Sekunden.

ankle-high

    Lieber waren mir da die knöchelhohen° Turnbänke beim Völkerball, wo
60   sie als Spielfeldmarkierungen den Völkermann von der gegnerischen Mannschaft trennten. Seine große Stunde schlug, wenn alle Mitspieler ausgeschieden

non-athletic

waren und die Ungelenken° und Dicken
oft längst in der Umkleidekabine warteten,
gleichgültig, welche Gruppe den Sieg nach
65   Hause tragen sollte. Leider sahen sie auf
diese Weise nie, wie ein guter Völkermann
eine längst verloren geglaubte Mannschaft
wieder ins Spiel bringen konnte und wie wir
anderen, vor Aufregung glühend, unseren
70   Völkermann dafür liebten. In den darauf
folgenden Unterrichtsstunden habe ich

Tell students that **die Olsenbande** was a Danish comical mystery series that was popular in Denmark, the GDR, and Poland from 1968 until 1998.

Die Dinge hießen einfach nicht mehr danach, was sie waren. Vielleicht waren sie auch nicht mehr dieselben.

Tell students that **Der kleine Trompeter** was a sentimental political song, popular in the GDR.

You might want to go through all the vocabulary that refers exclusively to the GDR past; see annotations. There is a GDR dictionary online. This would also be helpful for the post-reading activity 5. Showing the movie *Good Bye Lenin!* might complement the text.

mich heimlich zu meinem Völkermann umgedreht und ihn betrachtet, zufrieden und ohne Neid. Doch unsere Helden von damals leben schon lange nicht mehr, und weil unsere Kindheit ein Museum ohne Namen ist, fehlen mir die Worte dafür; weil das Haus keine Adresse hat, weiß ich nicht, welchen Weg ich einschlagen soll, und komme in keiner Kindheit mehr an.

Wir werden es nie schaffen, Teil einer Jugendbewegung zu sein, dachte ich einige Jahre später, als ich mit italienischen, spanischen, französischen, deutschen und österreichischen Freunden eng zusammengequetscht° in einem Marseiller Wohnheimzimmer saß. Die Wende war bereits mehr als sechs Jahre her. Die Italiener hatten für alle gekocht, Stühle gab es nicht, man aß auf den Knien und saß auf dem Bett, dem Fußboden, in der Schranktür oder stand, nur den Kopf ins Zimmer gestreckt, an der offenen Tür. Als einige Flaschen Wein geleert waren und die Aschenbecher langsam überquollen°, begannen alle laut, euphorisiert und wild durcheinander zu reden. Alte Namen und Kindheitshelden flogen wie Bälle durch den Raum: welche Schlümpfe° man am liebsten hatte, welches Schlumpfkind mit wem verwandt war und wie sie auf Italienisch, Deutsch oder Spanisch hießen. Lieblingsfilme wurden ausgetauscht; Lieblingsbücher beschworen und erhitzt die Frage debattiert, ob man den Herrn der Ringe, Pippi Langstrumpf, Donald Duck oder Dagobert lieber mochte, Lucky Luke oder Asterix und Obelix verschlungen hatte.

Ich musste an Alfons Zitterbacke denken, erinnerte mich an den braven Schüler Ottokar und hätte gern den anderen vom Zauberer der Smaragdenstadt erzählt. Ich sah Timur und seinen Trupp, Ede und Unku, den Antennenaugust und Frank und Irene vor mir, mir fielen Lütt Matten und die weiße Muschel, der kleine Trompeter und der Bootsmann auf der Scholle wieder ein. Einmal versuchte ich es, hob kurz an, um von meinen unbekannten Helden zu berichten, und schaute in interessierte Gesichter ohne Euphorie. Mit einem Schlag hatte ich es satt, anders zu sein als all die anderen. Ich wollte meine Geschichten genauso einfach erzählen wie die Italiener, Franzosen oder Österreicher, ohne Erklärungen zu suchen und meine Erinnerungen in Worte übersetzen zu müssen, in denen ich sie nicht erlebt hatte und die sie mit jedem Versuch ein Stück mehr zerschlugen. Ich verstummte, und um ihre Party und ihr schönes warmes Wir-Gefühl nicht länger zu stören, hielt ich den Mund. Ich überlegte, was ich stattdessen mit meiner Kindheit anfangen könnte, in welches Regal ich sie stellen oder in welchen Ordner° ich sie heften könnte. Wie ein Sommerkleid war sie anscheinend aus der Mode geraten und taugte° nicht einmal mehr für ein Partygespräch. Ich nahm noch einen Schluck aus dem Weinglas und beschloss, mich langsam auf den Weg zu machen. ∎

75 **Doch unsere Helden von damals leben schon lange nicht mehr, und weil unsere Kindheit ein Museum ohne** 80 **Namen ist, fehlen mir die Worte dafür; weil das Haus keine Adresse hat, weiß** 85 **ich nicht, welchen Weg ich einschlagen soll, und komme in keiner Kindheit mehr an.**

90

crammed together

overflowed

95 *Smurfs*

100

105

110

115 *binder*

was good enough

Analyse

1 Have students supply the correct answers to false statements.

1 **Richtig oder falsch?** Entscheiden Sie, ob die folgenden Aussagen **richtig** oder **falsch** sind.

Some answers will vary.

Richtig **Falsch**

☑ ☐ 1. Viele alltägliche Dinge haben nach der Wende andere Namen.

☐ ☑ 2. Mitschüler, die vor der Wende in den Westen geflohen waren, kamen nicht wieder. Sie tauchten plötzlich auf dem Schulhof auf, als seien sie nie weg gewesen, und redeten anders.

☑ ☐ 3. Über die Olsenbande konnte die Erzählerin sich halb totlachen.

☐ ☑ 4. Die Schüler hatten keine Angst vor Splittern in den Turnbänken aus Holz. Sie hatten Angst vor Splittern in den Turnbänken und passten gut auf.

☑ ☐ 5. Die Erzählerin nennt ihre Kindheit ein Museum ohne Namen.

☐ ☑ 6. Die jungen Leute aus Italien, Spanien, Frankreich und Österreich haben dieselben Kinderbücher gelesen wie die Erzählerin. Die Kinderbücher der Erzählerin waren anders als die von den jungen Leuten aus den westlichen Ländern.

2 **Verständnis** Kreuzen Sie die jeweils richtige Aussage an.

1. a. Nach der Wende hat sich nichts im Leben der Erzählerin geändert.
   (b.) Nach der Wende hat sich fast alles im Leben der Erzählerin geändert.

2. (a.) Die SERO-Annahmestellen der DDR waren so etwas Ähnliches wie die *Recycling Center* heute.
   b. SERO-Annahmestellen nahmen nur Westzeitschriften an.

3. (a.) Die Erzählerin beneidet Freunde aus Heidelberg oder Krefeld, weil sie zu Hause in ihren Kindheitserinnerungen schwelgen können.
   b. Die Erzählerin will von ihrer Kindheit nichts mehr wissen.

4. (a.) Die Erzählerin hatte es satt, anders zu sein als all die anderen jungen Leute.
   b. Die Erzählerin fühlte sich nicht als Außenseiterin.

3 **Interpretation** Vervollständigen Sie die Sätze mit den richtigen Satzteilen.

1. Nach der Wende…
   a. blieb in der DDR alles so wie es vorher auch gewesen war.
   (b.) hießen die Dinge nicht mehr so wie vorher.

2. Für viele Dinge der ehemaligen DDR…
   a. gibt es keine neuen Ausdrücke nach der Wende.
   (b.) gibt es jetzt englische und deutsche Ausdrücke.

3. Die Erzählerin möchte…
   (a.) gern noch einmal durch die Straßen ihrer Kindheit laufen können.
   b. die Völkerballspiele ihrer Schulzeit vergessen.

4. Die Erzählerin…
   (a.) war enttäuscht, dass ihre Kindheit anscheinend wie ein Sommerkleid aus der Mode gekommen war.
   b. hatte Spaß daran, ihre Erinnerungen in die Sprache der jungen Leute aus dem Westen zu übersetzen.

4

Die Erzählerin Machen Sie zuerst eine Liste mit Adjektiven und anderen Ausdrücken, die die Erzählerin und ihre Einstellung zu ihrem Leben in der DDR danach charakterisieren. Obwohl die Italiener, Spanier, Franzosen, (West)deutschen und Österreicher nicht weiter beschrieben werden, sind sie anders als die Erzählerin. Wie? Machen Sie eine zweite Liste und vergleichen Sie beide.

	die Erzählerin	die Anderen
nostalgisch	X	X
kritisch	X	
euphorisch		X
kochen		X Italiener
?		

5

Was meinen Sie? Äußern Sie in Gruppen Ihre Meinung zu den folgenden Fragen.

1. Welche Ausdrücke aus der DDR kommen in dieser Geschichte vor? Machen Sie eine Liste. Verstehen Sie alle Ausdrücke?

2. Finden Sie es gut, dass es so viele englische Ausdrücke im Deutschen gibt?

3. Karel Gott ist ein Schlagersänger aus Prag, der auf Deutsch und nicht auf Tschechisch singt. Kennen Sie Sänger(innen) aus anderen Ländern, die auf Englisch singen? Warum machen sie das? Finden Sie das gut oder nicht?

4. Warum bezeichnet die Erzählerin ihre Kindheit als ein Museum ohne Namen, das in einem Haus ohne Adresse ist?

5. Glauben Sie, dass sie unter ihrer Vergangenheit leidet, weil sie sie als anders empfindet als ihre westeuropäischen Freunde? Warum/warum nicht?

6. Glauben Sie, dass die Erzählerin sich doch noch in der westlichen Welt wohl fühlen wird? Warum/warum nicht?

6

Fragen Beantworten Sie zu zweit die folgenden Fragen.

1. Ist die Ausdrucksweise Ihrer Eltern und Großeltern genauso wie Ihre?

2. Welche speziellen Erinnerungen haben Sie an Ihre Schulzeit?

3. Welche Fernsehserien, Filme und Kinderbücher haben Sie gern gesehen bzw. gelesen?

4. Gibt es etwas aus Ihrer Kindheit, dass Sie gerne noch einmal machen möchten? Was? Warum?

7

Zum Thema Schreiben Sie einen Aufsatz von ungefähr 100 Wörtern zu einem der folgenden Themen.

- Beschreiben Sie ein Erlebnis aus ihrer Kindheit oder Schulzeit, an das Sie sich gern (oder nicht gern) zurückerinnern.

- Denken Sie an einen Zeichentrickfilm aus Ihrer Kindheit und beschreiben Sie ihn. Glauben Sie, er kommt heute noch genauso gut bei Kindern an wie damals? Warum/warum nicht?

 Practice more at **vhlcentral.com**.

Anwendung

Der Einleitungssatz (*The main clause*)

Der Hauptteil eines Aufsatzes besteht aus mehreren Absätzen, in denen Sie Ihre These mit Argumenten und Beispielen belegen (*defend*). Jeder dieser Absätze beginnt mit einem Thema- oder Einleitungssatz. Dieser Satz:

- bringt die Hauptidee des Absatzes auf einen Punkt
- gibt dem Leser eine klare Vorstellung vom Inhalt des Absatzes

1 Vorbereitung Before starting this activity, review the idea of topic sentences with students. The topic sentence should make the intention of the whole paragraph clear and easy to follow.

1

Vorbereitung Lesen Sie zu zweit den folgenden Absatz und unterstreichen Sie den Einleitungssatz.

Karl studiert wahnsinnig gern Englisch, aber bis vor kurzem hatte er immer große Angst davor, einen schlechten Eindruck zu machen, wenn er sprach. Obwohl er sehr schüchtern ist, fragte er eines Tages einen Fremden in New York nach dem Weg, weil er sich verlaufen hatte. Nach einem langen Fußmarsch fand er schließlich das Theater, das er gesucht hatte: Zum ersten Mal in seinem Leben war er stolz auf sein Englisch!

2

Aufsatz Wählen Sie eins der folgenden Themen und schreiben Sie darüber einen Aufsatz.

- Beziehen Sie sich in Ihrem Aufsatz auf einen der vier Teile dieser Lektion: **Kurzfilm**, **Stellen Sie sich vor**, …, **Kultur** oder **Literatur**.
- Schreiben Sie mindestens drei Absätze, um Ihren Standpunkt zu verteidigen. Jeder Absatz muss einen Einleitungssatz enthalten.
- Schreiben Sie mindestens eine ganze Seite.

Themen

1. Wie stark ist der Einfluss der Werbung auf unsere Kaufentscheidungen und auf unsere Werte in Bezug auf das, was uns wichtig oder wünschenswert erscheint? Trägt Werbung nur zum Materialismus und Konsum bei oder hat sie auch positive Auswirkungen?

2. Wie wichtig sind die Medien bei der Ausformung unserer Identität? Würde z.B. ein Kind, das nie ferngesehen hat, Schwierigkeiten haben, mit Gleichaltrigen (*peers*) zurechtzukommen?

3. Sind wir dadurch, dass wir Zugang zu einer so großen Zahl von Nachrichtensendungen haben, besser informiert und ausgewogener (*balanced*) in unserem Denken? Oder überwältigen die Medien uns dermaßen (*to such an extent*) mit Sensationsnachrichten, dass unsere Wahrnehmung (*perception*) dessen, was in der Welt wirklich passiert, verzerrt (*distorted*) wird?

Medien und Kultur 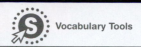 Vocabulary Tools

Kino, Rundfunk und Fernsehen

der Bildschirm, -e *(TV) screen*
der Dokumentarfilm, -e *documentary*
die Fernsehserie, -n *TV series*
die Folge, -n *episode*
das Interview, -s *interview (media)*
die Leinwand, ̈e *movie screen*
die Liveübertragung, -en/
 die Livesendung, -en *live broadcast*
die (Nach)synchronisation, -en *dubbing*
das Radio, -s *radio*
der Radiosender, - *radio station*
die Reklame, -n *advertising*
der Rundfunk *radio; broadcasting*
die Seifenoper, -n *soap opera*
die Sendung, -en *TV program*
die Special Effects *special effects*
der Untertitel, - *subtitle*
der Zeichentrickfilm, -e *cartoon(s)*

aufnehmen *to record (audio)*
aufzeichnen *to record (video)*
drehen *to film*
erscheinen *to come out; to appear; to be published*
ein Interview führen *to conduct an interview (media)*
Radio hören *to listen to the radio*
senden/übertragen *to broadcast*
synchronisieren *to dub (a film)*

Die (Massen)medien

die aktuellen Ereignisse *current events*
die Fernsehwerbung, -en *TV advertisement*
die (Meinungs)umfrage *opinion poll; survey*
die Nachrichten (*pl.*) *(radio/television) news*
die Nachrichtensendung, -en *news program; newscast*
die Neuigkeit, -en/die Pressenotiz, -en *news story; news item*
der Werbespot, -s *commercial*
die Werbung, -en *advertisement*
die Zensur *censorship*

berichten *to report*
auf dem Laufenden bleiben *to keep up with (news)*
sich informieren (über + Akk.) *to get/to stay informed (about)*
auf dem neuesten Stand sein/bleiben *to be/to keep up-to-date*

aufgezeichnet *(pre-)recorded*
direkt/live *live*
einflussreich *influential*
objektiv *impartial; unbiased*
subjektiv *partial; biased*

Die Medienleute

der Journalist, -en/die Journalistin, -nen *journalist*
der Korrespondent, -en/die Korrespondentin, -nen *correspondent*
der Redakteur, -e/die Redakteurin, -nen *editor*
der Reporter, -/die Reporterin, -nen *reporter*
der Schauspieler, -/die Schauspielerin, -nen *actor/actress*
der Verleger, -/die Verlegerin, -nen *publisher*
der Zuhörer, -/die Zuhörerin, -nen *(radio) listener*
der Zuschauer, -/die Zuschauerin, -nen *(television) viewer*

Die Presse

die Anzeige, -n *newspaper ad*
das Comicheft, -e *comic book*
das Horoskop, -e *horoscope*
die Illustrierte, -n/die Zeitschrift, -en *magazine*
die Kleinanzeige, -n *classified ad*
die Lokalzeitung, -en *local paper*
die Monatsschrift, -en *monthly magazine*
die Pressefreiheit *freedom of the press*
die Pressemitteilung, -en *press release*
die Schlagzeile, -n *headline*
der Teil, -e *section*
die Wochenzeitschrift, -en *weekly magazine*
die (Wochen)zeitung, -en *(weekly) newspaper*

abonnieren *to subscribe*

Kurzfilm

das Drehbuch, ̈er *script*
das (schlechte) Gewissen *(guilty) conscience*
der Herzinfarkt, -e *heart attack*
die Kalkulationsverhandlung, -en *price negotiation*

der Karrieremacher, -/
 die Karrieremacherin, -nen *careerist*
der Notarzt, ̈e *doctor on emergency call*
das Schuldgefühl, -e *sense of guilt*
der Schweißausbruch, ̈e *breaking into a sweat*

aufhören *to stop*
sich erschrecken *to get frightened*
freihalten *to keep free*
reinschieben *to insert*
rumstehen *to stand around*
tauschen *to swap*
versprechen *to promise*

abgelenkt *distracted*
gestresst *stressed*
rechtzeitig *on time*
überarbeitet *overworked*
unkonzentriert *lacking concentration*

Kultur

die Agentur, -en *agency*
die Hauptausgabe, -n *main issue*
die Quelle, -n *source*
die Schallplatte, -n *(vinyl) record*
der Sitz, -e *headquarters*
das Verlagshaus, ̈er *publishing house*

ausstrahlen *to broadcast*
(Nachrichten) beziehen *to get (the news)*
drucken *to print*

bundesweit *nationwide*
renommiert *reputable*
zuverlässig *dependable*

Literatur

das Andenken, - *keepsake*
die Rechtschreibung, -en *correct spelling*

sich (etwas) abgewöhnen *to give up (a habit)*
ausscheiden *to be eliminated*
einstürzen *to collapse*
sich erinnern *to remember*
fliehen *to flee; to escape*
schwelgen *to indulge*
verstummen *to go/to become silent*
zerschlagen *to shatter*

einfältig *simple(-minded)*
heimlich *secretly*

Wegfahren und Spaß haben

Reisen bereichert (*enriches*) das Leben. Man sieht dabei nicht nur neue Gegenden, Länder, Menschen und Kulturen, sondern lernt auch oft etwas Neues über sich selbst. Was machen Sie normalerweise in den Ferien? Sind Sie aktiv? Reisen Sie gern in fremde Länder? Probieren Sie einen neuen Sport aus? Machen Sie sich auf die Reise, und lernen Sie eine ganz andere Seite Deutschlands kennen.

Reiseziel:
Nordwest-deutschland

BREMEN
NIEDERSACHSEN
NORDRHEIN-WESTFALEN

PREVIEW Have students comment on the photo on the previous page. What feelings does it convey? Would they like to be where this person is? What is their idea of travel?

Reisen und Ferien Vocabulary Tools

Im Bahnhof

die Abfahrtszeit, -en *departure time*
der Anschluss, ̈e *connection*
der Bahnsteig, -e *platform*

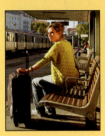

der Schaffner, -/die Schaffnerin, -nen
   conductor

Im Flughafen

die Abflughalle, -n *departure lounge*
die Abflugzeit, -en *departure time*
der Ankunftsbereich, -e *arrival area*
die Bordkarte, -n *boarding pass*
der Flugbegleiter, -/die Flugbegleiterin,
   -nen *flight attendant*
der Flugsteig, -e *departure gate*
der Geldwechsel *currency exchange*
die Gepäckausgabe, -n *baggage claim*
die Landung, -en *landing*
der (Fenster/Gang)platz, ̈e
   (window/aisle) seat
die Sicherheitskontrolle, -n *security check*
die Verspätung, -en *delay; late arrival*

an Bord *on board*
zollfrei *duty-free*

an Bord des Flugzeuges gehen *to board*
   the plane
einchecken *to check in*
(in der) Schlange stehen *to stand in line*

Im Hotel

der Ferienort, -e *vacation resort*

die (Halb/Voll)pension *(half/full) board*
die Pension, -en *guest house*
die (Auto)vermietung *(car) rental*
das Wirtshaus, ̈er *inn*

(voll) belegt *full; no vacancy*
Fünf-Sterne *five-star*
Zimmer frei *vacancy*

mieten *to rent (house, car)*

Auf dem Campingplatz

das Bergsteigen *mountain climbing*

der Campingplatz, ̈e *campground*
das Fischen *fishing*
das Kanufahren *canoeing*
der Schlafsack, ̈e *sleeping bag*
der Wanderer, -/die Wanderin, -nen *hiker*
der Wanderweg, -e *hiking trail*
das Wohnmobil, -e *RV*
das Zelt, -e *tent*

organisieren *to organize*
wandern *to hike*

Im Skiurlaub

die Skiausrüstung, -en *ski equipment*
der Skihang, ̈e *ski slope*

der (Ski)langlauf *cross-country (skiing)*
der Skilift, -e *ski lift*
der Skipass, ̈e *ski pass*
der Skiurlaubsort, -e *ski resort*

Am Strand

der Ausflug, ̈e *excursion*
das Badetuch, ̈er/das Strandtuch, ̈er
   towel; beach towel
das (Segel)boot, -e *(sail)boat*
die Kreuzfahrt, -en *cruise*

das Seebad, ̈er *seaside resort*
der Sonnenbrand, ̈e *sunburn*
die Sonnen(schutz)creme, -s *sunblock*
der (Strand)sonnenschirm, -e *(beach)*
   umbrella/parasol
das Surfbrett, -er *surfboard*

schnorcheln *to snorkel*
segeln *to sail*
sonnenbaden *to sunbathe*
surfen *to surf*

Zum Beschreiben

angenehm *pleasant*
anstrengend *exhausting*
chaotisch *disorganized*
exotisch *exotic*
frustriert *frustrated*
gestrichen *canceled*
ordentlich *tidy*
stressig *stressful*
verspätet *delayed*

sich lohnen *to be worth it*

SYNONYM
das Angeln ⟷ das Fischen

The plural **Cremen** is used in Austria
and Switzerland.

INSTRUCTIONAL RESOURCES
Audioscripts, SAM AK, Lab MP3s
SAM/WebSAM: WB, LM

Anwendung und Kommunikation

KULTURANMERKUNG

Karneval ist die deutsche Version von *Mardi Gras*. Das ist eine Veranstaltung, bei der die Menschen sich verkleiden°. Es gibt Umzüge° und viele Partys.

sich verkleiden *wear costumes*
Umzüge *parades*

1 **Auf Reisen** Wählen Sie eine passende Lösung für jedes der folgenden Reiseprobleme.

___d___ 1. Sie wollen nach Düsseldorf fliegen, um Karneval zu feiern. Sie müssen durch die Sicherheitskontrolle gehen. Viele Reisende stehen schon an.

___a___ 2. Sie wollen einen Ausflug machen, aber Sie haben keinen Wagen.

___c___ 3. Ihr Zug hat Verspätung und jetzt müssen Sie noch eine Stunde warten.

___b___ 4. Sie sind am Strand und wollen aktiv sein.

___e___ 5. Sie wollen gemütlich am Strand lesen, aber Sie wollen sich keinen Sonnenbrand holen.

    a. Sie mieten ein Auto.

    b. Sie mieten ein Surfbrett und machen einen Surfkurs.

    c. Sie kaufen sich einen Kaffee und lesen Ihr Buch.

    d. Sie müssen leider lange in der Schlange stehen.

    e. Sie cremen sich mit einer Sonnenschutzcreme ein.

2 **Urlaubsstress** Ergänzen Sie die folgenden Aussagen mit passenden Wörtern aus der Liste.

Anschluss	Schaffner
belegt	Schlange
frustriert	Verspätung
Jugendherberge	Zelt

1. Im Bahnhof in Düsseldorf verlor Jessica unsere Tickets und wir mussten in der ___Schlange___ stehen, um neue Fahrkarten zu kaufen.

2. Der Zug hatte ___Verspätung___, und in Hannover haben wir unseren ___Anschluss___ nach Bremerhaven verpasst.

3. In Bremerhaven waren alle Hotels und Pensionen voll ___belegt___.

4. Wir fanden endlich ein Zimmer in einer ___Jugendherberge___, aber als wir in das Zimmer kamen, waren schon einige Touristen da.

5. Ich glaube diese Reise lohnte sich ganz und gar nicht. Jessica und ich waren total ___frustriert___!

3 **Mein Lieblingsreiseziel** Was machen Sie besonders gern, wenn Sie in Urlaub fahren? Sprechen Sie miteinander über Ihre Vorlieben.

1. Wo machst du lieber Urlaub: am Strand, auf dem Land, in den Bergen oder in der Großstadt? Warum?

2. Mit wem würdest du lieber verreisen? Mit Freunden? Mit der Familie? Alleine?

3. Reist du lieber mit dem Auto? Mit dem Flugzeug? Mit dem Zug? Warum?

4. Wo übernachtest du lieber: auf einem Campingplatz, in einer Jugendherberge oder in einem Fünf-Sterne-Hotel? Warum?

5. Wo würdest du am liebsten hinfliegen: auf die Bahamas, nach Rom, nach Zürich oder nach Alaska? Warum?

1 Have small groups of students come up with other problematic travel scenarios and tell how they would react in those situations. Tell students that the scenarios can be simple, and they don't need to use the subjunctive to formulate their ideas. Ex.: **Problem: Wir können unser Hotel nicht finden. Lösung: Wir kaufen einen Stadtplan.**

2 Have students tell a partner or the class about glitches they have encountered while traveling. You may want to have them write about this topic as a homework assignment and then discuss their experiences in class.

3 Move from group to group to monitor their speech and make sure they understand the questions. If a student gives an interesting response, prompt him or her to go into more depth.

 Practice more at **vhlcentral.com**.

INSTRUCTIONAL RESOURCES
Film Collection,
Script & Translation
SAM/WebSAM: WB

Vorbereitung

Wortschatz des Kurzfilms

abgelaufen *expired*

abschieben *to deport*

der Asylbewerber, -/die Asylbewerberin, -nen *asylum seeker*

das Einwohnermeldeamt, ¨er *registration of address office*

der Personalausweis, -e *ID card*

die (Polizei)wache, -n *police station*

sich ummelden *to register one's change of address*

verlängern *to extend*

Nützlicher Wortschatz

der Antrag, ¨e *application*

die Behörde, -n *administrative body*

die Gleitzeit *flexible working hours*

die Hürde, -n *hurdle*

die Verwechslung, -en *mistaken identity*

vorläufig *temporary*

AUSDRÜCKE

sich (etwas) bieten lassen *to stand for (something); to tolerate*

Es reicht mir. *I've had enough.*

rechtens sein *to be legal*

ein Auge zudrücken *to turn a blind eye*

1

1 Have students role-play the conversation. Ask them to use the appropriate intonation and gestures.

Auf dem Einwohnermeldeamt Ergänzen Sie das folgende Gespräch mit passenden Wörtern aus den Wortschatztabellen.

HERR SORGENFREI Guten Morgen. Ich habe eine Frage. Muss ich mich (1) ___ummelden___, wenn ich in eine andere Straße ziehe?

HERR PAPIERKRAM Bevor ich Ihre Frage beantworten kann, muss ich zuerst Ihren (2) ___Personalausweis___ sehen.

HERR SORGENFREI Der ist leider schon (3) ___abgelaufen___.

HERR PAPIERKRAM Ja, schon seit zehn Tagen! Warum haben Sie ihn nicht (4) ___verlängert___? Haben Sie einen Reisepass?

HERR SORGENFREI Einen Reisepass habe ich nicht. Können Sie nicht ein Auge zudrücken?

HERR PAPIERKRAM Nein, in meinem Amt muss alles (5) ___rechtens___ sein!

HERR SORGENFREI Auf dieser (6) ___Behörde___ arbeiten sie aber ziemlich langsam!

HERR PAPIERKRAM Jetzt (7) ___reicht___ es mir aber. Ich muss mir das doch von Ihnen nicht (8) ___bieten lassen___.

2

Wie geht's weiter? Stellen Sie einander die folgenden Fragen zum Gespräch. Begründen Sie Ihre Antworten.

1. Denkst du, dass Herr Papierkram die Polizei ruft?

2. Meinst du, dass Herr Papierkram Herrn Sorgenfrei ummeldet?

3. Kann es sein, dass Herr Sorgenfrei Angst bekommt und davonläuft?

4. Glaubst du, dass Herr Sorgenfrei versucht, Herrn Papierkram zu bestechen (*to corrupt*)?

5. Wird Herr Sorgenfrei einen Reisepass beantragen?

3 **In der U-Bahn** Lesen Sie Anitas Blog und beantworten Sie dann die folgenden Fragen. Begründen Sie Ihre Antworten.

> Mein Abenteuer auf der Heimreise   3.1.2015   19:30
>
> Freunde, stellt euch mal diese Geschichte vor: Ich will um 10:00 Uhr nach Atlanta zurückfliegen. Die Fahrt mit der U-Bahn dauert ungefähr dreißig Minuten. Ich beschließe, den Zug um 8:00 zu nehmen. Als ich um 7:50 zur U-Bahn-Station komme, sehe ich eine lange Schlange vor dem Fahrkartenautomaten. Ich glaube, dass ich nicht genug Zeit habe, um eine Fahrkarte zu kaufen. Ich denke mir: „Ich bin schon oft mit der U-Bahn gefahren und habe noch nie einen Fahrkartenkontrolleur gesehen." Ich beschließe also, das Risiko einzugehen und ohne Fahrkarte zum Flughafen zu fahren. Nachdem ich schon zwanzig Minuten unterwegs bin, kommt eine Fahrkartenkontrolleurin und will meine Fahrkarte sehen. Ich erzähle ihr meine Geschichte, aber die Fahrkartenkontrolleurin besteht darauf, dass ich eine Geldstrafe (*fine*) von 50 Euro bezahle. Ich habe aber nur noch 45 Euro.

1. Warum muss Anita eine Geldstrafe bezahlen?
2. Warum hat Anita keine Fahrkarte gekauft?
3. Wann muss Anita am Flughafen sein?
4. Was wird Anita Ihrer Meinung nach machen?
5. Meinen Sie, Anita kommt rechtzeitig zum Flughafen?

4 **Persönliche Erfahrungen** Stellen Sie einander die folgenden Fragen zur Geschichte.

1. Hast du schon einmal so ein Erlebnis (*experience*) wie Anita gehabt?
2. Was würdest du anders machen, um nicht in Anitas Situation zu kommen?
3. Findest du, dass Fahrkartenkontrolleure unter gewissen Umständen Ausnahmen (*exceptions*) machen sollten? An welche Umstände denkst du?

5 **Auf der Polizeiwache** Beantworten Sie zu zweit die folgenden Fragen.

1. Welche Zimmer und welches Mobiliar (*furniture*) hat eine Polizeiwache?
2. Welche Leute trifft man auf einer Polizeiwache?
3. Warum werden Leute auf eine Polizeiwache gebracht?

6 **Was passiert?** Schauen Sie sich in Gruppen die folgenden Bilder aus dem Kurzfilm an. Beschreiben Sie jedes Bild in vier Sätzen.

 Practice more at **vhlcentral.com**.

3 Ask students to role-play a conversation between Anita and the ticket collector, in which they show how the situation is resolved.

4 Ask students if they know what **Schwarzfahrer(in)** (*fare dodger*) and **schwarzfahren** (*to ride without paying*) mean.

6 Have students share their descriptions with the rest of the class.

Video

The **Kurzfilm** contains some phrases in Bavarian dialect. Help students understand the following expressions and contractions: **da sans…** = **da sind Sie…**; **Depp** = **Narr** (*fool*); **ham's** = **haben sie**; **ned** = **nicht**; **nix** = **nichts**; **Wart amal.** = **Warte einmal.**

Björn

oder die Hürden der Behörden

Ein Film von ANDREAS NIESSNER / OLIVER S. BÜRGIN

Drehbuch Andreas Niessner **Kamera** Markus Krämer
Schnitt Andreas Althoff **Ton** Friedrich Hertz
Produktion Andreas Niessner **Musik** Andreas Weidinger
Darsteller Andreas Niessner, Jeanette Hahn, Oliver S. Bürgin

Golden Hope
Award, München
Lost High Tape
Award
2002

HANDLUNG *Nachdem Björn über die Hürden der Behörden gestolpert (stumbled) ist, wird er nach einigen Missverständnissen in die Türkei abgeschoben (deported).*

ANJA Wo ist denn dein Reisepass?
BJÖRN Äh, ich schaue schnell nach. Hier habe ich das Geld... Reisepass... Abgelaufen. Ich wollte noch schnell in die Stadt fahren. Ich wollte mir doch noch eine helle Sommerjacke kaufen.

BJÖRN Mein Pass ist abgelaufen...
HERR SCHNITZELHUBER Vor drei sehe ich da keine Chance.
BJÖRN Wenn ich nicht in zwei Stunden am Flughafen bin, wird mich meine Freundin verlassen...

HERR SCHNITZELHUBER Adresse?
BJÖRN Klenzestraße 21.
HERR SCHNITZELHUBER Bei mir steht Montgelas 7. Da müssen Sie schon zum Einwohnermeldeamt.

KONTROLLEUR Ihren Ausweis und ihren Namen bitte.
BJÖRN Schildbach, Björn.
KONTROLLEUR So, Üztürk, fahren wir auf die Wache.
BJÖRN Wie reden Sie mit mir?

POLIZIST Dann ist der Strafbestand° bzw.° der Sachverhalt klar, Aysa Üztürk. Fest steht, dieser Pass wird konfisziert, bis wir einwandfrei° deine Identität festgestellt haben.

ANJA Björn!
BJÖRN Anja!
ANJA Das ist also die helle Sommerjacke, die du unbedingt haben wolltest.
FLUGBEGLEITER ...deshalb wird sich unser Abflug um ca. 4 bis 5 Stunden verzögern°.

Strafbestand *crime* **bzw. (beziehungsweise)** *or* **einwandfrei** *indisputable* **wird sich... verzögern** *will be delayed*

KULTURANMERKUNG

Türken in Deutschland

Die Nachfrage° nach Arbeitskräften in Deutschland überstieg Mitte der fünfziger Jahre das Angebot°. Deshalb schloss die Bundesrepublik bilaterale Verträge° mit Italien, Spanien, Griechenland und der Türkei ab, um Arbeitskräfte nach Deutschland zu bringen. 1961 bis 1972 warben deutsche Unternehmen über 800.000 türkische Gastarbeiter an. Heute leben in Deutschland fast drei Millionen Menschen mit türkischen Wurzeln°. Viele Jüngere waren noch nie in der Türkei und ihr Deutsch ist besser als ihr Türkisch.

Nachfrage *demand* **Angebot** *offer* **Verträge** *agreements* **Wurzeln** *roots*

Since the dialogue is very fast in this short film, you may want to pause the film after each scene and have students provide a summary of what they have seen.

Tell students that the film contains standard German (**Hochdeutsch**), Bavarian dialect (**Bairisch**), and simplified German used when talking to foreigners (**Kauderwelsch**).

Beim ZUSCHAUEN

Ergänzen Sie die folgenden Sätze.

1. Wir haben ___c___, Flugtickets, und Reisepass.
2. Entschuldigung, könnte ich mich noch schnell ___a___?
3. Die ___b___, bitte! Haben sie keinen Fahrausweis?
4. Dieser Pass wird ___e___, bis wir einwandfrei deine Identität festgestellt haben.
5. Ist alles eine ___d___.

a. ummelden
b. Fahrscheine
c. Personalausweis
d. Verwechslung
e. konfisziert

Analyse

1 Give students an additional item: **Björn will sich einen neuen Sommermantel kaufen. (falsch)** Ask students to discuss the following question: **Warum lügt Björn seine Freundin an?**

1

Verständnis Entscheiden Sie, ob die folgenden Aussagen **richtig** oder **falsch** sind. Wenn eine Aussage nicht stimmt, geben Sie die richtige Antwort.

Richtig	Falsch	
☐	☑	1. Björns Personalausweis ist abgelaufen. *Björns Reisepass ist abgelaufen.*
☐	☑	2. Das Flugzeug fliegt am nächsten Tag ab. *Das Flugzeug fliegt am selben Tag ab.*
☑	☐	3. Björn darf seinen Koffer im Passamt stehen lassen.
☑	☐	4. Die Türkei ist Herrn Schnitzelhubers Lieblingsland.
☐	☑	5. Björn braucht die Geldstrafe nicht zu bezahlen. *Björn muss die Geldstrafe bezahlen und versucht mit türkischen Lira zu bezahlen.*
☑	☐	6. Der Abflug wird sich um Stunden verzögern.

2 Tell students that **SZ** is the acronym of *Süddeutsche Zeitung*. The **SZ**, published in Munich, is one of the largest German national daily newspapers. Ask students: **Kennen Sie andere deutsche Zeitungen?** (*Frankfurter Allgemeine, Berliner Zeitung, Hamburger Abendblatt, Kölner Stadtanzeiger...*)

2

Die richtige Antwort Ergänzen Sie die folgenden Aussagen mit den richtigen Antworten.

1. Björn fährt in die Stadt, weil er _____ muss.
   - ⓐ seinen Pass verlängern
   - b. das SZ-Abo abbestellen
   - c. eine Sommerjacke kaufen
   - d. sich ummelden

2. Björn muss sich ummelden, weil er _____.
   - a. in die Türkei fliegt
   - b. eine neue Haarfarbe hat
   - c. geheiratet hat
   - ⓓ umgezogen ist

3. Björn muss eine Geldstrafe bezahlen, weil er _____ hat.
   - a. keinen Personalausweis
   - ⓑ keinen Fahrschein
   - c. sich nicht umgemeldet
   - d. nur türkische Lira

4. Der Kontrolleur nennt Björn „Üztürk", weil _____.
   - ⓐ der Name in Björns Pass steht
   - b. Björn Türke ist
   - c. Björn keinen Fahrausweis hat
   - d. er freundlich ist

5. Der Polizist konfisziert Björns Pass, weil _____.
   - a. Björns Nachname Üztürk ist
   - b. Björn Türkisch spricht
   - c. Björn zu ihm unhöflich ist
   - ⓓ Björn eine andere Adresse angibt

6. Der Polizist behandelt Björn _____.
   - a. höflich
   - ⓑ unhöflich
   - c. mit Respekt
   - d. wie einen Kollegen

3

Was passt zusammen? Verbinden Sie die Satzteile aus beiden Spalten. Vergleichen Sie dann Ihre Antworten miteinander.

_a_	1. Der Beamte	a. verlängert den Reisepass.
_d_	2. Der Kontrolleur	b. sind in der Abschiebezelle (*deportation cell*).
_f_	3. Der Polizist	c. begrüßt die Passagiere.
_e_	4. Der Reisepass	d. fragt nach Fahrscheinen.
_b_	5. Die Asylbewerber	e. ist ein Dokument.
_c_	6. Der Flugbegleiter	f. konfisziert den Pass.

4 **Behauptungen** Entscheiden Sie zu zweit, ob die Behauptungen in der Tabelle mit den Behauptungen im Film übereinstimmen (*coincide*) oder ihnen widersprechen (*contradict*). Begründen Sie Ihre Antworten. Some answers will vary.

Behauptung	Übereinstimmung	Widerspruch
1. In Deutschland besteht Meldepflicht (*compulsory registration*).	X	
2. Behörden machen keine Ausnahmen.		X
3. Zur Einreise in die Türkei brauchen Deutsche nur einen Personalausweis.	X	
4. Nur wenige Deutsche machen Urlaub in der Türkei.		X
5. Deutsche und Asylbewerber haben die gleichen Rechte.		X
6. Die Polizei ist höflich zu Ausländern und hilft ihnen bei Behördengängen.		X

4 Ask students to discuss the question: **Sollte man die Meldepflicht auch in den Vereinigten Staaten einführen? Warum?**

5 **Unter die Lupe genommen** Beantworten Sie in Gruppen die folgenden Fragen. Begründen Sie Ihre Antworten.

1. Warum trägt Björn eine Zwangsjacke (*straitjacket*)?

2. Wie unterscheidet sich das Türkeibild Herrn Schnitzelhubers von Björns?

3. Wie realistisch stellt der Film Ihrer Meinung nach die deutsche Bürokratie dar?

4. Übertreibt der Film deutsche Vorurteile gegen Türken?

5. Welche Darsteller haben Standardrollen (*stock characters*)?

5 The policeman calls Björn "Aysa Üztürk." Tell students that Aysa is a woman's name and Üztürk, a relatively common Turkish last name with the word **Türk**. Ask students: **Der Polizist nennt Björn „Aysa Üztürk." Was sagt das über den Polizisten?**

6 **Wer sind sie?** Beschreiben Sie in Gruppen das Leben von Björn und von Herrn Schnitzelhuber. Überlegen Sie sich mindestens fünf Sätze zu jeder Person. Beantworten Sie die folgenden Fragen in Ihrer Beschreibung. Seien Sie kreativ!

- Welche Hobbys hat diese Person?
- Welchen Charakter hat diese Person?
- Ist diese Person abenteuerlustig? Warum?
- Ist diese Person verheiratet? Mit wem?

6 The administrative official is called **Schnitzelhuber**. Tell students that **Schnitzel** means *scrap (of paper)* and that **Huber** is a common German name. Ask students: **Was sagt der Name „Schnitzelhuber" über die Arbeit und den Charakter dieses Beamten?**

6 Ask students an additional question: **Wie würden Sie die Standardrolle des Herrn Schnitzelhuber und der Sekretärin beschreiben?**

7 **Zum Thema** Beschreiben Sie in einem Absatz, was Sie in einer der folgenden Situationen machen würden. Begründen Sie Ihre Antwort.

1. Sie sind auf der Polizeiwache und hören, wie ein Polizist eine Ausländerin, die keinen Ausweis hat, stark beschimpft. Die Ausländerin fängt an zu weinen.

2. Sie wollen nach München fliegen. Sie sind schon durch alle Sicherheitskontrollen gegangen und sind bereit in die Maschine einzusteigen, als Sie bemerken, dass Sie Ihren Reisepass verloren haben.

Practice more at vhlcentral.com.

Bremen, Niedersachsen und Nordrhein-Westfalen

INSTRUCTIONAL RESOURCES Teaching suggestions SAM/WebSAM: WB

Karneval im Rheinland

In **Düsseldorf** oder **Köln**, den beiden größten Städten Nordrhein-Westfalens, können Sie die so genannte **fünfte Jahreszeit** erleben°. Damit ist der Karneval gemeint.

Die Rheinländer, sagt man, sind ein lebensfrohes, humorvolles Volk mit einem ausgeprägten Hang° zum Feiern. Deshalb freuen sie sich das ganze Jahr besonders auf die Karnevalszeit.

Karneval gibt es fast überall im deutschsprachigen Raum. In manchen Regionen heißt das Fest auch **Fasching** oder **Fastnacht**. Die Menschen am Rhein sind dafür bekannt, dass sie den Brauch besonders pflegen°. Die fünfte Jahreszeit beginnt jedes Jahr am **11.11. um 11 Uhr 11**. In vielen Städten ist dieser Tag ein besonderes Ereignis: In Düsseldorf zum Beispiel wartet der **Hoppeditz**, die Symbolfigur der Karnevalszeit, versteckt° in einem großen Senftöpfchen°. Um ihn aus seinem langen Schlaf zu wecken, schreien alle so laut sie können, bis er aus dem Topf springt und die Karnevalssaison offiziell beginnt.

Richtig närrisch° wird alles erst nach Weihnachten. Am **Altweibertag°** (eine Woche vor dem **Aschermittwoch°**) geht der Spaß richtig los. Frauen dürfen ihre Schere° nicht vergessen und Männer sollten ihre Krawatten° zu Hause lassen. Warum? An diesem Tag schneiden die Frauen den Männern die Krawatten ab°. Das symbolisiert, dass die Frauen an diesem Tag die Macht° übernehmen. Das ganze Wochenende lang wird dann gefeiert°.

Am Sonntag vor Aschermittwoch strömen die Düsseldorfer kostümiert in die **Altstadt**. Am nächsten Tag findet dann der Höhepunkt des Karnevals statt: der **Rosenmontagszug**. In Düsseldorf schlängelt sich° der Umzug° durch die Altstadt und natürlich auch die **Königsallee** (kurz „**Kö**" genannt) entlang.

Übrigens...

Was ist ein „**Jeck**"? Im Rheinland ist Jeck ein anderes Wort für Narr°, und ein Narr ist eigentlich jeder, der Karneval feiert. Wenn man beim Karneval „ganz jeck" ist, dann heißt das, dass man voll aufgedreht° ist.

Zwei Tage später, am Aschermittwoch (46 Tage vor dem Ostersonntag), ist alles vorbei und der Hoppeditz wird feierlich begraben°. Damit kommt die Karnevalszeit zu ihrem Abschluss, und die Realität und der graue Winterhimmel stehen wieder im Vordergrund.

Ursprünglich war der Karneval ein Fest für Katholiken. Bevor die lange **Fastenzeit°** bis zum Ostersonntag begann, wurde noch einmal ausgiebig° gefeiert.

Um heute am Karneval teilzunehmen, muss man nicht unbedingt katholisch sein. Verkleiden sollte man sich° aber schon, denn die Kostüme und Masken gehören einfach dazu. Und wer ein Kostüm trägt, kann auch nicht erkannt werden. So kann man besonders verrückt sein. Egal für welches Kostüm man sich entscheidet, wichtig ist vor allem, dass man weder sich selbst noch die Welt zu ernst nimmt.

erleben to experience **ausgeprägten Hang** distinct inclination **den Brauch... pflegen** cultivate the tradition **versteckt** hidden **Senftöpfchen** mustard jar **närrisch** foolish **Altweibertag** Old Wives' Day **Aschermittwoch** Ash Wednesday **Schere** scissors **Krawatten** ties **schneiden... ab** to cut off **Macht** power **wird... gefeiert** is celebrated **schlängelt sich** snakes **Umzug** parade **wird... begraben** is buried **Fastenzeit** Lent **ausgiebig** extensively **Verkleiden... sich** wear a costume **Narr** fool **aufgedreht** high-spirited

Entdeckungsreise

Das Pferdeland Niedersachsen trägt ein Pferd in seinem Landeswappen° und ist als Pferdeland bekannt. Die **Lüneburger Heide°**, ein großes Naturgebiet im Nordosten des Bundeslandes, ist durch ihre Weitläufigkeit° ein ideales Reiseziel für alle,

die gerne reiten. Auch Wanderer fühlen sich hier wohl. Überall ist das typische, violette **Heidekraut°** zu sehen. Zudem ist die Gegend geprägt von° vielen Wäldern und Mooren°. Nicht nur Menschen kommen gerne hierher, auch Tiere fühlen sich in der schönen Landschaft wohl: die Heide ist die Heimat der **Heidschnucken**, einer speziellen Schafrasse°.

Die Deiche° Die Erde wird wärmer; der Wasserspiegel° steigt°. Für **Niedersachsen** an der **Nordsee** ist das eine Herausforderung°. Schon vor 1000 Jahren wurden hier die ersten **Deiche** gebaut°. Heute sind insgesamt 500 km an der niedersächsischen Küste durch Deiche gesichert. In Vorbereitung auf einen steigenden Meeresspiegel° werden sie nun um 25 cm erhöht°.

Landeswappen state's coat of arms **Heide** heath **Weitläufigkeit** vast extent **Heidekraut** heather, erica **geprägt von** characterized by **Mooren** (pl.) moor **Schafrasse** sheep breed **Deiche** dikes, levees **Wasserspiegel** water level **steigt** rises **Herausforderung** challenge **wurden... gebaut** were built **steigenden Meeresspiegel** rising sea level **werden... erhöht** are made higher

Was haben Sie gelernt?

Richtig oder falsch? Sind die Aussagen **richtig** oder **falsch?** Stellen Sie die falschen Aussagen richtig.

Some answers will vary.

1. In Deutschland wird der Karneval nur am Rhein gefeiert.
   Falsch. Der Karneval wird fast überall im deutschsprachigen Raum gefeiert.
2. In Düsseldorf beginnt der Karneval, wenn der Hoppeditz begraben wird. Falsch. Der Karneval beginnt, wenn der Hoppeditz aus einem Senftöpfchen springt.
3. Der Karneval ist im Sommer. Falsch. Der Karneval ist im Winter, vor der Fastenzeit.
4. Am Altweibertag schneiden Männer den Frauen die Haare ab. Falsch. Frauen schneiden den Männern die Krawatten ab.
5. Aschermittwoch signalisiert das Ende des Karnevals. Richtig.
6. Düsseldorf liegt in Niedersachsen. Falsch. Düsseldorf ist die Hauptstadt von Nordrhein-Westfalen.
7. Die Heidschnucken sind eine bekannte Pferderasse. Falsch. Die Heidschnucken sind eine Schafrasse.
8. Auch wenn die Meere steigen, werden die Deiche das Land schützen. Richtig.

Fragen Beantworten Sie die Fragen. Some answers will vary.

1. Welchen Brauch pflegen die Menschen am Rhein besonders? Sie pflegen besonders den Karneval.
2. Wer springt am 11. November aus einem Senftöpfchen? Der Hoppeditz springt aus einem Senftöpchen.
3. Was machen die Frauen am Altweibertag? Sie schneiden den Männern die Krawatten ab.
4. Warum sind Kostüme besonders wichtig für den Karneval? Man kann nicht erkannt werden und besonders verrückt sein.
5. Was beginnt, wenn das Fest vorbei (*over*) ist? Die Fastenzeit beginnt und viele Katholiken fasten.
6. Was kann man in der Lüneburger Heide unternehmen? Man kann reiten, wandern, sich die Heidelandschaft, die Wälder und Moore anschauen.
7. Warum werden die Deiche in Niedersachsen erhöht? Sie werden erhöht, weil man erwartet, dass der Meeresspiegel steigt.

Diskussion Besprechen Sie in Gruppen die folgenden Fragen.

1. Sie sind für einen Tag in Niedersachsen. Möchten Sie lieber die Lüneburger Heide besichtigen oder die Deiche an der Nordsee? Was finden Sie interessanter? Was würden Sie dort machen?

2. Der Karneval ist kein einziger Feiertag, sondern dauert mehrere Tage. Der Höhepunkt ist der Rosenmontagsumzug. Würden Sie gerne daran teilnehmen?

3. Karneval gibt es in vielen Ländern, aber vor allem in katholischen Regionen. Wird er bei Ihnen gefeiert? Wie heißt das Fest und wie wird es gefeiert?

Ask students what they notice about the pictures featured. Explain that the Bechers took pictures only when it was overcast to avoid shadows.
Have students look at more Becher photos online.

Galerie

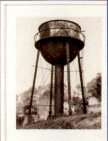

Fotografie

Bernd (1931–2007) und Hilla Becher (1934–2015)

Bernd und Hilla Becher waren deutsche Fotografen und Konzeptkünstler. Sie lernten sich beim Studium an der Kunstakademie Düsseldorf kennen. Ihr ganzes Leben lang arbeiteten sie als kreatives Duo und gewannen unter anderem den Erasmus Preis und den Hasselblad Preis. Die Bechers sind vor allem für ihre Typologien bekannt; das sind Fotoserien, die in einem Raster (*grid*) angeordnet sind. Das Ehepar gilt als Gründer der „Düsseldorfer Schule", die auch „Becher Schule" genannt wird. Diese Schule hat eine ganze Generationen von Dokumentarfotografen und -künstlern beeinflusst.

Explain that the Hasselblad Award is a prestigious international photography prize. It has been presented every year since 1980, with the exception of 1983.
Explain that the Erasmus Prize is awarded every year to a person or organization that has made an exceptional contribution to the arts or humanities.

Ask students what they think of self-driving cars. Try to collect pros and cons about such advances in technology.

Technik

Ernst Dickmanns (1936–)

Der deutsche Computeringenieur Ernst Dickmanns gilt als Pionier für autonomes Fahren. Er arbeitete fast 30 Jahre lang als Professor an der Universität der Bundeswehr München. Bereits im Jahr 1987 hatte er einen Mercedes-Benz Kleintransporter (*van*) so verändert, dass der autonom bis zu 96 km/h schnell fahren konnte. Besonders kompliziert war dabei, dass der Computer im Auto Bilder der Straßensituationen sehr schnell analysieren musste. Das war schwierig, weil die Computer damals noch viel größer und langsamer waren. Bis heute wird Dickmanns' Technik auch in Flugzeugen und Raumfähren (*space shuttles*) verwendet.

Ask students which Wolfgang Petersen films they have seen. If they haven't seen *Das Boot*, show them some clips.

Film

Wolfgang Petersen (1941–)

Einer der erfolgreichsten Regisseure und Drehbuchautoren (*screenwriters*) Deutschlands heißt Wolfgang Petersen. Er stammt aus der ostfriesischen Stadt Emden. Das Kriegsdrama *Das Boot*, mit dem er seinen Durchbruch (*breakthrough*) schaffte, wurde 1981 für zwei Oskars nominiert. Im deutschen Kino hatte er außerdem mit Michael Endes *Die unendliche Geschichte* (1984) großen Erfolg (*success*). Filme, wie *In the Line of Fire* (1993), *The Perfect Storm* (2000) und *Troy* (2004) haben ihn weltweit bekannt gemacht. Nach vielen Jahren kehrte (*returned*) er 2016 mit der Komödie *Vier gegen die Bank* wieder ins deutsche Kino zurück.

MUSIK

Kool Savas (1975–)

Savaş Yurderi, bekannt unter dem Künstlernamen Kool Savas, ist einer der erfolgreichsten deutschen Rapper und Hip-Hop Künstler. Er wurde 1975 in Aachen geboren und lebt heute mit seiner Frau in Berlin. Als er ein Jahr alt war, zog er mit seiner deutschen Mutter und seinem türkischen Vater für einige Jahre in die Türkei. Als sein Vater wegen politischer Proteste verhaftet (*arrested*) wurde, brachte seine Mutter ihn wieder nach Deutschland zurück. Lieder wie *Aura* und *Märtyrer* zählen zu seinen bekanntesten Songs. Kool Savas gilt als Vertreter des Battle-Raps. Er ist Vegetarier und engagiert sich gegen Massentierhaltung (*industrial livestock farming*).

Ask students whether they've heard of Kool Savas. His songs are available on YouTube. Have students describe the music.

Analyse

Verständnis Ergänzen Sie die Sätze mit den fehlenden Wörtern und Ausdrücken.

1. Bernd und Hilla Becher waren deutsche Fotografen und __Konzeptkünstler__.
2. In den Typologien der Bechers sind Fotos in einem __Raster__ angeordnet (*organized*).
3. Der Ingenieur Ernst Dickmanns gilt als Pionier für __autonomes Fahren__.
4. Im Jahr __1987__ konnte eines seiner Autos schon bis zu 96 km/h schnell fahren.
5. Wolfgang Petersens Filme sind nicht nur in Deutschland, sondern auch __weltweit__ erfolgreich.
6. Viele kennen Petersens kriegskritischen Film __Das Boot__ aus dem Jahr 1981.
7. Der Rapper Kool Savas gilt als __Vertreter__ des Battle-Raps.
8. Kool Savas isst kein Fleisch. Er ist __Vegetarier__ und Gegner (*opponent*) der Massentierhaltung.

Diskussion Nicht viele ausländische (*foreign*) Regisseure und Drehbuchautoren haben in Hollywood Erfolg – Wolfgang Petersen ist einer von wenigen. Diskutieren Sie zunächst zu zweit, welche ausländischen Regisseure, Drehbuchautoren und Schauspieler Sie kennen. Warum haben nur wenige Erfolg? Vergleichen Sie die Ergebnisse im Kurs.

Aufsatz Schreiben Sie einen kurzen Aufsatz über eines der folgenden Themen.

1. Recherchieren Sie im Internet über Bernd und Hilla Becher. Wie haben sie die Objekte für ihre Fotos ausgewählt? Warum? Was wollten die Künstler damit aussagen und erreichen?
2. Der Film *Das Boot* gilt als Anti-Kriegs Film. Informieren Sie sich über den Inhalt des Filmes. Sehen Sie sich Ausschnitte an. Schreiben Sie dann einen Tagebucheintrag aus der Perspektive der Männer auf dem U-Boot. Wie ging es den Männern auf dem Boot? Wie war ihr Tagesablauf? Spekulieren Sie über ihre Zukunft.

Take a class survey to find out which of these people is the most interesting to students. Have students explain their choice.

4.1

INSTRUCTIONAL RESOURCES
Audioscripts, SAM AK,
Lab MP3s, Grammar
Presentation Slides
SAM/WebSAM: WB, LM

Das Futur

*Er **wird** den Zug verpassen.*

*—Wenn ich nicht in zwei Stunden am Flughafen bin, **wird** mich meine Freundin verlassen.*

Future tense (*Futur I*)

● Use the future tense (**das Futur I**) to talk about what *will happen* in the future. The future tense is formed using the present tense of **werden** plus an infinitive. Remember that **werden** is a stem-changing verb (**e → i**). In the present, it means *to become*, but when used as part of the future tense it translates as *will* (*will* go, *will* stay, etc.).

***werden* + infinitive**	
ich werde	
du w**i**rst	
er/sie/es w**i**rd	**+ gehen**
wir werden	
ihr werdet	
sie/Sie werden	

Nächstes Jahr **werde** ich nach Antalya **fahren**.
*Next year I **will travel** to Antalya.*

Emil **wird** in einer Jugendherberge **übernachten**.
*Emil **will stay** in a youth hostel.*

● The future tense is also used to talk about something that is likely to happen. In these instances, words such as **wohl** (*probably*), **schon** (*already*), **bestimmt** (*certainly, likely*), and **wahrscheinlich** (*probably*) are used to indicate probability.

Björn wird **wohl** das Flugzeug verpassen.
*Björn will **probably** miss the plane.*

Es wird **schon** werden.
*Everything will be **all right**.*

● To express that something is happening in the near future or will definitely happen in the distant future, use the present tense with a time marker such as **morgen** or **später**.

In English we use the progressive *–ing* form to express the idea of something we will do in the near future. German doesn't use the progressive tense.

Ich gehe morgen ins Kino.
I'm going to the movies tomorrow.

Morgen **fahre** ich Ski.
*Tomorrow I'm **going** skiing.*

Die Kreuzfahrt **fährt** in einer Stunde **ab**.
*The cruise **is leaving** in an hour.*

Ich **packe** später die Koffer.
*I'll **pack** my bags later.*

Nächsten Sommer **miete** ich ein Wohnmobil und **reise** durch die Türkei.
*Next summer I'm **going** to rent an RV and **travel** around Turkey.*

- When using the present tense in this way, include time expressions such as those shown below to indicate clearly that you are referring to future events.

Zeitausdrücke	
in einer Stunde *in an hour*	Der Zug fährt **in einer Stunde**. *The train is leaving **in an hour**.*
morgen *tomorrow*	**Morgen** sage ich die Reservierung ab. ***Tomorrow** I'm going to cancel my reservation.*
morgen früh *tomorrow morning*	**Morgen früh** kommt das Flugzeug an. *The plane will arrive **tomorrow morning**.*
übermorgen *the day after tomorrow*	Wir fahren **übermorgen** mit dem Zug nach Köln. *We're going to Cologne by train **the day after tomorrow**.*
nächste Woche *next week*	**Nächste Woche** kaufe ich einen Rucksack und einen Schlafsack. *I'm going to buy a backpack and a sleeping bag **next week**.*
später *later*	Wir kaufen **später** einen Fahrschein. *We'll buy a ticket **later**.*

Future perfect (*Futur II*)

- The future perfect (**das Futur II**) is used to indicate that an activity or event *will have taken place* by a certain point in the future.

Ich **räume** meine Wohnung **auf**.
I'm cleaning my apartment.

Meine Eltern **werden kommen**.
*My parents **will come**.*

jetzt   Futur II

Bis meine Eltern kommen, **werde** ich meine Wohnung schon **aufgeräumt haben**.
*By the time my parents come, I **will have** already **cleaned** my apartment.*

- To form the **Futur II**, use **werden** [+ *past participle*] with either **haben** or **sein**.

Futur II	
ich werde	
du wirst	
er/sie/es wird	**angerufen haben**
wir werden	**gewesen sein**
ihr werdet	
sie/Sie werden	

Bis zum Wochenende **werde** ich den Flug **gebucht haben**.
*I **will have booked** my flight by the weekend.*

Bis September **wird** Paula dreimal im Bode-Museum **gewesen sein**.
*By September Paula **will have been** to the Bode Museum three times.*

QUERVERWEIS

To review past participles, see **Strukturen 2.3, pp. 62–63**.

QUERVERWEIS

For more on modals and the future tense, see **Strukturen 5.1, pp. 170–171**.

Anwendung

1 Have students give examples of what they will do when they go on vacation. You can give them a list of verbs. Ex.: **Geld ausgeben, an die Freunde denken, ausruhen, ins Museum gehen**

1 Have students use the map of Europe on p. xxvii to tell where Turkey is in relation to Germany.

2 Have students say one or two things they will have accomplished by the next class. Ex.: **Ich werde meine Hausaufgaben gemacht haben.**

1 **Wir machen eine Reise!** Ergänzen Sie das Gespräch zwischen Björn und Anja. Benutzen Sie das **Futur I.**

BJÖRN Morgen (1) ___werden___ wir nicht arbeiten müssen.

ANJA Ja, wir (2) ___werden___ endlich in die Türkei fliegen.

BJÖRN Am Nachmittag (3) ___wirst___ du in der Sonne liegen.

ANJA Am Abend (4) ___werden___ wir gut essen.

BJÖRN In der Nacht (5) ___werden___ die Touristen lange tanzen.

ANJA Es (6) ___wird___ sicher sehr schön sein.

BJÖRN Ich (7) ___werde___ es nie vergessen.

ANJA Unsere Freunde (8) ___werden___ uns fragen: „Wann (9) ___werdet___ ihr endlich mal nicht mehr über die Türkei reden? Wir haben genug davon!"

2 **Wir fahren nach Köln** Ergänzen Sie das Gespräch zwischen Michaela und Tobias. Benutzen Sie das **Futur II.**

TOBIAS Wann fahren wir ab? Wir haben viel zu tun. Was müssen wir noch machen?

MICHAELA Bis wir abreisen, (1) ___wirst___ du hoffentlich den Koffer (2) ___gepackt haben___ (packen) und ich hoffe, die Katze (3) ___wird___ nach Hause (4) ___zurückgekommen sein___ (zurückkommen).

TOBIAS Ich (5) ___werde___ noch einmal zur Bank (6) ___gegangen sein___ (gehen).

MICHAELA Bis Ende nächster Woche (7) ___werden___ wir alles in Köln (8) ___gesehen haben___ (sehen).

TOBIAS Und du (9) ___wirst___ unser ganzes Geld (10) ___ausgegeben haben___ (ausgeben)!

3 **Der Urlaub** Verwenden Sie in den folgenden Sätzen das **Futur I** oder das **Futur II.**

Some answers will vary.

1. ich / ein neuer Pass / brauchen
   Ich werde einen neuen Pass brauchen.

2. ihr / schöne Fotos / machen
   Ihr werdet schöne Fotos machen.

3. bis die Ferien vorbei sind / sie (*pl.*) / im Ausland / sein
   Bis die Ferien vorbei sind, werden sie im Ausland gewesen sein.

4. er / ein Doppelzimmer / bestellen
   Er wird ein Doppelzimmer bestellen.

5. bis die Ferien vorbei sind / wir / viele Andenken / kaufen
   Bis die Ferien vorbei sind, werden wir viele Andenken gekauft haben.

6. sie (*pl.*) / heute / nach Moskau / fliegen
   Sie werden heute nach Moskau fliegen.

7. wann / du / nach Salzburg / fahren / ?
   Wann wirst du nach Salzburg fahren?

8. bis wann / ihr / wieder zu Hause / sein / ?
   Bis wann werdet ihr wieder zu Hause sein?

 Practice more at **vhlcentral.com.**

Kommunikation

4

Meine Zukunft Besprechen Sie miteinander wie Ihre Zukunft aussehen wird.

1. Wirst du nach der Uni weiter studieren oder einen Job suchen?
2. Wird dir dein Studium bei der Jobsuche geholfen haben?
3. Wirst du ins Ausland reisen?
4. Was wirst du in zehn Jahren machen?
5. Wirst du Kinder haben?
6. Wo wirst du wohnen?
7. Bis wann wirst du ein Haus gekauft haben?

5

Futur I oder Präsens? Stellen Sie einander Fragen zu Ihren Plänen für das kommende Wochenende. Verwenden Sie das **Futur I** oder das **Präsens**. Stellen Sie Ihrem Partner/Ihrer Partnerin auch Gegenfragen.

1. Am Freitag...
2. Am Samstagvormittag...
3. Am Samstagnachmittag...
4. Am Samstagabend...
5. Am Sonntagmorgen...
6. Am Sonntagnachmittag...
7. Am Sonntagabend...

5 Give each group a specific European or international vacation destination and have the group plan a trip to that spot (**Berlin, Bayern, die Nordsee, Köln, Bremen, Italien, Moskau**). Ex.: **Was werden Sie machen? Was werden Sie mitnehmen? Mit wem werden Sie fahren? Wie lange werden Sie dort bleiben?**

6

Diskussion Besprechen Sie in Gruppen den Film *Björn oder die Hürden der Behörden*.

1. Björn kommt oft zu spät und vergisst oft viel. Glauben Sie, Björn wird sich ändern können? Glauben Sie, seine Freundin wird ihm dabei helfen können?
2. Die Passagiere müssen jetzt vier oder fünf Stunden warten. Was werden sie wohl im Flugzeug machen?

INSTRUCTIONAL RESOURCES
Audioscripts, SAM AK,
Lab MP3s, Grammar
Presentation Slides
SAM/WebSAM: WB, LM

4.2

Adjectives (Part 1)

—*Füllen Sie das **grüne** Formular aus.*

Adjectives are words that describe a noun (a person, place, thing, or idea). In a German sentence, they may be placed either before or after the noun they modify. Adjectives that precede the noun are called *attributive adjectives*, and those that follow the verb are called *predicate adjectives*.

Attributive adjective	Predicate adjective
↓	↓

Das **neue** Hotel ist **schön**.
*The **new** hotel is **beautiful**.*

Attributive adjectives

Attributive adjectives require endings that reflect the gender, number, and case of the noun they modify. In the examples below, **Mann** (*masc. sing.*) is in the nominative case in the first sentence and the accusative case in the second. The adjective endings change accordingly. If there is more than one attributive adjective, they must all have the same ending.

Jonas ist ein nett**er** jung**er** Mann.
Jonas is a nice young man.

Ich kenne den nett**en** jung**en** Mann.
I know the nice young man.

QUERVERWEIS

To review the **der**-word and **ein**-word endings, see **Strukturen 1.3** and **2.1, pp. 24–25** and **54–55.**

- The ending of the adjective also depends on whether the adjective stands alone before the noun, or whether it is preceded by a definite article (**der**-word), an indefinite article (**ein**-word), or a word that expresses quantity, such as **viele**.

- Here are the endings for adjectives preceded by a **der**-word.

	Der-words			
	Masculine	**Feminine**	**Neuter**	**Plural**
Nominative	der nett**e** Schaffner	die schön**e** Stadt	das groß**e** Flugzeug	die nett**en** Freunde
Accusative	den nett**en** Schaffner	die schön**e** Stadt	das groß**e** Flugzeug	die nett**en** Freunde
Dative	dem nett**en** Schaffner	der schön**en** Stadt	dem groß**en** Flugzeug	den nett**en** Freunden
Genitive	des nett**en** Schaffners	der schön**en** Stadt	des groß**en** Flugzeugs	der nett**en** Freunde

Der nett**e** Schaffner hat dem alt**en** Mann geholfen.
The nice conductor helped the old man.

Jan spricht mit den zwei freundlich**en** Skilehrern.
Jan is talking with the two friendly ski instructors.

- Here are the endings for adjectives that are preceded by an **ein**-word.

Ein-words	Masculine	Feminine	Neuter	Plural
Nominative	ein guter Freund	eine gute Freundin	ein schönes Land	meine guten Freunde
Accusative	einen guten Freund	eine gute Freundin	ein schönes Land	meine guten Freunde
Dative	einem guten Freund	einer guten Freundin	einem schönen Land	meinen guten Freunden
Genitive	eines guten Freundes	einer guten Freundin	eines schönen Landes	meiner guten Freunde

Meine kleine Schwester spielt mit ihren besten Freundinnen.
My little sister plays with her best friends.

Dein großer Bruder fährt Ski.
Your older brother skis.

- When an attributive adjective is not preceded by a **der**-word or an **ein**-word, the adjective endings parallel those of the definite article.

Unpreceded adjectives	Masculine	Feminine	Neuter	Plural
Nominative	guter Rat	schöne Landschaft	deutsches Geld	teure Bücher
Accusative	guten Rat	schöne Landschaft	deutsches Geld	teure Bücher
Dative	gutem Rat	schöner Landschaft	deutschem Geld	teuren Büchern
Genitive	guten Rates	schöner Landschaft	deutschen Geldes	teurer Bücher

Deutsches Brot ist lecker.
German bread is delicious.

Mit billigen Souvenirs kann man viel Geld verdienen.
You can make a lot of money selling cheap souvenirs.

- Adjectives that follow expressions of quantity such as **viele** (*many*), **mehrere** (*several*), **einige** (*some*), and **wenige** (*few*) take the same endings as unpreceded plural adjectives: –e in the nominative or accusative case, –en in the dative, and –er in the genitive.

Adjectives with words that express quantity	Masculine	Feminine	Neuter
Nominative	viele lange Züge	mehrere billige Fahrkarten	einige kleine Häuser
Accusative	viele lange Züge	mehrere billige Fahrkarten	einige kleine Häuser
Dative	vielen langen Zügen	mehreren billigen Fahrkarten	einigen kleinen Häusern
Genitive	vieler langer Züge	mehrerer billiger Fahrkarten	einiger kleiner Häuser

Predicate adjectives

Predicate adjectives (those that come after the main verb or those that follow the modified noun) do not need any special endings.

Unser Hotelzimmer ist **schön**.
*Our hotel room is **beautiful**.*

Der Beamte war **unfreundlich**.
*The official was **unfriendly**.*

Anwendung

1

Die Reise Schreiben Sie die fehlenden Adjektivendungen in die Lücken.

1. Der verspätet_e___ (er/e) Abflug machte ihn nervös.

2. Hier ist der abgelaufen_e___ (er/e) Pass.

3. Hier ist das alt_e___ (e/en) Visum.

4. Wo sind die neu_en___ (er/en) Bordkarten?

5. Das ist eine stressig_e___ (e/er) Zeit.

2

In der Wohnung Wählen Sie die richtigen Wörter.

1. Anja trinkt (schwarzen / schwarzer) Kaffee.

2. Björn isst (deutschen / deutsches) Brot zum Frühstück.

3. Zusammen diskutieren sie (internationale / internationaler) Politik (*f.*).

4. Anja hat schon (ausländische / ausländischen) Geldscheine abgeholt.

5. Björn musste mit (große / großer) Eile (*f.*) (*hurry*) in die Stadt fahren.

3 Ask students to describe a trip they have taken. They should use as many adjectives as possible.

3 Write a very simple sentence on the board and have students add adjectives to expand the sentence. Ex.: **Maria macht eine Reise. Die Pension ist groß**.

3

Anja macht Urlaub. Ergänzen Sie diese E-Mail mit den richtigen Formen der Adjektive aus der Liste. Some answers will vary.

alt	böse	klein	lustig
berühmt	frustriert	lang	verrückt

Von:	Anja <anja@email.de>
An:	Maria <maria@email.de>
Betreff:	Urlaub

Liebe Mutti,
Köln ist wirklich schön! Es gibt viele (1) ___verrückte___ Leute hier, da jetzt Karneval gefeiert wird. Die Kölner Studenten tragen (2) ___lustige___ Kostüme. Die (3) ___kleinen___ Kinder machen auch mit! Ich habe heute Morgen schon einen (4) ___langen___ Umzug (*parade*) gesehen. Und den (5) ___alten___ Dom habe ich schon besucht. Aber ich bin noch nicht auf die (6) ___berühmte___ Dombrücke gegangen. Das mache ich morgen!
Anja

Kommunikation

4 **Diskussion** Besprechen Sie miteinander, was Sie im Urlaub gern machen. Begründen Sie Ihre Antworten.

1. Was gibt es in modernen Schlössern und alten Museen zu sehen? Was besuchen Sie lieber?

2. Schlafen Sie lieber in einem teuren Hotel oder in einer billigen Jugendherberge?

3. Sprechen Sie lieber mit ausländischen Touristen oder mit den Leuten, die das ganze Jahr über in Ihrem Urlaubsort leben?

4. Kaufen Sie lieber teure Andenken oder sparen Sie Ihr Geld?

5. Schicken Sie viele Ansichtskarten oder schicken Sie überhaupt keine?

6. Machen Sie lieber einen sonnigen Strandurlaub oder einen verschneiten Skiurlaub?

5 **Beschreibung** Beschreiben Sie in Gruppen, was Sie auf den Fotos sehen. Finden Sie in jedem Foto so viele Details wie möglich.

1.

2.

3.

4.

5.

6.

4 Have students write five questions of their own and then share them with a partner.

5 Review the vocabulary and the gender needed to describe the pictures before students do the activity.

KULTURANMERKUNG

Der Strandkorb

Wasser, Wellen, Sonne, Strand und… Strandkörbe. Der erste Strandkorb stammt aus Rostock. Ende des 19. Jahrhunderts erfand ein Arzt diesen Sitzplatz für seine Patienten, die sich am Strand erholen sollten. Heutzutage findet man Strandkörbe an vielen Stränden in Deutschland. Touristen können einen Korb für eine Stunde, einen Tag oder länger mieten. Normalerweise passen 2–3 Personen in den Korb. Man bekommt einen Schlüssel dafür, kann sich schön hinsetzen, seine Sachen im Korb lassen, Leute beobachten° oder sich mit den anderen im Korb unterhalten.

beobachten *watch*

comparisons

4.3

INSTRUCTIONAL RESOURCES
Audioscripts, SAM AK,
Lab MP3s, Grammar
Presentation Slides
SAM/WebSAM: WB, LM

Adjectives (Part 2)

—*Istanbul kommt aus
dem **Griechischen**.*

—*Ich bin **Deutscher**!*

Adjectives as nouns

- In German, an adjective can replace the noun it modifies when the noun has already been stated or is clearly understood. Adjectives used in this way are called *adjectival nouns*. In the second sentence below, the modified noun **Mann** has been dropped, and the adjective **Alte** is used in its place. The adjective retains the appropriate ending, but since it acts as a noun, it is capitalized.

> Siehst du die beiden Männer? **Der Alte** ist aus Bremen.
> *Do you see those two men? **The old one** is from Bremen.*

- Use the articles **der**, **die**, **das**, or **die** with an adjectival noun, depending on the gender and number of the noun being replaced.

Der kluge Student schreibt ein Buch. *The smart student is writing a book.*	**Der Kluge** schreibt ein Buch. *The smart one is writing a book.*
Die schöne Bluse ist teuer. *The beautiful blouse is expensive.*	**Die Schöne** ist teuer. *The beautiful one is expensive.*
Das kleine Mädchen ist wütend. *The little girl is angry.*	**Das Kleine** ist wütend. *The little one is angry.*
Die roten Badetücher gehören mir. *The red beach towels belong to me.*	**Die Roten** gehören mir. *The red ones belong to me.*

- When an adjective is used as a noun, it keeps its adjectival case ending.

Ich sehe **den großen Mann**.
Ich sehe **den Großen**.
*I see the **tall man**/the **tall one**.*

Lukas gibt **dem großen Mann** seinen Pass.
Lukas gibt **dem Großen** seinen Pass.
*Lukas is giving **the tall man**/the **tall one** his passport.*

- Here are some commonly used adjectival nouns.

der Angestellte *the employee*	**der Jugendliche** *the adolescent*
der Bekannte *the acquaintance*	**der Reisende** *the traveler*
der Deutsche *the German man*	**der Verwandte** *the relative*
der Erwachsene *the adult (the grown-up)*	

ACHTUNG!

These adjectival nouns can also be made feminine or plural.

die Angestellte
the female employee
die Angestellten
the employees
die Deutsche
the German woman
die Deutschen
the German people

Adjectives from verbs

- Adjectives can also be formed from the infinitives of verbs. To form an adjective from a verb, add **–d** to the infinitive, followed by the appropriate adjective ending.

weinen: weinen + d– [+ *ending*]   >   **weinend**– [+ *ending*]
lachen: lachen + d– [+ *ending*]   >   **lachend**– [+ *ending*]

Hörst du das **weinende** Kind?
Do you hear the crying child?

Die **lachenden** Touristen sind
viel zu laut.
*The laughing tourists are
much too loud.*

- Past participles can also be used to form adjectives. They require the same endings as regular adjectives.

verlieren: verloren   >   **verloren**– [+ *ending*]
brauchen: gebraucht   >   **gebraucht**– [+ *ending*]

Die Flugbegleiterin hat meine
verlorene Bordkarte gefunden.
*The flight attendant found my **lost**
boarding pass.*

Meine Eltern schenkten mir ein
gebrauchtes Auto.
*My parents gave me a **used** car.*

Special cases of adjectives

- Adjectival nouns that follow **etwas**, **nichts**, **viel**, **wenig**, and **mehr** are considered to be neuter and singular and use the same endings as unpreceded adjectives.

In der Zeitung steht heute
nichts Neues.
*There isn't anything new in
the paper today.*

Kochst du uns **etwas** Leckeres
zum Abendessen?
*Are you cooking something
yummy for dinner?*

Adjectives followed by prepositions

- As in English, some adjectives are used with prepositions to convey a specific meaning. Here are some of the most common ones.

böse auf *mad at*
dankbar für *thankful for*
fähig zu *capable of*
gespannt auf *curious about*
gewöhnt an *used to (something)*
stolz auf *proud of*
verrückt nach *crazy about*

Der Angestellte war **stolz auf**
seine Arbeit.
*The employee was **proud of**
his work.*

Die Erwachsenen sollen nicht **böse auf**
die Jugendlichen sein.
*Grown-ups should not be **angry at**
young people.*

ACHTUNG!

In English, verbal adjectives are often preceded by a relative pronoun.

Der schlafende Mann verpasste den Zug.
The sleeping man/the man who was sleeping missed the train.

Show students pictures of people singing, reading, dancing, etc., and have them label the pictures using this construction. Ex.: for the picture of a young girl laughing: **das lachende Mädchen**

QUERVERWEIS

For the endings used with unpreceded adjectives, see **Strukturen 4.2, p. 137**.

To clarify the differences in the various forms of these nouns, show students singular, plural, masculine, and feminine forms of these words in different cases, and ask them how many people are referred to in the sentence. Ex.: **Der Deutsche kommt aus Köln. Die Deutschen feiern Karneval. Ich sehe die Deutsche aus Mannheim.**

To clarify the importance of using the right preposition, compare the meaning of **good** in "*He's **good at** math*" (adept), "*She's **good with** children*" (patient), and "*Fruit is **good for** you*" (healthy).

Ask students personalized questions such as: **Worauf sind Sie stolz? Auf wen sind Sie nie böse? Sind Sie fähig eine Meile in sechs Minuten zu laufen?**

Anwendung

1

Meine Reise nach Hannover Wählen Sie die richtige Adjektivendung.

1. Auf der Reise nach Hannover war ich mit zwei Deutsch_____ aus Bremen im Zug.
   (a.) en   b. e   c. er

2. In Hannover blieb ich mit den beiden Deutsch_____ aus Bremen zusammen.
   a. e   (b.) en   c. es

3. Wir wollten etwas Interessant_____ tun.
   a. en   (b.) es   c. e

4. In das ausverkauft_____ Konzert konnten wir nicht gehen.
   (a.) e   b. er   c. en

5. Wir besuchten stattdessen eine komisch klingend_____ Oper.
   a. en   b. er   (c.) e

6. Danach ging ich mit meinen Verwandt_____ ins Restaurant.
   a. es   b. e   (c.) en

7. Ich war sehr dankbar für das lecker_____ Essen.
   (a.) e   b. er   c. en

8. Ich war müde! Gott sei Dank war mein gebucht_____ Hotelzimmer gleich in der Nähe.
   a. e   (b.) es   c. en

2

Die Aktivitäten Formulieren Sie neue Phrasen mit dem Partizip der angegebenen Verben als Adjektiv. Achten Sie auf die richtigen Endungen.

> **Beispiel**   die Familie / reisen
>
> die reisende Familie

1. der Mann / lachen _____ der lachende Mann _____

2. die Jugendlichen / schwimmen _____ die schwimmenden Jugendlichen _____

3. ein Mädchen / tanzen _____ ein tanzendes Mädchen _____

4. ein Angestellter / arbeiten _____ ein arbeitender Angestellter _____

5. das Kind / weinen _____ das weinende Kind _____

6. die Reservierungen / absagen _____ die abgesagten Reservierungen _____

3

Martina in Bremen Schreiben Sie die richtigen Endungen in die Lücken.

Ich bin hier in Bremen, wo die (1) singend_en_ Bremer Stadtmusikanten herkommen. Kennst du diese Geschichte aus dem viel (2) gelesen_en_ Märchen (fairy tale) der Gebrüder Grimm? In diesem Märchen werden schwache Tiere zu (3) Stark_en_ , weil sie so gut zusammen arbeiten. Ich habe die berühmte Statue neben dem ca. (around) 1404 (4) errichtet_en_ Rathaus gesehen. In Bremen gibt es auch die oft (5) fotografiert_e_ Rolandstatue. Meine (6) Verwandt_en_ wollen mir auch die schöne Landschaft zeigen. Wir werden morgen ins (7) Grün_e_ fahren. Ich bin sehr gespannt darauf. Bremen ist eine viel (8) besucht_e_ Stadt. Du musst sie dir auch mal ansehen!

KULTURANMERKUNG

Das Märchen° *Die Bremer Stadtmusikanten* gehört zu den Märchen der Gebrüder Grimm. In diesem Märchen kommen vier Tiere vor, die von ihren Besitzern weg-laufen. Der Esel, der Hund, die Katze und der Hahn fangen ein neues Leben an. Sie begegnen Räubern in einem Haus im Wald. Die Tiere sind alt, aber sie sind klug genug, gegen die Räuber zu gewinnen. Die Rolandsage stammt aus dem frühen 12. Jahrhundert. Roland war der Neffe Karls des Großen°. Er war Ritter° und reiste durch Frankreich, Deutschland und Spanien, wo er mit Erfolg kämpfte. Die Rolandstatue in Bremen ist die größte Rolandstatue in Deutschland. Sie symbolisiert die Freiheit und Rechte der Bürger° der Stadt.

Märchen *fairy tale*
Karls des Großen *Charlemagne's*
Ritter *knight* **Bürger** *citizens*

Kommunikation

4 **Wie sind die Leute?** Wählen Sie das passende adjektivische Substantiv und benutzen Sie dann so viele Adjektive wie möglich aus der Liste, um die Personen auf den Fotos zu beschreiben.

aktiv	fleißig	klug	ordentlich
alt	frustriert	lebhaft	pessimistisch
ernst	gelangweilt	mutig	pünktlich
faul	jung	optimistisch	sportlich

a.

b.

c.

d.

___c___ 1. der Angestellte

___a___ 2. die Grauhaarige

___b___ 3. die Jugendliche

___d___ 4. die Reisenden

5 **Die Freunde und die Familie** Ergänzen Sie die folgenden Sätze sinnvoll und besprechen Sie anschließend die Aussagen in Gruppen.

1. Ich bin stolz auf…
2. Mein Mitbewohner ist verrückt nach…
3. Meine Eltern sind dankbar für…
4. Die Studenten sind gespannt auf…
5. Meine Eltern sind gewöhnt an…
6. Mein kleiner Bruder/Meine kleine Schwester ist böse auf…
7. Meine Nachbarin ist fähig zu…

5 Encourage students to discuss the ideas presented in each sentence. Each sentence should be the start of a conversation that includes many sentences.

Synthese

Kommunikationsstrategien

Meiner Meinung nach… *In my opinion…*
Ich bin der Ansicht, dass… *I am of the opinion that…*
Ich bin überzeugt davon, dass… *I am convinced that…*
Ich sehe die Sache so, … *I see the matter as…*

Ja!	Nein!
Ich bin auch dieser Meinung. *I am also of this opinion.*	**Diese Idee ist total mies!** *This idea is really bad!*
Es ist absolut empfehlenswert! *It's highly recommended!*	**Das ist Quatsch!** *This is nonsense!*
Es ist einfach Spitze! *It's just great!*	**Blödsinn!** *Nonsense!*

Kulturanmerkung Ask students to locate **Ostfriesland** on the map of Germany in the front of the book. Show students photographs from the Internet to explain what a **Wattenmeer** is.

2 Have students present their information to the group. Together the group can discuss where they would like to go on a class field trip and why.

1

Gespräch Bearbeiten Sie die folgenden Aufgaben und Fragen in Gruppen.

1. Beschreiben Sie die Fotos vom Bahnhof und vom Flughafen.
2. Was machen Sie lieber, mit dem Zug fahren oder fliegen? Warum?
3. Denken Sie an die Zeit nach dem Studium. Welche Reisen werden Sie eventuell machen? Wohin werden Sie fliegen?

Aufsatz Wählen Sie eines dieser Themen.

2

- Suchen Sie Information über einen der folgenden Orte im Internet. Schreiben Sie einen Reiseprospekt über diesen Ort. Der Prospekt sollte eine Seite lang sein. Benutzen Sie Adjektive, um den Ort genau zu beschreiben.

Aachen	Düsseldorf	Krefeld
Bonn	Göttingen	Münster
Bremen	Hameln	Ostfriesland
Bremerhaven	Köln	Sauerland

- Schreiben Sie einen Aufsatz, in dem Sie Ihre Pläne für die Zukunft beschreiben. Denken Sie an Pläne für eine Karriere, für Ihr Privatleben oder für eine Familie.

KULTURANMERKUNG

Es gibt elf kleinere und größere Inseln vor der Küste von **Ostfriesland°**. Sie sind ungefähr zwischen 3,5 km und 10 km vom Festland entfernt. Sieben der Inseln sind bewohnt. Im Sommer sind sie ein beliebtes Ferienziel der Deutschen. Das Wattenmeer° vor den Inseln gehört zum National-park Niedersächsisches Wattenmeer und seit 2009 zusammen mit dem Nationalpark Schleswig-Holsteinisches Wattenmeer und dem niederländischen Wattenmeer zum UNESCO-Weltnaturerbe°.

Ostfriesland *East Frisia*
Wattenmeer *Wadden Sea*
Weltnaturerbe *world nature heritage*

Vorbereitung

Wortschatz der Lektüre	
begeistern *to excite*	
der Deich,-e *levee*	
das Dienstleistungszentrum, **-zentren** *service center*	
die Erholung *recuperation*	
erkunden *to explore*	
die Schleuse, -n *lock (on a canal)*	
verbinden *to connect*	
der Weg, -e *path, way*	

Nützlicher Wortschatz	
abwechslungsreich *varied*	
der Bergbau *mining*	
bewundern *to admire*	
das Eisenerz *iron ore*	
das Erlebnis, -se *experience*	
das Mittelalter *Middle Ages*	
die Wiege, -n *cradle*	
zählen zu *to rank among*	

1

Zuordnen Ordnen Sie die Wörter in der linken Spalte den Definitionen in der rechten Spalte zu.

_g_ 1. erkunden
_d_ 2. verbinden
_b_ 3. der Deich
_e_ 4. die Schleuse
_h_ 5. die Erholung
_a_ 6. abwechslungsreich
_f_ 7. der Bergbau
_c_ 8. die Wiege

a. fast alles ist anders und nicht viel ist gleich
b. eine Art Mauer an der Küste oder an einem Fluss oder Kanal
c. eine Art Bett, in dem Babys schlafen
d. wenn man zwischen zwei Punkten eine Linie zieht
e. damit kann man das Wasser eines Kanals stoppen
f. wenn man Gold, Eisenerz oder Kohle aus der Erde holt
g. ein anderes Wort für suchen oder kennen lernen
h. man macht nichts oder nur Dinge, die nicht stressig sind

2

Das Ruhrgebiet Schreiben Sie die richtigen Wörter in die Lücken.

Bergbau	Dienstleistungszentrum	Mittelalter
bewundert	Eisenerz	Wiege
Deichen	Erholung	zählt

Das Ruhrgebiet (1) ___zählt___ zu den Regionen in Deutschland, in denen früher der (2) ___Bergbau___ sehr wichtig war. Von tief unter der Erde wurden (3) ___Eisenerz___ und Kohle nach oben gebracht. Das Ruhrgebiet war deshalb früher auch die (4) ___Wiege___ der Industrialisierung in Deutschland. Heute ist aber aus der Industrieregion ein (5) ___Dienstleistungszentrum___ geworden. Außerdem ist das Ruhrgebiet heute sehr interessant für Touristen, die sich entspannen wollen und (6) ___Erholung___ suchen. Fans der deutschen Geschichte können Städte aus dem (7) ___Mittelalter___ besuchen.

3

Was denken Sie? Beantworten Sie die folgenden Fragen zu zweit.

1. Besitzen Sie ein Fahrrad? Wenn ja, wie oft fahren Sie? Würden Sie einen Fahrradurlaub machen? Wenn nicht, warum?
2. In welchem Land sind Fahrräder am beliebtesten? Warum?

Students will encounter many compound words in this reading. Show students how to identify the underlying components.

2 The Ruhrgebiet attracts people because of its history, its industrial significance for Germany, and also its culture. Use a map to show students how densely populated this area is. Bring pictures that show coal mining and the steel industry. Ask students to describe these. Point out the rich soccer tradition in this area. Ask students how soccer and the industrial history might be linked.

KULTURANMERKUNG

Karl von Drais (1785–1851) war ein deutscher Erfinder°, der neben der Schreibma- schine° auch die Draisine erfand. Die Draisine wurde auch Laufmaschine genannt, weil man sie mit den Füßen anschieben° musste.

Erfinder *inventor*
Schreibmaschine *typewriter*
anschieben *propel*

Radtouren in Nordrhein-Westfalen

Nordrhein-Westfalen ist vor allem für Radfahrer ein Traum! Obwohl Deutsche gerne nach Spanien oder Italien in den Urlaub fahren, können sie hier Erholung finden, ohne weit weg zu fahren. Oft sind es Kurzaufenthalte ganz in der Nähe, die einem wieder Energie für den Alltag und die Arbeit geben.

Eifel oder Teutoburger Wald, Köln oder Düsseldorf, Rhein oder Ruhr: Nordrhein-Westfalen (NRW) begeistert Touristen aber auch mit lebhaften und historischen Städten, einem tollen Kulturangebot und abwechslungsreicher Natur. Sein rund 14.000 Kilometer langes Radwegenetz verbindet alle Städte und Regionen im Land. Der Emsradweg, der Ruhrtal-Radweg und der Lahntalradweg sind bei vielen deutschen Radfahrern sehr beliebt.

Ein weiterer Fernradweg ist der Rheinradweg. Der Rhein ist Deutschlands längster und wasserreichster° Fluss. *most abundant in water* Der Fluss ist ein Mythos und besitzt für Deutsche bis heute eine ganz eigene Faszination. Der Rheinradweg von Bad Honnef bis Emmerich am Rhein ist eine attraktive und beliebte Fahrradroute.

In Krefeld kann man unter anderem die Burg Linn, das Museumszentrum und den Zoo besuchen. Von dort geht es weiter nach Wesel. Dort erlebt man die Geschichte der Stadt sehr nah im Preußen-Museum. In Xanten gibt es für Touristen die Gelegenheit°, etwas über ältere *opportunity* Geschichte in dem Archäologischen Park

Ask students to locate the Rhine and Ruhr rivers on a map. Ask them to find where the Sauerland is located. You might also create a game or task in which students find as many places from the reading on a map as possible.
Ask students to look up the various sites and museums. Alternatively, show pictures of these places and ask students to speculate which site each picture depicts.

Audio: Reading

und dem Römermuseum zu lernen. In Rees, der ältesten Stadt am Niederrhein, kann man das Mittelalter mit den alten Stadtmauern und den gut erhaltenen Kasematten° entdecken. In Emmerich am Rhein kann man von der Rheinpromenade aus die verschiedenen Schiffe auf dem Rhein und die längste Hängebrücke° Deutschlands ansehen. Auf jeden Fall sollte man mit dem Rad auch über die 1.028 Meter lange Brücke fahren.

Ein anderer sehr interessanter Radwanderweg ist der 230 km lange Ruhrtal-Radweg. Entlang der Ruhr, einem der abwechslungsreichsten Flüsse Deutschlands, kann man zwei höchst unterschiedliche Regionen entdecken. Dabei erlebt man viele Überraschungen: Kein anderer Fluss in Deutschland verbindet Kultur und Natur auf so engem Raum°!

Touristen können die Bike-Arena-Sauerland erkunden. Es gibt die Bruchhauser Steine, von denen man einen grandiosen Ausblick auf weite Teile des Sauerlandes hat. Ein weiteres Highlight ist das Besucherbergwerk° Ramsbeck, wo man den Bergbau dieser Region genauer inspizieren° kann. Wenn man weiter flussabwärts° fährt, kommt man in die großen Metropolen des Ruhrgebiets. Zur Geschichte des Ruhrgebiets gehört die Wiege des Bergbaus in Witten, stillgelegte° Zechenanlagen° in Essen und der Hafen in Duisburg. Besonders in Duisburg kann man sehen, wie sich das Ruhrgebiet verändert hat und heute ein modernes Dienstleistungszentrum ist. Trotzdem kann man beim Radfahren noch alte Fördertürme° und Hochöfen° sehen. Touristen können dabei vom Radfahren eine kurze Pause machen und mit dem Paddelboot, dem Fahrgastschiff, dem historischen Schienenbus° oder dem alten Dampfzug° diese Region ansehen.

Die Vennbahn, eine dritte Alternative für den Radurlaub in NRW, bietet eine ganz besondere Radtour in Europa. Dieser Radweg führt nämlich auf insgesamt 125 Kilometern von Aachen nach Troisvierges

in Luxemburg. Mehr als ein Dutzend Mal wechselt der Radweg die Grenze° zwischen Deutschland, Belgien und Luxemburg. Der Radweg zählt zu den längsten Bahntrassenradwegen° Europas. Im 19. Jahrhundert wurden mit der Vennbahn noch Kohle und Eisenerz per Eisenbahn von Aachen nach Luxemburg und zurück transportiert. Sowohl im Ersten als auch im Zweiten Weltkrieg gab es wegen dieser Strecke große Konflikte zwischen Deutschland, Frankreich und Luxemburg.

Heute können Radler die Städte, Dörfer und Sehenswürdigkeiten erkunden, die an der Strecke liegen. Vor allem die Domstadt° Aachen ist auf der Tour sehr sehenswert. Aber auch die mittelalterliche Stadt Monschau, das Heimatmuseum in St. Vith oder die Burg Reuland sollte man nicht auslassen. Auch Naturliebhaber kommen auf diesem Weg ganz auf ihre Kosten. Der Radweg führt durch Hecken°, Moor- und Heidelandschaften°, durch tiefe Wälder und entlang idyllischer Flusstäler. Natürlich hat die Bahntrasse einen historischen Flair. Ganz besonders interessant ist dabei die Geschichte vom Beginn des Kaffeeschmuggels! Die Vennbahn bietet sportlich ambitionierten Radfahrern, als auch Amateurradfahrern und Familien Spaß und Abwechslung. Es bietet sich an, die Strecke in zwei oder drei Tagesetappen° zu befahren. Achten Sie darauf: Wenn der Tunnel an der belgisch-luxemburgischen Grenze geschlossen ist, dann muss man hier kurz einen Berg hochfahren. Danach ist das Radfahren wieder sehr angenehm. ∎

Margin glosses (left column): casemate · suspension bridge · close proximity · mine for visitors · inspect · downstream · shuttered · mining facilities · shaft towers/blast furnaces · rail bus · steam train

Margin glosses (right column): borders · bike paths on disused railway beds · cathedral city · hedges · heathlands · daylong stages

Stadt der Fahrradfahrer

Die Stadt Münster ist die fahrradfreundlichste° Stadt Deutschlands. Man nennt die Stadt auch oft Fahrradstadt. Weil die Stadt sehr flach° und die Innenstadt sehr kompakt ist, sind Münsteraner mit dem Fahrrad fast immer schneller als mit dem Auto. Aber leider werden in Münster auch die meisten Fahrräder gestohlen!

fahrradfreundlichste *most bicycle-friendly* **flach** *flat*

Analyse

1

Stimmt das? Entscheiden Sie zu zweit, ob die folgenden Aussagen **richtig** oder **falsch** sind.

Richtig	Falsch	
☑	☐	1. Nordrhein-Westfalen ist ein sehr beliebtes Bundesland für Radfahrer.
☐	☑	2. Es gibt insgesamt rund 12.000 Kilometer an Radwegen in NRW.
☐	☑	3. Der Rhein ist der zweitlängste Fluss Deutschlands.
☑	☐	4. Die längste Hängebrücke Deutschlands kann man in Emmerich von der Rheinpromenade sehen.
☐	☑	5. Den Bergbau und das alte Industriegebiet kann man am besten entlang des Rheinradwegs sehen.
☑	☐	6. Auf der Vennbahn besucht man drei Länder: Deutschland, Belgien und Luxemburg.

2

Was passt zusammen? Suchen Sie für jeden Ort in der linken Spalte die richtige Radtour in der rechten Spalte.

__c__ 1. Mehr als ein Dutzend Mal können Radfahrer von einem Land in ein anderes fahren.

__b__ 2. Hier gab es früher viel Bergbau und Industrie.

__a__ 3. Man kann am längsten Fluss Deutschlands entlang fahren.

__b__ 4. Von den Bruchhauser Steinen kann man das Sauerland sehr toll sehen.

__a__ 5. Die Stadt Rees ist die älteste Stadt am Niederrhein.

__c__ 6. Früher wurde auf dieser Strecke auch Kaffee geschmuggelt.

__b__ 7. In Duisburg kann man das moderne Ruhrgebiet mit Dienstleistungszentren sehen.

__b__ 8. Im Bergwerk Ramsbeck können Touristen sehen, wo viele Menschen dieser Region früher gearbeitet haben.

a. Rheinradweg

b. Ruhrtal-Radweg

c. Vennbahn

3

Autofahrer und Radfahrer Stellen Sie sich vor, Sie leben in der Stadt Münster in Nordrhein-Westfalen. Hier fahren sehr viele Menschen mit dem Fahrrad. Schreiben Sie eine Liste von Fragen für ein Gespräch zwischen einem begeisterten Fahrradfahrer und einem Autofahrer. Spielen Sie dann der Klasse den Dialog in verteilten Rollen vor.

4

Was würden Sie besuchen? Planen Sie in einer Gruppe eine Radtour. Wählen Sie einen der drei Radwege. Wo würden Sie anhalten? Was würden Sie sich ansehen? Warum?

 Practice more at **vhlcentral.com**.

Vorbereitung

Über den Schriftsteller

Wilhelm Müller wurde 1794 in Dessau geboren. 1813 unterbrach er sein philologisches Studium und meldete sich als Freiwilliger beim preußischen Militär, um den Befreiungskrieg gegen Napoleons Armeen zu unterstützen. Nach dem Krieg beendete er seine Studien und unternahm eine Reise nach Italien, worüber er später *Rom, Römer und Römerinnen* schrieb. In seiner Geburtsstadt fand er 1819 eine Anstellung als Lehrer. Müller nahm in seinen Volksliedern auch sozialkritische Themen auf und setzte sich für den griechischen Freiheitskampf ein. Nach längerer Krankheit starb er 1827.

Wilhelm Müller.

Wortschatz des Gedichts

(eine Straftat) begehen *to commit (a crime)*
die Last, -en *burden*
munter *cheerful*
das Obdach *shelter*
sich regen *to stir*
der Steg, -e *narrow path*

töricht *foolish*
unverrückt *unmoving*
unwirtbar *forbidding, inhospitable*
vermeiden *to avoid*
verwegen *keen*
die Wüstenei, -en *barren land, desert*

Nützlicher Wortschatz

schlendern *to stroll*
die Unterkunft, ⸚e *accommodations*
sich verirren *to get lost*

1 Was gehört zusammen? Ordnen Sie die Begriffe der linken Spalte denen in der rechten Spalte zu.

e 1. sich verirren — a. etwas Schlechtes tun
f 2. schlendern — b. man macht etwas Dummes
h 3. Last — c. nicht immobilisiert sein
a 4. eine Straftat begehen — d. etwas aus dem Weg gehen
g 5. Unterkunft — e. den Weg nicht finden
c 6. sich regen — f. bummeln
d 7. vermeiden — g. ein Hotel oder eine Pension
b 8. töricht — h. sehr schwer

2 Romantisches Reiseziel oder Studienreise? Besprechen Sie die folgenden Fragen in Gruppen.

1. Über welches romantische Reiseziel fantasieren Sie manchmal? Fährt, fliegt, surft oder segelt man dorthin? Wie lange würden Sie gern dort bleiben? Was kann man dort tun und erleben (*experience*)?
2. In welches Land würden Sie als Student gern eine Sommerreise machen?
3. Wollen Sie dort in erster Linie Ihren kulturellen Horizont erweitern, oder wollen Sie einfach nur Spaß haben? Welche Aktivitäten wären Ihnen besonders wichtig?
4. Falls Sie an ein deutschsprachiges Land denken, welche Stadt würde Sie dort am meisten interessieren? Was würden Sie dort gerne machen?

KULTURANMERKUNG

Müllers Gedichte wurden von dem österreichischen Komponisten **Franz Schubert** vertont. Schubert wurde nur 31 Jahre alt (1797–1828), hinterließ° aber ein sehr großes Werk. Dazu zählen mehr als 600 Lieder, weltliche und geistliche Chormusik°, sieben vollständige und fünf unvollendete° Sinfonien, Overtüren, Bühnenwerke°, Klaviermusik und Kammermusik°. Er vertonte° Müllers Zyklen *Die schöne Müllerin* und *Winterreise*. Das Lied *Der Lindenbaum*, auch bekannt als *Am Brunnen vor dem Tore*, und *Das Wandern ist des Müllers Lust* sind die wohl bekanntesten Lieder Müllers, die von Schubert vertont wurden.

hinterließ *left behind* **geistliche Chormusik** *sacred choral music* **unvollendete** *incomplete* **Bühnenwerke** *stage works* **Kammermusik** *chamber music* **vertonte** *set to music*

1 Have students write phrases for the remaining vocabulary words.

Practice more at vhlcentral.com.

These are poems 10 and 20 of *Winterreise*.
Have students read the poems out loud. Ask them if they understand the meaning right after the first reading. Explain that the poems are written with old-fashioned language and spelling. Point out the word **frugen** in line 5 of *Rast*, which would be **fragten** in modern German.

W. Wilhelm Müller. Winterreise

Rast

notice	Nun merk'° ich erst wie müd' ich bin,
	Da ich zur Ruh' mich lege;
kept	Das Wandern hielt° mich munter hin
	Auf unwirtbarem Wege.
asked	5 Die Füße frugen° nicht nach Rast,
	Es war zu kalt zum Stehen;
	Der Rücken fühlte keine Last,
blow	Der Sturm half fort mich wehen°.
charcoal maker's	In eines Köhlers° engem Haus
	10 Hab' Obdach ich gefunden.
limbs	Doch meine Glieder° ruh'n nicht aus:
	So brennen ihre Wunden.
	Auch du, mein Herz, im Kampf und Sturm
	So wild und so verwegen,
serpent	15 Fühlst in der Still' erst deinen Wurm°
sting	Mit heißem Stich° sich regen !

Der Wegweiser

Was vermeid' ich denn die Wege,
Wo die ander'n Wand'rer geh'n,
Suche mir versteckte° Stege,   *hidden*
Durch verschneite Felsenhöh'n° ?   *craggy heights*

Habe ja doch nichts begangen,   5
Daß ich Menschen sollte scheu'n°, -   *shun*
Welch ein törichtes Verlangen
Treibt mich in die Wüstenei'n ?

Weiser stehen auf den Straßen,
Weisen auf die Städte zu.   10
Und ich wandre sonder Maßen°   *on and on*
Ohne Ruh' und suche Ruh'.

Einen Weiser seh' ich stehen
Unverrückt vor meinem Blick°;   *gaze*
Eine Straße muß ich gehen,   15
Die noch keiner ging zurück.

Analyse

1

Richtig oder falsch? Entscheiden Sie, ob die folgenden Aussagen **richtig** oder **falsch** sind. Korrigieren Sie die falschen Aussagen.

Richtig   Falsch

Rast

☑   ☐   1. Der Wanderer muss sich ausruhen.

☑   ☐   2. Ein freundlicher Mensch gibt dem Wanderer einen Platz zum Schlafen.

☑   ☐   3. Die stürmische Natur spiegelt sich in den Gefühlen des Wanderers.

☐   ☑   4. Wenn er wandert, ist er unruhig und deprimiert.
   Er ist munter, auch wenn die Natur um ihn herum das Wandern schwierig und riskant macht.

Wegweiser

☑   ☐   5. Der Wanderer sucht die Natur.

☐   ☑   6. Er will auf der Wanderung Menschen kennen lernen.
   Er scheut die Menschen.

☐   ☑   7. Er weiß genau, was er will und auch, warum er es will.
   Er fragt sich, warum er Dinge verlangt.

☑   ☐   8. Er weiß, wohin er gehen soll, aber nicht, was er dort finden wird.

2 Have students talk about the vocabulary to see if they understand the old German words. Have them find modern German synonyms for the words.

2

Naturbeschreibung Schreiben Sie die passenden Wörter in die Lücken.

| auszuruhen | scheut | töricht | weht |
| brennen | Stegen | unwirtbaren | Weiser |

Rast

1. In der ersten Strophe geben die ___unwirtbaren___ und wilden Stege dem Wanderer ein positives Gefühl.

2. Während eines Sturms findet er sein Obdach rein zufällig, denn der starke Wind ___weht___ ihn dorthin.

3. Wir finden in der dritten Strophe heraus, dass der Mann wegen einer Rastlosigkeit auf Wanderung geht, denn seine Glieder ___brennen___ nicht von der intensiven Bewegung.

4. Die letzte Strophe zeigt uns, dass erst der Versuch sich ___auszuruhen___ sein verwundetes Herz zu vollem Ausdruck bringt.

Wegweiser

5. In der ersten Strophe geht der Wanderer nicht auf Straßen, sondern lieber auf ___Stegen___.

6. Er wählt seine einsamen Wege, denn er ___scheut___ andere Menschen.

7. Er fühlt, dass es ___töricht___ sein muss, wenn ihn sein Verlangen in die Wildnis drängt.

8. In der dritten Strophe spricht er über ___Weiser___, die verschiedene Richtungen anzeigen.

3 **Fragen zu den Gedichten** Beantworten Sie die Fragen nach Ihrem Verständnis.

Rast

1. Weiß der Ich-Erzähler die Hilfe eines anderen Menschen zu schätzen, oder ist er zu isoliert?

2. Gibt er seinem Leser zu verstehen, warum er sich vom Sturm fortwehen lässt?

3. Wenn uns eine Erklärung für die Ursache des inneren Schmerzes fehlt – etwa eine unglückliche Liebe oder der Tod eines nahestehenden Menschen –, was ist möglicherweise die Absicht des Dichters?

Wegweiser

4. Beschreiben Sie die Form des Gedichts. Welcher Rythmus entwickelt sich durch diese Form und wie wirkt sich das auf das Thema aus?

5. Welchen Eindruck bekommen Sie sofort vom Ich-Erzähler? Was scheint er in seinen Reflexionen erreichen zu wollen? Suggeriert der "unverrückte Weiser" Intention einerseits oder Verwirrung andererseits?

6. Was motiviert ihn zu seinem Wandern? Ist seine Motivierung nur problematisch oder kann man sie auch positiv bewerten?

7. Steckt in dem Ich-Erzähler möglicherweise ein Freigeist, ein innovativer Denker oder sogar ein verwegener Abenteurer, oder fehlen ihm dazu nötige Eigenschaften?

4 **Die Wanderung** Planen Sie eine Wanderung mit einem Partner/einer Partnerin. Lesen Sie sich zunächst die Fragen alleine durch und machen Sie sich Notizen, bevor Sie mit Ihrem Partner diskutieren.

1. Wandern Sie lieber in der Natur oder durch eine faszinierende Stadt? Sind Sie allein unterwegs oder in einer Gruppe?

2. Stellen Sie eine Liste von allen wichtigen Dingen zusammen, die Sie für Ihre Reise brauchen? Reisen Sie leicht, aber mit Kreditkarte, oder trekken Sie lieber mit Schlafsack und Zelt? Wie und was werden Sie essen und trinken?

3. Planen Sie jedes Detail, oder sind Sie lieber spontan? Erklären Sie, warum es für Sie besser ist zu planen oder spontan zu sein.

4. Was erhoffen Sie sich von Ihrer Reise? Hat sie neben einem ästhetischen auch einen praktischen Zweck?

5 **Zum Thema** Schreiben Sie einen Aufsatz von ungefähr 100 Wörtern zu einem der folgenden Themen.

• Schreiben Sie über eine Reise, die mit einer persönlichen Krise begann und in einer viel besseren Situation endete.

• Interpretieren Sie eines der beiden Gedichte, indem Sie über die persönliche Krise des Ich-Erzählers spekulieren.

3 Play the Schubert songs of these two poems. Ask students what they like about the songs and what is different from modern music or songs. Does the music go well with the words?

4 Have pairs present their hiking trip to the class. Ask students to research visuals like maps and brochures to use in their presentation.

 Practice more at **vhlcentral.com**.

Anwendung

Der Schluss

Die Einleitung (*introduction*) und der Schluss (*conclusion*) sind wichtige Bestandteile eines Aufsatzes, da sie die Struktur des Aufsatzes erstellen.

Ein guter Schluss muss:

- sich auf die anfängliche These beziehen und sie untermauern.
- die Schwerpunkte in einen Zusammenhang stellen.
- eine klare, letzte Wirkung hinterlassen.
- in demselben Stil geschrieben sein wie der Rest des Aufsatzes.

Ein guter Schluss darf:

- sich nicht darauf beschränken, den Aufsatz nur zusammenzufassen.
- keine neuen Argumente enthalten.
- keine ergänzenden Argumente einbeziehen.

Ein guter Schluss kann:

- neue Fragen aufwerfen.
- ein Zitat enthalten, das die Ideen des Autors zusammenfasst.

1 **Vorbereitung** Lesen Sie den Schluss einer Lektüre in dieser oder einer vorigen Lektion. Entscheiden Sie dann zu zweit, ob die Merkmale eines guten Schlusses vorliegen. Welche Änderungen können Sie machen, um den Schluss zu verbessern?

2 **Aufsatz** Wählen Sie eins der folgenden Themen und schreiben Sie darüber einen Aufsatz.

- Ihr Aufsatz muss sich auf eine oder zwei Lektüren aus dieser Lektion beziehen; **Stellen Sie sich vor, ...; Kultur** oder **Literatur**.
- Der letzte Teil Ihres Aufsatzes muss die Merkmale eines guten Schlusses aufweisen.
- Ihr Aufsatz muss mindestens eine Seite lang sein.

Themen

1. Die Gedichte Wilhelm Müllers beschreiben den Stimmungswandel (*change of mood*) des Sängers auf seiner Reise. Anfangs ist er noch glücklich, später wirkt er resigniert. Kennen Sie Beispiele aus moderner Literatur oder Film, die sich mit ähnlicher Thematik befassen? Würden Sie sich auf so eine Wanderung begeben?

2. Im Kurzfilm *Björn oder die Hürden der Behörden* springt Björn über viele Hürden, um seinen Reisepass zu verlängern. Ist eine Auslandsreise es wert, dass man Schwierigkeiten mit Behörden auf sich nimmt, Zeit mit der Planung und Vorbereitung der Reise verbringt und an den Flughäfen lange in der Schlange stehen muss? Warum/warum nicht?

3. Das Alltagsleben ist voller Stress und Hektik. Die Leute sind ständig unter Druck. Deshalb suchen viele Leute Entspannung und Erholung im Urlaub. Aber wo soll man Urlaub machen, und was soll man im Urlaub tun? Fahren Sie gerne weg? Wohin? Wie reisen Sie? Fliegen Sie? Oder reisen Sie lieber mit dem Auto, Bus, Fahrrad oder der Bahn?

Reisen und Ferien Vocabulary Tools

Im Bahnhof

die Abfahrtszeit, -en *departure time*
der Anschluss, ̈e *connection*
der Bahnsteig, -e *platform*
der Schaffner, -/die Schaffnerin, -nen
 conductor

Im Flughafen

die Abflughalle, -n *departure lounge*
die Abflugzeit, -en *departure time*
der Ankunftsbereich, -e *arrival area*
die Bordkarte, -n *boarding pass*
der Flugbegleiter, -/die Flugbegleiterin,
 -nen *flight attendant*
der Flugsteig, -e *departure gate*
der Geldwechsel *currency exchange*
die Gepäckausgabe, -n *baggage claim*
die Landung, -en *landing*
der (Fenster/Gang)platz, ̈e *(window/ aisle) seat*
die Sicherheitskontrolle, -n *security check*
die Verspätung, -en *delay; late arrival*

an Bord *on board*
zollfrei *duty-free*

an Bord des Flugzeuges gehen *to board the plane*
einchecken *to check in*
(in der) Schlange stehen *to stand in line*

Im Hotel

der Ferienort, -e *vacation resort*
die (Halb/Voll)pension *(half/full) board*
die Pension, -en *guest house*
die (Auto)vermietung *(car) rental*
das Wirtshaus, ̈er *inn*

(voll) belegt *full; no vacancy*
Fünf-Sterne *five-star*
Zimmer frei *vacancy*

mieten *to rent (house, car)*

Auf dem Campingplatz

das Bergsteigen *mountain climbing*
der Campingplatz, ̈e *campground*
das Fischen *fishing*
das Kanufahren *canoeing*
der Schlafsack, ̈e *sleeping bag*
der Wanderer, -/die Wanderin, -nen *hiker*
der Wanderweg, -e *hiking trail*

das Wohnmobil, -e *RV*
das Zelt, -e *tent*

organisieren *to organize*
wandern *to hike*

Im Skiurlaub

die Skiausrüstung, -en *ski equipment*
der Skihang, ̈e *ski slope*
der (Ski)langlauf *cross-country (skiing)*
der Skilift, -e *ski lift*
der Skipass, ̈e *ski pass*
der Skiurlaubsort, -e *ski resort*

Am Strand

der Ausflug, ̈e *excursion*
das Badetuch, ̈er/das Strandtuch, ̈er *towel; beach towel*
das (Segel)boot, -e *(sail)boat*
die Kreuzfahrt, -en *cruise*
das Seebad, ̈er *seaside resort*
der Sonnenbrand, ̈e *sunburn*
die Sonnen(schutz)creme, -s *sunblock*
der (Strand)sonnenschirm, -e *(beach) umbrella/parasol*
das Surfbrett, -er *surfboard*

schnorcheln *to snorkel*
segeln *to sail*
sonnenbaden *to sunbathe*
surfen *to surf*

Zum Beschreiben

angenehm *pleasant*
anstrengend *exhausting*
chaotisch *disorganized*
exotisch *exotic*
frustriert *frustrated*
gestrichen *canceled*
ordentlich *tidy*
stressig *stressful*
verspätet *delayed*

sich lohnen *to be worth it*

Kurzfilm

der Antrag, ̈e *application*
der Asylbewerber, -/die Asylbewerberin, -nen *asylum seeker*
die Behörde, -n *administrative body*
das Einwohnermeldeamt, ̈er *registration of address office*

die Gleitzeit *flexible working hours*
die Hürde, -n *hurdle*
der Personalausweis, -e *ID card*
die (Polizei)wache, -n *police station*
die Verwechslung, -en *mistaken identity*

abschieben *to deport*
sich ummelden *to register one's change of address*
verlängern *to extend*

abgelaufen *expired*
vorläufig *temporary*

Kultur

der Bergbau *mining*
der Deich, -e *levee*
das Dienstleistungszentrum, -zentren *service center*
das Eisenerz *iron ore*
die Erholung *recuperation*
das Erlebnis, -se *experience*
das Mittelalter *Middle Ages*
die Schleuse, -n *lock (on a canal)*
der Weg, -e *path, way*
die Wiege, -n *cradle*

begeistern *to excite*
bewundern *to admire*
erkunden *to explore*
verbinden *to connect*
zählen zu *to rank among*

abwechslungsreich *varied*
großzügig *generous*

Literatur

die Last, -en *burden*
das Obdach *shelter*
der Steg, -e *narrow path*
die Unterkunft, ̈e *accommodations*
die Wüstenei, -en *barren land, desert*

(eine Straftat) begehen *to commit (a crime)*
sich regen *to stir*
schlendern *to stroll*
sich verirren *to get lost*
vermeiden *to avoid*

munter *cheerful*
töricht *foolish*
unverrückt *unmoving*
unwirtbar *forbidding, inhospitable*
verwegen *keen*

Kunstschätze

Manchmal macht Kunst das Leben einfach schöner; aber manchmal hat Kunst etwas Wichtiges zu sagen, auch wenn sie nicht so schön ist. Manchmal bewegt (*moves*) sie uns tief (*deeply*). Manchmal erscheint sie uns einfach sinnlos. Warum brauchen wir sie überhaupt? Oder brauchen wir überhaupt Kunst? Welche Funktion hat sie in unserer Gesellschaft, und welche Rolle spielt sie in Ihrem Leben?

162

186

Reiseziel: Österreich

PREVIEW Have groups of students discuss the following question from the text: **Warum brauchen wir Kunst überhaupt?** Have them think of examples.

Kunst und Literatur

 Vocabulary Tools

Literarische Werke

der Aufsatz, ⁻e/der Essay, -s *essay*
die (Auto)biografie, -n *(auto)biography*
das Copyright, -s/das Urheberrecht, -e *copyright*
die Dichtung, -en *work (of literature, poetry)*
der Erzähler, -/die Erzählerin, -nen *narrator*
die Figur, -en *character*
das Genre, -s *genre*
die Handlung, -en *plot*
der Kriminalroman, -e *crime novel*
die Novelle, -n *novella*
die Poesie/die Dichtkunst *poetry*
die Prosa *prose*
der Reim, -e *rhyme*
der Roman, -e *novel*
die Strophe, -n *stanza; verse*
die Zeile, -n *line*

sich entwickeln *to develop*
spielen *to take place (story, play)*
zitieren *to quote*

(frei) erfunden *fictional*
klassisch *classical*
komisch *comical*
lustig *humorous*
preisgekrönt *award-winning*

realistisch *realistic*
satirisch *satirical*
tragisch *tragic*

SYNONYME
(frei) erfunden ⟷ fiktiv
lustig ⟷ humoristisch
das (Selbst)porträt, -s ⟷ das (Selbst)bildnis, -se

Tell students that **Essay** can be either masculine or neuter, with the same plural. However, the masculine form is used more often.

Tell students that **bildhauern** is colloquial; they should use **an einer Skulptur arbeiten** in a written context.

Die bildenden Künste

das Aquarell, -e *watercolor painting*

die Farbe, -n *paint*
das Gemälde, - *painting*
die schönen Künste *fine arts*
das Ölgemälde, - *oil painting*
der Pinsel, - *paintbrush*
das (Selbst)porträt, -s *(self-)portrait*
die Skulptur, -en *sculpture*
das Stillleben, - *still life*
der Ton *clay*

bildhauern *to sculpt*
malen *to paint*
skizzieren *to sketch*

ästhetisch *aesthetic*
avantgardistisch *avant-garde*

Musik und Theater

die Aufführung, -en *performance*
der Beifall *applause*
die Bühne, -n *stage*

der Chor, ⁻e *choir*
der Konzertsaal, -säle *concert hall*
das Lampenfieber *stage fright*

das Meisterwerk, -e *masterpiece*
das Musical, -s *musical*
die Oper, -n *opera*
die Operette, -n *operetta*
das Orchester, - *orchestra*
die Probe, -n *rehearsal*
das Publikum/die Zuschauer *audience*
das (Theater)stück, -e *play*

zeigen *to show*

leidenschaftlich *passionate*

Die Künstler

der Bildhauer, -/die Bildhauerin, -nen *sculptor*

der Dramatiker, -/die Dramatikerin, -nen *playwright*
der Essayist, -en/die Essayistin, -nen *essayist*
der (Kunst)handwerker, -/die (Kunst)handwerkerin, -nen *(artisan); craftsman*
der Komponist, -en/die Komponistin, -nen *composer*
der Liedermacher, -/die Liedermacherin, -nen *songwriter*
der Maler, -/die Malerin, -nen *painter*
der Regisseur, -e/die Regisseurin, -nen *director*
der Schriftsteller, -/die Schriftstellerin, -nen *writer*
der Tänzer, -/die Tänzerin, -nen *dancer*

INSTRUCTIONAL RESOURCES
Audioscripts, SAM AK, Lab MP3s
SAM/WebSAM: WB, LM

Anwendung und Kommunikation

1 **Künstlerisches Basiswissen** Wie viel wissen Sie über Kunst? Markieren Sie für jeden Satz die richtige Antwort.

1. Man malt mit (Ton / einem Pinsel).
2. In seinem berühmten Selbstporträt hat (Albrecht Dürer / Van Gogh) ein abgeschnittenes (*cut-off*) Ohr.
3. Agatha Christie schrieb (Musicals / Kriminalromane).
4. Ein Dramatiker schreibt (Nachrichten / Theaterstücke).
5. Ein Bildhauer macht (Skulpturen / Lieder).
6. (Schiller / Beethoven) war ein bekannter Komponist.

2 **Eine Aufführung** Schreiben Sie die richtigen Wörter in die Lücken.

Aufführung	Bühne	Dramatiker	Meisterwerk
Beifall	Chor	Lampenfieber	Publikum

Am Freitag ging ich in eine Aufführung von *Faust*. *Faust* ist das (1) ___Meisterwerk___ von Deutschlands berühmtestem Dichter und (2) ___Dramatiker___, Johann Wolfgang von Goethe. Zuerst lief die (3) ___Aufführung___ wunderbar. Die Schauspieler waren fantastisch und das (4) ___Publikum___ war hingerissen (*enchanted*). Aber dann kam Mephisto auf die (5) ___Bühne___ und sagte leidenschaftlich: „Ich bin der Geist, der stets (*always*) vergisst." Das war natürlich falsch. Der Schauspieler wurde sehr nervös und brachte kein einziges Wort mehr heraus. Er hatte (6) ___Lampenfieber___. Der Vorhang ging zu (*curtain closed*), aber nur eine Minute später wurde die Szene noch einmal aufgeführt. Diesmal spielte der Mephisto seine Rolle perfekt. Und am Ende des Theaterstücks gab es heftigen (7) ___Beifall___.

3 **Die Kunst** Was ist Ihr Lieblingskunstwerk? Ist es ein Gemälde, ein Foto, eine Skulptur... oder vielleicht ein Gebäude? Erzählen Sie einander davon. Wie heißt der Künstler/die Künstlerin? Wie ist der Stil? Ist das Kunstwerk realistisch, satirisch, witzig (*funny*), impressionistisch, komisch? Welche Farben benutzt der Künstler/die Künstlerin?

> **Beispiel** Mein Lieblingskunstwerk ist „Tod und Leben", ein Ölgemälde vom Maler Gustav Klimt. Der Stil ist...

4 **Bücher** Sprechen Sie in Gruppen über das letzte Buch, das Sie gelesen haben.

1. Was ist der Titel des letzten Buches, das Sie gelesen haben?
2. Wie heißt der Schriftsteller/die Schriftstellerin?
3. Zu welchem Genre gehört es? (Novelle, Jugendroman, Kriminalroman, usw.)
4. Welche Figur in dem Buch ist Ihre Lieblingsfigur? Warum?
5. Wer ist der Erzähler in dem Buch?
6. Wo findet die Geschichte statt? Was ist in dem Buch passiert?
7. Würden Sie Ihren Freunden das Buch empfehlen? Warum/warum nicht?

Ⓢ Practice more at **vhlcentral.com**.

---

1 After the activity, have students share their answers with a partner.

2 Tell students that in *Faust*, a professor makes a pact with the devil, Mephisto, who says "**Ich bin der Geist, der stets verneint.**" Mephisto is the spirit of negation, the eternal naysayer.

3 To prepare for this activity, have students go online and print a picture of their favorite artwork.

4 Keep groups small so that students can go into more detail in describing their books. As a follow-up to this task, assign a short book report for homework in which students must use at least seven vocabulary words.

KULTURANMERKUNG

Gustav Klimt (1862–1918) war österreichischer Maler, Vorantreiber des Jugendstils° und der erste Präsident des Wiener Künstlerbundes „Secession". Klimts Gemälde zeigen schillernde° Menschen, die aus flachen, goldverzierten Hintergründen hervorstechen°. Schon zu Lebzeiten war Klimt beliebt, und seine Kunst hat ihm sehr viel Geld und Ruhm° eingebracht. Seine Werke sind heutzutage Millionen wert. Das Gemälde „Litzlberg am Attersee" wurde 2011 für 29,5 Millionen Euro versteigert°!

Jugendstils *Art Nouveau* **schillernde** *colorful* **goldverzierten Hintergründen hervorstechen** *stand out from gilded backgrounds* **Ruhm** *fame* **versteigert** *sold at auction*

INSTRUCTIONAL RESOURCES
Film Collection,
Script & Translation
SAM/WebSAM: WB

Vorbereitung

Wortschatz des Kurzfilms	
abstempeln *to label*	
hinterherreisen *to follow (somebody's travels)*	
die Oberfläche *surface*	
der Pfeil *arrow*	
der Quatsch *nonsense*	
sich trauen *to dare*	
vereinsamen *to grow lonely*	
verraten *to betray*	
sich wundern über *to be amazed by*	

Nützlicher Wortschatz
introvertiert *withdrawn*
verklemmt *inhibited*
verunstalten *to deface*
wegziehen *to move away*

AUSDRÜCKE

der Geist des Ortes *spirit of a place*

die Seele der Stadt *soul of the city*

wie eine Horde Nashörner trampeln *to trample like a horde of rhinos*

Das geht dich nichts an! *It's none of your business!*

nochmal von vorn(e) beginnen *to start over again*

---

1 Have students write definitions for the words not used in this activity. Then, have them take turns reading their definitions out loud and letting the rest of the class guess the words.

1

Was passt zusammen? Suchen Sie für jede Vokabel die richtige Definition.

__a__ 1. prägt und beeinflusst die Atmosphäre an einem bestimmten Platz

__f__ 2. eine Fassade oder Hülle, die versteckt, was hinter ihr ist

__d__ 3. wenn man jemanden überallhin verfolgt

__b__ 4. etwas, das geheim bleiben soll, weitersagen

__c__ 5. ein Zeichen, das in eine bestimmte Richtung zeigt

__e__ 6. neu starten, nachdem man bereits fertig war

a. der Geist des Ortes

b. verraten

c. der Pfeil

d. hinterherreisen

e. nochmal von vorn anfangen

f. die Oberfläche

2

Welche Vokabel passt? Suchen Sie für jeden Satz die Vokabel, die logisch passt.

1. __Introvertierte__ Menschen haben es oft schwer, Freunde oder Partner zu finden.

2. Das liegt vor allem daran, dass sie sich oft nicht __trauen__ , andere Leute einfach anzusprechen oder mit ihnen in Kontakt zu treten.

3. Wenn solche Menschen auch noch __verklemmt__ sind, können sie ihre Gefühle nur schwer ausdrücken.

4. Das Ergebnis ist dann oft, dass sie alleine sind und daher __vereinsamen__.

5. Viele Leute __stempeln__ introvertierte Personen als Einzelgänger und Außenseiter ab.

6. Es ist allerdings __Quatsch__ zu sagen, dass eine introvertierte Person keine Freunde hat und immer alleine ist.

3 **Was denkst du?** Stellen Sie einander folgende Fragen.

1. Wo lebst du lieber, in einer Stadt oder auf dem Land?

2. Wie kommunizierst du mit anderen Menschen?

3. Beobachtest du manchmal andere Menschen in deiner Stadt? Was denkst du dir dabei? Kommst du dir vielleicht einsam vor, obwohl es viele Menschen um dich herum gibt?

4. Was würdest du machen, wenn dich plötzlich jemand anspricht, den du interessant findest?

5. Hast du schon einmal einer anderen Person wehgetan? Was würdest du tun, wenn du die Chance hättest, nochmal mit dieser Person zu reden?

3 Encourage students to share their answers with the class.

4 **Leben in der Stadt** Füllen Sie zu zweit die Tabelle aus. Suchen Sie zu jedem Thema Argumente für und gegen das Leben in der Stadt und auf dem Land.

4 Turn this activity into a classroom debate with half the class arguing that city life is better than life in the country, and the other half arguing the opposite.

Was halten Sie vom Leben in der Stadt? Was würde passieren, wenn Sie auf dem Land leben würden?		
Themen	**Stadt**	**auf dem Land**
Wohnen	*kleine Wohnung*	*großes Haus mit Garten*
Freunde		
Arbeiten		
Freizeit		
Kunst		
Essen		
Umwelt		
Familie		

5 **Was passiert?** Schauen Sie sich in Gruppen die Bilder an. Beschreiben Sie jedes Bild in drei Sätzen.

1. Wer könnten diese Menschen sein? Spekulieren Sie, wo die Menschen wohnen.

2. Was für eine Beziehung haben diese Menschen zueinander?

3. Wie könnte der Mann aus dem ersten Bild reagieren, wenn er die Szene im dritten Bild sieht?

 Practice more at **vhlcentral.com**.

Video

HANDLUNG *Bruno ist in die Stadt Berlin verliebt. Auf seiner Suche nach der Seele der Stadt lernt er Vicky kennen. Als Bruno sich in sie verliebt, sagt sie ihm, dass sie bald aus Berlin wegziehen wird.*

BRUNO Woraus besteht die Stadt? Wände, Häuser, Straßen, Litfaßsäulen, Schilder, Ampeln, der Himmel und die Zeit, die in ihr vergeht.

BRUNO Die Seele der Stadt sprach zu ihren Bewohnern in Gestalt einer Schlange. Es tut mir gut zu wissen, dass diese Stadt für mich da ist.

BRUNO Seltsam, ich teile diese Stadt mit 3,5 Millionen Menschen und ich kenne keinen einzigen wirklich. Wer sind diese Fremden um mich herum?

BRUNO Vielleicht gibt es ja noch jemanden, der die Stadt sieht. Schade, dass ich mich nicht trauen würde, sie anzusprechen.

BRUNO Ich hatte eine Komplizin gefunden. Zum ersten Mal in meinem Leben. Ich zeigte ihr meine Welt. Ich erzählte ihr von der Seele der Stadt, von den Römern und der Schlange, die mit den Bewohnern redet.

BRUNO Ich kann vielleicht immer noch nicht sagen, was ich für dich fühle, aber ich kann's dir zeigen. Seit ich das rauslassen kann, so wie du, seitdem fühle ich mich nicht mehr so verloren und ängstlich, sondern stark und leicht.

Have students correct the false statements in the **Beim Zuschauen** activity.

∾ Beim ZUSCHAUEN

Sind die folgenden Sätze **richtig** oder **falsch**?

1. Bruno hat eine sehr gute Bezie-hung zu seiner Stadt. Falsch
2. Bruno verliebt sich in eine Frau. Richtig
3. Vicky ist auch Berlinerin. Falsch
4. Vicky wird in einer Woche Berlin verlassen. Richtig
5. Bruno ist eifersüchtig, dass Vicky sich mit anderen Männern trifft. Richtig
6. Vicky entschließt sich, in Berlin zu bleiben. Falsch

Analyse

1

Was passiert zuerst? Bringen Sie die folgenden Sätze in die richtige Reihenfolge.

__4__ a. Bruno weiß nicht, wie er Vicky sagen soll, dass er in sie verliebt ist.

__3__ b. Bruno und Vicky machen zusammen kreative Fotomontagen.

__5__ c. Bruno findet nicht die richtigen Worte und verletzt Vicky.

__2__ d. Der Geist der Stadt zeigt Bruno den Weg zu Vicky.

__6__ e. Bruno zeigt seine Gefühle für Vicky in einer Videomontage.

__1__ f. Bruno läuft täglich ohne Kontakt zu anderen Menschen durch die Stadt.

2 Have students cite scenes or lines of dialogue from the film that support their answers.

2

Was ist richtig? Welcher Satz beschreibt, was im Film passiert? Besprechen Sie zu zweit Ihre Antworten. Some answers will vary.

1. (a.) Städte haben eine eigene Seele.
   b. Städte bestehen nur aus Häusern, Straßen, Ampeln und Schildern.

2. a. Bruno geht jeden Tag durch die Straßen der Stadt, um andere Menschen kennen zu lernen.
   (b.) Bruno geht jeden Tag durch die Straßen der Stadt, um die Stadt besser kennen zu lernen.

3. (a.) Bruno und Vicky finden Städte faszinierend.
   b. Bruno zeigt Vicky, warum Städte so interessant sind.

4. (a.) Bruno und Vicky finden in der Stadt viele Möglichkeiten, kreativ zu sein.
   b. Bruno und Vicky verunstalten mit ihrem Graffiti die Stadt.

5. a. Bruno verletzt Vicky, weil er sie nicht mag.
   (b.) Bruno verletzt Vicky, weil er mit Emotionen nicht gut umgehen kann.

6. (a.) Mit seinem Film findet Bruno einen Weg, seine Gefühle für Vicky auszudrücken.
   b. Mit seinem Film will sich Bruno von Vicky verabschieden.

3

Wer sagt was? Entscheiden Sie, wer welchen Satz im Film sagt. Vergleichen Sie dann Ihre Antworten miteinander.

– Alle paar Jahre reisen wir zusammen in ein anderes Land.		✓
– Schade, dass ich mich nicht trauen würde, sie anzusprechen.	✓	
– Weißt du, ich konnte noch nie so gut mit Gefühlen.	✓	
– Ich muss gleich los. Ich treff' mich noch mit Fernando, weißt du?		✓
– Hey, du! Kannst du mir mal helfen?		✓
– Ich wunderte mich, wie tief ich sie verletzen konnte.	✓	

4 Die Hauptfiguren

A. Schreiben Sie die Wörter auf, die Bruno und Vicky am besten beschreiben.

Some answers will vary.

emotional	impulsiv	kreativ	ruhig	weltoffen
extrovertiert	isoliert	lustig	schüchtern	zurückhaltend

Bruno ist *ruhig,* ... kreativ, schüchtern, zurückhaltend

Vicky ist *weltoffen,* ... emotional, extrovertiert, impulsiv, kreativ, lustig

B. Vergleichen Sie Ihre Antworten miteinander und besprechen Sie mögliche Unterschiede.

5 **Bildbeschreibung** Beschreiben Sie die Bilder und beantworten Sie in Gruppen die Fragen.

1. Am Anfang fragt Bruno: „Woraus besteht die Stadt? Wände, Häuser, Straßen, Litfaßsäulen, Schilder, Ampeln, der Himmel und die Zeit, die in ihr vergeht." Wie könnte man Brunos Leben am Anfang des Films beschreiben?

2. Wie entwickelt sich das Verhältnis zwischen Bruno und Vicky? Welche Bedeutung hat die Stadt für ihre Beziehung?

3. Wie benutzt Bruno am Ende des Films die Stadt, um sich und seine Gefühle auszudrücken?

6 **Diskussion** Besprechen Sie die folgenden Fragen in Gruppen und geben Sie konkrete Beispiele für jede Antwort.

1. Wie würden Sie die Seele Ihrer Stadt beschreiben? Was würde Ihnen diese Seele, der *Genius Loci*, sagen? Was hat sie Ihnen schon gesagt?

2. Bruno drückt seine Gefühle durch seine Kunst aus. Kennen Sie andere Menschen, die Kunst benutzen, um sich besser auszudrücken?

3. Wie geht Brunos Leben nach dem Film weiter? Was wird Vicky machen?

4. Ist es einfacher, Menschen kennen zu lernen und Freunde zu finden, wenn man nicht in einer Großstadt, sondern auf dem Land oder in einer Kleinstadt lebt? Erklären Sie Ihre Antwort.

7 **Zum Thema** Schreiben Sie einen Absatz (10 Zeilen) über eines der folgenden Themen.

1. Sie gehen durch Ihre Stadt: Wer lebt hier? Was machen die Menschen?

2. Sie verlieben sich in eine Person, erfahren aber, dass diese Person in einer Woche wegziehen wird. Wie reagieren Sie?

 Practice more at **vhlcentral.com**.

Österreich

Unterwegs im Bilderbuchland

Land der Berge, Land am Strome°, Land der Äcker°, Land der Dome – so wird **Österreich** in seiner Nationalhymne charakterisiert. Österreichs Landschaft ist sehr reizvoll° mit seinen schneebedeckten Bergen, Seen und romantischen Schlössern, und die österreichischen Städte haben einen außerordentlichen Reichtum an Kultur.

Ein Beispiel ist **Salzburg**, die Musikstadt an der Salzach°. Der Mönchsberg mit der **Festung Hohensalzburg** überragt° die Stadt. Im Jahr 1077 wurde diese Burg gebaut. Hier kann man sich das Leben im Mittelalter noch wunderbar vorstellen. Unter der Burg liegt die Altstadt, wo der Film *The Sound of Music* gedreht wurde, und dort, in der **Getreidegasse**, befindet sich auch das Geburtshaus des musikalischen Wunderkinds **Wolfgang Amadeus Mozart**.

Ganz im Osten Österreichs liegt die Hauptstadt **Wien**. Wien war jahrhundertelang Residenzstadt der **Habsburger**° und Zentrum des **Österreichisch-Ungarischen Reiches**. Die Spuren kaiserlicher Vergangenheit° sind überall zu sehen. Das gelbe **Schloss Schönbrunn** war die Sommerresidenz von Kaiserin Maria Theresia (1717–1780).

Im **Leopold-Museum** hängt **Gustav Klimts** berühmtes Gemälde „Tod und Leben" und an der Ecke Kegelgasse/Löwengasse steht das kunterbunte° **Hundertwasserhaus**. Vom **Riesenrad**° im Prater, dem historischen Vergnügungspark, hat man einen herrlichen Blick über die Stadt.

Südwestlich von Wien liegt **Graz**, Hauptstadt der waldreichen **Steiermark**. Das Bundesland ist die Heimat der „steirischen Eiche°"! Diesen Beinamen° trägt Arnold Schwarzenegger, der gelegentlich nach Graz fliegt, um seine Heimat zu besuchen.

Weiter südlich, am malerischen Wörthersee, liegt **Klagenfurt**, die Hauptstadt von **Kärnten**. In der Nähe gibt es weltbekannte Skiorte, was die Stadt zu einem Lieblingsziel von Wintersportlern aus aller Welt macht. Aber auch in **Innsbruck** kann man sich als Tourist sehr wohlfühlen, denn diese Stadt bietet eine perfekte Kombination aus Kultur und Natur. Zu sehen gibt es hier das **Goldene Dachl**° in der Altstadt, und hoch oben in den **Tiroler Alpen** kann man auf der **Birkkarspitze**° die reine Bergluft einatmen.

Ganz im Westen Österreichs schließlich liegt **Bregenz**, Hauptstadt des Bundeslandes **Vorarlberg**. Die Fassaden des

Übrigens...

Sie beginnt als kleine Quelle° im Schwarzwald, wird immer breiter, fließt gemächlich durch die österreichische Hauptstadt, windet sich° an Klöstern, Städtchen und Wäldern vorbei und mündet schließlich ins° Schwarze Meer. Das ist **die Donau**, der wichtigste Fluss in Österreich und mit 2.888 Kilometern der zweitlängste Fluss in ganz Europa.

Städtchens spiegeln sich im **Bodensee** wider°, und hinter der Stadt ragen die Berge in den Himmel. Bregenz bietet milde Temperaturen, die **Bregenzer Festspiele** und das Kunsthaus Bregenz.

Übrigens kann man in ganz Österreich von einer Erfindung° des österreichischen Lebensstils profitieren: das **Kaffeehaus** bietet zahlreiche Kaffeespezialitäten, etwa die **Melange**, das ist ein Kaffee mit Milchschaum°, oder den **Einspänner**, ein Kaffee mit Schlagsahne°. In diesen Kaffeehäusern kann man stundenlang Zeitung lesen und diskutieren. Im traditionsreichen Wiener Café Landtmann beispielsweise waren einst **Sigmund Freud** und **Gustav Mahler** Stammgäste°.

Auch der österreichische Dialekt ist etwas Besonderes. So sagt man auf **Österreichisch** z. B. zum Abschied „Pfüati" (das kommt von „Behüte dich°"), und ein Eichhörnchenschwanz° ist „a Oachkatzlschwoaf". Können Sie das aussprechen? Dann werden Sie sich in Österreich wohl fühlen!

Tell students that **eine Melange** is an Austrian-style cappuccino.

am Strome on the river **Äcker** acres, fields **reizvoll** attractive **Salzach** river in Salzburg **überragt** surmounts **Habsburger** Austrian royal family **Spuren ... Vergangenheit** traces of the past **kunterbunt** very colorful **Riesenrad** ferris wheel **steirische Eiche** Styrian oak **Beinamen** nickname **Dachl** roof (Austrian) **Birkkarspitze** peak in Tirol **spiegeln sich ... wider** are reflected **Erfindung** invention **Milchschaum** frothed milk **Schlagsahne** whipped cream **Stammgäste** regular guests **Behüte dich** [God] bless you **Eichhörnchenschwanz** squirrel tail

Entdeckungsreise

Alpen-Thermen A bisserl° gestresst? Die Lösung liegt in den Alpen, in dem weltbekannten Kurort **Bad Hofgastein**. Im Mittelalter wurde hier nach Gold und Silber gegraben°, aber heute sind Wellness, Entspannung und Gesundheit angesagt. Die Alpen-Therme ist ein ultramoderner Kurpark° mit heißen Bädern, einer Farblichtsauna, einer Dampfgrotte°, gigantischen Wasserrutschen° und vielem mehr.

Die Sachertorte Eine besonders beliebte österreichische Spezialität ist die **Sachertorte**, ein cremiger Schokoladenkuchen mit Marillenmarmelade°, der im Jahre 1832 in Wien erfunden wurde. Fürst° Metternich erwartete wichtige Gäste, der Chefkoch° war krank und dem erst 16-jährigen **Franz Sacher** fiel die Aufgabe zu°, ein besonderes Dessert herzustellen. Auch wenn es unterschiedliche Ansichten° darüber gibt, wie viel Marmelade die Torte enthalten sollte, ist sie doch eine typische Wiener Spezialität geworden.

A bisserl A little (Austrian) **gegraben** mined **Kurpark** health spa complex **Dampfgrotte** steam cave **Wasserrutschen** water slides **Marillenmarmelade** apricot jam **Fürst** prince **Chefkoch** head chef **fiel die Aufgabe zu** the task fell to **Ansichten** opinions

Was haben Sie gelernt?

Richtig oder falsch? Sind die Aussagen **richtig** oder **falsch**? Stellen Sie die falschen Aussagen richtig. Some answers will vary.

1. Beethovens Geburtshaus ist in Salzburg. Falsch. Mozarts Geburtshaus ist in Salzburg.
2. Die Habsburger haben in Innsbruck gelebt. Falsch. Die Habsburger haben in Wien gelebt.
3. Arnold Schwarzenegger kommt aus Graz in der Steiermark. Richtig.
4. Die Donau fließt durch Salzburg. Falsch. Die Donau fließt durch Wien; die Salzach fließt durch Salzburg.
5. Die Alpen-Therme ist ein Kurpark in Bad Hofgastein. Richtig.
6. Sachertorte ist ein Schokoladenkuchen mit Aprikosenmarmelade. Richtig.
7. Der Fürst Metternich hat die erste Sachertorte gebacken. Falsch. Franz Sacher hat die erste Sachertorte für Fürst Metternich und seine Gäste gebacken.

Fragen Beantworten Sie die Fragen. Some answers will vary.

1. Welche Sehenswürdigkeiten kann man in Salzburg besichtigen? Man kann die Festung Hohensalzburg und Mozarts Geburtshaus besichtigen.
2. Wie heißt ein österreichischer Kaffee mit Milchschaum? Er heißt Melange.
3. Warum ist Klagenfurt beliebt bei Touristen? Es liegt in den Alpen an einem See. Man kann Ski laufen.
4. Wie heißen die Hauptstädte von den Bundesländern Vorarlberg, Steiermark und Kärnten? Diese Hauptstädte sind Bregenz, Graz und Klagenfurt.
5. Was sagt man in Österreich, um sich von Freunden zu verabschieden? Man sagt „Pfüati".
6. Warum kommen die Menschen heute nach Bad Hofgastein? Sie kommen wegen der Alpen-Therme.
7. Wie alt war Franz Sacher, als er die erste Sachertorte machte? Er war erst 16.

Diskussion Besprechen Sie in Gruppen die folgenden Fragen.

1. Die Stadt Wien gilt als Stadt der Musik. Hier waren viele berühmte Komponisten wie Mozart, Strauss oder Bethoven tätig. Kennen Sie noch andere? Welche klassischen Musikstücke fallen Ihnen ein?

2. Wien ist für seine Kaffeehäuser und Kaffeespezialitäten wie die Melange und die Sachertorte bekannt. Kennen Sie diese? Welche kulinarische Spezialitäten gibt es bei Ihnen?

3. Die Landschaft in Österreich ist vielfältig. Was würden Sie in Österreich gern sehen oder unternehmen? Nennen Sie vier Sehenswürdigkeiten oder Aktivitäten. Machen Sie dann eine Umfrage im ganzen Kurs. Welche Sehenswürdigkeit oder Aktivität ist am beliebtesten?

Galerie

Have students describe the Frankfurt kitchen. Ask them how it compares to kitchens they know.

Architektur

Margarete Schütte-Lihotzky (1897–2000)

Die Wienerin Margarete Schütte-Lihotzky gilt als die erste österreichische Architektin. 1926 entwarf (*designed*) sie die Frankfurter Küche, eine Einbauküche (*kitchenette*), die heute noch der Prototyp vieler moderner Küchen ist. Diese Küchen sollten ein Labor (*laboratory*) für die Hausfrau sein: Kochen sollte einfacher werden und nicht mehr so lange dauern. Laut Schütte-Lihotzky hat sie nie selber gekocht: Zu Hause habe ihre Mutter gekocht, und als Erwachsene sei sie jeden Tag ins Wirtshaus (*pub*) essen gegangen.

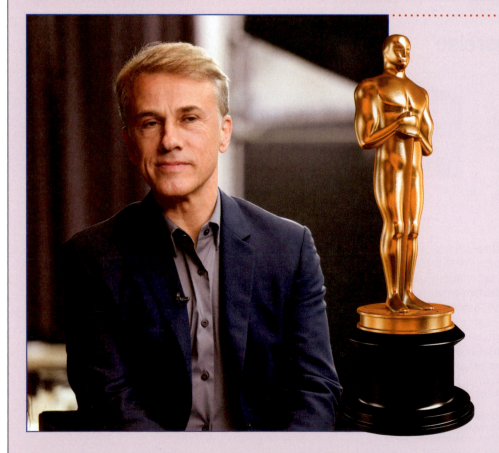

Film

Christoph Waltz (1956–)

Christoph Waltz ist einer der erfolgreichsten und bekanntesten deutschsprachigen Schauspieler. Der in Wien geborenen Deutsch-Österreicher begann seine Karriere in den achtziger Jahren als Theater- und Fernsehschauspieler in der Schweiz und in Österreich. International bekannt wurde er mit den Filmen *Inglourious Basterds* (2009) und *Django Unchained* (2012). Für seine Darstellungen (*performances*) in beiden Filmen erhielt er sowohl einen Oscar als auch einen Golden-Globe. Außerdem spielte er auch den Part des Ernst Stavro Blofeld im James Bond Film *Spectre* (2015). Im Film *Inglourious Basterds* spricht der dreisprachige (*trilingual*) Waltz Deutsch, Englisch und Französisch.

Ask students if they've seen any Christoph Waltz films.

Bildende Kunst

Ernst Fuchs
(1930–2015)

Der 1930 in Wien geborene Künstler ist hauptsächlich als Maler bekannt geworden. Er war aber auch als Bildhauer, Sänger und Komponist tätig und hat Bühnenbilder (*stage design*) geschaffen. Fuchs studierte an der Akademie der bildenden Künste in Wien und hatte 1949 seine erste Ausstellung in Paris, wo er auch lebte. Es folgten Reisen ins internationale Ausland. 1962 erhielt er eine Professur in Wien. Fuchs war Mitbegründer der Wiener Schule des Phantastischen Realismus, und pflegte viele Künstlerfreundschaften, beispielsweise mit Salvador Dali. Fuchs wurde vielfach ausgezeichnet, unter anderen 2004 mit dem Österreichischen Ehrenkreuz für Wissenschaft und Kunst.

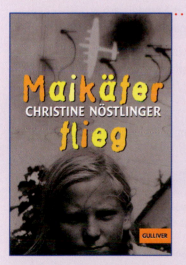

Literatur

Christine Nöstlinger
(1936–)

Die österreichische Schriftstellerin wurde in Wien geboren, wo sie auch heute noch lebt. Sie hat mehr als 100 Kinder- und Jugendbücher geschrieben und ist eine der bedeutendsten Kinderbuchautoren des deutschen Sprachraumes. 1970 gelang ihr mit *Die feuerrote Friederike* (*Fiery Frederica*) der Durchbruch. Nöstlingers Bücher wurden in viele Sprachen übersetzt und einige wurden auch verfilmt. Sie wurde mit zahlreichen Preisen ausgezeichnet; darunter sind der Deutsche Jugendliteraturpreis (1973), der Astrid-Lindgren-Gedächtnis-Preis (2003), sowie der Lebenswerk-Preis eines österreichischen Ministeriums (2016). Zu ihren beliebtesten Werken zählen: *Maikäfer flieg* (*Fly Away Home*), *Wir pfeifen auf den Gurkenkönig* (*The Cucumber King*) sowie *Konrad oder das Kind aus der Konservenbüchse* (*Conrad: The Factory-Made Boy*).

Tell students that the full name of the award Nöstlinger received in 2016 is **Lebenswerk-Preis des Bundesministeriums für Arbeit, Soziales, Gesundheit und Konsumentenschutz.**

Analyse

Verständnis Ergänzen Sie die Sätze mit den fehlenden Wörtern und Ausdrücken.

1. Christoph Waltz ist ein deutsch-österreichischer ___Schauspieler___.

2. Christoph Waltz spricht drei Sprachen: ___Deutsch___, ___Englisch___ und ___Französisch___.

3. Margarete Schütte-Lihotzky war die erste ___Frau___ in Österreich, die Architektin war.

4. Schütte-Lihotzkys Entwurf der ___Frankfurter Küche___ revolutionierte, wo und wie man heute kocht.

5. Der Künstler Ernst Fuchs war mit ___Salvador Dali___ befreundet.

6. Seine erste Ausstellung fand 1949 in ___Paris___ statt.

7. Christine Nöstlinger ist eine bekannte ___Kinderbuchautorin___.

8. 1970 wurde Christine Nöstlinger mit dem Buch ___Die feuerrote Friederike___ bekannt.

Diskussion Diskutieren Sie in kleinen Gruppen eines der folgenden Themen und präsentieren Sie die Ergebnisse im Kurs.

1. Margarete Schütte-Lihotzky entwarf eine moderne Küche, die das Kochen schneller und einfacher machen sollte. Wie sieht Ihre Küche aus? Beschreiben Sie sie. Was für zeitsparende (*time-saving*) Apparate, Systeme und Geräte (*devices*) haben und benutzen Sie in Ihrer Küche und auch generell in Ihrem eigenen Leben?

2. Christine Nöstlinger schreibt Kinder- und Jugendbücher. Welche Bücher haben Sie als Kind gelesen? Sind Bücher im Zeitalter von Computern und Smartphones Auslaufmodelle (*discontinued models*)? Warum (nicht)?

Aufsatz Schreiben Sie einen kurzen Aufsatz über eines der folgenden Themen. Suchen Sie die nötigen Informationen im Internet.

1. Christoph Waltz besitzt zwei Pässe, einen Österreichischen und einen Deutschen. Welche Vor- und Nachteile kann eine doppelte Staatsbürgerschaft (*dual citizenship*) haben?

2. Recherchieren Sie die Autorin Christine Nöstlinger. War sie schon immer Kinderbuchautorin? Finden Sie heraus, wie ihre Karriere begann und wo sie gearbeitet hat.

5.1

Modals

- Modals express obligation (**sollen**), ability (**können**), necessity (**müssen**), permission (**dürfen**), and desire or preference (**wollen**/**mögen**). When a modal is used in the present tense (**das Präsens**), it is paired with a dependent infinitive, which is placed at the end of the sentence.

In a German sentence with a conjugated verb and an infinitive phrase, **zu** is used before the infinitive.

Hast du Lust, morgen Abend mit mir ins Kino zu gehen?
Do you feel like going to the movies with me tomorrow night?

When the conjugated verb is a modal, there is no **zu** before the infinitive.

Ich kann morgen Abend nicht ins Kino gehen. Ich muss leider arbeiten.
I can't go to the movies tomorrow night. Unfortunately, I have to work.

INSTRUCTIONAL RESOURCES
Audioscripts, SAM AK, Lab MP3s, Grammar Presentation Slides
SAM/WebSAM: WB, LM

Point out to students that **mögen** in the present indicative is used to talk about something you "like" but that the most common uses of this verb are the subjunctive forms, **möchten** (*would like*) (**Strukturen 8.2, p. 294.**)

Have students notice the stem of **mögen** in the **Präteritum**.

Write the words for various people related to the arts on individual cards (**der Komponist, der Regisseur, der Schauspieler, der Maler, die Tänzerin, die Schriftstellerin**, etc.). Have students work in pairs to write sentences using modal verbs about what each of the people do. Ex.: **der Liedermacher (Er muss gute Texte schreiben. Er soll gut singen. Er darf kein Lampenfieber haben.)**

Modals in the *Präsens*					
sollen *(should)*	**können** *(can)*	**müssen** *(must)*	**dürfen** *(may)*	**wollen** *(to want to)*	**mögen** *(to like to)*
ich soll	ich kann	ich muss	ich darf	ich will	ich mag
du sollst	du kannst	du musst	du darfst	du willst	du magst
er/sie/es soll	er/sie/es kann	er/sie/es muss	er/sie/es darf	er/sie/es will	er/sie/es mag
wir sollen	wir können	wir müssen	wir dürfen	wir wollen	wir mögen
ihr sollt	ihr könnt	ihr müsst	ihr dürft	ihr wollt	ihr mögt
sie/Sie sollen	sie/Sie können	sie/Sie müssen	sie/Sie dürfen	sie/Sie wollen	sie/Sie mögen

Ich **will** Tänzerin **werden**.
*I **want to become** a dancer.*

Der Künstler **kann** gut **malen**.
*The artist **can paint** well.*

- In a yes/no question, the conjugated modal verb is in first position. For questions using question words, the modal verb is in second position. In both cases, the modal verb is followed by the subject and the infinitive is placed at the end of the question.

Willst du den neuen Roman von Frank Schätzing **lesen**?
***Do you want to read** Frank Schätzing's new novel?*

Warum **kann** Karl so gut aus dem Theaterstück **zitieren**?
*Why **can** Karl **quote** from the play so well?*

- To form the **Präteritum**, add the appropriate endings to the verb stem. All modals that have an **Umlaut** in the infinitive drop the **Umlaut** in the past tense.

Modals in the *Präteritum*					
sollen *(supposed to)*	**können** *(were able to)*	**müssen** *(had to)*	**dürfen** *(were allowed to)*	**wollen** *(wanted to)*	**mögen** *(liked)*
ich soll**te**	ich konn**te**	ich muss**te**	ich durf**te**	ich woll**te**	ich moch**te**
du soll**test**	du konn**test**	du muss**test**	du durf**test**	du woll**test**	du moch**test**
er/sie/es soll**te**	er/sie/es konn**te**	er/sie/es muss**te**	er/sie/es durf**te**	er/sie/es woll**te**	er/sie/es moch**te**
wir soll**ten**	wir konn**ten**	wir muss**ten**	wir durf**ten**	wir woll**ten**	wir moch**ten**
ihr soll**tet**	ihr konn**tet**	ihr muss**tet**	ihr durf**tet**	ihr woll**tet**	ihr moch**tet**
sie/Sie soll**ten**	sie/Sie konn**ten**	sie/Sie muss**ten**	sie/Sie durf**ten**	sie/Sie woll**ten**	sie/Sie moch**ten**

Sie **wollte** als Komponistin **arbeiten**.
*She **wanted to work** as a composer.*

Wir **durften** ihn am Wochenende **besuchen**.
*We **were allowed** to visit him on the weekend.*

- When a modal is in the **Perfekt**, there are three verbs in the sentence: the conjugated auxiliary **haben** in second position, and the infinitives of the main verb and the modal in final position. This three-verb construction is expressed in English as the past tense of *have to* plus an infinitive.

> Er **hat** die letzten drei Monate immer samstags **arbeiten müssen**.
> *He **has had to work** Saturdays for the last three months.*

- To form the future tense of modal verbs, conjugate **werden** and use the dependent infinitive and the modal infinitive in that order at the end of the statement.

> Die Probe **wird** später **stattfinden müssen**.
> *The rehearsal **will have to take place** later.*

> Sie **werden** Hundertwasserhaus in Wien **sehen wollen**.
> *They **will want to see** the Hundertwasser House in Vienna.*

- In German, modals can be used with the past participle of the main verb to express an attitude toward an event that happened in the past.

> Der Essayist **muss** diesen Artikel **geschrieben haben**!
> *The essayist **must have written** this article!*

> Die Aufführung **soll** sehr gut **gewesen sein**.
> *The performance **is supposed to have been** very good.*

- In subordinate clauses where three verbs come together (the conjugated form of the auxiliary **haben**, the infinitive of the main verb, and the infinitive of the modal), the conjugated auxiliary verb comes directly before the two infinitives.

> Das ist das dritte Mal, dass das Musical später **hat anfangen müssen**.
> *This is the third time that the musical **has had to start** late.*

- In a dependent or relative clause, the conjugated modal verb moves to the end of the clause.

> Ich weiß nicht, **ob** meine Freundinnen Kaffee trinken **wollen**.
> *I don't know **if** my girlfriends **want to** drink coffee.*

> Ein Regisseur, **der** in Wien arbeiten **will**, **sollte** die Branche gut kennen.
> *A director who **wants to** work in Vienna **should** know the industry well.*

- The modal **wollen** can be used to express what someone wants someone else to do. In English, the action that someone else should do is expressed with an infinitive, but in German it is expressed in a dependent clause.

> Der Komponist **will**, dass **die Musiker** lauter **spielen**.
> *The composer **wants** the musicians **to play** more loudly.*

> Der Erzähler **will**, dass **die Hauptfigur** im Roman sich langsam **entwickelt**.
> *The narrator **wants** the main character in the novel **to develop** slowly.*

- Modals are often used in the **Konjunktiv II** to express polite wishes. They express ideas such as *I would like to, I could, I might*. In German, the modals in the **Konjunktiv II** retain any **Umlaute**.

> Ich **möchte** gern Paula Hawkins' Roman lesen.
> *I **would like to** read Paula Hawkins' novel.*

QUERVERWEIS

For more on the subjunctive of modals, see **Strukturen 8.2, pp. 294–295.**

Anwendung

1

Der Roman Kreisen Sie das richtige Modalverb ein, so dass die Sätze Sinn ergeben.

1. (Darfst / (Möchtest)) du einen Roman lesen?

2. Ich kenne einen Roman, der sehr spannend sein (will / (soll)).

3. Die Hauptfigur, Detektiv Schmidt, (soll / (kann)) den Dieb (*thief*) nicht finden.

4. Er ((muss) / mag) 24 Stunden am Tag arbeiten, um den Dieb zu finden.

5. Der Dieb besucht sogar einmal den Detektiv und fragt ihn: „(Darf) / Mag) ich Ihnen helfen?"

6. Der Detektiv wird zornig (*angry*) und läuft ihm sofort nach. Wird er ihn finden (sollen / (können))?

2

Nach Wien Luisa schreibt ihren Großeltern über ihre geplante Reise nach Wien. Schreiben Sie die richtige Form des Modalverbs in die Lücken.

> *Liebe Oma! Lieber Opa!*
>
> *Mutti und ich (1) ___wollen___ (wollen) im Sommer nach Wien fahren. Meine Musikprofessorin sagte, wir (2) ___sollen/sollten___ (sollen) uns unbedingt „Die Zauberflöte" von Mozart sehen. Wir (3) ___können___ (können) Karten für billige Stehplätze kaufen. Ich (4) ___muss___ (müssen) auch unbedingt zum Schloss Belvedere gehen, weil ich dort die berühmten Gemälde von Gustav Klimt sehen (5) ___will___ (wollen). Ich (6) ___darf___ (dürfen) aber nicht zu lange in diesem Museum bleiben, da es so viel in Wien zu machen gibt. Wir (7) ___müssen___ (müssen) alles in Wien gesehen haben, bevor wir nach Hause zurück fahren. Mutti (8) ___mag___ (mögen) Theaterstücke. Ich auch. Ich (9) ___kann___ (können) es kaum (hardly) erwarten, bis wir endlich in Wien sind. Wir (10) ___dürfen___ (dürfen) nicht vergessen, euch von der Musik und vom Theater zu erzählen.*
>
> *Eure*
> *Luisa*

3

Das wissen wir nicht! Bilden Sie Fragen und Antworten mit den Satzteilen. Achten Sie darauf, ob das Verb im **Präsens**, **Perfekt** oder **Futur** sein soll. Arbeiten Sie zu zweit.

Beispiel   **der Regisseur / letztes Jahr / der Film über Freud / drehen wollen**

—Hat der Regisseur letztes Jahr den Film über Freud drehen wollen?
—Ich weiß nicht, ob er den Film hat drehen sollen.

1. der Musiker / das Lied / gestern / schneller / spielen wollen

2. der Liedermacher / mit dem Chor / im Jahre 2017 / singen dürfen

3. die Malerin / das Aquarell / letzten Herbst im Freien (*outdoors*) / malen können

4. der Schauspieler / dieses Jahr / im lustigen Film / erscheinen wollen

5. der Schriftsteller / werden / nächstes Jahr / einen neuen Roman / schreiben wollen

6. der Verleger / immer / auf das Urheberrecht / achten müssen

KULTURANMERKUNG

Schloss Belvedere

Die Schlossanlage Belvedere in Wien besteht aus dem Unteren Belvedere, das Prinz Eugen von Savoy 1714–1716 als barockes Wohnschloss hat bauen lassen, und dem Oberen Belvedere, das von 1717 bis 1723 entstanden ist. Das Obere Belvedere diente schon damals als Ausstellungsplatz und ist bis heute ein Museum. Hier befindet sich die weltweit größte Sammlung von Gemälden des österreichischen Künstlers Gustav Klimt (1862–1918). 2015 haben 1,3 Millionen Touristen Schloss Belvedere besucht.

2 Have students write a brief letter to potential visitors to your city or to another city, in which they tell visitors what they should/have to/will want to/must do when they visit the city.

 Practice more at **vhlcentral.com**.

Kommunikation

4

Mein neuer Mitbewohner Niklas und Felix werden nächstes Jahr zusammen in einer Wohnung wohnen. Sehen Sie sich die Bilder an. Erzählen Sie zu zweit, was die beiden Männer machen müssen/sollen/können, damit sie gut zusammen leben können. Erzählen Sie auch, was sie nicht machen dürfen oder sollten.

sich anpassen	geduldig sein
aufräumen	realistisch sein
sauber halten	auf das Ästhetische mehr/weniger aufpassen
trainieren	Spaß am Leben haben

Niklas

Felix

5

Das Interview Verwenden Sie die Verben aus der Liste zusammen mit Modalverben, um zu zweit Fragen und Antworten zu bilden.

Beispiel **mein Selbstporträt zeigen**

—Soll ich dir mein Selbstporträt zeigen?

—Oh ja! Das möchte ich gern sehen!

dürfen	die Eltern oft anrufen
können	einen Film drehen
müssen	ein Lied komponieren
sollen	diese Woche eine Prüfung schreiben
wollen	jetzt einen Kaffee trinken

6

Ratgeber Stellen Sie sich vor, Sie sind Ratgeber im Radio. Die Leute rufen Sie an, und Sie geben ihnen Rat. Übernehmen Sie die Rollen des Ratgebers und des Anrufers. Sprechen Sie über die Probleme unten oder erfinden Sie Ihre eigenen Probleme.

- Sie wollen Künstler werden, aber Ihre Eltern meinen, Sie sollen sich einen anderen Beruf suchen.

- Sie wissen nicht, ob Sie sich von Ihrem Freund/Ihrer Freundin trennen sollen.

- Sie wissen nicht, was Sie im Sommer machen wollen. Sie haben ein Jobangebot in einem Büro, aber Sie möchten gern nach Österreich fahren und Verwandte besuchen.

7

Mein Film Sie haben eine Idee für einen Film und möchten, dass Ihre Klasse den Film dreht. Schreiben Sie zuerst in Gruppen eine Zusammenfassung des Films, und stellen Sie ihn dann der Klasse vor. Überzeugen Sie Ihre Mitstudenten/Mitstudentinnen von Ihrer Idee. Vergessen Sie den Titel nicht, und verwenden Sie viele Modalverben.

5 Tell students that **mögen** is not in the list because this is mostly used in its polite form (**möchte**), which they haven't seen yet.

6 Have students practice and then record themselves hosting this radio show.

5.2

INSTRUCTIONAL RESOURCES
Audioscripts, SAM AK,
Lab MP3s, Grammar
Presentation Slides
SAM/WebSAM: WB, LM

ACHTUNG!

An adjective describes or modifies a noun, and an adverb modifies a verb. In English, adverbs usually end in *–ly*. In German, there is no difference between the two.

Der Mann ist langsam.
The man is slow.

Der Mann tanzt zu langsam.
The man dances too slowly.

ACHTUNG!

Although **gesund** is more than one syllable, it too adds an **Umlaut** in the comparative and superlative.

Die Kinder sind gesünder als ihre Eltern.
The children are healthier than their parents.

Dieser Mann ist am gesündesten.
This man is the healthiest.

QUERVERWEIS

To review adjective endings, see **Strukturen 4.2, pp. 136–137** and **4.3, pp. 140–141.**

ACHTUNG!

To express the idea of *most*, use the definite article with **meisten**.

Die meisten Gemälde waren Aquarelle.
Most of the paintings were watercolors.

Die meisten Figuren im Roman sind frei erfunden.
Most characters in the novel are fictional.

Comparatives and superlatives

—*Ich werde dich vermissen, auch wenn ich dich* ***am liebsten*** *erst gar nicht wegfliegen lassen würde.*

- The comparative forms of adjectives and adverbs are used to indicate how similar or different two things are. To form comparatives in German, add **–er** to the adjective or adverb. For one-syllable adjectives and adverbs add an **Umlaut** to the stem vowels **a**, **o**, and **u** in the comparative forms.

alt > **ält**er   lustig > lustig**er**

- In the comparative form of words ending in **–el** and **–er**, drop the **e** in the ending and add **–er** to the end of the word (**dunk**e**l → dunk**l**er, teu**e**r → teu**r**er**).

- Superlatives single out one thing from all others (the *best* book, her *oldest* child, etc.). To form the superlative of adverbs and predicate adjectives, use the word **am** and the ending **–sten**. For one-syllable words, add an **Umlaut** to the vowels **a**, **o**, and **u**. If a one-syllable word ends in **–t**, **–d**, **–s**, or **–z**, add the ending **–esten**.

Das Wetter ist **am kältesten** hier.
*The weather is the **coldest** here.*

Bens Aufsatz ist am realistisch**sten**.
*Ben's essay is the **most** realistic.*

Comparative/Superlative of one-syllable words		
kalt	**kälter**	**am kältesten**
groß	**größer**	**am größten**
jung	**jünger**	**am jüngsten**

- Comparatives of attributive adjectives use the definite or indefinite article plus the necessary adjective case endings according to the case of the noun being modified.

Lina liest einen tragischen Roman, aber Max liest **den** tragisch**sten** Roman.
*Lina is reading a tragic novel, but Max is reading **the most tragic** novel.*

Jürgen Vogel ist ein lustiger Schauspieler, aber Anke Engelke ist **eine** noch lustig**ere** Schauspielerin.
*Jürgen Vogel is a funny actor but Anke Engelke is **an** even **funnier** actress.*

- The superlative form of an attributive adjective is formed only with the *definite article* and the superlative ending **–(e)st–** plus the necessary adjective case endings.

Franz Kafka ist **der kreativste** Schriftsteller, den ich kenne.
*Franz Kafka is **the most creative** writer I know.*

- When you want to state an explicit comparison between two people or things, use the comparative form of the adverb or adjective with the word **als**.

> Dieser Sänger singt **lauter als** der Chor.
> *This singer sings **more loudly than** the chorus.*

> Die Tageszeitung ist **kürzer als** die Wochenzeitung.
> *The daily paper is **shorter than** the weekly paper.*

- To express a comparison of inferiority (*less . . . than*), use the phrase **weniger... als** with the adjective or adverb.

> Die Handlung in seinen Romanen ist **weniger kompliziert als** die Entwicklung der Charaktere.
> *The action in his novels is **less complicated than** the development of the characters.*

> In meinen Gedichten ist der Reim **weniger wichtig als** der Sinn der Wörter.
> *In my poems, rhyme is **less important than** the meaning of the words.*

- To express the idea that two things are equal, use the phrase **so... wie** with the adjective or adverb. To emphasize that they are very much alike, use **genau so... wie**.

> Sie schreibt **so schön wie** er (schreibt).
> *She writes **as beautifully as** he does.*

> Die Skulptur ist **genau so realistisch wie** das Selbstporträt.
> *The sculpture is **just as realistic as** the self-portrait.*

- The following adjectives and adverbs are irregular in the comparative and superlative forms.

Irregular comparative and superlative forms		
gern	lieber	(am) liebsten
gut	besser	(am) besten
hoch	höher	(am) höchsten
nah	näher	(am) nächsten
viel	mehr	(am) meisten

- The *absolute superlative* indicates an exceptionally high degree of a quality (*extremely* fast, *incredibly* stupid). To form the absolute superlative, add **–st** to the adjective or adverb; add an **Umlaut** to any words with **a**, **o**, or **u**; and add case endings as needed. The absolute superlatives **äußerst**, **längst**, and **höchst** are most frequently used as adverbs or to modify an adjective.

> Die Schauspielerin tanzt **äußerst** gut.
> *The actress dances **exceptionally** well.*

> Es ist **längst** vorbei.
> *It is **long** gone.*

> Ihre Autobiografie war **höchst** interessant.
> *Her autobiography was **extremely** interesting.*

> Es ist **höchste Zeit**, neue Pinsel zu kaufen.
> *It's **high time** we buy some new paintbrushes.*

ACHTUNG!

Mehr and **weniger** require no adjective endings. They can also be used with nouns to express *having more* or *less of something* than someone else has.

Er hat mehr Zeit als ich.
He has more time than I.

Der Maler hat weniger Farben zur Auswahl.
The painter has fewer paints to choose from.

Anwendung

1

Deutsche Hip-Hop-Musik Schreiben Sie die richtige Form des Komparativs in die Lücken.

1. Ich höre gern die Gruppe *Silbermond*, aber mein Mitbewohner hört ____lieber____ (gern) Hip-Hop.

2. Er meint, *Sido* sei ___erfolgreicher___ (erfolgreich) als meine Lieblingsband.

3. Ich glaube, meine Musik ist ___klassischer___ (klassisch) als seine.

4. Wir können ____länger____ (lang) als eine Stunde darüber diskutieren.

5. Leider spielt er seine Musik am Wochenende ____lauter____ (laut), als ich will.

6. Ich sage ihm, er muss ____ruhiger____ (ruhig) sein.

7. Er antwortet, ich soll ____weniger____ (wenig) schlafen.

8. Ich gehe um Mitternacht ins Bett, er um drei oder vier Uhr morgens. Er geht immer ____später____ (spät) als ich ins Bett.

2

Wer macht alles besser? Schreiben Sie den Satz im Superlativ.

> **Beispiel** **Unser Gemälde ist realistischer als euer Gemälde.**
>
> Unser Gemälde ist am realistischsten.

1. Der Chor an unserer Universität singt schöner als der Chor an eurer Uni.
   Der Chor an unserer Universität singt am schönsten.

2. Die Handlung von unserem Musical ist spannender als die Handlung von eurem.
   Die Handlung von unserem Musical ist am spannendsten.

3. Unser Orchester spielt leidenschaftlicher als euer Orchester.
   Unser Orchester spielt am leidenschaftlichsten.

4. Unsere Probe am Wochenende ist länger als eure Probe.
   Unsere Probe am Wochenende ist am längsten.

5. Unsere Schauspieler sind begabter als eure.
   Unsere Schauspieler sind am begabtesten.

6. Unser Theaterstück wird besser als euer Theaterstück.
   Unser Theaterstück wird am besten.

3 **Wer kann was?** Bilden Sie aus den Satzteilen Sätze im Komparativ. Benutzen Sie je nach Angabe **als (+/-)** oder **so... wie (=)**.

> **Beispiel** **Hamid / lesen / schnell / Martin (+)**
>
> Hamid liest schneller als Martin.

1. der Maler / zeichnen / gut / mein Freund (+)
   Der Maler zeichnet besser als mein Freund.

2. ich / malen / wenig / Aquarelle / die Malerin (-)
   Ich male weniger Aquarelle als die Malerin.

3. mein Freund / bildhauern / langsam / der Bildhauer (=)
   Mein Freund bildhauert so langsam wie der Bildhauer.

4. der Liedermacher / komponieren / viel / der Filmkomponist (+)
   Der Liedermacher komponiert mehr als der Filmkomponist.

5. die Oper / sein / lang / die Operette (+)
   Die Oper ist länger als die Operette.

6. das Meisterwerk / sein / gut / die Skizze (+)
   Das Meisterwerk ist besser als die Skizze.

7. der Kriminalroman / sein / interessant / die Poesie (=)
   Der Kriminalroman ist so interessant wie die Poesie.

8. die Bühne / sein / groß / das Zimmer (+)
   Die Bühne ist größer als das Zimmer.

3 Have students choose two friends or family members to compare with themselves. Ex.: **Meine Mutter singt besser als ich. Meine Mitbewohnerin schreibt langsamer als ich**.

KULTURANMERKUNG

Hans Zimmer **3**

Kennen Sie die Musik aus den Filmen *Dunkirk*, *Hidden Figures*, *Inception* und *Gladiator?* **Hans Zimmer**, ein in Deutschland geborener Filmkomponist, schrieb die Musik für diese und für viele andere Filme. Sein Soundtrack für *König der Löwen* bekam den Oscar für die beste Filmmusik. Hans Zimmer lebt schon lange in Hollywood und komponiert weiterhin Filmmusik.

 Practice more at **vhlcentral.com**.

Kommunikation

4

Was ich am liebsten habe! Vergleichen Sie mit Ihrem Partner/Ihrer Partnerin die Dinge auf der Liste.

Beispiel —Dein Lieblingsbuch hat 200 Seiten, meins hat 500 Seiten. Mein Lieblingsbuch ist länger als deins.
—Ja, dein Buch ist am längsten.

Lieblings…	Adjektive	
dein(e) Lieblingsschriftsteller(in)	ästhetisch	lebhaft
dein Lieblingsfilm	attraktiv	leidenschaftlich
dein(e) Lieblingsschauspieler(in)	avantgardistisch	lustig
dein Lieblingsmusical	begeistert	preisgekrönt
dein(e) Lieblingsmaler(in)	einfallsreich	realistisch
dein(e) Lieblingskomponist(in)	genial	satirisch
deine Lieblingsoper	komisch	tragisch
?	kreativ	unvergesslich

5

Die beste Show Besprechen Sie zu zweit die beste Vorstellung (Musical, Theaterstück, Oper, Konzert, usw.), die Sie je gesehen haben. Verwenden Sie viele Superlative, um die Show zu beschreiben. Vergleichen Sie dann die beiden Vorstellungen. Verwenden Sie dafür den Komparativ.

6

Meisterwerke

A. Sehen Sie sich die Bilder unten an. Suchen Sie sich das Gemälde aus, das Ihnen am besten gefällt, und erklären Sie Ihrem Partner/Ihrer Partnerin, warum Sie es ausgewählt haben und was Ihnen daran so gut gefällt.

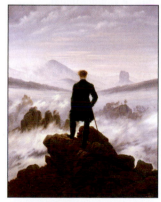

Der Wanderer über dem Nebelmeer
Caspar David Friedrich

Der Kuss
Gustav Klimt

B. Arbeiten Sie in Gruppen. Vergleichen Sie beide Kunstwerke. Verwenden Sie Komparative und Superlative, um zu diskutieren, welches Bild das beste ist.

6 Have students do a research project on a famous Austrian artist, director, composer, musician, or writer. To make it visually appealing to fellow students, have them present their research using a PowerPoint presentation. Possible topics: **Gustav Klimt, Oskar Kokoschka, Friedensreich Hundertwasser, Maria Lassnig, Bertha von Suttner, Falco, Michael Haneke.**

INSTRUCTIONAL RESOURCES
Audioscripts, SAM AK,
Lab MP3s, Grammar
Presentation Slides
SAM/WebSAM: WB, LM

5.3

Da- and *wo-*compounds; prepositional verb phrases

—*Sie sind so **damit** beschäftigt, durch die Straßen zu rennen, dass sie die Stadt nicht sehen.*

- In questions that begin with a question word and are answered with a prepositional phrase, German uses a **wo**-compound—the word **wo** combined with the appropriate preposition. **Wo-** and **da-**compounds are used only when the object of the preposition is a non-living thing.

Wovon redet Moritz?
***What** is Moritz talking **about**?*

Womit fährt Sarah nach Hause?
***How (With what)** is Sarah going home?*

- Questions made from prepositional verb phrases (phrases that couple a verb with a specific preposition, such as **handeln von** or **sprechen über**) also use **wo**-compounds. If the preposition starts with a vowel, the letter **r** is inserted before the preposition to make pronunciation easier.

Wovon handelt der Film?
***What** is the movie **about**?*

Worüber schreibt die Schriftstellerin?
***What** is the writer writing **about**?*

- **Da**-compounds are used to answer questions that begin with a **wo**-compound or as a concise way to refer back to something previously mentioned. **Da**-compounds are the equivalent of English phrases such as *with it, about it, from that, by that,* and so on.

Have students form questions with the **wo**-compounds in the table. Have them work in small groups to ask each other these questions.

Wo- and *da-*compounds	
an → **Wor**an? **Dar**an.	mit → **Wo**mit? **Da**mit.
auf → **Wor**auf? **Dar**auf.	nach → **Wo**nach? **Da**nach.
aus → **Wor**aus? **Dar**aus.	über → **Wor**über? **Dar**über
bei → **Wo**bei? **Da**bei.	um → **Wor**um? **Dar**um.
durch → **Wo**durch? **Da**durch.	unter → **Wor**unter? **Dar**unter.
für → **Wo**für? **Da**für.	von → **Wo**von? **Da**von.
gegen → **Wo**gegen? **Da**gegen.	vor → **Wo**vor? **Da**vor.
in → **Wor**in? **Dar**in.	zu → **Wo**zu? **Da**zu.

Worüber ärgert sich Max? Über die Geräusche?
***What** annoys Max? The noise?*

Ja, **darüber** ärgert er sich.
*Yes, **that's what** annoys him.*

- **Da**-compounds are also used in combination with adjectives that require a specific preposition.

Der Dramatiker ist **stolz darauf**, dass sein neues Stück erfolgreich ist.
*The playwright is **proud (of the fact)** that his new play is successful.*

Die Zuschauer sind **dankbar dafür**, dass die Aufführung hervorragend war.
*The audience is **thankful** that the performance was outstanding.*

- The prepositions below combine with certain verbs to form prepositional verb phrases. **Durch**, **für**, **gegen**, **ohne**, and **um** will always signal an object in the accusative case, while **aus**, **bei**, **mit**, **nach**, **seit**, **von**, and **zu** always require a dative object. For other prepositions that form part of a verb phrase, case is shown in the table below. Note that the preposition **an** can require either an accusative or a dative object, depending on the verb phrase.

Some prepositional verb phrases		
an (+ Akk.)	**denken an** *to think about* **sich erinnern an** *to remember*	**sich gewöhnen an** *to get used to* **glauben an** *to believe in*
an (+ Dat.)	**arbeiten an** *to work on* **leiden an** *to suffer from* **sterben an** *to die of*	**teilnehmen an** *to participate in* **zweifeln an** *to doubt*
auf (+ Akk.)	**achten auf** *to pay attention to* **antworten auf** *to answer/to respond* **bestehen auf** *to insist on* **schwören auf** *to swear to*	**sich verlassen auf** *to depend on* **verzichten auf** *to do without* **sich vorbereiten auf** *to prepare (yourself) for* **warten auf** *to wait for*
aus (+ Dat.)	**bestehen aus** *to consist of*	**sich etwas machen aus** *to care about something*
bei (+ Dat.)	**bleiben bei** *to stay (at)*	**schwören bei** *to swear by*
für (+ Akk.)	**danken für** *to thank for* **sich entscheiden für** *to decide on* **halten für** *to consider; to take for*	**sich interessieren für** *to be interested in* **schwärmen für** *to be enthusiastic about* **sorgen für** *to take care of*
in (+ Akk.)	**sich verlieben in** *to fall in love with*	
mit (+ Dat.)	**aufhören mit** *to stop doing something* **sich begnügen mit** *to be content with*	**sich beschäftigen mit** *to be busy with* **sich verloben mit** *to become engaged to*
nach (+ Dat.)	**fragen nach** *to ask about* **riechen nach** *to smell of*	**sich sehnen nach** *to yearn for* **streben nach** *to strive for*
über (+ Akk.)	**sich beschweren über** *to complain about* **sich informieren über** *to find out about* **klagen über** *to complain about* **lachen über** *to laugh about*	**nachdenken über** *to ponder; to think about* **sprechen über** *to speak about* **streiten über** *to fight about* **sich wundern über** *to be amazed about*
um (+ Akk.)	**sich bewerben um** *to apply for* **bitten um** *to ask for* **gehen um** *to be about* **sich handeln um** *to have to do with*	**sich kümmern um** *to concern oneself with* **sich sorgen um** *to worry about* **streiten um** *to fight about*
von (+ Dat.)	**abhängen von** *to depend on* **halten von** *to think; to consider*	**handeln von** *to have to do with* **schwärmen von** *to be enthusiastic about*
vor (+ Dat.)	**sich fürchten vor** *to fear* **schützen vor** *to protect from*	**warnen vor** *to warn*

ACHTUNG!

The preposition used in a German verb phrase does not always correspond to its English equivalent.

Ich interessiere mich *für* Kunst.
I am interested in art.

QUERVERWEIS

To review the dative and accusative with prepositions, see **Strukturen 2.2, pp. 58–59.**

Explain to students that **gehen um**, **sich handeln um**, and **handeln von** are usually used in third-person singular but not in the other verb forms. Ex.: **Es geht um das Gemälde von Klimt. Es handelt sich um die Sinfonie von Mahler.**

To help students develop quick recall of which prepositions go with which verbs, ask them questions using one of the prepositional verb phrases and have them answer the questions with a **da**-compound. Ex.: **Wartest du auch auf den Bus? Ja, ich warte darauf.**

Anwendung

1

Das gestohlene Gemälde Ersetzen Sie die unterstrichenen Satzteile. Achten Sie darauf, ob es sich um eine Person oder ein Objekt handelt.

1. Jens arbeitet <u>an einem neuen Roman</u>. (darauf / daran)

2. Er schreibt ein Buch <u>über berühmte deutsche Künstler</u>. (über sie / darüber)

3. Die Hauptfigur seines Romans muss sich <u>auf einen Vortrag (*lecture*) in einem Museum</u> vorbereiten. (davor / darauf)

4. Als er das Museum besucht, wird er vom Direktor des Museums <u>vor Kunstdieben</u> gewarnt. (davor / vor ihnen)

5. Bald <u>nach dem Vortrag</u> wird ein Gemälde gestohlen. (danach / dazu)

6. Der Direktor ist sehr verärgert <u>über den Diebstahl</u>. (darüber / darunter)

2

Wir fahren nach Wien... Schreiben Sie **da-** oder **wo-**Wörter mit den richtigen Präpositionen in die Lücken.

ANNA Morgen fahren wir nach Wien. Ich freue mich sehr auf die Reise.

JULIA Ich freue mich auch (1) __darauf__! Wir sollten uns vorher gut über das Museum Moderner Kunst informieren.

ANNA Ich habe mich schon (2) __darüber__ informiert. Meine letzte Seminararbeit handelte von der Wiener Kunstszene.

JULIA (3) __Davon__ handelte die Arbeit? Warum hast du dich (4) __dafür__ entschieden?

ANNA Na ja, ich habe mich in die österreichische Kunst um 1900 verliebt. Ich musste unbedingt (5) __darüber__ schreiben. (6) __Worüber__ hast du geschrieben?

JULIA Ich habe die Musikszene recherchiert. Ich habe nicht lange (7) __darüber__ nachdenken müssen. Die Wiener Staatsoper ist die schönste Oper der Welt. Deswegen habe ich mich (8) __damit__ beschäftigt.

ANNA Na, also, (9) __darauf__ können wir nicht verzichten (*cannot do without*). Wir gehen in die Oper und ins Kunstmuseum!

3 Have students come up with other phrases and create new sentences.

3

Was wir alles machen! Kombinieren Sie die Satzteile aus den Listen. Bilden Sie Sätze, Fragen und Antworten. Achten Sie auf die richtigen Präpositionen und die richtigen Fälle.

Beispiel **die Schriftstellerin / sprechen / der Roman**

Die Schriftstellerin spricht über den Roman.
Sie spricht darüber. Worüber spricht sie?

der Bildhauer	danken	der Aufsatz
der Erzähler	fragen	der Beifall
der Journalist	sich fürchten	das Copyright
der Komponist	klagen	die Farben
die Malerin	sich kümmern	der Künstler
das Orchester	lachen	das Lampenfieber
das Publikum	streben	die Musiker
der Regisseur	sich verlieben	der Pinsel
der Schriftsteller	sich wundern	die Prosa

Practice more at
vhlcentral.com.

Kommunikation

4 **Wir warten** Im Bild sehen Sie Leute, die in einer Schlange warten müssen.

A. Stellen Sie einander Fragen zu diesen Personen: Was machen sie? Woran denken sie? Wie fühlen sie sich? Verwenden Sie die Verben aus der Liste.

achten auf	leiden an	schreiben über	sich beschäftigen mit	sorgen für
denken an	nachdenken über	schwärmen von	sich erinnern an	zweifeln an

B. Erfinden Sie jetzt zu jeder Person im Bild eine kurze Geschichte.

5 **Studentenleben** Beenden Sie zu zweit die Sätze. Achten Sie auf die richtigen Endungen und auf die Wortstellung.

Beispiel **Ich denke oft daran, was...**

Ich denke oft daran, was wir letzten Sommer gemacht haben.

1. Wenn ich im Kino bin, achte ich immer darauf, dass...
2. Wenn meine Eltern mich anrufen, fragen sie danach, ob...
3. Ich habe viele Hausaufgaben. Ich soll mich damit beschäftigen, weil...
4. Ich habe viele Freunde. Ich kann mich auf sie verlassen, weil...
5. Im Studium achten wir darauf, dass...

6 **Was meinen Sie?** Stellen Sie einander **wo**-Fragen mit den angegebenen Satzteilen und beantworten Sie sie.

Beispiel **das Publikum / lachen über: ein satirisches Theaterstück**

Worüber lacht das Publikum?

Es lacht über ein satirisches Theaterstück.

Ich lache über einen blöden Film.

- die Touristen / sich interessieren für: ein deutsches Meisterwerk
- der Kriminalroman / handeln von: eine leidenschaftliche Tänzerin
- der Schriftsteller / sich sehnen nach: der Bestseller
- die Essayisten / streiten über: die avantgardistische Kunst
- das Publikum / sich freuen über: das lustige Musical
- die Kritik / abhängen von: die Zuschauer

4 Have students talk about what they do while waiting in line. Encourage them to use verbs other than those in the list.

5 Have students debate their answers to questions 3 and 5.

Synthese

1

Fragen Beantworten Sie in Gruppen die Fragen.

1. Woran denken Sie, wenn Sie dieses Kunstwerk sehen?
2. Was kann der Künstler damit gemeint haben?
3. Was halten Sie davon?
4. Können Sie es mit mehreren Adjektiven beschreiben?
5. Würden Sie es kaufen, wenn Sie das Geld dazu hätten? Warum/warum nicht?

Kommunikationsstrategien

Wenn Sie Kunst beschreiben, erzählen Sie:

• was für Kunst das ist: eine Skulptur, ein Gemälde, ein Aquarell, eine Fotografie, ein Gebäude

• was der Künstler benutzt: Aquarellfarben, Ölfarben, Pinsel, Ton, Stifte, Metall, Bronze

• welche Art von Kunst es ist: klassisch, modern, zeitgenössisch, surrealistisch, avantgardistisch

---

2

Aufsatz Wählen Sie ein Thema aus und schreiben Sie einen Aufsatz von einer Seite darüber. Verwenden Sie Modalverben, Komparativ- und Superlativformen, **da-** und **wo-**Konstruktionen und Verben mit Präpositionen.

• Vor der Wiener Staatsoper soll eine moderne Skulptur aufgestellt werden (*be erected*). Sie sind dagegen und schreiben einen Brief an den Museumsdirektor. Erklären Sie darin Ihre Einstellung (*view*).

• Suchen Sie sich ein Gemälde von einem der folgenden Künstler aus: Gustav Klimt, Ferdinand Georg Waldmüller, Egon Schiele, Olga Wisinger-Florian, Hans Makart, Friedensreich Hundertwasser. Schreiben Sie einen Brief, worin Sie Ihre Universität davon überzeugen (*convince*), dieses berühmte Bild zu kaufen.

• Schreiben Sie eine Reaktion auf diese Aussage: Kunst in dieser Zeit zu fördern (*promote*), wo wir noch Armut (*poverty*) und Arbeitslosigkeit haben, ist unrealistisch.

 Practice more at **vhlcentral.com**.

Vorbereitung

<table>
<tr><td colspan="2">

Wortschatz der Lektüre

der Beitrag, ⁻e *contribution*
die Berührung, -en *touch*
eng *close*
der Exportschlager, - *export hit*
mittlerweile *in the meantime*
das Treffen, - *meeting*
der Walzer, - *waltz*
das Weltkulturerbe *world cultural heritage*

</td><td colspan="2">

Nützlicher Wortschatz

beherrschen *to master*
der Botschafter, - *ambassador*
die Etikette, -n *etiquette*
schweben *to glide, to float*
der Stil, -e *style*
der Tanz, ⁻e *dance*
das Turnier, -e *tournament*
sich verändern *to change*

</td></tr>
</table>

1

Zuordnen Ordnen Sie die Wörter in der linken Spalte den Definitionen in der rechten Spalte zu.

___e___ 1. der Beitrag

___a___ 2. das Weltkulturerbe

___f___ 3. die Berührung

___b___ 4. das Turnier

___g___ 5. der Walzer

___c___ 6. die Etikette

___h___ 7. der Exportschlager

___d___ 8. eng

a. etwas, was für alle Menschen der Erde kulturell wichtig ist

b. dadurch kann man sehen, wer der/die Beste ist

c. wie man sich unter anderen Menschen höflich und richtig zu benehmen hat

d. sehr nah aneinander, nicht viel Platz

e. das, was eine Person für ein Projekt macht, an dem mehrere Personen zusammen arbeiten

f. wenn Sachen zusammen kommen und sich miteinander verbinden

g. der Name eines berühmten Tanzes

h. ein Produkt, das im Ausland sehr populär ist

2

Der Walzer Schreiben Sie die richtigen Wörter in die Lücken.

| beherrscht | eng | Turnieren | Walzer |
| Berührung | Exportschlager | verändert | Weltkulturerbe |

Der (1) ___Walzer___ ist ein Gesellschaftstanz, der während des Wiener Kongresses (1814/15) immer wichtiger wurde. Mann und Frau drehen sich dabei regelmäßig und tanzen sehr (2) ___eng___ zusammen, was im 19. Jahrhundert revolutionär war. Eine innige (3) ___Berührung___ zwischen Mann und Frau war damals beim Tanzen nicht üblich. Im Laufe der Zeit hat sich der Walzer wenig (4) ___verändert___. Heute ist er rund um die Welt ein wahrhaft österreichischer (5) ___Exportschlager___ und gehört sogar zum (6) ___Weltkulturerbe___. Seit 1932 tanzt man den Walzer auch in (7) ___Turnieren___. Wer Tänze wie den Walzer (8) ___beherrscht___, ist auf jeder Hochzeit ein Star!

3

Tanzen Beantworten Sie die folgenden Fragen zu zweit.

1. Was ist Ihre Meinung zu Tänzen wie dem Walzer? Sind sie altmodisch (*old-fashioned*) oder zeitlos?

2. Wo kann man heute tanzen gehen? Tanzt man dort Tänze wie den Walzer?

3 Ask students if they like to dance. Ask who goes dancing regularly and who has taken dance lessons.

Der Wiener Walzer

Show students an instructional video of how to dance the waltz. You may wish to practice dancing it for a couple of minutes.

social dances

special occasions 5

Ask students if they have ever waltzed. Play one or two examples of waltz music and ask for students' reactions and impressions. Ask where have they heard 15 such music.

Der Walzer ist der älteste der modernen Gesellschaftstänze°. Ein Gesellschaftstanz wird oft in Paaren auf Bällen, bei zeremoniellen Feiern oder zu besonderen Anlässen° getanzt. Der Wiener Walzer ist ein „Standardtanz", das heißt, er wird nach bestimmten Regeln getanzt. Er ist mittlerweile ein österreichischer Exportschlager und ein Beitrag Österreichs zur Weltkultur!

Die Geschichte des Wiener Walzers beginnt schon im Jahr 1797 in der Stadt Breslau[1]. Viel früher existierte schon das „walzen": das bedeutet sich drehen. Ob ein anderer österreichischer Tanz, der Ländler, sich zum Wiener Walzer entwickelte, weiß man heute nicht mehr. Im Jahr 1807 wurde der Begriff Wiener Walzer zum ersten Mal in Wien selbst benutzt.

20 Beim Walzer tanzen Mann und Frau relativ eng zusammen. Wegen der innigen Berührung des Paars sagten viele damals, der Tanz sei unzüchtig°. In sogenannten besseren *obscene* Kreisen° wurde der Wiener Walzer deshalb *high society* 25 nicht getanzt. Trotzdem wurde er aber im Laufe des 19. Jahrhunderts immer populärer.

Natürlich ist die Musik für diesen Tanz sehr wichtig. Die berühmten Musikstücke von Komponisten wie Johann Strauß, 30 Josef Lanner und ab der zweiten Hälfte des 19. Jahrhunderts von Peter Tschaikowski machten den Wiener Walzer zu einer europaweit respektierten musikalischen Gattung°. In der Wiener Operette wurde *genre* 35 der Wiener Walzer ab Mitte des 19. Jahrhunderts ein sehr wichtiger Teil. Anfangs° wurde er sehr schnell getanzt. *Originally* Erst am Anfang des 20. Jahrhunderts wurde der Wiener Walzer „schwebend".

40 Seit 1932 tanzt man den Wiener Walzer auf Turnieren. Der Nürnberger Tanzlehrer Paul Krebs (1915–2010) verband 1951 die altösterreichische Walzertradition mit dem englischen Stil. Seitdem ist der Wiener Walzer als Standardtanz anerkannt°. 1963 wurde er 45 *acknowledged* in das Welttanzprogramm integriert.

Was lernen junge Menschen, wenn sie tanzen lernen? Man lernt fürs Leben: Wie zieht man sich richtig an? Wie isst man in einem feinen Restaurant? Was ist die 50 richtige Etikette? Außerdem lernt man neue Menschen kennen. Und das Beste an allem: Wer Tänze wie den Walzer beherrscht, ist auf jeder Hochzeit ein Star!

In Wien, einer Stadt mit 1,7 Millionen 55 Einwohnern, gibt es über 50 Tanzschulen. Laut° Prof. Hans Holdhaus, einem Experten *according to* für sportwissenschaftliche Beratung°, ist *consulting* Tanzen die trendigste Form, sich körperlich und geistig° fit zu halten. Die Tanzschule 60 *mentally* Elmayer, eine der beliebtesten Tanzschulen in Wien", bietet eine große Auswahl an Tanzkursen an. Hier gibt es Kurse für Jugendliche, Singles und Paare, und man lernt nicht nur Walzer sondern auch Tango, 65 Foxtrott, Samba und andere Tänze.

In den USA ist der Gesellschaftstanz auch sehr beliebt. Das liegt vor allem an Sendungen wie „Dancing with the Stars". Seit 2005 tanzen in dieser Show 70 Prominente mit professionellen Tänzern und Tänzerinnen. ∎

[1] Breslau ist heute die Stadt Wrocław in Polen.

Wiener Opernball

Der Wiener Opernball findet einmal im Jahr in der **Wiener Staatsoper** statt.

Die Tradition begann im Jahr 1814, zur Zeit des Wiener Kongresses und seit 1877 findet der Ball in der Staatsoper statt. Über 5,000 Gäste nehmen am Opernball teil, und viele davon kommen aus dem Ausland. Es gilt eine strenge Kleiderordnung (*dress code*). Männer müssen Frack (*tailcoat*) tragen und Frauen ein großes Abendkleid (*ball gown*). Jedes Jahr sind auch 150 Debütantenpaare dabei. Sie eröffnen den Opernball mit einem Linkswalzer[2] zur Musik *An der schönen blauen Donau* von Johann Strauß.

ehemalige *former* **Geschäftsmann** *businessman* **bisher** *to date*

Analyse

KULTURANMERKUNG

Ein Tanz wie der Walzer lebt natürlich von der Musik. Einer der wichtigsten Walzer-Komponisten war Johann Strauß II (1825–1899), der auch der Walzerkönig genannt wird. Er komponierte° über 500 Tanzstücke. Vor allem ist er aber für den „Donauwalzer" bekannt.

komponierte *composed*

1 **Stimmt das?** Entscheiden Sie, ob die folgenden Aussagen **richtig** oder **falsch** sind. Stellen Sie dann zu zweit die falschen Aussagen richtig.

Richtig	Falsch	
☐	☑	1. Der Wiener Walzer wird nur in Österreich getanzt.
☑	☐	2. Der Wiener Walzer ist ein Standardtanz mit bestimmten Regeln.
☐	☑	3. Offiziell begann die Geschichte des Wiener Walzers im Jahr 1807.
☑	☐	4. Der Wiener Walzer wurde im 19. Jahrhundert immer beliebter und bekannter.
☐	☑	5. In Wien gibt es nur wenige Tanzschulen.
☑	☐	6. Beim Wiener Opernball herrscht eine strenge Kleiderordnung.
☑	☐	7. Der Opernball wird jedes Jahr mit der gleichen Musik eröffnet.

2 **Zuordnen** Ordnen Sie die Sätze in der linken Spalte den richtigen Zahlen in der rechten Spalte zu.

_c_ 1. In den USA wurde eine erfolgreiche Fernsehshow über das Tanzen gestartet.   a. 1932

_f_ 2. Zum ersten Mal wurde der Ausdruck Wiener Walzer offiziell in Wien benutzt.   b. über 50

_a_ 3. Der Wiener Walzer wurde offizieller Turniertanz.   c. 2005

_b_ 4. So viele Tanzschulen gibt es in Wien.   d. 1877

_d_ 5. Der Wiener Opernball fand zum ersten Mal in der Staatsoper statt.   e. 1797

_e_ 6. In Breslau wurde der Wiener Walzer zum ersten Mal erwähnt.   f. 1807

3 **Opernball** Der Opernball ist das wichtigste kulturelle Ereignis in Wien. Sie sind zum ersten Mal dort und wollen mit anderen Gästen ins Gespräch kommen. Sie tanzen sehr gern, aber der/die Andere mag das überhaupt nicht. Machen Sie zunächst allein eine Liste mit den Fragen, die Sie einander stellen wollen, und schreiben Sie danach das Gespräch auf. Spielen Sie der Klasse Ihre Unterhaltung vor.

4 **Tanzen** Recherchieren Sie in kleinen Gruppen einen dieser Tänze im Internet. Suchen Sie nach Fotos, Videos und anderen Informationen und bereiten Sie eine Präsentation vor. Ihre Präsentation sollte die folgenden Informationen enthalten: Beschreibung, Geschichte, ein Video, und Musikbeispiele.

- Wiener Walzer
- Offener Walzer
- Langsamer Walzer
- Skandinavischer Walzer
- Linkswalzer

 Practice more at **vhlcentral.com**.

Vorbereitung

Über den Schriftsteller

Hermann Hesse (1877–1962) war ein deutschsprachiger Schriftsteller und Dichter. Er wurde in Süddeutschland geboren und wuchs in einer religiösen Familie auf. 1923 wurde er Schweizer Staatsbürger. In der ersten Hälfte seines Lebens reiste er viel, u.a. nach Italien und Indien. Seine vielen Reisen, die Erlebnisse während des Ersten Weltkriegs und seine Bekanntschaft mit dem Psychoanalytiker Carl Jung hatten großen Einfluss auf Hesses Werk. Seine bekanntesten Romane sind *Demian, Steppenwolf, Siddharta* und *Das Glasperlenspiel*. 1946 hat er den Nobelpreis für Literatur bekommen.

Ask students if they have read ***Demian, Steppenwolf, Siddharta,*** or ***Das Glasperlenspiel*** (*The Glass Bead Game*) either in their entirety or in excerpts. Ask: **Haben Sie schon einmal ein Buch von Hesse gelesen?**

Wortschatz der Märchens

flechten *to braid*
die Hingabe *devotion*
krumm, schief *crooked*
die Mansarde, -en *attic room*
(jemanden) nachahmen
  to imitate (someone)

die Schulung, -en *training*
etwas vertragen *to tolerate*
würdigen *to dignify;*
  to appreciate
die Zeichnung, -en *drawing*

Nützlicher Wortschatz

die Aussage, -en *conclusion*
ehrgeizig sein *to be ambitious*
schwärmen... für *to adore*
das Vorbild, -er *role model*
zufrieden sein *to be content*

1

Definitionen Verbinden Sie die Satzteile.

Remind students of the stem-vowel change in strong verbs **(starke Verben)** such as **flechten, flocht,** and **geflochten.**

_c_ 1. Wenn man viel erreichen möchte, ...

_d_ 2. Eine Zeichnung …

_b_ 3. Um einen Beruf zu lernen, …

_e_ 4. Eine Wohnung direkt unter dem Dach eines Hauses

_a_ 5. Wenn man alles hat, was man braucht, …

a. dann ist man zufrieden.

b. macht man eine Schulung.

c. ist man ehrgeizig.

d. ist kein Ölgemälde.

e. nennt man eine Mansarde.

2

Vorbereitung Schreiben Sie die passenden Wörter aus der Liste in die Lücken.

geflochtenen	schiefes	vertragen
nachahmen	schwärmt	Vorbild

Tanja hat sehr lange Haare, und deshalb trägt sie sie oft in einem schönen (1) _geflochtenen_ Zopf (*braid*). Sie (2) _schwärmt_ für Country Music. Tanjas großes (3) _Vorbild_ ist Carrie Underwood und sie will die Sängerin in vielem (4) _nachahmen_. Heavy Metal dagegen kann sie überhaupt nicht (5) _vertragen_. Sie hasst den Lärm, den diese Bands machen. Für ihren Musikgeschmack bekommt sie manchmal ein (6) _schiefes_ Lächeln von ihren Freundinnen.

3

Gespräch Besprechen Sie in Gruppen die folgenden Fragen.

1. Was für Bücher lesen Sie gern? Warum?

2. Was ist Ihre große Leidenschaft?

3. Welchen Beruf möchten Sie einmal haben? Warum?

KULTURANMERKUNG

Das Kunstmärchen

Kunstmärchen sind Erzählungen mit fantastischen Merkmalen (*characteristics*). Der Autor des Kunstmärchens ist immer eine bestimmte Person, oft ein bekannter Schriftsteller. Das unterscheidet die Kunstmärchen von den bekannteren Volksmärchen, wie zum Beispiel die Hausmärchen der Gebrüder Grimm. Wie in den Volksmärchen findet man auch in den Kunstmärchen Metaphern und eine erzieherische (*educational*) Moral. Kunstmärchen waren zur Zeit der Romantik sehr verbreitet und es gibt sie heute noch. Da sie oft die Realität ausblenden (*blank out*), können die Autoren darin Kritik an der Gesellschaft verstecken.

Märchen vom Korbstuhl

Hermann Hesse

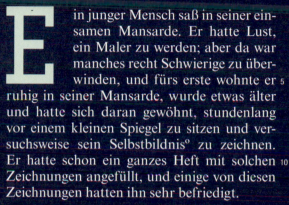

Ein junger Mensch saß in seiner einsamen Mansarde. Er hatte Lust, ein Maler zu werden; aber da war manches recht Schwierige zu überwinden, und fürs erste wohnte er ruhig in seiner Mansarde, wurde etwas älter und hatte sich daran gewöhnt, stundenlang vor einem kleinen Spiegel zu sitzen und versuchsweise sein Selbstbildnis° zu zeichnen. Er hatte schon ein ganzes Heft mit solchen Zeichnungen angefüllt, und einige von diesen Zeichnungen hatten ihn sehr befriedigt.

»Dafür, daß ich noch völlig ohne Schulung bin«, sagte er zu sich selbst, »ist dieses Blatt doch eigentlich recht gut gelungen. Und was für eine interessante Falte° da neben der Nase. Man sieht, ich habe etwas vom Denker an mir, oder doch so etwas Ähnliches. Ich brauche nur die Mundwinkel ein klein wenig herunterzuziehen, dann gibt es einen so eigenen Ausdruck, direkt schwermütig°.«

Nur wenn er die Zeichnungen dann einige Zeit später wieder betrachtete, gefielen sie ihm meistens gar nicht mehr. Das war unangenehm, aber er schloß daraus, daß er Fortschritte mache und immer größere Forderungen an sich selbst stelle.

Mit seiner Mansarde und mit den Sachen, die er in seiner Mansarde stehen und liegen hatte, lebte dieser junge Mann nicht ganz im wünschenswertesten und innigsten° Verhältnis, doch immerhin auch nicht in einem schlechten. Er tat ihnen nicht mehr und nicht weniger Unrecht an, als die meisten Leute tun, er sah sie kaum und kannte sie schlecht.

self-portrait

wrinkle

melancholy

innermost

modest

Wenn ihm wieder ein Selbstbildnis nicht recht gelungen war, dann las er zuweilen in Büchern, aus welchen er erfuhr, wie es anderen Leuten ergangen war, welche gleich ihm als bescheidene° und gänzlich unbekannte junge Leute angefangen hatten und dann sehr berühmt geworden waren. Gern las er solche
40 Bücher, und las in ihnen seine eigene Zukunft.

obsessed / controlled

So saß er eines Tages wieder etwas mißmutig und bedrückt zu Hause und las über einen sehr berühmten holländischen Maler. Er las, daß dieser Maler von einer wahren Leidenschaft, ja Raserei besessen° gewesen sei, ganz und gar beherrscht° von dem einen Drang, ein guter Maler zu werden. Der junge Mann fand, daß er mit
45 diesem holländischen Maler manche Ähnlichkeit habe. Im Weiterlesen entdeckte er alsdann mancherlei, was auf ihn selbst weniger paßte. Unter anderem las er, wie jener Holländer bei schlechtem Wetter, wenn man draußen nicht malen konnte, unentwegt und voll Leidenschaft alles, auch das geringste, abgemalt habe, was ihm unter die Augen gekommen sei. So habe er einmal ein altes Paar Holzschuhe gemalt,
50 und ein andermal einen alten, schiefen Stuhl, einen groben, rohen Küchen- und Bauernstuhl aus gewöhnlichem Holz, mit einem aus Stroh geflochtenen, ziemlich zerschlissenen Sitz. Diesen Stuhl, welchen gewiß sonst niemals ein Mensch eines Blickes gewürdigt hätte, habe nun der Maler mit so viel Liebe und Treue, mit so viel Leidenschaft und Hingabe gemalt, daß das eines seiner schönsten Bilder geworden
55 sei. Viele schöne und geradezu rührende Worte fand der Schriftsteller über diesen gemalten Strohstuhl zu sagen.

Hier hielt der Lesende inne und besann sich. Da war etwas Neues, was er versuchen mußte. Er beschloß, sofort - denn er war ein junger Mann von äußerst raschen Entschlüssen - das Beispiel dieses großen Meisters nachzuahmen und
60 einmal diesen Weg zur Größe zu probieren.

Nun blickte er in seiner Dachstube umher und merkte, daß er die Sachen, zwischen denen er wohnte, eigentlich noch recht wenig angesehen habe. Einen krummen Stuhl mit einem aus Stroh geflochtenen Sitz fand er nirgends, auch keine Holzschuhe standen da, er war darum einen Augenblick betrübt und mutlos
65 und es ging ihm beinahe wieder wie schon so oft, wenn er über dem Lesen vom Leben großer Männer den Mut verloren hatte: er fand dann, daß gerade alle die Kleinigkeiten und Fingerzeige und wunderlichen Fügungen°, welche im Leben jener anderen eine so schöne Rolle spielten, bei ihm ausblieben und vergebens auf sich warten ließen. Doch raffte er sich bald wieder auf° und sah ein, daß es jetzt erst

fantastical fate

pulled himself together

70 recht seine Aufgabe sei, hartnäckig seinen schweren Weg zum Ruhm zu verfolgen. Er musterte alle Gegenstände in seinem Stübchen und entdeckte einen Korbstuhl, der ihm recht wohl als Modell dienen könnte.

sharpened

Er zog den Stuhl mit dem Fuß ein wenig näher zu sich, spitzte° seinen Künstlerbleistift, nahm das
75 Skizzenbuch auf die Knie und fing an zu zeichnen. Ein paar leise erste Striche schienen ihm die Form genügend anzudeuten, und nun zog er rasch und kräftig aus und hieb mit ein paar Strichen dick die Umrisse° hin. Ein tiefer, dreieckiger Schatten in

contours

80 einer Ecke lockte ihn, er gab ihn kraftvoll an, und so fuhr er fort, bis irgend etwas ihn zu stören begann.

Point out the antiquated spelling: **daß** => **dass, schloß** => **schloss,** etc.

Point out and explain the use of subjunctive/indirect speech: line 25, **... aber er schloß daraus, daß er Fortschritte *mache* und immer größere Forderungen an sich selber *stelle*.** line 42, **Er las, daß dieser Maler von einer wahren Leidenschaft, ja Raserei besessen gewesen *sei*.**

Talk about the concept of personification, i.e., the chair talking to the young man.

Have students find the compound words used with **Stuhl**, i.e, **Korbstuhl, Küchenstuhl, Bauernstuhl, Strohstuhl.** Ask what other **Stuhl** compounds they know, e.g., **Bürostuhl, Behandlungsstuhl, Beichtstuhl, Lehnstuhl, Liegestuhl.**

Der Korbstuhl lächelte ein wenig und sagte sanft: »Das nennt man Perspektive, junger Herr.«

»Dafür, daß ich noch völlig ohne Schulung bin«, sagte er zu sich selbst, »ist dieses Blatt doch eigentlich recht gut gelungen.«

Er machte noch eine kleine Weile weiter, dann hielt er das Heft von sich weg und sah seine Zeichnung prüfend an. Da sah er, daß der Korbstuhl stark verzeichnet war. 85

Zornig riß er eine neue Linie hinein und heftete dann den Blick grimmig auf den Stuhl. Es stimmte nicht. Das machte ihn böse.

»Du Satan von einem Korbstuhl«, rief er heftig, »so ein launisches Vieh° habe ich doch 90   *capricious beast* noch nie gesehen!«

Der Stuhl knackte ein wenig und sagte gleichmütig: »Ja, sieh mich nur an! Ich bin, wie ich bin, und werde mich nicht mehr ändern.«

Der Maler stieß ihn mit der Fußspitze an. 95 Da wich der Stuhl zurück und sah jetzt wieder ganz anders aus.

»Dummer Kerl von einem Stuhl«, rief der Jüngling, »an dir ist ja alles krumm und schief.«   Der Korbstuhl lächelte ein wenig und sagte sanft: »Das nennt man Perspektive, junger Mann.«

Da sprang der Jüngling auf. »Perspektive!» schrie er wütend. » Jetzt 100 kommt dieser Bengel° von einem Stuhl und will den Schulmeister spielen! Die   *rascal* Perspektive ist meine Angelegenheit, nicht deine, merke dir das!«

Da sagte der Stuhl nichts mehr. Der Maler ging einige Male heftig auf und ab, bis von unten her mit einem Stock zornig gegen seinen Fußboden geklopft wurde. Dort unten wohnte ein älterer Mann, ein Gelehrter°, der keinen 105   *scholar* Lärm vertrug.

Er setzte sich und nahm sein letztes Selbstbildnis wieder vor. Aber es gefiel ihm nicht. Er fand, daß er in Wirklichkeit hübscher und interessanter aussehe, und das war die Wahrheit.

Nun wollte er in seinem Buch weiterlesen. Aber da stand noch mehr von 110 jenem holländischen Strohsessel und das ärgerte ihn. Er fand, daß man von jenem Sessel doch wirklich reichlich viel Lärm mache, und überhaupt ...

Der junge Mann suchte seinen Künstlerhut und beschloß, ein wenig auszugehen. Er erinnerte sich, daß ihm schon vor längerer Zeit einmal das Unbefriedigende der Malerei aufgefallen war. Man hatte da nichts als Plage° 115   *curse* und Enttäuschungen, und schließlich konnte ja auch der beste Maler der Welt bloß die simple Oberfläche der Dinge darstellen. Für einen Menschen, der das Tiefe liebte, war das am Ende kein Beruf. Und er faßte wieder, wie schon mehrmals, ernstlich den Gedanken ins Auge, doch noch einer früheren Neigung zu folgen und lieber Schriftsteller zu werden. Der Korbstuhl blieb allein in der 120 Mansarde zurück. Es tat ihm leid, daß sein junger Herr schon gegangen war. Er hatte gehofft, es werde sich nun endlich einmal ein ordentliches Verhältnis zwischen ihnen anspinnen°. Er hätte recht gern zuweilen ein Wort gesprochen,   *to develop* und er wußte, daß er einen jungen Menschen wohl manches Wertvolle zu lehren haben würde. Aber es wurde nun leider nichts daraus. ■ 125

Analyse

1

Richtig oder falsch? Bestimmen Sie ob die folgenden Aussagen **richtig** oder **falsch** sind. Korrigieren Sie die falschen Aussagen.

Richtig	Falsch	
☑	☐	1. Der junge Mann malte Selbstportraits und war anfangs mit seinen Zeichnungen zufrieden.
☐	☑	2. Er hatte an einer Kunstakademie das Zeichnen gelernt. *Er hatte keine Ausbildung als Künstler.*
☑	☐	3. Nachdem die Zeichnungen fertig waren, war der junge Mann oft von ihnen enttäuscht.
☐	☑	4. Er kannte alle Sachen, die er in seiner Mansarde hatte, sehr gut. *Er sah die Sachen kaum und kannte sie nicht gut.*
☐	☑	5. Die Zeichnung vom Korbstuhl wurde sehr gut und er war glücklich. *Die Zeichnung stimmte nicht, und das machte ihn böse.*
☑	☐	6. Am Ende wollte der junge Mann Schriftsteller werden.

2

Der Mann und sein Korbstuhl Wer ist mit diesen Aussagen gemeint?

	Der junge Mann	Der Korbstuhl
1. Er spricht mit sich selbst.	✗	
2. Er wird anfangs nicht richtig gesehen.		✗
3. Er wird ein Modell.		✗
4. Er wird wütend.	✗	
5. Er fängt an zu sprechen.		✗
6. Er möchte lieber das Tiefe beschreiben als die Oberfläche (*surface*) zu malen.	✗	

3

Interpretation Finden Sie das richtige Ende zu jedem Satzanfang.

1. Der junge Mann saß in seiner Mansarde....
   a. hörte Musik und komponierte Lieder.
   (b.) vor einem Spiegel, und versuchte, sein Gesicht zu zeichnen.

2. Wenn ihm die Zeichnungen dann nicht mehr gefielen, ...
   a. sah er sich in seiner Mansarde nach anderen Objekten um, die er zeichnen könnte.
   (b.) las er Bücher über andere Künstler, die später in ihrem Leben berühmt geworden waren.

3. Als er dann ein Buch über einen holländischen Maler las, ...
   (a.) konnte er sich anfangs mit ihm identifizieren und wollte ihn nachahmen.
   b. gefielen ihm auf einmal alle seine Zeichnungen.

4. Als der Korbstuhl anfing zu sprechen, ...
   a. hörte der Mann auf ihn und seine Zeichnungen wurden besser.
   (b.) wurde der Mann böse und schimpfte auf den Stuhl.

5. Am Ende blieb der Korbstuhl allein und traurig in der Mansarde zurück, ...
   a. weil der junge Mann eine andere Wohnung gefunden hatte.
   (b.) weil er dem jungen Mann gern geholfen hätte, ein guter Maler zu werden.

4 **Was meinen Sie?** Besprechen Sie zu zweit die folgenden Fragen.

1. Der junge Mann in dem Märchen meint, dass Wörter tiefer gehen als Gemälde. Stimmen Sie ihm zu? Warum (nicht)?

2. Haben Sie schon einmal mit leblosen (*inanimate*) Objekten oder durch diese/mit Hilfe dieser Objekte gesprochen? Vielleicht als Kind, mit Puppen oder Stofftieren? Warum haben Sie das gemacht?

3. Mögen Sie Animationsfilme? Wenn ja, was gefällt Ihnen daran? Wenn nicht, warum nicht?

4. Haben Sie schon einmal versucht, etwas Kreatives zu schaffen? Zu malen, zu schreiben, zu töpfern (*make pottery*) oder etwas zu bauen? Waren Sie gleich erfolgreich?

5 **Ein Kunstwerk** Machen Sie zu zweit eine Liste von Gemälden, die Sie kennen. Wählen Sie dann ein Gemälde aus und besprechen Sie es unter Berücksichtigung (*consideration*) der folgenden Fragen. Präsentieren Sie die Ergebnisse im Kurs.

1. Um was für ein Gemälde handelt es sich? Ist es modern/alt/abstrakt?

2. Aus welcher Zeit stammt das Gemälde? Wer hat es gemalt?

3. Beschreiben Sie das Kunstwerk im Detail. Was ist darauf zu sehen, wie sind die Farben, wie ist die Perspektive, etc.?

4. Warum haben Sie dieses Kunstwerk ausgewählt? Welche Bedeutung hat es für Sie?

6 **Weiterführende Fragen** Diskutieren Sie die Fragen in kleinen Gruppen.

1. Der junge Mann in dem Märchen versucht immer wieder sein Gesicht zu zeichnen. Warum macht er das?

2. Welche Funktion haben heutzutage Selfies? Vergleichen Sie Ihre Antworten und Argumente mit den Ergebnissen der ersten Frage.

3. Glauben Sie, dass der junge Mann als Schriftsteller Erfolg haben wird? Warum (nicht)?

4. Warum lässt Hesse einen Stuhl reden und nicht einen anderen Menschen, wie zum Beispiel den Gelehrten, der unter dem jungen Mann wohnt?

5. Der Korbstuhl meint, dass ein Perspektivenwechsel Dinge anders aussehen lässt. Außer auf ein Kunstwerk, worauf kann man diese Bemerkung noch beziehen?

7 **Zum Thema** Schreiben Sie einen Aufsatz von ungefähr 100 Wörtern über eines der folgenden Themen.

- Welche Moral hat dieses Märchen? Beschreiben Sie die Moral der Geschichte und interpretieren Sie sie.

- Die Geschichte von dem holländischen Maler in dem Märchen ist ja irgendwie so wie die Erfolgsgeschichte vom Tellerwäscher, der schließlich reich wird. Was macht diese Art von Erzählungen so attraktiv?

4 Have students talk about animated movies. Welche Animationsfilme kennen Sie? Welche mögen Sie (nicht)? Warum (nicht)? Warum sind Animationsfilme so beliebt? Welche Moral haben die Animationsfilme, die Sie kennen?

Ask students to research **Deutsches Institut für Animationsfilm** and find out what the institute does. Have them report back in German.

5 To prepare for the activity, have students research a painting or another piece of art they like.

KULTURANMERKUNG

Animationsfilme

Deutsche Animationsfilme gibt es schon seit 1910. Früher wurden die Filme hauptsächlich von Hand gezeichnet, waren also Zeichentrickfilme, aber heutzutage werden sie am Computer kreiert. Und sie sind nicht nur für Kinder gedacht, denn alle möglichen Themen, von persönlichen Problemen bis hin zu geschichtlichen Ereignissen werden verfilmt. Seit 1993 gibt es in Dresden das **Deutsche Institut für Animationsfilm (DIAF)**.

Anwendung

Arten von Essays und ihre Struktur

In den vorhergehenden Lektionen haben wir den argumentativen Essay, der eine These verteidigt, untersucht. Es gibt aber auch noch andere Arten von Essays:

- **Der beschreibende Essay**: Er erklärt ein Thema. Er muss objektiv sein, darf keine persönlichen Meinungen enthalten, gibt aber Informationen und den nötigen Zusammenhang, damit der Leser/die Leserin ihn verstehen kann.

- **Der überzeugende Essay**: Sein Ziel ist es, den Leser/die Leserin von der Meinung des Autors/der Autorin über ein Thema zu überzeugen. Er muss Argumente für und gegen seine/ihre Einstellung bringen und zeigen, dass die Meinung des Autors/der Autorin die richtige ist.

- **Der erzählende Essay**: Er erzählt eine Geschichte, die logisch vom Anfang bis zum Ende dargestellt werden muss.

Die Art des Essays und seine Länge hängen von der Intention des Autors/der Autorin und seinem/ihrem Lesepublikum ab. Ein typischer Essay sollte folgende Struktur haben:

- **Erster Absatz**: enthält die Einleitung oder These. Diese Einleitung kann die Kernaussage (*key message*) eines langen Essays andeuten bzw. vorwegnehmen;

- **Zweiter/Dritter/Vierter Absatz**: enthält den ersten/zweiten/dritten Hauptgedanken und die Argumente;

- **Fünfter Absatz**: enthält die Zusammenfassung und die Schlussfolgerung.

1

Vorbereitung Schreiben Sie zu zweit einen beschreibenden, einen überzeugenden oder einen erzählenden Essay über diese Aussage: „Deutsch zu lernen ist schwer, aber wichtig."

2

Aufsatz Wählen Sie eines der folgenden Themen und schreiben Sie darüber einen Aufsatz.

- Bevor Sie anfangen zu schreiben, entscheiden Sie, welche Art Essay zu Ihrem Thema passt: beschreibend, überzeugend oder erzählend.

- Beziehen Sie sich in Ihrem Essay auf einen der vier Teile dieser Lektion: **Kurzfilm, Stellen Sie sich vor, …, Kultur** oder **Literatur**.

- Gliedern Sie (*Structure*) den Essay, wie oben beschrieben, in mindestens fünf Absätze.

- Schreiben Sie mindestens eine ganze Seite.

Themen

1. Was macht jemanden zum Künstler? Muss man besonders unkonventionell oder provokant sein, um gute Kunst zu schaffen?

2. Tanzen macht nicht nur Spaß, sondern soll auch das Selbstbewusstsein stärken, entspannen und sogar gegen Krankheiten helfen. Tanzen Sie gerne? Warum? Und wenn nicht, warum nicht?

3. Was ist Ihrer Meinung nach die schönste aller Künste? Musik? Bildende Kunst? Literatur? Theater? Erklären Sie Ihre Wahl. Was unterscheidet diese Art von Kunst von den anderen, und welche sind die herausragenden Werke in dieser Kategorie?

Kunst und Literatur Vocabulary Tools

Literarische Werke

der Aufsatz, ⸚e/der Essay, -s *essay*

die (Auto)biografie, -n *(auto)biography*

das Copyright, -s/das Urheberrecht, -e *copyright*

die Dichtung, -en *work (of literature, poetry)*

der Erzähler, -/die Erzählerin, -nen *narrator*

die Figur, -en *character*

das Genre, -s *genre*

die Handlung, -en *plot*

der Kriminalroman, -e *crime novel*

die Novelle, -n *novella*

die Poesie/die Dichtkunst *poetry*

die Prosa *prose*

der Reim, -e *rhyme*

der Roman, -e *novel*

die Strophe, -n *stanza; verse*

die Zeile, -n *line*

sich entwickeln *to develop*

spielen *to take place (story, play)*

zitieren *to quote*

(frei) erfunden *fictional*

klassisch *classical*

komisch *comical*

lustig *humorous*

preisgekrönt *award-winning*

realistisch *realistic*

satirisch *satirical*

tragisch *tragic*

Die bildenden Künste

das Aquarell, -e *watercolor painting*

die Farbe, -n *paint*

das Gemälde, - *painting*

die schönen Künste *fine arts*

das Ölgemälde, - *oil painting*

der Pinsel, - *paintbrush*

das (Selbst)porträt, -s *(self-)portrait*

die Skulptur, -en *sculpture*

das Stillleben, - *still life*

der Ton *clay*

bildhauern *to sculpt*

malen *to paint*

skizzieren *to sketch*

ästhetisch *aesthetic*

avantgardistisch *avant-garde*

Musik und Theater

die Aufführung, -en *performance*

der Beifall *applause*

die Bühne, -n *stage*

der Chor, ⸚e *choir*

der Konzertsaal, -säle *concert hall*

das Lampenfieber *stage fright*

das Meisterwerk, -e *masterpiece*

das Musical, -s *musical*

die Oper, -n *opera*

die Operette, -n *operetta*

das Orchester, - *orchestra*

die Probe, -n *rehearsal*

das Publikum/die Zuschauer *audience*

das (Theater)stück, -e *play*

zeigen *to show*

leidenschaftlich *passionate*

Die Künstler

der Bildhauer, -/die Bildhauerin, -nen *sculptor*

der Dramatiker, -/die Dramatikerin, -nen *playwright*

der Essayist, -en/die Essayistin, -nen *essayist*

der (Kunst)handwerker, -/die (Kunst)handwerkerin, -nen *artisan; craftsman*

der Komponist, -en/die Komponistin, -nen *composer*

der Liedermacher, -/die Liedermacherin, -nen *songwriter*

der Maler, -/die Malerin, -nen *painter*

der Regisseur, -e/die Regisseurin, -nen *director*

der Schriftsteller, -/die Schriftstellerin, -nen *writer*

der Tänzer, -/die Tänzerin, -nen *dancer*

Kurzfilm

die Oberfläche, -n *surface*

der Pfeil, -e *arrow*

der Quatsch *nonsense*

abstempeln *to label*

---

hinterherreisen *to follow (somebody's travels)*

sich trauen *to dare*

vereinsamen *to grow lonely*

verraten *to betray*

verunstalten *to deface*

wegziehen *to move away*

sich wundern über *to be amazed by*

introvertiert *withdrawn*

verklemmt *inhibited*

Kultur

der Beitrag, ⸚e *contribution*

die Berührung, -en *touch*

der Botschafter, - *ambassador*

die Etikette, -n *etiquette*

der Exportschlager, - *export hit*

der Stil, -e *style*

der Tanz, ⸚e *dance*

das Treffen, - *meeting*

das Turnier, -e *tournament*

der Walzer, - *waltz*

das Weltkulturerbe *world cultural heritage*

beherrschen *to master*

schweben *to glide, to float*

sich verändern *to change*

eng *close*

mittlerweile *in the meantime*

Literatur

die Aussage, -en *conclusion*

die Hingabe *devotion*

die Mansarde, -en *attic room*

die Schulung, -en *training*

das Vorbild, -er *role model*

die Zeichnung, -en *drawing*

ehrgeizig sein *to be ambitious*

flechten *to braid*

(jemanden) nachahmen *to imitate (someone)*

schwärmen... für *to adore*

etwas vertragen *to tolerate*

würdigen *to dignify; to appreciate*

zufrieden sein *to be content*

krumm, schief *crooked*

Traditionen und Spezialitäten

Traditionen können manchmal komisch
erscheinen. Aber Feste und Bräuche
(*customs*) sind wichtig. Sie geben den
Menschen Halt (*security*), sie stärken die Werte
und die Identität der Gemeinschaft (*community*)
und sie bringen die Menschen zusammen.
Welche Feiertage sind Ihnen besonders wichtig und
warum? Was sind Ihre Lieblingstraditionen? Welche
Rolle spielen Essen und Trinken bei Ihren Festen
und Traditionen? Welche Gerichte gehören für Sie
an den verschiedenen Feiertagen unbedingt dazu?

202

224

PREVIEW Have students comment on the photo on the previous page. Is this a traditional celebration?

Reiseziel: Bayern

Essen und feiern  Vocabulary Tools

In der Küche

der Blumenkohl, -köpfe *cauliflower*
der Braten, - *roast*
der Kartoffelbrei *mashed potatoes*
die Schlagsahne *whipped cream*

braten *to fry; to roast*
eine Kleinigkeit essen *to have a snack*
schälen *to peel*
(gut) schmecken *to taste (good)*
schneiden *to chop*
zubereiten *to prepare*

frittiert *deep-fried*
gebraten *fried; roasted*
gedünstet *steamed*
gefroren *frozen*
selbst gemacht *homemade*

Im Restaurant

das Brathähnchen, - *roast chicken*

der Eintopf, ⸚e *stew*
die Eisdiele, -n *ice-cream parlor*
die Imbissstube, -n/der Schnellimbiss, -e
  snack bar
die Kneipe, -n *pub*
die Köstlichkeit, -en *delicacy*
die Reservierung, -en *reservation*
der Schluck, -e *sip*
das Selbstbedienungsrestaurant, -s
  cafeteria

der Veganer, -/die Veganerin, -nen *vegan*
der Vegetarier, -/die Vegetarierin, -nen
  vegetarian
die Wurstbude, -n *sausage stand*

bestellen *to order; to reserve*
empfehlen *to recommend*
gießen *to pour*

durchgebraten/gut durch *well-done*
englisch/blutig *rare*
medium/halbgar *medium-rare*
vegetarisch *vegetarian*
zum Mitnehmen *(food) to go*

Regionale Spezialitäten

die rote Grütze, -n *red berry pudding*
der/das Gulasch, -e *beef stew*
der eingelegte Hering, -e *pickled herring*
der Kartoffelpuffer, - *potato pancake*
der Knödel, - *dumpling*
der Sauerbraten, - *braised beef
  marinated in vinegar*
das Schnitzel, - *meat cutlet*

das Schweinekotelett, -s *pork chop*
die Spätzle *spaetzle; Swabian noodles*

Zum Beschreiben

fade *bland*
hervorragend *outstanding*
köstlich/lecker *delicious*
leicht *light*
pikant *spicy*
salzig *salty*
scheußlich *horrible*

schmackhaft *tasty*
schrecklich *terrible*
widerlich *disgusting*
würzig *well-seasoned*
zart *tender*

Feiertage und Traditionen

der Brauch, ⸚e *custom*
das Erbe *heritage; inheritance*
der Fastnachtsdienstag *Shrove Tuesday*
die Feier, -n/die Feierlichkeit, -en
  celebration

die Folklore *folklore*
der Heilige Abend/der Heiligabend
  Christmas Eve
der Karneval/der Fasching/
  die Fastnacht *carnival (Mardi Gras)*
der Ostermontag *Easter Monday*
Ostern *Easter*
Pfingsten *Pentecost*
der Pfingstmontag *Pentecost Monday*
Silvester *New Year's Eve*
die Volksmusik, -en *folk music*
der Volkstanz, ⸚e *folk dance*
das Weihnachtsfest, -e/Weihnachten
  Christmas
der Weihnachtsmann, ⸚er *Santa Claus*

feiern *to celebrate*
heiligen *to keep holy (tradition)*

kulturell *cultural*
traditionell *traditional*

INSTRUCTIONAL RESOURCES
Audioscripts, SAM AK, Lab MP3s
SAM/WebSAM: WB, LM

Anwendung und Kommunikation

1 **Die Küche** Finden Sie für jedes Wort die passende Definition.

___b___ 1. frittiert   a. sehr, sehr kalt

___e___ 2. lecker   b. in Öl gebraten

___c___ 3. schneiden   c. etwas mit einem Messer zerkleinern

___a___ 4. gefroren   d. der Abend vor Neujahr

___d___ 5. Silvester   e. köstlich, schmackhaft

___f___ 6. ein Veganer   f. eine Person, die keine Milchprodukte, keine Eier und kein Fleisch isst

2 **Wie macht man Käsespätzle?** Ergänzen Sie das Gespräch mit Wörtern aus der Liste.

> braten | geschält | pikant | selbst gemacht | vegetarisch
> fade | geschmeckt | schneiden | traditionell | zubereitet

CLAUDIA Das Essen war hervorragend. Wie hast du die Spätzle (1) __zubereitet__?

LUKAS Das geht ganz leicht. Zuerst habe ich eine Zwiebel (2) __geschält__. Dann muss man die Zwiebel klein (3) __schneiden__ und in Öl (4) __braten__. Und den Käse muss man natürlich reiben (*grate*).

CLAUDIA Aber wie hast du die Nudeln gemacht?

LUKAS Äh… ja… also… ehrlich gesagt waren die Spätzle nicht (5) __selbst gemacht__. Ich habe sie im Supermarkt gekauft.

CLAUDIA Ist schon gut, Lukas. Das Essen hat trotzdem super (6) __geschmeckt__. Und nächste Woche mache ich ein (7) __traditionell(es)__ mexikanisches Essen für dich… mit vielen scharfen Peperoni (*hot peppers*).

LUKAS Gut! Ich liebe (8) __pikante__ Speisen.

3 **Geschmackssache** Finden Sie Brokkoli schmackhaft oder schrecklich? Beantworten Sie die folgenden Fragen und sprechen Sie miteinander über Ihre Essgewohnheiten.

1. Was isst du zu einem typischen Abendessen?
2. Was sind deine Lieblingsgerichte? Und was isst du gar nicht gern? Warum? Isst du auch viel Gemüse?
3. Kochst du gern? Was kochst du am liebsten?
4. Welche Gerichte sind beliebt in der Region, aus der du kommst?
5. Was sind deine Lieblingsfeiertage?
6. Welche Gerichte verbindest (*associate*) du mit diesen Feiertagen?

4 **Jetzt wird gekocht!** Sie haben Freunde eingeladen und möchten ein traditionelles deutsches Essen zubereiten. Planen Sie das Essen in Gruppen. Welche Gerichte werden Sie kochen und warum? Wie werden die Gerichte schmecken? Schreiben Sie auf, wer was kocht und wie die Gerichte zubereitet werden.

 Practice more at **vhlcentral.com**.

1 To follow up, have students write a few of their own definitions and present them to the class. These can also be formulated as **richtig/falsch** questions.

KULTURANMERKUNG

Selbst gemachte Spätzle

Spätzle sind kleine Nudeln, die aus Mehl, Eiern und etwas Wasser zubereitet werden. Oft isst man sie mit gerösteten Zwiebeln, mit überbackenem Käse oder mit Linsen°. Es ist nicht schwer, den Teig° selbst zu machen, aber man braucht einen „Spätzleschaber"; das ist ein besonderes Messer, mit dem man den Teig schneidet.

Linsen *lentils* **Teig** *dough*

2 Ask students which traditional German foods they have eaten before and whether or not they liked them: **Welche traditionellen deutschen Gerichte haben Sie schon probiert? Haben sie Ihnen geschmeckt?** Also, teach them that the verb **schmecken** takes a dative object.

4 Give students a simple model so that they have an idea how to approach the question: **Wie werden Sie das Essen zubereiten?** For example, for **Kartoffelpuffer**, one could say "**Ich schäle und reibe die Kartoffeln und dann brate ich sie in Öl.**" For homework, have them write a detailed recipe for their favorite dish.

INSTRUCTIONAL RESOURCES
Film Collection,
Script & Translation
SAM/WebSAM: WB

Vorbereitung

Wortschatz des Kurzfilms

der Bärenhunger *ravenous appetite*
der Bengel, - *rascal*
die Bescherung, -en *gift giving*
j-n erwarten *to expect someone*
das (Lachs)häppchen, - *(salmon) appetizer*
die Kerze, -n *candle*
die Rute, -n *rod*
schwanger *pregnant*

Nützlicher Wortschatz

ausufern *to get out of hand*
j-n bestechen *to bribe someone*
der Nebenjob, -s *part-time job*
das (Weihnachts)plätzchen, -
  (Christmas) cookie
die Verkleidung, -en *disguise*
die Vorfreude, -n *anticipation*

AUSDRÜCKE

j-m ins Gewissen reden *to talk some sense into someone*

eine Heidenangst haben *to be scared stiff*

etwas nicht gerne sehen *to frown upon something*

einen weiten Weg hinter sich haben *to have traveled a long way*

---

1 Ask students to write their own definitions for vocabulary words from the list. Then have them read out their definitions to the class and have fellow students guess the correct answers.

1 **Was passt zusammen?** Suchen Sie für jede Definition die richtige Vokabel.

_c_ 1. ein Stock, um Kindern Angst zu machen

_g_ 2. ein Junge, der dumme Dinge macht

_f_ 3. wenn man sehr viel essen will

_a_ 4. man kann nicht mehr warten, bis etwas Besonderes passiert

_e_ 5. wenn man an Weihnachten Geschenke öffnet

_d_ 6. etwas Süßes in der Adventszeit

_b_ 7. ein kleines Sandwich

a. die Vorfreude

b. das Häppchen

c. die Rute

d. das Plätzchen

e. die Bescherung

f. der Bärenhunger

g. der Bengel

2 Tell students that the past participle of **bestechen** is **bestochen**.

2 **Welche Vokabel passt?** Suchen Sie für jeden Satz die Vokabel, die logisch passt.

1. Mein Freund kommt mich aus Australien besuchen. Er hat __einen weiten Weg__ hinter sich.

2. Eine Frau, die ein Baby erwartet, ist __schwanger__.

3. Politiker bekommen illegal Geld, wenn sie __bestochen__ werden.

4. Es gibt viele Menschen, die während eines Horrorfilms __eine Heidenangst haben__.

5. Kurz vor einer Feier __erwartet__ man seine Gäste.

6. In Deutschland hat man oft echte __Kerzen__ aus Wachs am Weihnachtsbaum.

3 **Was denkst du?** Besprechen Sie zu zweit die folgenden Fragen.

1. Welche Traditionen und Bräuche pflegt (*cares for*) Ihre Familie an Weihnachten/am Ende des Jahres?

2. Hatten Sie Angst vor dem Weihnachtsmann? Warum/warum nicht?

3. Welche Feiertage feiert Ihre Familie und wie?

4. Sind Ihnen Bräuche und Traditionen wichtig? Welche und warum?

5. Sind Bräuche und Traditionen wichtiger für Kinder oder Erwachsene? Warum?

6. Was ist Ihnen wichtiger an den Feiertagen: Traditionen oder Geschenke? Warum?

3 Ask students to give concrete examples when answering the questions.

4 **Feiertage und Traditionen** Schreiben Sie zu zweit mindestens fünf Feiertage in die Tabelle, die Sie feiern oder kennen. Schreiben Sie auch mindestens eine Tradition oder einen Brauch auf, die Sie mit jedem Feiertag verbinden.

4 Have students look for pictures online of typical holiday scenes in the U.S. and in Germany. Have them bring the pictures to class, describe what they see, and tell what holiday is being depicted.

Feiertag	Tradition(en)/Bräuche

5 **Was kann passieren?** Schauen Sie sich in Gruppen die folgenden Bilder an. Beschreiben Sie jedes Bild in zwei oder drei Sätzen. Überlegen Sie sich, was im Film passieren könnte (*could*).

- Warum telefoniert der Weihnachtsmann?
- Was macht der Weihnachtsmann im Wohnzimmer?
- Wer sind all die Menschen, die im Wohnzimmer sitzen?
- Warum feiern so viele Menschen im Wohnzimmer eine Party?
- Wie ist es zu dieser Situation gekommen?

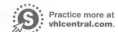
Practice more at **vhlcentral.com**.

Video

Wer hat Angst vorm
Weihnachtsmann?

Regisseur Annette Ernst

Sonderpreis, Biberach 1996

Publikumspreis Würzburg 1997

Darsteller Rolf Becker, Joachim Jung, Gerit Kling, Rufus Beck, Rotraut Rieger, Dietmar Bär **Produzent** Annette Ernst **Drehbuch** Annette Ernst, Joachim Jung nach einer Kurzgeschichte von Robert Gernhardt **Kamera** Bernhard Häusle **Schnitt** Katrin Suhren **Musik** Klaus Doldinger

HANDLUNG *Eine Familie engagiert einen Weihnachtsmann, der die Kinder beschenken soll. Als der Weihnachtsmann andere Weihnachtsmänner einlädt, nimmt die ungeplante Party kein Ende.*

FRAU LEMM Also das hier ist für Max.
HERR LEMM Und das Rote für Tanja.
HERR LEMM Haben Sie keine Rute?
FRAU LEMM Walter! Du, die Kinder haben sowieso schon eine Heidenangst!

WEIHNACHTSMANN Und wer bin ich?
HERR LEMM Der Weihnachtsmann.
WEIHNACHTSMANN Der liebe Weihnachtsmann! Aber erst wollen wir ein Lied singen.
FRAU LEMM Ja! Stille Nacht, Heilige Nacht.
HERR LEMM Das einzige, was sie kann.

WEIHNACHTSMANN Max macht nicht immer das, was man ihm sagt. Ist das wahr?
MAX Manchmal.
WEIHNACHTSMANN Weiter so, Max. Nur dumme Kinder machen immer alles, was die Erwachsenen Ihnen erzählen. Wollten Sie was sagen?

WEIHNACHTSMANN Ich habe Durst!
FRAU LEMM Wasser?
WEIHNACHTSMANN Nee, Cognac. Den aus der Küche. Das wärmste Jäckchen° ist das Cognäcchen! Ich habe schließlich einen weiten Weg hinter mir.

KNECHT RUPRECHT Guten Abend, lieber Weihnachtsmann.
WEIHNACHTSMANN Guten Abend!
KNECHT RUPRECHT Hallo Kinder. Von tief von draußen komm ich her.
HERR LEMM Ich glaub, das habe ich heute schon mal irgendwo gehört.

ENGEL GABRIELA …und eines Tages, da war Maria schwanger.
KNECHT RUPRECHT Sehr delikat, Frau Lemm.
FRAU LEMM Jetzt brauche ich einen Cognac!
NIKOLAUS Aber gerne Frau Lemm! Darf ich Sie Gisela nennen? Ich bin Nick!

Jäckchen jacket

KULTURANMERKUNG

Der Weihnachtsmann

Während in den USA *Santa Claus* in der Nacht vom 24. auf den 25. Dezember Kindern Geschenke bringt, gibt es in Deutschland andere Traditionen. An Stelle vom *Santa Claus* bringt entweder das Christkind oder der Weihnachtsmann am Heiligen Abend (dem 24. Dezember) Geschenke. Sankt Nikolaus, der *Santa Claus* sehr ähnlich ist, bringt braven Kindern am 6. Dezember Schokolade und andere Süßigkeiten. Oft bringt er aber auch eine andere Person mit: den Knecht Ruprecht. Dieser trägt fast immer braune, zerrissene° Kleider und sieht angsteinjagend° aus. Oft bringt er eine Rute für Kinder mit, die während des Jahres nicht artig waren.

zerrissene torn **angsteinjagend** *frightening*

TEACHING OPTION Students might benefit from watching the movie without sound initially to focus their attention to the plot. Ask students to speculate about the plot. Return to these speculations at the end of the film.

Beim ZUSCHAUEN

Was wissen Sie über die Personen im Film?

d	1.	Engel
g	2.	Sankt Nikolaus
f	3.	Mutter
a	4.	Knecht Ruprecht
h	5.	Max
c	6.	Weihnachtsmann
b	7.	Tanja
e	8.	Vater

a. trägt braune Kleidung
b. die Tochter
c. bringt die Geschenke
d. ist schwanger
e. hat keinen Spaß
f. mag Kerzen
g. trinkt mit der Mutter
h. der Sohn

1 Have students create additional true/false statements about the movie and pose them to the class.

2 Remind students that the Mark was Germany's currency before the Euro arrived in 2002.

Analyse

1

Verständnis Markieren Sie, ob die folgenden Aussagen über den Film **richtig** oder **falsch** sind. Korrigieren Sie anschließend die falschen Sätze zu zweit.

Richtig	Falsch	
☑	☐	1. Vater und Mutter warten auf den Weihnachtsmann.
☐	☑	2. Der Weihnachtsmann kennt die Kinder gut.
☐	☑	3. Der Weihnachtsmann sagt alles, was er sagen soll.
☑	☐	4. Der Weihnachtsmann trinkt gerne Alkohol.
☑	☐	5. Der Vater ruft die Polizei an.
☐	☑	6. Die vier „Weihnachtspersonen" gehen am Ende nach Hause.

2. Der Weihnachtsmann kennt die Kinder gar nicht und sagt zur Tochter „Katja" statt „Tanja".
3. Der Weihnachtsmann sagt einiges, was dem Vater nicht gefällt.
6. Sie verlassen das Haus, gehen aber zu einer „Notbescherung".

2

Satzpuzzle Welche Satzhälften passen zusammen?

<u>c</u> 1. Bevor der Student zum Weihnachtsmann wird, …

<u>f</u> 2. Die Kinder spionieren von oben, …

<u>a</u> 3. Der Vater ärgert sich sehr, …

<u>d</u> 4. Bevor die Kinder ihre Geschenke bekommen, …

<u>e</u> 5. Als Knecht Ruprecht ins Zimmer kommt, …

<u>b</u> 6. Mit Hilfe von 400 Mark will der Vater, …

a. weil der Weihnachtsmann erst noch mit Freunden telefoniert.

b. dass die Party ein schnelles Ende nimmt.

c. isst er schon Häppchen.

d. versucht die ganze Familie das Lied „Stille Nacht, Heilige Nacht" zu singen.

e. freut sich der Weihnachtsmann sehr.

f. weil sie sich auf die Geschenke freuen.

3

Fragen Vervollständigen Sie jeden Satz gemäß dem Film. Besprechen Sie anschließend Ihre Antworten zu zweit.

1. Am Anfang des Films sehen wir, dass die Eltern sehr _____ sind.
   a. verliebt   (b.) gestresst   c. entspannt

2. Der Weihnachtsmann macht _____, wie es den Eltern gefällt.
   (a.) einiges   b. nichts   c. alles

3. Der Vater telefoniert ohne Erfolg mit _____, um die Weihnachtsmänner los zu werden.
   a. dem Weihnachtsdienst   b. einem Freund   (c.) der Polizei

4. Die beiden Kinder wollen nicht, dass _____.
   a. sie mehr Geschenke bekommen
   b. sie singen   (c.) die Weihnachtsmänner gehen

5. Die Mutter feiert am Ende _____ mit den Weihnachtsmännern.
   a. ihre Hochzeit   (b.) gerne   c. nicht

6. Am Ende des Films wissen wir, dass die vier Weihnachtsmänner _____.
   (a.) befreundet sind   b. viel arbeiten   c. betrunken sind

4 **Die Hauptfiguren** Besprechen Sie zu zweit die Figuren des Films.

- Wer ist Ihre Lieblingsfigur? Warum?
- Wer ist die Figur, die Sie am wenigsten mögen? Warum?
- Haben Sie Mitleid mit einer der Figuren? Warum?
- Welche Figur feiert Weihnachten (im traditionellen Sinn)?
- Was passiert den einzelnen Figuren am Ende des Films?

5 **Fragen zum Film** Besprechen Sie in Gruppen die Fragen zum Film.

- Warum ignoriert der Weihnachtsmann das Geld des Vaters?
- Warum reagiert die Polizei nicht auf den Anruf des Vaters?
- Ist dieser Film eine Satire? Warum?
- Was verspottet (*mocks*) der Film?

6 **In deiner Familie** Stellen Sie einander die folgenden Fragen und begründen Sie Ihre Meinung.

1. Was bedeutet es, in Feiertagsstimmung zu sein?
2. Bist du einmal vom Weihnachtsmann besucht worden? Was ist dabei passiert?
3. Wie unterscheiden sich die deutschen Weihnachtsbräuche im Film von amerikanischen Weihnachtsbräuchen?

7 **Zum Thema** Schreiben Sie über eines der folgenden Themen.

1. Ihre Eltern entscheiden sich, für das nächste Weihnachtsfest alle Familienbräuche und Traditionen zu ignorieren: Es wird kein Weihnachtsfest geben. Wie reagieren Sie?
2. Sie sollen für die Kinder deutscher Freunde den Weihnachtsmann spielen. Wie bereiten Sie sich auf diese Rolle vor? Was ziehen Sie an? Was sagen Sie? Wie verhalten Sie sich?

4 Using this activity as a starting point, have students write more elaborate character descriptions. Ask them to cite examples from the movie to support their descriptions.

7 Ask students to turn their paragraphs into conversations to be performed in front of the class.

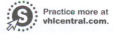 Practice more at vhlcentral.com.

INSTRUCTIONAL RESOURCES Teaching suggestions **SAM/WebSAM:** WB

Bayern

Bayern und seine Traditionen

Was ist ein Bayer? — Die Antwort auf diese Frage stellt man sich oft so vor: Er trägt eine Lederhose und in der rechten Hand hat er eine Maß° Bier, in der linken eine große Brezel oder ein Hendl°. Die Bayerin hat Zöpfe° und trägt ein buntes Dirndl°. Selbstverständlich sprechen beide einen unverkennbaren° **Dialekt** und hören gerne Volksmusik.

Ist das tatsächlich so? Oder ist das nur ein gängiges° Klischee, das zum Teil dadurch entstanden ist, dass in Bayern die Traditionen stärker gepflegt werden als in anderen Bundesländern? Dialekt zu sprechen, ist in Bayern nicht so verpönt° wie in anderen Teilen Deutschlands, im Gegenteil. Der herzhafte Dialekt ist ein wichtiger Bestandteil° der bayerischen Identität.

Bayern hat viele ländliche Gebiete. 85 Prozent des Bundeslandes liegen außerhalb von Ballungsräumen°, und auch die **Zugspitze**, der höchste Berg Deutschlands ist in Bayern. Seit dem Ende des Zweiten Weltkrieges ist Bayern aber auch zu einem hochmodernen, führenden Industrieland geworden. Hier befinden sich die **Bayerischen Motorenwerke (BMW)**,

der Sitz der **Siemens AG** und der Hauptsitz von **Microsoft Deutschland**. Darüber hinaus hat Bayern Forschungsinstitute° von Weltklasse hervorgebracht, wie z.B. das Max-Planck-Institut, sowie erstrangige Universitäten. Das Abitur ist in Bayern am schwersten — und Bayerns Schüler bringen in den PISA-Studien° bessere Ergebnisse, als Schüler aus anderen Bundesländern.

In Bayern gibt es mehrere Volksgruppen und deshalb ist es auch ein Land der Vielfalt. Im Norden sind die **Franken**, im Westen die **Schwaben** und im Süden und Osten die **Altbayern**. Jede Gruppe hat ihre eigene kulturelle Identität und spricht ihren eigenen Dialekt. Und manchmal ärgern sie sich darüber, wenn sie mit einer anderen Volksgruppe verwechselt werden.

Bayreuth zum Beispiel, eine Stadt im Norden Bayerns, ist sehr bekannt durch die Musik **Richard Wagners**, der sich in vielen seiner Opern mit der germanischen Mythologie

Übrigens…

Der „Weißwurstäquator" ist eine Art Grenze in Deutschland, die das Land in zwei Kulturzonen teilt: Bayern und *Nicht*bayern. Diese Grenze existiert allerdings nur im Kopf. Das Klischee dahinter ist, dass die Bayern angeblich° konservativ und provinziell sind, die Preußen° hingegen humorlos und arrogant.

auseinandersetzte°. Jedes Jahr werden seine Werke bei den **Bayreuther Festspielen** aufgeführt. 1873 wurde dafür eigens° ein Festspielhaus auf dem „Grünen Hügel°" gebaut. Die Festspiele ziehen Besucher aus aller Welt an° und das Festspielhaus bietet Platz für über 1.900 Zuschauer.

Eine wichtige Stadt im Südwesten Bayerns ist **Augsburg**. Hier lebte die berühmte Handelsdynastie der **Fugger**. Jakob Fugger, ein reicher Kaufmann, überlegte sich, wie er arme, bedürftige° Menschen gut unterbringen könnte°. So entstand der erste soziale Wohnungsbau° der Welt, die **Fuggerei**. Seit 1523 wohnen Menschen in dieser Siedlung° zu niedrigen Mietpreisen°, und so ist das auch noch heute. Wenn man sich den Freistaat Bayern etwas näher ansieht°, stellt sich heraus°, dass er sehr unterschiedliche Traditionen hat.

Maß (Bavarian) = 1 liter **Hendl** (Bavarian) chicken **Zöpfe** braids **Dirndl** traditional dress **unverkennbaren** unmistakable **gängiges** popular **verpönt** frowned upon **Bestandteil** integral part **Ballungsräumen** metropolitan areas **Forschungsinstitute** research institutes **PISA-Studien** Program for International Student Assessment **auseinandersetzte** grappled with **eigens** specifically **Hügel** hill **ziehen... an** attract **bedürftige** poor **unterbringen könnte** could house **soziale Wohnungsbau** public housing **Siedlung** residential area **Mietpreisen** rental prices **sich... ansieht** looks at **stellt sich heraus** it turns out **angeblich** supposedly **Preußen** non Bavarians; Prussians **Kräutlmarkt** is Bavarian for **Kräutermarkt** in German.

Entdeckungsreise

Münchens Viktualienmarkt

Wo findet man handgemachte Holzmesser°, argentinische Empanadas, Palmenzweige und bayerischen Wald-honig? Auf dem Viktualienmarkt in der Altstadt Münchens! Der Viktualienmarkt, der 1807 als kleiner Kräutlmarkt° begann, hat circa 140
Händler und ist jeden Tag geöffnet. Ob man sich etwas Exotisches wünscht oder bayerischen Obatzda°, hier werden Essträume° wahr.

Die Burg des Märchenkönigs

Es war einmal ein verrückter bayerischer König, der gegen Preußen Krieg führte und verlor. Der enttäuschte König plante ein fantastisches Schloss in den Bergen, in das er sich zurückziehen° wollte. Der Bau des Schlosses dauerte lange, die Wünsche des Königs wurden immer extravaganter, und bald war er hoch verschuldet°. Seine Kreditgeber kamen 1886 und warfen ihn aus seinem Schloss.

Drei Tage später starb der König im Starnberger See – Todesursache ungeklärt°. Das Schloss, das meist-fotografierte der Welt, ist **Schloss Neuschwanstein** in Füssen; der König war **König Ludwig II**.

Holzmesser wooden knife **Kräutlmarkt** herb/vegetable market **Obatzda** cheese dip made with Camembert **Essträume** food dreams **zurückziehen** withdraw **verschuldet** in debt **Todesursache ungeklärt** cause of death undetermined

Was haben Sie gelernt?

Richtig oder falsch? Sind die Aussagen **richtig** oder **falsch**? Stellen Sie die falschen Aussagen richtig.

Some answers will vary.

1. Die Bayern sprechen nicht gerne Dialekt. Falsch. Die Bayern sind stolz auf ihren Dialekt und sprechen ihn gerne. Der Dialekt ist ein wichtiger Bestandteil ihrer Identität.

2. Bayerns Schulen haben bessere Testergebnisse als Schulen in anderen Teilen Deutschlands. Richtig.

3. Bayern wurde nach dem Zweiten Weltkrieg industrialisiert. Richtig.

4. Oft sagen Norddeutsche, dass die Bayern sehr konservativ seien. Richtig.

5. Der Viktualienmarkt ist ein Markt in München mit mehr als 130 Händlern. Richtig.

6. Die Händler auf dem Viktualienmarkt heißen Obatzda. Falsch. Obatzda ist eine Käsecreme, die man auf dem Markt kaufen kann.

7. König Ludwig baute ein Schloss an einem See. Falsch. Er baute ein Schloss in den Bergen.

Fragen Beantworten Sie die Fragen. Some answers will vary.

1. Welche Firmen gibt es in Bayern. BMW, Siemens und Microsoft.

2. Wie ist die Schulbildung in Bayern? Finden Sie Beispiele im Text. Bayerns Schulen haben gute Ergebnisse bei den PISA-Studien und es wird viel in Bayern geforscht. Es gibt auch gute Universitäten.

3. Wo befindet sich das Festspielhaus, das für die Opern Richard Wagners gebaut wurde? Auf dem „Grünen Hügel" in Bayreuth. Das ist im Norden Bayerns.

4. Erklären Sie kurz, was die Fuggerei ist. Das ist das erste Beispiel für sozialen Wohnungsbau. Arme Menschen, die nicht so viel Geld haben, können dort wohnen.

5. Welche Vorurteile haben die Bayern gegenüber den Norddeutschen? Manche Bayern sehen die Norddeutschen als humorlos.

6. Was kann man auf dem Viktualienmarkt kaufen? Nennen Sie fünf Dinge. Auf dem Viktualienmarkt kann man Waldhonig, Holzmesser, Empanadas, Obatzda und Palmenzweige kaufen.

7. Welches Gebäude ist das meistfotografierte Schloss der Welt? Das Schloss Neuschwanstein ist das meistfotografierte Schloss der Welt.

Diskussion Besprechen Sie in Gruppen die folgenden Fragen.

1. Welche Teile von Bayern möchten Sie gern besuchen? Möchten Sie lieber aufs Land fahren oder in eine Großstadt? Was möchten die meisten sehen? Präsentieren Sie die Ergebnisse.

2. Lederhosen und Dirndl sind traditionelle Kleidungsstücke in Bayern aber nicht in anderen Teilen Deutschlands. Sie werden aber von vielen Ausländern als typisch deutsch betrachtet. Warum? Spekulieren Sie und vergleichen Sie Ihre Meinungen.

Galerie

Ask students if their family has a Hummel figurine at home. Ask them to describe it. Also ask if they know how this figurine came into their family's possession.

Kunst

Berta Hummel (1909–1946)

Berta Hummel war eine deutsche Nonne (*nun*). Sie gehörte dem Franziskanerorden an und wurde als Zeichnerin und Malerin bekannt. Sie zeichnete vor allem Kinderbilder, aber auch christliche Motive. Zwischen 1927 und 1931 studierte Hummel an der Staatsschule für Angewandte Kunst in München. Die meisten Menschen kennen sie wegen der Hummelfiguren. Das Design dieser Figuren basiert auf Hummels Zeichnungen. Die erste Hummelfigur wurde 1935 produziert. Heute gibt es über 400 verschiedene Figuren. Nach dem Zweiten Weltkrieg brachten amerikanische Soldaten diese Figuren in die USA, wo sie so beliebt (*popular*) sind, dass es *Ähnlichkeitswettbewerbe (look-alike contests)* für Kinder gibt.

Explain that **ZDF** stands for **Zweites Deutsches Fernsehen**, a German public television channel.

Ask students if they watch cooking shows. What do they like and dislike about these shows? Show them a clip from one of Schuhbeck's cooking shows and elicit reactions. Draw students' attention to Schuhbeck's Bavarian dialect.

Alfons Schuhbeck

MEINE FC BAYERN FITNESSKÜCHE

mit höchster Energiequalität

mit einem Vorwort von Dr. H.-W. Müller-Wohlfahrt

ZABERT SANDMANN

Kochen

Alfons Schuhbeck (1949–)

Alfons Schuhbeck wurde 1949 als Alfons Karg geboren. Er ist ein erfolgreicher bayerischer Koch, Kochbuchautor, Musiker und Unternehmer. Bei einem Konzert seiner Rockband „Die Scalas" traf er den Gastwirt Sebastian Schuhbeck. Dieser überredete (*convinced*) ihn, Koch zu werden, adoptierte ihn und setzte ihn als Erben ein (*made him his heir*). 1980 übernahm (*took over*) Alfons das Restaurant seines Adoptivvaters, und schon 1983 bekam er dafür einen Michelin Stern. Durch die vielen Politiker und Fernsehstars, die das Restaurant besuchten, wurde Alfons Schuhbeck schnell zum Prominentenkoch. Außerdem ist er regelmäßig im Fernsehen bei Kochshows, wie z.B. Küchenschlacht im ZDF zu sehen. Schuhbeck hat auch mehr als 20 Kochbücher geschrieben, meistens mit österreichischen oder bayerischen Rezepten aus seiner Heimat.

Film

Werner Herzog (1942–)

Fitzcarraldo
a film by WERNER HERZOG

Der deutsche Werner Herzog, geboren in Bayern, gilt als einer der wichtigsten deutschen Filmregisseure. Zu seinen bekanntesten Filmen zählen *Aguire, der Zorn Gottes, Fitzcarraldo,* und *Grizzly Man.* In den Filmen Herzogs geht es oft um Protagonisten, die einen unmöglichen (*unrealistic*) Traum haben, die Talente in obskuren Bereichen haben oder die gegen die Natur arbeiten. Der Filmkritiker Roger Ebert beschrieb Herzog einmal so: „Werner Herzog hat nie einen Film gemacht, der uninteressant oder aus pragmatischen Gründen gemacht wurde. Selbst seine Misserfolge (*failures*) sind spektakulär!" Für seine Filme erhielt Herzog dutzende von Preisen weltweit. 2009 ernannte *Time Magazine* Werner Herzog als einen der 100 einflussreichsten (*most influential*) Menschen der Welt. 2012 erhielt er das Bundesverdienstkreuz (*Federal Cross of Merit*) 1. Klasse, eine der wichtigsten Auszeichnungen (*awards*), die Deutsche erhalten können.

Architektur

Anna Heringer (1977–)

Die Architektin Anna Heringer ist nahe der deutsch-österreichischen Grenze aufgewachsen. Vor ihrem Architekturstudium in Linz verbrachte sie ein Jahr in Bangladesch. Dieser Aufenthalt legte den Grundstein für ihr Interesse an nachhaltiger Entwicklungsarbeit und hat seither den Lauf ihrer Karriere bestimmt. 2005, ein Jahr nach dem Studienabschluss, wurde die METI Handmade School, in Rudrapur, Bangladesch fertiggestellt. Beim Bau dieser Schule wurde viel Wert auf Nachhaltigkeit gelegt und es wurden nur traditionelle Baumaterialien (*building materials*) wie Lehm (*clay*) und Bambus benutzt. Trotz ihrer Arbeit im Ausland wohnt Anna Heringer nach wie vor in Salzburg und hat eine Gastprofessur an der Technischen Universität in München.

Analyse

Verständnis Ergänzen Sie die Sätze mit den fehlenden Wörtern und Ausdrücken.

1. Berta Hummel war ___Nonne___ im Franziskanerorden.

2. Die Figuren, die auf Hummels ___Zeichnungen___ basieren, sind in Deutschland und in den USA sehr beliebt.

3. Alfons Karg heißt heute ___Alfons Schuhbeck___.

4. Schuhbeck hat mehr als 20 ___Kochbücher___ geschrieben.

5. Werner Herzog ist ein berühmter deutscher ___Regisseur, Drehbuchautor und Produzent___.

6. Das Bundesverdienstkreuz 1. Klasse ___erhielt___ Herzog im Jahr 2012.

7. Anna Heringer ist eine ___Architektin___, die sich für nachhaltiges Bauen engagiert.

8. Lehm und Bambus sind nachhaltige ___Baumaterialien___.

Diskussion Diskutieren Sie in kleinen Gruppen eines der folgenden Themen und präsentieren Sie die Ergebnisse im Kurs.

1. Berta Hummels Figuren sind in Nordamerika viel beliebter als in Deutschland. Warum sind manche Produkte erfolgreicher im Ausland als in ihrem Herkunftsland (*country of origin*)? Kennen Sie solche Produkte?

2. Alfons Schuhbeck wurde nur durch Zufall (*by chance*) Koch, als Sebastian Schuhbeck ihn bei einem Konzert kennenlernte. Haben Sie einmal etwas gemacht, was ihr Leben ganz und gar verändert hat, nur weil eine andere Person es Ihnen gesagt hat?

Aufsatz Schreiben Sie einen kurzen Aufsatz über eines der folgenden Themen. Suchen Sie die nötigen Informationen im Internet.

1. Warum gilt Werner Herzog als einer der wichtigsten Regisseure unserer Zeit? Recherchieren Sie im Internet und sehen Sie sich Ausschnitte seiner Filme an.

2. Nachhaltigkeit ist ein wichtiges Thema in den deutschsprachigen Ländern. Ein Beispiel dafür sind Passivhäuser. Was sind Passivhäuser? Wie funktionieren sie? Warum sind sie so populär? Suchen Sie Fakten und Bildmaterial im Internet.

6.1

INSTRUCTIONAL RESOURCES
Audioscripts, SAM AK,
Lab MP3s, Grammar
Presentation Slides
SAM/WebSAM: WB, LM

From a home magazine or
similar source, bring in photos
of a bathroom. Have students
use reflexive verbs to talk
about what the homeowners
do there (**sich waschen,
sich die Zähne putzen,** etc.).
If possible, use pictures of a
German-style bathroom.

ACHTUNG!

The infinitive form of reflexive
verbs is preceded by the pronoun
**sich: sich vorbereiten, sich
waschen,** etc.

QUERVERWEIS

To learn about dative reflexive
pronouns, see **Strukturen 6.2,
pp. 214–215.**

Reflexive verbs and accusative reflexive pronouns

—*Ihr **bedankt euch** jetzt beim
Weihnachtsmann!*

- Reflexive verbs describe an action that someone or something does to or for him-, her-, or itself. The subject of the verb is also its object. In German, this type of action is expressed using a verb with a reflexive pronoun.

  Er bereitet **sich** auf
  das Examen vor.
  *He's preparing (**himself**) for
  the exam.*

  Die Kinder waschen **sich**,
  ehe sie zum Essen gehen.
  *The children wash (**themselves**)
  before going to dinner.*

- Reflexive verbs are conjugated like other verbs. In a simple sentence, the reflexive pronoun is placed directly after the conjugated verb. In dependent clauses, the reflexive pronoun comes directly after the subject. Reflexive verbs always use the auxiliary **haben** in the perfect tense.

  Die Kellnerin fragte uns,
  wofür wir **uns** entschieden haben.
  *The waitress asked us what we
  decided on.*

  Ich entschied **mich** für
  selbst gemachte Spätzle.
  I decided on the homemade noodles.

- The accusative reflexive pronoun for the third person (singular and plural) and the formal **Sie** is **sich**. All other accusative reflexive pronouns are the same as the accusative personal pronouns.

Pronouns in the accusative		
Nominative personal pronouns	**Accusative personal pronouns**	**Accusative reflexive pronouns**
ich	mich	mich (*myself*)
du	dich	dich (*yourself*)
er	ihn	sich (*himself*)
sie	sie	sich (*herself*)
es	es	sich (*itself*)
wir	uns	uns (*ourselves*)
ihr	euch	euch (*yourselves*)
sie/Sie	sie/Sie	sich (*themselves/yourself/yourselves*)

- Many actions that are performed as part of a daily routine (*to take a shower, to shave, to get dressed,* etc.) are considered reflexive in German but not in English.

  Jonas duscht **sich**.
  Jonas is taking a shower.

  Die Mädchen schminken **sich**.
  The girls are putting on makeup.

- Some verbs can be used either reflexively, with a reflexive pronoun, or non-reflexively, with a direct object noun or pronoun, without changing the basic meaning of the verb.

| (sich) ausruhen | (sich) duschen | (sich) schminken |
| (sich) baden | (sich) kämmen | (sich) waschen |

Meine Mutter **badet sich**.
*My mother **is taking a bath**.*

Meine Mutter **badet das Baby**.
*My mother **is giving the baby a bath**.*

- In some cases, however, the meaning of the verb changes when it is used reflexively.

| **verlaufen** *to proceed, to go* | **sich verlaufen** *to get lost* |
| **versprechen** *to promise* | **sich versprechen** *to misspeak* |

Der Karneval **verläuft** in diesem Jahr sehr gut.
*Carnival **is going** well this year.*

Ich habe **mich** in der Großstadt **verlaufen**.
*I **got lost** in the big city.*

- Reflexive verbs can also be used to describe a reciprocal relationship. In English, this is often expressed with the phrase *each other*. Because reciprocal relationships must involve two or more people, reciprocal verbs are always in the first, second, or third person plural.

| **sich unterhalten** *to have a conversation* |
| **sich treffen** *to meet* |
| **sich (gut) verstehen** *to get along well; to understand each other* |

Wir **treffen uns** vor dem Kino.
*We'll **meet (each other)** in front of the movie theater.*

Ihr **ruft euch** fast täglich **an**.
*You **call each other** almost every day.*

- Some prepositional verb phrases include reflexive verbs. Here, too, the English equivalent is not always reflexive. All the prepositions below require the accusative case, except for **nach**, which requires the dative.

sich ärgern über *to get annoyed about*	**sich interessieren für** *to be interested in*
sich erinnern an *to remember*	**sich kümmern um** *to take care of (someone)*
sich freuen über *to be happy about*	**sich sehnen nach** *to long for*

Wir **informieren uns über** bayerische Traditionen.
*We're **finding out about** Bavarian traditions.*

Der Kellner **kümmert sich um** seine Gäste.
*The waiter **takes care of** his customers.*

- Reflexive pronouns can also be used with prepositions to express the idea of *oneself*.

Tim interessiert sich nur **für sich**.
*Tim is only interested **in himself**.*

Ich kann mich nur **auf mich** verlassen.
*I can only depend **on myself**.*

ACHTUNG!

Many verbs are reflexive in German, but not in English. Here are some examples.

sich beeilen *to hurry*
sich benehmen *to behave*
sich entschuldigen *to apologize*
sich erholen *to recuperate*
sich erkälten *to catch a cold*
sich hinlegen *to lie down*
sich langweilen *to be bored*
sich setzen *to sit down*
sich überlegen *to think about*
sich umsehen *to look around*
sich umziehen *to change (one's) clothes*
sich verspäten *to be late*

Have students work in pairs to draw a pair of pictures or write a short dialogue that illustrates the difference in meaning when verbs are used with or without reflexive pronouns. Have them illustrate the following: **sich waschen/ das Auto waschen; sich versprechen/versprechen; sich treffen/den Weihnachtsmann treffen.**

QUERVERWEIS

For more reflexive verbs that are also prepositional verb phrases, see **Strukturen 5.3, pp. 178–179**.

ACHTUNG!

Reflexive pronouns are also used in impersonal phrases such as **sich verkaufen** or **sich lesen**.

Die Knödel verkaufen sich gut.
The dumplings are selling well.

Das Buch über Volksmusik liest sich sehr leicht.
The book about folk music is easy to read.

Anwendung

1 **Karneval** Kreisen Sie die richtigen Reflexivpronomen ein.

1. Heute muss ich (sich / (mich)) beeilen. Ich will zum Karneval.

2. Ich habe meine Freunde angerufen und sie gefragt: „Sehnt ihr (wir / (euch)) auch nach dem Karneval? Wollt ihr mit mir feiern?"

3. Martina hat (sie / (sich)) entschuldigt.

4. Ich fragte sie: „Fühlst du ((dich) / dein) nicht wohl?"

5. Sie hat vergangene Nacht zu wenig geschlafen. Sie muss ((sich) / sie) hinlegen.

2 **Was passiert?** Beschreiben Sie, was die Leute auf den Bildern machen. Verwenden Sie die reflexiven Verben mit Pronomen.

2 Ask students to choose picture 2, 3, or 4, and write out a conversation between the people in the picture, using reflexive verbs from the grammar explanation.

1. Markus ___erholt sich___ (sich erholen) auf dem Sofa.

2. Der Mann und die Frau ___streiten sich___ (sich streiten) auf der Straße.

3. Das Paar ___sonnt sich___ (sich sonnen) im Schwimmbad.

4. Der Mann und die Frau ___treffen sich___ (sich treffen) im Café.

5. Der müde Student ___streckt sich___ (sich strecken).

6. Der Tourist ___verläuft sich___ (sich verlaufen) in der Stadt.

3 **Der Freund meiner Schwester** Bilden Sie zu zweit mit den angebenen Satzteilen neue Sätze. Schreiben Sie dann die neuen Sätze ins Perfekt um.

Beispiel **meine Schwester / sich schminken / vor ihrer Verabredung**
Meine Schwester schminkt sich vor ihrer Verabredung.
Meine Schwester hat sich vor ihrer Verabredung geschminkt.

1. der Freund meiner Schwester / sich interessieren / für französische Filme

2. meine Schwester / sich verspäten

3. der Freund / sich langweilen / in ihrer kleinen Wohnung

4. er / sich umsehen / auf dem kleinen Balkon

5. er / sich setzen / auf den nassen Stuhl

 Practice more at **vhlcentral.com**.

Kommunikation

4 Ich habe Geburtstag Besprechen Sie zu zweit die folgenden Fragen. Antworten Sie mit den selben reflexiven Verben.

1. Mit wem treffen Sie sich gern, um Ihren Geburtstag zu feiern?
2. Mit wem unterhalten Sie sich gern an Ihrem Geburtstag?
3. Amüsieren sich Ihre Freunde, wenn Sie Geburtstag haben? Warum? Wo treffen Sie sich?
4. Können Sie sich an den besten Geburtstag Ihres Lebens erinnern? Erzählen Sie davon.
5. Worüber ärgern Sie sich an Ihrem Geburtstag?

5 Die Morgenroutine Besprechen Sie zu zweit Ihre Morgenroutine.

Beispiel —Duschst du dich jeden Morgen?
—Ja, ich dusche mich jeden Morgen. Und du?

sich anziehen	sich beeilen	sich rasieren
sich baden	sich kämmen	sich waschen

6 Die Feiertage Besprechen Sie in Gruppen die Feiertage. Was muss jeder noch machen, um sich auf die Feiertage vorzubereiten?

Beispiel sich informieren
—Mein Vater muss sich informieren, wann das Restaurant geöffnet ist.
—Ich muss mich informieren, ob mein Freund kommen kann.

sich amüsieren	sich etwas fragen	sich treffen
sich beschäftigen mit	sich freuen auf	sich auf jemanden verlassen
sich entscheiden	sich informieren	sich vorbereiten
sich erinnern an	sich interessieren	sich über etwas wundern

7 Die Kochkunst Stellen Sie sich vor, Sie sind ein weltbekannter Koch. Sie haben gerade an einem Kochwettbewerb teilgenommen und haben den Preis für die beste Beilage (*side dish*) „Knödel" und für den besten Nachtisch „rote Grütze" bekommen. Spielen Sie zu zweit abwechselnd die Rolle des Kochs und die des Reporters, der das Interview führt.

Beispiel —Haben Sie sich schon als Kind fürs Kochen interessiert?
—Ja, ich habe mich schon immer fürs Kochen interessiert.

4 Have students share their favorite birthday memories with the class.

5 Have students describe their worst morning ever using reflexive verbs.

7 Have students look up Austrian recipes and share them with the class.

KULTURANMERKUNG

Knödel findet man häufig in Österreich und in Süddeutschland als Beilage zur Hauptspeise oder als Nachtisch. Der Teig° aus Brot oder aus Kartoffeln kann mit vielen anderen Zutaten° gemischt werden. Deswegen gibt es viele verschiedene Knödel. Zwetschkenknödel° oder Marillenknödel° sind süß. Speckknödel, welche oft als Beilage zu einem Braten serviert werden, sind würzig.
Rote Grütze ist ein leckerer Nachtisch aus Norddeutschland, der aus Beeren, Saft, Zucker und ein bisschen Speisestärke° besteht. Serviert wird die rote Grütze mit Vanillesoße oder Sahne. Das Wort Grütze bedeutet „grob gemahlen°".

Teig *dough* **Zutaten** *ingredients* **Zwetschkenknödel** *plum dumplings* **Marillen-** *with apricot* **Speisestärke** *cornstarch* **grob gemahlen** *coarsely ground*

INSTRUCTIONAL RESOURCES
Audioscripts, SAM AK,
Lab MP3s, Grammar
Presentation Slides
SAM/WebSAM: WB, LM

6.2

Reflexive verbs and dative reflexive pronouns

—*Aber vorher will ich* **mir** *noch ein Lied* **anhören**.

- When a reflexive verb has a direct object other than the subject, the reflexive pronoun functions as the indirect object.

- Dative reflexive pronouns are identical to the dative personal pronouns except for the **er/sie/es** and **Sie** forms.

Pronouns in the dative		
Nominative personal pronouns	**Dative personal pronouns**	**Dative reflexive pronouns**
ich	mir	mir *(myself)*
du	dir	dir *(yourself)*
er	ihm	sich *(himself)*
sie	ihr	sich *(herself)*
es	ihm	sich *(itself)*
wir	uns	uns *(ourselves)*
ihr	euch	euch *(yourselves)*
sie/Sie	ihnen/Ihnen	sich *(themselves/yourself/yourselves)*

- The following verbs use dative reflexive pronouns. (The word **etwas** indicates an accusative direct object of the verb.)

sich etwas anhören *to listen to something*	**sich etwas leisten** *to afford something*
sich etwas anziehen *to put something on*	**sich Sorgen um etwas machen** *to worry about something*
sich etwas ausleihen *to borrow something*	
sich etwas aussuchen *to choose something*	**sich etwas merken** *to take note of something*
sich etwas ausziehen *to take something off*	**sich etwas überlegen** *to think something over*
sich etwas einbilden *to imagine something about oneself*	**sich etwas vorstellen** *to imagine something*
	sich etwas wünschen *to wish for something*

Give students some
additional examples to
make sure they understand
the dative/accusative
structure. Ex.: **Haben Sie
sich die neue Wurstbude
angesehen? Ich habe mir
ein neues Auto gekauft.**

- The accusative object (underlined in the following examples) comes directly after the dative reflexive pronoun.

> Ich kann **mir** <u>ein Essen ohne Fleisch</u> nicht vorstellen.
> *I can't imagine a meal without meat.*

> Haben Sie **sich** <u>ein interessantes Buch</u> ausgesucht?
> *Have you chosen an interesting book (for yourself)?*

ACHTUNG!

Note that in these examples,
and in all of the verbs listed,
the reflexive pronoun is used in
German, but not in English.

- A number of verbs may be used either reflexively or non-reflexively with no real change in meaning. When they are reflexive, dative reflexive pronouns are used. While the dative pronoun is not required in these cases, it is very common in spoken German.

Kochen Sie (**sich**) jeden Morgen einen Kaffee?
*Do you make (**yourself**) coffee every morning?*

Er kauft (**sich**) ein Eis in der Eisdiele.
*He's buying (**himself**) an ice cream at the ice cream parlor.*

- Using dative reflexive pronouns with verbs that can be used reflexively or non-reflexively clarifies the speaker's intent.

schenken	
reflexive	Ich **schenke mir** eine Mahlzeit zu einem Fünf-Sterne-Restaurant. *I'm **treating myself** to a meal in a five-star restaurant.*
non-reflexive	Ich **schenke ihnen** einen Gutschein zu einem Fünf-Sterne-Restaurant. *I'm **giving them** a gift certificate to a five-star restaurant.*

- Dative reflexive pronouns are often used when the direct object of an action is a part of the body or an article of clothing. In English you would say *I brush **my** teeth* or *you put on **your** shoes*, but in German, the dative reflexive pronoun makes it clear *whose teeth* or *whose shoes* you are talking about, without a possessive adjective.

Ich putze **mir die** Zähne.
*I'm brushing **my** teeth.*

Hast du **dir die** Schuhe angezogen?
*Have you put on **your** shoes?*

Even though the dative reflexive pronouns can be left out, it is very common to use them in spoken German and indicates a certain level of fluency. Encourage students to use them often.

Visual learners may find it helpful to draw pictures to illustrate the different meanings of reflexive and non-reflexive sentences.

- Dative reflexive pronouns are also used with verbs that require the dative case, such as **widersprechen** and **helfen**.

Der Kritiker **widerspricht sich**.
*The critic **contradicts himself**.*

Ich konnte **mir** nicht **helfen**.
*I couldn't **help myself**.*

Anwendung

NATIONAL
communication
cultures
STANDARDS

1 Have students work in small groups and come up with suggestions for celebrating someone's birthday. The groups have to defend their ideas to the rest of the class or come up with a compromise plan.

KULTURANMERKUNG

Glücksbringer

Zu Silvester werden kleine Glücksbringer auf den Märkten und in den Geschäften verkauft. Man verschenkt sie gern, da sie eben Glück bringen sollen. Beliebte Motive für die Glücksbringer sind Marienkäfer°, Schweine und Schornsteinfeger°. Manchmal werden sie aus Schokolade und Marzipan gemacht. Schweine sind schon lange ein Zeichen des Wohlstandes°. Schornsteinfeger bringen Glück, da man früher ohne einen Kamin° nichts zu essen gehabt hätte. Marienkäfer hat man ursprünglich als Botschaft der Mutter Gottes angesehen; sie sollten die Kinder beschützen. Heutzutage denkt man nicht mehr an die Ursprünge der Glücksbringer, sondern nur daran, dass man mit ihnen Schwein gehabt hat!

Marienkäfer *ladybug*
Schornsteinfeger *chimney sweep*
Wohlstandes *wealth*
Kamin *fireplace*

3 Have students discuss how to plan the perfect party when both students and professors are invited.

1 **Wir feiern Geburtstag** Bestimmen Sie, ob das unterstrichene Pronomen **Dativ** oder **Akkusativ** ist.

Akkusativ	Dativ	
☑	☐	1. Wir treffen <u>uns</u> heute, um Michaels Geburtstag zu feiern.
☐	☑	2. Zusammen gehen wir ins Restaurant, wo mein Freund <u>sich</u> einen Sauerbraten bestellt.
☑	☐	3. Alle freuen <u>sich</u> auf das Essen.
☐	☑	4. Ich habe <u>mir</u> auch etwas Leckeres ausgesucht, und zwar Gulasch!
☑	☐	5. Ich frage meine Freunde: "Habt ihr <u>euch</u> für ein Geschenk für Michael entschieden?"
☐	☑	6. Michael antwortet: „Keine Sorge! Ich habe <u>mir</u> selber ein Geschenk gekauft."

2 **Silvester** Schreiben Sie die richtigen Reflexivpronomen im Dativ oder Akkusativ in die Lücken.

Heute ist der 31. Dezember. Wir überlegen (1) ____uns____, wie wir Silvester feiern wollen. Stefanie stellt (2) ____sich____ vor, wir können den Abend in einer Kneipe verbringen. Ich kann (3) ____mir____ das aber nicht leisten. Stattdessen laden wir ein paar Freunde ein und kaufen (4) ____uns____ leckeres Essen und ein paar Glücksbringer. Es wird also zu Hause gefeiert! Die Köche waschen (5) ____sich____ die Hände, bevor sie das Essen zubereiten. Danach bedient (6) ____sich____ jeder in der Küche. Leider schmeckt (7) ____uns____ das Essen nicht. Ich sage zu Stefanie: „Du hast (8) ____dir____ Sorgen gemacht, und du hattest recht. Es ist (9) ____uns____ nichts gelungen." Stefanie sagt: „Merkt (10) ____euch____, nächstes Jahr feiern wir, wo ich will!"

3 **Was wir essen und trinken!** Ergänzen Sie den vorgegebenen Satz in Gruppen mit weiteren Details. Bilden Sie anschließend einen Satz mit Reflexivpronomen im Dativ.

Beispiel **Wir kochen zusammen. Ich mache Schnitzel und er macht Spätzle.**
Wir machen uns einen tollen Abend mit leckerem Essen.

1. Ich kaufe eine Kleinigkeit zu essen.
2. Sie hat den Braten serviert.
3. Wir werden Köstlichkeiten aus Frankreich bestellen.
4. Ihr kocht das Gemüse.
5. Die Student(inn)en kochen Tee.
6. Die Professoren machen ein tolles Abendessen für ihre Student(inn)en.
7. Die Student(inn)en bringen eine Flasche Wein zum Abendessen mit.
8. Eine Studentin aus Deutschland hat einen Kuchen gebacken.

 Practice more at **vhlcentral.com**.

Kommunikation

4

Meine Familie Stellen Sie einander Fragen zu Ihren Familien.

Beispiel **deine Mutter / sich ansehen**

—Welche Sendungen sieht deine Mutter sich gern an?

—Sie sieht sich gern die Nachrichten an.

1. dein Vater / sich etwas leisten
2. deine Schwester / sich etwas kaufen
3. dein Opa / sich etwas ausleihen
4. deine Oma / sich etwas kochen
5. dein Bruder / sich etwas anhören
6. dein Hund / sich etwas wünschen

5

Was wollen wir tun? Was sehen Sie auf den Fotos? Erfinden Sie zu zweit zu jedem Bild ein Gespräch. Verwenden Sie die Vokabeln aus der Liste.

sich etwas zum Essen aussuchen	sich überlegen
sich etwas kaufen	sich vorstellen, in einem Schloss zu wohnen
sich Sorgen machen	sich etwas wünschen

6

Wir lernen uns kennen! Sie fahren im Zug nach Köln und lernen einige Leute kennen, die auch zum Karneval wollen. Bilden Sie Gruppen und fragen Sie einander, wie jede(r) sich auf den Karneval vorbereitet hat. Verwenden Sie die Verben aus der Liste.

sich anhören	sich etwas kaufen
sich ansehen	sich Sorgen um etwas machen
sich ausleihen	sich etwas überlegen
sich anziehen	sich etwas vorstellen
sich etwas aussuchen	sich etwas wünschen

6 **Karneval** is over. Have students write an e-mail to a German-speaking friend about what happened at **Karneval**. Tell them to use as many reflexive pronouns as possible.

6.3

INSTRUCTIONAL RESOURCES
Audioscripts, SAM AK,
Lab MP3s, Grammar
Presentation Slides
SAM/WebSAM: WB, LM

ACHTUNG!

The German **eine Million** (*one million*) is easy to remember. Note, however, the difference between English and German words for *billion* and *trillion*:
eine Milliarde   *one billion*
eine Billion   *one trillion*

Write out cards with numbers on them and have students practice saying them out loud. Ex.: 0; 11; 12; 17; 21; 32; 101; 964; 1575; 1.000.000

You may wish to review the basics of telling time with students.

ACHTUNG!

When writing dates in German, place the month after the day.
1.5.2015
5/01/2015 (May 1, 2015)

QUERVERWEIS

In German, adverbs of time come before adverbs of manner and place. If using more than one adverb of a particular type, arrange them from general to specific.
Ich gehe heute Abend um 20 Uhr mit Freunden ins Restaurant.
See **Strukturen 1.1, p. 16**.

Have students memorize their birthdays in German to help them learn the proper endings for the ordinal numbers.

Numbers, time, and quantities

—*Wir erwarten nämlich noch Gäste... 20 Uhr 30!*

Die Zahlen

- Cardinal numbers are used to tell time, price, or age; they take no endings. When **eins** is followed by **und** or another number, drop the **–s**. Likewise, drop the **–s** from **sechs** and the **–en** from **sieben** when they precede the letter **z**.

ein**s**   einundzwanzig   einhundert
sech**s**   sechzehn   sechzig
sieb**en**   siebzehn   siebzig

- Years are expressed with cardinal numbers and are read in the following way.

  1832: achtzehnhundertzweiunddreißig
  1945: neunzehnhundertfünfundvierzig
  1024: tausendvierundzwanzig
  2015: zweitausendfünfzehn

- Ordinal numbers designate order (*first, second, fifteenth,* etc.). To form the ordinal numbers add **–te** to numbers from 1 to 19 and **–ste** to numbers 20 and above, with the following exceptions: **erste** (1st), **dritte** (3rd), **siebte** (7th), and **achte** (8th). Ordinal numerals are followed by a period.

  Der **erste** Weihnachtstag ist am 25. Dezember.
  *The **first** day of Christmas is the 25th of December.*

  Ich habe am 7. (**siebten**) Mai Geburtstag.
  My birthday is on May 7th.

- Use Roman numerals when naming people: **Kaiser Wilhelm II. (Kaiser Wilhelm der Zweite)**.

Die Zeit

- Use cardinal numbers with the appropriate preposition to express time.

  Das Restaurant ist **um 6 Uhr** morgens geöffnet.
  The restaurant is open at 6 a.m.

  Die Kaffeestube macht **um Viertel nach 3** auf.
  The coffee shop opens at a quarter after 3.

  Die Feier endet **gegen 24 Uhr**.
  The party ends around midnight.

- The 24-hour clock is used for transportation, scheduled events, and official business. The expressions **Viertel**, **halb**, **vor**, and **nach** are not used with official time.

  Der Zug wird **um 11 Uhr 45** abfahren.
  The train will leave at 11:45 a.m.

  Das Programm beginnt **um 20 Uhr 30**.
  The program starts at 8:30 p.m.

- The following questions can be used to ask about times and dates.

Time	Date	Year
Wie viel Uhr ist es?	**Der Wievielte ist heute?**	**In welchem Jahr** ist er geboren?
What time is it?	*What is today's date?*	*In which year was he born?*
Um wie viel Uhr beginnt das Konzert?	**An welchem Tag** beginnt das Fest?	
At what time does the concert begin?	*On what day does the celebration begin?*	

Mengen

- The following terms indicate quantities (how much or how many).

ein Dutzend *a dozen*	**eine Kiste** *a box of*	**eine Packung** *a package of*
ein Glas *a glass of*	**ein Liter** *a liter of*	**eine Portion** *a portion of*
ein Gramm *a gram of*	**ein Löffel** *a spoonful of*	**eine Scheibe** *a slice of*
eine Flasche *a bottle of*	**eine Menge** *a bunch of*	**ein Stück** *a piece of*
ein Kilo *a kilo of*	**ein Paar** *a pair of*	**eine Tasse** *a cup of*

- Masculine and neuter nouns that designate quantity do not take a plural, but feminine nouns do. Whereas English uses the connecting word *of*, German does not use **von** with quantities.

Singular	Plural
eine Tasse Kaffee *a cup of coffee*	**4 Tassen Kaffee** *4 cups of coffee*
ein Kilo Kartoffeln *a kilo of potatoes*	**2 Kilo Kartoffeln** *2 kilos of potatoes*
ein Liter Wasser *a liter of water*	**3 Liter Wasser** *3 liters of water*

- The following table shows the equivalents for some common units of measure. Note that where English uses a decimal point German uses a comma (**Komma**).

Wie viel ist das?
ein Kilo = 2,2 *pound*
ein Liter = 1,13 *quart*
ein Kilometer = 0,62 Meilen
eine Meile = 1,6 Kilometer

Ein Kilo entspricht **2,2 (zwei Komma zwei)** *pounds.*
A kilo equals 2.2 pounds.

- German uses **Stundenkilometer** or **km/h** to talk about the speed of vehicles.

Weil er sich zur Party verspätete, fuhr er mit 225 **km/h** auf der Autobahn.
*Because he was late to the party, he drove 140 **miles an hour** on the highway.*

NATIONAL
communication
cultures
STANDARDS

1 Tell students that **ca.** stands for **circa** and means *about* or *around*.

2 Have students assume the following roles and create a shopping list for each group: **ein altes Ehepaar; Student(inn)en; Veganer; Kinder; Leute auf Diät; Leute, die ungesund essen.**

KULTURANMERKUNG

Die Konditorei

Brot kauft man beim Bäcker, aber feine Torten und leckeres Feingebäck kauft man in einer Konditorei. Hier werden Torten, Kuchen und feines Teegebäck hergestellt. Auch Spezialitäten wie Apfelstrudel, Linzer Torte, Baumkuchen und Marzipantorte gehören dazu. Dekoriert werden diese Köstlichkeiten° vom Konditor mit Marzipan, Schokolade und kandierten Früchten. In manchen Konditoreien gibt es auch ein Café, wo man ein leckeres Stück hausgemachte Torte und einen feinen Kaffee genießen kann.

Köstlichkeiten *delicacies*

Anwendung

Karneval Kreisen Sie das Wort ein, das zum Satz passt.

1. Am ((elften) / elfter) November beginnt die Karnevalssaison.

2. Als ich das (eins / (erste)) Mal zum Kostümball in Köln ging, verkleidete ich mich als Hexe (*witch*).

3. Der Ball war erst um (dritte / (drei)) Uhr morgens zu Ende. Er hat uns allen gefallen.

4. In den ((sieben) / siebten) Tagen vor Aschermittwoch beginnen für uns die großen Feiertage.

5. Wir besuchen den Karnevalsumzug in Köln, der zum ersten Mal am Anfang des ((neunzehnten) / neunzehn) Jahrhunderts stattfand.

6. Dieser Umzug ist mehr als (sechster / (sechs)) Kilometer lang.

7. Jedes Jahr kommen ca. ((eine Million) / Million von) Zuschauer zu diesem Umzug nach Köln.

8. Kein Wunder, dass man Karneval „die ((fünfte) / fünf) Jahreszeit" nennt!

Wir kaufen ein Schreiben Sie die passenden Mengenangaben in die Lücken.

Some answers will vary.

200 Gramm Aufschnitt	500 Gramm Käse
ein bisschen Blumenkohl	6 Stück Apfelstrudel
ein Pfund Kaffee	vier Dosen Thunfisch
ein halbes Kilo Karotten	eine Kiste Mineralwasser

Gestern bin ich mit meinen drei Zimmerkollegen einkaufen gegangen. Wir haben letzte Woche wegen Karneval immer in Kneipen gegessen und jetzt ist der Kühlschrank leer. Maria wollte unbedingt (1) ___500 Gramm Käse/___ kaufen. Jasmin hat sich (2) ___200 Gramm Aufschnitt/___ 200 Gramm Aufschnitt 500 Gramm Käse ausgesucht. Zum Trinken haben wir (3) ___eine Kiste Mineralwasser___ genommen. Wir haben auch (4) ___vier Dosen Thunfisch___ gekauft, da viele von uns gern Fisch essen. Ich wünschte mir etwas Süßes, deswegen haben wir uns für (5) ___6 Stück Apfelstrudel___ aus einer Konditorei entschieden. Gemüse wollten wir auch und haben (6) ___ein halbes Kilo Karotten___ zum Kochen und (7) ___ein bisschen Blumenkohl___ zum Naschen (*to munch on*) gekauft. Gott sei Dank haben wir auch das Koffein (*caffeine*) nicht vergessen! Wir haben (8) ___ein Pfund Kaffee___ gekauft.

Feiern wir! Bilden Sie Sätze.

Beispiel wir / vorbereiten / an der Uni / ein großes Fest / alle zwei Jahre

Wir bereiten alle zwei Jahre ein großes Fest an der Uni vor. Some answers will vary.

1. wir / einladen / zum Fest / jedes Jahr / 100 Freunde
Wir laden jedes Jahr 100 Freunde zum Fest ein.

2. das Fest / stattfinden / zum 10. Mal / dieses Jahr
Das Fest findet dieses Jahr zum 10. Mal statt.

3. wir / verlangen / €3 Eintrittsgeld / pro Person
Wir verlangen €3 Eintrittsgeld pro Person.

4. mein Freund / kochen / 5 Stunden lang / in der Küche
Mein Freund kocht 5 Stunden lang in der Küche.

5. alle / feiern / bei uns / das Fest / einmal im Jahr
Alle feiern das Fest einmal im Jahr bei uns.

6. selten / wir / gehen / ins Bett / vor 4 Uhr morgens
Selten gehen wir vor 4 Uhr morgens ins Bett.

3 Have students answer questions to plan a party of their own. Ex.: **Verlangen Sie Eintrittsgeld? Kochen Sie Gulasch? Was für Essen servieren Sie auf dem Fest?**

Kommunikation

4 **Rezept** Sie haben Omas Rezept gefunden, und jetzt backen Sie zu zweit einen Apfelstrudel. Leider vergessen Sie immer, wie viel Sie von allem brauchen. Lesen Sie zuerst das Rezept, und dann stellen Sie einander Fragen zu den Mengen.

4 Explain to students what the abbreviations mean: **g = Gramm; ml = Mililiter**

APFELSTRUDEL

Für den Teig (*dough***)**
275 g Mehl (*flour*)
1 Prise (*pinch*) Salz
2 Esslöffel Öl
125 ml lauwarmes Wasser

Für die Füllung
1 Kilo Äpfel, geschnitten
75 g Rosinen (*raisins*)
50 g Walnüsse, gehackt (*chopped*)
100 g Zucker
1 Teelöffel Zimt (*cinnamon*)
100 g Butter, geschmolzen
50 g Semmelbrösel (*bread crumbs*)

Zubereitung Alle Zutaten für den Teig in eine Schüssel (*bowl*) geben und mit der Hand mischen. Anschließend 1 EL Öl darüber streichen und ½ Std. ruhen lassen. Die geschnittenen Äpfel mit den Rosinen, Nüssen, Zucker und Zimt in einer Schüssel zusammenrühren. Den Teig auf einem Tuch mit dem Nudelholz und etwas Mehl ausrollen. Die Hälfte der geschmolzenen Butter auf den Teig pinseln (*brush*). Darauf kommen nun die Semmelbrösel und dann die Mischung aus Äpfeln und Rosinen. Mit Hilfe des Tuches den Teig sehr vorsichtig aufrollen. Dann den Strudel auf ein geöltes Backblech legen und wieder mit Butter bepinseln. In dem auf 200° Celsius vorgeheizten Backofen ca. 45–60 Min. backen. Nach dem Backen abkühlen lassen und mit Puderzucker bestäuben.

Beispiel —Wie viel Mehl brauchen wir?

—Wir brauchen 275 g Mehl.

5 **Essgewohnheiten** Besprechen Sie zu zweit, wie viel Sie kaufen, was Sie oft zu Hause haben, und was Sie nie zu Hause haben. Verwenden Sie Wörter aus der Liste.

Brathähnchen	**Joghurt**	**Multivitaminsaft**
Brokkoli	**Kartoffeln**	**Salat**
eingelegter Hering	**Knödel**	**Schokolade**
Eintopf	**Milch**	**Wurst**

Beispiel —Ich kaufe immer 5 Kilo Kartoffeln, weil ich jeden Tag Kartoffeln esse.

—Wirklich? Ich esse fast nie Kartoffeln, aber ich habe immer zehn Eier im Kühlschrank.

6 **Das Geburtstagsessen** Sie feiern bald Geburtstag und wollen ein deutsches Abendessen für Ihre Freunde zubereiten. Besprechen Sie zu zweit, was Sie anbieten wollen und was Sie dafür kaufen müssen. Verwenden Sie die Zahlen, die Mengen und die Zeitausdrücke.

6 When students have all their ingredients, have them work in pairs to prepare and present a skit showing how they prepared the meal.

Beispiel —Heute machen wir einen köstlichen Sauerbraten.

—Was müssen wir zuerst machen?

—Zuerst kaufen wir 2 Kilo Fleisch.

—Was wollen wir außer dem Braten anbieten?

Synthese

Kommunikationsstrategien	
Der Verkäufer	**Der Käufer**
Darf ich Ihnen helfen? *May I help you?*	**Darf ich bitte…** *May I please…*
Darf es noch etwas sein? *Is there anything else?*	**Das reicht.** *That's enough.*
Das kostet zusammen… *That comes to…*	**Das ist mir zu teuer/zu viel.** *That is too expensive/too much.*
Heute haben wir im Angebot… *Our special today is…*	**Haben Sie eine Tüte? einen Beutel?** *Do you have a bag?*

1

Gespräch Lesen Sie den Artikel und besprechen Sie die Fragen in Gruppen. Teilen Sie anschließend die Klasse in zwei Gruppen auf. Stellen Sie sich vor, die Hälfte der Student(inn)en arbeitet auf dem Viktualienmarkt, jede(r) an einem Stand. Sie wollen Ihre Produkte verkaufen. Die anderen Student(inn)en gehen einkaufen, und suchen sich etwas aus.

> ### Der Viktualienmarkt
> **Kulinarische Tipps**
>
> […] Am Fuße des „Petersbergl" bietet der Markt zahlreiche Geschäfte mit Fleisch- und Wurstwaren, allen voran den einzigen Pferdemetzger Münchens. Käse und Milchprodukte sowie Brot und Backwaren komplettieren das sortenreiche Angebot auf dem Viktualienmarkt. […] Vervollständigt wird die kulinarische Vielfalt des Marktes von mehreren Fischgeschäften, zahlreichen Feinkostadressen, Tee- und Honigläden sowie einem ebenso umfangreichen wie vielfältigen Angebot an Weinen und Spirituosen. Überkommt den Marktbesucher spontan der Hunger, so hat er die Möglichkeit, an einem von über 20 Ständen einen Imbiss einzunehmen oder sich im idyllischen „Biergarten am Viktualienmarkt" niederzulassen. Durch sein Angebot, das von traditionellen Spezialitäten bis hin zu exotischen Seltenheiten reicht, ist der Viktualienmarkt zu Münchens erster Adresse für Feinschmecker aus aller Welt geworden.
>
> *Autorin: Stefanie H.*
> **Quelle: muenchen.de**

1. Vergleichen Sie das Angebot auf dem Viktualienmarkt mit Waren auf einem anderen Markt.

2. Welche Händler und Produkte gibt es auf dem Viktualienmarkt? Kreisen Sie alle ein, die im Text erscheinen.

3. Welchen Stand möchten Sie gern besuchen? Welchen nicht? Warum?

4. Gibt es in Ihrer Heimat einen Markt wie den Viktualienmarkt?

2

Aufsatz Schreiben Sie eine Seite über eines dieser Themen. Verwenden Sie sowohl **Reflexivverben** mit Akkusativ und Dativ als auch **Zahlen**, **Zeiten** und **Mengen**.

1. Bayern ist stolz auf sein Essen und seine Traditionen. Wie ist es in Ihrem Land? Gibt es ein Bundesland, das besonders stolz und berühmt ist?

2. Was sind Sie: Vegetarier, Fleischesser oder Veganer? Warum haben Sie sich dafür entschieden?

3. Soll man Traditionen und Bräuchen folgen? Warum/warum nicht? Welchen/welchen nicht?

Vorbereitung

Wortschatz der Lektüre	**Nützlicher Wortschatz**
anziehen *to attract*	**die Achterbahn, -en** *roller coaster*
die Bude, -n *stall*	**Eintritt bezahlen** *to pay admission*
sich laben an (+ Dat.) *to refresh oneself*	**sich einigen über** *to come to an agreement about*
taufen *to baptize*	**das Motto, -s** *theme*
veranstalten *to organize*	**der Wettkampf, ⁻e** *competition*
sich vermählen mit *to marry*	**zurückgehen auf (+ Akk.)** *to date back to*
die Wiese, -n *meadow*	

1 Make sure students realize that the words need to be in their grammatically correct forms.

1 Tell students that **Volksfest** refers to an annual fair. In other regions of Germany, **Jahrmarkt** and **Kirmes** are used with the same meaning.

1 **Volksfest** Vervollständigen Sie die Sätze mit den passenden Wörtern aus den Vokabellisten.

Endlich ist es wieder so weit: Unsere Stadt (1) _veranstaltet_ das jährliche Volksfest. Wussten Sie eigentlich, dass unser Volksfest eine lange Tradition hat und auf die Hochzeit des ersten Bürgermeisters (2) _zurückgeht_? Auch dieses Jahr wird es wieder viele Besucher aus der ganzen Umgebung (3) _anziehen_. Es gibt 125 (4) _Buden_, an denen man etwas zu essen, zu trinken, Lose (*lottery tickets*), Kleidung, Spielzeug und viel Kitsch kaufen kann. Und die Besucher können sich an (5) _Wettkämpfen_ beteiligen (*take part in*); wer bekommt dieses Jahr wohl die meisten Preise? Natürlich gibt es auch mehrere (6) _Achterbahnen_ und Karussells für die kleinen Kinder. Es wird also wieder ein Riesenspaß!

2 **Feste** Beantworten Sie die folgenden Fragen zu zweit.

1. Gibt es in Ihrer Heimatstadt ein Fest, das Tradition hat und zu dem viele Menschen gehen? Beschreiben Sie es.
2. Gibt es in Ihrer Familie oder in Ihrer Heimatstadt ein Fest, zu dem man sich besonders anzieht? Beschreiben Sie es.
3. Gibt es im Laufe des Jahres ein Fest, das in Ihrer Familie besonders wichtig ist? Welches? Warum?
4. Gibt es bei Ihnen in der Nähe ein Oktoberfest, einen Weihnachtsmarkt oder ein Maifest? Waren Sie schon einmal dort? Wie war das?
5. Kennen Sie ein Fest, das einen ethnischen Ursprung hat? Welches? Was feiern die Menschen dort und wie?

3 **Traditionsfeste** Schauen Sie sich in Gruppen den Titel der Lektüre und die Bilder auf der nächsten Seite an. Besprechen Sie dann die folgenden Fragen.

1. Um was für Feste handelt es sich hier wohl? Wann finden sie statt?
2. Was können die Besucher dieser Feste alles machen?
3. Kennen Sie Feste, die in Deutschland zu einer bestimmten Zeit im Jahr gefeiert werden? Gibt es solche Feste auch in den USA?

KULTURANMERKUNG

Achterbahnen

Achterbahnen zählen zu den klassischen und größten Attraktionen auf Volksfesten und in Vergnügungsparks°. Sie kamen ursprünglich (im 16. Jahrhundert) aus Russland und waren aus Holz konstruiert. Die Abfahrten wurden mit Wasser übergossen°. Nachdem das Wasser gefroren war, konnten die Wagen darauf hinunter rutschen°. Die erste Achterbahn in Deutschland wurde 1908 in München vorgestellt. Die war aus Holz und hieß die *Riesen-Auto-Luftbahn*.

Vergnügungsparks *amusement parks* **übergossen** *covered* **hinunter rutschen** *slide down*

2 Before doing the activity, brainstorm which festivals students know of and which ones they have attended (state fairs, historical reenactments, ethnic and church festivals). Find pictures of different festivals on the Internet.

May Day traditions vary from village to village but are typically rife with both antics and expressions of romantic love. In some villages, the maypole is still climbed (without a harness and with only a bit of tar on the hands and feet) as proof of one's courage; a neighboring village may try to steal the tree; and small May trees of birch may be presented to women as tokens of affection.

You may wish to tell students that in the 20th century the **Pferderennen** was discontinued as a regular feature of **Oktoberfest**.

Feste
mit Tradition

Audio: Reading

The placement of the **dirndl**'s bow that holds the apron together shows the marital status of the wearer. If it is on the right side, it signals that the woman is either engaged or married. If it is on the left side, it means that she is still free. Today, a bow worn in the front signifies virginity, while a bow tied in the back indicates widow status.

Was wäre° ein Jahr ohne Feste? Feiertage bringen Menschen zusammen und vertreiben° die Eintönigkeit° des Alltags. Die Bayern mögen es besonders bunt. Hier werden traditionsträchtige Feste das ganze Jahr über gefeiert – manchmal mit Humor, manchmal mit Besinnlichkeit°, aber immer mit großem Einfallsreichtum°.

Wenn man Ende September in München ist, erlebt man das Oktoberfest. Es ist viel mehr als nur das alljährliche, feuchtfröhliche Volksfest, für das es bekannt geworden ist. Es blickt auf eine 200-jährige Tradition zurück. Am 12. Oktober 1810 vermählte sich Kronprinz Ludwig mit Prinzessin Therese von Sachsen-Hildburghausen. Die offiziellen Feierlichkeiten zur Hochzeit dauerten fünf Tage und ganz München war beteiligt°. Es gab Umzüge, Essen und Trinken und viel Musik. Der krönende Abschluss° war ein Pferderennen auf der Wiese vor der Stadt, das das Bürgertum° veranstaltete. Diese Wiese wurde zu Ehren° der Braut „Theresienwiese" getauft. Der Name ist erhalten° geblieben und da man beschlossen° hat, von nun an jedes Jahr ein Pferderennen zu organisieren, entstand daraus eine bis heute lebendige Tradition der Oktoberfeste.

In den dunklen Dezemberwochen helfen die Traditionen der Adventszeit, den Winter zu überstehen. In Bayern kann man einen Christkindlmarkt besuchen. Weihnachtsmärkte gibt es in fast allen Städten Deutschlands; der von Nürnberg aber ist weit über die Grenzen Bayerns berühmt. Historiker wissen nicht ganz genau, wann der stimmungsvolle Nürnberger Christkindlmarkt seinen Ursprung hat, aber sie vermuten°, dass er sich aus den Wochenmärkten zwischen 1610 und 1639 entwickelt hat. Man feiert die Eröffnung des Marktes am Freitag vor dem 1. Advent auf dem Hauptmarkt in Nürnbergs Altstadt und er geht normalerweise bis zum 24. Dezember. Knapp zwei Millionen Besucher kommen jährlich, um die ca. 200 Verkaufsbuden zu bewundern. Hier kann

Tell students that the hats can also indicate a woman's marital status.

man sich an weihnachtlichen Backwaren° wie Printen°, Lebkuchen, Spekulatius° und Christstollen° laben und sich mit Glühwein gegen die Kälte wärmen. Auch kann man Dekorationen wie Glaskugeln und Adventssterne für den Weihnachtsbaum und kunsthandwerkliche weihnachtliche Artikel wie Krippen° und Räucherfiguren° kaufen. Meistens gibt es rund um einen großen Weihnachtsbaum Krippenspiele und weihnachtliche Konzerte.

Und wenn die grüne Pracht° des Frühlings endlich wieder ausbricht, laden Maifeste mit Musik rund um den mit einem Blumenkranz° und Bändern° geschmückten° Maibaum zum Tanzen ein. Schon die alten Germanen und Kelten feierten Feste in der Nacht zum Maivollmond°, und literarisch eindrucksvoll wird dies als Walpurgisnacht° in Goethes Faust beschrieben, wo Mephistopheles *Faust* am Jahreskreisfest° der Hexen° und Naturgeister auf dem Brocken° im Harz teilnehmen lässt. Ursprünglich war auch dies ein Hochzeitsfest – für den germanischen Gott Wotan, der mit Freia den Frühling gezeugt° haben soll. Es war also eine Feier für den Beginn neuen Lebens. Heute ist von Hexen und Wotan keine Spur°, aber die Freude am Frühling ist noch groß und man amüsiert sich und tanzt rund um den Maibaum in den Wonnemonat° Mai.

Kein Zweifel: Traditionen machen das Leben bunter. ■

Tell students that these costumes are only used in Southern Germany.

Left margin glosses:
- would be
- drive off
- monotony
- reflection
- imagination
- involved
- crowning finale
- citizenry
- in honor
- preserved
- decided
- suspect

Right margin glosses:
- baked goods
- spicy Christmas cookies/ cinnamon, almond, and ginger buttery cookies
- Christmas cake with dried fruit, nuts, and spices
- nativity scenes/ incense smokers
- splendor
- wreath of flowers/ ribbons
- decorated
- full moon of May
- night from April 30 to May 1
- seasonal feast/witches
- highest mountain in the Harz mountain range
- conceived
- no trace
- joyful month

Traditionelle deutsche Tracht°

Die traditionelle süddeutsche Tracht, Dirndl für Frauen und Lederhosen für Männer, sieht man oft als typisch „deutsche" Kleidung an. Lederhosen gibt es als „Kurze", ehemals für Arbeit und Jagd bestimmte Kleidungsstücke und als „Kniebundhose", die man an Festtagen trug. Dirndl dagegen waren städtische Mode, die Frauen der bürgerlichen Oberschicht° im Sommer anzogen. Es lassen sich aber auch Verbindungen zur Dienstbotentracht° herstellen und das Binden der Schleife° der Schürze° ist symbolträchtig°.

Tracht *costume* **Oberschicht** *upper classes*
Dienstbotentracht *servants' garb* **Schleife** *bow*
Schürze *apron* **symbolträchtig** *full of symbolism*

Analyse

1

Alles klar? Verbinden Sie die Satzanfänge der ersten Spalte mit sinnvollen Satzenden aus der zweiten.

___e___ 1. Das Oktoberfest in München geht auf…

___f___ 2. Dem Ort für das Pferderennen gaben die Bürger…

___a___ 3. Weihnachtsmärkte gibt es…

___b___ 4. Der Nürnberger Christkindlmarkt ist wahrscheinlich…

___c___ 5. Auf einem Weihnachtsmarkt kann man Backwaren…

___d___ 6. Maifeste finden um einen mit…

a. in fast allen Städten Deutschlands.

b. im 17. Jahrhundert aus den Wochenmärkten entstanden.

c. und Weihnachtsdekorationen kaufen.

d. Blumenkränzen und Bändern geschmückten Maibaum statt.

e. die Hochzeit Ludwigs I. am 12. Oktober 1810 zurück.

f. zu Ehren der Braut den Namen „Theresienwiese".

2

Feste Besprechen Sie zu zweit die folgenden Fragen.

1. Ist es wichtig, dass Sitten und Bräuche erhalten bleiben? Warum/warum nicht?

2. Kennen Sie Feste, die einen geschichtlichen oder kirchlichen Hintergrund haben, jetzt aber hauptsächlich Volksfeste geworden sind? Welche?

3. Haben Sie schon einmal von anderen deutschen, österreichischen oder schweizerischen Festen gehört? Von welchen?

4. Was glauben Sie, ist das traditionsreichste Fest in den USA? Warum?

3

Fest-Planung

A. Sie haben die Aufgabe, ein Fest zu planen, das an Ihrer Uni oder in Ihrer Heimatstadt gefeiert wird und viele Besucher anziehen soll. Einigen Sie sich in Gruppen über folgende Punkte.

- Unter welchem Motto soll das Fest stehen?

- Wo soll das Fest stattfinden? Drinnen oder draußen? Gibt es eine geeignete (*suitable*) Wiese oder Halle dafür? Denken Sie dabei auch an das Klima und die Jahreszeit!

- Was soll es zu essen und zu trinken geben? Kann man dort irgendetwas anderes kaufen?

- Soll es Aufführungen oder Wettkämpfe geben? Welche? Gibt es Preise und Auszeichungen (*awards*)?

- Soll die Kleidung der Besucher zum Motto der Veranstaltung passen?

- Muss man Eintritt bezahlen? Gibt es Sponsoren für dieses Fest?

B. Präsentieren Sie dann der Klasse Ihren Vorschlag. Sie soll darüber abstimmen, welches Fest das attraktivste ist.

- Was für Unterschiede bzw. Gemeinsamkeiten gibt es zwischen den Vorschlägen?

- Welches Fest wird Ihrer Meinung nach die meisten Besucher anziehen? Warum?

- Wird es viel Geld kosten, so ein Fest zu veranstalten? Wer bezahlt das?

 Practice more at **vhlcentral.com**.

Vorbereitung

Über den Schriftsteller

Wolfdietrich Schnurre (1920–1989) war ein wichtiger Autor der westdeutschen Nachkriegsliteratur. Er wuchs in Frankfurt und Berlin auf, kämpfte unfreiwillig im 2. Weltkrieg und lebte ab 1946 wieder in Westberlin, wo er als Theater- und Filmkritiker für die *Deutsche Rundschau* arbeitete. Schnurre war Mitbegründer der Gruppe 47, eines literarischen Kreises im Deutschland der Nachkriegszeit. Sein Werk umfasst Erzählungen, Romane, Kurzgeschichten, Gedichte und vor allem auch Kinderbücher. Er wurde mit zahlreichen bedeutenden Literaturpreisen, darunter dem Georg-Büchner-Preis (1983) ausgezeichnet.

As a pre-reading activity, have pairs of students use the vocabulary list to try to figure out what the reading is about. Have them later compare their guess with the actual text.

1 Tell students that the simple-past form of **ausgraben** is **ausgruben**.

Wortschatz der Kurzgeschichte

ausgraben *to dig up*
(ein Fest) begehen *to celebrate*
(sich) (aus)borgen *to borrow*
die Heizung, -en *heating system*
heulen *to cry*

das Leihhaus, ¨er *pawnshop*
der Pfandleiher, - *pawnbroker*
der Spaten, - *spade*

Nützlicher Wortschatz

künstlich *artificial*
das Mitleid *compassion*
unter der Hand *on the sly*
die Zuckerstange, -n *candy cane*

1 **Vorbereitung** Vervollständigen Sie den Text mit den passenden Wörtern aus der Liste.

| ausgruben | borgen | heulen | Leihhaus | Spaten |
| begehen | Heizung | künstlich | Mitleid | Zuckerstangen |

Weihnachten nach dem Krieg zu (1) _begehen_ war nicht einfach für meine Familie. Die Wohnung war im Winter überhaupt nicht warm, weil meine Eltern fast kein Geld für die (2) _Heizung_ hatten. Mir war manchmal so kalt, dass ich nur noch (3) _heulen_ konnte. Meine Eltern brachten viele ihrer Möbel ins (4) _Leihhaus_, damit wir überhaupt etwas zu Essen hatten. Aber es gab auch schöne Erinnerungen. Etwa als wir in den Wald gingen und eine Tanne (5) _ausgruben_, weil wir keine kaufen konnten. Einen (6) _Spaten_ mussten wir dafür auch noch (7) _borgen_. Aber wir hatten einen richtig schönen Tannenbaum, mit Lebkuchen und (8) _Zuckerstangen_ daran, die uns in dem Jahr besonders gut geschmeckt haben.

2 **Feste** Stellen Sie einander die folgenden Fragen.

1. Hast du ein Lieblingsfest? Welches? Warum?
2. Gibt es bestimmte Gebräuche oder Traditionen, die deine Familie an Festtagen pflegt? Beschreib sie! Warum sind sie so wichtig für deine Familie?
3. Welche kirchlichen und politischen Feiertage kennst du? Was wird an ihnen gefeiert?
4. Was meinst du, sind kirchliche oder politische Feiertage in der heutigen Gesellschaft wichtiger als früher? Warum?

 Practice more at **vhlcentral.com**.

KULTURANMERKUNG

Der Tannenbaum

Sich im Winter etwas Grünes ins Haus zu holen hat eine lange Geschichte. Grün steht für Treue, aber auch für das Leben. Man drückt damit die Hoffnung aus° einen kalten Winter überstehen° zu können. Auch die Farbe rot ist symbolträchtig°. Sie ist die Farbe des Blutes und steht demnach für Liebe und Freude. Damit ist die Grundlage der Farbsymbolik zu Weihnachten geschaffen: der grüne Tannenbaum oder Adventskranz wird häufig mit roten Kerzen oder roten Dekorationen geschmückt.

drückt... aus *expressed*
überstehen *get through*
symbolträchtig *full of symbolism*

Die Leihgabe

Wolfdietrich Schnurre

Am meisten hat Vater sich jedesmal zu Weihnachten Mühe gegeben. Da fiel es uns allerdings auch besonders schwer, drüber wegzukommen, daß wir arbeitslos waren. Andere Feiertage, die beging man, oder man beging sie nicht; aber auf Weihnachten lebte man zu, und war es erst
5 da, dann hielt man es fest… Weihnachten, sagte er, wäre das Fest der Freude; das Entscheidende wäre jetzt nämlich: nicht traurig zu sein, auch dann nicht, wenn man kein Geld hätte.

[…]

Vater selber gab sich auch immer große Mühe, nicht traurig zu sein um diese
10 Zeit; doch er hatte es aus irgendeinem Grund da schwerer als ich; wahrscheinlich deshalb, weil er keinen Vater mehr hatte, der ihm dasselbe sagen konnte, was er mir immer sagte. Es wäre bestimmt auch alles leichter gewesen, hätte Vater noch seine Stelle gehabt. Er hätte jetzt sogar wieder als Hilfspräparator° *assistant taxidermist* gearbeitet; aber sie brauchten keine Hilfspräparatoren im Augenblick. Der
15 Direktor hatte gesagt, aufhalten im Museum könnte Vater sich gern, aber mit Arbeit müßte er warten, bis bessere Zeiten kämen.

„Und wann, meinen Sie, ist das?" hatte Vater gefragt.

„Ich möchte Ihnen nicht weh tun", hatte der Direktor gesagt.

[…]

Point out that **wäre**, **hätte**, **müßte** (now spelled **müsste**), **könnte**, and **kämen** are verb forms in the subjunctive. Have students guess their meaning.

After the reading, ask students if they can figure out where the story takes place (**Alex**, short for **Alexanderplatz**, and **Friedrichshain**, a suburb formerly in the Eastern part of Berlin).

Audio: Dramatic Reading

Außerdem: so einen Baum, wie er ihn sich vorstellte, den verschenkte niemand, der wäre Reichtum, ein Schatz wäre der.

Aber im Grunde lebten auch wir nicht schlecht. Denn Frieda versorgte ²⁰ uns reichlich mit Essen, und war es zu Hause zu kalt, dann gingen wir ins Museum rüber; und wenn wir uns alles angesehen hatten, lehnten wir uns unter dem Dinosauriergerippe° an die Heizung, sahen aus dem Fenster oder *dinosaur skeleton* fingen mit dem Museumswärter ein Gespräch über Kaninchenzucht° an. *raising of rabbits*

An sich war das Jahr also durchaus dazu angetan, in Ruhe und Beschaulichkeit° ²⁵ *tranquility* zu Ende gebracht zu werden. Wenn Vater sich nur nicht solche Sorge um einen Weihnachtsbaum gemacht hätte.

Es kam ganz plötzlich.

[…]

„Mir fällt eben ein", sagte Vater, „wir brauchen ja einen Weihnachtsbaum." ³⁰ Er machte eine Pause und wartete meine Antwort ab.

„Findest du?" sagte ich.

„Ja", sagte Vater, „und zwar so einen richtigen, schönen; nicht so einen murkligen°, der schon umkippt°, wenn man bloß mal eine Walnuß° dranhängt." *pathetic, puny/tips over/ walnut*

Bei dem Wort Walnuß richtete ich mich auf. Ob man nicht vielleicht auch ³⁵ ein paar Lebkuchen kriegen könnte zum Dranhängen?

Vater räusperte sich°. „Gott -", sagte er, „warum nicht; mal mit Frieda reden." *cleared his throat*

„Vielleicht", sagte ich, „kennt Frieda auch gleich jemand, der uns einen Baum schenkt."

Vater bezweifelte das. Außerdem: so einen Baum, wie er ihn sich vorstellte, ⁴⁰ den verschenkte niemand, der wäre ein Reichtum, ein Schatz wäre der.

Ob er vielleicht eine Mark wert wäre, fragte ich.

„Eine Mark -?!" Vater blies° verächtlich° die Luft durch die Nase: *blew/contemptuously* „Mindestens zwei."

„Und wo gibt's ihn?" ⁴⁵

„Siehst du", sagte Vater, „das überleg' ich auch gerade."

„Aber wir können ihn doch gar nicht kaufen", sagte ich; „zwei Mark: wo willst du die denn jetzt hernehmen?"

Vater hob die Petroleumlampe auf und sah sich im Zimmer um. Ich wußte, er überlegte, ob sich vielleicht noch was ins Leihhaus bringen ließe; es war ⁵⁰ aber schon alles drin, sogar das Grammophon, bei dem ich so geheult hatte, als der Kerl hinter dem Gitter° mit ihm weggeschlurft° war. *bars/shuffled away*

Vater stellte die Lampe wieder zurück und räusperte sich. „Schlaf mal erst; ich werde mir den Fall durch den Kopf gehen lassen."

In der nächsten Zeit drückten wir uns bloß immer an den Weihnachts- ⁵⁵ baumverkaufsständen herum. Baum auf Baum bekam Beine und lief weg; aber wir hatten noch immer keinen.

„Ob man nicht doch -?" fragte ich am fünften Tag, als wir gerade wieder im Museum unter dem Dinosauriergerippe an der Heizung lehnten.

60 „Ob man was?" fragte Vater scharf.

„Ich meine, ob man nicht doch versuchen sollte, einen gewöhnlichen Baum zu kriegen?"

cabbage stalk „Bist du verrückt?!" Vater war empört. „Vielleicht so einen Kohlstrunk°, *hand broom* bei dem man nachher nicht weiß, soll es ein Handfeger° oder eine Zahnbürste 65 sein? Kommt gar nicht in Frage."

Doch was half es; Weihnachten kam näher und näher. Anfangs waren die Christbaumwälder in den Straßen noch aufgefüllt worden; aber allmählich *cleared* lichteten° sie sich, und eines Nachmittags waren wir Zeuge, wie der fetteste Christbaumverkäufer vom Alex, der Kraftriemen-Jimmy, sein letztes Bäumchen, 70 ein wahres Streichholz von einem Baum, für drei Mark fünfzig verkaufte, *spit* aufs Geld spuckte°, sich aufs Rad schwang und wegfuhr.

Nun fingen wir doch an traurig zu werden. Nicht schlimm; aber immerhin, *eyebrows* es genügte, daß Frieda die Brauen° noch mehr zusammenzog, als sie es sonst schon zu tun pflegte, und daß sie uns fragte, was wir denn hätten.

75 […]

Aber dann – es war der 23. Dezember, und wir hatten eben wieder unseren Stammplatz unter dem Dinosauriergerippe *enlightenment* bezogen – hatte Vater die große Erleuchtung°.

„Haben Sie einen Spaten?" fragte er den Museumswärter, *folding chair* 80 der neben uns auf seinem Klappstuhl° eingenickt war.

„Was?!" rief der und fuhr auf, „was habe ich?!"

„Einen Spaten, Mann", sagte Vater ungeduldig; „ob Sie einen Spaten haben."

Ja, den hätte er schon.

85 Ich sah unsicher an Vater empor. Er sah jedoch *tolerably* leidlich° normal aus; nur sein Blick schien mir eine Spur *restless* unsteter° zu sein als sonst.

„Gut", sagte er jetzt; „wir kommen heute mit zu Ihnen nach Hause, und Sie borgen ihn uns."

90 Was er vorhatte, erfuhr ich erst in der Nacht.

„Los", sagte Vater und schüttelte mich, „steh auf."

Ich kroch schlaftrunken über das Bettgitter. „Was ist denn bloß los?"

„Paß auf", sagte Vater und blieb vor mir stehen: „Einen Baum 95 stehlen, das ist gemein; aber sich einen borgen, das geht."

„Borgen -?" fragte ich blinzelnd.

„Ja", sagte Vater. „Wir gehen jetzt in den Friedrichshain und graben eine *Blue Spruce* Blautanne° aus. Zu Hause stellen wir sie in die Wanne mit Wasser, feiern morgen dann Weihnachten mit ihr, und nachher pflanzen wir sie wieder am selben *piercingly* 100 Platz ein. Na -?" Er sah mich durchdringend° an.

„Eine wunderbare Idee", sagte ich.

Summend und pfeifend gingen wir los; Vater den Spaten auf dem Rücken, ich einen Sack unter dem Arm. Hin und wieder hörte Vater auf zu pfeifen, und wir sangen zweistimmig „Morgen, Kinder, wird's was geben" und „Vom Himmel hoch, da komm' ich her". Wie immer bei solchen Liedern, hatte Vater Tränen in den Augen, und auch mir war schon ganz feierlich zumute.

Dann tauchte vor uns der Friedrichshain auf, und wir schwiegen.

Die Blautanne, auf die Vater es abgesehen hatte, stand inmitten eines strohgedeckten Rosenrondells. Sie war gut anderthalb Meter hoch und ein Muster an ebenmäßigem° Wuchs.   *well-proportioned*

Da der Boden nur dicht unter der Oberfläche gefroren war, dauerte es auch gar nicht lange, und Vater hatte die Wurzeln freigelegt. Behutsam kippten wir den Baum darauf um, schoben ihn mit den Wurzeln in den Sack, Vater hing seine Joppe° über das Ende, das raussah, wir schippten° 115 *jacket/shoveled* das Loch zu, Stroh wurde drübergestreut, Vater lud sich den Baum auf die Schulter, und wir gingen nach Hause. Hier füllten wir die große Zinkwanne° *tin tub* mit Wasser und stellten den Baum rein.

Als ich am nächsten Morgen aufwachte, waren Vater und Frieda schon dabei, ihn zu schmücken. Er war jetzt mit Hilfe einer Schnur an der Decke 120 befestigt, und Frieda hatte aus Stanniolpapier° allerlei Sterne geschnitten, die sie *tinfoil* an seinen Zweigen aufhängte; sie sah sehr hübsch aus. Auch einige Lebkuchenmänner sah ich hängen. Ich wollte den beiden den Spaß nicht verderben; daher tat ich so, als schliefe ich noch. Dabei überlegte ich mir, wie ich mich für ihre Nettigkeit revanchieren könnte. 125

Schließlich fiel es mir ein: Vater hatte sich einen Weihnachtsbaum geborgt, warum sollte ich es nicht fertigbringen, mir über die Feiertage unser verpfändetes° *in pawn* Grammophon auszuleihen? Ich tat also, als wachte ich eben erst auf, bejubelte° *rejoiced about* vorschriftsmäßig° den Baum, und dann zog ich mich an und ging los. *according to the rules*

Der Pfandleiher war ein furchtbarer Mensch, schon als wir zum erstenmal 130 bei ihm gewesen waren und Vater ihm seinen Mantel gegeben hatte, hätte ich dem Kerl sonst was zufügen° mögen; aber jetzt mußte man freundlich zu ihm sein. *cause*

Ich gab mir auch große Mühe. Ich erzählte ihm was von zwei Großmüttern und „gerade zu Weihnachten" und „letzter Freude auf alte Tage" und so, und plötzlich holte der Pfandleiher aus und haute mir eine herunter und sagte ganz 135 ruhig: „Wie oft du sonst schwindelst, ist mir egal; aber zu Weihnachten wird die Wahrheit gesagt, verstanden?" Darauf schlurfte er in den Nebenraum und brachte das Grammophon an. „Aber wehe, ihr macht was an ihm kaputt! Und nur für drei Tage! Und auch bloß, weil du's bist!"

Ich machte einen Diener°, daß ich mir fast die Stirn an der Kniescheibe° 140 *bowed down/kneecap* stieß; dann nahm ich den Kasten unter den einen, den Trichter unter den anderen Arm und rannte nach Hause.

Ich versteckte beides erst mal in der Waschküche°. Frieda allerdings mußte *laundry room* ich einweihen°, denn die hatte die Platten°; aber Frieda hielt dicht°. *let know/records/ kept her mouth shut*

Mittags hatte uns Friedas Chef, der Destillenwirt°, eingeladen. Es gab eine 145 *pub owner* tadellose° Nudelsuppe, anschließend Kartoffelbrei mit Gänseklein°. Wir aßen, *faultless (excellent)/ goose giblets* bis wir uns kaum noch erkannten; darauf gingen wir, um Kohlen zu sparen, noch ein bißchen ins Museum zum Dinosauriergeripp; und am Nachmittag kam Frieda und holte uns ab.

**Den Baum haben wir noch häufig besucht; er ist
wieder angewachsen. Die Stanniolpapiersterne
hingen noch eine ganze Weile in seinen Zweigen,
einige sogar bis in den Frühling.**

150   Zu Hause wurde geheizt. Dann packte Frieda eine Riesenschüssel voll
übriggebliebenem Gänseklein, drei Flaschen Rotwein und einen Quadratmeter
type of cream-filled pastry   Bienenstich° aus, Vater legte für mich seinen Band „Brehms Tierleben" auf den
Tisch, und im nächsten unbewachten Augenblick lief ich in die Waschküche
runter, holte das Grammophon rauf und sagte Vater, er sollte sich umdrehen.

155   Er gehorchte auch; Frieda legte die Platten raus und steckte die Lichter an,
und ich machte den Trichter fest und zog das Grammophon auf.

    […]

    Aber da ging es schon los. Es war „Ihr Kinderlein kommet"; es knarrte zwar
etwas, und die Platte hatte wohl auch einen Sprung, aber das machte nichts.

160 Frieda und ich sangen mit, und da drehte Vater sich um. Er schluckte erst und
zupfte sich an der Nase, aber dann räusperte er sich und sang auch mit.

    Als die Platte zu Ende war, schüttelten wir uns die Hände, und ich erzählte
Vater, wie ich das mit dem Grammophon gemacht hätte.

    Er war begeistert. „Na -?" sagte er nur immer wieder zu Frieda und nickte

165 dabei zu mir rüber: „na -?"

    Es wurde ein sehr schöner Weihnachtsabend. Erst sangen und spielten
wir die Platten durch; dann spielten wir sie noch mal ohne Gesang; dann
sang Frieda noch mal alle Platten allein; dann sang sie mit Vater noch mal,
und dann aßen wir und tranken den Wein aus, und darauf machten wir

170 noch ein bißchen Musik; dann brachten wir Frieda nach Hause und legten
uns auch hin.

    Am nächsten Morgen blieb der Baum noch aufgeputzt stehen. Ich durfte
liegenbleiben, und Vater machte den ganzen Tag Grammophonmusik und
whistled the   pfiff zweite Stimme° dazu.
accompanying part

175   Dann, in der folgenden Nacht, nahmen wir den Baum aus der Wanne,
steckten ihn, noch mit den Stanniolpapiersternen geschmückt, in den Sack
und brachten ihn zurück in den Friedrichshain.

    Hier pflanzten wir ihn wieder in sein Rosenrondell. Darauf traten wir
die Erde fest und gingen nach Hause. Am Morgen brachte ich dann auch das

180 Grammophon weg.

    Den Baum haben wir noch häufig besucht; er ist wieder angewachsen. Die
Stanniolpapiersterne hingen noch eine ganze Weile in seinen Zweigen, einige
sogar bis in den Frühling.

    Vor ein paar Monaten habe ich mir den Baum wieder mal angesehen. Er ist

185 jetzt gute zwei Stock hoch und hat den Umfang eines mittleren Fabrikschorn-
steins. Es mutet merkwürdig an, sich vorzustellen, daß wir ihn mal zu Gast in
unserer Wohnküche hatten. ∎

Analyse

1 Since the story is quite long, have students take turns narrating it in chunks before starting the exercises.

1 **Verständnis** Verbinden Sie die Satzteile.

_d_ 1. Der Vater wollte an Weihnachten nicht traurig sein, aber

_a_ 2. Sie brauchten einen Weihnachtsbaum,

_e_ 3. Je näher Weihnachten rückte,

_b_ 4. Vater und Sohn gingen nach Friedrichshain und

_c_ 5. Es wurden doch noch schöne Weihnachten,

a. an den man auch Lebkuchen und Walnüsse hängen konnte.

b. gruben eine Blautanne aus.

c. weil sie die Platten auf dem Grammophon abspielten und die Lieder mitsangen.

d. er hatte es schwerer als der Sohn.

e. esto weniger Weihnachtsbäume gab es bei den Verkaufsständen.

2 **Interpretation** Markieren Sie die richtige Aussage.

1. a. Vater und Sohn waren oft unter dem Dinosauriergerippe, weil der Vater wieder als Hilfspräparator im Museum arbeitete.
   (b.) Vater und Sohn waren oft unter dem Dinosauriergerippe, weil es bei ihnen zu Hause so kalt war.

2. (a.) Der Vater war schon öfter ins Leihhaus gegangen, weil er Geld brauchte.
   b. Der Vater ging ins Leihhaus, weil er ein Grammophon kaufen wollte.

3. (a.) Der Sohn wusste erst nicht, warum sein Vater den Museumswärter um einem Spaten bat.
   b. Der Sohn wusste sofort, wofür der Vater den Spaten haben wollte.

4. a. Der furchtbare Pfandleiher hatte kein Mitleid mit dem Sohn.
   (b.) Der furchtbare Pfandleiher hatte ein gutes Herz.

5. a. Vater und Sohn wollten den Baum schnell vergessen, damit er sie nicht an Weihnachten in einer schlechten Zeit erinnerte.
   (b.) Der Sohn geht immer wieder gern zu dem Baum, weil er ihn daran erinnert, wie schön das Weihnachtsfest in der schlechten Zeit gewesen war.

3 Make sure that students know the meaning of the adjectives listed. Encourage them to find words that describe other characters from the story. Ex.: **der Destillenwirt und Kraftriemen-Jimmy**.

3 **Die Figuren** Wählen Sie die richtigen Adjektive für jede Figur.

arbeitslos	**erfindungsreich**	**gutherzig**	**schön**
arm	**freundlich**	**hoch**	**traurig**
begeistert	**fürsorglich**	**musikalisch**	**ungeduldig**
ebenmäßig	**furchtbar**	**nett**	**verschwiegen**

der Sohn	traurig, freundlich, arm, musikalisch, gutherzig
der Vater	arbeitslos, fürsorglich, erfindungsreich, ungeduldig, nett, gutherzig
Frieda	fürsorglich, schön, verschwiegen, arm, begeistert, gutherzig
der Pfandleiher	furchtbar, gutherzig
der Baum	schön, ebenmäßig, hoch

4

Fragen zur Geschichte Stellen Sie einander die folgenden Fragen.

1. Was ist die (finanzielle, berufliche) Situation des Vaters und warum wohl?

2. Was machen der Vater und sein Sohn alles im Museum?

3. Wer ist Frieda?

4. Was, glaubst du, symbolisieren der „Kraftriemen-Jimmy" und der Pfandleiher in der Geschichte?

5. Findest du die Geschichte sentimental? Warum/warum nicht?

5

Der Geburtstag Improvisieren Sie zu zweit ein Gespräch: Vater und Sohn reden darüber, wie sie den Geburtstag des Sohnes feiern wollen.

6

Diskussion Besprechen Sie in Gruppen die folgenden Fragen.

1. Hat es in Ihrer Familie Zeiten gegeben, in denen es nicht genug Geld für Heizung, Geschenke, vielleicht sogar für Essen gab? Was haben Ihre Familienmitglieder in solchen Zeiten gemacht?

2. Erzählen Sie von einem Fest, das Sie aus einem bestimmten Grund nicht vergessen können. Was war daran so besonders, dass Sie sich immer daran erinnern werden?

3. Haben Sie schon einmal etwas ins Leihhaus gebracht, oder kennen Sie jemanden, der sowas gemacht hat? Warum?

4. In der Geschichte „Die Leihgabe" erklärt der Vater seinem Sohn, dass es schon in Ordnung ist, die Blautanne aus Friedrichshain zu borgen. Was halten Sie davon? Darf man sich einfach etwas aus einem öffentlichen Park oder Wald ausleihen?

5. Der Text „Die Leihgabe" wird oft unter dem Thema „Geschichten zu Weihnachten" veröffentlicht. Kennen Sie Geschichten, die zu Weihnachten immer wieder erzählt werden? Welche?

6. Was ist der Sinn solcher Geschichten? Warum werden sie erzählt?

7

Zum Thema Schreiben Sie einen Aufsatz von ungefähr 100 Wörtern zu einem der folgenden Themen.

- Mussten Sie schon einmal ein Auge zudrücken, weil jemand etwas getan hat, was eigentlich nicht so ganz legal war? Haben Sie selbst einmal so was gemacht? Beschreiben Sie die Situation. Würden (*Would*) Sie wieder so handeln?

- Der Sohn in der Geschichte ist ins Leihhaus gegangen, um zu versuchen das Grammophon über Weihnachten auszuleihen. Er hasst den Pfandleiher und hat große Angst vor ihm. Aber er hat seinem Vater damit eine riesige Freude gemacht. Haben Sie schon einmal große Widerstände (*resistance*) überwunden, um jemanden eine Freude machen zu können? Wie? Warum?

- Beschreiben Sie ein Fest oder einen Brauch, das/der Ihnen aus Ihrer Kindheit als besonders in Erinnerung geblieben ist. Was hat Sie damals so beeindruckt (*impressed*)?

Practice more at **vhlcentral.com**.

TEACHING OPTION After students have read the **Widerlegung** box, divide the class into two groups. Invite one group to come up with ideas for a thesis and the other group to try to find ways to refute those ideas.

Invite students to review the strategies for different kinds of arguments studied in Lesson 3.

Anwendung

Widerlegung

In **Lektion 1** haben Sie gelernt, wie man gute Argumente zur Verteidigung einer These schreibt. Eine weitere Strategie ist die der Widerlegung (*refutation*). Hierbei verteidigt man seinen Standpunkt indirekt, in dem man die Position des Gegenarguments untersucht. Anstatt also Argumente zu finden, mit der man seine eigene These verteidigt, versucht man, die Schwächen der Gegenargumente herauszuarbeiten. In einem guten Essay sollten solche Widerlegungen jedoch nur in Verbindung mit anderen Argumenten verwendet werden. Sie dürfen nie das einzige Argument sein. Eine gute Widerlegung:

- soll kein Angriff auf das Gegenargument sein.
- muss auf Beweisen beruhen.

Beispiel

- **These:** Manchmal darf man ein Auge zudrücken, solange kein anderer durch das, was geschieht, zu Schaden kommt.
- **Gegenargument:** Der Zweck heiligt niemals die Mittel (*the ends never justify the means*), selbst wenn es zwingende Gründe geben mag, ein Auge zuzudrücken.
- **Hauptthese:** Es gibt Leute, die argumentieren, dass man niemals ein Auge zudrücken darf. Diese Position ist jedoch extrem unflexibel und berücksichtigt in keiner Weise mildernde Umstände (*extenuating circumstances*), die eingetreten sein können.
- **Beispiel einer Widerlegung:** In der Vergangenheit lassen sich viele Beispiele dafür finden, dass Leute ein Auge zugedrückt oder sogar Gesetze überschritten haben, um ein ehrenwertes Ziel (*honorable goal*) zu erreichen, z.B....

1

Vorbereitung Sehen Sie sich zu zweit verschiedene Abschnitte dieser Lektion an. Welche Argumente werden implizit oder explizit gemacht? Was wäre (*would be*) ein Gegenargument zu einer dieser Behauptungen (*assertions*)? Welche Argumente ließen sich finden, das Gegenargument zu widerlegen?

2

Aufsatz Wählen Sie eines der folgenden Themen und schreiben Sie darüber einen Aufsatz.

- Beziehen Sie sich in Ihrem Aufsatz auf einen der vier Teile dieser Lektion: **Kurzfilm, Stellen Sie sich vor, ..., Kultur** oder **Literatur**.
- Schreiben Sie mindestens zwei Widerlegungen.
- Schreiben Sie mindestens eine ganze Seite.

Themen

1. Sind die Feste heutzutage zu kommerzialisiert? Haben die Menschen vergessen, was an den Festen wirklich gefeiert werden soll?

2. Kann man Traditionen am Leben erhalten und gleichzeitig Fortschritt (*progress*) und Wandel mit einschließen und begrüßen?

3. Können Stereotype nützlich sein oder führen sie nur zu falschen Spekulationen?

Essen und feiern

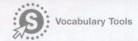 Vocabulary Tools

In der Küche

der Blumenkohl, -köpfe *cauliflower*
der Braten, - *roast*
der Kartoffelbrei *mashed potatoes*
die Schlagsahne *whipped cream*

braten *to fry; to roast*
eine Kleinigkeit essen *to have a snack*
schälen *to peel*
(gut) schmecken *to taste (good)*
schneiden *to chop*
zubereiten *to prepare*

frittiert *deep-fried*
gebraten *fried; roasted*
gedünstet *steamed*
gefroren *frozen*
selbst gemacht *homemade*

Im Restaurant

das Brathähnchen, - *roast chicken*
der Eintopf, ⁼e *stew*
die Eisdiele, -n *ice-cream parlor*
die Imbissstube, -n/der Schnellimbiss, -e
  snack bar
die Kneipe, -n *pub*
die Köstlichkeit, -en *delicacy*
die Reservierung, -en *reservation*
der Schluck, -e *sip*
das Selbstbedienungsrestaurant, -s
  cafeteria
der Veganer, -/die Veganerin, -nen *vegan*
der Vegetarier, -/die Vegetarierin, -nen
  vegetarian
die Wurstbude, -n *sausage stand*

bestellen *to order; to reserve*
empfehlen *to recommend*
gießen *to pour*

durchgebraten/gut durch *well-done*
englisch/blutig *rare*
medium/halbgar *medium-rare*
vegetarisch *vegetarian*
zum Mitnehmen *(food) to go*

Regionale Spezialitäten

die rote Grütze, -n *red berry pudding*
der/das Gulasch, -e *beef stew*
der eingelegte Hering, -e *pickled herring*

der Kartoffelpuffer, - *potato pancake*
der Knödel, - *dumpling*
der Sauerbraten, - *braised beef marinated in vinegar*
das Schnitzel, - *meat cutlet*
das Schweinekotelett, -s *pork chop*
die Spätzle *spaetzle; Swabian noodles*

Zum Beschreiben

fade *bland*
hervorragend *outstanding*
köstlich/lecker *delicious*
leicht *light*
pikant *spicy*
salzig *salty*
scheußlich *horrible*
schmackhaft *tasty*
schrecklich *terrible*
widerlich *disgusting*
würzig *well-seasoned*
zart *tender*

Feiertage und Traditionen

der Brauch, ⁼e *custom*
das Erbe *heritage; inheritance*
der Fastnachtsdienstag *Shrove Tuesday*
die Feier, -n/die Feierlichkeit, -en
  celebration
die Folklore *folklore*
der Heilige Abend/der Heiligabend
  Christmas Eve
der Karneval/der Fasching/
  die Fastnacht *carnival (Mardi Gras)*
der Ostermontag *Easter Monday*
Ostern *Easter*
Pfingsten *Pentecost*
der Pfingstmontag *Pentecost Monday*
Silvester *New Year's Eve*
die Volksmusik, -en *folk music*
der Volkstanz, ⁼e *folk dance*
das Weihnachtsfest, -e/Weihnachten
  Christmas
der Weihnachtsmann, ⁼er *Santa Claus*

feiern *to celebrate*
heiligen *to keep holy (tradition)*

kulturell *cultural*
traditionell *traditional*

Kurzfilm

der Bärenhunger *ravenous appetite*
der Bengel, - *rascal*
die Bescherung, -en *gift giving*
das (Lachs)häppchen, - *(salmon) appetizer*
die Kerze, -n *candle*
der Nebenjob, -s *part-time job*
das (Weihnachts)plätzchen, -
  (Christmas) cookie
die Rute, -n *rod*
die Verkleidung, -en *disguise*
die Vorfreude, -n *anticipation*

ausufern *to get out of hand*
j-n bestechen *to bribe someone*
j-n erwarten *to expect someone*

schwanger *pregnant*

Kultur

die Achterbahn, -en *roller coaster*
die Bude, -n *stall*
das Motto, -s *theme*
der Wettkampf, ⁼e *competition*
die Wiese, -n *meadow*

anziehen *to attract*
Eintritt bezahlen *to pay admission*
sich einigen über *to come to an agreement about*
sich laben an (+ Dat.) *to refresh oneself*
taufen *to baptize*
veranstalten *to organize*
sich vermählen mit *to marry*
zurückgehen auf (+ Akk.) *to date back to*

Literatur

die Heizung, -en *heating system*
das Leihhaus, ⁼er *pawnshop*
das Mitleid *compassion*
der Pfandleiher, - *pawnbroker*
der Spaten, - *spade*
die Zuckerstange, -n *candy cane*

ausgraben *to dig up*
(ein Fest) begehen *to celebrate*
(sich) (aus)borgen *to borrow*
heulen *to cry*

künstlich *artificial*
unter der Hand *on the sly*

Wissenschaft und Technologie

Wissenschaft und Forschung machen täglich Fortschritte. Ständig erscheinen neue Technologien, und unser Leben ändert sich rapide. Eltern können ihre Kinder per GPS überwachen, und Autos fahren ohne Fahrer. Fragen zu den Vorteilen und Nachteilen wissenschaftlichen Fortschritts gibt es viele, und sie sind nicht einfach zu beantworten. Ist es unmoralisch, ein geliebtes Haustier zu klonen? Machen Videospiele und soziale Netzwerke süchtig? Verursacht unsere Handy-Leidenschaft das Aussterben der Bienen (*honeybees*)? Was denken Sie?

244

266

Reiseziel: Südwestdeutschland

RHEINLAND-PFALZ
SAARLAND
BADEN-WÜRTTEMBERG

PREVIEW Have students look at the photo on the previous page and discuss the questions in the text.

Fortschritt und Forschung

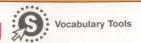 Vocabulary Tools

Die Wissenschaftler

der Astronaut, -en/die Astronautin, -nen
astronaut

der Astronom, -en/die Astronomin, -nen
astronomer

der Biologe, -n/die Biologin, -nen
biologist

der Forscher, -/die Forscherin, -nen
researcher

der Geologe, -n/die Geologin, -nen
geologist

der Informatiker, -/die Informatikerin, -nen
computer scientist

der Mathematiker, -/die Mathematikerin,
-nen mathematician

der (Kern/Nuklear)physiker, -/
die (Kern/Nuklear)physikerin, -nen
(nuclear) physicist

der Zoologe, -n/die Zoologin, -nen
zoologist

Wissenschaftliche Forschung

die DNS DNA
die Entdeckung, -en discovery
die Entwicklung, -en development
das Experiment, -e experiment

die Forschung, -en research
der Fortschritt, -e progress
das Gen, -e gene
der Impfstoff, -e vaccine
das Ziel, -e goal

beweisen to prove
heilen to cure
impfen to vaccinate

außergewöhnlich exceptional
bedeutend significant
bemerkenswert remarkable

Die Technologie

der Code, -s code
die Datenbank, -en database
die Elektronik electronics
das Gerät, -e device
die Informatik computer science
die künstliche Intelligenz
artificial intelligence
die Nanotechnologie, -n nanotechnology
das Netzwerk, -e network
die Robotertechnik, -en robotics
das (Analog/Digital)signal, -e
(analog/digital) signal
die Technik, -en engineering; technology
die Telekommunikation, -en
telecommunication

kabellos wireless

Die Elektronikwelt

das Attachment, -s attachment
das E-Book, -s e-book
die (unerwünschte(n)) E-Mail, -s
(spam) e-mail
der Rechner, - computer
das Smartphone, -s smartphone
das Tablet, -s tablet (computer)
der USB-Stick, -s flash drive

aktualisieren to update
anhängen to attach
(he)runterladen to download

Probleme und Herausforderungen

die Herausforderung, -en challenge
der Moralkodex, -e/-dizes code of ethics
die Stammzelle, -n stem cell
der Verhaltenskodex, -e/-dizes code
of conduct

klonen to clone

ethisch ethical
umstritten controversial
unmoralisch unethical
unrecht wrong

INSTRUCTIONAL RESOURCES
Audioscripts, SAM AK, Lab MP3s
SAM/WebSAM: WB, LM

SYNONYME
das Experiment, -e ⟷ der Versuch, -e
die Telekommunikation, -en ⟷ das
Fernmeldewesen; die Nachrichtentechnik, -en

Tell students that **die DNS** stands
for **Desoxyribonukleinsäure**.

Anwendung und Kommunikation

1 **Kategorien** Finden Sie das Wort rechts, das am besten zu jeder Gruppe Wörter links passt.

___b___ 1. der Code, die Datenbank, das Netzwerk

___e___ 2. ethisch, moralisch, richtig

___c___ 3. das Experiment, die Entdeckung, die Entwicklung

___f___ 4. die künstliche Intelligenz, die Technik, die mechanischen Geräte

___d___ 5. der Impfstoff, heilen, die DNS

___a___ 6. die Geologin, die Physikerin, die Biologin

a. Wissenschaftlerin

b. Computerwissenschaften

c. Forschung

d. Medizin

e. Moralkodex

f. Robotertechnik

2 **Was fehlt?** Ergänzen Sie jeden Satz mit dem passenden Wort aus der Vokabelliste.

1. Viele Leute streiten über die moralische Richtigkeit von Stammzellenforschung. Das komplexe Thema ist sehr ___umstritten___.

2. Damit kann man vielen schlimmen Krankheiten vorbeugen (*prevent*): ___Impfstoff___.

3. Die doppelhelixförmige ___DNS___ trägt die genetische Information unserer Zellen.

4. Ein ___Ziel___ ist das Ende, das man erreichen will.

5. Um ihre Hypothese zu verifizieren, muss eine Forscherin ___Experimente___ machen.

6. Die ___Gene___ bestimmen, ob ein Kind grüne oder braune Augen haben wird.

7. Ein ___Astronom___ erforscht den Himmel und die Sterne.

8. Eine Aufgabe, die schwer zu lösen ist, kann eine große ___Herausforderung___ sein.

3 **Umstrittene Themen**

A. Markieren Sie die Aussagen, die Sie für richtig halten. Besprechen Sie dann zu zweit Ihre Resultate und erklären Sie Ihre Meinungen.

☐ 1. Moderne Technologie hat unser Leben leichter gemacht.

☐ 2. Die Vorteile von Computern überwiegen die Nachteile.

☐ 3. Technologische Fortschritte sind eigentlich schlecht für die Menschheit.

☐ 4. Für einen Arzt ist es moralisch falsch, einem todkranken Menschen beim Suizid zu helfen.

☐ 5. Wir sollten Stammzellen benutzen, um kranken Menschen zu helfen.

☐ 6. Das Klonen von menschlichen Zellen ist moralisch falsch.

B. Gehen Sie jetzt alle Aussagen noch einmal durch und stimmen Sie als ganze Klasse ab, ob Sie sie für richtig halten. Nehmen Sie dann das umstrittenste Thema und führen Sie eine Debatte darüber.

 Practice more at **vhlcentral.com**.

1 As a follow-up, have pairs of students each write down a list of four related words with one word that doesn't fit into an implicit category. They should present their word groups to the class orally, and the class should guess which word doesn't belong. Ex.: **Astronomin, Gene, Stammzellen, DNS. Welches Wort passt nicht?**

2 Have pairs of students write sentences for other related vocabulary words.

3 Students will most likely need time to formulate their opinions before the debate. Invite students who share the same point of view to explain their reasons, then ask students with opposite opinions to respond. You can list their ideas in two columns on the board titled **das spricht dafür** and **das spricht dagegen**.

3 For homework, ask students to pick one of the statements and write a paragraph explaining their opinion.

KURZFILM

INSTRUCTIONAL RESOURCES
Film Collection,
Script & Translation
SAM/WebSAM: WB

Vorbereitung

Wortschatz des Kurzfilms

das Altersheim / das Seniorenheim *home for the elderly*
aufgießen *to pour (replenish)*
blendend *fantastic*
den Gang einlegen *to put (the car) into gear*
(sich) irren *to be wrong*
klappen *to succeed; to work (out)*
der Luftdruck *air pressure*
nämlich *namely*
die Oma *granny*
die Scheune *barn*
trödeln *to slack off; to dawdle*

Nützlicher Wortschatz

basteln *to do handicrafts; to tinker*
beschäftigt sein mit *to be occupied with*
eigentlich *actually*
erfinden *to invent*
gebrechlich *frail*
gleich *in a moment*
schlimm *very bad*
die Treppe (sing.) *stairs*

AUSDRÜCKE

Da hört man ja Sachen. *There's a rumor going around.*
Du hast nicht alle Tassen im Schrank! *You've lost your marbles!*
Ich mache mir Sorgen. *I'm worried.*
tagein, tagaus *day in, day out*

1 **Was passt zusammen?** Suchen Sie die Wörter, die zu den Definitionen passen.

_d_ 1. wenn man etwas nicht richtig weiß oder macht   a. basteln

_f_ 2. wenn man Kaffee oder Tee in eine Tasse füllt   b. gleich

_g_ 3. wenn er hoch ist, ist das Wetter schön   c. die Treppe

_a_ 4. wenn man Dinge von Hand herstellt   d. sich irren

_b_ 5. wenn man etwas nicht sofort, sondern in   e. klappen
      einigen Minuten macht

_e_ 6. wenn eine Sache gut geht   f. aufgießen

_c_ 7. wenn der Aufzug kaputt ist, muss man hier   g. der Luftdruck
      hinauf gehen

2 **Was fehlt?** Ergänzen Sie jeden Satz mit dem richtigen Wort.

1. Ich gehe oft ans Meer, aber _____eigentlich_____ gehe ich lieber in die Berge.

2. Sabine hat gut geschlafen und fühlt sich jetzt _____blendend_____.

3. Er hat sich gestern beim Fußballspielen verletzt, aber es war nicht so
   _____schlimm_____, denn heute hat er fast keine Schmerzen mehr.

4. Wir dürfen nicht _____trödeln_____, wenn wir den Film im Kino sehen wollen,
   denn er beginnt schon in fünfzehn Minuten. Wir müssen schnell fahren.

5. Wenn wir alles gut vorbereiten, dann _____klappt_____ es auch.

3 **Was denkst du?** Stellen Sie einander die folgenden Fragen.

1. Bastelst du gern? Was ist dein Lieblingsprojekt?

2. Hast du schon einmal etwas erfunden? Was war das?

3. Wie oft besuchst du deine Großeltern? Verbringst du gern Zeit mit ihnen?

4. Würdest du einmal Voluntärarbeit in einem Seniorenheim machen? Warum (nicht)?

5. Würdest du deinen Vater oder deine Mutter bei dir leben lassen oder in ein Altersheim bringen, wenn sie alt und etwas gebrechlich werden?

4 **Was meinen Sie?** Suchen Sie sich eines der folgenden Themen aus und diskutieren Sie es zu zweit.

● **Erfindungen:** Hattest du schon mal eine Idee für eine Erfindung? Was für eine Erfindung war das? Etwas Praktisches? Etwas, das anderen Menschen hilft? Etwas, das Spaß macht?

● **Generationen:** Welche Beziehung hast du zu deinen Großeltern oder anderen Verwandten aus einer anderen Generation? Was tust du gern oder nicht gern für deine Großeltern? Wie reagierst du, wenn dich ältere Verwandte kritisieren oder dir sehr persönliche Fragen stellen, z.B. ob du bald heiratest und wie viele Kinder du haben willst?

● **Abenteuer:** Suchst du Abenteuer und die Risiken, die damit verbunden sind? Warum (nicht)? Warst du schon einmal in einer heiklen (*precarious*) Situation? Welche?

5 **Was passiert im Film?** Schauen Sie sich in Gruppen die folgenden Bilder an und beschreiben Sie jedes Bild in zwei oder drei Sätzen. Überlegen Sie sich, was im Film passieren könnte.

1. Wer sind diese Menschen?
2. Was passiert auf jedem Foto?
3. Welche Gefühle zeigen die Personen?
4. Was meinen Sie, was für ein Film ist *Gregors größte Erfindung*?

 Practice more at vhlcentral.com.

3 Ask student pairs to think of two or three inventions. Then ask them to look up the German words for the inventions and create a short vocabulary list for each. Pairs will then describe, without naming, the inventions to the class. Others will guess and name the invention, most likely in English. The pair will write the correctly guessed inventions on the board in German.

Have students interview a parent or an elderly family member to find out what his/her wishes and plans are for living arrangements once he/she can no longer live on his/her own.

(Nominiert
Academy Awards
Bester Kurzfilm
2002)

(Bester Kurzfilm
Austin Film Festival
2001)

Gregors größte Erfindung

Ein Film von Johannes Kiefer

Mit **Alexander Beyer** als Gregor **Christel Peters** als Oma **Helga Göring**, **Doris Egbring-Kahn**, **Ruth Nimbach** Drehbuch und Regie **Johannes Kiefer**

HANDLUNG *Gregors Oma verbringt die meiste Zeit im Rollstuhl. Ihre drei Freundinnen wollen sie überreden, zu ihnen ins Altenheim zu ziehen, aber Gregor ist erfinderisch und hat andere Pläne.*

FREUNDIN 2 Herta, wir haben dir was mitgebracht.
OMA Was soll ich denn damit – ein Altersheim?
GREGOR Hier kommt der frische Kaffee.

GREGOR Ja, es funktioniert. Es klappt. Es hat geklappt. Komm mal!

FREUNDIN 3 Oma hat sich an der Tür gestoßen. Nun hat sie einen schiefen Hals.
FREUNDIN 1 Es ist gut, dass sie deine Hilfe hat. In ihrem Alter wird es ja von Woche zu Woche schwerer.
FREUNDIN 2 Besonders wenn man keine Schonung hat.

GREGOR Sie wird nicht mit euch kommen. Sie wird wieder gehen wie früher.
FREUNDIN 2 Gregor, würdest du bitte Hilde die Treppe hinauf helfen?
FREUNDIN 1 Du glaubst doch nicht wirklich, dass damit jemand gehen kann.

GREGOR Hilfe! Oma, wo fährst du denn hin?
FREUNDIN 2 Die muss sich jetzt fertig machen. Wir fahren nämlich gleich.
FREUNDIN 3 Du kannst ja fliegen!
GREGOR Oma!

FREUNDIN 2 Da weiß man wirklich nicht, wer von den beiden der Verrücktere ist.
FREUNDIN 1 Sie ist verrückter, sie ist älter.
FREUNDIN 2 Nein, er ist verrückter. Er hat mit allem angefangen.
GREGOR Ja siehst du, Oma? Du kannst gehen.
OMA Ich kann ja laufen, ich kann ja gehen, ich kann ja laufen!

🔗 Beim ZUSCHAUEN

Was passiert zuerst?

5	Oma schießt Gregor ins Bein.
1	Die drei Freundinnen zeigen Oma eine Broschüre vom Seniorenheim.
3	Oma kann im Wasser laufen.
6	Oma geht mit Hilfe von Luftballons spazieren.
2	Eine Frau fragt, ob Gregor schon eine Freundin hat.
4	Oma verletzt sich leicht, als sie Gregors Erfindung ausprobiert.

Analyse

1

Fragen Vervollständigen Sie jeden Satz gemäß dem Film.

1. Gregor _____ der Oma und ihren Freundinnen Kaffee auf.
   a. legt   b. gießt   c. klappt   d. irrt

2. Die Frauen meinen, die Oma soll _____ wohnen.
   a. in der Scheune   b. auf der Treppe   c. im Hotel   d. im Seniorenheim

3. Die Oma sieht nicht gut und _____ Gregor ins Bein.
   a. schießt   b. trödelt   c. erfindet   d. beschäftigt

4. Die Oma ist alt und _____.
   a. blendend   b. nämlich   c. gebrechlich   d. eigentlich

5. Wir wissen, dass Gregor und seine Oma auf dem Land leben, denn ihr Haus hat _____ im Garten.
   a. einen Luftdruck   b. eine Scheune   c. eine Treppe   d. einen Probeschuss

6. Gregor macht sich um seine Oma Sorgen, aber er ist _____ ein optimistischer junger Mann.
   a. gleich   b. schlimm   c. nämlich   d. eigentlich

2

Welcher Satz ist richtig? Welcher der beiden Sätze beschreibt, was im Film passiert? Besprechen Sie zu zweit Ihre Antworten.

1. a. Gregor besucht seine Oma im Seniorenheim.
   b. Gregor lebt mit seiner Oma zusammen.

2. a. Durch einen Unfall erkennt Gregor, dass es für seine Oma eine Alternative zum Rollstuhl gibt.
   b. Gregor macht seine Erfindung, weil er selbst Probleme mit seinen Beinen hat.

3. a. Die drei Frauen finden, dass es für Gregor nicht gut ist, nur mit seiner Oma beschäftigt zu sein.
   b. Die drei Frauen meinen, Gregor sollte für das Seniorenheim arbeiten, denn da kann er auch noch für seine Oma sorgen.

4. a. Gregors Erfindung funktioniert von Anfang an gut.
   b. Gregors Erfindung funktioniert am besten, wenn der Luftdruck richtig ist.

5. a. Die Oma verletzt sich mit den Luftballons.
   b. Die Oma verletzt Gregor am Bein.

6. a. Die Oma ist am Ende mobiler als zuvor.
   b. Die Oma braucht ihren Rollstuhl nicht mehr.

3

Frage und Antwort Arbeiten Sie mit einer Partnerin/einem Partner. Stellen Sie sich gegenseitig diese Fragen und beantworten Sie sie gemäß dem Film. Answers may vary.

1. Wo wohnen Gregor und seine Oma? Sie wohnen in einem Haus mit Garten und Scheune.

2. Wo wohnen die drei Freundinnen von Gregors Oma? Sie wohnen im Seniorenheim.

3. Warum wohnt Gregor bei seiner Oma? Er wohnt bei seiner Oma, weil sie im Rollstuhl sitzt und Hilfe braucht.

4. Was ist Gregors Erfindung? Er erfindet eine Laufhilfe mit zwei Luftballons und einem Gurt.

5. Was halten die drei Freundinnen von Gregors Erfindung? Sie finden, dass Gregor verrückt ist.

4 Die Hauptfiguren

A. Was für Menschen sind Gregor, Oma und die drei Freundinnen? Ordnen Sie die Adjektive in die Tabelle ein.

> bescheiden | erfinderisch | jung | loyal | mutig
> energisch | hilfsbereit | kritisierend | müde | überheblich

Gregor	Oma	die drei Freundinnen
	alt	

B. Vergleichen Sie Ihre Antworten miteinander und besprechen Sie eventuelle Unterschiede.

5 Diskussion Besprechen Sie die folgenden Fragen in kleinen Gruppen.

1. Was halten Sie von den drei Freundinnen?

2. Handelt Gregor richtig, wenn er beim Erfinden Risiken toleriert, die auch für seine Oma gefährlich sein können?

3. Ändert Gregors Erfindung seine Situation, oder wird er weiterhin mit seiner Oma zusammen leben?

6 Tüftler (*tinkerer*) In den deutschsprachigen Ländern ist Basteln eine weit verbreitete Freizeitbeschäftigung. Schon im Kindergarten werden Schneeflocken und Weihnachtssterne gebastelt, Ostereier dekoriert und kleine Figuren geknetet. Gregors Tüfteleien entstammen dieser Tradition. Diskutieren Sie in kleinen Gruppen die folgenden Fragen, und bringen Sie Ihre eigenen Erfahrungen mit ein.

1. Welche Erfindungen sehen wir im Film?

2. Gregor is ein Tüftler. Was ist wohl seine nächste Erfindung?

3. Gibt es in Ihrer Familie oder in Ihrem Freundeskreis einen Tüftler? Wer ist das? Woran bastelt sie/er?

4. Suchen Sie im Internet Beispiele berühmter Erfinder, über deren Erfindungen zunächst gelacht wurde, die später aber sehr erfolgreich waren. Warum wurden diese Erfindungen nicht sofort akzeptier?

5. Was halten Sie von der Kritik an Gregor? Werden Individualisten und Exzentriker oft so behandelt? Warum?

7 Zum Thema Denken Sie sich eine Erfindung aus, die Sie persönlich interessiert. Denken Sie an Bereiche wie künstliche Intelligenz, Freizeit oder Sport; z.B. ein intelligenter Fußball, der genau „weiß", wann gefoult worden ist; oder etwas, das behinderten Menschen in der Zukunft behilflich sein kann. Machen Sie zunächst eine Liste mit Eigenschaften, die Ihre Erfindung hat. Beschreiben Sie dann das Produkt, das Sie erfinden wollen. Sagen Sie, warum und für wen diese Erfindung wichtig ist. Schreiben Sie zwei Absätze.

 Practice more at vhlcentral.com.

INSTRUCTIONAL RESOURCES: Teaching suggestions
SAM/WebSAM: WB

The Romans saw themselves as superior, and where their empire ended, civilization supposedly ended as well. The word "barbar" (*barbarian*), coined by the Greeks, was used to designate all non-Romans, since they spoke "bar bar" — unintelligible nonsense.

Rheinland-Pfalz, das Saarland und Baden-Württemberg
Die Römer kommen!

Europa, 55 v. Chr.: **Julius Caesar** war ein bedeutender Feldherr° der römischen Armee. Seine Parole° war „**veni, vidi, vici**", das heißt auf Deutsch: „Ich kam, ich sah, ich siegte". Das römische Imperium hatte sich in weiten Teilen Europas durchgesetzt°, und nach Eroberungen° im ganzen Mittelmeerraum breitete es sich auch in **Gallien** aus°, dem Gebiet des heutigen Frankreich.

Aber östlich des **Rheins** trafen die Römer auf fürchterliche Krieger und großen Widerstand. Der Fluss bildete eine Art Barriere, die die Ausbreitung des Reiches erschwerte°. Die Wälder im Osten waren bevölkert von verschiedenen Stämmen°, zumeist groß gewachsener° **Germanen**, die aus dem Norden gekommen waren und in kleinen Siedlungen lebten. Die Römer sahen sie als Wilde und „Barbaren". Sie waren aber meisterhafte Landwirte, Hirten und Handwerker mit eigenem Wertesystem° und sahen sich selbst als „freie Germanen".

Zu jener Zeit stifteten die Stämme gern Unruhe° auf der westlichen Seite des Rheins. Als Antwort darauf vollzog° Caesar eine bemerkenswerte Machtdemonstration. Er ließ in nur zehn Tagen nahe **Koblenz** die erste Brücke über den Rhein bauen – eine technische Hochleistung°, denn das Wasser ist dort stellenweise° mehr als neun Meter tief. Caesar kam, sah und ... ging nach Hause. Auf der östlichen Rheinseite setzten die Soldaten ein paar Dörfer in Brand°, kehrten aber bald nach Gallien zurück und zerstörten die Brücke.

Später wurde ein Teil des Landes östlich des Rheins dann doch erobert. Aus Teilen des **südwestlichen Deutschlands**, der heutigen **Schweiz** und **Frankreichs** wurde die römische Provinz **Germania Superior**. Der Statthalter° der Provinz residierte in **Mogontiacum**, das heute unter dem Namen **Mainz** die **Landeshauptstadt von Rheinland-Pfalz ist**.

Germania Magna hingegen, der größere Teil des germanischen Siedlungsgebietes, fiel den Römern nicht in die Hände, denn sie wurden in der berühmten **Schlacht°**

Übrigens...

Bis zur Mitte des 3. Jahrhunderts blieben wesentliche° Teile von der Gegend, die heute Rheinland-Pfalz ausmacht, in römischer Hand. Dort blühten römische Städte auf°, inklusive Augusta Treverorum. Heute heißt diese Stadt **Trier**. Die Römer sind verschwunden°, aber die **Porta Nigra**, ein großes Sandsteintor, steht noch heute als Erinnerung an das römische Kapitel der deutschen Geschichte.

im **Teutoburger Wald** (9 n. Chr.) von den Germanen besiegt°. Als die Truppen von **General Varus** in den Wald marschierten, wurden sie bereits von germanischen Kriegern erwartet. Die römische Armee war es nicht gewohnt, in einem Wald zu kämpfen und wurde vernichtend geschlagen°. Nach dieser Schlacht, in der etwa 20.000 römische Soldaten starben, zogen sich die Römer aus Germania Magna zurück.

Später bauten die Römer den **Limes**, einen Grenzwall° mit Wachtürmen°, der das römische Reich von Germania Magna trennte. Heute steht diese Grenzanlage nicht mehr, aber im 19. Jahrhundert wurden Ausgrabungen° begonnen und Teile des Limes rekonstruiert.

Die Römer kamen und gingen. Ihr Einfluss ist noch heute spürbar°. Sie brachten das Christentum und zahlreiche Errungenschaften° wie den Weinbau und Wissen auf den Gebieten der Medizin, Verwaltung und Architektur in die von ihnen besetzten Provinzen.

Feldherr *general* **Parole** *slogan* **sich… durchgesetzt** *established itself* **Eroberung** *conquest* **breitete… sich aus** *spread* **erschwerte = machte es schwer** **Stämmen** *tribes* **groß gewachsener** *tall* **eigenem Wertesystem** *own value system* **stifteten… Unruhe** *caused trouble* **vollzog** *performed* **Hochleistung** *great achievement* **stellenweise** *in places* **setzten… in Brand** *set fire to* **Statthalter** *governor* **Schlacht** *battle* **besiegt** *defeated* **vernichtend geschlagen** *crushingly defeated* **Grenzwall** *boundary wall* **Wachtürme** *watchtower* **Ausgrabungen** *archeological excavations* **spürbar** *noticeable* **Errungenschaften** *achievements* **wesentliche** *significant* **blühten… auf** *flourished* **verschwunden** *disappeared*

Entdeckungsreise

Streichhölzer° **Friedrich Kammerer** aus Württemberg erfand 1832 das **Phosphorstreichholz**. Zuvor hatte bereits der Engländer John Walker mit Substanzen, die sich an einer rauen Oberfläche° entzünden°, experimentiert.

Kammerer produzierte seine Phosphor-streichhölzer industriell und verkaufte sie in ganz Europa. Leider waren sie sehr leicht entzündlich°. Später hatte **Rudolf Christian Böttger** die Idee, das Phosphor vom Zündkopf° in die Reibfläche° zu verlagern°. So entstand das heutige Sicherheitsstreichholz°.

Ein Märchenschloss für Tiere Im **Wilhelma Zoo** in **Stuttgart** sind die ca. 11.000 Tiere nicht die einzigen Sehenswürdigkeiten.

Der Zoo steht in einem Park mit botanischen Gärten und Gebäuden im maurischen Stil – ein Nachlass° von König Wilhelm I. von Württemberg. Der Zoo hat eine Aufzuchtstation° für Gorillas. Gorillababys, die in anderen Zoos von ihren Müttern abgelehnt° wurden, werden hier liebevoll großgezogen°.

Streichhölzer *matches* **rauen Oberfläche** *rough surface* **entzünden** *to light* **entzündlich** *inflammable* **Zündkopf** *match head* **Reibfläche** *striking surface* **verlagern** *shift* **Sicherheitsstreichholz** *safety match* **Nachlass** *estate* **Aufzuchtstation** *nursery* **abgelehnt** *rejected* **werden… großgezogen** *are raised*

Was haben Sie gelernt?

Richtig oder falsch? Sind die Aussagen **richtig** oder **falsch**? Stellen Sie die falschen Aussagen richtig.
Some answers will vary.
1. Die Römer hatten ganz Germanien besetzt.
   Falsch. Die Römer besetzten nur einen kleinen Teil Germaniens.
2. Die Germanen gewannen die Schlacht im Teutoburger Wald. Richtig.
3. Noch heute gibt es Reste von römischen Bauten (*buildings*) in Deutschland. Richtig.
4. John Walker hat das Phosphorstreichholz erfunden.
   Falsch. Friedrich Kammerer hat es erfunden.
5. Rudolf Christian Böttger hat das Sicherheitsstreichholz entwickelt. Richtig.
6. Die Wilhelma hat den einzigen Gorilla in Europa.
   Falsch. Der Zoo hat eine Aufzuchtstation für Gorillas.

Fragen Beantworten Sie die Fragen. Some answers will vary.
1. Wer lebte zu Caesars Zeiten östlich des Rheins?
   Verschiedene Stämme, die meisten davon Germanen, lebten damals östlich des Rheins.
2. Was war eine Folge (*consequence*) der Schlacht vom Teutoburger Wald?
   Etwa 20.000 Römer starben. Die Römer zogen sich aus Germania Magna zurück.
3. Welche Gebiete trennte der Limes voneinander?
   Das römische Reich und Germania Magna, also den größten Teil Germaniens.
4. Was ist die Porta Nigra? Das ist ein Tor in Trier, das aus der Römerzeit stammt.
5. Wo wurde die erste Brücke über den Rhein gebaut?
   Sie wurde nahe Koblenz gebaut.
6. Was kann man in der Wilhelma außer Tieren sehen?
   Man kann die schönen Gärten und die historischen maurischen Gebäude sehen.
7. Welche Gorillababys kommen aus anderen Zoos nach Stuttgart? Gorillababys, die von ihren Müttern abgelehnt worden sind, kommen zur Aufzuchtstation in der Wilhelma.

Diskussion Besprechen Sie in Gruppen die folgenden Fragen.

1. Streichhölzer sind ein kleines Beispiel von einer Technologie, die wir heutzutage für selbstverständlich halten (*take for granted*). Denken Sie an andere Beispiele von Alltagsobjekten und Werkzeugen, die früher einmal ganz neue Erfindungen waren. Spekulieren Sie: Wie wäre das moderne Leben ohne sie?

2. Im Südwesten Deutschlands grenzt das kleine Saarland an Frankreich. Viele Saarländer sprechen Französisch als Zweitsprache und mehr Kinder lernen in der Schule dort Französisch als in anderen deutschen Bundesländern. Es gibt auch viele Franzosen, die im Saarland arbeiten gehen und täglich über die Grenze nach Deutschland pendeln. Was sind die gesellschaftlichen Vor- und Nachteile für die Menschen in so einer binationalen und zweisprachigen Region? Was meinen Sie? Begründen Sie Ihre Meinungen.

Galerie

Ask students what they know about Albert Einstein. Ask them what they know about the Manhattan Project and why Einstein may have been against using the atomic bomb.

Wissenschaft

Albert Einstein (1879–1955)

Der theoretische Physiker Albert Einstein stammt aus Ulm in Baden-Württemberg. Den meisten Menschen ist er für die Formel $E=mc^2$, bekannt. Die Relativitätstheorie entwickelte er, zwischen 1902 und 1909 als er für das Schweizer Patentamt in Bern arbeitete. 1905 gilt als sein Wunderjahr, weil er in diesem Jahr die vier wichtigsten wissenschaftlichen Arbeiten seiner Karriere publizierte. Für seine Leistungen im Bereich der Physik erhielt Einstein 1921 den Nobelpreis für Physik. Ab 1933 lebte und arbeitete Einstein in den USA. Obwohl er am Manhattan-Projekt und der Entwicklung der Atombombe beteiligt war, war er gegen deren Einsatz (*use*). Diese Meinung drückten er und der Philosoph Bertrand Russell im Russell-Einstein-Manifest aus (*expressed*).

Kunst

Hendrik Beikirch (ecb) (1974–)

Ecb ist der Künstlername des deutschen Graffiti- und Streetartkünstlers Hendrik Beikirch. Er wurde in Kassel geboren und lebt heute in Koblenz am Rhein. Mit 15 Jahren begann er mit der Sprühdose (*spray can*) zu malen. Beikirch studierte 4 Jahre Kunsterziehung an der Universität Koblenz-Landau. Seine riesigen Schwarz-Weiß-Porträts sprüht er auf Papier, Leinwände (*canvas*) und Häuserfassaden.

Show students one or two pictures of mosaics made by Beikirch. Elicit reactions and responses, and explore why an artist might paint giant images of faces on building walls.

Spielzeug
Margarete Steiff (1847–1909)

Die Schneiderin (*tailor*) Margarete Steiff wurde 1847 in Giengen bei Stuttgart geboren. Als Kleinkind erkrankte sie an Kinderlähmung (*polio*) und verbrachte deshalb fast ihr ganzes Leben in einem Rollstuhl (*wheelchair*). Sie schneiderte zunächst Damenkleider und 1874 nähte sie das erste Plüschtier (*stuffed animal*), einen Elefanten. Vier Jahre später verkaufte Margarete bereits 5.000 Elefanten. Auf der Leipziger Spielwarenmesse 1903 bestellte ein amerikanischer Händler 3.000 Plüschbären. Diese Bären waren vor allem in Amerika sehr beliebt und die Firma Steiff begann sie als Teddybären zu vermarkten, nach dem amerikanischen Präsidenten Theodore „Teddy" Roosevelt. Das Markenzeichen der Steiff-Tiere ist ein Knopf (*button*) im Ohr.

Ingenieurwesen
Ernst Ruska (1906–1988)

Ernst Ruska wurde 1906 in Heidelberg geboren. Zwischen 1925 und 1933 studierte er erst an der Technischen Universität München und dann an der Technischen Hochschule Berlin Elektrotechnik. Nachdem er für die Berliner Fernseh AG und die Siemens und Halske AG gearbeitet hatte, forschte und lehrte er ab 1949 sowohl am Max-Planck-Institut als auch an der Freien Universität Berlin und der Technischen Universität Berlin. Ruskas bedeutendste Erfindung war das Elektronenmikroskop, mit dem man Dinge 12.000-fach vergrößern konnte. 1986 erhielt er für diese Erfindung den Nobelpreis für Physik.

Analyse

Verständnis Ergänzen Sie die Sätze mit den fehlenden Wörtern und Ausdrücken.

1. Albert Einstein war ein deutscher ___Physiker___, der vor allem im Bereich der theoretischen Physik forschte.

2. Einstein arbeitete am Manhattan-Projekt mit, wollte aber nicht, dass die ___Atombombe___ im Krieg benutzt würde.

3. Ecb heißt eigentlich ___Hendrik Beikirch___ .

4. Schon als Jugendlicher malte ecb mit der ___Sprühdose___ .

5. Das erste ___Plüschtier___ von Margarete Steiff war ein Elefant.

6. Man kann Steiff-Tiere leicht identifizieren, weil sie alle einen Knopf im ___Ohr___ haben.

7. Ernst Ruska ist der Erfinder des ___Elektronenmikroskops___.

8. Für seine Erfindung erhielt er ___1986___ den Nobelpreis für Physik.

Diskussion Diskutieren Sie in kleinen Gruppen eines der folgenden Themen und präsentieren Sie die Ergebnisse im Kurs.

1. Um Hendrik Beikirchs Kunst zu sehen muss man nicht ins Museum gehen. Seine riesigen Porträts sind auf Gebäuden und Autobahnbrücken zu sehen. Was denken Sie über Kunst? Ist sie wichtig für unsere Gesellschaft (*society*)?

2. Albert Einstein ist einer der brillantesten und bekanntesten Physiker aller Zeiten. Seine Forschungen über die Relativitätstheorie haben die Menschheit stark verändert. Sie haben aber auch dazu geführt, dass die Atombombe entwickelt wurde. Wie wichtig ist Wissenschaft für die Menschen? Ist es wichtiger, dass wir immer mehr wissen oder dass wir sicherer leben können?

Aufsatz Schreiben Sie einen kurzen Aufsatz über eines der folgenden Themen. Suchen Sie die nötigen Informationen im Internet.

1. Margarete Steiff saß fast ihr ganzes Leben lang in einem Rollstuhl. Trotzdem gründete sie eine Firma, deren Produkte fast jedes deutsche Kind kennt. Recherchieren Sie eine andere Person, die zwar Hindernisse überwinden musste, aber Erfolg in ihrem Leben hatte.

2. Ernst Ruska erfand das erste Elektronenmikroskop. Wie wichtig war diese Erfindung? Was hat sie uns Menschen gebracht (*yielded*)?

INSTRUCTIONAL RESOURCES
Audioscripts, SAM AK,
Lab MP3s, Grammar
Presentation Slides
SAM/WebSAM: WB, LM

7.1

Passive voice and alternatives

Oma **wird** *von ihren Freundinnen* **bedrängt** (pressured). *Sie soll zu ihnen ins Seniorenheim ziehen.*

Passive voice

- Most statements use the active voice to indicate that someone performs, has performed, or will perform an action: **Hans streicht das Haus an**. (*Hans is painting the house.*) The passive voice, however, is used in both English and German to describe an action without necessarily indicating the agent who performs it: **Das Haus wird angestrichen**. (*The house is being painted.*) When the agent of a passive sentence is specified, it is the object of the preposition **von**: **Das Haus wird von Hans angestrichen**. (*The house is being painted by Hans.*)

Active	Passive
Die Forscher **entwickeln** einen neuen Impfstoff. *The researchers **are developing** a new vaccine.*	Ein neuer Impfstoff **wird** (von den Forschern) **entwickelt**. *A new vaccine **is being developed** (by the researchers).*
Die Geologin **fand** Erdöl in der Wüste. *The geologist **found** oil in the desert.*	Erdöl **wurde** (von der Geologin) **gefunden**. *Oil **was found** (by the geologist).*

Check understanding of **wurde** *by giving students sentences to translate in which they must alternate between* **wurde** *and* **war**. *Ex.: The vaccine was given to the children. The experiment was controversial. The zoologist was seen at the zoo. The geologist was lost.*

- To transform an active sentence into a passive sentence, make the direct object of the active sentence the subject of the passive sentence, and use the appropriate form of **werden** with the past participle of the active sentence's main verb. In the passive form of the perfect tenses, the past participle **geworden** drops the **ge–**.

Der Zoologe **füttert die Tiere**.
*The zoologist **feeds the animals**.*

Die Tiere werden von dem Zoologen **gefüttert**.
The animals are fed by the zoologist.

Die Mathematikerin **hat das Theorem bewiesen**.
*The mathematician **proved the theorem**.*

Das Theorem ist von der Mathematikerin **bewiesen worden**.
The theorem was proved by the mathematician.

ACHTUNG!!

A sentence using a predicate adjective in the past uses **war**. A passive action in the past uses **wurde** [+ *participle*].

Das Problem war schwierig. *The problem was difficult.*

Das Problem wurde gelöst. *The problem was solved.*

QUERVERWEIS

For more on the past perfect tense (**Plusquamperfekt**), see **Strukturen 10.1, pp. 368–369**. For more on modal verbs, see **Strukturen 8.2, pp. 294–295**.

Werden + Partizip	
Präsens	Die Webseite **wird** aktualisiert. *The website is (being) updated.*
Perfekt	Die Datei **ist** heruntergeladen **worden**. *The file has been downloaded.*
Präteritum	Das Gerät **wurde** repariert. *The device was (being) repaired.*
Futur	Das Gen **wird** entdeckt **werden**. *The gene will be discovered.*
Plusquamperfekt	Der Artikel **war** geschrieben **worden**. *The article had been written.*
Modalverben	Die Datenbank **muss** aktualisiert **werden**. *The database has to be updated.*

- When you use the passive in a subordinate clause, move the conjugated verb to the last position.

Der Forscher hofft, **dass** das Gen bald entdeckt werden **wird**.
The researcher hopes that the gene will be discovered soon.

Die Kernphysikerin glaubt daran, **dass** Kernenergie erforscht werden **muss**.
The nuclear scientist believes that atomic energy has to be researched.

- Use the preposition **von** in a passive sentence to indicate *who* performs the action. To say *what* causes the action or *how* the action is carried out, use the preposition **durch**. Remember that **von** is always followed by the dative case, while **durch** is always followed by the accusative.

Die Patienten wurden **von** dem Arzt geheilt.
*The patients were cured **by** the doctor.*

Die Patienten wurden **durch** den Impfstoff gerettet.
*The patients were saved **by** the vaccine.*

- The subject of a passive sentence is in the nominative *unless* the verb requires the dative.

Der Mann wird geheilt.
The man is being cured.

Dem Mann wird gratuliert.
The man is being congratulated.

Have students create sentences using the passive voice with the following verbs: **helfen**, **geben**, **danken**, **antworten**.

- The impersonal passive is used to describe actions when the agent is not known or is not important. Where English uses the generic subjects *people, they*, or *one*, or the phrase *there is/are*, German uses the neutral subject **es**.

Es wird im Labor viel gearbeitet.
People work hard in the lab.

Es wurde über den Moralkodex diskutiert.
There was a discussion of the code of ethics.

Alternatives to passive

- In German, there are several ways to avoid using the passive voice without indicating who performs the action.

Ask students to describe what happens at various places on campus using the impersonal passive: **die Bibliothek**, **die Mensa**, **das Studentenwohnheim**.

Alternatives to the passive voice		
	Alternative	**Passive voice**
man	**Man** arbeitet hier mit Nanotechnologie. *They work with nanotechnology here.*	Hier wird mit Nanotechnologie gearbeitet. *They work with nanotechnology here.*
sich + *verb*	Das E-Book **verkaufte sich** gut. *The e-book sold well.*	Das E-Book wurde von vielen Studenten gekauft. *The e-book was bought by a lot of students.*
sich lassen + *infinitive*	Künstliche Intelligenz **lässt sich** nicht leicht erklären. *Artificial intelligence is not easy to explain.*	Künstliche Intelligenz kann nicht leicht erklärt werden. *Artificial intelligence is not easy to explain.*
sein + *adjective* + **zu** + *infinitive*	Die Robotertechnik **ist** schwer **zu** verstehen. *Robotics is difficult to understand.*	Die Robotertechnik wird nur schwer verstanden. *Robotics is difficult to understand.*

Anwendung

1

Im Krankenhaus Sehen Sie sich das unterstrichene Verb an und entscheiden Sie, ob das Verb in einer **Passiv**- oder **Aktivkonstruktion** vorkommt.

Aktiv	Passiv	
☑	☐	1. Gestern bin ich <u>hingefallen</u>.
☐	☑	2. Ich musste zum Krankenhaus <u>gebracht</u> werden.
☑	☐	3. Dort hat der Arzt mich <u>untersucht</u>.
☐	☑	4. Es wurde viel über mein Bein <u>diskutiert</u>.
☑	☐	5. Endlich sind wir in ein dunkles Zimmer <u>gegangen</u>.
☐	☑	6. Dort bin ich <u>geröntgt</u> worden.
☑	☐	7. Ich hatte mir tatsächlich das Bein <u>gebrochen</u>!
☑	☐	8. Das werde ich nie <u>vergessen</u>.

2

Das Weltall Schreiben Sie den Satz ins Passiv um.

1. Die Menschen sehen den Mond.
   Der Mond wird von den Menschen gesehen.
2. Die Astronauten beobachten die Erde.
   Die Erde wird von den Astronauten beobachtet.
3. Man macht Fotos.
   Es werden Fotos gemacht.
4. Die Medien veröffentlichen die Bilder.
   Die Bilder werden durch die /von den Medien veröffentlicht.
5. Die Journalisten schreiben einen Bericht über das Ereignis.
   Ein Bericht über das Ereignis wird von den Journalisten geschrieben.
6. Die Leute streiten über das Leben auf dem Mond.
   Es wird über das Leben auf dem Mond gestritten.
7. Das Raumschiff (*spaceship*) umkreist dreimal die Erde.
   Die Erde wird dreimal von dem Raumschiff umkreist.
8. Die Astronauten planen eine zweite Mondreise.
   Eine zweite Mondreise wird von den Astronauten geplant.

3

Unsere Elektronik Kombinieren Sie in Gruppen die Satzteile, indem Sie neue Sätze im Passiv bilden.

der USB-Stick	finden	von den Wissenschaftlern
die E-Mail	kaufen	von den Studenten
das Attachment	schicken	durch Wasser
der Rechner	verlieren	von meinem kleinen Bruder
das Smartphone	zerstören	durch das Netzwerk

 Practice more at **vhlcentral.com**.

Kommunikation

4

Berühmte Deutsche Verwenden Sie zu zweit die Beschreibungen unten, um einander Fragen zu diesen wichtigen Ereignissen zu stellen. Verwenden Sie das Passiv und **man**.

Beispiel —Wann hat man die erste Bibel gedruckt?
—Man hat sie im Jahre 1456 gedruckt.
—Von wem wurde sie gedruckt?
—Sie wurde von Johannes Gutenberg gedruckt.

1456: Johannes Gutenberg druckt die erste Bibel.

1885: Karl Benz baut das erste Benzinauto.

1895: Wilhelm C. Röntgen entdeckt unsichtbare Strahlen.

1900: Graf Ferdinand von Zeppelin erfindet das Luftschiff, das später Zeppelin heißt.

1905: Albert Einstein entwickelt die Relativitätstheorie.

1963: Rudolf Hell stellt den ersten Scanner vor.

1969: Jürgen Dethloff erfindet zusammen mit Helmut Gröttrup die Mikroprozessor-Karte (*microchip card*), die für die Bankindustrie und für den Mobilfunk sehr wichtig wird.

1987: Wissenschaftler am Fraunhofer-Institut entwickeln ein neues Audioformat, das mp3-Verfahren.

5

Bedeutende Erfindungen Besprechen Sie in Gruppen Erfindungen, die in Ihrem Leben von großer Bedeutung waren. Erklären Sie auch warum. Verwenden Sie das Passiv und Alternativen zum Passiv.

6

Nachrichten

A. Arbeiten Sie zu zweit, wählen Sie eines der Themen aus und schreiben Sie einen Artikel darüber. Verwenden Sie die angegebenen Wörter und Passivformen.

Ein Leben ohne Technologie?

das Internet, Kontakt aufrechterhalten (*to stay in touch*), aktualisieren, die Entwicklung, stressig, bedeutend

Stammzellforschung: Ethisch oder unmoralisch?

die DNS, das Gen, die Forschung, ethisch, unmoralisch, umstritten, heilen, klonen

Lebewesen auf anderen Planeten

das Weltall, die Planeten, die künstliche Intelligenz, die Entdeckung, überleben, vermehren, außergewöhnlich

---

B. Arbeiten Sie jetzt in Gruppen. Stellen Sie sich vor, Sie sind Reporter(innen) im Fernsehen. Jede Gruppe berichtet über ihr Thema. Einige Student(inn)en arbeiten als Live-Reporter(innen), die ein Interview zum Thema führen.

5 Have students interview someone from an older generation and report back on the differences between life before a certain invention and life after the invention. Encourage them to use the passive voice as much as possible.

7.2

Imperative

INSTRUCTIONAL RESOURCES
Audioscripts, SAM AK,
Lab MP3s, Grammar
Presentation Slides
SAM/WebSAM: WB, LM

—*Lass ihn doch fliegen, wenn er will!*

- The imperative (**der Imperativ**) is used to give commands or suggestions. In German, the imperative forms are based on the present-tense conjugation patterns of **Sie**, **ihr**, **du**, and **wir**.

  Such dir ein interessantes Buch **aus**!   **Findet** ein Heilmittel gegen Krebs!
  Pick out an interesting book for yourself!   *Find a cure for cancer!*

- To form the singular or plural imperative with **Sie**, invert the subject/verb word order of the present indicative conjugation.

Sie warten.	**Warten Sie!** *Wait!*
Sie fahren.	**Fahren Sie!** *Drive!*
Sie sprechen leise.	**Sprechen Sie leise!** *Speak softly!*

- The imperative form for **ihr** is the same as the present indicative form, without the pronoun.

Ihr amüsiert euch.	**Amüsiert euch!** *Have fun!*
Ihr wartet.	**Wartet!** *Wait!*
Ihr seht fern.	**Seht fern!** *Watch TV!*

Review stem-changing
verbs with students before
practicing the **du**-form of
the imperative.

- In the **du**-form of the imperative, the pronoun is also omitted. To form the imperative with **du**, drop the –st or –est ending from the present indicative **du**-form. If the verb stem ends in –s, drop only the –t from the present indicative form. For stem-changing verbs that add an **Umlaut** in the present indicative, drop the **Umlaut**. Otherwise, present-tense stem changes are retained in the imperative.

du lachst	lach~~st~~	**Lach!** *Laugh!*
du isst	iss~~t~~	**Iss!** *Eat!*
du fährst	fähr~~st~~	**Fahr!** *Drive!*
du liest	liest	**Lies die E-Mail!** *Read the e-mail!*
du nimmst	nimm~~st~~	**Nimm den USB-Stick raus!** *Take out the flash drive!*

- Add an –e in the imperative to verb stems ending in –d, –t, or –ig. Also add an –e after verb stems ending in –m, or –n preceded by a consonant other than –l–, –m–, –n–, or –r–, and after the stems of verbs whose infinitives end in –eln or –ern. Do not add –e after stems ending in –s. For all other verbs, the final –e in the imperative is optional.

Tell students that the **–e** in
komm(e) and **stör(e)**
is optional.

entschuldigen	**Entschuldige mich!** *Excuse me!*
beweisen	**Beweis es mir!** *Prove it to me!*
klingeln	**Klingle an der Tür!** *Ring the doorbell!*
ändern	**Änd(e)re dein Passwort!** *Change your password!*
kommen	**Komm(e)!** *Come!*
stören	**Stör(e) mich nicht!** *Don't bother me!*

- The **wir** command corresponds to *Let's* in English. Like the **Sie** imperatives, it is formed by inverting the subject/verb word order of the present indicative form.

Wir gehen.   **Gehen wir!** *Let's go!*

Wir beeilen uns.   **Beeilen wir uns!** *Let's hurry up!*

- The verb **sein** is irregular in the imperative. Its forms derive from the infinitive of the verb and not from the present indicative conjugations.

du: **Sei** pünktlich!

Sie: **Seien** Sie pünktlich!   *Be on time!*

ihr: **Seid** pünktlich!

wir: **Seien** wir pünktlich!   *Let's be on time!*

- The verbs **haben** and **werden** are irregular in the **du**-form of the imperative.

Du hast keine Angst.   **Hab(e) keine Angst!** *Don't be afraid!*

Du wirst gesund.   **Werde gesund!** *Get better!*

- Impersonal commands are often used in signs and advertising. These commands can be expressed with the **du**-form of the imperative, the infinitive, or the past participle of the verb.

Impersonal commands	
du-form	**Trink** fettarme Milch! *Drink skim milk!* **Kauf(e)** beim Bioladen! *Shop at the natural foods store!*
infinitive	Bitte nicht **rauchen**! *Please do not smoke!* Rasen nicht **betreten**! *Don't walk on the grass!*
past participle	**Aufgepasst**! *Pay attention!* Schnell **eingestiegen**! *Get in quickly!*

- In negative commands, the word **nicht** directly follows the verb or the personal pronoun.

Geh weg!   Geh **nicht** weg! *Don't go away!*

Kommen Sie!   Kommen Sie **nicht**! *Don't come!*

Gehen Sie nach Hause!   Gehen Sie **nicht** nach Hause! *Don't go home!*

Bleiben wir zu Hause!   Bleiben wir **nicht** zu Hause! *Let's not stay home!*

- In commands formed from separable prefix verbs, the prefix goes at the end of the phrase.

Rufen Sie nicht **an!**   Kommt **zurück!**   Lade die Datei **runter!**

Don't call!   *Come back!*   *Download the file!*

- The adverbs **mal** and **doch** are often used to soften an imperative. **Mal** is typically used with one-word commands that would otherwise sound too harsh. **Doch** conveys friendly encouragement. When combined, **doch mal** gives the command a more pleading tone, while **bitte** conveys a more polite or conversational tone.

Komm **mal**!   Komm **doch** mit!

Come!   *Come on!*

Komm **doch mal** mit!   Komm **bitte** vor 8 Uhr an!

Why don't you come along this time?   *Please arrive before 8 o'clock!*

Anwendung

1 Have groups of students imagine that they are working together in a brand new international lab. Have each student take on one of these roles: **die Gründerin** (*founder*) **des Labors, der neue Wissenschaftler, die ausländischen Studenten.** Students can give each other advice (as a command) on a variety of topics (**Arbeits-stunden, Restaurant/Mensa, Nachtleben**).

2 Have students act out a conversation that takes place in the store between a salesperson and a customer.

3 Have students do this activity a second time as though they were talking to Martin and Bettina, two good friends. This will give them an opportunity to practice the **ihr** command. (**Arbeitet…; Überlegt euch…; Macht…; Probiert…; Seid…; Beweist…; Meldet…; Werdet…**)

1 **Im Labor** Setzen Sie das Verb in die richtige Imperativform.

Beispiel **du / sein: Sei ruhig!**

1. Sie / arbeiten: _____Arbeiten Sie_____ mit dem freundlichen Kollegen.

2. ihr / sprechen: _____Sprecht_____ langsam mit den Ausländern.

3. du / schreiben: _____Schreib_____ den wichtigen Bericht heute noch.

4. Sie / haben: _____Haben Sie_____ Geduld mit den neuen Leuten.

5. ihr / sein: _____Seid_____ nett zu den Studenten.

6. du / nehmen: _____Nimm_____ alle Kollegen auf die Konferenz mit.

2 **Im Elektrogeschäft** Sie gehen zusammen mit Ihren Freunden und Ihren Eltern ins Elektrogeschäft, um sich neue Geräte anzusehen. Verwenden Sie den Imperativ mit Ihrer Familie und Ihren Freunden.

Beispiel **Sag deiner Schwester, sie soll sich einen Laptop kaufen.**

Kauf dir einen Laptop!

1. Sag deinem Freund, er soll sich die teuren Ultra-HD-Fernseher ansehen.
Sieh dir (mal) die teuren Ultra-HD-Fernseher an!
2. Sag deiner Freundin, sie soll viel Geld mitbringen.
Bring viel Geld mit!
3. Sag deiner Mutter, sie darf die Kreditkarte nicht vergessen.
Vergiss die Kreditkarte nicht!
4. Sag dem Verkäufer, er soll dir die Geräte billiger verkaufen.
Verkaufen Sie mir die Geräte billiger!
5. Der Verkäufer sagt Ihnen, Sie sollen realistischer sein.
Seien Sie (doch) realistischer!
6. Sag deinen Freunden, ihr wollt jetzt alle zusammen weitergehen.
Gehen wir weiter!

3 **Ratschläge** Bilden Sie zu zweit aus den folgenden Satzteilen Ratschläge für Ihren guten Freund Martin.

Beispiel **mit anderen Kollegen sprechen**

Sprich mit anderen Kollegen.

1. an der Universität arbeiten _____Arbeite an der Uni._____

2. sich etwas überlegen _____Überlege dir etwas._____

3. ein Experiment machen _____Mach ein Experiment._____

4. die Idee ausprobieren _____Probier die Idee aus._____

5. ethisch sein _____Sei ethisch._____

6. die Theorie beweisen _____Beweise die Theorie._____

7. das Patent anmelden _____Melde das Patent an._____

8. erfolgreich werden _____Werde erfolgreich._____

4 **Unsere Vorschläge** Geben Sie zu zweit den folgenden Leuten Rat. Verwenden Sie **mal** oder **doch** in Ihrer Antwort.

1. Wissenschaftler
2. Zoologin
3. Astronaut
4. das kleine Nachbarkind
5. ein neuer Student
6. der Weihnachtsmann

 Practice more at **vhlcentral.com**.

Kommunikation

5

Die Angst überwinden Ihre Familie hat Angst vor neuer Technologie. Geben Sie den verschiedenen Familienmitgliedern zu zweit Hilfestellung.

Beispiel **ein E-Book herunterladen**

Lade ein E-Book herunter! Das ist leicht und praktisch.

alles im Rechner oft speichern	**keine Angst haben**
den USB-Stick immer mitnehmen	**neugierig sein**
High-Speed-Internet bestellen	**das Netzwerk in dein Leben integrieren**
ein E-Book lesen	**viele Fragen stellen**
einen neuen Rechner kaufen	**die Schreibmaschine verkaufen**
Familienfotos anschauen	**mit Skype telefonieren**

6

Was wird gesagt?

A. Schauen Sie sich die Bilder an. Denken Sie sich zu zweit für jedes Foto ein Gespräch aus. Verwenden Sie den Imperativ so oft wie möglich.

B. Wählen Sie zu zweit eines von den Gesprächen aus und üben Sie es. Spielen Sie anschließend der ganzen Klasse das Gespräch vor.

7

Die Werbung Erfinden Sie in Gruppen einen Werbespruch für eine neue Version eines der Produkte auf der Liste. Geben Sie diesem neuen Produkt einen Namen. Verwenden Sie unpersönliche Imperativformen.

Beispiel Probiere unseren neuesten mp3-Spieler! Aber aufgepasst! Du wirst danach keine andere Musik mehr hören wollen!

das Auto	**der Kugelschreiber**
der Fernseher	**der mp3-Spieler**
das Handy	**das Tablet**
der Impfstoff	**der USB-Stick**

7 Ask groups to read their advertisements out loud; then have the class discuss whether or not they would buy each product.

comparisons
NATIONAL STANDARDS

INSTRUCTIONAL RESOURCES
Audioscripts, SAM AK,
Lab MP3s, Grammar
Presentation Slides
SAM/WebSAM: WB, LM

7.3

Adverbs

—Also **wirklich**, Herta, du siehst blendend aus. Aber um **ehrlich** zu sein, vorige Woche bist du doch ein bisschen besser gelaufen als **heute**, oder irre ich mich?

Adverbs modify verbs, adjectives, and other adverbs. They answer the questions **wann?** (*when?*), **wie?** (*how?*), and **wo?** (*where?*). Thus, most adverbs fall into one of three categories: adverbs of time, adverbs of manner, and adverbs of place.

Adverbs		
Zeit (Wann?)	**Art und Weise (Wie?)**	**Ort (Wo?)**
heute *today*	**glücklich** *happily*	**drüben** *over there*
um 20 Uhr *at 8 p.m.*	**langsam** *slowly*	**zu Hause** *at home*

Adverbs of time

- Adverbs of time give information about when an event takes place. They answer questions such as: **Wann? Bis wann? Seit wann? Wie lange? Wie oft?**

  Das Experiment dauerte **drei Monate**.
  *The experiment lasted **for three months**.*

  Der Bericht wird **täglich** geschrieben.
  *The report is written **every day**.*

- Adverbs of time can be organized to correspond with the past, present, or future.

Some adverbs of time		
Vergangenheit	**Gegenwart/allgemein**	**Zukunft**
bereits *already*	**abends** *evenings*	**bald** *soon*
damals *back then*	**heutzutage** *nowadays*	**danach** *after that*
danach *after that*	**manchmal** *often*	**demnächst** *shortly, soon*
früher *earlier*	**morgens** *mornings*	**gleich** *right away*
gestern *yesterday*	**nachmittags** *afternoons*	**morgen** *tomorrow*
vorgestern *the day before yesterday*	**nie** *never*	**später** *later*
	oft *often*	**übermorgen** *the day after tomorrow*
vorher *before that*	**selten** *rarely*	

- The adverbs of time **heute**, **morgen**, and **gestern** can be combined with other time expressions to be more precise.

  Heute in einem Monat fliegen wir zur Konferenz.
  A month from today we're flying to the conference.

ACHTUNG!

Where English uses the present perfect progressive tense to indicate that an action begun in the past is ongoing, German uses the preposition **seit** with a verb in the present tense.

Wir wohnen seit drei Jahren im Ausland.
We have been living abroad for three years.

Have students write out and ask each other questions using these question words: **Wann? Bis wann? Seit wann? Wie lange? Wie oft?**

Practice the use of **früher** with students. Explain that it conveys the same meaning as *used to* in English. Ex.: **Früher gab es nicht so viele elektronische Geräte.** *There didn't used to be so many electronic devices.* **Früher sprachen die Menschen am Telefon und nicht mit dem Handy.** *People used to talk on landlines and not on cell phones.* Have students answer questions using **früher**. Ex.: **Wie war Ihr Leben als Kind?**

Adverbs of manner

- Adverbs of manner describe how an action is performed. Many adverbs of manner can be formed from descriptive adjectives. In English you typically add –ly to form an adverb from an adjective. In German adverbs take no additional endings.

> Wie kann ich das Video **schnell** und **einfach** runterladen?
> *How can I download the video **quickly** and **easily**?*

- Some adverbs of manner, including intensifiers and negations, have no adjective form.

Some adverbs of manner		
äußerst *extremely*	**kaum** *hardly*	**sehr** *very*
doch *indeed*	**keineswegs** *by no means*	**sicherlich** *certainly*
fast *almost*	**leider** *unfortunately*	**umso mehr** *even more*
genau *exactly*	**nicht** *not*	**vielleicht** *perhaps*
gern *with pleasure*	**noch** *still*	**wirklich** *really*
gewiss *certainly*	**noch nicht** *not yet*	**ziemlich** *rather*
ja *definitely*	**schon** *already*	**zu** *too*

> Drahtlose Elektronik ist **äußerst** praktisch.
> *Wireless electronics are **extremely** practical.*

- Adverbs of manner can be used in the comparative and superlative form.

> Er liest **gern** Sachliteratur.
> *He **likes to** read theoretical texts.*

> Ich lese **lieber** Romane.
> *I **prefer** reading novels.*

Adverbs of place

Adverbs of place indicate location or direction and answer the questions **wo?**, **wohin?**, and **woher?** They may include prepositional phrases that describe location or direction.

Some adverbs of place		
Wo?	Wohin?	Woher?
dahinten *over there; back there*	**dorthin** *to there*	**daher** *from there*
dort *there*	**nach Hause** *(to) home*	**von drüben** *from over there*
zu Hause *at home*	**hinauf** *up*	**aus dem Labor** *from the lab*
hier *here*	**hinunter** *down*	**aus den USA** *from the USA*

> Der Rechner **dahinten** ist leider kaputt.
> *Unfortunately, the computer **back there** is broken.*

- When more than one adverb is used in a sentence, adverbs of time are typically listed first, followed by adverbs of manner, then adverbs of place.

> Er geht **heute allein ins Labor**.
> *He's going **to the lab alone today**.*

> **Demnächst** fliegen Astronauten **auch zum Mars.**
> *Soon astronauts will **also** be flying **to Mars.***

Write a sentence such as **Ich habe dich gern** on the board. Give each pair of students one of the following words to add to this sentence: **gewiss, kaum, leider, nicht, noch, sicherlich, wirklich, ziemlich.** Have students write a short skit to demonstrate how the meaning of the sentence changes with the addition of each adverb.

It will be easier for students to understand **gern** and **lieber** as adverbs of manner if you explain that the translations *likes to* and *prefers* are not literal translations. The more literal meaning is *He gladly reads books.* and *I read novels more gladly.*

QUERVERWEIS

For more on **da-** and **wo-**compounds, see **Strukturen 5.3, pp. 178–179.**

Students should memorize the questions **Wann? Wie? Wo?** in that order as a reminder of proper word order.

Anwendung

1 **Mein Rechner!** Vervollständigen Sie die Sätze mit den richtigen Adverbien aus der Liste. Some answers will vary.

bald	gut	schnell	schwer	unpraktisch
gern	heute	schon immer	toll	zu mir

Liebe Christine!

Ich habe mir (1) ___heute___ einen neuen Rechner gekauft. Er rechnet (2) ___schnell___ und sieht (3) ___toll___ aus! Ich wollte (4) ___schon immer___ einen neuen und jetzt habe ich ihn. Ich habe (5) ___schwer___ gearbeitet, um das Geld dafür zu sparen. Ich werde (6) ___gut___ aufpassen, damit ihm nichts passiert. Meine Eltern finden ihn (7) ___unpraktisch___, aber ich nicht. Willst du am Montag Nachmittag (8) ___zu mir___ kommen? Ich kann dir (9) ___gern___ den neuen Rechner zeigen. Ruf mich (10) ___bald___ an!

Gruß
Sabine

2 **Die Arbeitsgruppe** Bilden Sie aus den Satzteilen einen neuen Satz. Fangen Sie den Satz mit dem angegebenen Wort an. Achten Sie auf die Wortstellung. Some answers will vary.

1. der Professor / einladen / seine Studenten / jedes Jahr / zu einem Abschiedsfest
   Jedes Jahr ___lädt der Professor seine Studenten zu einem Abschiedsfest ein.___

2. sie / arbeiten / schwer / im Labor / während des Semesters
   Sie ___arbeiten während des Semesters schwer im Labor.___

3. sie / entdecken / glücklicherweise / letztes Jahr / ein neuer Impfstoff
   Glücklicherweise ___entdeckten sie letztes Jahr einen neuen Impfstoff.___

4. sie / bekommen / bald danach / eine Einladung zu einer Konferenz
   Eine Einladung zu einer Konferenz ___bekamen sie bald danach.___

5. sie / akzeptieren / die Einladung / gern
   Gern ___akzeptierten sie die Einladung.___

6. sie / fliegen / schnell / dorthin / damals
   Sie ___flogen damals schnell dorthin.___

3 **Rechnerfreund oder –feind?** Jana ist Computerexpertin aber Lukas mag Technologie überhaupt nicht. Bilden Sie zu zweit Sätze, die Jana und Lukas beschreiben. Benutzen Sie die Ausdrücke aus der Liste.

Beispiel —Jana liest gern Zeitung im Internet.

—Ja, aber Lukas liest immer nur eine gedruckte Zeitung.

Internet-Radio anhören	digitale Fotos machen
bloggen	eine Webseite machen
einen eigenen mp3-Spieler haben	eine SMS schicken

Kommunikation

4

Was wir machen! Fragen Sie einander, wie oft diese Aktivitäten gemacht werden. Ihr Partner/Ihre Partnerin muss mit mehr als einem Satz die Frage beantworten. Denken Sie sich einige Aktivitäten selber aus. Besprechen Sie Ihre Resultate im Kurs.

Beispiel **ins Kino gehen**

—Gehst du oft ins Kino?

—Nein, ich gehe selten ins Kino. Ich sehe lieber zu Hause fern.

	immer	oft	manchmal	selten	nie
1. die Eltern anrufen					
2. mit Freunden streiten					
3. eine unerwünschte E-Mail bekommen					
4. ein E-Book lesen					
5. Dokumente herunterladen					
6. ein Experiment machen					
7. ?					
8. ?					

5

Die Zukunft Wie wird unser Leben in der Zukunft aussehen? Besprechen Sie zu zweit, was in 40 Jahren wahrscheinlich anders sein wird und was nicht.

Beispiel —Wie wird das Reisen in 40 Jahren sein?

—Vielleicht gibt es fliegende Autos.

gewiss	noch nicht
in 40 Jahren	schon
keineswegs	sicherlich
leider	vielleicht

6

Das Leben auf einem fernen Planeten

A. Stellen Sie sich in Gruppen vor, Sie sind Astronaut(inn)en, die gerade Lebewesen auf einem fernen Planeten entdeckt haben. Schreiben Sie einen Bericht, in dem Sie diese Lebewesen beschreiben. Verwenden Sie Adverbien von Zeit, Art und Weise und Ort.

- das Aussehen
- die Religion
- die Freizeit
- das Verhalten
- die Gesellschaft
- das Essen

B. Die Außerirdischen (*extraterrestrials*) haben ein außergewöhnliches Gerät entwickelt, das ihnen erlaubt, mit anderen Lebewesen in allen Sprachen zu kommunizieren. Schreiben Sie mit Ihrer Gruppe ein Sketch, in der die Astronaut(inn)en mit den Außerirdischen sprechen. Verwenden Sie Adverbien. Spielen Sie den Sketch im Kurs vor.

6 Have each group report on one of the topics to the class.

6 Have students practice the skit in class. Have the group with the best skit (more use of vocabulary, best ideas, etc.) perform it for the class.

Synthese

1

Fragen Besprechen Sie zu zweit die folgenden Fragen.

1. Schauen Sie sich das Bild an. Was wird auf dem Bild dargestellt? Identifizieren Sie sich mit den Personen auf dem Bild? Warum/warum nicht?

2. Sie fahren für zwei Wochen in Urlaub in einen Ferienort, wo es keinen Internetzugang gibt und wo ein Handy kein Signal empfangen kann. Wenn Sie daran denken, werden Sie eher entspannt oder nervös? Warum?

3. Ist der moderne Mensch zu abhängig von der Technologie? Hängt unser ganzes Leben zu sehr von der Technologie ab? Inwiefern (*To what extent*)?

4. Wie kommunizieren Sie mit Ihrer Familie und Ihren Freunden? Welche Unterschiede gibt es? Warum?

5. Wie reagieren Sie, wenn Leute bei einer öffentlichen Veranstaltung oder in einem öffentlichen Verkehrsmittel mit dem Handy telefonieren? Stört Sie das? Sollten diese Unterhaltungen privat bleiben oder nicht?

6. Glauben Sie, dass Wissenschaftler einem Moralkodex folgen sollen? Wer entscheidet, was moralisch oder unmoralisch ist?

Kommunikationsstrategien

entweder... oder *either... or*
weder... noch *neither... nor*
Es hängt davon ab. *It depends.*
Das ist mir egal. *It doesn't matter to me.*
Das kann ich mir nicht vorstellen. *I can't imagine that.*
sowohl... als auch *as well as*

2

Aufsatz Wählen Sie ein Thema aus und schreiben Sie einen Aufsatz von ungefähr einer Seite. Verwenden Sie Passivkonstruktionen, Imperative und Adverbien.

1. Sie wollen bei einem Team von Wissenschaftlern ein Sommerpraktikum machen. Schreiben Sie einen Bewerbungsbrief, in dem Sie sich vorstellen und erklären, warum Sie die geeignete (*appropriate*) Person für dieses Praktikum sind.

2. Schreiben Sie einen Brief an Ihre Universitätsverwaltung (*administration*). Überzeugen Sie sie, mehr Geld in Technologie zu investieren. Geben Sie Beispiele dafür, was gemacht werden muss.

3. Schreiben Sie einen Leitartikel für eine Internet-Zeitung, in dem Sie Ihre Meinung zur Forschung heutzutage ausdrücken. Welche Forschungsprojekte sollten mit privatem Geld und welche mit öffentlichen Mitteln unterstützt werden? Was sollte erforscht (*researched*) werden? Was nicht?

Vorbereitung

Wortschatz der Lektüre

das Ansehen *reputation*
befördern *to transport*
das Gefährt, -e *vehicle*
verfügen über (+ Akk.) *to have at one's disposal*
verklagen *to take to court*
verspotten *to make fun of*
der Wohlstand *prosperity*

Nützlicher Wortschatz

beitragen zu (+ Dat.) *to add to*
beseitigen *to eliminate*
sich gestalten *to turn out*
revolutionär *revolutionary*
die Werbekampagne, -n *advertising campaign*

2 Tell students that **GmbH (Gesellschaft mit beschränkter Haftung)** is a company with limited liability: the owners of the company are not personally liable for the company's debts.

3 Write these words on the board before doing the exercise: **das Cabrio** (*convertible*); **das Ersatzrad** (*spare tire*); **die Hupe** (*horn*); **das Steuerrad** (*steering wheel*); **die Stoßstange** (*bumper*).

1

Definitionen Verbinden Sie die Wörter in der ersten Spalte mit den Synonymen oder Definitionen in der zweiten.

_c_ 1. verspotten	a. transportieren
_e_ 2. das Ansehen	b. Reklame, die man überall sieht
_f_ 3. beitragen	c. sich über jemanden lustig machen
_b_ 4. die Werbekampagne	d. der Reichtum
_a_ 5. befördern	e. der Ruf, der Respekt
_d_ 6. der Wohlstand	f. hinzufügen

2

Wissenschaft und Technik Stellen Sie einander die folgenden Fragen und beantworten Sie sie.

1. Was sind deiner Meinung nach die wichtigsten Erfindungen der modernen Zeit?
2. Sind alle diese Erfindungen für die Menschheit gut, oder gibt es auch welche, die uns schaden können?
3. Glaubst du, dass es Dinge gibt, die man besser nicht erfunden hätte? Welche? Warum meinst du das?
4. Kennst du eine(n) Erfinder(in)? Welche(n)? Was hat er/sie erfunden?
5. Wolltest du mal, vielleicht als Kind, was erfinden oder bauen? Was?
6. Gibt es in den USA Firmen, die multinational und weltweit operieren, wie die Robert Bosch GmbH in Deutschland? Welche? Würdest (*Would*) du gern bei so einer Firma arbeiten? Warum/warum nicht?

3

Ein Oldtimer Sehen Sie sich das Bild auf der nächsten Seite in Gruppen an und beantworten Sie dann die Fragen.

1. Wie sieht das Auto aus? Beschreiben Sie es genau.
2. Was ist anders als bei unseren heutigen Autos?
3. Möchten Sie so ein altes Auto haben? Warum/warum nicht?
4. Woran muss man alles denken, wenn man ein Auto besitzt?
5. Ist ein Auto Ihr Haupttransportmittel? Oder fahren Sie Fahrrad, Motorrad, mit öffentlichen Verkehrsmitteln oder gehen Sie zu Fuß?

KULTURANMERKUNG

Die Robert Bosch GmbH

Robert Bosch (1861–1942) war ein deutscher Ingenieur und Erfinder. Als 25-Jähriger eröffnete der Mechaniker eine kleine Werkstatt° in Stuttgart, in der Magnetzünder° für Gasmotoren hergestellt° wurden. Heute ist sein Unternehmen eine riesige, multinationale Firma. Die Robert Bosch GmbH ist weltweit eine der größten Zulieferer° für die Kraftfahrzeugindustrie° und ein angesehener Hersteller von Gebrauchsgütern°. Sie ist ebenfalls bekannt in der Industrie- und Gebäudetechnik und darüber hinaus der größte Verpackungs-maschinenhersteller° der Welt. Die Geschäftsführung° befindet sich in Gerlingen bei Stuttgart.

Werkstatt *workshop*
Magnetzünder *magnetic fuses*
hergestellt *produced*
Zulieferer *supplier*
Kraftfahrzeugindustrie *automobile industry*
Gebrauchsgütern *household goods*
Verpackungsmaschinenhersteller *producer of packaging machines*
Geschäftsführung *business management*

Baden-Württemberg: Land des Autos

The Porsche corporation, Porsche SE (*Societas Europaea* – European Public Company) has two main subsidiaries: **Dr. Ing. h.c. F. Porsche AG** (which stands for **Doktor Ingenieur honoris causa Ferdinand Porsche Aktiengesellschaft**), often shortened to **Porsche AG**, and **Volkswagen AG**. The original Porsche company was a **GmbH** (**Gesellschaft mit beschränkter Haftung** — company with limited liability) but with its success became an **AG** (**Aktiengesellschaft** — company owned by shareholders).

Tell students that in the 1930s zeppelins also made regular flights over the Atlantic. The zeppelin, however, had one major drawback, namely that the balloons were kept in the air by hydrogen. This gas is lighter than air, but is also highly flammable. After the tragic accident of the **Hindenburg**, which burst into flames while landing in the USA in 1937, the zeppelin was put out of use as a mode of human transportation.

Audio: Reading

Apparently **A**nscheinend° gibt es in Baden-Württemberg sehr talentierte Ingenieure, denn ob Volkswagen, Mercedes oder Porsche, alle
5 drei Autos kommen ursprünglich aus diesem Teil Deutschlands. Alles begann mit Karl Benz (1844–1929), dem Pionier der Automobilindustrie. Nach seiner Ausbildung zum Maschinenbauingenieur
10 machte Benz diverse Versuche mit Motoren *succeeded* und so gelang° es ihm 1885, das erste Benzinauto zu bauen. Sein erstes Modell *(Pferdestärke)* hatte drei Räder und 0,8 PS°, und man *horsepower* *breathtaking* konnte es mit der atemberaubenden°
15 Höchstgeschwindigkeit von 18 km/h durch Mannheim fahren sehen. Damals verspottete die Öffentlichkeit das Gefährt als „Wagen ohne Pferde". Aber schon 1889 wurden die neuen Benz-Modelle auf der *World Exposition* 20 Pariser Weltausstellung° vorgestellt und weil Frankreich damals die besten Straßen hatte, *conquered* eroberte° der Wagen von dort aus die Welt.

Zur selben Zeit waren nur 120 Kilometer südlich in Stuttgart zwei andere Ingenieure
25 fleißig dabei, immer bessere Motoren zu bauen. Sie hießen Wilhelm Maybach und Gottlieb Daimler. 1885 entwickelten die zwei Freunde das erste fahrfähige Motorrad; andere Erfindungen folgten schnell.

30 Benz und Daimler, die beiden großen Vordenker der deutschen Autogeschichte, haben sich nie persönlich kennen gelernt. Sie waren ja eigentlich Konkurrenten°. *competitors* Daimler hat Benz sogar verklagt, weil dieser *patent for the* 35 sein Glührohrzündungspatent° verletzt *hot-tube ignition* hatte. Aber trotzdem kam es dazu, dass ihre Firmen 1926 wegen der wachsenden Konkurenz fusionierten. Die Daimler-Benz AG war geboren. Man beschloss
40 für die hergestellten Autos den Namen *honored* Mercedes-Benz zu verwenden. Damit ehrte° man die erfolgreichste Serie der Daimler-Motoren-Gesellschaft, Mercedes, und ihren Konstrukteur Wilhelm Maybach. Obwohl
45 für Autoherstellung am besten bekannt, produzierte die Daimler-Benz AG während *tanks* des 2. Weltkriegs Flugzeuge, Panzer° und sogar Motoren für U-Boote.

1998 fusionierte die Daimler-Benz-AG mit der amerikanischen Chrysler 50 Corporation und gründete die *Daimler-Chrysler AG*. Die Partnerschaft war nicht besonders erfolgreich, deshalb wurde die Chryslergruppe 2007 an Cerberus Capital Management verkauft. 55

In Deutschland galt der Besitz eines Mercedes lange als Statussymbol und signalisierte den Wohlstand der Familie. Wer allerdings schnelle Sportwagen bevorzugt und über das nötige Kleingeld 60 verfügt, wird sich vielleicht eher einen Porsche kaufen. Der flinke° Wagen, der *speedy* sogar im Autorennsport seine Erfolge hatte, kam auch in Stuttgart auf die Welt. Sein Erfinder, Ferdinand Porsche, gründete dort 65 1931 die *Dr. Ing. h.c. F. Porsche GmbH*. Heute beruht das Ansehen der schnittigen° *sleek* Porsche Modelle auf den Höchstleistungen ihrer Motoren und der Alltagstauglichkeit° *everyday usefulness* des Wagens. Übrigens stammt auch der süße 70 VW Käfer° aus dem Hause Porsche. 1934 *Beetle* erhielt der Hersteller vom Reichsverband° *an organization of* der Automobilindustrie den Auftrag°, *the Third Reich* einen Wagen für das Volk zu bauen. Das *mission* Ergebnis war der Käfer. In seiner neuesten 75 Inkarnation rollt der VW Käfer als New Beetle noch immer über die Straßen der Welt.

Eine Welt ohne Autos ist heute unvorstellbar. Durch ihre Erfindungen 80 haben diese visionären Männer Geschichte geschrieben, Zukunft gestaltet – und die Welt für immer verändert. ■

Der Zeppelin

Ferdinand Graf von Zeppelin (1838–1917) beschäftigte sich seit den 1880er Jahren mit dem Problem des lenkbaren° Ballons. Dann, im Jahre 1900, kam der Durchbruch. Graf von Zeppelin machte in diesem Jahr drei Aufstiege°

über dem Bodensee. Die Bevölkerung war natürlich begeistert und unterstützte ihn mit Spenden°. Von 1909 bis 1914 machten Zeppelins besondere Ballons mehr als 1.500 Fahrten und beförderten dabei fast 35.000 Personen.

lenkbaren *steerable* **Aufstiege** *flying over* **Spenden** *donations*

1 Spot-check more on comprehension: **Wie schnell fuhr das erste Benzinauto? Warum trafen sich Daimler und Benz vor Gericht? Was produzierte Daimler-Benz außer Autos? Was signalisierte der Besitz eines Mercedes-Benz? Für welche amerikanischen Autos trifft das auch zu?**

Analyse

1

Stimmt das? Markieren Sie, ob die folgenden Aussagen **richtig** oder **falsch** sind. Berichtigen Sie dann die falschen Aussagen zu zweit.

Richtig	Falsch	
☑	☐	1. Karl Friedrich Benz galt als Pionier der Autoindustrie.
☐	☑	2. Benz entwickelte das erste Motorrad.
		Daimler und Maybach entwickelten das erste Motorrad.
☐	☑	3. Damals gab es in Deutschland die besten Straßen.
		Frankreich hatte damals die besten Straßen.
☑	☐	4. Der Name Mercedes ehrt den Konstrukteur Wilhelm Maybach.
☑	☐	5. Die Firma Porsche konstruierte ab 1934 auch Volkswagen.
☐	☑	6. Der Porsche hatte als Rennwagen keinen Erfolg.
		Porsche Wagen waren auch im Autorennsport erfolgreich.

2

Das Auto, ein Problem? Besprechen Sie in Gruppen die folgenden Fragen über diese Aussage.

Das Auto ist der Deutschen liebstes Kind.

- Wie, glauben Sie, ist dieser Spruch (*saying*) entstanden?
- Inwiefern kann man ein Auto mit einem Kind vergleichen?
- Was impliziert diese Aussage hinsichtlich (*relating to*) der Wartung (*maintenance*) eines Autos?
- Glauben Sie, dass es den Menschen ohne Autos besser ginge (*they'd be better off*)? Warum/warum nicht?
- Wie gestaltet sich ein Leben ohne Auto? Können Sie sich das überhaupt vorstellen?
- Lässt sich der Spruch auch auf die amerikanische Gesellschaft beziehen? Warum/warum nicht?

3

Ab in die Zukunft! Stellen Sie sich vor, sie haben eine Zeitmaschine gebaut, mit der Sie eine der in der Lektüre erwähnten Personen in die Gegenwart befördern können. Bereiten Sie zu zweit einen Sketch vor, worin Sie zeigen, wie diese Person auf die neuesten Erfindungen der heutigen Zeit reagiert und auch darauf, wie seine damalige Erfindung heutzutage benutzt wird.

4

Eine Erfindung und ihre Vermarktung Überlegen Sie sich in Gruppen eine neue Erfindung oder eine Verbesserung einer existierenden Technologie (z.B. ein „Smart" Auto). Entwickeln Sie dann eine Werbekampagne, mit der sie Ihre neue Erfindung/Verbesserung erfolgreich vermarkten können. Alle Gruppen präsentieren ihre Projekte der ganzen Klasse und diese stimmt über die beste Erfindung/Verbesserung und die genialste Werbestrategie ab.

KULTURANMERKUNG

Smart Car

Smart, eine Automarke der Daimler AG, ist ein Hersteller von Kleinwagen, die in Hambach, Frankreich, produziert werden. Wussten Sie, dass es sich bei dem Namen um das Akronym für **S**watch **M**ercedes **Art** handelt? Und das kommt daher, dass Nicolas Hayek, damaliger Geschäftsführer des Swatch Uhren Konzerns, in den späten 80er Jahren mit der Entwicklung eines kleinen, gestylten Cityflitzers° begann. Ab 1998 war das Smart Car dann in Deutschland zu haben und seit 2008 auch in den USA.

Cityflitzers *sporty city car*

Practice more at vhlcentral.com.

Vorbereitung

Über den Schriftsteller

Wolfgang Hildesheimer (1916–1991) war ein wichtiger deutscher Schriftsteller der Nachkriegszeit und eine zentrale Stimme des politisch engagierten Bürgertums. Als Sohn jüdischer Eltern verließ er Deutschland 1933 in Richtung England und Palästina. Nach dem Krieg arbeitete er als Dolmetscher bei den Nürnberger Kriegsverbrecherprozessen und wurde Mitglied der Gruppe 47. Hildesheimers multikulturelle Erfahrung, sein emphatisches Bekenntnis zur Psychoanalyse, seine Experimente mit einer Verschmelzung von Literatur, Musik und bildender Kunst, aber auch seine Haltung zur deutschen NS-Vergangenheit schufen die Grundlage für sein unverwechselbares (*unique*) künstlerisches Werk.

2 As warm-up, ask students to research the different kinds of trains in German-speaking countries. (ICE, IC, RE) and to bring pictures of them to class.

Wortschatz der Kurzgeschichte

abhanden kommen *to lose*

angemessen *appropriate*

die Anschaffung, -en *major purchase*

(die) Auskunft geben *to provide information*

einschenken *to pour*

hineingehen *to fit (into something)*

vertraulich *confidential*

welken *to wilt*

sich wohl fühlen *to feel comfortable*

zittern *to tremble*

zusammenbrechen *to collapse*

Nützlicher Wortschatz

den Anschein erwecken *to appear*

die Katze im Sack kaufen *to buy a pig in a poke*

einer Empfindung Ausdruck geben *to express a sentiment*

1

Definitionen Ordnen Sie die Begriffe der linken Spalte denen in der rechten Spalte zu.

_a_	1. vertraulich	a. geheim
_c_	2. zusammenbrechen	b. wenn Pflanzen sterben
_e_	3. angcmessen	c. kaputt gehen
_f_	4. abhanden kommen	d. eine Reaktion, wenn man Angst hat
_d_	5. zittern	e. das Richtige in der Situation
_b_	6. welken	f. verlieren
_g_	7. einschenken	g. etwas in ein Glas gießen

2

Gespräch Beantworten Sie in Gruppen die folgenden Fragen.

1. Sind Produkte, die einen Preis auf Messen (*trade shows*) erhalten automatisch besser?

2. Kann man eine Person dazu bringen, etwas zu kaufen, was sie nicht braucht? Wie?

3. Wie haben sich Lokomotiven in den letzten 100 Jahren entwickelt?

4. Warum gibt es manchmal Probleme, wenn Verwandte zu Besuch kommen?

KULTURANMERKUNG

Gruppe 47

Die **Gruppe 47** war ein Zusammenschluss von Schriftstellern, später auch Literaturkritikern und Lektoren der Nachkriegszeit. Der Autor **Hans Werner Richter** lud von 1947 bis 1967 zu Treffen ein, bei denen Texte vorgelesen und kritisiert und junge, noch unbekannte Autoren unterstützt wurden. Der „Preis der Gruppe 47" wurde für viele Ausgezeichnete der Beginn ihrer literarischen Karriere. Zu Teilnehmern der Gruppe 47 gehörten literarische Größen wie **Heinrich Böll, Ingeborg Bachmann, Martin Walser** und **Günter Grass**, wie auch der Literaturkritiker **Marcel Reich-Ranicki**.

Zusammenschluss *union*
Lektoren *editors*

Eine größere Anschaffung

Wolfgang Hildesheimer

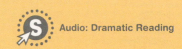

Eines Abends saß ich im Dorfwirtshaus vor (genauer gesagt, hinter) einem Glas Bier, als ein Mann gewöhnlichen Aussehens sich neben mich setzte und mich mit vertraulicher Stimme fragte, ob ich eine Lokomotive kaufen wolle. Nun ist es zwar ziemlich leicht, mir etwas zu verkaufen, denn ich kann schlecht nein sagen, aber bei einer größeren Anschaffung dieser Art schien mir doch Vorsicht am Platze. Obgleich ich wenig von Lokomotiven verstehe, erkundigte ich mich nach Typ und 5 Bauart, um bei dem Mann den Anschein zu erwecken, als habe er es hier mit einem Experten zu tun, der nicht gewillt sei, die Katz im Sack zu kaufen, wie man so schön sagt. Er gab bereitwillig Auskunft und zeigte mir Ansichten, die die Lokomotive von vorn und von den Seiten darstellten. Sie sah gut aus, und ich bestellte sie, nachdem wir uns vorher über den Preis geeinigt hatten, unter Rücksichtnahme auf die Tatsache, daß es sich um einen second-hand-Artikel handelte. 10

Schon in derselben Nacht wurde sie gebracht. Vielleicht hätte ich daraus entnehmen sollen, daß der Lieferung eine anrüchige Tat zugrunde lag, aber ich kam nun einmal nicht auf die Idee. Ins Haus konnte ich die Lokomotive nicht nehmen, es wäre zusammengebrochen, und so mußte sie in die Garage gebracht werden, ohnehin der angemessene Platz für Fahrzeuge. Natürlich ging sie nur halb hinein. Hoch genug war die Garage, denn ich hatte früher einmal meinen Fesselballon° darin untergebracht, 15 aber er war geplatzt°. Für die Gartengeräte° war immer noch Platz.

captive balloon burst / garden tool

"Ins Haus konnte ich die Lokomotive nicht nehmen."

Bald darauf besuchte mich mein Vetter°. Er ist ein Mensch, der, jeglicher Spekulation und Gefühlsäußerung abhold°, nur die nackten Tatsachen° gelten läßt. Nichts erstaunt ihn, er weiß alles, bevor man es ihm erzählt, weiß 20 es besser und kann alles erklären. Kurz, ein unausstehlicher Mensch. Nach der Begrüßung fing ich an: „Diese herrlichen Herbstdüfte..." – „Welkendes Kartoffelkraut", sagte er. Fürs erste steckte ich es auf und schenkte mir von dem Kognak ein, den er mitgebracht hatte. Er schmeckte nach Seife, und ich gab dieser Empfindung 25 Ausdruck. Er sagte, der Kognak habe, wie ich auf dem Etikett ersehen könne, auf den Weltausstellungen in Lüttich und Barcelona große Preise erhalten, sei daher gut. Nachdem wir schweigend mehrere Kognaks getrunken hatten, beschloß er, bei mir zu übernachten und ging den Wagen einstellen°. Einige Minuten darauf kam er zurück und sagte mit leiser, leicht zitternder Stimme, daß in meiner Garage eine große Schnellzugslokomotive° stünde. „Ich weiß", sagte ich ruhig, und nippte ° von meinem Kognak, 30 „ich habe sie mir vor kurzem angeschafft." Auf seine zaghafte° Frage, ob ich öfters damit fahre, sagte ich, nein, nicht oft, nur neulich nachts hätte ich eine benachbarte Bäuerin, die ein freudiges Ereignis erwartete°, in die Stadt, ins Krankenhaus gefahren. Sie hätte noch in derselben Nacht Zwillingen das Leben geschenkt, aber das habe wohl mit der nächtlichen Lokomotivfahrt nichts zu tun. Übrigens war das alles erlogen, aber bei solchen Gelegenheiten kann ich oft diesen Versuchungen° nicht widerstehen. 35 Ob er es geglaubt hat, weiß ich nicht, er nahm es schweigend zur Kenntnis, und es war offensichtlich, daß er sich bei mir nicht mehr wohl fühlte. Er wurde ganz einsilbig, trank noch ein Glas Kognak und verabschiedete sich. Ich habe ihn nicht mehr gesehen.

cousin

averse / the hard facts

to put the car in the garage

express train locomotive / sip

hesitant, timid

happy event (birth)

temptations

Als kurz darauf die Meldung durch die Tageszeitungen ging, daß den französischen Staatsbahnen eine Lokomotive abhanden gekommen sei (sie sei eines Nachts vom Erdboden — genauer gesagt 40 vom Rangierbahnhof — verschwunden gewesen), wurde mir natürlich klar, daß ich das Opfer einer unlauteren° Transaktion geworden war. Deshalb begegnete ich auch dem Verkäufer, als ich ihn kurz darauf im Dorfgasthaus sah, mit zurückhaltender Kühle. Bei dieser Gelegenheit wollte er mir einen Kran° verkaufen, aber ich wollte mich in ein Geschäft mit ihm nicht mehr einlassen, und außerdem, was soll ich mit einem Kran? 45

dishonest, unethical

tower crane

Analyse

1

Logik Verbinden Sie die Satzteile zu sinnvollen Sätzen.

__c__ 1. Bei der Anschaffung einer Lokomotive…

__e__ 2. Ich wollte bei dem Mann den Anschein erwecken, …

__b__ 3. Der Lieferung lag vielleicht eine anrüchige Tat zugrunde, …

__d__ 4. Mein Vetter sagte mit zitternder Stimme, …

__a__ 5. Ich hatte neulich eine benachbarte Bäuerin…

a. ins Krankenhaus gefahren.

b. denn die Lokomotive wurde schon in der gleichen Nacht gebracht.

c. ist Vorsicht am Platze.

d. dass in meiner Garage eine Schnellzuglokomotive stünde.

e. als ob ich ein Experte sei.

2 Have students come up with other statements in class.

2

Was stimmt? Entscheiden Sie, welche Aussagen richtig sind.

1. a. Der Erzähler saß im Wirtshaus und kaufte eine Lokomotive.
   b. Der Erzähler saß im Wirtshaus und kaufte einen Kran.

2. a. Die Lokomotive wurde in der gleichen Nacht geliefert, weil sie wahrscheinlich gestohlen war.
   b. Die Lokomotive wurde in der gleichen Nacht geliefert, weil der Service sehr gut war.

3. a. Der Vetter glaubt nur an Spekulationen und Gefühlsäußerungen.
   b. Der Vetter glaubt nur an nackte Tatsachen.

4. a. Der Kognak hatte Preise in Lüttich und Barcelona gewonnen, schmeckte aber nach Seife.
   b. Der Kognak hatte Preise in Lüttich und Barcelona gewonnen, und schmeckte deshalb gut.

5. a. Die französischen Staatsbahnen haben eine Lokomotive verkauft.
   b. Den französischen Staatsbahnen wurde eine Lokomotive gestohlen.

3

Verständnis Auf wen beziehen sich die folgenden Aussagen? Den Erzähler, dessen Vetter, beide?

	Erzähler	Vetter
1. sitzt im Dorfwirtshaus	X	☐
2. kauft eine Lokomotive	X	☐
3. trinkt Kognak	X	X
4. findet, es riecht schlecht im Dorf	☐	X
5. will das Auto in die Garage stellen	☐	X
6. sagt, er sei mit der Lokomotive in die Stadt gefahren	X	☐
7. will keinen Kran kaufen	X	☐

4

Interpretation Vervollständigen Sie die Sätze.

1. Es ist ziemlich leicht, ...
   - a. dem Erzähler etwas zu verkaufen
   - b. vom Erdboden zu verschwinden
   - c. die Lokomotive ins Haus zu nehmen

2. Die Lokomotive wurde schon in derselben Nacht...
   - a. gestohlen
   - b. geplatzt
   - c. gebracht

3. Die Garage war hoch genug, denn der Erzähler hatte darin schon einmal...
   - a. gearbeitet
   - b. einen Fesselballon untergebracht
   - c. einen Lastwagen geparkt

4. Der Fesselballon war...
   - a. verschwunden
   - b. gestohlen
   - c. geplatzt

5. Der Vetter ist ein Mensch, der...
   - a. alles weiß
   - b. eine Lokomotive stiehlt
   - c. Seife mitbringt

6. Nachdem sie Kognak getrunken haben, beschließt der Vetter beim Erzähler...
   - a. zu tanzen
   - b. zu übernachten
   - c. sich wohlzufühlen

5

Fragen zur Geschichte Besprechen Sie die folgenden Fragen zu zweit.

1. Warum kauft der Erzähler die Lokomotive, aber nicht den Kran?
2. Was sind die Unterschiede zwischen dem Erzähler und seinem Vetter?
3. Warum lügt der Erzähler über die Fahrt mit der schwangeren Bäuerin?
4. Was sagt Hildesheimer mit seiner Geschichte über die menschliche Natur?

6

Was meinen Sie? Besprechen Sie in Gruppen die folgenden Fragen.

1. Haben Sie schon einmal etwas gekauft, was Sie nicht brauchen? Was?
2. Welche Rolle spielt die Werbung heute beim Kauf von Dingen?
3. Was würden Sie kaufen, wenn Sie in der Lotterie 20 Millionen gewinnen würden?
4. Welche Dinge kaufen Menschen unter sozialem Druck?

7

Zum Thema Schreiben Sie einen Aufsatz von ungefähr 100 Wörtern über eines der folgenden Themen.

- Sie wollen dem Erzähler die Golden Gate Bridge verkaufen. Schreiben Sie ihm einen Brief. Was sind Ihre Argumente? Wie können Sie den Erzähler überzeugen, sodass er sie kauft?

- Sie haben von einem netten Mann im Wirtshaus einen Kran gekauft. Ihr Freund / Ihre Freundin fragt Sie warum. Schreiben Sie ihm/ihr einen Brief und erklären Sie Ihre Gründe.

5 Have students research and explain the terms **Ironie** and **Satire**. Have them determine what kind of rhetorical device is used in Hildesheimer's text.

Practice more at
vhlcentral.com.

TEACHING OPTION
Encourage students to review the presentation and examples of **Widerlegung** on p. 236 before beginning this **Schreibwerkstatt**.

Anwendung

Teilweise Widerlegung

In **Lektion 6** (p. 236) haben wir gezeigt, wie Widerlegungen eingesetzt werden können, um eine These zu verteidigen. Einen Einwand (*objection*), den wir gegen eine Argumentation haben, betrifft jedoch manchmal nur einen Teil der Argumentation.

Es ist eine sehr geläufige (*common*) Strategie argumentativer Essays, das gegnerische Argument nur teilweise zu widerlegen und dabei den Wert gewisser Aspekte anzuerkennen.

Der Gebrauch dieser Strategie wird durch bestimmte Satzelemente angekündigt, wie z.B. durch die Konjunktionen aber, jedoch, obwohl, (an)statt, trotz(dem), ohne Zweifel (zweifelsohne) usw.

Beispiele

- Obwohl ich mit der Ansicht der Forscher übereinstimme, denke ich, dass ihre Folgerungen, die sie aus dem Experiment gezogen haben, zu weit gehen. Erstens…

- Die Ansicht, die der/die Autor(in) über die zukünftige Welt präsentiert (hat), ist faszinierend, aber seine/ihre Vorhersagungen sind nicht sehr objektiv, weil…

---

1 As a warm-up, have students complete the following statements with partial refutations.
- **Es ist offensichtlich, dass Gregors Oma Hilfe braucht Trotzdem…**
- **Obwohl Omas Freundinnen wollen, dass sie ins Altenheim zieht …**

1

Vorbereitung Sehen Sie sich den Kurzfilm noch einmal an. Omas Freundinnen wollen, dass sie ins Altenheim zieht, aber Gregor ist anderer Ansicht. Schreiben Sie zu zweit eine teilweise Widerlegung aus Gregors Sicht. Warum ist seine Oma bei ihm besser aufgehoben, als im Altenheim?

2

Aufsatz Wählen Sie eines der folgenden Themen und schreiben Sie darüber einen Aufsatz.

- Beziehen Sie sich in Ihrem Aufsatz auf einen der vier Teile dieser Lektion: **Kurzfilm, Stellen Sie sich vor, …, Kultur** oder **Literatur**.
- Schreiben Sie mindestens zwei Teilwiderlegungen von gegnerischen Ideen.
- Schreiben Sie mindestens eine ganze Seite.

Themen

1. Gibt es Ihrer Meinung nach eine ethische Schwelle (*threshold*), die von Wissenschaft und Technologie nicht überschritten (*exceeded*) werden darf? Erklären Sie Ihre Antwort.

2. Kann Technologie zu sozialen Veränderungen führen? Was sind positive und negative Auswirkungen technologischen Fortschritts?

3. Sollten ältere Menschen in einem Seniorenheim leben oder meinen Sie, dass der Anschluss an die Familie wichtiger ist?

Fortschritt und Forschung

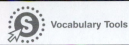

Vocabulary Tools

Die Wissenschaftler

der Astronaut, -en/die Astronautin, -nen astronaut

der Astronom, -en/die Astronomin, -nen astronomer

der Biologe, -n/die Biologin, -nen biologist

der Forscher, -/die Forscherin, -nen researcher

der Geologe, -n/die Geologin, -nen geologist

der Informatiker, -/die Informatikerin, -nen computer scientist

der Mathematiker, -/die Mathematikerin, -nen mathematician

der (Kern/Nuklear)physiker, -/ die (Kern/Nuklear)physikerin, -nen (nuclear) physicist

der Zoologe, -n/die Zoologin, -nen zoologist

Wissenschaftliche Forschung

die DNS DNA

die Entdeckung, -en discovery

die Entwicklung, -en development

das Experiment, -e experiment

die Forschung, -en research

der Fortschritt, -e progress

das Gen, -e gene

der Impfstoff, -e vaccine

das Ziel, -e goal

beweisen to prove

heilen to cure

impfen to vaccinate

außergewöhnlich exceptional

bedeutend significant

bemerkenswert remarkable

Die Technologie

der Code, -s code

die Datenbank, -en database

die Elektronik electronics

das Gerät, -e device

die Informatik computer science

die künstliche Intelligenz artificial intelligence

die Nanotechnologie, -n nanotechnology

das Netzwerk, -e network

die Robotertechnik, -en robotics

das (Analog/Digital)signal, -e (analog/digital) signal

die Technik, -en engineering; technology

die Telekommunikation, -en telecommunication

kabellos wireless

Die Elektronikwelt

das Attachment, -s attachment

das E-Book, -s e-book

die (unerwünschte(n)) E-Mail, -s (spam) e-mail

der Rechner, - computer

das Smartphone, -s smartphone

das Tablet, -s tablet (computer)

der USB-Stick, -s flash drive

aktualisieren to update

anhängen to attach

(he)runterladen to download

Probleme und Herausforderungen

die Herausforderung, -en challenge

der Moralkodex, -e/-dizes code of ethics

die Stammzelle, -n stem cell

der Verhaltenskodex, -e/-dizes code of conduct

klonen to clone

ethisch ethical

umstritten controversial

unmoralisch unethical

unrecht wrong

Kurzfilm

das Altersheim / das Seniorenheim home for the elderly

der Luftdruck air pressure

die Oma granny

die Scheune barn

die Treppe (*sing.*) stairs

aufgießen to pour (replenish)

basteln to do handicrafts; to tinker

beschäftigt sein mit to be occupied with

erfinden to invent

den Gang einlegen to put (the car) into gear

(sich) irren to be wrong

klappen to succeed; to work (out)

trödeln to slack off; to dawdle

blendend fantastic

eigentlich actually

gebrechlich frail

gleich in a moment

nämlich namely

schlimm very bad

Kultur

das Ansehen reputation

das Gefährt, -e vehicle

die Werbekampagne, -n advertising campaign

der Wohlstand prosperity

befördern to transport

beitragen zu (+ Dat.) to add to

beseitigen to eliminate

sich gestalten to turn out

verfügen über (+ Akk.) to have at one's disposal

verklagen to take to court

verspotten to make fun of

revolutionär revolutionary

Literatur

die Anschaffung, -en major purchase

abhanden kommen to lose

den Anschein erwecken to appear

(die) Auskunft geben to provide information

einschenken to pour

einer Empfindung Ausdruck geben to express a sentiment

hineingehen to fit (into something)

die Katze im Sack kaufen to buy a pig in a poke

welken to wilt

sich wohl fühlen to feel comfortable

zittern to tremble

zusammenbrechen to collapse

angemessen appropriate

vertraulich confidential

Recht und Umwelt

ENERGIE-
WENDE
JETZT!

campact.de

ABSCHALTEN:
JETZT UND
ENDGÜLTIG!

campact.de

STOPPT DAS
CO₂ -ENDLAGER

Der Umgang mit der Umwelt und mit unseren Mitmenschen sind die großen Herausforderungen des 21. Jahrhunderts. Klimachaos und saurer Regen sind genauso gängige (*current*) Themen wie Gewalt, Zerstörung und Kontrolle durch den Staat. Recht und Gesetz sind dazu da, Menschen und Umwelt zu schützen. Aber wo hört der Schutz auf und wo fängt die Überwachung an? Was können Regierungen tun, um unsere Zukunft zu sichern, ohne die Privatsphäre und persönliche Freiheiten zu stark einzuschränken (*limit*)? Kann der Einzelne (*individual*) etwas ändern?

282

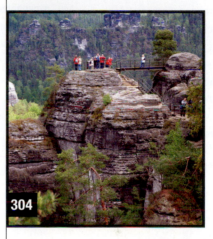

304

Reiseziel:
**Mittel-
deutschland**

SACHSEN-ANHALT

HESSEN

THÜRINGEN

PREVIEW Have students look at the photo on the previous page and answer the questions: **Können wir unseren Planet retten? Kann der Einzelne etwas ändern?**

Natur- und Ideenwelt 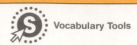 Vocabulary Tools

Umwelt und Umweltprobleme

das Atomkraftwerk, -e *nuclear power plant*

das Aussterben *extinction*
die Bodenschätze *natural resources*
das Gift, -e *poison*
die Klimaerwärmung, -en *global warming*
die Naturkatastrophe, -n *natural disaster*
der Naturlehrpfad, -e *nature trail*
die Ökologie *ecology*
der Umweltschutz *environmental conservation*
die (Umwelt)verschmutzung *pollution*

erhalten *to conserve*
recyceln *to recycle*
verbrauchen *to consume*
zerstören *to destroy*

still *quiet*
trinkbar *drinkable*
umweltfreundlich *environmentally friendly*
wiederverwertbar *recyclable, reusable*

Write the conjugation of **recyceln** on the board:
ich recyc(e)le, du recycelst, er/sie/es recycelt, wir recyceln, ihr recycelt, sie/Sie recyceln.

Gesetze und Anrechte Remind students of related **Probleme** vocabulary in Lesson 2, p. 42.

Gesetze und Anrechte

die Erziehung *education*
die Freiheit, -en *freedom; liberty*
die Gerechtigkeit, -en *justice*
das Gewissen, - *conscience*
die Gleichheit, -en *equality*
die Grausamkeit, -en *cruelty*
der Machtmissbrauch, ̈e *abuse of power*
das Menschenrecht, -e *human right*
die Unmenschlichkeit, -en *inhumanity*

einschätzen *to gauge*
einsperren *to imprison*
missbrauchen *to abuse*
schützen *to protect*

ein Gesetz verabschieden *to pass a law*
verteidigen *to defend*
verurteilen *to condemn*

(un)gerecht *(un)fair; (un)just*
(un)gleich *(un)equal*
(il)legal *(il)legal*
(un)schuldig *(not) guilty*
unterdrückt *oppressed*

Fragen und Meinungen

die Angst, ̈e *fear*
die Drohung, -en *threat*
die Gewalt, *violence*
die Politik *politics*

SYNONYME
die globale Erwärmung, -en ⟷ die Klimaerwärmung, -en
ruhig ⟷ still
gesetzlich ⟷ rechtlich ⟷ legal
gesetzeswidrig ⟷ rechtswidrig ⟷ illegal
wiederverwerten ⟷ recyceln
die Meinung, -en ⟷ die Auffassung, -en

INSTRUCTIONAL RESOURCES
Audioscripts, SAM AK, Lab MP3s
SAM/WebSAM: WB, LM

die Sicherheit, -en *security; safety*
der Terrorismus *terrorism*
die Wahl, -en *election*

erreichen *to achieve*
fördern *to promote; to encourage*
kämpfen *to fight*
retten *to save; to rescue*
sich widmen *to dedicate oneself*

friedlich *peaceful*
gemäßigt *moderate*
konservativ *conservative*
liberal *liberal*
pazifistisch *pacifist*

Die Leute

der Aktivist, -en/die Aktivistin, -nen *activist*
die Geschworenen (pl.) *jury*
der/die Kriminelle, -n *criminal*

der Naturschützer, -/die Naturschützerin, -nen *conservationist*
der Rechtsanwalt, ̈e/die Rechtsanwältin, -nen *lawyer*
der Richter, -/die Richterin, -nen *judge*
der Terrorist, -en/die Terroristin, -nen *terrorist*
der Zeuge, -n/die Zeugin, -nen *witness*

Anwendung und Kommunikation

1 Gegensätze Markieren Sie das Wort mit der gegenteiligen Bedeutung.

1. legal:　　　　　a. rechtlich　　　　　b. illegal
2. Gerechtigkeit:　a. Menschlichkeit　b. Machtmissbrauch
3. Drohung:　　　　a. Sicherheit　　　　b. Terrorismus
4. kämpfen:　　　　a. friedlich reden　　b. einsperren
5. erhalten:　　　　a. zerstören　　　　　b. recyceln
6. still:　　　　　a. ruhig　　　　　　　b. laut

2 Definitionen Finden Sie das Wort rechts, das zu der Definition links passt.

_a_　1. der Mensch im Gerichtssaal, der das Urteil fällt

_f_　2. jemand, der ein Verbrechen gesehen hat

_e_　3. wenn etwas Altes noch einmal gebraucht wird

_c_　4. wenn eine Spezies von der Erde ganz verschwindet

_d_　5. die innere Stimme, die uns sagt, was richtig und falsch ist

_b_　6. jemand, der ein Verbrechen begeht

a. der Richter
b. der Kriminelle
c. das Aussterben
d. das Gewissen
e. das Recycling
f. der Zeuge

3 Rettet die Erde! Ein 18-jähriger Schüler hat einen kurzen Aufsatz über Umweltschutz im Alltag geschrieben. Vervollständigen Sie ihn mit den passenden Vokabeln.

Aussterben	recyceln	verbrauchen
Gesetze	Umwelt	zerstören

Manchmal habe ich Angst vor der Zukunft, denn unsere Erde hat gigantische Gesundheitsprobleme. Menschen (1) _zerstören_ den Regenwald, unsere Flüsse werden verschmutzt, viele Tiere und Pflanzen sind vom (2) _Aussterben_ bedroht. Ich tue mein Bestes, um die (3) _Umwelt_ zu retten. Meine Familie fährt zum Beispiel nur selten mit dem Auto. Ich dusche nur kurz, um weniger Wasser zu (4) _verbrauchen_. Ich (5) _recycele/recycle_ alte Zeitungen und Getränkedosen und alle Verpackungen. Und wenn ich das Badezimmer putze, benutze ich nur giftfreie Putzmittel. Aber wie viel kann ein einziger Mensch ändern? Die Regierungen der ganzen Welt müssen eben auch gemeinsam neue (6) _Gesetze_ verabschieden, die die Umwelt schützen.

4 Meinungen zum Thema Umwelt Besprechen Sie zu zweit die Fragen.

1. Finden Sie, dass Umweltschutz für die Regierung eine Priorität sein sollte? Oder glauben Sie, dass die Umweltprobleme übertrieben (*exaggerated*) werden? Erklären Sie Ihre Antwort.

2. Oft möchten Menschen umweltfreundlicher leben, machen es aber nicht. Warum nicht?

---

1 For vocabulary expansion, help students build word groups based on a single root. Ex.:
- **drücken/unterdrücken/ unterdrückt/ die Unterdrückung**
- **zerstören/die Zerstörung**
- **das Gift/giftig/giftfrei**
- **beschützen/schützen/ der Umweltschutz**

4 Have small groups of students suggest a new environmental "law" that everyone in the class should adhere to for a week. The class should then decide which law they might want to make permanent. Ex.: avoid buying coffee in disposable cups (**Einwegbecher**) for the week, avoid a specific type of packaging. At the end of the week, have students discuss the experience.

KULTURANMERKUNG

Deutsche Umweltpioniere

Seit 1994 steht Naturschutz im deutschen Grundgesetz° als ein offizielles Staatsziel und die Deutschen exportieren ihr ausgeprägtes° Umweltbewusstsein° in der Form von Umwelttechnik. Aus Deutschland kommen sowohl fast jedes zweite Windrad° als auch jede dritte Solarzelle°.

Grundgesetz *the German constitution* **ausgeprägtes** *highly developed* **Umweltbewusstsein** *environmental consciousness* **Windrad** *wind turbine* **Solarzelle** *solar cell*

Practice more at vhlcentral.com.

INSTRUCTIONAL RESOURCES
Film Collection,
Script & Translation
SAM/WebSAM: WB

Vorbereitung

Wortschatz des Kurzfilms

der (militante) Anschlag, ⁻e *(militant) attack*
von etwas ausgehen *to assume something*
j-n beobachten *to spy on someone*
beschatten *to shadow someone*
sich einig sein *to agree*
die Gefahrenabwehr *protection against threats*
die Straftat, -en *criminal act*
die terroristische Vereinigung, -en *terrorist organization*
verhaften *to arrest*
vernetzt sein *to be part of a network*

Nützlicher Wortschatz

die Bedrohung, -en *threat*
das Gefängnis, -se *prison*
die öffentliche Sicherheit
 public safety
der Tatverdacht *suspicion*
 (of wrongdoing)
der Überwachungsstaat,
 -en *surveillance state*
verzweifelt *frantic; distraught*

AUSDRÜCKE

die ursprüngliche Ostbevölkerung *original population of the East*

der intellektuelle Kopf *intellectual leader*

vergleichsweise anspruchsvolle Texte *comparatively sophisticated texts*

den Leuten nahebringen *to make accessible to people*

wenn die Presse davon Wind kriegt *if the press gets wind of it*

Wir müssen die Bombenleger kaltstellen, bevor sie zuschlagen.
We have to neutralize the bombers before they strike.

---

1 Have students come
up with definitions for
words and expressions
not used in this activity.

1 Definitionen Suchen Sie für jeden Ausdruck die richtige Definition.

___c___ 1. Wenn eine Person gute Kontakte zu vielen
 anderen Menschen und Organisationen hat.

___a___ 2. Wenn man eine Person rund um die Uhr
 beobachtet und Informationen sammelt.

___e___ 3. Eine Person, die Ideen für eine
 Organisation entwickelt.

___d___ 4. Damit versucht ein Staat,
 Bedrohungen zu verhindern.

___b___ 5. eine kriminelle Aktion

a. beschatten

b. die Straftat

c. vernetzt sein

d. die
 Gefahrenabwehr

e. der intellektuelle
 Kopf

2 Have students brainstorm examples of other
Überwachungstaaten,
from history, literature,
or film.

2 Was fehlt? Suchen Sie für jeden Satz die Wörter oder Ausdrücke, die logisch passen.

1. In seinem Buch 1984 beschreibt der Autor George Orwell einen
 totalitären __Überwachungsstaat__.

2. In diesem Staat werden Menschen, die Kritik üben oder Widerstand
 leisten, verfolgt oder __verhaftet__.

3. Durch Angst und Furcht kann ein solches Regime es __den Leuten nahebringen__,
 sich nicht gegen den Staat aufzulehnen.

4. Aber in solch einem Staat organisieren sich Menschen manchmal zu __terroristischen Vereinigungen__.

5. Um den Staat zu schädigen, begehen Sie dann oft __militante Anschläge/einen militanten Anschlag__.

3

Was denkst du? Stellen Sie einander die folgenden Fragen.

1. Was bedeutet es für dich, sicher zu leben?

2. Welche Gefahren gibt es in unserem täglichen Leben? Vor was hast du besonders Angst?

3. Beobachtest du manchmal andere Menschen? Was denkst du dir dabei? Wie fühlen sich die Menschen, die du beobachtest?

4. Wie reagierst du, wenn du mit einem Polizisten konfrontiert wirst oder wenn du auf eine öffentliche Behörde gehen musst?

5. Was würdest du machen, wenn die Polizei eines Morgens in deine Wohnung käme und dich verhaftet?

6. Welche Vorteile hat es, wenn der Staat seine Bürger mit allen Mitteln beschützt? Gibt es auch Gefahren für die Freiheit?

4

Kontrolle Füllen Sie zu zweit die Tabelle aus. Was würden Sie davon halten, wenn der Staat Ihr Leben komplett kontrolliert? Was würde passieren, wenn der Staat keine Kontrolle ausübt? Suchen Sie zu jedem Thema Gründe für und gegen eine staatliche Kontrolle.

4 Encourage students to give examples from history and current events that correspond to each category.

Themen	Staat kontrolliert alles	Staat kontrolliert nichts
Familie		
Wohnen		
Freunde		
Arbeiten		
Freizeit		
Umwelt		
Reisen		

5

Was passiert? Schauen Sie sich in Gruppen die Bilder an und beschreiben Sie jedes Bild in drei Sätzen.

- Wer könnten diese Menschen sein? Spekulieren Sie, was die Menschen im ersten Bild machen.

- Was sagt die Szene im zweiten Bild über den Mann? Mit welchen Adjektiven würden Sie ihn beschreiben?

- In allen drei Bildern ist ein Mann zu sehen. Was könnte dieser Mann gemacht haben, damit es zu der Szene im dritten Bild kommt?

 Practice more at **vhlcentral.com.**

Video

Gefährder

Ein Film von
Hans Weingartner

Mit Christoph Jacobi
Claudia Geisler
Justus Carriere
Uwe Bohm
Helene Grass

DEUTSCHLAND09
13 KURZE FILME ZUR
LAGE DER NATION

HANDLUNG *Boris, ein politisch aktiver Soziologieprofessor, wird von Politikern zu einem potentiell gefährlichen Terroristen gemacht.*

JUNGER MANN Wenn 500 Leute Gewalt machen, dann kommt das in den Medien immer so rüber, dass alle Gewalt machen.

DANNER Sehr wenig. Na, nichts.
POLTIKER Nach acht Monaten?
DANNER Tja.
POLITIKER Egal. Machen Sie weiter.
DANNER Und was sag' ich dem Ermittlungsrichter°?
POLITIKER Der steht auf unserer Seite.

POLIZIST Sie werden verhaftet wegen des Verdachts der Mitgliedschaft in einer terroristischen Vereinigung. Sie haben das Recht zu schweigen.

ANWÄLTIN Die haben euch elf Monate lang beschattet, wusstest du das? Telefon, E-Mails, Videoüberwachung. Allein die Tonprotokolle° umfassen 280 Ordner.
BORIS Das glaub' ich nicht.

POLITIKER Das klassische Strafrecht hat ausgedient°, Danner. Wir müssen die Bombenleger kaltstellen, bevor sie zuschlagen. Jeder kann zum Terroristen werden. Er muss nicht, aber er kann. Deshalb müssen wir alles über ihn wissen.

IRINA Gehst du doch dahin?
BORIS Irina, das ist das letzte Treffen vor der Demo. Ich muss da hin. Ich kann die doch jetzt nicht im Stich lassen°.
IRINA Bleib jetzt hier. Wir wissen doch gar nicht, wozu die fähig° sind. Ich hab' solche Angst.

Ermittlungsrichter *investigative judge* **Tonprotokolle** *audiologs* **das klassische Strafrecht hat ausgedient** *traditional criminal law is out-of-date* **im Stich lassen** *abandon* **fähig** *capable*

KULTURANMERKUNG

Andrej Holm

Der Film basiert auf einer wahren Geschichte. 2007 wurde Andrej Holm in seiner Berliner Wohnung festgenommen. Als Universitätsprofessor befasste er sich° mit dem Thema Gentrifizierung, der Umwandlung° von Arbeitervierteln in teure Wohngegenden. Obwohl die Polizei in einer elfmonatigen Überwachungsaktion keine Beweise gegen Holm finden konnte, wurde er monatelang eingesperrt. Wissenschaftler aus vielen Ländern schrieben Protestbriefe an die deutsche Generalbundesanwältin Monika Harms. Studenten der Humboldt Universität starteten eine Aktion „Freiheit für Andrej". Obwohl Holms freigelassen wurde, überwachte ihn die Polizei weiter.

befasste sich *studied*
Umwandlung *conversion*

⬯ Beim Zuschauen

Sind die folgenden Sätze richtig oder falsch?

1. Boris trifft sich mit einer Gruppe, die Bombenanschläge plant. Falsch
2. Politiker und die Polizei beobachten Boris schon lange. Richtig
3. Boris ist Professor an einer Universität und lehrt, wie sich die Gesellschaft Ostberlins verändert. Richtig
4. Boris hat kaum Zeit für seine Familie. Falsch
5. Boris wird verhaftet, weil er einen terroristischen Anschlag plant. Falsch
6. Der Staat und die Polizei beobachten nicht nur Boris, sondern auch alle Menschen, mit denen er Kontakt hat und hatte. Richtig

Analyse

1

Was passiert zuerst? Bringen Sie die Sätze in die richtige Reihenfolge.

___3___ Polizisten stürmen die Wohnung einer Familie.

___5___ Ein Politiker erklärt, dass die Überwachung von Boris ein voller Erfolg war, obwohl Boris unschuldig ist.

___1___ Die Polizei hört eine Gruppe ab, die eine friedliche Demonstration plant.

___6___ Boris und seine Frau sitzen verzweifelt auf dem Boden.

___4___ Boris spricht mit seiner Anwältin im Gefängnis.

___2___ Boris hält eine Vorlesung über Gentrifizierung an der Universität.

2

Was ist richtig? Welcher der beiden Sätze beschreibt, was im Film passiert? Besprechen Sie zu zweit Ihre Antworten.

1. a. Die Polizei kann nichts bei Boris finden, macht aber trotzdem weiter.
   b. Die Polizei überwacht Boris mit großem Erfolg.

2. a. In seinen Vorlesungen erklärt Boris seinen Studenten soziologische Prozesse in der Stadtentwicklung am Beispiel Berlins.

   b. In seinen Vorlesungen erklärt Boris seinen Studenten, wie der Staat arme Menschen betrügt (*cheats*), damit die Studenten politisch aktiv werden.

3. a. Im Gefängnis erfährt Boris, dass nur er überwacht wurde.

   b. Im Gefängnis erfährt Boris, dass er und seine Freunde überwacht wurden.

4. a. Irina traut sich nicht, über die Ereignisse zu reden. Stattdessen schreibt sie ihre Fragen für Boris auf einen Zettel.

   b. Irina und Boris reden offen über das, was passiert ist.

5. a. Die Überwachung war ein Erfolg, weil Boris eine Gefahr für den Staat ist.

   b. Die Überwachung war ein Erfolg, weil der Staat jetzt sehr viele Informationen über politisch aktive Menschen hat.

3

Wer sagt was? Lesen Sie zu zweit die Zitate, und bestimmen Sie, wer was gesagt hat; **Boris, Irina, Danner** oder der **Politiker**?

1. —Politik ist Psychologie. Wir brauchen diese Maßnahme im Kampf gegen den Terror, darüber sind wir uns doch alle einig. Die Kunst ist, es den Leuten Stück für Stück nahe zu bringen. Politiker

2. —Das ist doch absurd. Das ist doch sein Beruf. Der ist doch Wissenschaftler. Irina

3. —Ja, die militante Gruppe. Wenn's die nicht gäbe, müsste man sie erfinden. Politiker

4. —Aber wäre es da nicht besser, wenn wir da irgendjemanden nähmen, bei dem die Faktenlage einen dringenderen Tatverdacht zulässt? Wir wollen doch Aufsehen vermeiden? Danner

5. —Wieso machen die das? Ich meine, die müssen nach ein paar Wochen doch gemerkt haben, dass bei mir nichts zu holen ist. Boris

6. —Wir tauschen ein kleines Stück Freiheit gegen ein großes Stück Sicherheit. Anders geht das eben nicht. Politiker

7. —Das heißt, die haben Gentrifizierung gegoogelt und sind so auf mich gekommen? Darüber habe ich ein Buch geschrieben. Boris

4 **Die Hauptfiguren**

A. Wählen Sie Adjektive aus der Liste, die Boris, Irina, Danner und den Politiker am besten beschreiben.

| aggressiv | einflussreich | manipulierend | skeptisch | unschuldig |
| besorgt | ~~intellektuell~~ | naiv | ungerecht | verzweifelt |

Boris	Irina	Danner	Politiker
intellektuell			

B. Vergleichen Sie Ihre Antworten miteinander und besprechen Sie mögliche Unterschiede.

5 **Bildbeschreibungen** Sehen Sie sich die Bilder genau an und beschreiben Sie sie. Beantworten Sie in Gruppen die Fragen zu den Bildern.

1. Beschreiben Sie Boris' Leben am Anfang des Films. Was können Sie über sein Familienleben sagen? Wie ist seine Beziehung zu seiner Frau?

2. Wie mischen sich der Staat und die Polizei in Boris' Leben ein (*interfere*)? Wie reagieren Sie auf die Szenen, als die Polizei in die Wohnung der Familie eindringt? Nennen Sie weitere konkrete Beispiele, wie der Staat und die Polizei Einfluss auf das Privatleben von Boris' Familie nehmen.

3. Wie ist das Leben von Boris und seiner Familie am Ende des Films? Wie reagiert seine Frau auf die Ereignisse?

6 **Diskussion** Besprechen Sie die folgenden Fragen in Gruppen.

1. Was halten Sie von dem Text, der am Ende des Films eingeblendet wird? Darf ein Staat Daten von Bürgern sammeln, die nichts gemacht haben?

2. Boris entscheidet sich am Ende, politisch nicht mehr so aktiv zu sein. Wie würden Sie sich entscheiden? Warum?

3. Wie geht das Leben von Boris und seiner Familie nach dem Film weiter?

7 **Zum Thema** Schreiben Sie einen Absatz über eine der folgenden Situationen.

1. Um die Bürger seines Landes zu schützen, möchte ein Politiker so viele Daten wie möglich über sie sammeln. Dazu braucht er die Erlaubnis eines Richters. Schreiben Sie die Begründung des Politikers.

2. Was ist Ihnen wichtiger? Sicherheit oder Freiheit? Begründen Sie Ihre Meinung.

 Practice more at **vhlcentral.com**.

6 Question 1: To facilitate discussion, write the quote on the board: **„Die Antiterrordatenbank enthält mittlerweile 334 Datenbanken von Polizei und Geheimdiensten. Darin sind 112 Millionen Datensätze gespeichert. Sie können davon ausgehen, dass auch Ihre Daten darin gespeichert sind."**

Question 2: Ask students to name activists who have made personal sacrifices for a political cause. Examples: Martin Luther King (USA), Malala (Pakistan)

Tell students that **A 5**, **A 3**, and **B 43** are key freeways. **A** stands for **Autobahn** and **B** for **Bundesstraße**.

Sachsen-Anhalt, Thüringen und Hessen

Weimar was the center of Germany's first democracy, the **Weimarer Republik**. It was formed in 1918, after the end of WWI, and fell to National Socialism in 1933. Throughout its short existence, the Republic was heavily burdened by the hyperinflation and social instability left behind by the war.

INSTRUCTIONAL RESOURCES Teaching suggestions **SAM/WebSAM:** WB

Die Bankenmetropole am Main

In unserer globalisierten Wirtschaft gibt es bestimmte Städte, die als besonders wichtige ökonomische Knotenpunkte gelten° und **Frankfurt am Main**, das größte Finanzzentrum auf dem europäischen Kontinent, ist so eine Stadt.

Die Liste führender Unternehmen° in der Stadt ist lang. Viele von ihnen sind in den Wolkenkratzern° untergebracht, denen Frankfurt seinen Spitznamen° verdankt: „**Mainhattan**". Man findet hier Crytek, eine Firma, die Computerspiele entwickelt, den europäischen Sitz von Nintendo, den deutschen Sitz von Nestlé, Ferrero und der Autohersteller° Fiat und Kia, etliche Werbeagenturen, Bauunternehmen°, und Telekommunikationsfirmen.

Der **Frankfurter Flughafen** ist ein wichtiger Arbeitgeber der Region und steht für viele Superlative: im Personenverkehr ist er der größte Flughafen Deutschlands und der drittgrößte in Europa; als Frachtflughafen° ist er der größte Europas.

Vor allem aber ist Frankfurt als Standort der Finanzindustrie bekannt. Internationale und deutsche Banken sind zahlreich° vorhanden und außerdem hat hier die Zentralbank der Bundesrepublik Deutschland, die **Deutsche Bundesbank**, ihren Sitz. Die **Europäische Zentralbank**, d. h. die Bank der Europäischen Union, befindet sich auch in Frankfurt und reguliert die europäische Einheitswährung, den Euro. Sie bestimmt die Geldpolitik, d. h. die Geldmenge° und die Zinsraten°.

Die Tradition als Finanz- und Handelsstadt hängt mit der **Frankfurter Messe** zusammen: seit dem Mittelalter ist Frankfurt eine bedeutende Messestadt°, vor allem aufgrund der zentralen Lage° in Europa, am Main und nahe dem Rhein. Anfangs kamen Händler jeden Herbst nach Frankfurt und handelten° mit Juwelen, Leder, Lebensmitteln und sogar mit Geld. Die größte Buchmesse der Welt, die 1485 entstandene Frankfurter Buchmesse, ist besonders beliebt.

Übrigens...

Frankfurt ist ein wichtiger europäischer Verkehrsknotenpunkt° mit dem größten Flughafen Deutschlands, einem belebten Bahnhof und dem **Frankfurter Kreuz**°. Hier kommen drei wichtige Straßen zusammen – die 10-spurige° A 5, die 10-spurige A 3 und die B 43. Ungefähr 310.000 Fahrzeuge befahren jeden Tag das kleeblattförmige° Kreuz.

Heute zieht die Frankfurter Messe jährlich mehr als 2 Millionen Besucher an. Fachleute° kommen aus aller Welt, um Ideen und Güter auszutauschen° und für ihre Produkte zu werben°. Die großen Messen bedeuteten Münzwechsel° und Kreditverkäufe, und daraus wuchs schon im späten Mittelalter eine Börse°. Ihre heutige Form ist die **Frankfurter Wertpapierbörse**. Man könnte sagen, dass sie die deutsche „Wall Street" ist. In der Neuen Börse, hinter Bulle & Bär (zwei Skulpturen, die das Steigen und Fallen der Börsenkurse° symbolisieren), werden Aktien° gehandelt.

Auch politisch hat Frankfurt einiges zu bieten: Frankfurt war die Stadt, auf deren Boden das erste demokratisch gewählte Parlament Deutschlands tagte: von 1848 bis 1849 trafen sich die Volksvertreter in der **Frankfurter Paulskirche**.

Die internationale Prägung° von Frankfurts Wirtschaft sichert seine Relevanz als Finanzzentrum Europas. Die Welt schaut auf Frankfurt. Und die global denkenden Frankfurter schauen zurück.

als… Knotenpunkte gelten *considered intersections* **Unternehmen** *companies* **Wolkenkratzer** *skyscraper* **Spitznamen** *nickname* **Autohersteller** *carmaker* **Bauunternehmen** *construction business* **Frachtflughafen** *cargo airport* **zahlreich** *numerous* **Geldmenge** *money supply* **Zinsraten** *interest rates* **Messestadt** *trade fair city* **Lage** *location* **handelten** *traded* **Fachleute** *professionals* **auszutauschen** *exchange* **werben** *advertise* **Münzwechsel** *coin exchange* **Börse** *stock exchange* **Börsenkurse** *market prices* **Aktien** *stocks* **Prägung** *nature* **Verkehrsknotenpunkt** *traffic junction* **Frankfurter Kreuz** *the Frankfurt Intersection* **10-spurige** *10-laned* **kleeblattförmige** *clover-shaped* The German-American engineer John Roebling, mentioned in **Lektion 1**, was the designer of the Brooklyn Bridge. Ask students if they remember who he was, and have them explain why he would be impressed by the **Magdeburger** water bridge.

Entdeckungsreise

Die noble Bücherstadt Das thüringische Weimar ist wichtig für die deutsche Literaturgeschichte. Hier trieben die bedeutendsten Vertreter der **Weimarer Klassik** – vor allem Goethe und Schiller – ihre geniale Kunst voran°. Und auch eine der ältesten Bibliotheken Europas, die **Herzogin°-Anna-Amalia-Bibliothek**, befindet sich in Weimar. Die Bibliothek entstand, als Herzog Johann Wilhelm 1691 der Öffentlichkeit Zugang zu seinen 1.400 Büchern gewährte°. Und heute ist die elegante HAAB ein UNESCO-Weltkulturerbe.

Trogbrücke° Magdeburg Das hätte selbst John Roebling imponiert°: Das Wasserstraßenkreuz Magdeburg ist wohl nicht die schönste Brücke der Welt, aber als technische Hochleistung absolut

bewundernswert°. Nördlich von Magdeburg, der Hauptstadt von Sachsen-Anhalt, führt die Trogbrücke über die Elbe, und auf dieser Brücke fließt ein Strom mit 4,25 m Tiefe. Hier können Schiffe vom Elbe-Havel-Kanal zum Mittellandkanal fahren.

trieben… voran *drove forward* **Herzogin** *duchess* **Zugang gewährte** *allowed access* **Trogbrücke** *bridge with a trough* **imponiert** *impressed* **bewundernswert** *admirable*

Was haben Sie gelernt?

Richtig oder falsch? Sind die Aussagen **richtig** oder **falsch**? Stellen Sie die falschen Aussagen richtig. *Some answers will vary.*

1. Die Europäische Zentralbank bestimmt die Geldmenge des Euro. *Richtig.*

2. Frankfurt hatte schon im Mittelalter eine große Messe. *Richtig.*

3. Der Bulle und der Bär sind zwei Tiere im Frankfurter Zoo. *Falsch. Das sind zwei Skulpturen.*

4. Frankfurt ist ein wichtiger Verkehrsknotenpunkt. *Richtig.*

5. Die elegante Herzogin-Anna-Amalia-Bibliothek ist eine der ältesten Bibliotheken Europas. *Richtig.*

6. Goethe hat der Herzogin-Anna-Amalia-Bibliothek 1.400 Bücher gespendet (*donated*). *Falsch. Goethe hat in der Bibliothek gearbeitet.*

7. Die Magdeburger Trogbrücke ist eine Brücke für Autos, die über die Elbe fahren müssen. *Falsch. Die Brücke ist für Schiffe, die vom Elbe-Havel-Kanal in den Mittellandkanal fahren.*

Fragen Beantworten Sie die Fragen. *Some answers will vary.*

1. Warum ist Frankfurt eine wirtschaftlich bedeutende Stadt? Nennen Sie mindestens drei Gründe. *Viele Unternehmen haben ihren Hauptsitz in Frankfurt; Frankfurt ist eine bedeutende Messestadt und ein europäisches Finanzzentrum, die deutsche „Wall Street" ist in Frankfurt.*

2. Welche Bank bestimmt die Geldpolitik der Bundesrepublik? *Die Europäische Zentralbank bestimmt die Geldpolitik der Bundesrepublik.*

3. Was macht man an der Frankfurter Börse? *Man kauft und verkauft Aktien.*

4. Was meinen Sie, woher der Name „Mainhattan" kommt und was damit gemeint ist? *Das ist ein Wortspiel. Der Main fließt durch Frankfurt und es gibt da viele Hochhäuser, so wie in Manhattan, NY.*

5. Was ist das Frankfurter Kreuz? *Das ist ein Autobahnkreuz, an dem die A 5, die A 3, und die B 43 zusammenkommen.*

6. Welches Weimarer Gebäude ist ein UNESCO-Weltkulturerbe? *Die Herzogin-Anna-Amalia-Bibliothek.*

7. Was ist das Besondere an der Magdeburger Trogbrücke? *Die Brücke enthält einen Strom, durch den Schiffe fahren können.*

Präsentation Wählen Sie eines der Themen und bearbeiten Sie es zu zweit mit Hilfe des Internets. Präsentieren Sie das Ergebnis im Kurs.

1. Erstellen Sie eine Reiseroute durch Sachsen-Anhalt. Welche Sehenswürdigkeiten besuchen Sie? Wo übernachten Sie? Welche kulinarischen Köstlichkeiten (*culinary delicacy*) probieren Sie?

2. Die Herzogin-Anna-Amalia-Bibliothek in Weimar gehört zum UNESCO-Weltkulturerbe. Recherchieren Sie weitere deutsche Sehenswürdigkeiten, die zum Weltkulturerbe gehören. Unter welchen Voraussetzungen wird eine Sehenswürdigkeit dort aufgenommen?

Ask students if they used to play with PLAYMOBIL(TM) toys. Ask them which ones they played with and what they played.

Galerie

Spielzeug

Hans Beck (1929–2009)

Hans Beck wird oft der „Vater von PLAYMOBIL(TM)" genannt. 1974 stellte er seine Figuren zum ersten Mal auf der Nürnberger Spielwarenmesse (*toy fair*) vor. Darunter waren ein Ritter, ein Bauarbeiter und ein Polizist. Becks Motto lautete: „Kein Horror, keine Gewalt, keine kurzfristigen Trends." Er wollte schönes und zeitloses Spielzeug entwickeln und die Figuren relativ neutral gestalten: „Das soll dem Kind die Möglichkeit geben, der Figur einen Charakter zu geben, entsprechend dem jeweiligen Spielbedürfnis (*need to play*)." Weltweit wurden bis heute über 3 Milliarden Figuren produziert, die in rund 100 Ländern verkauft werden.

Umweltschutz

Heffa Schücking (1959–)

Die deutsche Biologin und Umweltaktivistin Heffa Schücking ist für ihren Einfluss auf die Umweltpolitik bekannt. Das 1989 veröffentlichte „Regenwald Memorandum", an dem sie maßgeblich mitarbeitete, wies auf die Verantwortung Deutschlands an der Zerstörung (*destruction*) des tropischen Regenwaldes hin (*indicated*). Das Memorandum bewirkte (*caused*), dass bis heute beim Bau bundesdeutscher öffentlicher Institutionen keine Raubbauhölzer (*overexploited timber*) verwendet werden.

1992 gründete Schücking die Organisation „Urgewald", die Kampagnen gegen umweltzerstörerische Projekte organisiert. Für ihr Engagement bekam Heffa Schücking 1994 den **Goldman Environmental Prize** und war 2017 Stromrebellin (*electricity rebel*) des Jahres.

Point out that **Urgewald** is a play on the words **Urgewalt** (*elemental force*) and **Urwald** (*jungle*).
Ask students about people they know who are actively working for change in the area of environmental policies. What kind of projects are these people working on?
Tell students that they may know **Raubbauhölzer** such as mahogany and teak.

Augenheilkunde (*Ophthalmology*)

Adolf Flck (1852–1937)

Adolf Gaston Eugen Fick war ein deutscher Augenarzt. Sein Medizinstudium in Würzburg, Zürich, Marburg und Freiburg schloss er 1876 mit der Promotion (*doctorate*) ab. Er schrieb das *Lehrbuch der Anatomie und Physiologie der Sinnesorgane* und erfand medizinische Messgeräte (*measuring devices*). 1887 konstruierte er eine harte Kontaktlinse aus schwerem braunem Glas. Die Linse hatte einen Durchmesser (*diameter*) von 18 bis 21 Millimetern. Nach Tests an einem Kaninchen (*rabbit*) probierte er die Linse an sich selbst und schließlich an Patienten aus. Ficks Linsen waren groß und man konnte sie nur ein paar Stunden am Tag tragen. Unter dem Titel „Contactbrille" publizierte er seine Arbeit im März 1888 in dem Journal *Archiv für Augenheilkunde*.

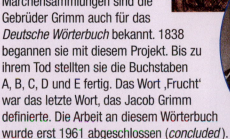

Philologie

Jacob und Wilhelm Grimm (1785–1863 und 1786–1859)

Jacob und Wilhelm Grimm sammelten Märchen, wie „Aschenputtel", „Hänsel und Gretel" und „Rapunzel", die heute noch jeder kennt. Sie schrieben Geschichten auf, die sie im Alltag hörten, ohne sie zu verschönern (*embellish*). *Kinder- und Hausmärchen* war die erste Sammlung, die sie veröffentlichten (*published*). Neben den Märchensammlungen sind die Gebrüder Grimm auch für das *Deutsche Wörterbuch* bekannt. 1838 begannen sie mit diesem Projekt. Bis zu ihrem Tod stellten sie die Buchstaben A, B, C, D und E fertig. Das Wort ‚Frucht' war das letzte Wort, das Jacob Grimm definierte. Die Arbeit an diesem Wörterbuch wurde erst 1961 abgeschlossen (*concluded*).

Analyse

Verständnis Finden Sie für jeden Satz die richtige Ergänzung.

1. Seine PLAYMOBIL™-Figuren stellte Hans Beck zum ersten Mal 1974 bei der ___Nürnberger Spielwarenmesse___ vor.

2. Bis heute wurden mehr als ___3 Milliarden___ PLAYMOBIL™-Figuren hergestellt.

3. Heffa Schücking gründete 1992 die Organisation ___Urgewald___.

4. Beim Bau öffentlicher Gebäude werden keine ___Raubbauhölzer___ verwendet.

5. Adolf Fick entwickelte 1887 die erste harte ___Kontaktlinse___.

6. Fick testete seine Erfindung (*invention*) zuerst an einem ___Kaninchen___ und dann auch an Menschen.

7. Jacob und Wilhelm Grimm sammelten in dem Buch ___Kinder- und Hausmärchen___ Geschichten wie „Aschenputtel" und „Rapunzel".

8. Das ___Deutsche Wörterbuch___ wurde von den Gebrüdern Grimm Mitte des 19. Jahrhunderts begonnen aber erst 1961 fertiggestellt.

Diskussion Das PLAYMOBIL™ Spielzeug ist nach Hans Becks Motto „kein Horror, keine Gewalt, keine kurzfristigen Trends" gestaltet (*designed*). Welches Spielzeug und welche Spiele, die Sie kennen, folgen diesem Motto (nicht)? Sind solche Leitsätze wichtig? Warum? Diskutieren Sie zu zweit und präsentieren Sie Ihre Ergebnisse im Kurs.

Aufsatz Schreiben Sie einen kurzen Aufsatz über eines der folgenden Themen.

1. Heffa Schücking gründete 1992 die Organisation Urgewald. Diese Organisation engagiert sich vor allem in Entwicklungsländern. Suchen Sie im Internet nach Kampagnen, an denen Urgewald beteiligt war. Beschreiben Sie eine Kampagne im Detail.

2. Märchen gibt es in vielen Sprachen, Kulturen und Medien. Schreiben Sie eine Zusammenfassung eines Märchens, das Sie kennen. Schreiben Sie auf Deutsch.

8.1

INSTRUCTIONAL RESOURCES
Audioscripts, SAM AK,
Lab MP3s, Grammar
Presentation Slides
SAM/WebSAM: WB, LM

Der Konjunktiv II and *würde* with infinitives

—*Aber **wäre** es nicht besser, wenn wir da jemanden nehmen, bei dem die Faktenlage einen dringenden Tatverdacht zulässt?*

- **Der Konjunktiv II** (*the subjunctive*) is used to describe situations that are hypothetical or contrary to fact. The **Konjunktiv II** forms of the verb **werden** are frequently used with the infinitives of other verbs to express a subjunctive meaning. To form the **Konjunktiv II** of **werden**, add an **Umlaut** to the **Präteritum** stem **wurd–**, and add the subjunctive endings **–e, –est, –e, –en, –et, –en**.

Konjunktiv II *of* werden	
ich w**ü**rd**e**	wir w**ü**rd**en**
du w**ü**rd**est**	ihr w**ü**rd**et**
er/sie/es w**ü**rd**e**	sie/Sie w**ü**rd**en**

QUERVERWEIS

See **Strukturen 3.2, pp. 96–97,** to review word order with subordinating conjunctions like **wenn**.

- When **würde** is used with an infinitive, the infinitive moves to the end of the clause.

Ich **würde** die Zeitung **lesen**, wenn ich Zeit **hätte**.
*I **would read** the newspaper if I **had** time.*

Wenn ich reich **wäre**, **würde** ich einen Porsche **kaufen**.
*If I **were** rich, I **would buy** a Porsche.*

- The **Konjunktiv II** of weak verbs is formed by adding the subjunctive endings to the **Präteritum** stem. Because the resulting subjunctive forms are identical to the **Präteritum** forms, the **würde** + *infinitive* construction is commonly used with weak verbs, to avoid confusion.

Präteritum	Konjunktiv II
Letztes Jahr **arbeitete** er im Kernkraftwerk. *Last year he **worked** at the nuclear power plant.*	Er **arbeitete** im Kernkraftwerk, wenn er Geld **bräuchte**. Er **würde** im Kernkraftwerk **arbeiten**, wenn er Geld **bräuchte**. *He **would work** at the nuclear power plant if he needed money.*

- To form the **Konjunktiv II** of strong verbs, add the subjunctive endings to the **Präteritum** stem. In addition, if the verb stem contains the vowels **a**, **o**, or **u**, add an **Umlaut** to the vowel.

Infinitiv	bleiben	finden	gehen	halten	kommen	sehen
Präteritum	ich blieb	du fandst	er ging	wir hielten	ihr kamt	sie/Sie sahen
Konjunktiv II	ich bliebe	du fändest	er ginge	wir hielten	ihr kämet	sie/Sie sähen

Wenn ich ihn **träfe**, **gäbe** ich
ihm sein Buch zurück.
*If I **ran into** him, I **would give**
him his book back.*

Wir **gingen** an den Strand,
wenn das Wetter schön **bliebe**.
*We would **go** to the beach if
the weather **stayed nice**.*

- In conversation, the **würde** + *infinitive* construction is often used with strong verbs instead of the **Konjunktiv II** forms. However, the **Konjunktiv II** forms of **sein** and **haben**, as well as the mixed verb **wissen**, follow the same conjugation pattern as strong verbs and are commonly used in conversation.

Wenn alle Verpackungen
wiederverwertbar **wären**, **hätten** wir
weniger Abfall.
*If all packaging **were** recyclable, we
would have less waste.*

Wenn du **wüsstest**, wie sehr ich dich liebe,
würdest du mich **verstehen**.
*If you **knew** how much I love you,
you **would understand** me.*

- Note that the conjunction **wenn** conveys a different meaning when used with the subjunctive, rather than the indicative. To describe an actual situation that always occurs under certain conditions, use **wenn** with the indicative to mean *whenever*. To describe a hypothetical situation that could occur under certain conditions, use **wenn** with the subjunctive to mean *if*.

Indikativ	Konjunktiv
Wenn wir das Glas recyceln, helfen wir der Umwelt.	**Wenn** wir das Glas **recycelten**, **würden** wir der Umwelt **helfen**.
***Whenever** we recycle glass, we help the environment.*	*If we **recycled** glass, we **would help** the environment.*

Teach students idiomatic
phrases to help them learn
the forms and uses of the
subjunctive. Ex.:
Wenn du nur wüsstest!
If you only knew!
Wenn ich Zeit hätte!
If I had time!

QUERVERWEIS

See **Strukturen 9.1,
pp. 328–329,** for the past
subjunctive (**der Konjunktiv II
der Vergangenheit**), which is
used to describe hypothetical
or contrary-to-fact situations in
the past.

Anwendung

1 Have students design a flyer suggesting ways to help the environment at their school. Encourage them to post signs in German around the school.

1 **Rettet die Umwelt** Dieser Blogger schreibt einen Aufruf, um die Umwelt zu retten. Schreiben Sie die richtige Form des **Konjunktiv II** in die Lücken.

Greif zur Feder! Jetzt ist es Zeit, der Welt zu helfen. Wie (1) ____wäre____ (sein) es, wenn die Welt in 40 Jahren keine grünen Flächen mehr (2) ____hätte____ (haben)? (3) ____Lebtest____ (Leben) du dann gern hier? Wenn du jetzt einen Brief an die Politiker (4) ____schriebest____ (schreiben), (5) ____gäbe____ (geben) es vielleicht Hoffnung für unsere Welt. Wenn du nur (6) ____wüsstest____ (wissen), wie sehr die Klimaerwärmung allem schadet! Wenn ihr euch jetzt der Erhaltung unserer Erde (7) ____widmetet____ (widmen), (8) ____sähe____ (sehen) die Zukunft viel besser aus! Wenn es auf die Politiker (9) ____ankäme____ (ankommen), (10) ____ginge____ (gehen) alles kaputt. Schnell! Rettet die Umwelt!

2 Write down various scenarios on index cards. Have pairs of students discuss what they would do in each situation. Ex.: **Du findest eine Brieftasche im Stadtpark. Du fährst allein in der U-Bahn und wirst von einem Fremden angesprochen. In der Nacht, auf dem Weg nach Hause, wirst du überfallen.**

2 **Angst vor Gewalt** Setzen Sie die folgenden Sätze in den **Konjunktiv II.** Some answers will vary.

Beispiel **Wenn die Müllberge wachsen, demonstrieren wir.**

Wenn die Müllberge wüchsen, würden wir demonstrieren.

1. Wenn ich Gewalt sehe, habe ich Angst.
Wenn ich Gewalt sehen würde, hätte ich Angst.
2. Wenn der Kriminelle etwas Schlimmes tut, rufe ich die Polizei an.
Wenn der Kriminelle etwas Schlimmes tun würde, riefe ich die Polizei an.
3. Wenn die Polizei den Anruf bekommt, kommt der Polizeiwagen sofort.
Wenn die Polizei den Anruf bekommen würde, käme der Polizeiwagen sofort.
4. Wenn sie den Kriminellen festnehmen, leben wir friedlicher.
Wenn sie den Kriminellen festnehmen würde, lebten wir friedlicher.
5. Ohne Gewalt schlafe ich besser.
Ohne Gewalt würde ich besser schlafen.
6. Wenn das Leben so friedlich ist, freue ich mich.
Wenn das Leben so friedlich wäre, würde ich mich freuen.

3 **Was würdest du tun?** Besprechen Sie zu zweit Ihre Reaktion auf diese beiden Situationen. Erzählen Sie, was Sie in jeder Situation tun würden. Verwenden Sie die Verben aus der Liste.

meine Meinung ändern	nichts Illegales tun	stolz sein
mein Ziel erreichen	die Situation retten	sich streiten
Angst haben	der Regierung einen Brief schreiben	mich verteidigen

 Practice more at **vhlcentral.com**.

Kommunikation

4

Der lange Prozess Was würden diese Personen machen? Arbeiten Sie zu zweit. Eine(r) stellt die Frage und der/die andere beantwortet sie. Wechseln Sie sich ab.

Beispiel die Naturschützer / die Wälder sterben aus

—Was würden die Naturschützer machen, wenn die Wälder ausstürben?

—Sie würden sehr böse werden.

1. die Aktivistin / Gift in das Wasser kommt
2. der Naturschützer / die Bodenschätze werden zerstört
3. die Geschworenen / der Prozess zwei Monate dauern
4. die Rechtsanwältin / die Geschworenen sich streiten
5. der Terrorist / der Richter ihn einsperren
6. der Zeuge / alles zu Ende sein

5

Das Interview

A. Sie und Ihr(e) Partner(in) sind Journalisten, die mit den folgenden Personen ein Interview durchführen. Denken Sie gemeinsam darüber nach, welche Fragen Sie stellen würden. Verwenden Sie **Konjunktiv II**.

Beispiel der Präsident der Vereinigten Staaten

—Würden Sie gern noch vier Jahre im Weißen Haus bleiben?

der Präsident der Vereinigten Staaten	eine Person, die vom Meer lebt
der Leiter von Greenpeace	eine Person, die eine Packung Zigaretten am Tag raucht
ein ehemaliger Kernkraftwissenschaftler	der Besitzer einer Windfarm
Wernher von Braun	die Touristen, die gern neben der Windfarm Urlaub machen

B. Suchen Sie sich eine dieser Personen aus. Spielen Sie zu zweit das Interview mit vielen Fragen durch.

6

Der neue Präsident Sie sind Mitglied in einer Umweltgruppe. Einer ihrer Kollegen ist Top-Kandidat für den Posten des Landespräsidenten der Partei „die Grünen". Erfinden Sie in Gruppen das Profil eines solchen fiktiven Kandidaten. Besprechen Sie, was er/sie machen würde, wenn er/sie Präsident(in) wäre, und wie er/sie die folgenden Probleme lösen würde. Jede Gruppe stellt dann die einzelnen Kandidaten vor. Die Klasse stimmt ab, wer der/die nächste Präsident(in) sein soll.

- Luftverschmutzung
- Klimaerwärmung
- terroristischer Angriff
- Naturkatastrophe
- hohe Benzinpreise
- veraltete Atomkraftwerke
- Erhaltung der Bodenschätze
- Menschenrechte in fremden Ländern

5 Stage a roundtable discussion with 4–5 students representing various different factions. Topics could include: **Bau einer neuen Windfarm an der Ostsee; Bau eines Vergnügungsparks, wo es jetzt einen Naturpark gibt,** etc. Participants could include: **Naturschützer, Tourist, Politiker, Einwohner der Stadt.**

KULTURANMERKUNG

Wernher von Braun (1912–1977) war ein deutsch-amerikanischer Wissenschaftler. 1945 kam er in die USA und wurde 1955 amerikanischer Staatsbürger. Er führte u.a. das Team, das die erste atomare Kurzstreckenrakete° entwickelte. Später, als Mitarbeiter der NASA, war sein größter Erfolg die bemannte° Mondlandung im Jahr 1969. Von 1970 bis 1972 war Wernher von Braun stellvertretender° Direktor der NASA und setzte sich für eine Fortführung ihrer Projekte ein, darunter auch für eine bemannte Marsmission.

Kurzstreckenrakete *short-range missile* **bemannte** *manned* **stellvertretender** *deputy*

6 Have students research environmental issues in German-speaking countries. Students should present their findings to the class and compare the situation in their home countries to that in Germany, Switzerland, Liechtenstein, and Austria.

INSTRUCTIONAL RESOURCES
Audioscripts, SAM AK,
Lab MP3s, Grammar
Presentation Slides
SAM/WebSAM: WB, LM

8.2

Der Konjunktiv II of modals

*Die Männer auf der Straße **dürften** wohl Polizisten sein.*

- To form the present tense **Konjunktiv II** of all modal verbs except **mögen**, add the endings –te, –test, –te, –ten, –tet, or –ten to the stem of the verb. For **mögen**, change the stem to **möch–** and add the same **Konjunktiv II** endings. The **würde** + infinitive construction is not typically used with modals.

	können	dürfen	müssen	wollen	sollen	mögen
Modals in *Konjunktiv II*						
ich	könn**te**	dürf**te**	müss**te**	woll**te**	soll**te**	möch**te**
du	könn**test**	dürf**test**	müss**test**	woll**test**	soll**test**	möch**test**
er/sie/es	könn**te**	dürf**te**	müss**te**	woll**te**	soll**te**	möch**te**
wir	könn**ten**	dürf**ten**	müss**ten**	woll**ten**	soll**ten**	möch**ten**
ihr	könn**tet**	dürf**tet**	müss**tet**	woll**tet**	soll**tet**	möch**tet**
sie/Sie	könn**ten**	dürf**ten**	müss**ten**	woll**ten**	soll**ten**	möch**ten**

QUERVERWEIS

See **Strukturen 5.1, pp. 170–171,** to review word order with modals.

- Modals may be used in the **Konjunktiv II** to express polite requests or to describe situations that are hypothetical or contrary to fact.

Wir **sollten** die Geschworenen **fragen**.
*We **should ask** the jury.*

Ihr **könntet** das mit gutem Gewissen **tun**.
*You **could do** that in good conscience.*

- In general, the **Konjunktiv II** forms of modal verbs express less certainty than the indicative forms.

Give a list of negative sentences in the indicative and ask students to transform them into positive sentences in the subjunctive. Ex.: **Ich kann heute nicht versuchen, den Richter zu erreichen.** → **Ich könnte heute versuchen, den Richter zu erreichen.** (*I can't try to reach the judge today. I could try to reach the judge today.*)

Ich **kann** das tun.
*I **can** do that.*

> Ich **könnte** das auch tun.
> *I **could** do that too.*

Er **darf** sich selbst verteidigen.
*He's **allowed** to defend himself.*

> Er **dürfte** liberal sein.
> *He **might** be liberal.*

Das **muss** ein Vorteil sein.
*That **has to** be an advantage.*

> Das andere **müsste** ein Nachteil sein.
> *The other **would have to** be a disadvantage.*

Ich **will** die Umwelt schützen.
*I **want to** protect the environment.*

> Wir **wollten** auch die Umwelt schützen.
> *We **would like to** protect the environment too.*

Ihr **sollt** um 8 Uhr da sein.
*You **are supposed to** be there at 8 o'clock.*

> Ihr **solltet** mehr wiederverwerten.
> *You **ought to** recycle more.*

Ich **mag** diese schöne Landschaft.
*I **like** this beautiful countryside.*

> Ich **möchte** sie gern sehen.
> *I **would like** to see it.*

- The verb **können** is used in the **Konjunktiv II** to indicate that someone or something *could* or *would be capable of* performing a task.

Die neuen Vorschriften **könnten** die Klimaerwärmung stark reduzieren.
*The new regulations **could** drastically reduce global warming.*

Könnte ich bitte den neuen Rechner benutzen?
***Could** I please use the new computer?*

- The verb **dürfen** in the **Konjunktiv II** indicates that someone *may* do something, or that something *might* or *should* occur.

Der Richter **dürfte** mit seinem Urteil recht haben.
*The judge **should** be right with his verdict.*

Dürfte ich bitte mein eigenes Schlafzimmer haben?
***May** I please have my own bedroom?*

- Although both **dürfen** and **können** can be used in the indicative to make polite requests, their **Konjunktiv II** forms are considered more polite.

Können and *dürfen* in polite requests	
Können wir bitte mit ihm sprechen? ***Can** we please speak with him?*	**Könnten** wir bitte mit ihm sprechen? ***Could** we please speak with him?*
Darf ich Sie kurz sprechen? ***May** I speak to you for a minute?*	**Dürften** wir Sie kurz sprechen? ***Might** we perhaps speak to you for a minute?*

- The verb **müssen** in the indicative means *must* or *to have to*. In the **Konjunktiv II**, it indicates that someone *would have to* do something.

Sie **mussten** ihn einsperren, weil er schuldig war.
*They **had to** imprison him because he was guilty.*

Sie **müssten** ihn einsperren, wenn sie ihn schuldig fänden.
*They **would have to** imprison him if they found him guilty.*

- The verb **sollen** conveys a sense of obligation. In the **Konjunktiv II**, it implies that a person *ought to* or *should* do something. It can also be used in a hypothetical sense for something that *is supposed to happen* or *is rumored to happen*.

Ich **sollte** heute für die große Chemieprüfung lernen.
*I **ought to** study today for the big chemistry exam.*

Sollten die Aktivisten genug Geld zusammenbringen, könnten sie einen Naturlehrpfad bauen.
*If the activists **were to** raise enough money, they would be able to build a nature trail.*

- As with **sollen**, the **Präteritum** form and the **Konjunktiv II** form of **wollen** are identical but the intended meaning is clear from context.

Wenn wir Bargeld **wollten**, mussten wir es von der Bank holen.
*When we **wanted cash**, we had to get it from the bank.*

Wenn die Naturschützer es **wollten**, könnten sie Klimaerwärmung stark reduzieren.
*If the environmentalists **wanted to**, they could reduce global warming drastically.*

ACHTUNG!

While the **Konjunktiv II** and **Präteritum** forms of **können** can both be translated as *could*, the **Konjunktiv II** conveys a hypothetical possibility, whereas the **Präteritum** conveys a past-tense meaning.

Die Wissenschaftlerin konnte das Problem lösen.
The scientist could (was able to) solve the problem.

Die Wissenschaftlerin könnte das Problem lösen.
The scientist could (would be able to) solve the problem.

Give imperatives and have students turn them into polite requests using the subjunctive forms of modals.
Ex.: **Sagen Sie mir Ihre Meinung. → Könnten Sie mir bitte Ihre Meinung sagen?**

Anwendung

1 Ask students to give polite suggestions to the people listed. Ex.: **Wie könnte der Aktivist sich ändern? Er könnte weniger aggressiv werden. Er sollte mehr Briefe schreiben.**

1

Wie wir sein sollten Kreisen Sie die richtige Konjunktivform ein.

1. Der Aktivist (sollen /(sollte)/ solltet) gegen die Klimaerwärmung kämpfen.

2. Eine Naturschützerin ((wollte)/ wollen / will) sich der Erhaltung der Umwelt widmen.

3. Der Kriminelle (müssen / musste /(müsste)) friedlicher leben.

4. Der Rechtsanwalt (mag /(möchte)/ möchtet) die Kriminellen verteidigen.

5. Der Richter ((dürfte)/ darf / durfte) die Terroristen wohl einsperren.

6. Die Leute (können / konnten /(könnten)) einer Meinung sein.

7. Das Opfer (muss /(müsste)/ müsstet) man immer schützen.

8. Die Geschworenen (will / wollt /(wollten)) eigentlich die Wahrheit hören.

2

Verbessern wir die Uni! Schreiben Sie die richtige Form des **Konjunktivs** in die Lücken.

JOHANNES Wir (1) _____sollten_____ (sollen) mehr für die Umwelt an unserer Uni tun.

ULRIKE (2) _____Dürfte_____ (Dürfen) ich dich daran erinnern, dass wir jetzt schon einiges machen?

JOHANNES Wir (3) _____könnten_____ (können) aber viel mehr tun! Du (4) _____müsstest_____ (müssen) dich nur mal umsehen.

ULRIKE Vielleicht (5) _____solltest_____ (sollen) du mit anderen Studenten reden?

JOHANNES Aber warum? Du (6) _____möchtest_____ (mögen) immer überall dabei sein.

ULRIKE Wenn du nächste Woche zu viel zu tun haben (7) _____solltest_____ (sollen), (8) _____könnte_____ (können) ich eventuell helfen.

JOHANNES Das (9) _____wäre_____ (sein) schön. Ich danke dir! (10) _____Könntest_____ (Können) du morgen schon anfangen?

3

Eine Katastrophe Arbeiten Sie zu zweit. Bilden Sie aus den Satzteilen einen Satz im Konjunktiv II. Achten Sie auf alle Endungen.

Beispiel **ich / mögen / haben / keine Angst / vor / eine Katastrophe**

Ich möchte keine Angst vor einer Katastrophe haben.

1. Umweltverschmutzung / müssen / sein / gesetzwidrig
Umweltverschmutzung müsste gesetzwidrig sein.

2. wir / sollen / aufpassen / auf unsere Welt / besser
Wir sollten besser auf unsere Welt aufpassen.

3. die wertvollen Bodenschätze / können / gehen / kaputt
Die wertvollen Bodenschätze könnten kaputt gehen.

4. die Klimaerwärmung / dürfen / viel Schlimmes / verursachen
Die Klimaerwärmung dürfte viel Schlimmes verursachen.

5. die Politiker / wollen / verabschieden / ein Gesetz / bald
Die Politiker wollten bald ein Gesetz verabschieden.

6. alle / mögen / die Umwelt / retten
Alle möchten die Umwelt retten.

7. jeder Mensch / sollen / vernünftiger / leben
Jeder Mensch sollte vernünftiger leben.

8. die Luft / das Wasser / müssen / wir / sauber halten
Die Luft und das Wasser müssten wir sauber halten.

 Practice more at **vhlcentral.com**.

Kommunikation

4

Wir helfen der Umwelt Denken Sie zu zweit darüber nach, wie Sie der Umwelt helfen könnten. Verwenden Sie Modalverben und andere Verben, um höfliche Vorschläge zu machen.

Beispiel **Sollten wir die Bodenschätze erhalten?**

du	nicht so oft Auto fahren
ich	einen Naturlehrpfad bauen
die Studenten	Glas wiederverwerten
die Einwohner der Stadt	mit eigenen Einkaufstaschen einkaufen gehen
die Politiker	immer beide Seiten vom Papier benutzen
die Leute	kein Wasser aus Plastikflaschen trinken

5

Was sollten wir machen?

A. Schauen Sie sich zu zweit die Bilder an. Verwenden Sie die Konjunktivform von Modalverben, um Lösungen für jedes Problem zu finden.

Beispiel **Wir sollten mit der Bahn und nicht mit dem Auto fahren.**

B. Wählen Sie ein Bild von oben aus. Schreiben Sie einen Leitartikel für die Uni-Zeitung, worin Sie erklären, was man machen sollte, müsste und könnte, um das Problem zu lösen.

6

Der Tag der Erde Sie sind Mitglied einer Umweltorganisation. Ihre Gruppe soll für die anderen Student(inn)en einen Vortrag über die Wichtigkeit von Umweltschutz halten. Bereiten Sie in Gruppen eine Präsentation vor, worin Sie darüber diskutieren, was Student(inn)en, die Universität und die Politiker(innen) machen sollten, um die Umwelt zu schützen. Verwenden Sie den **Konjunktiv II** mit Modalverben.

4 Have students work in small groups. One group is in favor of protecting the environment; the other group thinks that all the concern about the environment is exaggerated. Have the groups discuss their opinions and attitudes and try to convince each other that their way is the right way.

5 Have students work in groups to read each other's articles and choose one of the articles to present to the class. Have a representative from each group read the group's article to the entire class, so that the class can vote on the best article.

6 Have students expand their presentations by planning Earth Day activities that they can share with the rest of the school.

KULTURANMERKUNG

Atomkraftwerke

Deutschland, Österreich und die Schweiz haben alle unterschiedliche Regelungen° zur Atomenergie. In Deutschland gibt es 7 Kernkraftwerke, die 13% der Energie produzieren. Bis 2022 sollen sie alle vom Netz genommen werden. Die Schweiz bekommt 40% der Energie von den 5 Kernkraftwerken im Lande. Österreich ist ein Land ohne Kernkraftwerke. 1978 verabschiedete das Parlament ein Gesetz gegen Atomkraftwerke in Österreich.

Regelungen *regulations*

8.3

INSTRUCTIONAL RESOURCES
Audioscripts, SAM AK,
Lab MP3s, Grammar
Presentation Slides
SAM/WebSAM: WB, LM

Demonstratives

—*Die haben euch elf Monate*
lang beschattet. Wusstest du das?

- Demonstratives emphasize, define, or point out a person or thing. They can function as pronouns or as limiting adjectives.

Demonstrative pronoun	Demonstrative as limiting adjective
Der da ist ein bekannter Aktivist. *That one there is a well-known activist.*	Ist **dieses** Wasser trinkbar? *Is this water drinkable?*

- Demonstrative pronouns replace nouns and personal pronouns. They are usually the first element in the sentence, which helps to emphasize the person or object they refer to.

Noun	Personal pronoun	Demonstrative
Die Zeugin ist nervös. *The witness is nervous.*	Warum ist **sie** so nervös? *Why is she so nervous?*	Warum ist **die** so nervös? *Why is she (that one) so nervous?*
Kennst du **den Richter**? *Do you know the judge?*	**Er** ist sehr konservativ. *He is very conservative.*	**Der** ist sehr konservativ. *He (That one) is very conservative.*

- The demonstrative pronouns are identical to the relative pronouns. They agree in number and gender with the object or person to which they refer. The case of the demonstrative pronoun depends on its role in the sentence.

QUERVERWEIS

To review relative pronouns, see
Strukturen 3.3, pp. 100–101.

Er ist ein bekannter Rechtsanwalt. Mit **dem** möchte ich mich nicht streiten.
*He's a well-known attorney. I wouldn't like to argue with **him (that one)**.*

Demonstrative pronouns				
Nominative	der	die	das	die
Accusative	den	die	das	die
Dative	dem	der	dem	denen
Genitive	dessen	deren	dessen	deren

- The adverbs **hier** and **da** can be used in conjunction with the demonstrative to give additional emphasis.

Wer ist der Kriminelle?
Das ist **der da**.
Which one is the criminal?
*It's **that guy**.*

Und wer war das Opfer?
Das ist **die hier**!
And who was the victim?
*It is **this woman here**.*

In American English, *It's him* is often used instead of *It is he*. In German, however, the nominative case must be used: **Da ist er.**

- The demonstratives **dieser** (*this*), **jener** (*that*), and **solcher** (*such a*) are **der**-words. They are used as limiting adjectives to modify nouns.

Ich finde **diese** neuen Gesetze
äußerst ungerecht.
*I think **these** new laws*
are extremely unjust.

Ich mag **solche** Menschen.
Mit **denen** komme ich gut zurecht.
*I like **these kinds of** people. I get*
*along well with **them**.*

- Whereas English speakers use *this/these* and *that/those* with equal frequency, German speakers tend to use **jener** only when making a comparison between *this* and *that* person or thing.

Diese Bücher hier sind sehr teuer, aber **jene** da in der Ecke sind billiger.
*These books here are very expensive, but **those** over in the corner are cheaper.*

Recycle vocabulary from earlier lessons by having students choose between pictures of different items. All answers need to include the appropriate demonstrative with **da**. Answers will vary depending on the gender of the item chosen. Ex.: **Welches Kleidungsstück möchten Sie haben? Das da! Welchen Wagen hast du am liebsten? Den da.**

See **Strukturen 1.3, p. 25**, to review **der**-words. For a review of adjective endings after **der**-words, see **Strukturen 4.2, p. 136**.

- The demonstratives **derselbe/dieselbe/dasselbe** (*the same*) and **derjenige/diejenige/dasjenige** (*that one/those ones*) are written as one word but are treated as if they were two words. The first part (**der-/die-/das-**) has the same case endings as the definite articles, while the second part (**-selbe** or **-jenige**) requires regular adjective endings.

Wir haben **dasselbe** Problem
in den USA.
*We have **the same** problem in*
the United States.

Wir haben **denselben**
Machtmissbrauch in unserem Land.
*We have **the same** abuse of*
power in our country.

Tell students that **jen–** is rarely used in spoken German.

- **Derselbe**, **dieselbe**, and **dasselbe** are used as limiting adjectives before a noun, while **derjenige**, **diejenige**, and **dasjenige** are typically used in conjunction with a relative clause.

Jeder Mensch hat Anspruch
auf **dieselben** Menschenrechte.
All people are entitled to
the same human rights.

Ich glaube **diejenigen**, die schweigen,
sind schuldig.
*I think **those** who remain silent*
are guilty.

Although **derselbe** and **der gleiche** can both be translated as *the same*, they should not be used interchangeably. **Derselbe** refers to exact identity, while **der gleiche** refers to the same *type* of thing.

Sie hat jeden Tag dasselbe Kleid an.
She wears the same dress every day.

Ich habe das gleiche Kleid.
I have the same dress.

- **Selbst** and **selber** are also used after a noun or pronoun to provide emphasis, where English uses forms ending in *-self* or *-selves* (*yourselves, himself, etc.*). **Selbst** and **selber** can be used interchangeably and do not take additional endings.

Ich habe ihn **selbst** verteidigt.
*I defended him **myself**.*

Sie **selber** hat den Impfstoff erfunden.
*She invented the vaccine **herself**.*

NATIONAL
communication
cultures
STANDARDS

1 Have students discuss wind and solar power in their home country, city, or state. Have them answer questions such as: **Wie ist die öffentliche Meinung zur Wind- und Solarenergie? Gibt es Windparks in der Gegend, wo Sie wohnen? Welche Argumente gibt es für und gegen Windenergie? Solarenergie?**

Anwendung

1

Die Nachhaltigkeit Schreiben Sie die richtigen Endungen in die Lücken.

1. Wenn es nach mir ginge, gäbe es in dies_er____ Welt viel mehr Wind- und Solarenergie.

2. Jen_e____ Energiequellen, die der Umwelt schaden, müssten abgeschafft werden.

3. Nur diejenig_en____ Energiequellen, die umweltfreundlich sind, dürften weiter existieren.

4. Mit solch_en____ umweltschädlichen Autos würde man nicht mehr fahren.

5. Damit wir nicht immer wieder dieselb_en____ alten Probleme haben, müssten alle Leute engagiert sein.

6. Dies_e____ Gesetzgebung (*legislation*) und nicht jen_e____ alte Lebensweise fördert die Nachhaltigkeit der Erde.

2

Wir fahren in die Natur Ersetzen Sie die unterstrichenen Wörter mit der richtigen Form der Demonstrativpronomen und schreiben Sie diese in die Lücken des zweiten Satzes. Achten Sie auf den Kasus.

1. Hier ist <u>der Naturlehrpfad</u>. Auf ___dem___ möchte ich Rad fahren.

2. Wo ist <u>der Anfang</u> vom Pfad? ___Den___ findest du hier links.

3. Sind das <u>neue Fahrräder</u>? Nein, das sind ___die(jenigen)___, die wir schon letztes Jahr hatten.

4. Sehen wir uns <u>die Tierwelt</u> näher an! ___Die___ gefällt uns sehr.

5. Ich kenne die Namen <u>der unterschiedlichen Tiere</u> nicht. Mit ___denen___ kenne ich mich auch nicht aus.

6. Wo ist <u>der Volleyballstrand</u>? ___Der___ ist dort neben dem Hundestrand.

7. Legen wir uns hin. Wo ist <u>das Buch</u>, das ich mitgebracht habe? ___Das___ habe ich.

8. <u>Der Tag</u> war sehr schön. ___Den___ werde ich nie vergessen!

3

So sind wir Denken Sie sich zu zweit eine Identität für diese Personen aus. Könnten sie miteinander etwas zu tun haben? Schreiben Sie mindestens drei Sätze mit drei Demonstrativpronomen pro Person auf.

Beispiel Der da ist ein liberaler Politiker. Mit dem möchte die Studentin ein Interview führen.

 Practice more at **vhlcentral.com**.

Kommunikation

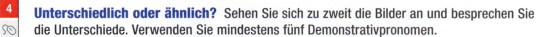

4

Unterschiedlich oder ähnlich? Sehen Sie sich zu zweit die Bilder an und besprechen Sie die Unterschiede. Verwenden Sie mindestens fünf Demonstrativpronomen.

> **Beispiel** **Auf diesem Bild sieht man viele Bäume, aber auf jenem gibt es keine Bäume.**

4 Have students review adjective endings in **Lektion 4** before they discuss the photos.

5

Die Entdeckung

A. Stellen Sie sich vor, Sie und Ihr Partner/Ihre Partnerin sind Ökologen, die neulich eine neue Pflanzen- oder Tierart entdeckt haben. Schreiben Sie einen Bericht über Ihre Entdeckung. Beschreiben Sie das Aussehen, das Verhalten (*behavior*), die Gegend, wo Sie Ihre Entdeckung gemacht haben und wie man das Tier oder die Pflanze vor dem Aussterben schützen kann. Malen Sie auch ein Bild von Ihrem Fund. Verwenden Sie viele Demonstrativpronomen.

B. Arbeiten Sie mit einer anderen Gruppe. Zeigen Sie einander Ihre Bilder, erklären Sie Ihre Entdeckung und beantworten Sie die Fragen der anderen.

> **Beispiel** **Diese Pflanzen haben rote Blätter. Diejenigen, die wir gefunden haben, wuchsen unter Bäumen im Schatten.**

6

Das Gericht Arbeiten Sie zu dritt. Ein(e) Student(in) ist die Geschäftsperson, die wegen illegalen Verhaltens angeklagt wird. Er/Sie soll gegen die Gesetze zur Umweltverschmutzung verstoßen haben. Ein(e) Student(in) ist der/die Rechtsanwalt/Rechtsanwältin, der/die die Anklage vorbringt. Der/Die Dritte ist der/die Richter(in). Verwenden Sie Vokabeln aus der Liste und Demonstrativpronomen, um eine Szene aus dieser Gerichtsverhandlung vorzuspielen. Bereiten Sie sich darauf vor, Ihre Szene im Kurs zu präsentieren.

jemanden anklagen (*to accuse*)	missbrauchen
die Drohung	ungerecht
einsperren	verbrauchen
das Gesetz	das Verbrechen
das Gewissen	verteidigen
die Klimaerwärmung	verurteilen

Synthese

1

Fragen Sehen Sie sich die Fotos in Gruppen an und beantworten Sie die Fragen.

1. Welches Problem wird auf dem Bild dargestellt (*is presented*)?
2. Was könnten diese Autofahrer tun, um der Umwelt zu helfen?
3. Gibt es diese Probleme in Ihrer Stadt? Sind solche Probleme überall auf der Welt zu finden?
4. Der Bürgermeister Ihrer Stadt will Autos im Stadtzentrum verbieten. Wie finden Sie diese Idee? Wäre es gut für Ihre Universität oder für Ihre Stadt? Wäre es gut für die Geschäfte in der Innenstadt?
5. Was könnte man tun, um die Lebensqualität in Ihrer Stadt zu verbessern?
6. Was könnten Sie selbst tun, um umweltfreundlicher zu leben?

Kommunikationsstrategien
Etwas beschreiben
Im Vordergrund steht… *In the foreground is…*   **Links/Rechts im Bild sieht man…** *On the left /right side of the picture you see…*
Eine These vertreten
Soweit ich weiß, … *As far as I know, …*   **Es wäre gut, wenn…** *It would be good if…*   **Es wäre besser, wenn…** *It would be better if…*   **Ich möchte gern den Vorschlag machen, (dass)…** *I'd like to suggest that…*   **Wir sollten ihn überzeugen, (dass)…** *We should convince him to…*

2

Aufsatz Wählen Sie ein Thema aus und schreiben Sie einen Aufsatz von ungefähr einer Seite. Verwenden Sie Konjunktiv, Modalverben und Demonstrativpronomen.

- Ihre Universität will Wasserflaschen aus Plastik verbieten. Jeder soll seine eigene Wasserflasche haben, die man immer wieder verwenden kann. Was meinen Sie? Stimmen Sie damit überein? Schreiben Sie einen Brief an den Dekan/die Dekanin, der/die den Plan in die Praxis umsetzen will. Schreiben Sie entweder dafür oder dagegen.

- Im Urlaub gehen Sie sehr gern ans Meer. Der Staat will einen Windpark in Ihrem Lieblingsferienort bauen. Man würde den Park vom Strand aus sehen. Sind Sie dafür oder dagegen? Schreiben Sie für die Stadtzeitung einen Leitartikel, in dem Sie Ihre Meinung vertreten.

Practice more at
vhlcentral.com.

Vorbereitung

Wortschatz der Lektüre	Nützlicher Wortschatz
die Anleitung, -en *guideline*	**gefährdet** *endangered*
die Aufzucht, -en *raising (of animals)*	**der Lebensraum, ̈e** *habitat*
der Luchs, -e *lynx*	**die Nachhaltigkeit** *sustainability*
das Mittelgebirge, - *low mountain range*	**das Schlagwort, ̈er** *slogan*
der Nachwuchs *offspring*	**der Sonnenkollektor, -en** *solar panel*
der Pfad, -e *trail*	**das Versagen** *failure (person)*
der Storch, ̈e *stork*	**die Verwaltung, -en** *administration*
die Umweltbildung *environmental education*	**die Windmühle, -n** *windmill*

1

Nachhaltigkeit Vervollständigen Sie den Text mit Wörtern aus der Liste.

Anleitungen	Luchs	Nachhaltigkeit	Versagen
gefährdet	Mittelgebirge	Schlagwort	Verwaltungen

Heute sagt man nicht mehr einfach nur Naturschutz, sondern (1) ___Nachhaltigkeit___ –
d.h. so zu leben, dass unsere Lebensräume auch zukunftsfähig sind
und sich regenerieren können. Es ist das (2) ___Schlagwort___ unserer Zeit. Das
Konzept ist deshalb so wichtig, weil menschliches (3) ___Versagen___ die Umwelt
immer wieder bedroht. Und deshalb findet man auch überall (4) ___Anleitungen___
dafür. Egal, ob es sich um (5) ___gefährdete___ Pflanzenarten handelt oder um fast
ausgestorbene Tierarten auf der Welt. Dieses Problem gibt es auch im Harz,
einem (6) ___Mittelgebirge___ in Deutschland. Hier existiert seit ungefähr elf Jahren
ein erfolgreiches Aufzuchtprojekt für (7) ___Luchse___, das von den Behörden
und den Landes-(8) ___Verwaltungen___ von Niedersachsen und Sachsen-Anhalt
unterstützt wird.

2

Naturschutz Stellen Sie einander die folgenden Fragen.

1. Welche Gebiete/Regionen der Erde kennst du, die durch menschliches
   Verhalten oder Versagen bedroht (*threatened*) sind?

2. Von welchen gefährdeten bzw. ausgestorbenen Tier- und Pflanzenarten hast
   du schon mal gehört?

3. Seit wann gibt es in den USA eine Institution oder Behörde, die sich mit
   der Konservation von Naturlandschaften befasst? Wie heißt sie? Wie
   funktioniert sie?

4. Glaubst du, dass Menschen in Harmonie mit der Natur leben können?
   Welche Kompromisse müssen sie dann schließen?

5. Wie effektiv sind Naturlehrpfade für Kinder und Erwachsene?
   Welche kennst du?

6. Was sollten (*should*) Menschen beachten, wenn sie in Naturparks
   Ferien machen?

Kulturanmerkung
You might want to tell
students that in former
East Germany, efforts
for nature conservation
started about two years
earlier than in West
Germany. The initial idea,
however, goes back to the
Reichsnaturschutzgesetz
passed in 1935, long before
there was a divided Germany.

KULTURANMERKUNG

**Nationalparks in
Deutschland**

Die Idee der Nationalparks in
Deutschland ist erst ein gutes
halbes Jahrhundert alt. Dr.
Alfred Toepfer, ein Hamburger
Großkaufmann, entwarf 1956
ein Programm für Naturparks
im Westen Deutschlands.
Heutzutage° gibt es hier 16
Nationalparks mit einer Fläche
von 214.000 Hektar. Wörter
wie „Biosphärenreservat" sind
Schöpfungen° der Gegenwart.

Heutzutage *Nowadays*
Schöpfungen *creations*

Grün reisen,

Die Bahamas sind ja himmlisch, aber haben Sie jemals darüber nachgedacht, wie viele Ressourcen für so eine Reise ins Paradies verbraucht werden?

Denn auch im Urlaub kann man umweltfreundlich denken. In Deutschland ist der Ökotourismus absolut in. Möglichkeiten für solch einen Urlaub gibt es da einige, z.B. den Geo-Naturpark Bergstraße-Odenwald in Hessen. Hier geht es darum, die Natur unmittelbar° zu erleben. Mehr als 20 thematische Geopark-Pfade winden sich durch den Park und informieren über die geologischen und kulturgeschichtlichen Besonderheiten der Region. Im Odenwald warten viele schöne Überraschungen auf neugierige Naturentdecker – Burgruinen, idyllische Täler, geheimnisvolle Tropfsteinhöhlen° und eine Geschichte voll von Feuer speienden° Vulkanen und kriegenden Germanen. Sogar ein erdgeschichtlicher Ausflug für Kinder mit Anleitungen und Übersichtskarten ist hier möglich.

Oder man fährt in den Harz, eine Mittelgebirgsregion in Niedersachsen und Sachsen-Anhalt mit großen Naturparks. Vom Brockenplateau° aus kann man tiefe Täler, wilde Flussläufe und Bergwiesen bewundern oder durch Laub-, Misch- und Nadelwälder° wandern. Man sieht dort auch wieder seltene Tiere, wie z.B. schwarze Störche, europäisch-asiatische Wildkatzen und seit 1999 auch wieder Luchse. Dies ist eine besondere Sensation, denn der letzte Luchs des Harzes ist 1818 geschossen worden. Aber seit 2002 haben mehrere wilde Luchse durch ein spezielles Aufzuchtsprojekt wieder Nachwuchs.

Ein anderes interessantes Natur-schutzgebiet ist das Biosphärenreservat Mittelelbe, ein Lieblingsziel von Fahrradtouristen. 1979 wurde es von

directly

caves with stalagtites
fire-spitting

highest plateau in the Harz mountains

deciduous, mixed, and coniferous forests

You might like to have students discuss the pros and cons of ecotourism: there are many national parks all over the world, but for people to get there, they have to fly or drive, contributing to the pollution of air and environment.

Grün schützen

45 der UNESCO als Reservat ausgewiesen°, und im Jahre 2006 hat es sich auf 125.743 Hektar° vergrößert. Es ist eins von 15 Biosphärenreservaten in Deutschland und umfasst die Urstromtäler° der norddeutschen Altmoränenlandschaft°.
50 Biosphärenreservate sind großflächige, geschützte Natur- und Kulturlandschaften. Sie dienen der Erforschung von Mensch-Umwelt-Beziehungen,
55 der Umweltbeobachtung und der Umweltbildung.

Zu den Aufgaben der in Biosphären lebenden° Menschen gehören u.a. die Erhaltung der typischen Pflanzen und
60 Tiere der Region und das *Man and Biosphere*-Programm. Dies besagt, dass die Natur nicht nur erhalten werden soll, sondern die wirtschaftenden° Menschen sich auch bemühen° sollen, zu
65 einem harmonischen Miteinander mit der Natur zu gelangen.

In den Naturschutz fließen also neben ökonomischen und ökologischen Aspekten auch soziale, kulturelle und ethische ein. Endgültiges Ziel dieser Projekte 70 ist ein weltumspannendes Netz von Biosphärenreservaten, das die verschiedenen Ökosysteme der Erde verbindet. Biosphärenreservate sind Orte der Hoffnung – der Hoffnung eben, dass 75 auch die Luchse der Zukunft und die Kinder unserer Kinder eines Tages Deutschlands Wälder werden genießen können. ∎

designated 45
approx. 312,357 acres
glacial valleys
old moraine region 50

living

working
endeavor

Die Sonnenenergie

Die Q-Cells SE wurde im Jahre 1999 gegründet und ist der weltweit größte Hersteller° von Solarzellen. 2001 nahm der Betrieb° seine Arbeit in Thalheim, Sachsen, auf. Er beliefert 67 Kunden in 32 Ländern, u.a. in Europa, Asien, den USA und Südafrika. Da das Unternehmen so innovativ und kreativ arbeitet, hat es seit 2005 diverse Preise und Auszeichnungen° der deutschen Wirtschaft und Presse bekommen.

Hersteller *producer* **Betrieb** *company* **Auszeichnungen** *awards*

Analyse

3 Brainstorm some project ideas: **Schutz gefährdeter Tiere oder Pflanzen; Nutzung alternativer Energiequellen; Bekämpfung der Wasser- und Luftverschmutzung**, etc.

1

Mensch und Natur Verbinden Sie zu zweit die Satzteile der linken Spalte sinnvoll mit denen in der rechten Spalte.

___d___ 1. Es gibt mittlerweile auch in Deutschland…

___f___ 2. Der Geo-Naturpark Bergstraße-Odenwald…

___a___ 3. Der Harz ist eine Mittelgebirgsregion…

___e___ 4. Wegen eines speziellen Aufzuchtsprojekts…

___c___ 5. Biosphärenreservate sind geschützte Teile…

___b___ 6. In den Biosphärenreservaten sollen Menschen lernen, …

a. in Niedersachsen und Sachsen-Anhalt.

b. in Harmonie mit der Natur zu leben.

c. von Natur- und Kulturlandschaften.

d. einige Möglichkeiten für den Ökotourismus.

e. gibt es seit 2002 wieder Luchse im Harz.

f. befindet sich im Bundesland Hessen.

2

Naturparks und Ökotourismus Besprechen Sie in Gruppen die folgenden Fragen.

1. Welche Naturparks haben Sie schon besucht? Sind die Naturparks, die Sie besucht haben, alle in den USA? Beschreiben Sie sie.

2. Finden Sie es gut, wenn in den Naturparks nach Bodenschätzen gebohrt (*drilled*) oder gegraben wird? Warum/warum nicht?

3. Haben Sie schon einmal bei einem Naturschutzprojekt mitgemacht? Bei welchem? Was sollte (*should*) erhalten bleiben bzw. wieder neu belebt werden?

4. Was halten Sie vom Ökotourismus?

3

Projekt Umweltschutz

A. Die lokale Regierung wird den besten Vorschlag für ein Nachhaltigkeitsprojekt subventionieren (*fund*), das entweder den natürlichen Lebensraum und/oder natürliche Rohstoffe Ihrer Gegend erhält. Beschließen Sie in Gruppen, mit welchem Problem Sie sich beschäftigen wollen und entwerfen Sie dann ein Projekt, das dieses Problem ansprechen/lösen soll.

- Mit welchem Problem wollen Sie sich beschäftigen?
- Wie wollen Sie die Öffentlichkeit für dieses Problem interessieren? (Flugblätter (*fliers*), Vorträge, Unterschriftensammlungen (*petitions*) usw.)
- Wie viele Leute brauchen Sie für die Lösung des Problems?
- Wie soll dieses Projekt finanziert/subventioniert werden?
- Welche Vorteile wird die Lösung des Problems für die Region und die darin wohnenden Menschen haben?

B. Präsentieren Sie nun Ihren Vorschlag der Klasse, die dann abstimmt, welches Projekt die Regierungsgelder (*government grants*) bekommen soll.

- Wie gleichen bzw. unterscheiden sich die verschiedenen Projekte?
- Welches Projekt handelt von dem dringendsten (*most urgent*) Problem?
- Welche Idee ist am innovativsten, welche verspricht den größten Erfolg?
- Welcher Vorschlag benötigt die meisten Gelder?

Practice more at vhlcentral.com.

Vorbereitung

Über den Schriftsteller

Franz Kafka (1883–1924) stammte aus einer deutsch-jüdischen Familie und wurde in Prag geboren. Er schrieb nur auf Deutsch und seine Werke gehören heute zur Weltliteratur. Während des Dritten Reiches waren seine Schriften verboten. Kafkas Leben war von Konflikten mit seinem Vater und unerfüllten (*unrequited*) Liebesbeziehungen bestimmt. Seine wohl bekannteste Erzählung ist *Die Verwandlung* (1915). *Vor dem Gesetz* ist eine Parabel aus dem Romanfragment *Der Process* (1914/15). Kafka starb in Klosterneuburg in Österreich.

Wortschatz der Kurzgeschichte

bestechen *to bribe*	**das Verbot, -e** *ban*
sich bücken *to bend down*	**verfluchen** *to curse*
der Einlass, ⁼e * *admittance*	**das Verhör, -e** *questioning*
locken *to allure*	**zugänglich** *accessible*
mächtig *powerful*	
rücksichtslos *inconsiderate*	
der Türhüter, - *gatekeeper*	

Nützlicher Wortschatz

abschrecken *to deter; to discourage*	
der Anspruch ⁼e *right; entitlement*	
die Bürokratie, -n *bureaucracy*	
die Entscheidung, -en *decision*	
die Erkenntnis, -se *awareness; insight*	
feige *cowardly*	
neugierig *curious*	
überspitzt *exaggerated*	

*Note spelling difference: Einlass (after spelling reform) vs. Einlaß (before spelling reform)

1

Was passt zusammen? Verbinden Sie die Satzteile.

__c__ 1. Wenn man bei der Polizei oder vor Gericht viele Fragen beantworten muss, …

__e__ 2. Wenn man nicht mutig ist, …

__a__ 3. Wenn man einen 50 Euro-Schein vom Boden aufheben will, …

__d__ 4. Neue Filme locken…

__b__ 5. Durch die Verfassung haben die Menschen…

a. muss man sich bücken.

b. Anspruch auf Freiheit.

c. dann ist man in einem Verhör.

d. viele Menschen ins Kino.

e. dann ist man feige.

2

Was fehlt? Vervollständigen Sie den Text mit Wörtern aus der Liste.

Vor Nachclubs und am Eingang bei Konzerten stehen oft (1) ___Türhüter___, damit die Besucher nicht einfach hineingehen. Meistens kann man sie nicht (2) ___bestechen___, oft lächeln sie nicht einmal. Sie sollen unerwünschte Besucher (3) ___abschrecken___, aber eigentlich sind sie gar nicht so (4) ___mächtig___. (5) ___Überspitzt___ gesagt: Türhüter sind wahrscheinlich nur ein Zeichen der allgegenwärtigen (*ever present*) (6) ___Bürokratie___.

3

Gespräch Beantworten Sie die folgenden Fragen in Gruppen.

1. Woran denken Sie, wenn Sie das Wort Gesetz hören?

2. Sind Sie schon einmal mit dem Gesetz in Berührung gekommen (*had a brush with the law*)?

3. Was machen Sie, wenn Sie vor einer schwierigen Entscheidung stehen?

Practice more at vhlcentral.com.

Vor dem GESETZ

Franz Kafka

Point out that this text was written before the spelling reform. Examples of old spelling in the text: **daß → dass** (lines 5, 40, 79, 81); **Einlaß → Einlass** (lines 80, 85); **läßt → lässt** (line 30); **vergißt → vergisst** (line 49); **muß → muss** (line 73).

Audio: Dramatic Reading

Vor dem Gesetz steht ein Türhüter. Zu diesem Türhüter kommt ein Mann vom Lande und bittet um Eintritt in das Gesetz. Aber der Türhüter sagt, daß er ihm jetzt den Eintritt nicht gewähren° könne. Der Mann überlegt und fragt dann, ob er also später werde eintreten dürfen. „Es ist möglich°", sagt der Türhüter, „jetzt aber nicht." Da das Tor zum Gesetz offensteht wie immer und der Türhüter beiseite tritt, bückt sich der Mann um durch das Tor in das Innere zu sehn. Als der Türhüter das merkt°, lacht er und sagt: „Wenn es dich so lockt, versuche° es doch, trotz meines Verbotes hineinzugehen. Merke aber: Ich bin mächtig. Und ich bin nur der unterste Türhüter. Von Saal zu Saal stehen aber Türhüter, einer mächtiger als der andere. Schon den Anblick des dritten kann nicht einmal ich mehr ertragen." Solche Schwierigkeiten hat der Mann vom Lande nicht erwartet; das Gesetz soll doch jedem und immer zugänglich sein, denkt er, aber als er jetzt den Türhüter in seinem Pelzmantel° genauer ansieht, seine große Spitznase, den langen, dünnen, schwarzen tatarischen Bart, entschließt° er sich, noch lieber zu warten, bis er die Erlaubnis° zum Eintritt bekommt. Der Türhüter gibt ihm einen Schemel° und läßt ihn seitwärts von der Tür sich niedersetzen. Dort sitzt er Tage und Jahre. Er macht viele Versuche, eingelassen zu werden, und ermüdet den Türhüter durch seine Bitten. Der Türhüter stellt öfters kleine Verhöre mit ihm an, fragt ihn über seine Heimat aus und nach vielem andern, es sind aber teilnahmslose° Fragen, wie sie große Herren stellen, und zum Schlusse sagt er ihm immer wieder, daß er ihn noch nicht einlassen könne. Der Mann, der sich für seine Reise mit vielem ausgerüstet° hat, verwendet° alles, und sei es noch so wertvoll, um den Türhüter zu bestechen. Dieser nimmt zwar alles an, aber sagt dabei: „Ich nehme es nur an, damit du nicht glaubst, etwas versäumt° zu haben." Während der vielen Jahre beobachtet der Mann den Türhüter fast ununterbrochen. Er vergißt die andern Türhüter, und dieser erste scheint ihm das einzige Hindernis

für den Eintritt in das Gesetz. Er verflucht den unglücklichen Zufall°, in den ersten Jahren rücksichtslos und laut, später, als er alt wird, brummt er nur noch vor sich hin. Er wird kindisch, und, da er in dem jahrelangen Studium des Türhüters auch die Flöhe° in seinem Pelzkragen erkannt hat, bittet er auch die Flöhe, ihm zu helfen und den Türhüter umzustimmen°. Schließlich wird sein Augenlicht schwach, und er weiß nicht, ob es um ihn wirklich dunkler wird oder ob ihn nur seine Augen täuschen. Wohl aber erkennt er jetzt im Dunkel einen Glanz°, der unverlöschlich° aus der Türe des Gesetzes bricht. Nun lebt er nicht mehr lange.

> „Alle streben doch nach dem Gesetz", sagt der Mann, „wieso kommt es, daß in den vielen Jahren niemand außer mir Einlaß verlangt hat?"

Vor seinem Tode sammeln° sich in seinem Kopf alle Erfahrungen der ganzen Zeit zu einer Frage, die er bisher an den Türhüter noch nicht gestellt hat. Er winkt ihm zu, da er seinen erstarrenden Körper nicht mehr aufrichten kann. Der Türhüter muß sich tief zu ihm hinunterneigen, denn der Größenunterschied° hat sich mehr zuungunsten des Mannes verändert. „Was willst du denn jetzt noch wissen?" fragt der Türhüter, „du bist unersättlich°." „Alle streben° doch nach dem Gesetz", sagt der Mann, „wieso kommt es, daß in den vielen Jahren niemand außer mir Einlaß verlangt hat?" Der Türhüter erkennt, daß der Mann schon an seinem Ende ist, und, um sein vergehendes Gehör° noch zu erreichen, brüllt° er ihn an: „Hier konnte niemand sonst Einlaß erhalten, denn dieser Eingang° war nur für dich bestimmt. Ich gehe jetzt und schließe ihn." ∎

to grant
possible
notices
try
fur coat
decides
permission
footstool
apathetic
equipped/used
neglected to do something
coincidence
flees
persuade
glow/unquenching
gather
difference in size
insatiable
strive
diminishing hearing
roars, bellows
entrance

You might want to initiate a discussion of what **Gesetz** could mean beyond *law*.

Analyse

1 Have students work in pairs to correct the false statements.

1

Richtig oder falsch? Entscheiden Sie, ob die folgenden Aussagen richtig oder falsch sind und korrigieren Sie die falschen Aussagen.

Richtig   Falsch

☐ ☑ 1. Ein Mann aus der Stadt will in das Gesetz eintreten. Ein Mann vom Land bittet um Einlass.

☑ ☐ 2. Ein Türhüter bewacht den Eingang zum Gesetz.

☑ ☐ 3. Der Mann versucht, durch das Tor in das Innere zu sehen. Er wird genau beschrieben. Er trägt einen Pelzmantel, hat eine große Spitznase und einen langen, dünnen, schwarzen Bart.

☐ ☑ 4. Der Türhüter wird nicht genau beschrieben.

☐ ☑ 5. Der Mann möchte am liebsten wieder gehen. Er will warten, bis er eingelassen wird.

☐ ☐ 6. Der Türhüter hat kein Interesse an dem Mann. Er stellt kleine Verhöre mit ihm an.

☑ ☐ 7. Der Mann versucht, den Türhüter zu bestechen.

☐ ☑ 8. Am Ende lässt er Türhüter den Mann eintreten. Der Türhüter verschließt den Eingang.

2

Verständnis Verbinden Sie die Satzteile.

___b___ 1. Der Mann fragt, …

___f___ 2. Der Türhüter gibt dem Mann einen Schemel, …

___a___ 3. Der Türhüter nimmt die Geschenke des Mannes, …

___e___ 4. Der Mann bittet die Flöhe im Pelzkragen des Türhüters, …

___c___ 5. Als der Mann schon fast erblindet ist, …

___d___ 6. Am Ende möchte der Mann nur noch wissen, …

a. um ihn zu beruhigen.

b. ob er später eintreten könne.

c. erkennt er im Dunkel einen Glanz.

d. warum niemand anderes an dieses Tor gekommen ist.

e. ihm zu helfen.

f. damit er sich setzen kann.

3

Die Figuren Lesen Sie die Beschreibungen, und entscheiden Sie, ob die Aussagen den Türhüter oder den Mann in der Geschichte beschreiben.

Türhüter   Mann

☑ ☐ 1. ist autoritär

☐ ☑ 2. ist neugierig

☑ ☐ 3. trägt einen Pelzmantel

☑ ☐ 4. scheint Interesse zu haben

☐ ☑ 5. denkt nur daran, wie er in den ersten Saal (*hall*) kommen kann

☑ ☐ 6. hat Flöhe

☐ ☑ 7. ist anfangs laut und wird dann immer leiser

☐ ☑ 8. wird immer älter und kann immer schlechter hören

☑ ☐ 9. brüllt am Ende

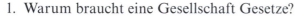

4 **Was meinen Sie?** Besprechen Sie zu zweit die folgenden Fragen.

1. Warum muss das Gesetz bewacht werden?
2. Was impliziert der Ausdruck „ein Mann vom Lande"?
3 Warum stellt der Türhüter dem Mann Fragen, obwohl ihn die Antworten nicht zu interessieren scheinen?
4. Warum hat der Mann Geschenke mitgebracht, wenn er vor das Gesetz will?
5. Warum geht der Mann nicht durch das Tor, obwohl der Türhüter es ihm nicht verbietet?

5 **Fragen** Diskutieren Sie die Fragen miteinander.

1. Was wollte Kafka wohl mit dieser Geschichte aussagen?
2. Gibt es etwas, in das Sie nicht hineingehen würden, selbst wenn es erlaubt wäre?
3. Wofür könnte das Wort „Gesetz" noch stehen, wenn Sie es nicht wörtlich nehmen?
4. Erkennen Sie Autoritäten ohne Widerspruch an?
5. Haben Sie schon einmal versucht, jemanden zu bestechen?
6. Was sind Ihre Erfahrungen mit Bürokratie (z.B. an der Uni, mit Versicherungen (*insurance*) usw.)?

6 **Gesetze** Besprechen Sie die folgenden Fragen.

1. Warum braucht eine Gesellschaft Gesetze?
2. Gibt es Unterschiede zwischen Gesetzen und Rechten? Wenn ja, welche?
3. Wie unterscheiden sich religiöse Gesetze von staatlichen Gesetzen?
4. Wie können Gesetze gesellschaftliche Minderheiten schützen?
5. Was kann passieren, wenn staatliche Gesetze die Menschenrechte einschränken?
6. Zum Schutz der Natur gibt es auch Gesetze. Welche? Was sollen sie bewirken?

7 **Umweltschutz** Stellen Sie sich vor, dass Sie ein Gesetz zum Umweltschutz machen.

1. Was wollen Sie schützen?
2. Warum ist es nötig, diese Dinge zu schützen?
3. Wie können Sie die Unterstützung der Bevölkerung für Ihr Projekt gewinnen?
4. Schreiben Sie einen Gesetzentwurf, den sie präsentieren wollen.

8 **Natur** Schreiben Sie einen Aufsatz von ungefähr 100 Wörtern zu einem der folgenden Themen:

- Was würden Sie machen, wenn Sie vor einem großen Hindernis stehen?
- Haben Sie schon einmal versucht, etwas durch Bestechung zu erreichen?
- Kennen Sie Geschichten (z.B. von ihren Eltern oder Großeltern), die davon handeln, wie und warum sie ein Ziel nicht erreicht haben? Bereuen (*regret*) ihre Eltern/Großeltern, dass sie aufgegeben haben?

 Practice more at **vhlcentral.com.**

8 Suggest the following subtopics if students struggle to come up with ideas. **Hindernis**: your grades have fallen so much that your graduation is in jeopardy; you have to leave school temporarily due to illness or a family emergency. **Bestechung**: your parents bribed you to do chores; you bribed a sibling to lie for you.

5 Tell students to think of the term "law" figuratively, representing an authority figure who dictates or enforces rules or laws. Ask them if they always obey authority, or if they have tried to circumvent it.

6 Draw comparisons to the depiction of **Bürokratie** and **Gesetz** in the lesson 2 **Kurzfilm** *Die Klärung eines Sachverhalts.*

7 Divide the class into groups and have them work independently. Have each group present their "law" to the class, and have the class then decide which is the most deserving or feasible project.

KULTURANMERKUNG

Bürokratie

Das Wort „Bürokratie" stammt° aus dem Französischen. „Büro" kommt aus dem Lateinischen (burra) und bedeutet ursprünglich „Wollstoff". Damit wurden früher Schreibtische bezogen°. Heute steht der Begriff für den Raum, in dem der Schreibtisch steht. Von hier verwaltet° man z.B. eine Firma.
Das Suffix „-kratie" hat griechische Wurzeln. „Kratos" bedeutet Macht oder auch Herrschaft. Bürokratie bedeutet also eigentlich „Herrschaft der Verwaltung". Dass die Bürokratie immer größer wird und sehr mächtig sein kann, wissen wir alle. Und in vielen von Kafkas Schriften kämpft der Held dagegen an.

stammt *originates*
bezogen *upholstered*
verwaltet *manages*

Anwendung

Revisionen und Korrekturen

Um einen guten Aufsatz abliefern (*deliver*) zu können, müssen Sie lernen, Ihr Werk zu revidieren (*revise*) und zu korrigieren. Nach Fertigstellung des ersten Entwurfs (*draft*) sollten die folgenden Fragen helfen, den Aufsatz zu revidieren und nötige Verbesserungen (*necessary improvements*) zu machen.

- **Inhalt**: Haben Sie wirklich das angegebene Thema bearbeitet? Brauchen Sie noch mehr Beispiele oder Argumente? Gibt es Teile, die sich wiederholen oder die nicht relevant sind?

- **Organisation**: Ist der Aufbau klar? Gibt es eine gute Einleitung und einen guten Schluss? Ist die Verbindung zwischen den Absätzen logisch und deutlich?

- **Rechtschreibung und Grammatik**: Sind die Verben richtig konjugiert? Sind die Adjektiv- und Kasusendungen richtig? Gibt es Rechtschreibfehler? Lesen Sie jeden Satz mindestens zweimal und überprüfen Sie alles sorgfältig. Achten Sie darauf, dass Ihre Sprache (und Wortwahl) klar und genau ist.

Lesen Sie Ihren Aufsatz so, als ob jemand anders ihn geschrieben hätte. Ist er überzeugend (*convincing*)? Können Sie die Reaktionen der Leser(innen) vorhersehen, wenn Sie Ihre eigenen Argumente objektiv betrachten?

1

Vorbereitung Sehen Sie sich zu zweit die Kommentare an, die Ihr(e) Professor(in) zu Ihrem letzten Aufsatz gemacht hat. Auf welche der drei oben angegebenen Kategorien müssen Sie besonders achten? Wo haben Sie die meisten Fehler gemacht?

2

Aufsatz Wählen Sie eines der folgenden Themen und schreiben Sie darüber einen Aufsatz.

- Beziehen Sie sich in Ihrem Aufsatz auf einen der vier Teile dieser Lektion: **Kurzfilm, Stellen Sie sich vor, …, Kultur** oder **Literatur**.

- Schreiben Sie mindestens eine Seite.

- Wenn der erste Entwurf fertig ist, revidieren und korrigieren Sie Ihren Aufsatz nach den Richtlinien oben (Inhalt, Organisation, Rechtschreibung, Grammatik). Weitere Verbesserungsvorschläge finden Sie unter **Hinweise zum Überarbeiten eines Aufsatzes** auf 395–396.

Themen

1. Was ist am wichtigsten für den Umweltschutz: Der Erhalt der Rohstoffquellen (*natural resources*), die Regulierung der Wirtschaft oder eine staatliche Umweltpolitik?

2. Sollte Wiederverwertung Pflicht (*mandatory*) werden? Ist Recyceln ein wichtiger Schritt zur Rettung der Umwelt oder ein unrentables (*inefficient*) System, das mehr Energie verbraucht als es spart und von wichtigeren Problemen ablenkt (*distracts*)?

3. Können Menschen heutzutage in Harmonie mit der Natur leben? Können Industrie und Ökologie friedlich koexistieren?

Natur- und Ideenwelt  Vocabulary Tools

Umwelt und Umweltprobleme

das Atomkraftwerk, -e *nuclear power plant*
das Aussterben *extinction*
die Bodenschätze *natural resources*
das Gift, -e *poison*
die Klimaerwärmung, -en *global warming*
die Naturkatastrophe, -n *natural disaster*
der Naturlehrpfad, -e *nature trail*
die Ökologie *ecology*
der Umweltschutz *environmental conservation*
die (Umwelt)verschmutzung *pollution*

erhalten *to conserve*
recyceln *to recycle*
verbrauchen *to consume*
zerstören *to destroy*

still *quiet*
trinkbar *drinkable*
umweltfreundlich *environmentally friendly*
wiederverwertbar *recyclable, reusable*

Gesetze und Anrechte

die Erziehung *education*
die Freiheit, -en *freedom; liberty*
die Gerechtigkeit, -en *justice*
das Gewissen, - *conscience*
die Gleichheit, -en *equality*
die Grausamkeit, -en *cruelty*
der Machtmissbrauch, ⸚e *abuse of power*
das Menschenrecht, -e *human right*
die Unmenschlichkeit, -en *inhumanity*

einschätzen *to gauge*
einsperren *to imprison*
missbrauchen *to abuse*
schützen *to protect*
ein Gesetz verabschieden *to pass a law*
verteidigen *to defend*
verurteilen *to condemn*

(un)gerecht *(un)fair; (un)just*
(un)gleich *(un)equal*
(il)legal *(il)legal*
(un)schuldig *(not) guilty*
unterdrückt *oppressed*

Fragen und Meinungen

die Angst, ⸚e *fear*
die Drohung, -en *threat*
die Gewalt *violence*
die Politik *politics*
die Sicherheit, -en *security; safety*
der Terrorismus *terrorism*
die Wahl, -en *election*

erreichen *to achieve*
fördern *to promote; to encourage*
kämpfen *to fight*
retten *to save; to rescue*
sich widmen *to dedicate oneself*

friedlich *peaceful*
gemäßigt *moderate*
konservativ *conservative*
liberal *liberal*
pazifistisch *pacifist*

Die Leute

der Aktivist, -en/die Aktivistin, -nen *activist*
die Geschworenen *jury*
der/die Kriminelle, -n *criminal*
der Naturschützer, -/die Naturschützerin, -nen *conservationist*
der Rechtsanwalt, ⸚e/ die Rechtsanwältin, -nen *lawyer*
der Richter, -/die Richterin, -nen *judge*
der Terrorist, -en/die Terroristin, -nen *terrorist*
der Zeuge, -n/die Zeugin, -nen *witness*

Kurzfilm

der (militante) Anschlag, ⸚e *(militant) attack*
die Bedrohung, -en *threat*
das Gefängnis, -se *prison*
die Gefahrenabwehr *protection against threats*
die öffentliche Sicherheit *public safety*
die Straftat, -en *criminal act*
der Tatverdacht *suspicion (of wrongdoing)*
der Überwachungsstaat, -en *surveillance state*
die terroristische Vereinigung, -en *terrorist organization*

von etwas ausgehen *to assume something*

j-n beobachten *to spy on someone*
beschatten *to shadow someone*
sich einig sein *to agree*

verhaften *to arrest*
vernetzt sein *to be part of a network*
verzweifelt *frantic; distraught*

Kultur

die Anleitung, -en *guideline*
die Aufzucht, -en *raising (of animals)*
der Lebensraum, ⸚e *habitat*
der Luchs, -e *lynx*
das Mittelgebirge, - *low mountain range*
die Nachhaltigkeit *sustainability*
der Nachwuchs *offspring*
der Pfad, -e *trail*
das Schlagwort, ⸚er *slogan*
der Sonnenkollektor, -en *solar panel*
der Storch, ⸚e *stork*
die Umweltbildung, -en *environmental education*
das Versagen *failure (person)*
die Verwaltung, -en *administration*
die Windmühle, -n *windmill*

gefährdet *endangered*

Literatur

der Anspruch, ⸚e *right; entitlement*
die Bürokratie, -n *bureaucracy*
der Einlass *admittance*
die Entscheidung, -en *decision*
die Erkenntnis, -se *awareness; insight*
der Türhüter, - *gatekeeper*
das Verbot, -e *ban*
das Verhör, -e *questioning*

abschrecken *to deter; to discourage*
bestechen *to bribe*
sich bücken *to bend down*
locken *to allure*
verfluchen *to curse*

feige *cowardly*
mächtig *powerful*
neugierig *curious*
rücksichtslos *inconsiderate*
überspitzt *exaggerated*
zugänglich *accessible*

Wirtschaft und Berufsaussichten

Wirtschaftskrise, Jobsuche, Arbeitslosigkeit... Nicht zuletzt durch die Globalisierung, wird unsere Berufswelt immer komplizierter. Autos werden importiert; Jobs werden exportiert. Welche positiven und negativen Auswirkungen hat die Globalisierung auf unsere Wirtschaft, unsere Welt und unsere Umwelt? Welche spannenden Möglichkeiten bietet sie? Wie wird Ihr Berufsleben ausschauen, in unserer vernetzten Welt? Was würden Sie tun (bzw. nicht tun), um eine Stelle zu bekommen und zu behalten?

320

342

Reiseziel:
Die Schweiz und Liechtenstein

LIECHTENSTEIN

die SCHWEIZ

PREVIEW Have students look at the photo on the previous page and discuss the questions in the text. Ask volunteers to talk about their work experiences.

Arbeit und Finanzen 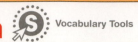 Vocabulary Tools

Die Arbeitsplatzsuche

das Amt, ¨er *position; office*
das Arbeitsamt, ¨er *employment agency*
die Ausbildung, -en *training; education*
der Beruf, -e *job*
die Beschäftigung, -en *occupation*
die (Berufs)erfahrung, -en *(professional) experience*
das Gewerbe, - *trade; business*
die Karriere, -n *career*
der Lebenslauf, ¨e *résumé*
der Personalmanager, -/
die Personalmanagerin, -nen *personnel manager*
der Praktikant, -en/die Praktikantin, -nen *intern; trainee*
die Qualifikation, -en *qualification(s)*
die Stelle, -n *position*
das Vorstellungsgespräch, -e *job interview*

beschäftigen *to employ*
sich (bei j-m) um etwas bewerben *to apply (somewhere) for a job*
einstellen *to hire*

Die Leute am Arbeitsplatz

der/die Angestellte, -n *employee*
der Berater, -/die Beraterin, -nen *consultant*
der (Bilanz)buchhalter, -/die (Bilanz) buchhalterin, -nen *accountant*
der Chef, -s/die Chefin, -nen *boss*
der Geschäftsführer, -/
die Geschäftsführerin, -nen *executive; manager*
der Inhaber, -/die Inhaberin, -nen *owner*

der Kollege, -n/die Kollegin, -nen *colleague*

der Sekretär, -e/die Sekretärin, -nen *secretary*

Auf der Arbeit

die Arbeitszeit, -en *work hours*
die Beförderung, -en *promotion*
die Gewerkschaft, -en *labor union*
der (Mindest)lohn, ¨e *(minimum) wage*
der Streik, -s *strike*
die Teilzeitarbeit/die Teilzeitstelle, -n *part-time job*
der Urlaubstag, -e *day off*

die Vollzeitstelle, -n *full-time job*

entlassen *to lay off*
feuern *to fire*
in Rente gehen *to retire*
kündigen *to quit*
leiten *to manage*
Überstunden (*pl.*) (machen) *(to work) overtime*

verdienen *to earn*

Die Finanzen

die Börse, -n *stock exchange*
das Darlehen, - *loan*
die Ersparnis, -se *savings*
der Immobilienmarkt, ¨e *real estate market*
der Konkurs, -e *bankruptcy*
die Rezession, -en *recession*
die Schulden (*pl.*) *debt*
die Steuer, -n *tax*
die Währung, -en *currency*

die Wirtschaftskrise, -n *economic crisis*
die Zahl, -en *figure; number*
der Zinssatz, ¨e *interest rate*

anlegen (in + Dat.) *to invest (in)*
eine Hypothek aufnehmen *to take out a mortgage*
(etwas/j-n) ausnutzen *to take advantage of (something/someone)*
Schulden haben *to be in debt*
(Geld) leihen *to borrow (money)*
sparen *to save*

erfolgreich *successful*
finanziell *financial*
kurzfristig *short-term*
langfristig *long-term*

SYNONYME
der/die Beschäftigte, -n ⟷ der/die Angestellte, -n
der Boss, -e ⟷ der Chef, -s/die Chefin, -nen
der Bankrott, -e ⟷ der Konkurs, -e
der Konjunkturrückgang, ¨e ⟷ die Rezession, -en
verschuldet sein ⟷ Schulden haben
investieren (in + Akk.) ⟷ anlegen (in + Dat.)

INSTRUCTIONAL RESOURCES
Audioscripts, SAM AK, Lab MP3s
SAM/WebSAM: WB, LM

Anwendung und Kommunikation

1 Have students work in pairs to create another short dialogue of 4–6 lines and act it out for the class. Each line must contain a vocabulary word. Encourage them to be creative.

1 **Bei der Arbeit** Ergänzen Sie die Gespräche mit den passenden Vokabeln aus der Liste.

Beförderung	Börse	Rente	Streik
bewerben	feuern	Stelle	Vorstellungsgespräch

1. —Frau Niesen, ich habe gute Nachrichten für Sie. Wir sind sehr zufrieden mit Ihrer Arbeit als Praktikantin und möchten Ihnen eine __Beförderung/Stelle__ anbieten.
   —Super! Um was für eine __Stelle__ handelt es sich denn?

2. —Kollegen! Die nutzen uns hier nur aus! Obwohl wir gute Arbeit leisten, behandelt der Chef uns schlecht, und wir verdienen seit Jahren nur den Mindestlohn. Lasst uns doch endlich mal einen __Streik__ organisieren!
   —Ach nein, Maurizio, das kann ich nicht. Wenn wir das tun, dann werden sie uns __feuern__ und neue Arbeiter einstellen. Ich brauche diesen Job.

3. —Guten Tag, Frau Bergermann. Ich bin David Mirzer. Ich habe Ihre Anzeige gelesen und wollte mich auf die Stelle als Finanzberater __bewerben__. Haben Sie meinen Lebenslauf bekommen?
   —Ja, schön, dass Sie da sind, Herr Mirzer. Ich wollte Sie gerade anrufen. Ihr Lebenslauf hat uns sehr gefallen. Könnten Sie morgen zu einem __Vorstellungsgespräch__ kommen?

2 **Auf Jobsuche** Ergänzen Sie die Anzeigen mit den passenden Wörtern.

2 Ask students whether or not they would consider responding to these ads if they were real. For homework, have them design a colorful want ad using at least four vocabulary words.

> **Können Sie gut zeichnen?** Sind Sie kreativ und engagiert? Innovative Frankfurter Werbeagentur sucht Praktikant(in) mit erfolgreich abgeschlossener (1) __Ausbildung__ in Grafik. Wir bieten flexible (2) __Arbeitszeiten__, eine tolle Arbeitsatmosphäre und einen fairen (3) __Lohn__. Schicken Sie Ihren (4) __Lebenslauf__ an max@drawteam.de.

> Sind Sie von Ihrem (5) __Beruf__ enttäuscht? Möchten Sie Ihr eigener (6) __Chef__ sein, zu Hause arbeiten, nie wieder (7) __Überstunden__ machen und 4.000 Euro im Monat (8) __verdienen__? Wir bilden Sie aus!

3 **Probleme und Lösungen** Lara und Julius sind in Geldschwierigkeiten. Geben Sie ihnen finanziellen Rat.

3 Before you begin, have the class brainstorm advice for Lara and Julius. Then have them carry out the activity in pairs as a role-play. One partner plays Lara or Julius and the other partner plays **der/die Finanzberater(in)**.

1. Lara: Ich bin eine erfolgreiche technische Beraterin in Berlin. Ich verdiene sehr gut, habe aber leider teure Hobbys. Ich trage gern Designerkleidung, wohne in einer teuren Wohnung und sammle moderne Kunst.

2. Julius: Ich habe von meinem Opa ein bisschen Geld bekommen, das ich in Immobilien angelegt habe. Zunächst lief es super. Ich habe im ersten Jahr so viel Geld verdient, dass ich meine Ausbildung als Handwerker abgebrochen habe. Aber jetzt sind meine Häuser nichts mehr wert, ich kann meine Hypotheken nicht bezahlen, und ich finde keine Arbeit.

 Practice more at **vhlcentral.com**.

INSTRUCTIONAL RESOURCES
Film Collection,
Script & Translation
SAM/WebSAM: WB

Vorbereitung

Wortschatz des Kurzfilms

sich einfinden *to arrive*

Gebrauch von etwas machen *to make use of*

geregelt *regulated*

der Konkurrent, -en *competitor*

das Niveau, -s *level*

zur Not *in a pinch*

unterzeichnen *to sign*

das Verfahren, - *process*

das Vorspiel, -e *audition*

Nützlicher Wortschatz

der Einspielraum, ⁻e *rehearsal room*

die Geige, -n *violin*

die Jury, -s *jury (in a competition)*

der Mitarbeiter, -/die Mitarbeiterin, -nen *co-worker*

das Probespiel, -e *audition*

teilnehmen an *to participate in*

der Wettbewerb, -e *competition*

AUSDRÜCKE

Ich hab´s. *I can do that.*

Ich bin ein bisschen neben der Spur! *I´m a little out of it, distracted!*

Es ist mir ein Vergnügen,... *It´s my pleasure...*

Im Ernst. *Seriously.*

Überraschen Sie uns! *Surprise us!*

Ich musste kurz an die frische Luft. *I had to get some fresh air.*

---

1 Have pairs of students use the vocabulary words to create sentences or an entire dialogue.

1

Was passt zusammen? Lesen Sie die Wortgruppen und finden Sie die passenden Synonyme.

___d___ 1. wenn etwas Qualität besitzt

___f___ 2. ein Rivale, zum Beispiel im Sport

___g___ 3. unterschreiben

___e___ 4. an einen bestimmten Ort gehen, um jemand zu treffen

___b___ 5. etwas benutzen

___c___ 6. die Methode, die Routine

___a___ 7. objektiv und rationell

a. geregelt

b. Gebrauch machen

c. das Verfahren

d. das Niveau

e. sich einfinden

f. der Konkurrent

g. unterzeichnen

---

2 Have students work in pairs and create interview questions for a position of their choice. Ask them to take turns as interviewee and interviewer. Ask for volunteers to act out their interviews for the class.

2

Was passt? Finden Sie die passenden Worte und setzen Sie diese in die Lücken.

1. Eine junge Regisseurin hat den ersten Preis gewonnen. ___Die Jury___ war sich einig über ihren genialen Film.

2. Wenn du weiter so intensiv arbeitest, keine frische Luft bekommst und so wenig schläfst, wirst du bestimmt krank. Ich sage das ___im Ernst___!

3. Ich habe mich sehr gefreut, Sie alle kennen zu lernen. Es war mir ___ein Vergnügen___.

4. Wenn wir den Bus verpassen, können wir ___zur Not___ ein Taxi nehmen.

5. Der Geiger, der für die Solistenstelle vorgespielt hat, hat uns alle überrascht. Sein ___Probespiel___ war fantastisch!

3 **Was denkst du?** Stellen Sie einander die folgenden Fragen.

1. Für welche Stelle oder welchen Job hast du dich einmal beworben? Wie war das Verfahren?

2. An welchen Wettbewerben hast du schon einmal teilgenommen?

3. Hast du schon einmal vorgespielt, entweder für eine Band oder ein Orchester oder für eine dramatische Rolle? Wie war das? Hast du die Stelle oder die Rolle bekommen?

4. Wie reagierst du darauf, wenn du einen Wettbewerb nicht gewinnst oder wenn deine Bewerbung für einen Job erfolglos ist?

5. Wie bereitest du dich auf ein Jobinterview vor? Machst du dich vorher mit der Firma und dem Umfeld vertraut?

6. Gibt es bestimmte Regeln, an die du dich bei einem Vorstellungsgespräch hälst, oder bist du eher spontan?

4 **Ihre Meinung** Was halten Sie von *Blind auditions*? Haben Sie schon einmal an so einem Auswahlverfahren teilgenommen? Ist das Ihrer Meinung nach ein fairer Prozess? Wie würden Sie Kandidaten für ein Orchester auswählen? Diskutieren Sie!

5 **Was kann passieren?** Schauen Sie sich in Gruppen die folgenden Bilder an. Beschreiben Sie jedes Bild in zwei oder drei Sätzen. Überlegen Sie sich, was im Film passieren könnte (*could*).

5 Explain to students that Chiron is the young man and Ari is the young woman in the film.

5 Tell students to keep the title of the film, *Blind Audition*, in mind when answering the questions.

• Wer sind Chiron und Ari?

• Wer ist der Mann, der mit Chiron spricht? Was hält er in der Hand?

• Was ist hinter der schwarzen Abschirmung (*screen*)?

• Wer sind die Personen im letzten Bild?

 Practice more at **vhlcentral.com**.

Video

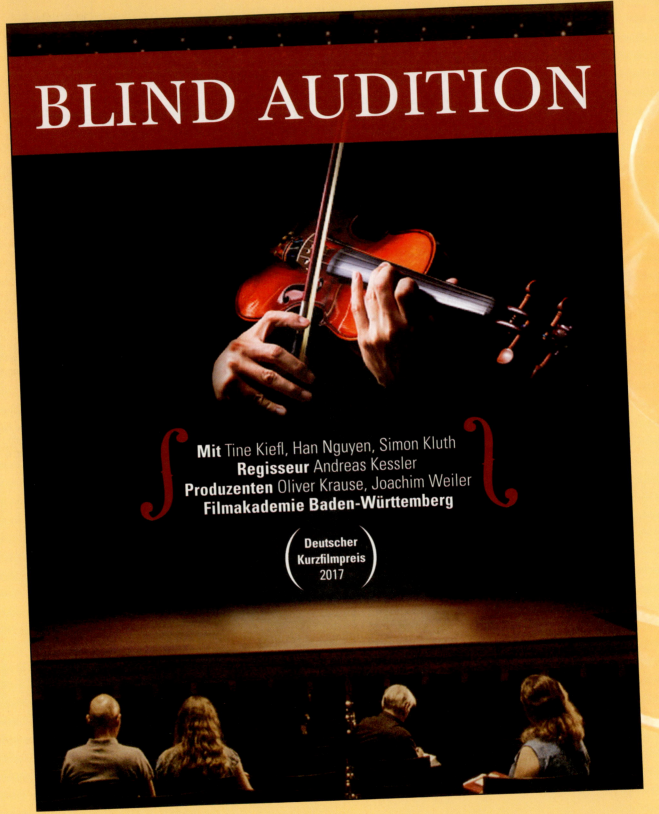

HANDLUNG *Ari und Chiron sind Musikstudenten. Als sie sich auf dieselbe Solistenstelle beim Orchester bewerben, wird die Beziehung des jungen Paares auf eine harte Probe gestellt.*

ARI Du musst einfach...
CHIRON Niemand spielt mit verbundenen Augen. Auch nicht morgen. Das bringt gar nix.

DIRIGENT Hallo Ron. Nein, Chiron, nicht wahr?
CHIRON Nur Ron ist okay.
DIRIGENT Ich hab' micht sehr gefreut, Ihren Namen auf der Liste der Einladungen zu sehen. Sie sind durchaus ein talentierter Musiker.

CHIRON Wir haben noch ein paar Minuten.
ARI Ich weiß. Alles in Ordnung?
CHIRON Ja, alles gut.
ARI Gehst du jetzt schon rein?
CHIRON Je schneller wieder 'rauskommen, desto besser.

KONKURRENT (zu Chiron) Hast du vielleicht 'nen Stift für mich? Tausend Dank. Du bist mir 'ne Rettung.

CHIRON Wie ging's?
ARI Gut. Sehr gut sogar.
CHIRON Glückwunsch! Ich finde sicher, dass du super spielst.

CHIRON Ich bin hier gleich fertig, dann können wir doch zusammen gehen. Was ist los, Ari? Du warst einfach weg, ich hab' dich die ganze Zeit gesucht.
ARI Ich bin aber wiedergekommen, oder?

Tell students that this is director Andreas Kessler's first film.

KULTURANMERKUNG

Vorspiel beim Orchester

Wer sich bei einem deutschen Sinfonieorchester bewirbt, ist im Schnitt fünfundzwanzig Jahre alt und hat normalerweise während des Studiums an einer Musikhochschule schon Orchestererfahrung gesammelt. Der wichtigste Teil einer Bewerbung ist das mehrteilige Probespiel, das stundenlang dauern kann. Es kommt vor, dass fast das ganze Orchester zuhört, während der Bewerber hinter einem Vorhang vorspielt. Üblicherweise wird in der ersten Runde ein Stück aus der Klassik gespielt, und wer es in die zweite Runde schafft, spielt etwas aus der Romantik. Nur wenige werden zur dritten Runde eingeladen. Gute Technik, starke Nerven und etwas Glück gehören dazu. Wer die Stelle bekommt, hat sie oft auf Lebenszeit. Bewerber, die es nicht in ein Orchester schaffen, werden oft Musiklehrer, entweder an einer Musikhochschule oder privat.

∞ Beim ZUSCHAUEN

Lesen Sie die Sätze und finden Sie dann die richtige Reihenfolge der Ereignisse.

6	Ari spielt ihr Probespiel.
1	Chiron versucht blind zu spielen.
4	Ein Bewerber bittet um einen Stift.
5	Chiron wünscht Ari viel Glück bei ihrem Probespiel.
7	Ari geht in den Konzertsaal und hört das Orchester.
3	Der Dirigent spricht allein mit Chiron.
2	Der Dirigent begrüßt die Gruppe.

Analyse

1 Have students correct the false statements.

1 **Richtig oder falsch?** Lesen Sie die Sätze und entscheiden Sie, welches Aussage richtig oder falsch ist.

Richtig	Falsch	
☐	☑	1. Ari und Chiron bewerben sich für zwei Solistenstellen beim selben Orchester.
☑	☐	2. Der Dirigent ist unfair zu den Bewerbern.
☑	☐	3. Ari findet heraus, dass Chiron vor dem Probespiel allein mit dem Dirigenten spricht.
☐	☑	4. Chiron ist böse auf Ari, weil sie nicht ganz offen mit ihm ist.
☑	☐	5. Chiron gewinnt den Wettbewerb und bekommt die Solistenstelle.

2 **Was ist richtig?** Welcher der beiden Sätze beschreibt, was im Film passiert? Besprechen Sie zu zweit Ihre Antworten.

1. a. Ari und Chiron sind Geschwister.
   (b.) Ari und Chiron sind in einander verliebt.

2. (a.) Ari findet, dass Chiron sehr gut Geige spielt.
   b. Ari denkt, dass sie besser als Chiron Geige spielt.

3. (a.) Der Dirigent sagt Chiron, dass die Auswahl ein faires Verfahren ist.
   b. Der Dirigent sagt Chiron, dass er die Nummer sieben sein wird.

4. (a.) Chiron sagt Ari nichts von seinem Gepräch mit dem Dirigenten.
   b. Chiron will, dass auch Ari kurz mit dem Dirigenten spricht.

5. a. Chiron lässt den Stift bei dem Probespiel fallen.
   (b.) Chiron macht mit dem Stift nicht, was der Dirigent ihm gesagt hat.

3 **Wer sagt das?** Lesen Sie die Zitate zu zweit, und bestimmen Sie, wer was gesagt hat — Ari, Chiron, der Dirigent, die Mitarbeiterin, oder der andere Bewerber.

1. *Wir suchen außergewöhnliche Talente. Überraschen Sie uns!* _Dirigent_

2. *Ich glaub', ich zieh was Schickes an.* _Ari_

3. *Bitte finden Sie sich in zehn Minuten wieder hier im Einspielraum ein, um Ihre Nummer zu ziehen.* _Mitarbeiterin_

4. *Tausend Dank! Du bist mir 'ne Rettung.* _Konkurrent_

5. *Glaubst du, ich bin nicht gut genug, um zu gewinnen?* _Chiron_

6. *Uns ist die Entscheidung nicht leichtgefallen.* _Dirigent_

7. *Mach nochmal, entspann dich!* _Ari_

8. *Niemand spielt mit verbundenen Augen.* _Chiron_

4

Die Hauptfiguren Wählen Sie die Adjektive aus der Liste, die Ari, Chiron und den Dirigenten am besten beschreiben.

freundlich	irritiert	liebevoll	optimistisch
glücklich	kalkulierend	manipulativ	talentiert

Ari	Chiron	Dirigent
		manipulativ

4 Have students come up with additional adjectives to describe these characters. Then have students form sentences. Ex.: **Der Dirigent is manipulative. Chiron und Ari sind talentiert.**

5

Diskussion Diskutieren Sie die Fragen im Kurs.

1. Was halten Sie vom Verhalten des Dirigenten? Welche seiner Handlungen sind nicht fair?

2. Handelt Chiron richtig, als er vom Dirigenten den Bleistift annimmt? Welche Optionen hat er?

3. Wie kann Chiron Ari zeigen, dass er den Bleistift nicht benutzt hat. Wird sie ihm glauben?

4. Was meinen Sie wie die Situation wäre, wenn Ari das Gespräch mit dem Dirigenten geführt hätte? Wie hätte Chiron reagiert? Hätte sie ihn gleich zur Rede gestellt?

5. Wie geht die Beziehung zwischen Ari und Chiron weiter?

5 Encourage students to use some of the adjectives from the previous activity.

5 Ask students to think of ways to either justify Chiron's behavior and acceptance of the job or critique his decision to jeopardize a relationship of trust with Ari for the sake of the position. Model how an argument might be made, using several commonly used introductory clauses: **Einerseits… Andererseits… Ich finde…**

6

Ein Beziehungsgespräch Ari und Chiron sind nach dem Probespiel wieder zu Hause. Schreiben Sie zu zweit ein Gespräch zwischen Ari und Chiron. Bevor Sie anfangen zu schreiben, diskutieren Sie die folgenden Fragen: Wer beginnt das Gespräch? Worüber sprechen die beiden? Erzählt Chiron von seinem Gespräch mit dem Dirigenten, oder muss Ari ihn darauf ansprechen und fragen, warum er vor dem Probespiel mit dem Dirigenten gesprochen hat? Wie reagiert Ari? Glaubt Sie Chiron? Wie skeptisch ist sie, dass sich Chiron fair verhalten hat? Spielen Sie Ihr Gespräch im Kurs vor.

6 After students finish their presentations, have them discuss and compare the different dialogues. What are the differences?

7

Zum Thema Schreiben Sie einen kurzen Aufsatz über eine der folgenden Situationen.

1. Sie und ein Freund bewerben sich um dieselbe Stelle. Sie kennen jemanden, der bei der Firma arbeitet. Würden Sie versuchen, von dieser Person Insider-Informationen zu bekommen? Wenn ja, würden Sie diese Informationen an Ihren Freund weitergeben, so dass Sie beide bessere Chancen haben?

2. Spekulieren Sie, wie Ari auf Chirons Erfolg reagiert und welche Konsequenzen sie daraus zieht. Wird sie bei ihm bleiben und ihm glauben? Kann eine derartige Situation das Aus einer Beziehung bedeuten?

 Practice more at **vhlcentral.com**.

Die Schweiz und Liechtenstein

INSTRUCTIONAL RESOURCES Teaching suggestions
SAM/WebSAM: WB

Ins Herz der Alpen

Switzerland's tradition of neutrality has been both praised and criticized throughout history. Invite students to think about the ethical (and financial) pros and cons of neutrality.

Kulturelle Vielfalt, eine traditionsreiche Geschichte, tiefe Seen und beeindruckende Berge sind die bekanntesten Attribute der **Schweiz**. Aber das Land bietet noch viel mehr: die Schweiz bewahrt noch heute ihre Tradition der Unabhängigkeit°; ist nicht Mitglied der Europäischen Union (EU) und hat ihre eigene Währung, den **Schweizer Franken**.

Bern ist zwar die Hauptstadt der Schweiz, aber **Zürich** ist mit rund 423.000 Einwohnern die größte Stadt und auch das Wirtschaftszentrum dieses Landes, dessen Bankenbranche den wichtigsten Wirtschaftssektor bildet. **Zürich** liegt am **Zürichsee** und ist von Bergen umgeben. Man kann mit der Bahn auf den **Uetliberg** fahren und dort wunderbar wandern.

Basel, im Nordwesten der Schweiz, hat einen ganz anderen Charakter. Die Universitätsstadt hat eine besondere Geschichte und war im Mittelalter Zentrum des **Humanismus**. Einer seiner prominentesten Vertreter, **Erasmus von Rotterdam**, lebte zwischen 1514–1536 in Basel. Und der Philosoph **Friedrich Nietzsche** (1844–1900) hat hier seine *Geburt der Tragödie* verfasst. Auf dem Münsterhügel° kann man die Reste aus Basels vielseitiger Geschichte besichtigen. In der Eisenzeit lebten Kelten auf dem Hügel; später haben erst die Römer und dann die Reformation ihre Spuren hinterlassen°.

In der Zentralschweiz, im Schatten des **Pilatus**° und im Spiegelbild des **Vierwaldstätter Sees** liegt **Luzern**. Man kann den **Wasserturm**° bewundern und auch das **Löwendenkmal**, das Mark Twain als „das traurigste und bewegendste Stück Stein der Welt" bezeichnet hat.

Weiter im Osten, zwischen der Schweiz und Österreich, befindet sich **Liechtenstein**, das kleinste unter den deutschsprachigen Ländern. Dieses Fürstentum°, mitten in einer der schönsten Landschaften der Welt, hat weniger als 40.000

Übrigens…

Im Dreiländereck° Deutschland/Schweiz/Frankreich existiert seit Jahren eine ökonomische Symbiose. Man lebt in Deutschland, arbeitet in Basel und kauft Brot von seinem Lieblingsbäcker auf der französischen Seite der Grenze. Wegen der Staatsgrenzen° müssen infrastrukturelle Einzelheiten° gut koordiniert werden – z.B. der öffentliche Verkehr°. Deswegen wurde der **Trinationale Eurodistrict Basel** gegründet. Alle drei Länder regeln die Angelegenheiten° des Distrikts gemeinsam und gedeihen wirtschaftlich° nicht durch Konkurrenz, sondern durch Kooperation.

Einwohner, ist dafür aber das reichste Land Europas und galt lange als Steueroase°.

   Vaduz ist Liechtensteins Hauptstadt und der Sitz seines Fürstenhauses°. Das Land hat ein demokratisches Parlament, aber der beliebte Fürst Hans-Adam II. ist Staatsoberhaupt° und hat erhebliche° Rechte. Die adelige° Familie bewohnt noch das mittelalterliche **Schloss Vaduz**, das oben auf dem Felsen° das Stadtbild dominiert. In der Innenstadt – dem so genannten Städtle – befinden sich zahlreiche Straßencafés, kleine Boutiquen und Galerien.

Unabhängigkeit *independence* **Münsterhügel** *a hill in Basel* **Spuren hinterlassen** *leave traces* **Pilatus** *mountain outside of Lucerne* **Wasserturm** *tower in Lake Lucerne, emblem of the city* **Fürstentum** *principality* **Steueroase** *tax haven* **Fürstenhauses** *dynasty* **Staatsoberhaupt** *head of state* **erhebliche** *considerable* **adelige** *noble* **Felsen** *cliff* **Dreiländereck** *three-country point* **Staatsgrenzen** *national borders* **Einzelheiten** *particulars* **öffentliche Verkehr** *public transportation* **Angelegenheiten** *affairs* **gedeihen wirtschaftlich** *thrive economically*

Entdeckungsreise

Gemütlich durch die Alpen Man sagt, dass der **Glacier Express** der langsamste Schnellzug der Welt sei. Der Zug fährt über 291 Brücken und durch 91 Tunnel durch die Alpen von St. Moritz nach Zermatt. Die ca. 270 km lange Fahrt dauert 7,5 Stunden, aber dafür kann man sich an den fantastischen Bergen und dem atemberaubenden° Panorama sattsehen°, denn die Wagen sind mit besonders großen Fenstern ausgestattet. Nichts für Menschen mit Höhenangst°!

Das Edelweiß Hoch in den Alpen, an einsamen steilen Hängen°, blüht eine edle weiße Blume, das Leontopodium alpinum. Das seltene beliebte **Edelweiß** ist die nationale Blume der **Schweiz**

und gilt als Symbol der Reinheit°, aber es wächst nur an trockenen Berghängen mit viel Sonne. Weil Edelweiß pflücken° gefährlich sein kann, war es früher ein Beweis der Tapferkeit°, von einer Bergtour mit einer solchen Blume zurückzukehren.

atemberaubenden *breathtaking* **sattsehen** *get an eyeful* **Höhenangst** *fear of heights* **steilen Hängen** *steep slopes* **Reinheit** *purity* **pflücken** *pick* **Tapferkeit** *bravery*

Was haben Sie gelernt?

Richtig oder falsch? Sind die Aussagen **richtig** oder **falsch**? Korrigieren Sie die falschen Aussagen. *Some answers will vary.*

1. Die Schweiz gehört zur Europäischen Union. *Falsch. Die Schweiz ist der EU nicht beigetreten.*

2. Zürich hat mehr Einwohner als ganz Liechtenstein. *Richtig.*

3. Nietzsche hat *Die Geburt der Tragödie* in Luzern geschrieben. *Falsch. Er hat Die Geburt der Tragödie in Basel geschrieben.*

4. Der Präsident von Liechtenstein heißt Hans-Adam II. *Falsch. Hans-Adam II. ist der Fürst des Landes, nicht der Präsident.*

5. Der Glacier Express ist ein Zug, der durch die Schweizer Alpen fährt. *Richtig.*

6. Der Glacier Express fährt sehr schnell. *Falsch. Der Zug fährt ziemlich langsam.*

7. Edelweiß ist selten. *Richtig.*

8. In der Schweiz symbolisiert Edelweiß die Reinheit. *Richtig.*

Fragen Beantworten Sie die Fragen. *Some answers will vary.*

1. Welche Schweizer Sehenswürdigkeiten erwähnt der Text? *Der Text erwähnt den Münsterhügel in Basel, den Wasserturm und das Löwendenkmal in Luzern.*

2. Welcher berühmte Philosoph hat in Basel gelebt? *Friedrich Nietzsche hat in Basel gelebt.*

3. Welches Denkmal in Luzern fand Mark Twain sehr rührend (*touching*)? *Das Löwendenkmal fand Mark Twain sehr rührend.*

4. Welche Sprache spricht man in Liechtenstein? *Man spricht Deutsch in Liechtenstein.*

5. Wer wohnt im Schloss Vaduz? *Fürst Hans-Adam II. und seine Familie wohnen im Schloss Vaduz.*

6. Warum kann es sich lohnen, mit dem Glacier Express zu fahren, obwohl der Zug so langsam fährt? *Es kann sich lohnen, weil das Panorama und die Berge so schön sind.*

7. Wo wächst Edelweiß? *Edelweiß wächst an trockenen Hängen mit viel Sonne, hoch in den Alpen.*

Präsentation Wählen Sie eines der Themen und bearbeiten Sie es zu zweit mit Hilfe des Internets. Präsentieren Sie das Ergebnis im Kurs.

1 Waren Sie schon einmal in der Schweiz oder in Lichtenstein? Wenn nicht, was würden Sie dort gerne besuchen? Finden Sie mindestens drei Sehenswürdigkeiten und diskutieren Sie Ihre Wahl mit einem Partner/einer Partnerin.

2 Der Glacier Express ist ein ganz besonderer Zug. Finden Sie heraus, ob und wo es andere Züge dieser Art gibt. Was ist besonders an diesen Zügen?

Galerie

Design
Adrian Frutiger (1928–2015)

Der Schweizer Schriftdesigner Adrian Frutiger kreierte viele bekannte Schriftarten (*fonts*). Nach einer Schriftsetzerlehre (*typesetter apprenticeship*) studierte er an der Kunstgewerbeschule Zürich. Seine bekanntesten Schriftarten sind „Linear-Antiqua Univers", und die für den Flughafen Charles de Gaulle in Paris entworfene Schrift „Roissy". Frutigers Schriftart „OCR-B" kann von Maschinen optimal gelesen werden und ist schon lange der ISO-Standard. Sein Buch *Der Mensch und seine Zeichen* (1978) ist ein Standardwerk (*benchmark*) für Schriftdesigner. Seit 2003 sind alle Verkehrsschilder (*traffic signs*) in der Schweiz mit den Schriftarten „ASTRA-Frutiger Standard" und „ASTRA-Frutiger Autobahn" beschriftet.

Zoë Jenny

Das Blütenstaubzimmer

Roman

Literatur
Zoë Jenny (1974–)

Die Schweizer Schriftstellerin Zoë Jenny wurde in Basel geboren. Ihr erster Roman *Das Blütenstaubzimmer* (*The Pollen Room*, 1997) ist ein Bestseller und wurde in 27 Sprachen übersetzt. Er beschreibt das Erwachsenwerden einer jungen Frau. Jennys Roman *Ein schnelles Leben* (2002) ist eine moderne Adaptation der Romeo-und-Julia-Thematik. Neben Romanen schreibt Jenny auch Kurzgeschichten, Erzählungen und Essays. Die Schriftstellerin engagiert sich sehr für soziale Themen, wie z.B. den Kampf gegen die Schweizer Bürokratie und ist Botschafterin der schweizerischen Kinder- und Jugendorganisation Pro Juventute.

Theater

Mummenschanz (1972–)

Die Schweizer Maskentheatergruppe Mummenschanz existiert bereits seit 1972. Die Gruppe stellt mit Hilfe von Pantomime und verschiedenen Requisiten kurze Geschichten ohne Sprache und Musik dar. Die Aufführung ist eine Mischung aus Tanz und Theater, bei der alle Spieler auf der Bühne schwarze Kleidung tragen. Nur die bunten Masken und Requisiten sind zu sehen. Schon 1976 lud Kermit, der Frosch die Gruppe zur *Muppet Show* ein und von 1977 bis 1980 war Mummenschanz sogar am Broadway in New York zu sehen. Neben unzähligen Preisen erhielt das Ensemble 2011 den SwissAward Kultur.

Magie

Marco Tempest (1964–)

Marco Tempest ist Magier und Illusionist. Er ist in der Schweiz geboren und lebt heute in New York. Sein Künstlername ist *The Virtual Magician*. Seine Inszenierungen (*productions*) sind eine Mischung aus traditioneller Magie, Computereffekten und multimedialer Videokunst. So lässt er zum Beispiel eine reale Person in einem Monitor verschwinden (*disappear*). Tempest nennt das „virtuelle Magie". Besonders populär ist er in Korea, Japan und in den USA. Seine Fernsehserie *The Virtual Magician* ist in über 50 Ländern zu sehen. Auf seinem YouTube Kanal veröffentlicht *publishes* er auch Videos in denen er verrät (*discloses*), wie einzelne Tricks funktionieren.

Analyse

Verständnis Finden Sie für jeden Satz die richtige Ergänzung.

1. _____Adrian Frutiger_____ hat viele Schriftarten kreiert.

2. Alle Schilder auf Schweizer Autobahnen sind in den Schriftarten ASTRA-Frutiger Standard oder ASTRA-Frutiger Autobahn gedruckt.

3. Der erste _____Roman_____ von Zoë Jenny heißt *Das Blütenstaubzimmer*.

4. Die Schriftstellerin Zoë Jenny engagiert sich auch für _____Kinder und Jugendliche_____.

5. Die Maskentheatergruppe Mummenschanz gibt es bereits seit _____1972_____.

6. Kreative _____Masken_____, Tanz und Theater sind bei jeder Mummenschanz Aufführung zu sehen.

7. Marco Tempests Künstlername ist _____The Virtual Magician_____.

8. Tempest zeigt auf YouTube, wie manche seiner _____Tricks_____ funktionieren.

Diskussion Marco Tempest ist Magier und Illusionist. Kennen Sie seine Tricks? Welchen anderen Magier kennen Sie? Gibt es einen Trick, den Sie besonders mögen? Diskutieren Sie zu zweit und präsentieren Sie Ihre Ergebnisse im Kurs.

Aufsatz Schreiben Sie einen kurzen Aufsatz über eines der folgenden Themen. Suchen Sie die nötigen Informationen im Internet.

1. Die erfolgreiche Schweizer Autorin Zoë Jenny engagiert sich bei Pro Juventute. Recherchieren Sie diese Organisation im Internet, und schreiben Sie über die Geschichte oder eines der Programme, die Pro Juventute anbietet.

2. Sehen Sie sich im Internet Videos der Gruppe Mummenschanz an und beschreiben Sie eines, das Ihnen besonders gut gefällt. Was finden Sie besonders interessant? Was gefällt Ihnen nicht so gut? Warum ist Mummenschanz mehr als nur Pantomime?

INSTRUCTIONAL RESOURCES
Audioscripts, SAM AK,
Lab MP3s, Grammar
Presentation Slides
SAM/WebSAM: WB, LM

Engage students in a
conversation and ask them
where they *would have gone*
last year, if they *had had*
the time: **Wohin wären Sie
gefahren, wenn Sie letztes
Jahr Zeit gehabt hätten?**

9.1

Der Konjunktiv II der Vergangenheit

—*Hast du dich heute gefühlt, als **wäre** es gut genug **gewesen**?*

- The **Konjunktiv II der Vergangenheit** (past subjunctive) is used when talking about a hypothetical situation that *could* or *might have* occurred in the past. It is also used to express a feeling, such as a wish or regret, about a past action.

<table>
<tr><td>

Letztes Jahr **wäre** ich nach Vaduz **gefahren**, wenn ich Zeit **gehabt hätte**.
*Last year I **would have gone** to Vaduz if I **had had** the time.*

</td><td>

Als Kind **hätte** ich das wahrscheinlich nicht **gemacht**.
*I probably **would** not **have done** that as a child.*

</td></tr>
</table>

- To form the **Konjunktiv II der Vergangenheit**, use the present **Konjunktiv II** of the auxiliary verb (either **haben** or **sein**) and the past participle of the main verb.

Konjunktiv II der Vergangenheit			
haben		**sein**	
ich **hätte**		ich **wäre**	
du **hättest**		du **wärest**	
er/sie/es **hätte**	+ mehr Geld **investiert**	er/sie/es **wäre**	+ zu Hause **geblieben**
wir **hätten**		wir **wären**	
ihr **hättet**		ihr **wäret**	
sie/Sie **hätten**		sie/Sie **wären**	

<table>
<tr><td>

Wenn wir das Projekt besser **präsentiert hätten**, **hätten** sie mehr Geld **investiert**.
*If we **had presented** the project better, they **would have invested** more money.*

</td><td>

Wenn ich heute zu Hause **geblieben wäre**, **hätte** ich den Unfall nicht **gehabt**.
*If I **had stayed** home today, I **would** not **have had** the accident.*

</td></tr>
</table>

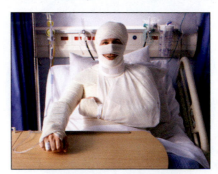

- Notice that the English equivalents of the **Konjunktiv II der Vergangenheit** require three words (*would* + *have* + past participle) to express the same meaning.

Konjunktiv II der Vergangenheit with *haben* and *sein*	
haben	**sein**
hätte gehabt *would have had*	**wäre geblieben** *would have stayed*
hätte gekündigt *would have quit*	**wäre gegangen** *would have gone*
hätte geliehen *would have borrowed*	**wäre gekommen** *would have come*
hätte gesehen *would have seen*	**wäre gewesen** *would have been*
hätte gespart *would have saved*	**wäre geworden** *would have become*

Ich **hätte** mich um die Stelle **beworben**.
I would have applied for that job.

Ein Berater **wäre** hilfreich **gewesen**.
An advisor would have been helpful.

Word order

- The auxiliary verb for modals in the **Konjunktiv II der Vergangenheit** is always **haben**. In sentences with one clause, the main verb and the modal will appear as a double infinitive at the end of the sentence. The main verb always precedes the modal.

> *Konjunktiv II* of *haben*… + infinitive of main verb + infinitive of modal
> **hätte**   **kommen**   **müssen**

Der Inhaber **hätte** mehr Geld
verdienen können.
*The owner could have earned
more money.*

Der Praktikant **hätte** nicht zu spät
zur Arbeit **kommen sollen**.
*The intern should not have come
to work so late.*

- However, when sentences in the **Konjunktiv II der Vergangenheit** are introduced by a **wenn**-clause, the conjugated auxiliary verbs are moved to the end of the **wenn**-clause and the beginning of the main clause. In this case, the two verbs are separated by a comma.

Wenn ich keine Teilzeitstelle
gehabt hätte, **hätte** ich mehr Zeit
mit Lernen **verbracht**.
*If I had not had a part-time job, I would
have spent more time studying.*

Wenn die Firma in Konkurs
gegangen wäre, **hätten** die Arbeiter
ihre Stellen **verloren**.
*If the company had gone bankrupt,
the workers would have lost their jobs.*

- When two **Konjunktiv II der Vergangenheit** phrases are used with modals in a sentence, the conjugated auxiliary verb is placed immediately before the double infinitive in both the main clause and the dependent clause.

Der Buchhalter **hätte wissen
sollen**, dass er genau **hätte
rechnen müssen**.
*The accountant should have
known to calculate precisely.*

Die Personalmanagerin **hätte sagen
sollen**, wo das Interview **hätte
stattfinden sollen**.
*The personnel manager should
have said where the interview was
to take place.*

Have students compare the two uses of **sein** (as auxiliary verb and as main verb). Ex.: **Ich wäre erfolgreich.** (*I would be successful.*); **Ich wäre froh gewesen.** (*I would have been happy.*)

Have students memorize phrases as if they were one unit: **Ich hätte das wissen sollen.** (*I should have known.*); **Wenn ich nur gewusst hätte**, … (*If I had only known, …*) By memorizing entire phrases, they can more readily master the past subjunctive.

ACHTUNG!

When there are three verbs in a verbal phrase, the conjugated verb precedes the double infinitive in a dependent clause.

Ich weiß nicht, ob ich das hätte machen können.
I don't know if I could have done that.

Depending on the speaker's intent, a sentence can include both the past and the present subjunctive.

Wenn die Chefin mich entlassen hätte, wäre ich jetzt arbeitslos.
If the boss had fired me, I would be unemployed now.

Anwendung

1 Ask students what else they would (not) have done in the workplace.

1

Im Büro Schreiben Sie Sätze im **Konjunktiv II der Vergangenheit**.

> **Beispiel** **Frau Macke / auf die neue Stelle / sich freuen**
>
> Frau Macke hätte sich auf die neue Stelle gefreut.

1. ich / neue Kleidung / tragen   Ich hätte neue Kleidung getragen.

2. ich / keine privaten Emails / schreiben   Ich hätte keine privaten Emails geschrieben.

3. Der Chef / nur 15 Minuten / beim Mittagsessen / verbringen   Der Chef hätte nur 15 Minuten beim Mittagsessen verbracht.

4. Herr Meinrad und Frau Müller / nicht so viel / telefonieren   Herr Meinrad und Frau Müller hätten nicht so viel telefoniert.

5. Du / viele nette Kollegen / kennen lernen   Du hättest viele nette Kollegen kennen gelernt.

2 Have students come up with a conversation between a grandfather and his grandson/ granddaughter about the differences between the working world 50 years ago and the working world of today. Encourage them to use the past subjunctive. Ex.: **Damals hätten wir das ganz anders machen müssen…**

2

Damals und heute Was hätten Ihre Großeltern früher gemacht, als sie noch jung waren? Schreiben Sie den neuen Satz im **Konjunktiv II der Vergangenheit**. Verwenden Sie die Wörter in Klammern für den neuen Satz.

> **Beispiel** **Wenn ich genug Geld hätte, würde ich eine Wohnung kaufen. (Großeltern: Einfamilienhaus kaufen)**
>
> Wenn die Großeltern genug Geld gehabt hätten, hätten sie ein Einfamilienhaus gekauft.

1. Wenn ich eine neue Stelle suchte, würde ich im Internet schauen. (Großvater: in der Zeitung)   Wenn mein Großvater eine neue Stelle gesucht hätte, hätte er in der Zeitung geschaut.

2. Wenn ich etwas nicht wüsste, würde ich meine Kollegin fragen. (Großvater: den Chef fragen)   Wenn mein Großvater etwas nicht gewusst hätte, hätte er den Chef gefragt.

3. Wenn das Auto kaputt wäre, würde ich mit dem Taxi fahren. (das Auto meiner Großeltern: mit der Bahn fahren)   Wenn das Auto meiner Großeltern kaputt gewesen wäre, wären sie mit der Bahn gefahren.

4. Wenn eine Wirtschaftskrise ausbräche, wären alle sehr nervös. (Großvater: nicht nervös werden)   Wenn eine Wirtschaftskrise ausgebrochen wäre, wäre mein Großvater nicht nervös geworden.

5. Wenn ich keine Ersparnisse hätte, würde ich kein Haus kaufen. (Großeltern: länger sparen)   Wenn meine Großeltern keine Ersparnisse gehabt hätten, hätten sie länger gespart.

6. Wenn meine Familie Urlaub machen würde, würde sie mit dem Flugzeug fliegen. (Großeltern: mit dem Auto fahren)   Wenn meine Großeltern Urlaub gemacht hätten, wären sie mit dem Auto gefahren.

3

Die Leute am Arbeitsplatz Kombinieren Sie die Satzteile, um neue Sätze im **Konjunktiv II der Vergangenheit** zu bilden.

> **Beispiel** **Wenn die Sekretärin die Arbeit nicht so gut gemacht hätte, wäre das Projekt nicht erfolgreich gewesen.**

wenn + der Interviewer	nicht pünktlich sein	(nicht) erfolgreich sein
wenn + die Angestellte	die Arbeit gut machen	entlassen werden
wenn + die Praktikanten	sich bewerben	Fragen stellen
wenn + der Geschäftsführer	feuern	mehr Geld verdienen
wenn + die Sekretärin	Schulden haben	müde werden
wenn + die Kollegen	Überstunden machen	sich ärgern

 Practice more at **vhlcentral.com**.

Kommunikation

4 Ein schlechter Arbeitstag

A. Heute hatte Daniela einen schlechten Tag bei der Arbeit. Besprechen Sie zu zweit, was Daniela, ihr Chef und ihre Kollegen anders hätten machen können, damit Danielas Tag besser gewesen wäre.

Heute hat der Wecker (*alarm clock*) nicht funktioniert. Daniela ist zu spät aufgestanden. Trotzdem ist sie mit dem Fahrrad zur Arbeit gefahren und ist eine Stunde zu spät ins Büro gekommen. Der Chef ist böse geworden, da sein Bericht nicht pünktlich fertig war. Zu Mittag hat Daniela nichts gegessen. Am Nachmittag war sie sehr müde und schlief sogar am Schreibtisch ein! Ihre Kollegen haben sie nicht aufgeweckt. Nach der Arbeit ging Daniela sofort nach Hause, wo sie den ganzen Abend fern gesehen hat. Sie hat um 10 Uhr abends ein Stück Kuchen gegessen und ist dann leider sehr spät ins Bett gegangen.

Beispiel **Daniela hätte ihr Handy als Wecker benutzen sollen.**

B. Haben Sie schon einmal einen so schlechten Tag wie Daniela gehabt? Erzählen Sie Ihrem Partner/Ihrer Partnerin von diesem Tag. Verwenden Sie den **Konjunktiv II der Vergangenheit**, um einander Vorschläge zu machen, was Sie anders hätten machen können.

5 Das Vorstellungsgespräch
Spielen Sie zu zweit ein Vorstellungsgespräch. Der/Die Interviewer(in) fragt nach drei Problemen, die der/die Kandidat(in) im letzten Beruf hatte. Der/Die Kandidat(in) soll auch erklären, was er/sie hätte machen können oder sollen, um diese Probleme zu vermeiden (*avoid*) oder zu lösen. Benutzen Sie den **Konjunktiv II der Vergangenheit**.

6 Es hätte anders sein können
Besprechen Sie in Gruppen die folgenden Situationen. Was hätten Sie in diesen Situationen gemacht? Wie wäre Ihr Leben anders verlaufen?

- Sie haben nicht an der Universität studiert.

- Sie haben an einer anderen Uni studiert.

- Sie haben als Teenager ein Jahr in Deutschland verbracht und haben bei einer deutschen Familie gelebt.

- Sie haben nicht Deutsch studiert.

- Sie waren mit 15 Jahren Inhaber einer erfolgreichen Firma.

- Ihre Eltern haben im Lotto viel Geld gewonnen, als Sie 16 Jahre alt waren.

- Sie haben ein Semester in Europa studiert, und die Student(inn)en an der Uni haben gestreikt.

9.2

INSTRUCTIONAL RESOURCES
Audioscripts, SAM AK,
Lab MP3s, Grammar
Presentation Slides
SAM/WebSAM: WB, LM

Plurals and compound nouns

—*Wir suchen außergewöhnliche **Talente**.*

- In English, plural nouns often end in **–s**, **–es**, or **–ies** (*strike* → *strikes*, *tax* → *taxes*, *party* → *parties*), but some have irregular plural forms (*mouse* → *mice*). In German, there are several ways to form plurals, and nouns can be grouped according to how the plural is formed. Some nouns may have no change in the plural; some, on the other hand, form the plural by adding **–e**, **–en**, **–n**, **–er**, or **–s**; and some even require the addition of an **Umlaut**.

- The simplest plural form is that of nouns of any gender ending in **–e**, to which you add an **–n** to form the plural.

der Angestellte > die Angestellte**n**   die Börse > die Börse**n**

das Auge > die Auge**n**

Tell students that to form
the plural of compound
nouns ending in **–mann**
or **–frau**, they need to
add **–leute** when referring
to both men and women.
Ex.: **der Geschäftsmann/
die Geschäftsfrau → die
Geschäftsleute**

Feminine noun plurals

- For all feminine nouns that end in **–in**, you add **–nen** to form the plural.

die Kollegin > die Kollegin**nen**
die Geschäftsführerin > die Geschäftsführerin**nen**

- For all feminine nouns that end in **–er** or **–el**, you add **–n**.

die Schwest**er** > die Schwester**n**
die Steu**er** > die Steuer**n**

die Vokab**el** > die Vokabel**n**
die Gab**el** > die Gabel**n**

- All other feminine nouns, including those ending in **–ung**, **–heit**, **–keit**, **–schaft**, **–ei**, and **–ion**, form the plural by adding **–en**.

die Arbeit > die Arbeit**en**
die Zahl > die Zahl**en**

die Währung > die Währung**en**
die Berufserfahrung > die Berufserfahrung**en**

die Gewerkschaft > die Gewerkschaft**en**
die Freundschaft > die Freundschaft**en**

die Freiheit > die Freiheit**en**
die Gleichheit > die Gleichheit**en**

die Qualifikation > die Qualifikation**en**
die Rezession > die Rezession**en**

Masculine noun plurals

- Masculine nouns that end in **–ent** and **–ist** are also made plural by adding **–en**.

der Präsident > die Präsident**en**
der Polizist > die Polizist**en**

Plurals that occur in several genders

- For singular nouns ending in **–nis**, you add **–se**.

das Geheimnis > die Geheimnis**se**   das Ergebnis > die Ergebnis**se**

- For most nouns that end in **–um** or **–us**, delete the ending and add **–en**.

das Stipendium > die Stipendi**en**   der Rhythmus > die Rhythm**en**

- The plural form of loan words from other languages often ends in **–s**.

das Interview > die Interview**s**   das Auto > die Auto**s**

Use of Umlaut

- Masculine and neuter nouns ending in **–er**, **–en**, **–el**, and the diminutives **–chen** and **–lein** require no endings to form the plural. However, with some of these nouns you do add an **Umlaut** to the stem vowel in the plural.

der Inhaber > die Inhaber   der Mantel > die M**ä**ntel
das Darlehen > die Darlehen   das Mädchen > die Mädchen

- In many masculine and feminine one-syllable nouns, **–e** is added to form the plural. Here, too, an **Umlaut** is often (but not always) added to the stem vowel.

der Platz > die Pl**ä**tz**e**
die Stadt > die St**ä**dt**e**
das Ziel > die Ziel**e**

- For some masculine and neuter one-syllable nouns you add the plural ending **–er** and an **Umlaut** over the stem vowel if the stem vowel is an **a**, **o**, or **u**.

das Amt > die **Ä**mt**er**   der Mann > die M**ä**nn**er**
das Buch > die B**ü**ch**er**   der Leib > die Leib**er**

Compound nouns

- The last word in a compound noun will determine both its gender and plural form.

der Arbeits**platz** > die Arbeits**plätze**   die Heimat**stadt** > die Heimat**städte**

Nouns that have no plural form

- Some nouns that designate materials and concrete or abstract concepts do not have a plural.

der Zement   das Wasser   die Liebe
die Milch   der Durst   das Glück

- German collective nouns that begin with **Ge–** are considered singular and have no plural form.

das Gebirge   das Gebäck   das Gewerbe

Have students make flash cards (singular forms on one side, plural on the other) and, working in pairs or small groups, quiz each other on the various plural forms.

Bring in newspaper, magazine, or Internet articles and have students find plural forms. Have them write the singular form for each plural they find, and then have them write their own article using plural forms.

Anwendung

1

Ein Jahr im Ausland Schreiben Sie die richtigen Pluralendungen in die Lücken.

1. Als Berater arbeitete ich zwei Jahr*e* im Ausland.

2. Ich organisierte viele Tagung*en* für die Angestellten.

3. Ich führte Interview*s* mit den Praktikanten.

4. Ich musste mich um die Überstunde*n* der Angestellten kümmern.

5. Viele Kollegin*nen* kamen zu mir und suchten Rat.

6. In diesen zwei Jahren habe ich viele verschiedene Erfahrung*en* gesammelt.

7. Durch die Rezession habe ich meine ganzen Ersparnis*se* verloren.

2

Das Vorstellungsgespräch Schreiben Sie die richtigen Pluralformen in die Lücken. Achten Sie auf die Dativform.

HERR DIETZ Danke, dass Sie gekommen sind. Seit wie vielen (1) _Wochen_ (Woche) sind Sie schon arbeitslos?

FRAU BRECHT Ich suche schon seit 14 (2) _Tagen_ (Tag) eine neue Stelle.

HERR DIETZ Was für (3) _Qualifikationen_ (Qualifikation) haben Sie als Buchhalterin?

FRAU BRECHT Ich musste die (4) _Zahlen_ (Zahl) aller (5) _Rechnungen_ (Rechnung) vergleichen. Ich musste auch die ausländischen (6) _Währungen_ (Währung) für unsere (7) _Darlehen_ (Darlehen) errechnen.

HERR DIETZ Ich sehe, Sie haben viel Erfahrung. Kennen Sie sich auch auf den (8) _Immobilienmärkten_ (Immobilienmarkt) aus?

FRAU BRECHT Damit hatte ich bei meiner letzten Stelle nichts zu tun.

HERR DIETZ Haben Sie (9) _Fragen_ (Frage) an mich?

FRAU BRECHT Sind die (10) _Arbeitszeiten_ (Arbeitszeit) flexibel?

HERR DIETZ Ja, wir sind eine sehr familienorientierte Firma.

FRAU BRECHT Dann vielen Dank für dieses Gespräch.

3

3 To recycle vocabulary and practice plurals, have students work in pairs. One student has one of everything, and the other student brags that he/she has two of everything. Ex.: **Ich habe eine Schwester. Ich habe zwei Schwestern.**

Das Arbeitsklima Schreiben Sie die Sätze im Plural. Setzen Sie alle unterstrichenen Vokabeln in den Plural.

Beispiel <u>Der Angestellte</u> will <u>den Streik</u> beenden.

Die Angestellten wollen die Streiks beenden.

1. <u>Der Chef</u> will <u>den Arbeitstag</u> verlängern. Die Chefs wollen die Arbeitstage verlängern.

2. <u>Der Arbeiter</u> möchte mit <u>dem Geschäftsführer</u> diskutieren. Die Arbeiter möchten mit den Geschäftsführern diskutieren.

3. <u>Die Gewerkschaft</u> organisiert <u>das Gespräch</u>. Die Gewerkschaften organisieren die Gespräche.

4. <u>Der Kollege</u> versteht <u>die Regel</u> nicht. Die Kollegen verstehen die Regeln nicht.

5. Es gibt seit <u>einem Jahr</u> <u>keine Beförderung</u>. Es gibt seit Jahren keine Beförderungen.

6. <u>Der Mindestlohn</u> muss erhöht werden. Die Mindestlöhne müssen erhöht werden.

 Practice more at **vhlcentral.com**.

Kommunikation

 4

Eine neue Stelle Spielen Sie zu zweit ein Gespräch. Sie und Ihr(e) Partner(in) wollen Ihre Stellen tauschen (*exchange*). Stellen Sie Fragen und entscheiden Sie, welche Stelle Sie besser finden. Benutzen Sie die Pluralformen der Beispiele.

> **Beispiel** **wie / Kollege**
>
> —Wie sind deine Kollegen?
>
> —Meine Kollegen sind ziemlich freundlich.

1. welch- / Qualifikation
2. wie viel- / Urlaubstag
3. wie oft entlassen / der Angestellte
4. wie sympathisch / Chef
5. wo / die Firma
6. wie viel- / Überstunde

5

Es wird gestreikt!

A. Das Arbeitsklima in Ihrer Firma ist schlecht und alle sind mit den Arbeitsbedingungen (*conditions*) unzufrieden. Sie wollen streiken. Machen Sie eine Liste mit fünf Änderungen, die Sie von der Geschäftsführung verlangen. Verwenden die Pluralformen der Wörter aus der Liste.

> **Beispiel** Die Angestellten brauchen längere Pausenzeiten.

> der Angestellte
>
> das Büro
>
> der Chef
>
> der Feiertag
>
> der Mindestlohn
>
> die Pausenzeit
>
> der Praktikant
>
> die Steuer
>
> die Überstunde
>
> der Urlaubstag

B. Bereiten Sie in Gruppen ein Rollenspiel vor. Die Angestellten konfrontieren die Geschäftsführung mit ihren Forderungen (*demands*), und die Geschäftsführung macht Gegenvorschläge. Am Ende der Verhandlungen schließen beide Parteien einen Kompromiss.

6

Der Traumjob Besprechen Sie zu zweit Ihren Traumjob. Verwenden Sie viele Pluralformen.

5 Have students act out a similar role-play, in which the student council confronts the administration asking for changes at the school.

INSTRUCTIONAL RESOURCES
Audioscripts, SAM AK,
Lab MP3s, Grammar
Presentation Slides
SAM/WebSAM: WB, LM

9.3

Two-part and double conjunctions

- You have learned about coordinating, adverbial, and subordinating conjunctions that connect words, phrases, or sentences. In addition, German also has two-part conjunctions and double conjunctions.

Der Buchhalter versteht **weder** Englisch **noch** Spanisch.
*The accountant understands **neither** English **nor** Spanish.*

Frau Schmitt sucht die Übersetzung im Internet,
anstatt dass sie ihre englische Kollegin um Hilfe bittet.
Ms. Schmitt looks for the translation on the Internet,
***instead of** asking her English colleague.*

Two-part conjunctions

- Two-part conjunctions are composed of two conjunctions that are used to connect parallel phrases, words, or sentences. They are often used to point out comparisons or contrasts. Most two-part conjunctions (such as **weder... noch**) are made up of two adverbial conjunctions, but some do include either a coordinating conjunction (**entweder... <u>oder</u>**) or a subordinating conjunction (**angenommen, <u>dass</u>**).

QUERVERWEIS

For more on coordinating and subordinating conjunctions, see **Strukturen 3.2, pp. 96–97.**

For additional practice, have students make flash cards, with a two-part conjunction on one side and the English meaning on the other side. Have them quiz one another using the cards.

Zweiteilige Konjunktionen
einerseits... andererseits *on the one hand... on the other hand*
entweder... oder *either... or*
je (mehr)... desto/umso/je *the (more)... the...*
mal... mal *sometimes... sometimes*
nicht nur... sondern auch *not only... but also*
sowohl... als auch *both... and*
teils... teils *partly... partly*
weder... noch *neither... nor*
zwar... aber *indeed... but*

Prepare the first half of sentences or questions, and have students complete the second half. Ex.:
1. **Willst du sowohl studieren, als auch...?**
2. **Je mehr man lernt, desto mehr...**

Der Praktikant ist **zwar** gut ausgebildet, **aber** leider nicht sehr motiviert.
*The intern is **certainly** well trained, **but** unfortunately not very motivated.*

- The type of conjunctions used in a two-part conjunction will affect word order. Adverbial conjunctions are always followed by inverted word order. In two-part conjunctions that include a coordinating conjunction, the clause with the coordinating conjunction uses standard word order.

Nicht nur der Boss ist qualifiziert, **sondern auch** alle Angestellten sind hervorragend.
***Not only** is the boss qualified, **but** all the workers are outstanding, **too**.*

Je mehr du arbeitest, **umso** mehr Geld verdienst du.
***The more** you work, **the more** money you make.*

- Two-part conjunctions can also connect phrases. If the conjunction connects two subjects, the verb is plural.

Sowohl die Sekretärin **als auch** die Praktikanten **können** sehr gut Deutsch.
*The secretary **as well as** the interns **can speak** German very well.*

- When two subjects are combined with **weder… noch** or **entweder… oder**, the verb is singular if the subjects are both singular and plural if the subjects are both plural. If **weder… noch** is used with one singular and one plural subject, the verb remains plural. With **entweder… oder**, the verb is conjugated according to the subject closest to it.

> **Weder** die Angestellten **noch** der Inhaber **machen** Überstunden.
> *Neither the employees **nor** the owner **work** overtime.*

> **Entweder** die Geschäftsführer **oder** die Chefin **führt** das Vorstellungsgespräch.
> *Either the managers **or** the boss **will** conduct the interview.*

- In two-part conjunctions with **je**, **je** is combined with a comparison (Ex.: **je mehr**, **je kürzer**, **je interessanter**) plus one of the following conjunctions: **desto**, **umso**, or **je**.

> **Je mehr** Geld ich verdiene, **desto mehr** kann ich sparen.
> *The more money I earn, the more I can save.*

Double conjunctions

- The subordinating conjunction **dass** can be combined with another conjunction to form a double conjunction. These combinations do not show comparisons or form parallels like two-part conjunctions do.

Doppelkonjunktionen mit *dass*
als dass *than*
anstatt dass *instead of*
angenommen, dass *assuming that*
vorausgesetzt, dass *given that*

> **Angenommen, dass** die Firma in Konkurs geht, dann werden die Angestellten arbeitslos.
> *If (assuming that) the company goes bankrupt, the employees will lose their jobs.*

- The subordinating conjunction **wenn** also combines with other words: **nur wenn**, **außer wenn**, **bloß wenn**.

> **Nur wenn** das Vorstellungsgespräch gut läuft, bekommt sie die Stelle.
> *She'll get the job **only if** the interview goes well.*

- The subordinating conjunction **als** combines with **ob** or **wenn** to form a double conjunction. In these situations, the verb is usually in the **Konjunktiv II**.

> Er tut so, **als ob** die Firma nicht in Konkurs **gegangen wäre**.
> *He acts **as if** the company hadn't gone bankrupt.*

- Sometimes in English, two conjunctions can be placed next to each other, as in *He thinks **that** if he tries, he will win.* As you learned in **Lektion 3**, in German one clause must be completed before the other begins. Thus, the two conjunctions are separated.

> Er meint, **dass** er erfolgreich wird, **wenn** er eine bessere Ausbildung hat.
> *He says **that** he will be successful **if** he gets better training.*

Bring pictures of different people to class. Have students describe their reactions and behaviors using the subjunctive with the phrase: **Er/Sie tut, als ob/wenn…**

Anwendung

1 Have students use Activity 1 as a starting point for a role-play between a student and his/her parents. The student wants to travel for a year after graduating. The parents argue against this plan.

1

Die Karriere Schreiben Sie die richtigen zweiteiligen Konjunktionen in die Lücken.

> entweder… oder
>
> je mehr… desto
>
> nicht nur… sondern auch
>
> weder… noch
>
> zwar… aber

Was soll ich machen?

Ich weiß nicht, was ich nach der Uni machen soll. Ich will (1) __nicht nur__ glücklich sein, (2) __sondern auch__ genug Geld verdienen. Meine Eltern meinen, ich soll (3) __entweder__ bei ihnen wohnen (4) __oder__ meine eigene Wohnung finden. Ich will aber (5) __weder__ bei ihnen (6) __noch__ allein wohnen. Ich will ins Ausland reisen! (7) __Zwar__ ist es gut, eine richtige Arbeit zu haben, (8) __aber__ ich bin noch so jung. Kann ich nicht zuerst reisen und später arbeiten? (9) __Je mehr__ ich darüber nachdenke, (10) __desto__ schwieriger wird meine Entscheidung!

2

Die erste Arbeitsstelle Machen Sie aus zwei Sätzen einen Satz. Verwenden Sie die Konjunktion in Klammern. Some answers will vary.

> **Beispiel** **Ich arbeite mehr. Also verdiene ich mehr Geld. (je… desto)**
> Je mehr ich arbeite, desto mehr Geld verdiene ich.

1. Ich habe mit 14 Jahren angefangen zu arbeiten. Ich hatte früh mein eigenes Geld. (dadurch, dass) Dadurch, dass ich mit 14 Jahren angefangen habe zu arbeiten, hatte ich früh mein eigenes Geld.

2. Ich musste viel lernen. Ich musste aber auch arbeiten, um Geld zu verdienen. (einerseits…, andererseits) Einerseits musste ich viel lernen, andererseits musste ich aber auch arbeiten, um Geld zu verdienen.

3. Das Wetter ist sehr schlecht. Ich bin gern im Schwimmbad. (außer wenn) Außer wenn das Wetter sehr schlecht ist, bin ich gern im Schwimmbad.

4. Ich wollte mit Kleinkindern arbeiten. Ich wollte im Schwimmbad arbeiten. (sowohl… als auch) Ich wollte sowohl mit Kleinkindern als auch im Schwimmbad arbeiten.

5. Ich war mit der Arbeit als Rettungsschwimmer zufrieden. Es war mir sehr langweilig. (mal… mal) Mal war ich mit der Arbeit als Rettungsschwimmer zufrieden, mal war (es) mir sehr langweilig.

6. Die Kinder waren echt lieb. Sie waren richtig fies (*nasty*). (teils…, teils) Teils waren die Kinder echt lieb, teils waren sie richtig fies.

7. Ich bekomme nächsten Sommer die Stelle. Ich werde wieder im Schwimmbad jobben. (angenommen, dass) Angenommen, dass ich nächsten Sommer die Stelle bekomme, werde ich wieder im Schwimmbad jobben.

3

Urlaubstage Besprechen Sie zu zweit Ihre Urlaubstage. Benutzen Sie die angegebenen Satzteile.

1. Heute müssen wir nicht arbeiten. Willst du entweder… oder…?

2. Wenn ich einen Urlaubstag habe, will ich weder… noch…

3. Anstatt dass wir heute früh aufstehen müssen, …

4. An einem Urlaubstag können wir nicht nur…, sondern auch…

5. Einerseits ist es schwer, am Tag nach dem Urlaubstag zur Arbeit zu gehen, andererseits…

6. Je mehr Urlaub ich habe, desto…

 Practice more at **vhlcentral.com**.

Kommunikation

4 **Die Rente** Jeder muss oder darf mal aufhören zu arbeiten und in Rente gehen. In jedem Land ist das Rentenalter (*retirement age*) anders. Machen Sie sich zu zweit Gedanken über das Leben als Rentner. Besprechen Sie zu zweit die Fragen. Verwenden Sie in Ihren Antworten zweiteilige Konjunktionen.

1. Was wollen Sie machen, wenn Sie in Rente gehen? Wollen Sie entweder eine Teilzeitarbeit annehmen oder gar nicht mehr arbeiten?

2. Dadurch, dass Sie noch so jung sind, haben Sie Zeit, sich auf das Rentenalter vorzubereiten. Welche Vorbereitungen treffen Sie?

3. Viele Leute wollen weder bis 65 arbeiten noch bei einer einzigen Firma beschäftigt sein. Was meinen Sie? Wollen Sie so lange arbeiten? Wollen Sie bei einer Firma oder bei verschiedenen Firmen arbeiten?

4. „Je mehr Geld man verdient, desto glücklicher ist man." Stimmen Sie mit dieser Aussage überein? Ist es wirklich wichtig viel Geld zu haben?

5. Stellen Sie sich vor, Sie stehen kurz vor der Rente. Anstatt dass Sie in der Stadt bleiben, wo Sie jetzt wohnen, haben Sie vor, in eine andere Stadt umzuziehen. Möchten Sie dort wohnen, wo das Wetter immer warm und schön ist? Möchten Sie endlich weg aus der Heimat?

Der Arbeitsplatz

5

A. Sehen Sie sich das Foto in Gruppen an und geben Sie jeder Person einen Namen. Erfinden Sie eine Geschichte zu jeder Person. Schreiben Sie mindestens drei Sätze zu jeder Person. Verwenden Sie Konjunktionen.

B. Spielen Sie mit Ihrer Gruppe ein Gespräch zwischen den Leuten auf dem Foto und führen Sie es vor Ihrer Klasse auf. Das Gespräch soll mindestens vier zweiteilige Konjunktionen beinhalten (*contain*).

6 **Mitarbeiter gesucht** Arbeiten Sie zu zweit. Stellen Sie sich vor, Sie sind Geschäftsführer(in) einer Firma. Sie brauchen mehr Mitarbeiter und wollen neue Leute einstellen. Entscheiden Sie zuerst, bei welcher Firma Sie arbeiten. Schreiben Sie danach eine Annonce, in der Sie die Stelle und die Qualifikationen der Bewerber(innen) beschreiben. Verwenden Sie die zweiteiligen Konjunktionen.

> **Beispiel** Der/Die neue Angestellte muss nicht nur intelligent sein, sondern auch kreativ.

KULTURANMERKUNG

Seit 2012 wird das Rentenalter in Deutschland stufenweise angehoben°. Die Menschen können jetzt erst mit 67 in Rente gehen. Allerdings dürfen die Leute, die schon 45 Arbeitsjahren lang gearbeitet und die ganze Zeit den Rentenbeitrag eingezahlt haben, schon nach 45 Arbeitsjahren in Rente gehen. Dieses Gesetz ist vor allem für die Arbeiter wichtig, die schon als Teenager angefangen haben zu arbeiten.

stufenweise angehoben *gradually increased*

4 Have students work in groups to prepare a skit. One student plays the role of a **Berater** to people who are nearing retirement and gives them suggestions about lifestyle changes.

Synthese

> ## Kommunikationsstrategien
>
> **Der eine Student behauptet, dass…** *One student maintains that…*
> **Der andere Student vertritt die These, dass…** *The other student supports the idea that…*
> **Die Studentin liefert die Begründung, dass…** *The female student offers the proof that…*
> **Der eine argumentiert…, der andere kritisiert…** *One argues…, the other criticizes…*
> **Er/Sie betont, dass…** *He/She emphasizes that…*
> **Anstatt dass die den Studenten helfen, eine Stelle zu finden…** *Instead of helping the students find a job…*
> **Dadurch, dass die Firmen…** *By [verb], the company…*
> **Entweder arbeiten die Firmen und Unversitäten zusammen oder…** *Either the companies and the universities work together or…*

1

Gespräch Lesen Sie in Gruppen die vier Texte und beantworten Sie die Fragen.

Norbert, 24, Bern

Es war immer schwer für uns Jugendliche, Arbeit zu finden. Für mich war es wichtig, richtig Karriere zu machen, und ich wollte auch im Ausland studieren. Ich möchte auch gern eine Zeit lang im Ausland arbeiten und dann zurück nach Bern kommen. Ich wollte immer hier eine interessante Arbeit finden, bei der ich meine Auslandserfahrungen gut gebrauchen kann.

Jildez, 25, Basel

Letztes Jahr bin ich mit dem Studium fertig geworden. Ich habe immer noch keine Arbeit gefunden. Die Hälfte der Studenten aus meinem Jahrgang hat auch noch keine Arbeit. Deshalb müssen wir manchmal Jobs annehmen, für die wir überqualifiziert sind. Oft ist die Bezahlung nicht sehr gut. Ich verstehe nicht, warum ich in eine andere Stadt oder sogar in ein anderes Land umziehen soll. Ich wäre gern unabhängig, aber das schaffe ich nicht.

Johann, 23, Luzern

Ich meine, Jugendliche können Arbeit finden. Man muss eben schon während des Studiums ein Praktikum machen und damit nicht warten bis nach dem Studium. Ich habe jeden Sommer jeden Job angenommen, den ich finden konnte, nur damit ich Berufserfahrungen machen konnte. Nach dem Studium habe ich dann meine Traumstelle bekommen, da ich so viel Berufserfahrung hatte.

Sarah, 26, Genf

Leider befinden wir uns in einem Teufelskreis. Die Firmen wollen immer junge Leute mit Erfahrung, sind aber nicht bereit dazu, Leute ohne Erfahrung einzustellen. Aber woher sollen wir jungen Leute diese Erfahrung bekommen? Meiner Meinung nach sollten die Firmen mit den Universitäten zusammenarbeiten, um den jungen Leuten beim Einstieg in die Arbeitswelt zu helfen.

1. Was meinen diese jungen Leute zu der Arbeitssituation in der Schweiz?
2. Welche Vorschläge machen sie, um die Situation zu verbessern?
3. Was hätten diese Leute anders machen müssen, um sich besser auf die Arbeitswelt vorzubereiten?
4. Denken Sie, dass die Situation in der Schweiz anders oder ähnlich der Situation in Ihrem Land ist?

2

Aufsatz Wählen Sie ein Thema aus und schreiben Sie einen Aufsatz von ungefähr einer Seite. Verwenden Sie den Konjunktiv der Vergangenheit, Pluralformen und zweiteilige Konjunktionen.

1. Die Vor- und Nachteile des Älterwerdens und die Rente.
2. Ein Bewerbungsschreiben mit Lebenslauf für Ihren Traumjob.

Vorbereitung

Wortschatz der Lektüre

betragen *to amount to*
die Buchhaltung *accounting*
das Gut, ⁻er *goods*
der Kreditnehmer, - *borrower*
die Säule, -n *pillar*
das Verbot, -e *ban*
die Verpfändung, -en *pledging as collateral*

Nützlicher Wortschatz

belegen *to reserve*
sich selbstständig machen *to start one's own business*
die Stellungnahme, -n *comment; position*
das Vermögen, - *asset*
die Wechselstube, -n *currency exchange*

2 Have students read the **Kulturanmerkung** about Liechtenstein before they start working on this exercise.

2 Brainstorm expectations the students might have regarding their future jobs: **Bezahlung, Urlaub, Arbeitsklima, Sozialleistungen wie Kranken-, Arbeitslosen- und Rentenversicherungen, feste Arbeitszeiten oder gleitende Arbeitszeit, Geschäftsreisen, (häufige) Versetzungen im In- und Ausland**, etc.

1 **Definitionen** Verbinden Sie die Wörter in der ersten Spalte mit den Definitionen in der zweiten.

_c_	1. die Stellungnahme	a.	nennt etwas, was man nicht machen darf
_e_	2. sich selbstständig machen	b.	was man besitzt: Gelder, Immobilien usw.
_a_	3. das Verbot	c.	wenn man etwas kommentiert oder seine Meinung sagt
_f_	4. die Wechselstube	d.	wenn man einen Platz reserviert oder einnimmt
_d_	5. belegen	e.	eine eigene Firma gründen
_b_	6. das Vermögen	f.	wo man z.B. Dollar in Euro umtauschen kann

2 **Arbeitsplatzwünsche** Besprechen Sie zu zweit die folgenden Fragen.

1. In welchem Sektor der Wirtschaft würden Sie am liebsten arbeiten? Warum?
2. Würden Sie gern in einem Land wie der Schweiz oder Liechtenstein arbeiten? Warum/warum nicht?
3. Was erwarten Sie von Ihrem Beruf?
4. Möchten Sie lieber irgendwo angestellt sein oder sich selbstständig machen? Welche Vor- und Nachteile hat die Selbstständigkeit?
5. Welche Kriterien sind für Ihre Berufswahl wichtig?
6. Was für ein Image oder Prestige haben Bankiers heutzutage?

3 **Banken** Sehen Sie sich zu zweit das Bild auf S. 342 an und beantworten Sie dann die folgenden Fragen.

- Was sehen Sie auf dem Bild?
- Was wissen Sie über Nummernkonten? Wo gibt es sie? Was verbinden Sie damit?
- Was für Informationen erhalten Sie in diesem Text?
- Was wissen Sie über die Geschichte des Bankwesens?
- Was für eine Rolle spielen Banken in der Wirtschaft eines Landes?

3 A **Nummernkonto** is a bank account that tracks the customer by a number rather than by a name. In effect, this means that the account holder can keep his or her identity secret.

KULTURANMERKUNG

Arbeitsmarkt Liechtenstein

Mehr als die Hälfte von Liechtensteins Arbeitern kommen aus anderen Ländern! Das winzige° Land hat besonders viele High-Tech-Firmen, und hochqualifizierte Spezialisten sind gefragt°. Aber der nationale Arbeitsmarkt kann den Bedarf natürlich nicht decken°. Deswegen rekrutieren Liechtensteins Unternehmen verstärkt° in anderen europäischen Ländern und auch im Mittleren Osten. Besonders viele der Gastarbeiter kommen aus den Nachbarstaaten Österreich und der Schweiz und pendeln° jeden Tag hin und her. Im Januar 2018 lag die Arbeitslosenquote bei 1,9%. Das bedeutet, dass nur 372 Einwohner Liechtensteins keine Arbeit hatten.

winzige *tiny* **gefragt** *in high demand* **den Bedarf decken** *meet the need* **verstärkt** *intensively* **pendeln** *commute*

Have students skim the text first and find all the words related to banking. Have them work in pairs to find the meanings of these words.

Elicit from students what they know about lending money. For homework, have students find out what types of banks there are in Switzerland and what their realm of operation is.

Schweizer Bankwesen

Audio: Reading

D ie Schweiz, Banken und eine stabile Währung werden oft in einem Satz genannt. Wie aber ist es dazu gekommen, dass die Schweiz
5 zum „Land des Geldes" wurde?

Um das herauszufinden müssen wir
weit in die Geschichte zurückgreifen°, [reach back]
bis ins späte 13. und 14. Jahrhundert. Die Anfänge des Kreditwesens befinden sich
10 in Italien, bei den Lombarden, also bei den italienischen Kaufleuten. Diese erfolgreichen Händler durften trotz des kano-
nischen Zinsverbots° Geld leihen und [canonical ban on lending money for interest]
trieben damit „Wucher°". Weil die Lom- [profiteering]
barden ihre Buchhaltung stetig° verbes- [steadily]
15 ten und ihre Finanzkenntnisse ausbildeten, gewannen sie eine gewisse Überlegen-
heit° anderen europäischen Händlern [superiority]
gegenüber.

20 Es dauerte also nicht lange, bis die Lombarden auch im Norden die
führende° Rolle im Fernhandel einnahmen. [leading]
Sie beherrschten im 13. Jahrhundert Handelsplätze in England, Frankreich und
25 auch im schweizerischen und oberrheinischen Gebiet.

Die damals häufigste° Geldoperation [most common]
der Lombarden war das Kreditgeschäft. Das ging so: Die Kaufleute boten ihren
30 Kunden ein Darlehen an, allerdings mit Zinsen und gegen die Verpfändung von wertvollen Gütern. Die Zinssätze im Mittelalter waren übrigens sehr hoch; sie betrugen zwischen 20 und 40 Prozent im
35 Jahr! Stellen Sie sich vor, Sie würden von einem Lombarden 1.000 Euro leihen. Wie viel Geld müssten Sie am Ende des Jahres zurückzahlen? Der Verkauf von
Geld kann sehr rentabel° sein. [profitable]
40 Die Lombarden, auch Kawertschen genannt, kreierten ein Monopol für das Kreditgeschäft und bekamen das Privileg, Banken zu eröffnen; dies taten sie u.a. in Luzern, Zürich, Bern und Basel.
45 Das „Haus der Kawertschen", die Bank der Lombarden im Zentrum von Luzern, wird demnach schon Ende des Mittelalters
urkundlich erwähnt°. Auch in Zürich gab es [mentioned]
einen „Turm der Kawertschen". Und dort

erscheint 1409 zum ersten Mal das Wort 50
„Bank". Schon im frühen 15. Jahrhundert war Zürich also eine Bankenstadt!

Im 17. Jahrhundert hatten die schweizerischen Banken so viel Geld ange-
sammelt, dass sie sich in Europa nach 55 Kreditnehmern umsahen. Unter ihren ersten ausländischen Kunden waren französische Könige, die Kredite aufnehmen wollten ohne befürchten° zu müssen, dass ihre [fear]
Untertanen° davon wussten. Das konnten 60 [subjects]
sie in der Schweiz, denn das Bankgeheimnis bestand schon damals.

Heute zählt das Schweizer Bankwe-
sen mit seinem ausgezeichneten Ruf° [reputation]
zu den bedeutendsten der Welt. Auch 65 ist der Schweizer Franken eine äußerst stabile Währung. Der Grund für diese beiden Tatsachen liegt wohl in der Neutralität und wirtschaftlichen Stabilität des Landes. Die Schweizer Banken beschäf- 70 tigen weit über 140.000 Menschen und man bezeichnet diesen Sektor als eine tragende Säule der Wirtschaft. Es gibt zwei Großbanken im Lande, *UBS* und *Credit Suisse*, die zusammen noch 75 Tausende Mitarbeiter in der ganzen Welt beschäftigen. Ende 2016 gab es in der Schweiz 261 Banken, einschließlich
Filialen° von ausländischen Instituten in [branches]
der Schweiz. 80

Die Schweizer von heute haben also
den schlauen° Lombarden aus alten [clever]
Zeiten viel zu verdanken°! ∎ [to be indebted to]

Schweizer Exportgüter

Überraschenderweise ist Kaffee der Exportschlager Nr. 1 der Schweiz. So wird jährlich Kaffee im Wert von 11 Milliarden Schweizer Franken ins Ausland verkauft. Käse und Schokolade landen auf Platz 2 und 3. Auch Uhren sind ein starkes Exportgut: 95% der „*Swiss made*" Uhren werden ins Ausland verkauft. Der Konzern° Victorinox (1884 von Karl Elsener gegründet) ist Hersteller der Schweizer Taschenmesser und erwirtschaftete° 2011 einen Rekordumsatz° von 550 Millionen Schweizer Franken.

Konzern group **erwirtschaftete** generated
Rekordumsatz record sales

NATIONAL communication cultures STANDARDS

1 Possible follow-up questions: **Warum durften nur die Lombarden bzw. Kawertschen Geld verleihen und Wucher treiben? Was waren die Sicherheiten für Kredite im Mittelalter? Welche Gebäude in Luzern und Zürich weisen auf einen langen Einfluss der Lombarden oder Kawertschen hin? Worauf basiert der gute Ruf des Schweizer Bankwesens?**

3 Have students read the **Kulturanmerkung** about the **Bankgeheimnis** before starting this exercise.

KULTURANMERKUNG

Das Schweizer Bankgeheimnis…

Die Schweizer Banken verdanken ihren Erfolg vor allem ihrem *Know-how* in der Vermögensverwaltung. Das Bankkundengeheimnis spielt eine wichtige Rolle und es geht dabei hauptsächlich um den Schutz der Privatsphäre. Für Kriminelle bietet es keinen Schutz, denn die Banken müssen in bestimmten Fällen, wie Zivil- und Strafprozessen° oder in Verfahren° des grenz-überschreitenden° Informationsaustauschs, Auskunft über ihre Kunden erteilen. Im Mai 2014 hat die Schweiz die Erklärung der OECD° über den automatischen Informationsaustausch in Steuerangelegenheiten unterzeichnet°.

Strafprozessen *criminal case*
Verfahren *lawsuit*
grenzüberschreitenden *cross-border*
OECD *Organization for Economic Cooperation and Development*
unterzeichnet *signed*

Analyse

Alles klar? Entscheiden Sie, welche Aussagen **richtig** oder **falsch** sind und korrigieren Sie dann zu zweit die falschen Aussagen. Some answers will vary.

Richtig	Falsch	
☑	☐	1. Im 13. und 14. Jahrhundert konnten nur die Lombarden und Kawertschen Geld verleihen.
☐	☑	2. Damals war die häufigste Geldtransaktion der Austausch von Bargeld. *Die häufigste Geldtransaktion war das Kreditgeschäft.*
☐	☑	3. Die Zinssätze im Mittelalter waren viel niedriger als heute. *Sie waren sehr hoch. Sie betrugen etwa 20 bis 40 Prozent im Jahr.*
☑	☐	4. Das deutsche Wort „Bank" ist mit dem italienischen Wort „*banca*" verwandt.
☐	☑	5. Die Schweizer Banken haben weniger als 100.000 Mitarbeiter. *Die Schweizer Banken haben mehr als 100.000 Mitarbeiter.*
☐	☑	6. In der Schweiz gibt es 300 ausländische Bankinstitute. *In der Schweiz gibt es über 300 Bankinstitute.*

Arbeitsplatz Schweiz Besprechen Sie in Gruppen die folgenden Fragen.

1. Würden Sie gern in der Schweiz arbeiten? Warum/warum nicht?

2. Welche Schwierigkeiten müssten Sie überwinden, um in der Schweiz arbeiten zu können?

3. Welche Industriezweige der Schweiz sind Ihrer Meinung nach am wichtigsten für den globalen Markt?

4. Welche Schweizer Produkte kennen Sie? Machen Sie eine Liste. Welche dieser Produkte konsumieren oder gebrauchen Sie?

5. Welche dieser Produkte werden auch in der Zukunft noch populär sein, welche vielleicht weniger? Warum?

2 As preparation, have students go on the Internet to find Swiss products. Products not mentioned in the reading include the 430 different varieties of Swiss cheeses, textiles, and products of the pharmaceutical industry, among others.

Debatte

A. Bilden Sie Gruppen und finden Sie Argumente für und gegen diese beiden Aussagen.

> *Das Schweizer Bankgeheimnis schützt gegen ungerechte Beschlagnahme (confiscation) privaten Vermögens.*

> *Die Tatsache, dass nur reiche und einflussreiche Kunden ein Konto in der Schweiz eröffnen können, fördert Ungerechtigkeit und Ungleichheit in der globalen Gesellschaft.*

B. Nach der Debatte soll die Klasse entscheiden, welchem Argument sie zustimmt. Hat jemand seine Meinung auf Grund der Debatte geändert? Besprechen Sie gemeinsam Ihre Stellungnahmen.

 Practice more at **vhlcentral.com**.

Vorbereitung

Über die Schriftstellerin

Christa Reinig (1926–2008) arbeitete nach dem Krieg in Ostberlin bei der satirischen Zeitschrift *Eulenspiegel*, bekam aber wegen ihrer antiautoritären Einstellung 1951 Publikationsverbot in der DDR. Sie ging nach der Vergabe des Bremer Literaturpreises 1964 nicht in die DDR zurück, sondern lebte anschließend in München. Sie hat Gedichte, Prosa und Hörspiele geschrieben.

2 Make sure students know that the verbs must be conjugated.

Wortschatz der Kurzgeschichte
austreten *to use the bathroom*
durchkreuzen *to thwart*
eine berufliche Laufbahn einschlagen *to choose a career path*
fälschen *to falsify*
Spießruten laufen *to run the gauntlet*
vermengen *to mix (up)*
verschreiben *to prescribe*

Nützlicher Wortschatz
einen Beruf ausüben *to practice a profession*
die Einstellung, -en *attitude; opinion*
krass *extreme*
(sich) verkleiden *to disguise*
der Wahrsager, -/die Wahrsagerin, -nen *fortune-teller*
der Zug, ̈-e *character trait*

1

Definitionen Ordnen Sie die Wörter der linken Spalte den Definitionen in der rechten Spalte zu.

_b_ 1. einen Beruf ausüben

_e_ 2. die Einstellung

_f_ 3. austreten

_c_ 4. krass

_a_ 5. eine berufliche Laufbahn einschlagen

_d_ 6. der Wahrsager

a. sich für einen Beruf entscheiden

b. eine Karriere haben

c. extrem

d. das Orakel

e. die Meinung; die Haltung

f. zur Toilette gehen

2

Vorbereitung Vervollständigen Sie den Text mit den passenden Wörtern oder Ausdrücken aus der Liste.

Kennen Sie den Film *Big*? Da gibt es einen Wahrsagerautomaten, der Wünsche erfüllt. Der Hauptdarsteller wird groß, behält aber seine kindlichen (1) _Züge_. Als Erwachsener muss er seine Papiere (2) _fälschen_ und sich als Geschäftsmann (3) _verkleiden_. In seinem „Beruf" (4) _vermengt_ er Arbeit mit Spiel und (5) _verschreibt_ auch seinen Mitarbeitern, wie Kinder zu denken und zu handeln. Nur die Sehnsucht nach seiner Mutter (6) _durchkreuzt_ seine beginnende Karriere und er wird wieder zum Kind, bevor er beruflich Schiffbruch (*shipwreck*) erleidet (*fails*).

3

Gespräch Stellen Sie einander die folgenden Fragen.

1. Was wolltest du werden, als du ein Kind warst? Willst du diese Laufbahn immer noch einschlagen? Warum/warum nicht?

2. Hast du dir schon mal deine Zukunft vorhersagen lassen, im Ernst oder zum Spaß? Oder liest du Horoskope? Warum/warum nicht?

Berufsberatung

Christa Reinig

"E" drücken

Students might notice that **dass**, **muss**, **lässt**, etc.
are spelled using the pre-1996 spelling rules.

ch war noch ein Kind, „redete wie ein Kind, war klug wie ein Kind und hatte kindliche Anschläge°". Aber für den Staat war ich ein Schulabgänger und würde nächstes Jahr ins Leben hinaustreten°, in den Staat hinein. Wir standen in Schlangen vor den weißen Türen, Knaben und Mädchen getrennt. Wir lasen die Zettel, die man uns am Eingang in die Hand gedrückt hatte: 5

traits

step out

„In der Testkabine hat absolute Ruhe zu herrschen. Konzentrieren Sie sich. Wenn Sie die Frage nicht verstanden haben, drücken Sie auf den blauen Knopf°. Sie haben eine Minute Zeit, Ihre Antwort zu formulieren. Wenn es klingelt, stehen Sie auf und verlassen den Raum."

button

Daß ich mich plötzlich mit „Sie" angeredet fand, war mir kein Trost°. Es vergrößerte 10 meine Schrecken. Als ich Ihm endlich gegenüberstand, allein in einem summenden Raum, schlotterte° ich und drückte auf den roten Knopf. Auf den roten Knopf an der linken Seite. Aber ich bekam es gar nicht mit, daß ich mich als Linkshänder entlarvt° hatte. Ich konnte mich nicht richtig hinsetzen. Mein Kinderpo flatterte° auf dem Schemel°. Ich mußte austreten. Eine Sekunde später hatte ich es vergessen. 15

consolation

trembled

exposed

wobbled/stool

Der Computer sprach mit gutturaler Elektronenstimme:

Genossin° Reinig! Erinnerst du dich daran, wann du zum erstenmal bewußt das Wort „Arbeit" vernommen hast und welche Emotionen es in dir ausgelöst hat?

Comrade

Reinig: Ich vernahm das Wort zum erstenmal bewußt in der Verbindung „Arbeits-los", und es hat in mir angenehme Emotionen ausgelöst°. 20

triggered

Computer: Weißt du Erinnerungsbilder?

Reinig: Es war im Humboldt-Hain°. Da saßen die Männer dicht an dicht auf Bänken, Klappstühlen oder auf Raseneinfassungen. Vor sich auf den Knien hatten sie Zigarrenkisten und Schuhkartons voller Zigarettenbildchen. Sie besuchten einander und tauschten die Bildchen hin und her. 1 Greta Garbo gegen 1 Emil 25 Jannings, 1 französisches Kampfflugzeug gegen 1 Focke-Wulf°, 1 chinesischen Mandarin gegen 1 Huronenkrieger im Festgewand. Der ganze Humboldt-Hain war ein einziger wimmelnder Markt dieser bildchentauschenden Männer. Später hieß es dann, die Schreckenszeit der Arbeitslosigkeit sei vorüber, wir können alle wieder froh in die Zukunft blicken. Ich dachte bei mir, 30 diese Erwachsenen sind doch Spinner, und nahm mir insgeheim vor, einmal arbeitslos zu werden.

park in Berlin

WWII bomber

Computer: Von was für Gefühlen wirst du beherrscht, wenn dich frühmorgens das Klingeln des Weckers aus dem Schlaf reißt?

Reinig: Ich empfinde großes Herzeleid°. 35

sorrow

Computer: Empfindest du dann im Laufe des Tages noch mehrfach großes Herzeleid?

Reinig: Nein, wenn ich es geschafft habe, mich aus dem Bett zu bringen, habe ich das Schlimmste des Tages hinter mir.

Computer: Was ist deine Lieblingsbeschäftigung?

Reinig: Lesen. 40

Computer: Was ist deine Lieblingslektüre?

Reinig: Karl May, John Kling, Billy Jenkins, Rolf Torring, Jörn Farrow, Tom Mix.

Computer: Welches ist dein Lieblingsbuch?

Reinig: Olaf K. Abelsen, „An den Feuern der Ewigkeit". Ich habe es schon ein dutzendmal gelesen und kann es auswendig° erzählen. 45

by heart

Computer: Gib eine kurze Zusammenfassung des Inhaltes.

Reinig: Also, die Reisegesellschaft: wird von Gangstern verfolgt, warum, weiß man nicht, weil es eine Fortsetzungserzählung ist. Die Gangster sprengen° die Insel *blow up* in die Luft. Dadurch gerät die Reisegesellschaft unter die Erde in eine düstere vulkanische Landschaft, die durch ein fernes Feuer schwach erhellt° wird. 50 *illuminated* Es finden sich dort auch Tiere vor, Krokodile, Fledermäuse°. Diese Tiere sind *bats* blind, ihre Augen sind verkümmert°, weil sie schon so lange in der Finsternis° *atrophied/darkness* leben. Dann entdeckt die Reisegesellschaft die Überreste einer alten Mayakultur. Gerade als sie dabei sind, die Schätze zu heben, werden sie von Giftpfeilen beschossen. Es sind aber keine Indianer, sondern die Gangster, die sie verfolgen. 55 Dann verändert sich das Feuer der Ewigkeit, und es gibt einen Vulkanausbruch. Die Reisegesellschaft wird aus der Tiefe empor und ins Meer geschleudert. Dort findet sie sich mit den Wogen° kämpfend wieder zusammen. Damit schließt es. *waves* Der Fortsetzungsband fehlt mir, aber ich glaube, sie werden gerettet°. *saved*

Computer: Hast du einmal versucht, ein klassisches Werk von Goethe oder Schiller 60 zu lesen?

Reinig: Ja, ich habe einmal versucht, ein Seefahrerdrama von Goethe oder Schiller zu lesen.

Das vertraute Summen° setzte aus. Plötzlich war es ganz still. Dann begann ein leises, *hum* rauhes Hüsteln°, das nicht mehr aufhörte. Eigentlich war es bis hierher ganz gemütlich 65 *harsh cough* gewesen. Aber nun überfiel mich die Erkenntnis, daß ich keiner mitfühlenden Seele mein Herzensfutter° aufgeschlitzt hatte, sondern einer Maschine, die mindestens viele Millionen *innermost feelings* Dollarrubel gekostet hatte. Und ich hatte sie kaputt gemacht. Schlimmer! Gleich würde sie explodieren und mich in Stücke reißen. Um so besser. Dann brauchte ich sie wenigstens nicht zu bezahlen. Wie viele Jahre man so etwas abarbeiten muß? Ich bereitete mich lieber 70 auf den Tod vor. Dann kam wieder das Summen. Vaterunser - Gott sei dank.

Computer: Hast du einmal versucht, ein klassisches Werk von Goethe oder Schiller zu lesen?

Reinig: Torquato Tasso.

Je verrückter diese exotischen Namen sind, desto besser kann man sie sich merken. 75 Schimborassotschomolungmakilimandscharo! Warum fragt er mich nicht so was?

Computer: Schildere die künstlerischen Eindrücke, die du empfangen hast.

Reinig: Das Buch geriet auf irgendeine Weise zwischen unsere Wohnklamotten. Es fuhr darin herum und tauchte bald hier, bald da auf. Schließlich erbarmte ich mich. Ich lese als erstes immer die letzte Seite. Es war die Rede von einem Schiffsuntergang. 80 Der Held°, mit den Wogen kämpfend, wollte sich an einem Felsen festhalten°. *hero/hold* Dann fehlte auch wieder die Fortsetzung. Möglicherweise ist er nicht gerettet worden, denn wenn der Schiffbrüchige° an die Felsen gerät, ist er erledigt. Er *shipwrecked person* wird einfach zerschmettert°. Ich las dann noch den Anfang. Es handelte von *crushed* irgendwelchen Leuten, die im Museum herumliefen und Figuren betrachteten. 85 Da war ich schnell satt, und wie es zu dem Schiffbruch kam, habe ich dann nicht mehr erfahren.

Computer: Deine guten Leistungen in der Schule stehen im Widerspruch zu deiner unver-nünftigen° Lektüre. Wie erklärst du dir diesen Widerspruch? *unreasonable*

Reinig: Meine Mutti schenkte mir zu Weihnachten ein Realienbuch für die Mittelschule. 90 Da ich aber die Volksschule besuche, war es ein ganz und gar unnützes Buch. Es stimmte überhaupt nicht mit unserem Lehrplan überein, und ich habe es nie gebraucht. Und darum hab ich es dann doch gelesen.

Computer: Hast du besondere Berufswünsche?

Reinig: Ursprünglich wollte ich in den Trojanischen Krieg ziehen. Aber dann erfuhr 95
ich, daß er schon zu Ende war, und die Leute meinten, Krieg würde es nie
mehr geben. Da bin ich dann in die Odyssee umgestiegen. Ich vermengte die
Bildungsinformationen und bereitete mich seelisch darauf vor, Amerika zu
entdecken. Mit der Zeit wurde ich heller und überlegte mir, daß es Dinge gibt,
die nicht geschehen können, weil sie schon geschehen sind. Ich konzentrierte 100
mich auf die Antarktis, ob da vielleicht etwas für mich auftauchen° würde. *arise*
Wo ich doch die Beste im Rodeln° bin. In den Reisebeschreibungen stand *sledding*
zu lesen, die moderne Seefahrt bestünde nur noch im Rostabklopfen° und *brushing down of rust*
Mennigestreichen°. So geriet ich in eine Existenzkrise, die sich noch *painting with red lead paint*
verstärkte, weil ich mir langsam klarmachen mußte, daß ich doch ein Mädchen 105
sei, und damit waren alle meine bisherigen° Berufswünsche sowieso durch- *previous*
kreuzt. Zum Glück bekam ich wenig später eine Brille verschrieben. Damit
waren alle meine Probleme gelöst, einschließlich der Sexualprobleme. Denn die
Jungens ließen mich förmlich Spießruten laufen und krähten° in sadistischem *crowed*
Vergnügen: „Mein Letzter Wille, eene mit ner Brille." Wo ich auftauchte, ging 110
es los. Dann aber kam der Winter, und die Jungens deckten alle Mädchen wie
gewöhnlich mit Schneebällen ein. Nur ich blieb ungeschoren°. Wo ich erschien, *unscathed*
warnten sie einander: „Vorsicht, die nicht, die hat 'ne Brille!" Da faßte ich neuen
Lebensmut und beschloß Professorin zu werden und Mayapyramiden auszu-
graben. Und dabei bin ich eigentlich bis heute verblieben... 115

Computer: Du wirst Schriftstellerin. - Du kannst innerhalb von zwei Minuten Einspruch° *objection*
anmelden und drückst zu diesem Zwecke auf den grünen Knopf.

Ich drückte innerhalb von zwei Sekunden auf den Knopf.

Computer: Gegenvorschlag°? *Counter-proposal*

Reinig: Ach bitte, darf ich nicht wenigstens Politikerin werden? Ich könnte mich bis zur 120
Reichskanzlerin emporarbeiten und die Erste Dienerin meines Volkes werden.
Reden hab ich immer gut gekonnt.

Computer: Faulheit° in Verbindung mit Ehrgeiz° läßt beide Möglichkeiten zu. Man kann *laziness/ambition*
damit ebensogut eine politische Karriere begründen wie auch eine literarische
Laufbahn einschlagen. In deinem Fall kommt allein der zweite Weg in Frage, 125
denn deine Intelligenz reicht nicht aus für die Politik.

Und dann erschien es mir, als hörte ich plötzlich eine Menschenstimme, liebevoll,
besorgt, persönlich. Aber das kann nicht wahr sein. Es war und blieb eine Maschine. Es ist
wohl nur die dankbare Erinnerung, die hier etwas gefälscht hat.

Computer: Und übrigens bin ich für dein weiteres Wohlergehen° verantwortlich. Wenn 130 *well-being*
dir etwas Unangenehmes zustieße, würde man mir Vorwürfe° machen und *allegations*
behaupten, ich sei falsch programmiert. - Einspruch abgelehnt.

Dreißig Jahre später hatte ich eine neuerliche Begegnung mit einem Computer. Ich trat
in den Testraum, drückte mit wurstiger° Gelassenheit auf den roten Knopf an der rechten *couldn't-care-less*
Seite und setzte mich hin. 135

Computer: Genossin Reinig, warum schreiben Sie?

Reinig: Ich schreibe, weil es mir der Genosse Computer verordnet hat.

Es klingelte, und ich verließ den Raum. ■

Analyse

1

Verständnis Verbinden Sie die Satzteile logisch.

___d___ 1. In einer Testkabine muss man

___a___ 2. Das Wort „Arbeits-los" löste bei Reinig

___e___ 3. Als das vertraute Summen aussetzte,

___b___ 4. Von einem Buch las Reinig

___c___ 5. Weil sie als Mädchen eine Brille trug,

a. angenehme Emotionen aus.

b. immer zuerst den Schluss.

c. ließen die Jungen sie in Ruhe.

d. sich konzentrieren.

e. dachte Reinig, sie hätte den Computer kaputt gemacht.

2

Interpretation Markieren Sie die jeweils richtige Aussage.

1. (a.) Reinig war anfangs ganz fürchterlich nervös, als sie allein in der summenden Kabine war.
   b. Die gutturale Computerstimme tröstete Reinig.

2. a. Im Humboldt-Hain tauschten die Kinder ihre Sammelbilder aus.
   (b.) Arbeitslose Männer verbringen ihre Zeit mit dem Austauschen von Zigarettenbildern.

3. (a.) Die schlimmste Zeit des Tages ist, wenn der Wecker klingelt.
   b. Reinig empfindet den ganzen Tag lang großes Herzeleid.

4. (a.) Reinig hat einmal versucht, ein Werk von Goethe zu lesen.
   b. Torquato Tasso ist ein Seefahrerroman.

5. a. Weil Reinig so intelligent ist, hat der Genosse Computer ihr verordnet, Schriftstellerin zu werden.
   (b.) Um Politikerin werden zu können, müsste Reinig viel intelligenter sein.

3 Encourage students to expand the lists, and have them share the results with the class.

3

Die Figuren Welche Aussage passt zu wem? Besprechen Sie zu zweit Ihre Antworten.

Reinig	Der Computer	
☑	☐	1. ist klug
☐	☑	2. hat eine künstliche Stimme
☑	☐	3. wird plötzlich gesiezt
☑	☐	4. hat witzige Gedanken
☐	☑	5. räuspert sich plötzlich
☐	☑	6. hat kein Mitgefühl
☑	☐	7. gerät in eine Existenzkrise
☐	☑	8. hat menschliche Züge

4

Fragen zur Geschichte Beantworten Sie zu zweit die folgenden Fragen.

1. Wann und warum änderten sich Reinigs Berufswünsche?

2. Warum meint der Computer, dass Reinigs Lektüre unvernünftig ist?

3. Warum nimmt der Computer Reinigs Gegenvorschlag nicht an? Glauben Sie, dass er überhaupt Gegenvorschläge annehmen kann?

4. Was meinen Sie, ist der Computer überhaupt ein Computer oder ist er ein verkleideter Mensch, der mit verstellter Stimme spricht?

5

Berufsberatung Improvisieren Sie zu zweit einen Dialog zwischen dem Computer und einem/einer anderen Studenten(in), der/die ganz anders ist als Reinig. Welchen Beruf empfiehlt der Computer dem/der Studenten(in)? Stimmt er/sie der Empfehlung zu?

6

Meinungen Besprechen Sie in Gruppen Ihre Einstellungen zu den folgenden Fragen.

- Kann eine Berufsberatung durch einen Computer kompetent und effektiv sein? Warum/warum nicht? Was wären mögliche Vor- und Nachteile einer solchen anonymen Beratung? Würden Sie so einen Test machen wollen?

- Was für Erfahrungen haben Sie selbst mit online Tests gemacht?

- Können Sie sich mit Reinig zu irgendeinem Zeitpunkt der Geschichte identifizieren? Warum/warum nicht?

- Der Computer in der Geschichte scheint zu sagen, dass Reinig Schriftstellerin werden soll, weil sie gerne liest. Glauben Sie auch, dass viel lesen einen dazu prädestiniert, Schriftsteller zu werden? Warum?

- Reinig wollte als Kind einen „Männerberuf" ausüben. Was denken Sie darüber? Gibt es heutzutage noch so krasse Unterschiede in den Berufen, dass sie entweder nur von Frauen oder nur von Männern ausgeübt werden können?

- Weil sie eine Brille trägt, hat Reinig mit ihren Mitschülern schlechte Erfahrungen gemacht. Haben Sie ähnliche Erinnerungen an Ihre Schulzeit? Waren Sie einmal Zielscheibe (*target*) von Spott oder haben sich über jemanden lustig gemacht?

7

Zum Thema Schreiben Sie einen Aufsatz mit ungefähr 100 Wörtern über eines der folgenden Themen.

- Haben Sie schon einmal eine Entscheidung treffen müssen, die Ihre Zukunft nachhaltig beeinflusst hat? Oder hat jemand anders für Sie so eine Entscheidung getroffen? Beschreiben Sie, was passiert ist. Bedauern Sie (*Do you regret*) Ihre Entscheidung oder ist alles gut geworden?

- Für welchen Beruf werden Sie sich nach Ihrem Studium entscheiden und warum? Welche Faktoren beeinflussen Ihre Entscheidung?

 Practice more at **vhlcentral.com**.

6 Remind students that computerized tests range from driver's license tests to college entry exams.

7 Have students read the **Kulturanmerkung** before answering the questions.

KULTURANMERKUNG

Berufswahl in der DDR

Den Jugendlichen in der DDR war nicht unbedingt freie Berufswahl gewährt, obwohl die Verfassung° sie garantierte. Da die gesamte Wirtschaft staatlich gesteuert war, sollten die Schulen die Schulabgänger(innen) zu bestimmten Arbeitsplätzen hinführen, für die die Betriebe gerade Arbeitskräfte brauchten. Ob man seinen Traumberuf ausüben konnte oder nicht, hing auch noch von der politischen Zuverlässigkeit°, der sozialen Herkunft°, dem gesundheitlichen Zustand, guten Noten in vielen Fächern und dem eingeschätzten° Leistungswillen der Bewerber(innen) für die Kollektivwirtschaft ab.

Verfassung *constitution*
Zuverlässigkeit *dependability*
Herkunft *origin*
eingeschätzten *estimated*

Anwendung

Verallgemeinerungen und Mangel an Kontinuität vermeiden

In Aufsätzen findet man oft Verallgemeinerungen (*generalizations*) und einen Mangel (*lack*) an Kontinuität. Verallgemeinerungen lassen Ausnahmen und alternative Meinungen außer Acht; fehlende logische Verbindungen zwischen Sätzen und Absätzen stellen einen Mangel an Kontinuität dar. Um diese Probleme zu vermeiden, sollten Sie beim Schreiben jedes Satzes und Absatzes die folgenden Fragen berücksichtigen:

- **Ist das, was ich geschrieben habe, unter allen Umständen so richtig?**
  Wenn Ihnen Ausnahmen einfallen, sollten Sie diese berücksichtigen, um keine falschen Verallgemeinerungen aufzustellen.

- **Sind Sätze und Absätze logisch miteinander verbunden?**
  Wenn die Übergänge nicht schlüssig sind, sollten Sie Ihre Ideen logischer an- oder umordnen und so einen Mangel an Kontinuität vermeiden.

1

Vorbereitung Schreiben Sie einen Satz, der eine Verallgemeinerung enthält oder mehrere Sätze, die einen Mangel an Kontinuität aufweisen. Tauschen Sie Ihre Sätze untereinander aus und korrigieren Sie sie, um Verallgemeinerungen oder Mängel an Kontinuität auszuschließen (*eliminate*).

Beispiele

Verallgemeinerung: Eine Arbeit zu verrichten, die keinen Spaß macht, ist Zeitverschwendung (*waste of time*).

Korrektur: *Es gibt viele Gründe, seine Stelle zu behalten, auch wenn die Arbeit keinen Spaß macht. Im Allgemeinen aber sind die Leute, denen ihre Arbeit gefällt glücklicher, als die, die ihren Beruf hassen.*

Mangel an Kontinuität: Ich hatte auf eine Beförderung gehofft. Am Ende beschloss ich, meine Stelle zu kündigen.

Korrektur: *Da ich nach mehreren Jahren in derselben Firma immer noch keine Beförderung bekommen hatte, beschloss ich, meine Stelle zu kündigen.*

2

Aufsatz Wählen Sie eines der folgenden Themen und schreiben Sie darüber einen Aufsatz.

- Beziehen Sie sich in Ihrem Aufsatz auf einen der vier Teile dieser Lektion: **Kurzfilm, Stellen Sie sich vor, …, Kultur** oder **Literatur.**
- Verarbeiten Sie mindestens zwei verschiedene Argumente und Beispiele aus dem Teil, über den Sie schreiben.
- Stellen Sie Ihre persönliche Einstellung klar und deutlich dar.

Themen

1. Welche Probleme kann es geben, wenn Paare den selben Beruf ausüben? Kann der Beruf die Beziehung beeinflussen?

2. Ist es besser, schon früh im Leben eine Berufswahl zu treffen oder sollte man Verschiedenes ausprobieren bevor man sich entscheidet?

3. Auswahlverfahren für Orchesterstellen sind schwierig und nur die Besten kommen weiter. Wie unterscheiden sich die *Auditions* von Bewerbungen bei anderen Berufen? Sind sie fair? Wie würden Sie Mitglieder für ein Orchester auswählen?

Arbeit und Finanzen

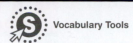
Vocabulary Tools

Die Arbeitsplatzsuche

das Amt, ⸚er *position; office*
das Arbeitsamt, ⸚er *employment agency*
die Ausbildung, -en *training; education*
der Beruf, -e *job*
die Beschäftigung, -en *occupation*
die (Berufs)erfahrung, -en *(professional) experience*
das Gewerbe, - *trade; business*
die Karriere, -n *career*
der Lebenslauf, ⸚e *résumé*
der Personalmanager, -/ die Personalmanagerin, -nen *personnel manager*
der Praktikant, -en/die Praktikantin, -nen *intern; trainee*
die Qualifikation, -en *qualification(s)*
die Stelle, -n *position*
das Vorstellungsgespräch, -e *job interview*

beschäftigen *to employ*
sich (bei j-m) um etwas bewerben *to apply (somewhere) for a job*
einstellen *to hire*

Die Leute am Arbeitsplatz

der/die Angestellte, -n *employee*
der Berater, -/die Beraterin, -nen *consultant*
der (Bilanz)buchhalter, -/ die (Bilanz)buchhalterin, -nen *accountant*
der Chef, -s/die Chefin, -nen *boss*
der Geschäftsführer, -/ die Geschäftsführerin, -nen *executive; manager*
der Inhaber, -/die Inhaberin, -nen *owner*
der Kollege, -n/die Kollegin, -nen *colleague*
der Sekretär, -e/die Sekretärin, -nen *secretary*

Auf der Arbeit

die Arbeitszeit, -en *work hours*
die Beförderung, -en *promotion*
die Gewerkschaft, -en *labor union*
der (Mindest)lohn, ⸚e *(minimum) wage*
der Streik, -s *strike*

die Teilzeitarbeit/die Teilzeitstelle, -n *part-time job*
der Urlaubstag, -e *day off*
die Vollzeitstelle, -n *full-time job*

entlassen *to lay off*
feuern *to fire*
in Rente gehen *to retire*
kündigen *to quit*
leiten *to manage*
Überstunden (*pl.*) (machen) *(to work) overtime*
verdienen *to earn*

Die Finanzen

die Börse, -n *stock exchange*
das Darlehen, - *loan*
die Ersparnis, -se *savings*
der Immobilienmarkt, ⸚e *real estate market*
der Konkurs, -e *bankruptcy*
die Rezession, -en *recession*
die Schulden (*pl.*) *debt*
die Steuer, -n *tax*
die Währung, -en *currency*
die Wirtschaftskrise, -n *economic crisis*
die Zahl, -en *figure; number*
der Zinssatz, ⸚e *interest rate*

anlegen (in + Dat.) *to invest (in)*
eine Hypothek aufnehmen *to take out a mortgage*
(etwas/j-n) ausnutzen *to take advantage of (something/someone)*
Schulden haben *to be in debt*
(Geld) leihen *to borrow (money)*
sparen *to save*

erfolgreich *successful*
finanziell *financial*
kurzfristig *short-term*
langfristig *long-term*

Kurzfilm

der Einspielraum, ⸚e *rehearsal room*
die Geige, -n *violin*
die Jury, -s *jury (in a competition)*
der Konkurrent, -en *competitor*
der Mitarbeiter, -/die Mitarbeiterin, -nen *co-worker*

das Niveau, -s *level*
das Probespiel, -e *audition*
das Verfahren, - *process*
das Vorspiel, -e *audition*
der Wettbewerb, -e *competition*

sich einfinden *to arrive*
Gebrauch von etwas machen *to make use of*
teilnehmen an *to participate in*
unterzeichnen *to sign*

geregelt *regulated*
zur Not *in a pinch*

Kultur

die Buchhaltung *accounting*
das Gut, ⸚er *goods*
der Kreditnehmer, - *borrower*
die Säule, -n *pillar*
die Stellungnahme, -n *comment; position*
das Verbot, -e *ban*
das Vermögen, - *asset*
die Verpfändung, -en *pledging as collateral*
die Wechselstube, -n *currency exchange*

belegen *to reserve*
betragen *to amount to*
sich selbstständig machen *to start one's own business*

Literatur

die Einstellung, -en *attitude; opinion*
der Wahrsager, -/die Wahrsagerin, -nen *fortune-teller*
der Zug, ⸚e *character trait*

austreten *to use the bathroom*
einen Beruf ausüben *to practice a profession*
durchkreuzen *to thwart*
eine berufliche Laufbahn einschlagen *to choose a career path*
fälschen *to falsify*
Spießruten laufen *to run the gauntlet*
(sich) verkleiden *to disguise*
vermengen *to mix (up)*
verschreiben *to prescribe*

krass *extreme*

Geschichte und Gesellschaft

Jedes Land hat Geschichte, und diese Vergangenheit hat meistens gute und schlechte Seiten. Wie wichtig ist die Geschichte eines Landes, und wie geht man als Bürger damit um? Sollen wir uns mit vergangenen Fehlern beschäftigen oder lieber konsequent nach vorne schauen?
Die amerikanische Geschichte ist bis heute eine Geschichte der Einwanderer. In Deutschland ist dieses Thema erst nach dem 2. Weltkrieg aktuell geworden. Welchen Einfluss hat Einwanderung auf Menschen und Gesellschaft?

Grundgesetz

Grundgesetz

für die Bundesrepublik Deutschland

8. Auflage

OMOS

361

382

Reiseziel:
Brandenburg und Sachsen

BRANDENBURG

SACHSEN

PREVIEW Have students discuss the following question from the text on the previous page: **Welchen Einfluss hat Einwanderung auf Menschen und Gesellschaft?**

Geschichte und nationales Selbstverständnis

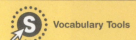
Vocabulary Tools

Politik

der/die (Bundestags)abgeordnete, -n
  representative, member (of the Bundestag)
der Demokrat, -en/die Demokratin, -nen
  Democrat
die Demokratie, -n *democracy*
die Diktatur, -en *dictatorship*
der (Bundes)kanzler, -/
  die (Bundes)kanzlerin, -nen
  (federal) chancellor
der/die Konservative, -n *Conservative*
der/die Liberale, -n *Liberal*
die (politische) Partei, -en *(political) party*
der Politiker, -/die Politikerin, -nen
  politician
der (Bundes)präsident, -en/
  die (Bundes)präsidentin, -nen
  (federal) president
das Regierungssystem, -e *system*
  of government
die (Bundes)republik, -en
  (federal) republic
der Republikaner, -/
  die Republikanerin, -nen *Republican*
der Sozialdemokrat, -en/
  die Sozialdemokratin, -nen
  Social Democrat
die Wahlniederlage, -n *election defeat*
der Wahlsieg, -e *election victory*

führen *to lead*
regieren *to govern*
wählen *to elect; to vote*
  gewählt werden *to be elected*

demokratisch *democratic*
faschistisch *fascist*
liberal *liberal*
monarchisch *monarchic*

republikanisch *republican*

Geschichte

die Armee, -n *armed forces*
der Frieden *peace*
das Heer, -e *army*
das Jahrhundert, -e *century*
das Jahrzehnt, -e *decade*
der Kaiser, -/die Kaiserin, -nen
  emperor/empress
der König, -e/die Königin, -nen *king/queen*
das Königreich, -e *kingdom*
der (Bürger/Welt)krieg, -e
  (civil/world) war
die Niederlage, -n *defeat*
der Sieg, -e *victory*
die Sklaverei *slavery*
die Waffe, -n *weapon*
die Zivilisation, -en *civilization*

befreien *to liberate*
besiegen *to defeat*
einfallen in (+ Akk.) *to invade*
erobern *to conquer*
kapitulieren *to surrender*
kolonisieren *to colonize*
stürzen *to overthrow*
unterdrücken *to oppress*
vertreiben *to expel*

siegreich *victorious*
stark/kräftig *powerful*

v. Chr. (vor Christus), v. u. Z.
  [vor unserer Zeit(rechnung)]
  B.C., B.C.E.
n. Chr. (nach Christus) *A.D., C.E.*

Nationen und nationale Identität

die Auswanderung, -en *emigration*
die Bevölkerung, -en *population*
die Einwanderung, -en *immigration*

die (Unter)entwicklung, -en
  (under)development
die Globalisierung, -en *globalization*
die Integration, -en *integration*
die Muttersprache, -n *native language*
der Rassismus *racism*
die Staatsbürgerschaft, -en *citizenship*
die Übervölkerung, -en *overpopulation*

bedauern *to regret*
erscheinen *to appear*
kämpfen *to struggle*
protestieren (gegen) (+ Akk.) *to protest*
  (against)

überwinden *to overcome*
verschwinden *to disappear*

mehrsprachig *multilingual*
multikulturell *multicultural*

INSTRUCTIONAL RESOURCES
Audioscripts, SAM AK, Lab MP3s
SAM/WebSAM: WB, LM

Anwendung und Kommunikation

1 Have students make flash cards to study vocabulary. Make sure that students know all irregular verb forms before completing the exercise.

1 Vokabeln Vervollständigen Sie jeden Satz mit dem richtigen Wort.

1. Wenn man ein Spiel gewinnt, ist das (ein Sieg / eine Niederlage).

2. Wenn Menschen ihre Heimat verlassen und in ein neues Land ziehen, heißt es (Einwanderung / Politik).

3. Wenn etwas hier war, aber auf einmal weg ist, ist es (erschienen / verschwunden).

4. Wenn man sich wünscht, dass etwas nicht passiert wäre, (bedauert / überwindet) man das.

5. Wenn es zu viele Menschen auf der Erde gibt, nennt man das (Globalisierung / Übervölkerung).

6. Wenn Länder gegeneinander kämpfen, spricht man von (Krieg / Frieden).

7. Wenn Menschen aus vielen verschiedenen Ländern an einem Ort zusammentreffen, dann nennt man diesen Ort (siegreich / multikulturell).

2 Deutsche Geschichte Schreiben Sie die fehlenden Wörter in die Lücken.

2 Before doing this activity, have students guess the German words for *immigrant, citizen,* etc., based on the nouns from the lesson vocabulary **Einwanderung, Staatsbürgerschaft,** etc. Invite students to add additional facts about German postwar history.

besiegt	demokratische	gewählt	Politiker
Bundeskanzler	Diktatur	Jahrzehnten	Weltkrieg

Der Zweite (1) ___Weltkrieg___ endete im Jahre 1945. Die faschistische (2) ___Diktatur___ unter Hitler war zu Ende. Deutschland war (3) ___besiegt___ und viele Städte lagen in Trümmern. Nach dem Krieg bekam Westdeutschland eine (4) ___demokratische___ Regierung und der (5) ___Politiker___ Konrad Adenauer wurde zum ersten (6) ___Bundeskanzler___ der neuen Bundesrepublik (7) ___gewählt___. In den folgenden (8) ___Jahrzehnten___ wurde Deutschland wieder aufgebaut und die Wirtschaft erlebte einen Boom. Diese Zeit nennt man das ‚Wirtschaftswunder'.

3 Alle Menschen sind Ausländer. Fast überall. Besprechen Sie zu zweit Einwanderung und Integration.

3 "Alle Menschen sind Ausländer. Fast überall." used to be a popular slogan on German bumper stickers. Ask students to think about the significance of this phrase.

1. Wissen Sie, woher Ihre Familie kommt? Wann sind sie in die USA eingewandert?

2. Was sollten Einwanderer tun, um sich in ihrer neuen Heimat anzupassen? Ist es wichtig, die Sprache des neuen Landes zu lernen? Warum?

3. Wie können Ausländer eine Gesellschaft bereichern (*enrich*)?

4. Man nennt die USA oft einen ‚Schmelztiegel' (*melting pot*). Welchen Einfluss hatten/haben Einwanderer auf die Geschichte der USA in der Vergangenheit und heute?

4 Wichtige Ereignisse In der Geschichte gab es bestimmte Ereignisse, die besonders viele Nachwirkungen (*aftereffects*) hatten. Welches Zeitalter hat uns Ihrer Meinung nach am meisten beeinflusst? Besprechen Sie in Gruppen, welche Epoche das sein mag, und geben Sie Gründe und Beispiele an.

 Practice more at **vhlcentral.com.**

INSTRUCTIONAL RESOURCES
Film Collection,
Script & Translation
SAM/WebSAM: WB

Vorbereitung

Wortschatz des Kurzfilms
der Bengel, - *rascal*
etwas erlauben *to allow something*
der Judenstern, -e *Yellow Star*
das Malheur, -s *mishap*
die Noten (*pl.*) *sheet music*
sich schwören *to vow*
das Spielzeugland *toyland*
etwas verraten *to reveal something*

Nützlicher Wortschatz
die Gestapo (Geheime Staatspolizei) *secret police in the Third Reich*
die Judenverfolgung, -en *persecution of Jews*
das Konzentrationslager, - (das KZ) *concentration camp*
die Lüge, -n *lie*
die Rettung, -en *rescue*

AUSDRÜCKE
das Geheimnis für sich behalten *to keep a secret*
alles für etwas geben *to give everything for something*
einen schlechten Einfluss haben auf *to have a bad influence on*
etwas geht schief *something goes wrong*
Verstecken spielen *to play hide-and-seek*

1 Ask students to write their own definitions. In pairs or in groups, students can read out their definitions and others can guess the correct answer.

1

Was passt zusammen? Suchen Sie für jede Vokabel die richtige Definition.

___g___ 1. wo viele Juden getötet wurden   a. die Lüge

___a___ 2. etwas, was nicht wahr ist   b. ein Geheimnis für sich behalten

___b___ 3. wenn man etwas nicht erzählt   c. die Noten

___e___ 4. es gibt ein Problem   d. das Malheur

___c___ 5. Musikalien   e. etwas geht schief

___d___ 6. ein Problem   f. sich schwören

___f___ 7. sich etwas versprechen   g. das Konzentrationslager

2

Welches Wort passt? Suchen Sie für jeden Satz die Vokabel, die logisch passt.

1. Im Dritten Reich wurden viele Juden in Deutschland wegen der von Hitler initiierten ___Judenverfolgung___ getötet.

2. Kleine Jungen werden oft auch ___Bengel___ genannt.

3. Wenn man ein negatives Beispiel für jemanden ist, dann hat man vielleicht einen ___schlechten Einfluss___ auf diese Person.

4. ___Etwas verraten___ heißt, dass man einer Person etwas erzählt, was sie vorher nicht gewusst hat.

5. Wenn man jemandem ___etwas erlaubt___, darf er oder sie das machen.

6. ___Die Gestapo___ war eine besondere Polizeieinheit im Dritten Reich.

7. Wenn es für Menschen, die in großer Gefahr waren, eine ___Rettung___ gab, steht das in der Zeitung.

3

Was denkst du? Stellen Sie einander die folgenden Fragen.

1. Interessierst du dich für Geschichte? Warum?
2. Was ist deine nationale Identität?
3. Musstest du schon einmal eine schwierige Entscheidung treffen? Welche?
4. Hast du schon einmal gelogen? Wann? Warum?
5. Wer spielt in deinem Leben eine wichtige Rolle? Warum?
6. Hast du Freunde, die du schon dein ganzes Leben lang kennst?

3 Encourage students to elaborate on their answers.

4

Ereignisse und Personen Füllen Sie die Tabelle zu zweit aus. Schreiben Sie zuerst wichtige geschichtliche Ereignisse auf und die Person, die Sie damit assoziieren. Wählen Sie dann ein Ereignis aus und überlegen Sie sich, wie das Leben für viele Menschen in dieser Zeit gewesen sein muss.

4 Bring a list of historical events to class or print out pictures of historic events. Ask students to name the event or to describe what they see.

Geschichtliche Ereignisse	Personen aus der Geschichte	das Leben für viele Menschen
der Bürgerkrieg in den USA	Abraham Lincoln	Viele Menschen haben viel gelitten. Sie hatten zu wenig zu essen und haben Familie und Freunde verloren.

5

Was könnte passieren? Sehen Sie sich in Gruppen die folgenden Bilder aus dem Film an und beantworten Sie dann die Fragen. Schreiben Sie auf, was im Film alles passieren könnte.

- Was fällt Ihnen an den Bildern auf?
- Wie sehen die Personen aus?
- Was für Persönlichkeiten haben die einzelnen Personen?
- Was passiert im zweiten und dritten Bild?
- Wie sind die Personen in dem Film miteinander verbunden (*connected*)?

 Practice more at **vhlcentral.com**.

Video

TEACHING OPTION Since the movie jumps back and forth between the day leading up to the deportation and the event itself, students may have difficulties keeping track of what happens when. It might be useful to ask students to create a time line of events. This can be accomplished by watching the movie once without sound or by watching it repeatedly.

SPIELZEUGLAND

Ein Film von Jochen Alexander Freydank

OSCAR WINNER 2009
Best Short Film, Live Action

Darsteller Julia Jäger, Cedric Eich, Tamay Bulut Özvatan, Torsten Michaelis, Claudia Hübschmann, David C. Bunners **Produzenten** David C. Bunners/Jochen Alexander Freydank/Christoph "Cico" Nicolaisen **Drehbuch** Johann A. Bunners/ Jochen Alexander Freydank **Schnitt** Anna Kappelmann **Musik** Ingo Frenzel

HANDLUNG *Die Freundschaft zweier Jungen im Dritten Reich hat unerwartete Folgen. Als einer der beiden mit seiner Familie ins „Spielzeugland" abtransportiert wird, will sein Freund mitkommen.*

FRAU SILBERSTEIN Ich würde alles dafür geben, wenn David sein Lebtag so weiterspielen könnte! Man redet von morgen!

HEINRICH Warum war Frau Silberstein vorhin so traurig?
MARIANNE Weil die Silbersteins vielleicht bald verreisen° müssen.
HEINRICH Verreisen? Wohin fahren sie denn?
MARIANNE Ins Spielzeugland!

MARIANNE Haben Sie einen kleinen, sechsjährigen Jungen gesehen?
SCHUTZPOLIZIST Meinen Sie, ich kann die ganzen Bengel noch auseinanderhalten?
MARIANNE Er ist mein Sohn!
SCHUTZPOLIZIST Jude?
MARIANNE Nein, kein Jude.

HEINRICH Warum hast du mir nicht gesagt, dass ihr verreist?
DAVID Vergessen.
HEINRICH Wir sind doch Blutsbrüder°! Wir haben uns geschworen, dass wir immer alles zusammen machen!

HEINRICH Ich will aber zu meinem Freund! Ich will mit ins Spielzeugland!
DAVID Es gibt doch gar kein Spielzeugland.

STURMFÜHRER FALKE Das nächste Mal erschreckst du deine Mama aber nicht mehr so, versprochen? Wir brauchen dich noch! Und jetzt ab nach Hause. Auf Wiedersehen, gnädige Frau, und entschuldigen Sie bitte die Unannehmlichkeiten°.

verreisen *to go away (on a trip)* **Blutsbrüder** *blood brothers* **Unannehmlichkeiten** *inconveniences*

KULTURANMERKUNG

Holocaust

Die Verfolgung der Juden und der Antisemitismus sind kein Phänomen, das erst mit Hitler begonnen hat. In Europa lässt es sich auf etwa 1800 zurückverfolgen. Insgesamt hat die Massenvernichtung der Juden im Dritten Reich zwischen 1941 und 1945, auch Holocaust genannt, ungefähr 6 Millionen Juden das Leben gekostet. Außer Frage steht auch, dass dieser Genozid von allen Organen des nationalsozialistischen Staates mit präziser Organisation durchgeführt wurde. Neben Juden wurden auch andere Gruppen von Menschen als Staatsfeinde° gesehen und in Ghettos zusammengetrieben°, bevor sie hauptsächlich per Bahn in Konzentrationslager abtransportiert wurden. Hier mussten sie entweder arbeiten oder wurden in Gaskammern° getötet.

Staatsfeinde *enemies of the state* **zusammengetrieben** *rounded up* **Gaskammern** *gas chambers*

🔗 Beim ZUSCHAUEN

Was erfahren Sie über die Personen im Film?

d	**1.**	Herr Silberstein ist
g	**2.**	Heinrich ist
f	**3.**	Der Obersturmführer
a	**4.**	Frau Silberstein ist
h	**5.**	Der Polizist
c	**6.**	Marianne
b	**7.**	Der Blockwart
e	**8.**	David ist

a. Davids Mutter.
b. will Marianne den Teddy zurückgeben.
c. hat am Ende 2 Söhne.
d. der Klavierlehrer (*piano teacher*).
e. der Sohn der Silbersteins.
f. findet den Sohn im Zug.
g. Mariannes Sohn.
h. hilft Marianne nicht.

Analyse

1 **Verständnis** Markieren Sie die folgenden Aussagen über den Film als **richtig** oder **falsch**. Korrigieren Sie anschließend die falschen Aussagen.

Richtig	Falsch	
☐	☑	1. Silbersteins sind Nazis. Silbersteins sind Juden.
☑	☐	2. David und Heinrich sind gute Freunde.
☐	☑	3. David weiß nicht, dass die Familie Silberstein bald verreist. David weiß, dass die Familie Silberstein bald verreist.
☐	☑	4. Marianne sagt dem Obersturmführer, dass sie David sucht. Marianne sagt dem Obersturmführer, dass sie Heinrich sucht.
☐	☑	5. David und seine Eltern kommen ins Konzentrationslager. Davids Eltern kommen ins Konzentrationslager. David bleibt bei Marianne und Heinrich.
☑	☐	6. David und Heinrich überleben am Ende.

2 Ask students to write down the first half of each sentence about the movie. Redistribute the sentence beginnings and have different students complete these sentences based on what happens in the film.

2 **Was passt zusammen?** Welche Satzhälften passen zusammen? Suchen Sie die richtigen Antworten und korrigieren Sie anschließend Ihre Antworten.

___e___ 1. Marianne und ihr Sohn sind zwar „arische" Deutsche,

___b___ 2. Heinrich und David spielen am Anfang des Films Klavier,

___c___ 3. Marianne erzählt Heinrich,

___a___ 4. Marianne sucht Heinrich,

___f___ 5. Die Polizisten wollen Marianne anfangs nicht helfen,

___d___ 6. Die Silbersteins sind traurig,

a. weil sie Angst hat, dass er mit den Juden im Zug ist.

b. und sie spielen auch am Ende des Films Klavier.

c. dass die Familie Silberstein ins Spielzeugland verreisen wird.

d. weil sie David wahrscheinlich nie mehr sehen werden.

e. aber sie sind trotzdem mit Familie Silberstein befreundet.

f. weil sie glauben, dass Marianne Jüdin ist.

3 **Fragen** Vervollständigen Sie jeden Satz gemäß dem Film. Besprechen Sie anschließend zu zweit Ihre Antworten.

1. Am Anfang des Films sind David und Heinrich schon _____.
   ⓐ gute Freunde   b. Feinde   c. Brüder

2. Marianne weiß nicht, _____.
   ⓐ was mit Familie Silberstein passieren wird
   b. dass Heinrich mit David Klavier spielt
   c. dass die Silbersteins Juden sind

3. Heinrich packt einen Koffer _____.
   a. für David   ⓑ für seine Reise   c. für seinen Teddy

4. Heinrich darf nicht ins Polizeiauto, _____.
   a. weil er keine Lust hat   b. weil er keinen Koffer hat
   ⓒ weil er kein Jude ist

5. Die beiden SS-Leute glauben, _____.
   ⓐ dass sie einen Fehler gemacht haben   b. dass Marianne Jüdin ist
   c. dass der Junge David ist

4 **Personenbeschreibungen** Beschreiben Sie zu zweit die Personen des Films und beantworten Sie anschließend die Fragen.

1. Warum erzählt Marianne Heinrich die Lüge über das Spielzeugland?
2. Finden Sie es richtig, dass sie diese Lüge erzählt? Warum/warum nicht?
3. Warum erzählt Herr Silberstein Heinrich, dass er mit einem Nashorn zusammengestoßen ist? Was ist tatsächlich passiert?
4. Was wäre passiert, wenn die Personen in dem Film die Wahrheit gesagt hätten?
5. Wie geht es weiter? Was passiert mit den einzelnen Personen nach der letzten Szene am Bahnhof?

5 **Improvisierte Dialoge** Schreiben Sie als Gruppe ein Gespräch, das zu einem der folgenden Szenarien passt. Führen Sie es vor der Klasse auf.

- Nach dem Krieg kommen die Silbersteins, die das Konzentrationslager überlebt haben, zurück und treffen Marianne, Heinrich und David wieder.

- Heinrich und David erzählen ihren Enkelkindern, was ihnen während des Krieges passiert ist.

6 **Meinungen** Besprechen Sie die folgenden Fragen in Gruppen und drücken Sie dabei Ihre Meinungen aus.

1. Wie gefährlich ist es für Marianne, das jüdische Kind David zu retten?
2. In welchen Situationen ist es besser, Lügen zu erzählen? Warum?
3. Sollte man Kindern immer die Wahrheit sagen? Warum/Warum nicht?
4. Darf, muss oder soll man sich gegen Ungerechtigkeiten wehren (*to fight back*)? Warum? Wie?
5. Was würdest du für einen Freund/eine Freundin machen oder was hast du schon einmal gemacht?

7 **Zum Thema** Schreiben Sie über eines der folgenden Themen.

1. Sind Sie jemals in einer Situation gewesen, in der Sie lügen mussten, weil Sie eine andere Person schützen wollten? Was ist passiert? War es richtig, dass Sie gelogen haben?
2. Marianne erzählt ihrem Sohn, dass die Familie Silberstein ins Spielzeugland verreisen wird: Wie könnte dieser Ort in Heinrichs Fantasie aussehen, vor allem im Vergleich mit Deutschland während des Dritten Reiches?

4 Expand this activity by asking students to choose one character and write a paragraph-length description of that character.

6 Ask students to elaborate on their answers.

Brandenburg und Sachsen

Tell students that Dresden is called **Florenz an der Elbe** because of the city's artistic wealth.

INSTRUCTIONAL RESOURCES Teaching suggestions **SAM/WebSAM:** WB

Zeugen der Geschichte: Denkmäler und Kulturgüter°

Die beiden Bundesländer **Brandenburg** und **Sachsen** erzählen viel Interessantes aus der deutschen Geschichte. Brandenburg mit seinen 2,4 Millionen Einwohnern umschließt° den **Stadtstaat° Berlin**. In der **Landeshauptstadt Potsdam** ist das bekannte **Schloss Sanssouci** zu besichtigen (siehe auch Seite 370). **Friedrich der Große**, König von Preußen aus dem Adelshaus° der **Hohenzollern**, ließ Sanssouci nach dem Vorbild° des französischen Königsschlosses Versailles (bei Paris) erbauen. Man sagt sogar, er habe besser Französisch als Deutsch gesprochen. Von Friedrich dem Großen ist der Satz überliefert, dass in seinem Reich jeder „nach seiner Façon° selig werden" solle. Damit brachte Friedrich seine Toleranz gegenüber Einwanderern und religiösen Minderheiten zum Ausdruck°. Sowohl Potsdam als auch Berlin dienten dem preußischen Herrscherhaus° als Residenzstadt oder Regierungssitz° und sind daher politisch aufs Engste miteinander verbunden°. Auch heute gibt es noch Diskussionen darüber, ob die beiden zu einem einzigen Bundesland Preußen vereint° werden sollen.

Südlich an Brandenburg schließt sich das Bundesland **Sachsen** an°. Die Hauptstadt **Dresden** zeigt viele Aspekte der Geschichte Sachsens. Als ehemalige Residenzstadt verfügt Dresden über eine Vielzahl von Kulturdenkmälern, die von den sächsischen Fürsten° errichtet wurden. Zu nennen wären zum Beispiel die **Semperoper** oder der **Zwinger**, der ein Gebäudekomplex im Stil des **Barock** ist. Hier befindet sich unter anderem die **Gemäldegalerie Alte Meister°** mit vielen Bildern aus dem 15. bis 18. Jahrhundert. Um die Verbindung° von Architektur und Kunst zu unterstreichen, wird Dresden manchmal auch **„Elbflorenz"** genannt: das Florenz an der Elbe. Die Elbe fließt mitten durch Dresden und mündet° später bei Hamburg in die Nordsee.

Übrigens…

Weltbekannte Architekten haben ihre Spuren° im „Florenz an der Elbe" hinterlassen. So findet man nebst den luxuriösen Barockpalästen auch höchstmoderne, innovative Unikate°, wie etwa die schlichte° Sächsische Landesbibliothek, den UFA-Kristallpalast und das von Daniel Libeskind neu gestaltete Militärhistorische Museum.

Die Innenstadt Dresdens wurde im Zweiten Weltkrieg durch Luftangriffe zerstört und nach dem Krieg allmählich° wieder aufgebaut. Im Jahr 2005 wurde schließlich die Rekonstruktion der **Frauenkirche** im Stil des Barock fertiggestellt. Dafür war auf der ganzen Welt Geld gesammelt worden. Heute ist die Frauenkirche das Wahrzeichen° Dresdens.

In Sachsen gibt es noch eine zweite wichtige Stadt: **Leipzig**. Mit über 560.000 Einwohnern ist Leipzig etwa gleich groß wie Dresden. Da bereits seit dem 12. Jahrhundert Handelsmessen° in Leipzig stattfinden, gilt die Stadt als einer der ältesten Messeplätze der Welt. Eine bekannte Messe ist die Leipziger Buchmesse, die jedes Jahr im Frühjahr stattfindet. Ihr größter Konkurrent ist die Frankfurter **Buchmesse** im Westen Deutschlands, die jeweils im Herbst veranstaltet wird.

Denkmäler und Kulturgüter monuments and cultural goods **umschließt** encloses **Stadtstaat** city-state **Adelshaus** noble house **nach dem Vorbild** following the model **Façon** (French) manner **brachte… zum Ausdruck** expressed **Herrscherhaus** dynasty **Residenzstadt oder Regierungssitz** place where the sovereign resided **miteinander verbunden** linked to each other **vereint** united **schließt sich… an** borders on **Fürsten** sovereigns **Gemäldegalerie Alte Meister** Old Masters Picture Gallery **Verbindung** connection **mündet** flows into **allmählich** step by step **Wahrzeichen** landmark **Handelsmessen** trade shows **Spuren** traces **Unikate** unique copies/one of a kind **schlichte** simple

Entdeckungsreise

Turm der Wissenschaft Seit 1922 steht der **Einsteinturm** auf dem Telegrafenberg in Potsdam. Der Turm und sein Solarteleskop wurden gebaut, um Einsteins Relativitätstheorie zu überprüfen. Noch heute ist der Turm wissenschaftlich im Einsatz° als Teil des Astrophysikalischen Instituts Potsdam. Vor allem solare magnetische Felder werden dort erforscht°.

Der Leipziger Hauptbahnhof 1944 wurde der größte Kopfbahnhof° Europas bombardiert. In Europa wütete° Krieg, und 46,2 Tonnen Bomben regneten auf den **Leipziger Hauptbahnhof**. Das Dach stürzte ein° und hunderte Reisende kamen ums Leben. Nach dem Krieg wurde der Bahnhof wieder aufgebaut, aber

1990 stand das Gebäude ziemlich erbärmlich° da, geschwärzt° von Luftverschmutzung, die relative Armut der DDR bezeugend°. Heute erzählt der vollständig sanierte Bahnhof eine andere Geschichte: Er ist einer der schönsten Bahnhöfe der Welt in einer blühenden° Stadt.

im Einsatz in action **werden… erforscht** are studied **Kopfbahnhof** terminus **wütete** raged **stürzte ein** collapsed **erbärmlich** pathetically **geschwärzt** blackened **Armut… bezeugend** testifying to the relative poverty **blühenden** thriving

Was haben Sie gelernt?

Richtig oder falsch? Sind die Aussagen **richtig** oder **falsch**? Stellen Sie die falschen Aussagen richtig.

Some answers will vary.

1. Friedrich der Große sprach kein Deutsch. Falsch. Er sprach Deutsch, aber Französisch sprach er besser.

2. Sachsen liegt nördlich von Brandenburg. Falsch. Sachsen liegt südlich von Brandenburg.

3. Man findet in Dresden sowohl schöne alte Barockgebäude als auch innovative, moderne Architektur. Richtig.

4. Die Elbe fließt durch Dresden. Richtig.

5. Die Leipziger und die Frankfurter Buchmessen finden im Herbst statt. Falsch. Die Leipziger Buchmesse findet im Frühjahr statt, und die Frankfurter Buchmesse ist im Herbst.

6. Heute werden die magnetischen Felder der Sonne im Einsteinturm erforscht. Richtig.

7. Nach der Wiedervereinigung wurde der Leipziger Hauptbahnhof saniert. Richtig.

Fragen Beantworten Sie die Fragen. Some answers will vary.

1. Nennen Sie ein paar Kulturdenkmäler in Brandenburg und Sachsen. Brandenburg: Schloss Sanssouci, der Einsteinturm (beide in Potsdam); Sachsen: die Semperoper, der Zwinger, die Frauenkirche, das Militärhistorische Museum (alle in Dresden); der Leipziger Hauptbahnhof.

2. Warum musste die Dresdner Frauenkirche neu aufgebaut werden? Sie war im Zweiten Weltkrieg zerstört worden.

3. Warum wird Leipzig eine „Messestadt" genannt? Die Leipziger Messe hat eine lange Tradition. Es gibt dort wichtige Messen, z. B. die Buchmesse.

4. Welches Gebäude in Dresden bekam von Daniel Libeskind ein neues Aussehen? Das Militärhistorische Museum wurde nach Entwürfen von Daniel Libeskind umgebaut.

5. Warum wurde der Einsteinturm gebaut? Man wollte Einsteins Relativitätstheorie überprüfen.

6. Warum ist die Geschichte vom Leipziger Bahnhof eine sehr „deutsche Geschichte"? Was denken Sie? Weil der Bahnhof harte Zeiten erlebt und überwunden hat.

Recherche Wählen Sie eines der Themen und bearbeiten Sie dieses.

- Der Wiederaufbau der Dresdener Frauenkirche hat viele Jahre gedauert. Finden Sie heraus, wie lange es gedauert hat, wie viel es gekostet hat und beschreiben Sie, was die Bauherren unternommen haben, um dieses große Projekt zu realisieren. Präsentieren Sie ihre Ergebnisse im Kurs.

- Die Leipziger Buchmesse ist weltbekannt. Finden Sie Details über die Messe. Was macht diese so besonders? Waren Sie schon einmal auf so einer Messe? Wenn ja, beschreiben Sie, was sie erlebt haben.

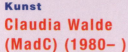

Galerie

Ask students to describe the image. Would they describe the mural as graffiti? Is graffiti art? Why or why not?

Kunst
Claudia Walde (MadC) (1980–)

Die Deutsche Graffitikünstlerin Claudia Walde ist besser bekannt unter dem Namen MadC. Sie kommt ursprünglich aus Bautzen in Sachsen. Sie sprühte ihr erstes Graffiti, als sie 16 Jahre alt war und studierte Grafikdesign in Halle und London. MadC ist vor allem für ihre großformatigen *(large-scale)* Wandgemälde bekannt. Den internationalen Durchbruch als Künstlerin schaffte MadC 2010 mit ihrem Projekt „700 Wall". Entlang der Zugstrecke zwischen Berlin und Halle kreierte sie ein 700 Quadratmeter großes Graffitikunstwerk. Dieses Werk gilt als größtes Graffitikunstwerk eines einzelnen Künstlers weltweit. Sie benötigte dafür 4 Monate!

Literatur
Erich Kästner (1899–1974)

Erich Kästner gilt vor allem wegen seiner Kinderbücher als einer der wichtigsten deutschen Autoren. Er wurde in Dresden geboren. Über seine Kindheit schrieb er eine Autobiografie mit dem Titel *Als ich ein kleiner Junge war*, für die er 1960 die Hans Christian Andersen Medaille erhielt. Zu seinen bekanntesten Romanen zählen *Emil und die Detektive (Emil and the Detectives)*, *Das fliegende Klassenzimmer (The Flying Classroom)* und *Pünktchen und Anton (Dot and Anton)*. *Emil und die Detektive* wurde in 59 Sprachen übersetzt. Kästner war überzeugter Pazifist. Im Gegensatz zu vielen anderen deutschen Autoren verließ er Deutschland während des Zweiten Weltkriegs nicht, sondern zählte zur Gruppe der „Inneren Emigration". Unter anderem sah er zu, als die Gestapo 1933 seine Bücher verbrannte. Er wurde insgesamt vier Mal für den Nobelpreis für Literatur nominiert. Sein Buch *Das Doppelte Lottchen* diente als Grundlage für den Film *The Parent Trap*.

Ask students if they are familiar with Erich Kästner's children's books. Ask them to share what they remember about the story.

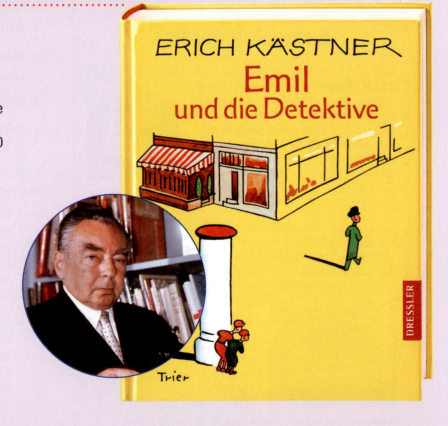

ERICH KÄSTNER
Emil und die Detektive

Trier

DRESSLER

Design
Marianne Brandt (1893–1983)

Marianne Brandt war Malerin, Bildhauerin, Fotografin und Designerin. Sie studierte Kunst an zunächst der Großherzoglich-Sächsischen Kunstschule Weimar (1911–1917) und später am Bauhaus in Weimar und Dessau (1923–1928), wo sie Kurse bei bekannten Künstlern wie Wassily Kandinsky und Paul Klee belegte und auch unterrichtete. Sie arbeitete auch in der Architekturfirma von Walter Gropius, einem der Gründer des Bauhaus. Bekannt ist Marianne Brandt vor allem für ihre modernen, industriellen Designs von Gebrauchsgegenständen wie Lampen und Teekannen. Diese Objekte waren fast ausschließlich aus Metall. Obwohl Brandt viele Verbindungen im Ausland hatte, blieb sie während des Zweiten Weltkriegs in Deutschland. Bei einer Auktion im Dezember 2007 erzielte eine ihrer Teekannen, einen Preis von 361.000 US-Dollar.

Fotografie
Andreas Gursky (1955–)

Andreas Gursky wurde im Januar 1955 in Leipzig geboren, aber seine Familie floh schon im gleichen Jahr in die Bundesrepublik. Gursky ist Fotograf und seit 2010 auch Professor für „Freie Kunst" an der Düsseldorfer Kunstakademie. Seine großformatigen Fotos sind oft aus der Vogelperspektive (bird's-eye view) aufgenommen, und viele seiner Motive sind Innenräume, Landschaften oder Gebäude. Gursky retuschiert seine Arbeiten, um oft kleinste Details in großer Schärfe sichtbar zu machen. Seine Arbeiten kann man auf der ganzen Welt in Galerien und Museen finden. Sein Foto „Rhein II" ist das bisher teuerste Foto der Welt.

Point out that Andreas Gursky studied with Bernd and Hilla Becher, the photographers students learned about in **Lektion 4**.

Analyse

Verständnis Ergänzen Sie die Sätze mit den fehlenden Wörtern und Ausdrücken.

1. Marianne Brandt studierte ___Kunst___ in Weimar und Dessau.
2. Am Bauhaus war Marianne Brandt zur gleichen Zeit wie Wassily Kandinsky und ___Paul Klee___.
3. Erich Kästner ist vor allem für seine ___Kinderbücher___ bekannt.
4. *The Parent Trap* ist eine Verfilmung (*adaptation*) von Kästners Buch *Das doppelte Lottchen*.
5. Andreas Gursky ist ___Fotograf___ und Professor für „Freie Kunst".
6. Das ___teuerste___ Foto der Welt heißt „Rhein II".
7. MadC machte ihr erstes Graffiti mit ___16___ Jahren.
8. Ihr größtes Wandgemälde heißt ___700 Wall___ und ist das größte Graffitikunstwerk der Welt.

Diskussion Diskutieren Sie in kleinen Gruppen eines der folgenden Themen und präsentieren Sie die Ergebnisse im Kurs.

1. Während des Zweiten Weltkriegs blieb Erich Kästner in Deutschland, obwohl die Nationalsozialisten seine Bücher 1933 in Berlin verbrannt hatten. Was würden Sie in einer gefährlichen Situation wie der von Erich Kästner machen?
2. MadC ist eine weltweit bekannte Graffitikünstlerin. Normalerweise kennt man Graffitikünstler nicht, weil sie meistens anonym arbeiten. Sind Menschen, die Graffiti sprayen, wirkliche Künstler? Warum? Warum nicht?

Aufsatz Schreiben Sie einen kurzen Aufsatz über eines der folgenden Themen. Suchen Sie die nötigen Informationen im Internet.

1. Marianne Brandt ist vor allem für ihr Design bekannt. Suchen Sie im Internet nach Gegenständen, die Brandt entworfen (*designed*) hat und beschreiben Sie einen der Gegenstände im Detail. Wie finden Sie den Gegenstand? Was gefällt Ihnen (nicht) am Design? Wie viel Geld würden Sie dafür ausgeben?
2. Suchen Sie verschiedene Fotos von Andreas Gursky. Was fällt Ihnen an diesen Fotos auf? Welche Gemeinsamkeiten und Unterschiede gibt es? Warum glauben Sie, dass diese Fotos so teuer sind?

INSTRUCTIONAL RESOURCES
Audioscripts, SAM AK,
Lab MP3s, Grammar
Presentation Slides
SAM/WebSAM: WB, LM

10.1

Das Plusquamperfekt

—*Wir **hatten** uns doch **geschworen**,*
dass wir immer zusammen halten!

● When talking about two events that happened at different times in the past, use the **Plusquamperfekt** (*past perfect*) to refer to the event that happened first.

> Die Deutschen **hatten** in Stalingrad **verloren**, bevor sie 1945 kapitulierten. *The Germans **had lost** at Stalingrad before surrendering in 1945.*

> Nachdem die Königin **abgedankt hatte**, freuten sich die Menschen. *After the queen **had abdicated**, the people were happy.*

● The time line shows two events that occurred in the past. The event on the left occurred prior to the event on the right. To describe this sequence of events, use the **Plusquamperfekt** for the earlier event (left) and either the **Perfekt** or the **Präteritum** for the later event (right).

Wilhelm II. wird Kaiser.		Der 1. Weltkrieg bricht aus.	
1888	Plusquamperfekt	1914	Perfekt/Präteritum

Nachdem Wilhelm II. Kaiser **geworden war**, brach der 1. Weltkrieg aus.
*After Wilhelm II **had become** emperor, World War I broke out.*

● The **Plusquamperfekt** is formed using the **Präteritum** of the auxiliary verbs **haben** or **sein**, plus the past participle of the main verb.

Plusquamperfekt with *haben*	
hatte	bedauert
	bewohnt
	erobert
	unterdrückt
	verloren

Plusquamperfekt with *sein*	
war	geblieben
	gegangen
	gestiegen
	gewesen
	geworden

Have students take two important dates in their lives and create a sentence discussing the sequence of these events. Have them share their sentences with the class.

- The **Plusquamperfekt** is often used with the conjunctions **bevor**, **nachdem**, and **ehe**, because they indicate the order in which events or activities happened.

> **Nachdem** die Sozialdemokraten eine Niederlage **erlitten hatten**, kamen die Konservativen an die Macht.
> *After the social democrats **had suffered** defeat, the conservatives came to power.*

> Herr Neumann **hatte** als Rechtsanwalt **gearbeitet**, **bevor** er Bundestagsabgeordneter wurde.
> *Mr. Neumann **had worked** as a lawyer **before** he became a member of the Bundestag.*

- The word order for the **Plusquamperfekt** is the same as that of other compound tenses. The auxiliary verb comes immediately before or after the subject of the main clause, depending on the other elements of the sentence. The past participle moves to the end of the sentence or clause.

> Die Kanzlerin **hatte** die Wahl **gewonnen**.
> *The chancellor **had won** the election.*

> **Hatte** Bertolt Brecht schon viele Theaterstücke **geschrieben**, bevor er ins Exil ging?
> ***Had** Bertolt Brecht **written** many plays before he went into exile?*

- If a clause is introduced with **nachdem**, the conjugated auxiliary verb moves to the end of the clause.

> Nachdem die Mauer **gefallen war**, konnten die Menschen nach Westdeutschland reisen.
> *After the Wall **came down**, people were able to travel to West Germany.*

> Sie regierten das Land, nachdem sie es **kolonisiert hatten**.
> *They governed the country after they **had colonized** it.*

- Modals in the **Plusquamperfekt** use the **Präteritum** of **haben** combined with a double infinitive (the infinitive of the main verb, followed by the infinitive of the modal) instead of a past participle.

> Bevor sie gewählt wurde, **hatte** sie viele Probleme **überwinden müssen**.
> *Before she was elected, she **had to overcome** a lot of problems.*

> Sie **hatten** die Einwohner **befreien können**, ehe sich die Situation verschlechterte.
> *They **had been able to liberate** the citizens before the situation grew worse.*

- **Plusquamperfekt** in the passive voice is formed with the auxiliary **sein** and both the past participle and **worden**, which are always at the end of a sentence or clause.

> Angela Merkel wurde 2017 wieder zur Bundeskanzlerin gewählt. Sie **war** auch schon 2005, 2009 und 2013 **gewählt worden**.
> *Angela Merkel was reelected chancellor in 2017. She **had already been elected** in 2005, 2009, and 2013.*

> Die Terroristen **waren** zu lebenslanger Haft **verurteilt worden**.
> *The terrorists **had been sentenced** to life in prison.*

Show students two different events and have them create sentences by putting the two events together in a logical order. Ex.: **den Marathonlauf gewinnen/viel trainieren; eine Affäre haben/einen Skandal riskieren**.

Point out to students that even though one event comes first in the sentence, it may actually be second in the time sequence. It is the verb tense that determines which event/ activity happened first. Have students look at the example sentences on this page and determine which event happened first.

Give students a list of important dates from history; have them read out each date in German and explain its significance.

QUERVERWEIS

For more on the passive voice, see **Strukturen 7.1, pp. 252–253.**

1 Tell students that Karlshorst is a Berlin suburb where, in 1945, Germany presented its unconditional surrender to the Russian military. Today it is home to a German-Russian museum.

2 Tell students that **Der alte Fritz** is a nickname for Emperor **Friedrich der Große**.

KULTURANMERKUNG

Schloss Sanssouci

In Potsdam, in der Nähe von Berlin, steht das Schloss Sanssouci. Friedrich der Große ließ es im 18. Jahrhundert als seine Sommerresidenz bauen. Das Schloss, im Rokoko-Stil, steht auf einem Weinberg mit herrlichem Blick auf den Park Sanssouci. Die Zimmer sind elegant und prachtvoll°. Der Name des Schlosses bedeutet „ohne Sorgen" auf Französisch. Friedrich der Große liegt hier neben seinen treuen° Hunden begraben.

prachtvoll *splendid* **treuen** *faithful*

Anwendung

1 **Die bedingungslose Kapitulation** Schreiben Sie das **Plusquamperfekt** von **sein** oder **haben** in die Lücken.

Als die Deutschen 1945 kapitulierten, wohnten meine Eltern in Karlshorst. Nachdem sie geheiratet (1) __hatten__, bekamen sie das Elternhaus von meiner Oma geschenkt. Meine Eltern sahen damals die Russen, die zum Unterschreiben des Vertrags gekommen (2) __waren__. Bevor sie im Auto vorbeifuhren, (3) __hatten__ die Nachbarn sich auf der Straße getroffen. Alle (4) __hatten__ gewartet und (5) __waren__ still geblieben. Einige Männer, die im Krieg gekämpft (6) __hatten__, (7) __waren__ schon zurück nach Hause gekommen. Nachdem die Politiker gegangen (8) __waren__ und es nichts mehr zu sehen gegeben (9) __hatte__, wurde gefeiert.

2 **Der alte Fritz** Bilden Sie aus den zwei Sätzen einen neuen Satz, indem Sie das **Plusquamperfekt** mit der angegebenen Konjunktion verwenden.

Beispiel **Das Kämpfen hörte auf. Die Leute freuten sich. (weil)**
Die Leute freuten sich, weil das Kämpfen aufgehört hatte.

1. Friedrich der Große kam 1712 zur Welt. Seine Mutter hatte schon eine Tochter zur Welt gebracht. (als) Seine Mutter hatte schon eine Tochter zur Welt gebracht, als Friedrich der Große 1712 zur Welt kam./Als Friedrich der Große 1712 zur Welt kam, hatte seine Mutter schon eine Tochter zur Welt gebracht.

2. Er wollte vor seinem strengen Vater nach Frankreich fliehen. Er musste die Hinrichtung (*execution*) seines Freundes von Katte mit ansehen. (weil) Er musste die Hinrichtung seines Freundes von Katte mit ansehen, weil er vor seinem strengen Vater nach Frankreich hatte fliehen wollen./Weil er vor seinem strengen Vater nach Frankreich hatte fliehen wollen, musste er die Hinrichtung seines Freundes von Katte mit ansehen.

3. Er heiratete. Er zog ohne seine Frau nach Sanssouci um. (nachdem) Er zog ohne seine Frau nach Sanssouci um, nachdem er geheiratet hatte./Nachdem er geheiratet hatte, zog er ohne seine Frau nach Sanssouci um.

4. Von Prinz Eugen lernte er viel über das Militär. Er konnte die preußische Armee gut führen. (da) Er konnte die preußische Armee gut führen, da er von Prinz Eugen viel über das Militär gelernt hatte./Da er von Prinz Eugen viel über das Militär gelernt hatte, konnte er die preußische Armee gut führen.

5. Er starb im Schloss Sanssouci. Er wurde neben seinen Hunden begraben. (nachdem) Er wurde neben seinen Hunden begraben, nachdem er im Schloss Sanssouci gestorben war./Nachdem er im Schloss Sanssouci gestorben war, wurde er neben seinen Hunden begraben.

3 **Die Herrscher** Kombinieren Sie in Gruppen Elemente aus allen Kategorien, um mindestens vier neue Sätze im **Plusquamperfekt** zu bilden. Verwenden Sie auch mehr Wörter, wenn nötig.

Beispiel Nachdem der Kaiser an die Macht gekommen war, unterdrückte er die Leute im Land.

als	**die Bundeskanzlerin**	**die Waffen benutzen**
bevor	**die Einwohner**	**sich verschuldet haben**
dass	**das Heer**	**die Niederlage herbeiführen**
denn	**der Kaiser**	**kämpfen**
nachdem	**die Kaiserin**	**an die Macht kommen**
weil	**die Bundestagsabgeordneten**	**regieren**
	der König	**retten**
	die Königin	**sich streiten**
	der Politiker	**die Leute unterdrücken**
	die Soldaten	**ein Gesetz verabschieden**
	das Volk	**das Land verteidigen**

 Practice more at **vhlcentral.com**.

Kommunikation

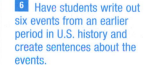

4

Die Geschichte Deutschlands Sehen Sie sich die Zeittafel zu zweit an. Bilden Sie dann Sätze im **Plusquamperfekt**. Verwenden Sie die Konjunktion **nachdem**.

Beispiel Nachdem Bismarck Deutschland vereinigt hatte, verbündete sich Deutschland mit anderen europäischen Ländern.

1871	Otto von Bismarck vereinigt Deutschland.
1890	Deutschland verbündet (*allies*) sich mit anderen europäischen Ländern.
1914	Der erste Weltkrieg beginnt.
1915	Ein deutsches U-Boot versenkt das britische Schiff Lusitania.
1917	Die USA erklären Deutschland den Krieg.
1918	Der erste Weltkrieg endet.
1933	Hitler kommt an die Macht.
1938	Deutschland greift Polen an.
1941	Die deutsche Armee marschiert in Russland ein, und viele Soldaten überleben den russischen Winter nicht.
1945	Deutschland kapituliert.
1949	Die BRD und die DDR werden gegründet.
1961	Die Berliner Mauer wird gebaut.
1989	Bürger aus der DDR fangen an, nach Österreich zu fliehen.
1989	Am 9. November fällt die Mauer.
1993	Die Europäische Union entsteht.
2002	Der Euro wird die neue Währung.

5

Unsere Regierung Was halten Sie von der jetzigen Regierung in Ihrem Land? Ist sie besser als die vorherige? Besprechen Sie zu zweit, welche Regierung die bessere oder die schlechtere war. Verwenden Sie **Plusquamperfekt**.

Beispiel —Viele Leute haben jetzt keine Arbeit.

—Als der letzte Präsident die Wahl verloren hatte, hatten die Leute auch keine Arbeit.

- die Wirtschaft
- der Lebensstandard
- die Arbeitslosigkeit
- die Vielfalt im Lande
- der Krieg
- die Umwelt

6

Unsere Geschichte Schreiben Sie mindestens sechs wichtige historische Ereignisse auf, die im zwanzigsten Jahrhundert passiert sind. Besprechen Sie die Ereignisse. Verwenden Sie das **Plusquamperfekt**. Arbeiten Sie in Gruppen.

Beispiel **eine Landung auf dem Mond machen**

Nachdem die NASA 1969 ein Raumschiff (*spaceship*) entwickelt hatte, landete sie auf dem Mond.

4 Have students form sentences again, this time using the conjunction **bevor**. Ex.: **Bevor Deutschland sich mit anderen europäischen Ländern verbündete, hatte Bismarck Deutschland schon vereinigt**.

6 Have students write out six events from an earlier period in U.S. history and create sentences about the events.

10.2

INSTRUCTIONAL RESOURCES
Audioscripts, SAM AK,
Lab MP3s, Grammar
Presentation Slides
SAM/WebSAM: WB, LM

ACHTUNG!

Note that modals like **können**, **müssen**, **wollen**, and **mögen** are never used with **zu**.

Peter will nicht ins Kino gehen. Er möchte früh ins Bett gehen. *Peter doesn't want to go to the movies. He'd rather go to bed early.*

You might wish to point out to students that in modern usage, the comma is considered optional.

Use this list to ask students questions about their family and friends. Change the subject to refer to these other people. Ex.: **Haben Ihre Eltern Lust, im Sommer nach Europa zu reisen?**

Uses of the infinitive

- The basic form of any verb is the infinitive. In German, the infinitive ends in **–en** or in **–n**.

führen	**wählen**	**verschwinden**	**erobern**
to lead	*to elect; to vote*	*to disappear*	*to conquer*

- You've already learned that when using a modal verb, the main verb stays in the infinitive while the modal is conjugated. In the future tense, the helping verb **werden** is conjugated and, again, the main verb remains an infinitive.

Der Politiker **will** den Wahlsieg **feiern**.
*The politician **wants to celebrate** an election victory.*

Die Schauspielerin **wird** den Skandal **bedauern**.
*The actress **will regret** the scandal.*

- Some sentence constructions and certain phrases require that you use an infinitive with **zu**. Depending on the German phrase used, the English equivalent might also use an infinitive with *to*, but not always. Commas between the main clause and the infinitive clause help clarify the meaning of the sentence.

Die Bevölkerung ist bereit, einen neuen Präsidenten **zu wählen**.
*The people are ready **to elect** a new president.*

Die Armee hat vor, ihr Land **zu schützen**.
*The army is planning **on protecting** its country.*

- The initial phrase **es ist** [+ *adjective*] can be combined with **zu** [+ *infinitive*] or with a **zu** [+ *infinitive*] clause to create new sentences.

Es ist schwer **zu kapitulieren**.
*It is difficult **to surrender**.*

Es ist wichtig, gegen Rassismus **zu kämpfen**.
*It's important **to fight** against racism.*

- The infinitive with **zu** is used with certain other phrases in German as well. These phrases are followed by a comma and an infinitive clause that ends with the preposition **zu** [+ *infinitive*]. Infinitive clauses contain a direct object, but the subject of the sentence is found in the opening phrase.

> **Ich habe die Absicht, …** *I intend to…*
> **Ich freue mich, …** *I am looking forward to…*
> **Es macht mir Spaß, …** *It's fun for me to…*
> **Ich habe (keine) Lust, …** *I have (no) desire to…*
> **Ich habe (keine) Zeit, …** *I have (no) time to…*
> **Es dauert lange, …** *It takes a long time to…*

Der König hat nicht die Absicht, ein neues Schloss **zu bauen**.
The king does not intend to build a new castle.

Sie freute sich, endlich die deutsche Staatsangehörigkeit **zu haben**.
She was happy to finally have German citizenship.

- The infinitive with **zu** is also used as a dependent infinitive: the sentence begins with a phrase and is followed by **zu** [+ *infinitive*] to complete the meaning of the sentence. In such a construction, there is no comma between the initial phrase and the dependent infinitive.

Er versucht zu arbeiten.
He's trying to work.

Es fängt an zu regnen.
It's beginning to rain.

- If the verb in the infinitive clause has a separable prefix, **zu** goes between the prefix and the infinitive.

Der Präsident hatte vor,
die Sklaverei **abzuschaffen**.
The president intended
to abolish slavery.

Die Liberalen bitten uns, eine
Stimme für sie **abzugeben**.
*The liberals are asking us **to cast***
a vote for them.

- Some **zu** constructions in German are expressed in English using the gerund (*–ing* form) instead of the infinitive.

ohne… zu *without*	Kann ein Land erobert werden, **ohne** das Volk **zu** unterdrücken? *Can a country be conquered **without** oppressing its people?*
(an)statt… zu *instead of*	**Anstatt** bei der SPD Mitglied **zu** werden, kandidierte er für die Grünen. ***Instead of** joining the Social Democrats, he ran for the Green Party.*

- A sentence can begin with a prepositional phrase with **zu**. In this case, the conjugated verb is the first element of the second (main) clause.

Ein Land zu regieren **ist** nicht
immer leicht.
*It **is** not always easy to rule*
a country.

Anstatt die Stadt siegreich zu betreten,
kamen sie ruhig und gelassen an.
Instead of entering the city victoriously,
*they **arrived** calmly and quietly.*

- In German, there are two similar phrases: **um… zu** (*in order to*) and **damit** (*so that*). Generally, if both parts of the sentence refer to the same subject, **um… zu** is used. If, on the other hand, each part of the sentence has a different subject, the conjunction **damit** is used.

Die Partei kämpfte, **um zu** überleben.
*The party fought **in order to** survive.*

Die Gewaltherrschaft wurde überwunden, **damit** die Leute in Frieden leben konnten.
*The dictatorship was overthrown **so that** people could live in peace.*

Sie wählten eine neue Regierung, **um** einen höheren Lebensstandard **zu** haben.
*They elected a new government **in order to** achieve a higher standard of living.*

- An infinitive phrase with **zu** is sometimes used to give further explanation about something stated in an introductory phrase.

Der Bundeskanzler beginnt,
das Land zu regieren.
The chancellor starts to rule the country.

Das Rotes Kreuz half, die neuen
Einwohner anzusiedeln.
The Red Cross helped to settle the
new citizens.

ACHTUNG!

If you can use *in order to* in English, then use the phrase **um… zu**, not just **zu** alone.

Um die Stelle zu bekommen, hat er schwer gearbeitet.
He worked hard (in order) to get the position.

QUERVERWEIS

Some of these require the dative. See **Strukturen 2.2, pp. 58–59,** to review prepositions.

Show students how two sentences can be combined to make a sentence with **ohne… zu** or **anstatt… zu**. Ex.: **Der Student geht ins Konzert. Er lernt nicht für die Prüfung. Der Student geht ins Konzert, anstatt für die Prüfung zu lernen.**

Anwendung

1 Have students write a short piece about what their future will look like, using the infinitive with **zu**.

1

Mein Leben als Politiker Schreiben Sie die passenden Wörter aus der Liste in die Lücken.

bekommen	haben	müssen	vermeiden	wählen
finden	helfen	tun	wählen	werden

Ich habe die Absicht, Politiker zu (1) ___werden___. Ich habe große Lust, allen Leuten in meinem Land zu (2) ___helfen___. Ich finde es wichtig, so viel wie möglich für die Menschheit zu (3) ___tun___. Ich werde versuchen, für alle Bürger Arbeit zu (4) ___finden___. Ich werde alles tun, um einen Krieg zu (5) ___vermeiden___. Anstatt hohe Steuern bezahlen zu (6) ___müssen___, und wenig dafür zu (7) ___bekommen___, sollen die Menschen ein besseres Leben (8) ___haben___. Wenn es Zeit ist, einen Nachfolger zu (9) ___wählen/finden___, werde ich die Bevölkerung bitten, mich noch einmal zu (10) ___wählen___, weil ich so viel für sie getan habe.

2

Der Kaiser und die Kaiserin Bilden Sie aus den zwei Sätzen einen Satz, indem Sie in dem neuen Satz die Ausdrücke **um… zu**, **ohne… zu** oder **(an)statt… zu** mit einem Infinitiv verwenden. Some answers will vary.

> **Beispiel** **Sie lebte viele Jahre in einem anderen Land. Sie hat ihre Muttersprache nie vergessen.**
>
> Sie lebte viele Jahre in einem anderen Land, ohne ihre Muttersprache zu vergessen.

1. Der Kaiser heiratete. Er liebte seine neue Frau nicht.
   Der Kaiser heiratete, ohne seine neue Frau zu lieben.
2. Er wohnte in einem Schloss außerhalb der Stadt. Er wohnte nicht mit ihr zusammen.
   Er wohnte in einem Schloss außerhalb der Stadt, anstatt mit ihr zusammen zu wohnen.
3. Die Kaiserin lernte viele Sprachen. Sie konnte sich mit Menschen aus vielen Ländern unterhalten.
   Die Kaiserin lernte viele Sprachen, um sich mit Menschen aus vielen Ländern unterhalten zu können.
4. Sie waren lange verheiratet. Sie hatten keine Kinder.
   Sie waren lange verheiratet, ohne Kinder zu haben.
5. Sie reiste viel. Sie lernte Europa kennen.
   Sie reiste viel, um Europa kennen zu lernen.
6. Er lernte militärische Strategien. Er wollte ein erfolgreicher Kaiser und Herrscher sein. Er lernte militärische Strategien, um ein erfolgreicher Kaiser und Herrscher zu sein.

3 Point out to students that, according to the newest rules, they can also write the example sentence without a comma. Ex.: **Der König hat vor den Kaiser zu besiegen.**

3

Was alle wollen! Bilden Sie aus den Satzteilen einen neuen Satz. Machen Sie Änderungen, wenn nötig.

> **Beispiel** **der König / planen / besiegen / der Kaiser**
>
> Der König plant, den Kaiser zu besiegen.

1. der Sozialdemokrat / haben / die Absicht / die Leute / helfen
   Der Sozialdemokrat hat die Absicht, den Leuten zu helfen.
2. die Republikaner / wichtig sein / konservativ / sein
   Den Republikanern ist es wichtig, konservativ zu sein.
3. der Bundespräsident / sich / freuen / im Ausland / andere Politiker / besuchen
   Der Bundespräsident freut sich, im Ausland andere Politiker zu besuchen.
4. die Königin / haben / keine Lust / das Volk / ins Schloss / einladen
   Die Königin hat keine Lust, das Volk ins Schloss einzuladen.
5. die Studenten / Spaß machen / gegen / die Politiker / protestieren
   Den Studenten macht es Spaß, gegen die Politiker zu protestieren.

 Practice more at **vhlcentral.com**.

Kommunikation

4

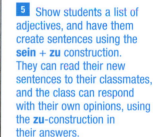

Mein Leben Arbeiten Sie zu zweit. Beenden Sie die Sätze mit Beispielen aus Ihrem Leben. Verwenden Sie **zu** wenn nötig.

1. Es ist Zeit, …
2. Findest du es schwer, …?
3. Ich versuche immer, …
4. Mein Mitbewohner bittet mich oft, …
5. Bald fangen wir an, …
6. Hast du Lust, …?
7. Es macht mir Spaß, …
8. Ich habe die Absicht, …

5

Der Studentenrat Verwenden Sie Infinitivkonstruktionen, um Folgendes miteinander zu besprechen: Was für Reformen soll es an der Universität geben? Was wollen die Student(inn)en? Was soll die Uni machen, um das Leben der Student(inn)en zu verbessern?

Beispiel —Die jungen Leute wollen auf Rassismus aufmerksam machen.
—Vielleicht sollten wir eine Vortragsreihe zur Geschichte des Rassismus veranstalten.

sollen anfangen	Zeit haben
zu lange dauern	keine Zeit haben
die Absicht haben	allen Student(inn)en helfen
Lust haben	mit dem Senat sprechen, um… zu
den Mut haben	planen

6

Meiner Meinung nach Besprechen Sie in Gruppen die Aussagen. Stimmen Sie damit überein oder nicht? Verwenden Sie die **zu**-Konstruktionen in Ihrer Diskussion.

Beispiel **Übervölkerung ist ein wachsendes Problem in unserem Land.**
Aber es ist schwierig, die Geburtenrate zu kontrollieren.

- In unserer Generation wird es auf der Welt nie Frieden geben.
- Die Einwanderung muss streng kontrolliert werden.
- Unser Lebensstandard muss besser werden, egal was es kostet.
- Die reichen Länder sollen den unterentwickelten Ländern helfen.
- Nur mit einer Diktatur kann man ein Land regieren.

5 Show students a list of adjectives, and have them create sentences using the **sein** + **zu** construction. They can read their new sentences to their classmates, and the class can respond with their own opinions, using the **zu**-construction in their answers.

6 Before doing this activity, have students review the vocabulary for this lesson, so that they can incorporate as many new words as possible into their statements.

10.3

Der Konjunktiv I and indirect speech

—*Ich komme mit euch ins Spielzeugland.*
*Auch wenn meine Mama sagt, es **sei** verboten.*

- Indirect speech (**die indirekte Rede**) reports what someone else said. To do this in *spoken* German, use the **Konjunktiv II** or **würde**-form of the verb. In *written* German, you can either give a direct quotation using quotation marks and the speaker's exact words, or you can use the **Konjunktiv I** to report indirect speech. The **Konjunktiv I** is used mainly in formal writing, news reports, and the like.

Direct quotation	Der König sagte: „Die Königin wird kommen." *The king said, "The queen will come."*
Indirect speech	
Konjunktiv II or *würde +* **infinitive (spoken German)**	Der König sagte, dass die Königin **kommen würde**. *The king said that the queen would come.*
Konjunktiv I **(written German)**	Der König sagte, die Königin **werde kommen**. *The king said the queen will come.*

Der Konjunktiv I

- The **Konjunktiv I** of all verbs (including modals) is formed from the stem of the infinitive and the appropriate endings: –e, –(e)st, –e, –en, –et, –en. In the **Konjunktiv I**, stem-changing verbs do not change; they, too, are formed using the infinitive.

Konjunktiv I **of modals**						
	wollen	**sollen**	**können**	**mögen**	**dürfen**	**müssen**
ich	woll**e**	soll**e**	könn**e**	mög**e**	dürf**e**	müss**e**
du	woll**est**	soll**est**	könn**est**	mög**est**	dürf**est**	müss**est**
er/sie/es	woll**e**	soll**e**	könn**e**	mög**e**	dürf**e**	müss**e**
wir	woll**en**	soll**en**	könn**en**	mög**en**	dürf**en**	müss**en**
ihr	woll**et**	soll**et**	könn**et**	mög**et**	dürf**et**	müss**et**
sie/Sie	woll**en**	soll**en**	könn**en**	mög**en**	dürf**en**	müss**en**

- **Sein** is irregular in the **Konjunktiv I**. Its forms are based on the infinitive stem, but you do not add an ending to the **ich** or **er** form.

ich	sei	**wir**	sei**en**
du	sei**est**	**ihr**	sei**et**
er/sie/es	sei	**sie/Sie**	sei**en**

Using the Konjunktiv I

- In reporting indirect speech, if the **Konjunktiv I** form of the verb is identical to the **Indikativ**, use the **Konjunktiv II** form or the **würde**-form [+ *infinitive*] for clarity.

Indikativ	Konjunktiv I	Konjunktiv II (*preferred*)
ich mache	ich mache	ich mach**te** / würde machen
du machst	du mach**est**	du mach**test** / würdest machen
er/sie/es macht	er/sie/es mach**e**	er/sie/es mach**te** / würde machen
wir machen	wir machen	wir mach**ten** / würden machen
ihr macht	ihr mach**et**	ihr mach**tet** / würdet machen
sie/Sie machen	sie/Sie machen	sie/Sie mach**ten** / würden machen

QUERVERWEIS

To review the **Konjunktiv II**, see **Strukturen 8.1, pp. 290–291, and 8.2, pp. 294–295.**

- If the original sentence (i.e., what the speaker said) is in a past tense (**Perfekt** or **Präteritum**), the reported speech must also be in past tense. **Konjunktiv I** is used for both **Perfekt** and **Präteritum**. It consists of the **Konjunktiv I** of either **haben** or **sein** [+ *past participle*].

Past tense	Konjunktiv I
Der liberale Student **hat protestiert**. Der liberale Student **protestierte**. }	Mia sagte, der liberale Student **habe protestiert**.
The liberal student protested.	*Mia said that the liberal student **had protested**.*

ACHTUNG!

Sentences using reported or indirect speech are often introduced by such verbs as **meinen**, **denken**, **glauben**, **erörtern** (*to expand on*), **behaupten** (*to maintain*), **antworten**, and **wiederholen**.

- If the original sentence has a modal in the past tense, the sentence is reported using a double infinitive.

> Max: „Ich **musste** mit 18 zur Armee **gehen**."
> Max sagte, er **habe** mit 18 zur Armee **gehen müssen**.
> *Max said he **had to join** the army at 18.*

- The **Konjunktiv I** can also be used to report questions. The introductory phrase can include such verbs as **fragen** and **sich fragen**.

> Lola: „Wann wurde die Sklaverei abgeschafft?"
> Lola **fragte**, wann die Sklaverei abgeschafft worden sei.
> *Lola **asked** when slavery had been abolished.*

- To report commands in indirect speech, use the modal **sollen** in the **Konjunktiv I** with the infinitive of the verb from the original command.

> Die Königin: „**Singen** Sie die Nationalhymne!"
> Die Königin sagte, wir **sollen** die Nationalhymne **singen**.
> *The queen said we **should sing** the national anthem.*

Have students write the conjugations of several verbs in the **Konjunktiv I**. They should then point out those that are identical in the indicative and in the **Konjunktiv I** form and change them to **Konjunktiv II**.

- The **Konjunktiv I** is also used in certain set phrases.

> **Gott sei Dank!** **Es werde Licht!**
> *Thank God!* *Let there be light!*

Anwendung

1

Unsere Meinung zur Politik Vervollständigen Sie den Zeitungsartikel mit dem **Konjunktiv I** der angegebenen Verben.

Die Deutschen vertrauen der Politik und vielen Politikern nicht. Das zeigte eine Umfrage unter Einwohnern einer Kleinstadt.

Gerhilde Frankel meinte, man (1) __könne__ (können) sich nicht auf die Politiker verlassen. Ihr Nachbar Ludwig Holz war der gleichen Meinung; der Machtmissbrauch (2) __herrsche__ (herrschen) in allen Ländern. Andere Einwohner waren weniger pessimistisch. Die Frau des Bürgermeisters sagte, eine Regierung (3) __tue__ (tun) immer sehr viel für die Bevölkerung. Der Bürgermeister selbst erklärte, eine Regierung (4) __solle__ (sollen) alles machen, um einen hohen Lebensstandard zu sichern. Ursula Kramer meinte, ein Bundeskanzler (5) __müsse__ (müssen) den Leuten helfen. Ihr Mann, Peter Kramer, sagte wiederum, ein Mensch (6) __wisse__ (wissen) nicht immer, was er (7) __brauche__ (brauchen). Er dachte, ein Politiker (8) __sei__ (sein) gewählt worden, um die Probleme zu lösen. Die Jugendlichen meinten, Politiker zu werden, (9) __koste__ (kosten) viel Zeit. Als ein Junge gefragt wurde, ob er gern Politiker werden (10) __wolle__ (wollen), antwortete er mit *nein*.

2

Wie wir wählen Geben Sie die Meinungen in indirekter Rede wieder. Some answers will vary.

Beispiel **Daniela: „Die Regierung braucht Hilfe!"**
Rainer: „Jeder Bürger soll sich mehr mit Politik beschäftigen."
Daniela sagte, dass die Regierung Hilfe brauche.
Rainer antwortete, dass jeder Bürger sich mehr mit Politik beschäftigen solle.

1. Monika: „Ich wähle immer die Sozialdemokraten."
   Jens: „Ich meine, sie sind auch eine gute Wahl." — Monika sagte, sie wähle immer die Sozialdemokraten. Jens antwortete, sie seien auch eine gute Wahl.

2. Larisa: „Ich habe letztes Jahr zum ersten Mal gewählt." — Larisa sagte, sie habe letztes Jahr zum ersten Mal gewählt. Lukas antwortete, er dürfe schon seit zwei Jahren wählen.
   Lukas: „Ich darf schon seit zwei Jahren wählen."

3. Kurt: „Nach dem Wahlsieg war ich total froh!" — Kurt sagte, nach dem Wahlsieg sei er total froh gewesen. Katerina antwortete, nach der Niederlage ihres Kandidaten habe sie nur weinen wollen.
   Katerina: „Nach der Niederlage meines Kandidaten wollte ich nur weinen."

4. Sarah: „Ich habe großen Respekt für die Bundestagsabgeordneten."
   Stefan: „Ich finde die meisten auch ehrlich und fleißig." — Sarah sagte, sie habe großen Respekt für die Bundestagsabgeordneten. Stefan antwortete, er finde die meisten auch ehrlich und fleißig.

Practice more at vhlcentral.com.

Kommunikation

3 **Unser Land** Schreiben Sie einen Zeitungsartikel zum Thema „nationale Identität." Sie wollen Zitate verwenden und müssen sie jetzt in Ihren Artikel integrieren. Schreiben Sie die Zitate in den **Konjunktiv I** um. Ändern Sie die Pronomen und sonstiges, wenn nötig. *Some answers will vary.*

> **Beispiel** **Johann Streng, Student:** „Unsere Nationalmannschaft führte uns zum Sieg."
>
> Der Student sagte, ihre Nationalmannschaft habe sie zum Sieg geführt.

1. Lutz Fragnach, Professor: „Ich bin froh, Deutscher zu sein."
   Der Professor sagte, er sei froh, Deutscher zu sein.
2. Juliana Lewitski, Studentin: „Unsere Unis sind multikulturell!"
   Die Studentin sagte, ihre Unis seien multikulturell.
3. Gertrud Kloch, Politikerin: „Mein Wahlsieg wird das Beste für unser Land sein."
   Die Politikerin sagte, ihr Wahlsieg werde das Beste für ihr Land sein.
4. Fritz Schmidt, Arbeiter: „Wir sollen streiken!" Der Arbeiter sagte, sie sollen streiken.
5. Anna, Rechtsanwältin: „Unsere Geschichte mag kompliziert sein, aber wir sind es nicht." Die Rechtsanwältin sagte, ihre Geschichte möge kompliziert sein, aber sie seien es nicht.

4 **Ein Telefonat** Besprechen Sie zu zweit ein Telefongespräch, das Sie neulich hatten. Verwenden Sie den **Konjunktiv I.**

> **Beispiel** —Gestern habe ich mit meiner Schwester, die in der Hauptstadt wohnt, telefoniert. Sie erzählte viel von den Skandalen um die Politiker dort.
>
> —Was erzählte sie denn?
>
> —Na ja, der eine Politiker habe viel Geld für ein Auto ausgegeben. Alle meinen, das Geld sei von Steuergeldern gekommen.

5 **Eine Bildgeschichte** Stellen Sie sich vor, was die Personen sagen. Arbeiten Sie in Gruppen. Schreiben Sie den Text in jede Sprechblase (*speech bubble*). Verwenden Sie danach den **Konjunktiv I,** um den anderen zu erzählen, was jeder sagt.

5 Have students make their own cartoons with speech bubbles and use statements with the **Konjunktiv I** to report what is said in the bubbles.

6 **Die neue Politik**

A. Stellen Sie sich vor, Sie gründen eine neue politische Partei. Arbeiten Sie in Gruppen. Was halten Sie von der Politik in Ihrem Land? Schlagen Sie mindestens drei Parolen (*slogans*) vor, die Ihre Wünsche für Ihr Land beschreiben. Verwenden Sie den **Konjunktiv I.**

B. Ihre neue politische Partei hat bei der Wahl gewonnen! Sie gehören jetzt dem Parlament an. Besprechen Sie mit einer anderen Gruppe, was die Einwohner Ihres Landes von der Regierung wollen. Bilden Sie Sätze im **Konjunktiv I,** in denen Sie erklären, was die Wähler Ihres Landes gesagt haben.

> **Beispiel** —Die Wähler haben gesagt, der Krieg müsse bald zu Ende sein.
>
> —Mag sein, aber die meisten Politiker meinen, das sei unmöglich.

KULTURANMERKUNG

Im deutschen Bundestag gibt es unter anderem° folgende politische Parteien: CDU (Christlich-Demokratische Union), SPD (Sozialdemokratische Partei Deutschlands), Bündnis 90/Die Grünen, und FDP (Freie Demokratische Partei).

unter anderem *among others*

Synthese

1 **Gespräch** Lesen Sie die Schlagzeilen und beantworten Sie die Fragen. Arbeiten Sie in Gruppen.

Schlagzeilen

Wirtschaftskrise nimmt kein Ende!

Zahl der illegalen Einwanderer steigt!

Skandal um berühmten Politiker!

Alle gegen Ausländerhass

1. Welches Thema macht Ihnen am meisten Angst? Warum?
2. Welche Lösungen oder Vorschläge haben Sie für diese Probleme?
3. Sind Sie mit Ihrer Regierung zufrieden (*content*)? Macht sie alles, was sie soll?
4. Wenn Sie mit den Politikern reden könnten, was würden Sie ihnen sagen?
5. Was können die Einwohner des Landes machen, um die Situation zu verbessern?

2 **Aufsatz** Wählen Sie eines der folgenden Themen. Schreiben Sie ungefähr eine Seite darüber. Verwenden Sie das **Plusquamperfekt**, **Infinitivformen** mit **zu** und **Konjunktiv I**.

● Schreiben Sie einen Text für einen Vortrag, durch den Sie andere Student(inn)en davon überzeugen wollen, politisch aktiv zu werden. Besprechen Sie die Probleme in Ihrer Stadt, was schon gemacht wurde und was die Student(inn)en noch tun könnten.

● Schreiben Sie eine politische Rede, in der Sie eine(n) Kandidat(in) unterstützen. Geben Sie gute Argumente dafür, warum Sie ihn/sie unterstützen. Was hat er/sie schon geleistet? Was wird er/sie noch tun?

Kommunikationsstrategien

Meine sehr geehrten Damen und Herren!
Liebe Zuhörer und Zuhörerinnen!
Ich danke für Ihre Aufmerksamkeit (*attention*).

Wörter aus dieser Lektion
  bedauern, beeindrucken, beeinflussen, das Gesetz, leiten, missbrauchen, regieren, überwinden, verteidigen, wählen, widmen

Vorbereitung

Wortschatz der Lektüre

das Abkommen, - *agreement*
auflösen *to dissolve*
das Gebet, -e *prayer*
die Schautafel, -n
   information boards; posters
subventionieren *to subsidize*

der Unmut *discontent*
unterteilen *to subdivide*
(j-m etwas) zusprechen
   *to award (something
   to someone)*

Nützlicher Wortschatz

damalig *of that time*
der Gedenktag, -e
   commemoration day
gewalttätig *violent*

---

1 **Welches Wort passt?** Vervollständigen Sie die Sätze mit passenden Wörtern aus der Liste.

1. An einem ___Gedenktag___ erinnert man sich an ein wichtiges Ereignis.

2. Wenn eine Regierung mit Geldern Wohnungen und Theater unterstützt, dann werden diese Dinge ___subventioniert___.

3. Nach dem Krieg haben alle Länder ___(das/ein) Abkommen___ unterschrieben.

4. Sonntags in der Kirche sprechen die Leute ___Gebete___.

5. In Nationalparks gibt es ___Schautafeln___, die Tiere und Pflanzen zeigen.

6. Demonstrationen können ___gewalttätig___ oder friedlich verlaufen.

2 **Bedeutende Ereignisse** Lesen Sie das Zitat zu zweit durch und besprechen Sie dann die folgenden Fragen.

> Eines Tages – vielleicht in Jahren, vielleicht erst in Jahrzehnten – wird hoffentlich die deutsche Einheit so selbstverständlich sein, dass es uns merkwürdig (*odd*) vorkommen mag, sie eigens (*expressly*) zu feiern. (Johannes Rau)

1. Die Vereinigung Deutschlands war ein wichtiges Ereignis in der Geschichte Deutschlands. Warum wohl wünschte sich der damalige Bundespräsident, dass man dieses Ereignis irgendwann nicht mehr feiern würde?

2. Kennen Sie andere politische Gedenktage in der deutschen Geschichte? Woran sollen sie erinnern?

3 **Mauern und Tore** Sehen Sie sich das Bild an und besprechen Sie die Fragen in der Gruppe.

1. Wie heißt das Tor auf dem Foto und was wissen Sie über seine geschichtliche Bedeutung?

2. Warum stehen die Menschen auf der Mauer?

3. Was symbolisieren Mauern und Tore? Warum ist die Verbindung von beiden auf diesem Foto so wirksam?

---

2 Give students these dates: **der 9. November 1918: Ausrufung der Weimarer Republik durch Scheidemann; 8.–9. November 1923: Putschversuch Hitlers in München; 9.–10. November 1938: Reichskristallnacht; der 20. Juli 1944: das misslungene Attentat auf Hitler; der 9. November 1989: Mauerfall**

KULTURANMERKUNG

Der 8. Bundespräsident Deutschlands

Johannes Rau (1931–2006) war ein deutscher Politiker. Er gehörte der SPD bekleidete° versch Ämter. Von 1969–1970 war er Oberbürgermeister von Wuppertal und danach Minister für Wissenschaft und Forschung in Nordrhein-Westfalen. Während seiner Amtszeit° wurden dort zahlreiche Universitäten gegründet. Danach war er 20 Jahre lang Ministerpräsident von Nordrhein-Westfalen und 1999 wurde er schließlich Bundespräsident. Dieses Amt bekleidete er bis 2004. Eine seiner letzten Amtshandlungen° war die Einweihung° der Frauenkirche in Dresden am 30. Oktober 2005.

bekleidete *held* **Amtszeit** *term in office* **Amtshandlungen** *acts carried out while in office* **Einweihung** *inaugural ceremony*

Wiedervereinigung

There are a number of documentaries available on the Internet regarding the Fall of the Wall, the peaceful demonstrations in the GDR, etc. The movies *Good Bye Lenin!* and/or *Das Leben der Anderen* might also complement the reading. For further reading, see, for example, Erich Loest's novel *Nikolaikirche* (Linden Verlag, Leipzig, 1995).

Tell students that "**Schwerter zu Pflugscharen**" (*turn swords into plowshares*) was a slogan of the East German peace movement.

Tell students that the **SED** (**Sozialistische Einheitspartei Deutschlands**) was the ruling party in the GDR.

Audio: Reading

Man sagt, dass Menschen sich mit ihrer Heimat identifizieren. Eine Heimat ist de facto auch immer Teil eines Staates, einer politischen Einheit. Im
5 politischen Denken des 19. Jahrhunderts war der Staat die Heimat einer Nation, die sich durch eine gemeinsame Sprache, Kultur und Geschichte definierte. Heutzutage, in unserer globalisierten Welt ist das nicht mehr wirklich
10 der Fall, weil Menschen unterschiedlicher Herkunft, Kultur und Religion sich überall auf der Welt ansiedeln und weil staatliche Grenzen durch politische Abkommen neu geschaffen werden. Beispiele für solch einen Umdefinie-
15 rungsprozess° in der deutschen Geschichte sind Brandenburg und Sachsen.

Brandenburg war Teil von Preußen, gehörte zur Weimarer Republik und später zum Dritten Reich. Nach Ende des 2.
20 Weltkrieges wurde der östliche Teil Polen zugesprochen. Der Rest wurde zu DDR-Zeiten aufgelöst und in mehrere Bezirke° aufgeteilt. Seit der Vereinigung Deutschlands existiert Brandenburg als Bun-
25 desland und ein Zusammenschluss mit Berlin zu einem neuen Bundesland namens Berlin-Brandenburg wurde 1996 durch einen Volksentscheid° abgelehnt°.

Wie Brandenburg hat auch Sachsen
30 viele politische Wandlungen° durchgemacht. Es war ein mittelalterliches Herzogtum°, ein Kurfürstentum°, ein Königreich, eine Republik und im Dritten Reich dann ein Gau°. In Folge der Potsdamer Konferenz,
35 die 1945 im Cecilienhof in Potsdam stattfand, wurde Sachsen ein Teil der sowjetischen Besatzungszone. 1952 wurde es durch die kommunistische Regierung der DDR in Bezirke aufgeteilt. Aber seit 1990
40 besteht es als eins der 16 Bundesländer der Bundesrepublik Deutschland.

Offiziell gab es in der DDR keine Arbeitslosigkeit, dafür staatlich subventionierte Lebensmittel und Wohnungen sowie eine Wahlbeteiligung°
45 von beinahe 100%. Aber das Leben der DDR-Bürger war sehr durchstrukturiert und wurde ab 1950 durch das Ministerium für Staatssicherheit, die Stasi, überwacht°. Die Bürger der DDR wurden immer unzufriedener mit
50 ihrer Regierung.

In der Nikolaikirche in Leipzig tauchte im November 1982 erstmals ein neues

process of redefining itself 15

districts

referendum/ rejected

changes 30
medieval duchy
electorate

district in the Third Reich

poll

spied upon

Symbol auf einer Schautafel auf: „Schwerter zu Pflugscharen". Dieses biblische Zitat wurde zum Slogan für eine gewaltfreie 55 Bürgerrechtsbewegung, die weniger als ein Jahrzehnt später die DDR zum Einsturz° brachte. Seit Mitte der 80er Jahre äußerten die Menschen in dieser Kirche ihren Unmut in Friedensgebeten. 60

Daraus entwickelten sich ab dem 4. September 1989 die friedlichen Montagsdemonstrationen. Die Leute protestierten u.a. mit dem Ruf „Wir sind das Volk". Sie demonstrierten gegen die Herrschaft der SED 65 und besonders für Demokratie, freie Wahlen, Reisefreiheit und die Einheit Deutschlands. Bald fanden die Montagsdemonstrationen auch in vielen anderen Städten wie z.B. Dresden, Halle, Rostock und Schwerin statt – und 70 sie waren nicht mehr aufzuhalten°. Was mit ein paar Kerzen, Blumen, Gebeten und Aufklebern angefangen hatte, war zu einer gigantischen Bewegung geworden. Ende Oktober 1989 flohen Einwohner der DDR über Ungarn 75 und Österreich in den Westen. Am 9. November 1989 fiel dann endlich die Mauer und die Grenze wurde geöffnet.

Nicht zuletzt dank der Bemühungen° jener mutigen Demonstranten von 1989 sind 80 Brandenburg und Sachsen heute zwei von insgesamt 16 Bundesländern des vereinten Deutschlands. Seit dem 3. Oktober 1990 verschmelzen° Ost und West immer mehr, und eines Tages wird Johannes Raus Wunsch 85 wohl wirklich in Erfüllung gehen: Die Vereinigung wird zur Selbstverständlichkeit°, die Ungleichheiten zwischen Ost und West werden verschwinden und auch die Kopfmauern° werden fallen: ein Volk. ■ 90

collapse

there was no stopping them

efforts

melt

a given

mental walls

Die Frauenkirche

Der Architekt Georg Bähr erbaute um 1730 die barocke Frauenkirche in Dresden. Sie war und ist ein Wahrzeichen° der Stadt. Mitte Februar 1945 fiel die Kirche dem Bombardement Dresdens zum Opfer und stürzte ein°. Fast 50 Jahre lag sie da, ein Haufen Steine°. Neben der Ruine fanden 1989 Dresdens friedliche Demonstrationen gegen die SED-Regierung statt. Und heute steht die wieder aufgebaute Frauenkirche als Symbol der Versöhnung° der Krieg führenden° Nationen von damals.

Wahrzeichen *symbol* **stürzte ein** *collapsed* **Haufen Steine** *pile of rocks*
Versöhnung *reconciliation* **Krieg führenden** *warring*

Analyse

1

Wie endet der Satz? Wählen Sie das richtige Wort oder Satzende.

1. Zu DDR-Zeiten wurde Brandenburg _____.
   a. in mehrere Bezirke aufgeteilt   b. Teil von Polen
   c. mit Berlin zu einem Staat verschmolzen

2. Wegen des Potsdamer Abkommens wurde Sachsen _____.
   a. ein Königreich   b. Teil der sowjetischen Besatzungszone
   c. ein westdeutsches Bundesland

3. Die Regierung der DDR _____.
   a. benutzte den Slogan *Schwerter zu Pflugscharen*
   b. subventionierte weder Wohnungen noch Lebensmittel
   c. war sozialistisch

4. Die Nikolaikirche _____.
   a. war der Ort, wo die Menschen für Frieden beteten   b. steht in Dresden
   c. wurde von Bomben zerstört

5. Die Montagsdemonstrationen _____.
   a. fanden nur in Leipzig statt
   b. gingen aus den Friedensgebeten in der Nikolaikirche hervor
   c. unterstützten die SED-Herrschaft

2 To prepare for this exercise, have students research different topics from German history. Ex.: **das Heilige Römische Reich Deutscher Nation, die Potsdamer Konferenz, die Entwicklung der DDR**. Help students make a time line of events in German history.

2

Geschichte Besprechen Sie in Gruppen die folgenden Fragen.

1. Was wissen Sie über die Geschichte Deutschlands vor dem 20. Jahrhundert?

2. Was genau passierte nach dem 2. Weltkrieg mit Deutschland (und Österreich)?

3. Was wissen Sie über die Geschichte der DDR und der Bundesrepublik?

4. Welche politischen Slogans kennen Sie? Sind Sie für oder gegen etwas?

5. Wofür/Wogegen haben Sie schon einmal demonstriert? Warum/Warum nicht?

6. Sie können eine Reise durch die Geschichte machen und an einem historischen Ereignis teilnehmen. Welches würden Sie auswählen und warum?

3 Before starting the exercise, have students think of other conflicts: **Ausbeutung der Natur (Ölbohrungen, Abholzen von Wäldern) oder Umweltschutz**.

3

Konflikte

A. Füllen Sie die Tabelle in Gruppen aus. Besprechen Sie Lösungen für politische, religiöse, ideologische, medizinische und gesellschaftliche Konflikte der heutigen Zeit.

	Konflikt	Lösung(en)
Land/Staat (Außenpolitik?)	Staatsgrenzen	
Religion	Gottesdienste verschiedener Religionen an demselben geheiligten Ort	
Ideologie	Demokraten oder Republikaner	
Medizin	Stammzellenforschung mit Embryos	
Gesellschaft	Raucher oder Nichtraucher	

B. Jede Gruppe präsentiert eine ihrer Lösungen im Kurs und die ganze Klasse wählt einen der Konflikte für eine Plenardiskussion aus.

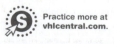

Practice more at vhlcentral.com.

Vorbereitung

Über den Schriftsteller

Bertolt Brecht (1898–1956) war ein bedeutender deutscher Dichter, Dramatiker und Theaterregisseur. Sein Konzept des Verfremdungseffekts (*alienation effect*) hat viele spätere Autoren beeinflusst. Während des Dritten Reiches musste er ins Exil und lebte anfangs in skandinavischen Ländern und später in Kalifornien. Nach dem Krieg ging er zurück nach Berlin und baute dort sein eigenes Theater auf. Viele seiner Werke werden in aller Welt aufgeführt.

Wortschatz des Gedichts		Nützlicher Wortschatz
achtlos *careless*	**die Unempfindlichkeit, -en** *insensitivity*	**(sich) einschätzen (als)** *to assess*
der Aufruhr, -e *uprising*	**die Untat, -en** *atrocious deed*	**der/die Obdachlose, -n** *homeless person*
finster *dark, grim*	**vergelten** *to repay*	**vergehen (vor)** *to be dying (of)*
die Nachsicht *leniency*	**verzerren** *to distort*	**verrichten** *to perform, to carry out*

1

Was passt zusammen? Suchen Sie für jedes Wort die richtige Definition.

_c_	1. verrichten	a.	jemand, der kein Zuhause hat
_e_	2. der Aufruhr	b.	ein grausames Verbrechen
_a_	3. der Obdachlose	c.	machen, tun
_f_	4. die Unempfindlichkeit	d.	dunkel
_b_	5. die Untat	e.	die Revolte
_d_	6. finster	f.	das Gegenteil von Sensibilität

2

Auf der Bühne Vervollständigen Sie den Text mit passenden Wörtern aus der Liste.

Oh, Bruder! Wohin führst du mich in dieser (1) _finsteren_ Nacht? Wir laufen (2) _achtlos_ durch die Straßen und ich (3) _vergehe_ fast vor Hunger. Ins Theater willst du mich leiten, wo die Bilder die Realität (4) _verzerren_? Wo Helden kämpfen, anstatt (5) _Nachsicht_ mit ihren Feinden (*enemies*) zu haben? Wo die Guten die (6) _Untaten_ der Bösen (7) _vergelten_? Auf, Bruder! Führ mich ins Theater!

3

Gespräch Besprechen Sie in Gruppen die folgenden Fragen.

1. Schauen Sie sich den Titel des Gedichts an. Wer sind die Nachgeborenen?

2. In seinem Gedicht macht Brecht sich Gedanken über Menschen, die hungern müssen und nicht genug zu trinken haben. Wo gibt es heutzutage noch Menschen mit solchen Problemen, und wie wird ihnen geholfen?

3. Waren Sie schon einmal in einer Situation, in der Sie hilflos waren? Beschreiben Sie diese Situation.

1 Have students design their own version of this activity, using other words from the list.

KULTURANMERKUNG

Seit 1892 steht eines der prächtigsten Theatergebäude in Berlin am Schiffbauer-damm. Die bedeutendsten Theaterregisseure Deutsch-lands haben hier Stücke klassischer und zeitgenössi-scher Dramatiker inszeniert. 1949 gründete Brecht, zusammen mit seiner Frau Helene Weigel, das *Berliner Ensemble*. Es zog 1954 in das Gebäude am Schiffbauerdamm und gab ihm seinen bleibenden Namen: *Berliner Ensemble*. Brecht erlebte noch die Aufführung seines Dramas *Der kaukasische Kreidekreis*, verstarb dann aber während der Arbeit an seinem Stück *Leben des Galilei*.

An die Nach

Point out that the text follows the old spelling rules.

Audio: Dramatic Reading

geborenen

Bertolt Brecht

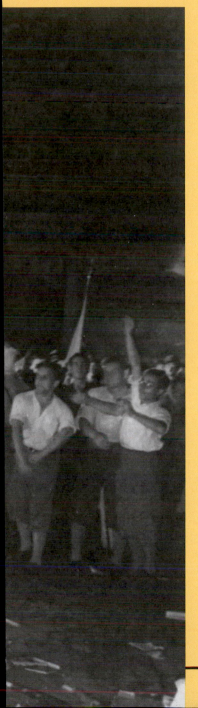

I

Wirklich, ich lebe in finsteren Zeiten!
_{guileless/absurd} Das arglose° Wort ist töricht°. Eine glatte Stirn
Deutet auf Unempfindlichkeit hin. Der Lachende
Hat die furchtbare Nachricht
5 Nur noch nicht empfangen.

Was sind das für Zeiten, wo
Ein Gespräch über Bäume fast ein Verbrechen ist
Weil es ein Schweigen über so viele Untaten einschließt!
Der dort ruhig über die Straße geht
10 Ist wohl nicht mehr erreichbar für seine Freunde
Die in Not sind?

_{earn my living} Es ist wahr: ich verdiene noch meinen Unterhalt°
Aber glaubt mir: das ist nur ein Zufall. Nichts
_{entitles} Von dem, was ich tue, berechtigt° mich dazu, mich sattzuessen.
_{spared/breaks off} 15 Zufällig bin ich verschont°. (Wenn mein Glück aussetzt°,
   bin ich verloren.)

Man sagt mir: Iß und trink du! Sei froh, daß du hast!
Aber wie kann ich essen und trinken, wenn
Ich dem Hungernden entreiße, was ich esse, und
20 Mein Glas Wasser einem Verdurstenden fehlt?
Und doch esse und trinke ich.

Ich wäre gerne auch weise.
In den alten Büchern steht, was weise ist:
Sich aus dem Streit der Welt halten und die kurze Zeit
25 Ohne Furcht verbringen
Auch ohne Gewalt auskommen
Böses mit Gutem vergelten
Seine Wünsche nicht erfüllen, sondern vergessen
Gilt für weise.
30 Alles das kann ich nicht:
Wirklich, ich lebe in finsteren Zeiten!

II

In die Städte kam ich zur Zeit der Unordnung
Als da Hunger herrschte.
Unter die Menschen kam ich zu der Zeit des Aufruhrs
35 Und ich empörte mich mit ihnen.
passed So verging° meine Zeit
Die auf Erden mir gegeben war.

Mein Essen aß ich zwischen den Schlachten
Schlafen legte ich mich unter die Mörder
40 Der Liebe pflegte ich achtlos
Und die Natur sah ich ohne Geduld.
So verging meine Zeit
Die auf Erden mir gegeben war.

Die Straßen führten in den Sumpf zu meiner Zeit.
slaughterer 45 Die Sprache verriet mich dem Schlächter°.
could do Ich vermochte° nur wenig. Aber die Herrschenden
Saßen ohne mich sicherer, das hoffte ich.
So verging meine Zeit
Die auf Erden mir gegeben war.

low 50 Die Kräfte waren gering°. Das Ziel
Lag in großer Ferne
Es war deutlich sichtbar, wenn auch für mich
Kaum zu erreichen.
So verging meine Zeit
55 Die auf Erden mir gegeben war.

III

Ihr, die ihr auftauchen werdet aus der Flut
In der wir untergegangen sind
Gedenkt
Wenn ihr von unseren Schwächen° sprecht   *weaknesses*
60 Auch der finsteren Zeit
Der ihr entronnen° seid.   *escaped*

Gingen wir doch, öfter als die Schuhe die Länder wechselnd
Durch die Kriege der Klassen, verzweifelt
Wenn da nur Unrecht war und keine Empörung°.   *resistance*

65 Dabei wissen wir doch:
Auch der Haß gegen die Niedrigkeit°   *meanness*
Verzerrt die Züge°.   *features*
Auch der Zorn über das Unrecht
Macht die Stimme heiser°. Ach, wir   *hoarse*
70 Die wir den Boden bereiten wollten für Freundlichkeit
Konnten selber nicht freundlich sein.

Ihr aber, wenn es so weit sein wird
Daß der Mensch dem Menschen ein Helfer ist
Gedenkt unsrer
75 Mit Nachsicht. ◼

Ask students what makes this text a poem. What characteristics of
poetry can they detect? (Ex.: structured language, blank verse; in part
II, one line is repeated like a refrain) What characteristics commonly
associated with poetry are not present? (No rhyme scheme, no regular
meter, etc.)

Analyse

1

Verständnis Markieren Sie die folgenden Aussagen über den Text als **richtig** oder **falsch**. Korrigieren Sie anschließend zu zweit die falschen Aussagen.

Richtig Falsch

☑ ☐ 1. Nur unempfindliche Menschen haben eine glatte Stirn.

☐ ☑ 2. Gespräche über die Natur sind gut. Gespräche über die Natur schließen das
Schweigen über die Untaten ein und sind deshalb fast ein Verbrechen.

☐ ☑ 3. Wer ruhig über die Straße geht, sorgt sich um seine Freunde.
Wer ruhig über die Straße geht, ist für die Freunde in Not nicht mehr erreichbar.

☑ ☐ 4. Der Ich-Erzähler hat zufällig genug zu essen.

☐ ☑ 5. Weise ist der, der nicht ohne Gewalt leben kann. Wer ohne Gewalt
auskommt, ist weise.

☑ ☐ 6. Die Nachgeborenen sollen nicht ungerecht über den Ich-Erzähler und seine Generation urteilen.

☐ ☑ 7. Die Zeitgenossen des Ich-Erzählers blieben immer in einem Land. Die Zeitgenossen des Ich-Erzählers wechselten die Länder öfter als ihre Schuhe.

☐ ☑ 8. Die Zeitgenossen des Ich-Erzählers sprachen mit freundlichen Stimmen. Sie konnten nicht freundlich sein. Ihre Stimmen waren heiser vor Empörung.

2

Interpretation Verbinden Sie die Satzanfänge mit den richtigen Satzenden.

1. Der Ich-Erzähler _____.
   ⓐ lebte in finsteren Zeiten   b. sprach oft über Bäume

2. Der Ich-Erzähler konnte sich satt essen, _____.
   a. was er als gerecht empfand   ⓑ weil er Glück hatte

3. Weise ist, _____.
   ⓐ wer ohne Streit in der Welt lebt
   b. wer furchtlos seine Wünsche erfüllt

4. Der Ich-Erzähler _____.
   a. war ein guter Liebhaber
   ⓑ kam unter die Menschen, als Aufruhr herrschte

5. Der Ich-Erzähler hatte ein Ziel, _____.
   a. das er auf jeden Fall leicht erreichen konnte
   ⓑ das fern, aber deutlich sichtbar war

6. Der Ich-Erzähler hofft, dass die Nachgeborenen in einer Zeit leben, _____.
   ⓐ in der der Mensch seinen Mitmenschen hilft
   b. die ähnlich finster ist wie seine eigene

3

Der Ich-Erzähler Beantworten Sie zu zweit die folgenden Fragen über den Ich-Erzähler des Gedichts.

1. In welcher Zeit lebte der Ich-Erzähler und was ist damals passiert?

2. Warum schätzt der Ich-Erzähler sich als glücklich ein? Und warum hat er gleichzeitig ein schlechtes Gewissen?

3. Wie definieren die alten Bücher einen weisen Menschen? Was bedeutet das für den Ich-Erzähler? Warum benutzt er diese Definition in seinem Gedicht?

4. Was meint der Ich-Erzähler, wenn er sagt, dass seine Sprache ihn verrät?

5. Welche Hoffnungen und Wünsche hat der Ich-Erzähler für die Nachgeborenen?

4 **Meinungen** Besprechen Sie in Gruppen die folgenden Aussagen. Stimmen Sie ihnen zu? Warum/warum nicht? Präsentieren Sie dann als Gruppe Ihre Meinungen der Klasse.

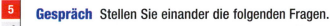

	Ja	Nein
1. Brecht schätzt viele seiner Zeitgenossen falsch ein.	☐	☐
2. Wenn Brecht weise gewesen wäre, hätte er dieses Gedicht nicht geschrieben.	☐	☐
3. Brecht hat Selbstmitleid.	☐	☐
4. Die Zeit, in der Brecht lebte, war viel aufregender als die heutige.	☐	☐
5. Brecht hat völlig richtig auf die Probleme seiner Zeit reagiert.	☐	☐
6. Brecht sieht die Zukunft viel zu optimistisch.	☐	☐

5 **Gespräch** Stellen Sie einander die folgenden Fragen.

1. Was weißt du über die Ereignisse der 1930er und 1940er Jahre in Deutschland?

2. Auf welche historische Situation bezieht sich (*refers to*) dieses Gedicht? Warum? Könnte es sich für heutige Leser(innen) auch auf andere Zeiten beziehen? Warum?

3. Glaubst du, dass wir, die heutigen Leser(innen), die Nachgeborenen sind, die Brecht mit seinem Gedicht anspricht? Warum/Warum nicht?

4. Glaubst du, dass die Zeit „danach" schon vorbei ist, jetzt ist, oder vielleicht erst noch kommt? Warum?

5. Ist dieses Gedicht zeitlos? Warum?

6 **Ein Interview mit Brecht** Stellen Sie sich vor, Sie machen eine Zeitreise in die Vergangenheit und führen ein Gespräch mit Bertolt Brecht. Entscheiden Sie zu zweit, welche Fragen Sie ihm stellen wollen und wie er antworten würde. Führen Sie dann das Gespräch mit verteilten Rollen vor der Klasse auf. Eine(r) spielt Brecht, der/die andere den/die Interviewer(in) aus der heutigen Zeit. Beachten Sie die folgenden Fragen bei der Vorbereitung.

- Was war wohl Brechts Motivation, ein solches Gedicht zu schreiben?

- Was würden Sie Brecht über seine Erfahrungen im Exil fragen?

- Welche Fragen hätte Brecht an die Menschen von heute?

7 **Zum Thema** Schreiben Sie einen Aufsatz von ungefähr 100 Wörtern zu einem der folgenden Themen.

- Was meinte Brecht wohl, wenn er sagt: „…die Herrschenden saßen ohne mich sicherer, das hoffte ich"? Wer waren die Herrschenden? Warum hoffte er, dass sie ohne ihn „sicherer saßen"? Was hätte er gegen sie machen können? Hätte er Erfolg gehabt?

- Schreiben Sie Ihren eigenen Aufruf (in Form eines Aufsatzes, eines Briefes oder eines Gedichts) an Ihre Nachgeborenen. Beschreiben Sie Ihre Gefühle über die Zeit, in der Sie leben, was Ihre Generation erreicht oder nicht erreicht hat, und was Ihre Hoffnungen für die Zukunft sind.

 Practice more at **vhlcentral.com**.

KULTURANMERKUNG

Wie viele andere deutsche Autoren, verbrachte Brecht die Jahre des Dritten Reiches bis nach der Aufteilung Deutschlands in Besatzungszonen° im Exil. Er lebte zuerst in Norwegen und Schweden, dann eine Weile in der Sowjetunion und ging schließlich in die USA. Während dieser Zeit schrieb er weiterhin Theaterstücke und verhielt sich Hitler und seinem Regime gegenüber äußerst kritisch. Angeregt° durch seine Studien über den Marxismus zog er 1948 nach Ostberlin.

Besatzungszonen *occupation zones*
Angeregt *Animated*

Anwendung

Hauptpunkte eines guten Aufsatzes

Achten Sie auf folgende Aspekte:

- **Präzision:** Vermeiden Sie überflüssige Wiederholungen von Sprache und Gedanken. Streichen Sie (*Delete*) unnötige Wörter und schreiben Sie klare und einfache Sätze.
- **Ton:** Der Ton Ihres Aufsatzes sollte zu Ihren Lesern und zum Inhalt passen.
- **Sprache:** Drücken Sie sich klar und deutlich aus. Achten Sie auf die wichtigsten Wörter in jedem Satz und fragen Sie sich, welche Assoziationen diese bei dem Leser/der Leserin hervorrufen könnten.
- **Flüssiger Stil:** Entwickeln Sie Ihre Argumente logisch vom Anfang bis zum Ende des Aufsatzes. Schreiben Sie Sätze oder Absätze um, die den Leser/die Leserin verwirren könnten. Ihre Ideen müssen deutlich miteinander verbunden sein.

1

Vorbereitung Lesen Sie den folgenden Absatz über Bertolt Brecht und vergleichen Sie ihn zu zweit mit dem auf S. 385. Wo liegen die Probleme in der folgenden Version?

Wie wir alle wissen, schrieb Bertolt Brecht die *Dreigroschenoper*. Er war ein deutscher Dichter, der auch Dramen geschrieben hat. Nach dem Krieg gründete er sein eigenes Theater. Er war im Exil in Skandinavien und Kalifornien. Der Verfremdungseffekt von Brecht beeinflusste andere Autoren. Er lebte von 1898 bis 1956 und seine Werke werden immer noch aufgeführt. Er war auch ein Theaterregisseur.

2

Aufsatz Wählen Sie eines der folgenden Themen und schreiben Sie darüber einen Aufsatz.

- Beziehen Sie sich in Ihrem Aufsatz auf einen der vier Teile dieser Lektion: **Kurzfilm, Stellen Sie sich vor, …, Kultur** oder **Literatur**.
- Ihr Aufsatz muss mindestens eine Seite lang sein.
- Revidieren und korrigieren Sie Ihren Aufsatz, um sicher zu sein, dass er präzise und flüssig geschrieben ist, und dass der Ton und die Sprache angemessen sind.

Themen

1. Können die politischen Auseinandersetzungen der Vergangenheit uns helfen, in Zukunft eine harmonischere Gesellschaft zu gestalten?

2. Welche Bedeutung kommt einer nationalen Identität in einer Welt zu, in der Staatsgrenzen sich dauernd ändern und Menschen immer mobiler werden? Hat Patriotismus noch einen Platz in der heutigen Gesellschaft?

3. Die Ereignisse des 2. Weltkrieges haben die Welt nachhaltig verändert, aber in vielen Teilen der Erde sind Krieg und Völkermord immer noch alltägliche Begebenheiten (*occurrences*). Haben die Menschen aus den vergangenen und bestehenden (*ongoing*) Kriegen gelernt? Was können wir tun, um Konflikte und Verfolgungen in der Welt zu beenden?

Geschichte und nationales Selbstverständnis

 Vocabulary Tools

Politik

der/die (Bundestags)abgeordnete, -n *representative, member (of the Bundestag)*

der Demokrat, -en/die Demokratin, -nen *Democrat*

die Demokratie, -n *democracy*

die Diktatur, -en *dictatorship*

der (Bundes)kanzler, -/die (Bundes) kanzlerin, -nen *(federal) chancellor*

der/die Konservative, -n *Conservative*

der/die Liberale, -n *Liberal*

die (politische) Partei, -en *(political) party*

der Politiker, -/die Politikerin, -nen *politician*

der (Bundes)präsident, -en/die (Bundes) präsidentin, -nen *(federal) president*

das Regierungssystem, -e *system of government*

die (Bundes)republik, -en *(federal) republic*

der Republikaner, -/ die Republikanerin, -nen *Republican*

der Sozialdemokrat, -en/die Sozialdemokratin, -nen *Social Democrat*

die Wahlniederlage, -n *election defeat*

der Wahlsieg, -e *election victory*

führen *to lead*

regieren *to govern*

wählen *to elect; to vote*

gewählt werden *to be elected*

demokratisch *democratic*

faschistisch *fascist*

liberal *liberal*

monarchisch *monarchic*

republikanisch *republican*

Geschichte

die Armee, -n *armed forces*

der Frieden *peace*

das Heer, -e *army*

das Jahrhundert, -e *century*

das Jahrzehnt, -e *decade*

der Kaiser, -/die Kaiserin, -nen *emperor/empress*

der König, -e/die Königin, -nen *king/queen*

das Königreich, -e *kingdom*

der (Bürger/Welt)krieg, -e *(civil/world) war*

die Niederlage, -n *defeat*

der Sieg, -e *victory*

die Sklaverei *slavery*

die Waffe, -n *weapon*

die Zivilisation, -en *civilization*

befreien *to liberate*

besiegen *to defeat*

einfallen in (+ Akk.) *to invade*

erobern *to conquer*

kapitulieren *to surrender*

kolonisieren *to colonize*

stürzen *to overthrow*

unterdrücken *to oppress*

vertreiben *to expel*

siegreich *victorious*

stark/kräftig *powerful*

v. Chr. (vor Christus), v. u. Z. [vor unserer Zeit(rechnung)] *B.C., B.C.E.*

n. Chr. (nach Christus) *A.D., C.E.*

Nationen und nationale Identität

die Auswanderung, -en *emigration*

die Bevölkerung, -en *population*

die Einwanderung, -en *immigration*

die (Unter)entwicklung, -en *(under)development*

die Globalisierung, -en *globalization*

die Integration, -en *integration*

die Muttersprache, -n *native language*

der Rassismus *racism*

die Staatsbürgerschaft, -en *citizenship*

die Übervölkerung, -en *overpopulation*

bedauern *to regret*

erscheinen *to appear*

kämpfen *to struggle*

protestieren (gegen) *to protest (against)*

überwinden *to overcome*

verschwinden *to disappear*

mehrsprachig *multilingual*

multikulturell *multicultural*

Kurzfilm

der Bengel, - *rascal*

die Gestapo (Geheime Staatspolizei) *secret police in the Third Reich*

der Judenstern, -e *Yellow Star*

die Judenverfolgung, -en *persecution of Jews*

das Konzentrationslager, - (das KZ) *concentration camp*

die Lüge, -n *lie*

das Malheur, -s *mishap*

die Noten (pl.) *sheet music*

die Rettung, -en *rescue*

das Spielzeugland *toyland*

etwas erlauben *to allow something*

sich schwören *to vow*

etwas verraten *to reveal something*

Kultur

das Abkommen, - *agreement*

das Gebet, -e *prayer*

der Gedenktag, -e *commemoration day*

die Schautafel, -n *information boards; posters*

der Unmut *discontent*

auflösen *to dissolve*

subventionieren *to subsidize*

unterteilen *to subdivide*

(j-m etwas) zusprechen *to award (something to someone)*

damalig *of that time*

gewalttätig *violent*

Literatur

der Aufruhr, -e *uprising*

die Nachsicht *leniency*

der/die Obdachlose, -n *homeless person*

die Unempfindlichkeit, -en *insensitivity*

die Untat, -en *atrocious deed*

(sich) einschätzen (als) *to assess*

vergehen (vor) *to be dying (of)*

vergelten *to repay*

verrichten *to perform, to carry out*

verzerren *to distort*

achtlos *careless*

finster *dark, grim*

Hinweise zum Überarbeiten eines Aufsatzes

Um Ihren Aufsatz zu korrigieren, müssen Sie objektiv sein und ein gutes, kritisches Auge haben.

Versuchen Sie Ihren Aufsatz so zu lesen, als habe ihn ein anderer geschrieben: Ist er überzeugend (*convincing*)? Gibt es Teile, die Sie stören oder verwirren (*confuse*)? Diese Liste hilft Ihnen, alle Aspekte Ihres Aufsatzes zu überarbeiten, von den allgemeinen Merkmalen bis zu den Details.

Erster Schritt: ein grober Überblick

Thema
> Bezieht sich (*Refers*) der Aufsatz auf das Thema oder die Fragestellung?

These
> Haben Sie Ihre These klar formuliert?
>
> Die These ist nicht dasselbe wie das Thema: Sie ist ein wesentlicher Baustein, die die Struktur des Aufsatzes bestimmt.
>
> Die Grundidee der These muss im ersten Abschnitt klar werden, im Laufe des Aufsatzes bekräftigt werden und in der Schlussfolgerung nicht einfach wiederholt, sondern untermauert werden.

Logik und Aufbau
> Lesen Sie Ihren Aufsatz vom Anfang bis zum Ende und konzentrieren Sie sich auf die Gliederung (*structure*) Ihrer Gedanken.
>
> Bezieht sich jeder Gedanke auf den vorhergehenden? Vermeiden Sie Sprünge in der Abfolge.
>
> Gibt es Passagen, die weggelassen oder geändert werden sollten?
> Haben Sie Ihre Thesen mit genügend Argumenten untermauert oder brauchen Sie weitere Beispiele?

Leser
> Der Aufsatz muss auf den Leser abgestimmt (*adapted*) werden.
>
> Falls der Leser nicht genug Vorwissen (*knowledge*) zum Thema besitzt, erklären Sie ihm die Zusammenhänge, damit er Ihrer Argumentation folgen kann. Erklären Sie alle Begriffe, die ihm unklar sein könnten.
>
> Passen Sie Ihre Sprache und Ihre Wortwahl an ihre Leserschaft an. Denken Sie daran, dass Ihr Leser intelligent und skeptisch ist: Sie müssen ihn durch Ihre Darlegung (*presentation*) überzeugen (*convince*). Ihr Schreibstil sollte weder umgangssprachlich (*colloquial*) noch leidenschaftlich (*passionate*) noch unsachlich (*irrelevant*) sein.

Ziel
> Wenn Sie einen Zusammenhang erklären wollen, seien Sie präzise und sorgfältig. Ein schlüssiger Aufsatz sollte sich durch seine Objektivität auszeichnen: Vermeiden Sie (*Avoid*) persönliche und subjektive Meinungen. Versuchen Sie Ihre Leser nur dann mit persönlichen Anschauungen oder Werturteilen zu überzeugen, wenn Sie diese auch durch eine logische Argumentation stützen (*support*) können.

Zweiter Schritt: der Absatz

Untersuchen Sie jeden Absatz im Hinblick auf diese Fragen:

Absatz

> Hat jeder Abschnitt einen Einleitungssatz?
> Der Leitgedanke sollte dem Abschnitt nicht nur Geschlossenheit (*unity*) und Stimmigkeit (*coherence*) verleihen, sondern sich auch auf die Hauptthesen des Aufsatzes beziehen.
>
> Wie steht es um die Überleitungen zwischen den Absätzen? Wenn sie verständlich sind, verhelfen sie dem Aufsatz zu einem angenehmen Fluss; wenn sie zusammenhanglos sind, können sie den Leser verunsichern oder durcheinander bringen.
>
> Wie beginnt und wie endet der Aufsatz?
> Die Einleitung sollte den Leser fesseln (*attract*) und muss die Thesen des Aufsatzes klar herausstellen. Der Schluss darf nicht einfach wiederholen. Genau wie die anderen Absätze sollte auch er ein echtes Konzept besitzen.
>
> Wenn möglich, lesen Sie jeden Abschnitt laut und achten Sie auf den Sprachrhythmus. Lesen kann schnell langweilig und monoton werden, wenn alle Sätze die gleiche Länge haben. Versuchen Sie den Rhythmus und die Länge Ihrer Sätze zu variieren.

Dritter Schritt: der Satz

Lesen Sie im letzten Durchgang jeden Satz sorgfältig.

Sätze

> Suchen Sie für jede Situation den passenden Begriff. Gebrauchen Sie Synonyme. Verwenden sie eine präzise, direkte und genaue Sprache.
>
> Entfernen Sie alle überflüssigen Wörter und Sätze, die vom Thema ablenken (*distract*) oder etwas wiederholen, was bereits gesagt wurde.
>
> Überprüfen Sie die Grammatik. Kontrollieren Sie die Kongruenz zwischen Subjekt und Verb, zwischen Substantiven und Adjektiven und zwischen Pronomen und ihren Bezugselementen (*related items*). Vergewissern Sie sich, dass Sie die richtigen Präpositionen benutzt haben.
>
> Prüfen Sie die Rechtschreibung. Achten Sie besonders auf Groß- und Kleinschreibung.

Beurteilung und Fortschritt

Überprüfung

> Wenn möglich, tauschen Sie Aufsätze mit Mitschülern aus und schlagen sich gegenseitig Verbesserungen vor.
>
> Überlegen Sie sich, was Sie ändern würden, aber auch, was Ihnen am Aufsatz Ihres Kommilitonen (*classmate*) gefallen hat.

Berichtigung

> Lesen Sie die Kommentare und Verbesserungen Ihres Lehrers, wenn Sie Ihren Aufsatz zurückbekommen. Erstellen Sie eine Liste mit Ihren häufigsten Fehlern und wählen Sie **Hinweise zur Verbesserung schriftlicher Arbeiten** als Überschrift. Bewahren Sie die Liste im gleichen Ordner wie Ihre Aufsätze auf und nehmen Sie sie regelmäßig zur Hand. So können Sie Ihre Fortschritte einschätzen und vermeiden, die gleichen Fehler immer wieder zu machen.

Verb conjugation tables

Here are the infinitives of verbs introduced as active vocabulary in **Denk mal!**, as well as other model verbs. Each verb is followed by a model verb that follows the same conjugation pattern. The number in parentheses indicates where in the verb tables, pages **399–408**, you can find the conjugated forms of the model verb. The word (*sein*) after a verb means that it is conjugated with **sein** in the **Perfekt** and **Plusquamperfekt** compound tenses. For reflexive verbs, the list may point to a non-reflexive model, if the verb is irregular. A full conjugation of the simple forms of a reflexive verb is presented in Verb table 6 on page **400**. Verbs followed by an asterisk (*) have a separable prefix.

(sich) abgewöhnen* like machen (1)	ausüben* like machen (1)	(sich) bieten like biegen (19)	(sich) erinnern like feiern (4)
abhängen* like machen (1)	auswandern* (*sein*) like feiern (4)	bildhauern like feiern (4)	sich erkälten like arbeiten (2)
ablehnen* like machen (1)	ausziehen* like biegen (19)	bitten (20)	erkennen like kennen (17)
abonnieren like studieren (3)	(sich) baden like arbeiten (2)	bleiben (*sein*) (21)	erkunden like arbeiten (2)
abschaffen* like machen (1)	basteln like sammeln (5)	braten like schlafen (38)	erlauben like machen (1)
abstimmen* like machen (1)	sich bedanken like sich freuen (6)	brennen like kennen (17)	erobern like feiern (4)
achten auf like arbeiten (2)	bedauern like feiern (4)	bringen (16)	erreichen like machen (1)
aktualisieren like studieren (3)	bedeuten like arbeiten (2)	bummeln like sammeln (5)	erscheinen (*sein*) like bleiben (21)
(sich) amüsieren like studieren (3)	bedrücken like machen (1)	danken like machen (1)	erwarten like arbeiten (2)
anbeten* like arbeiten (2)	sich beeilen like sich freuen (6)	dauern like feiern (4)	erzählen like arbeiten (2)
anfeuern* like feiern (4)	befestigen like machen (1)	denken like bringen (16)	essen (22)
anhalten* like fallen (24)	befördern like feiern (4)	diskutieren like studieren (3)	existieren like studieren (3)
anhängen* like machen (1)	befreien like machen (1)	drehen like machen (1)	fahren (*haben/sein*) (23)
anhören* like machen (1)	begehen like gehen (27)	drucken like machen (1)	fallen (*sein*) (24)
ankommen* like kommen (31)	beginnen like schwimmen (39)	durchkreuzen* like machen (1)	fälschen like machen (1)
anlegen* like machen (1)	sich begnügen like sich freuen (6)	dürfen (10)	fechten like flechten (25)
annehmen* like nehmen (35)	behandeln like sammeln (5)	(sich) duschen like sich freuen (6)	feiern (4)
(sich) anpassen* like machen (1)	beitragen like fahren (23)	einbilden* like arbeiten (2)	fernsehen* like sehen (41)
anpöbeln* like sammeln (5)	bekommen like kommen (31)	einchecken* like machen (1)	festlegen* like machen (1)
anrufen* like rufen (36)	belegen like machen (1)	einfallen* like fallen (24)	festnehmen* like nehmen (35)
(sich) ansiedeln* like sammeln (5)	(sich) benehmen like nehmen (35)	(sich) einfinden like singen (42)	feuern like feiern (4)
anspielen* like machen (1)	beneiden like arbeiten (2)	(sich) einigen like machen (1)	finden like singen (42)
antworten like arbeiten (2)	beobachten like machen (1)	einkaufen* like machen (1)	flechten (25)
anziehen* like biegen (19)	berichten like arbeiten (2)	einladen* like fahren (23)	fliehen like biegen (19)
anzweifeln* like sammeln (5)	berufen like rufen (36)	den Gang einlegen like machen (1)	fördern like feiern (4)
(sich) ärgern like feiern (4)	sich beschäftigen like sich freuen (6)	einschätzen* like machen (1)	sich fortpflanzen* like sich freuen (6)
arbeiten (2)	beschützen like machen (1)	einschenken like machen (1)	fragen like machen (1)
atmen like arbeiten (2)	(sich) beschweren like machen (1)	einschlagen* like fahren (23)	sich freuen (6)
aufgießen like schließen (37)	beschwören like schwören (40)	einspannen* like machen (1)	fühlen like machen (1)
aufhören* like machen (1)	beseitigen like machen (1)	einsperren* like machen (1)	führen like machen (1)
auflösen* like machen (1)	besiegen like machen (1)	einsteigen* like bleiben (21)	sich fürchten like arbeiten (2)
aufnehmen* like nehmen (35)	bestechen like sprechen (44)	einstellen* like machen (1)	geben (26)
aufwachen* like machen (1)	bestehen like stehen (45)	einstürzen* like machen (1)	gefallen like fallen (24)
aufzeichnen* like arbeiten (2)	bestellen like machen (1)	einwandern* like feiern (4)	gehen (*sein*) (27)
ausborgen* like machen (1)	besuchen like machen (1)	empfehlen like stehlen (46)	gelingen (*sein*) like singen (42)
ausgehen* like gehen (27)	beteuern like feiern (4)	engagieren like studieren (3)	geraten (*sein*) like schlafen (38)
ausgraben* like fahren (23)	betragen like fahren (23)	entfachen like machen (1)	geschehen (*sein*) like geben (26)
aushalten* like fallen (24)	betreiben like bleiben (21)	sich entpuppen like sich freuen (6)	gestalten like arbeiten (2)
ausleihen* like bleiben (21)	beurteilen like machen (1)	entlassen like fallen (24)	gewähren like fallen (24)
ausnutzen* like machen (1)	bevölkern like feiern (4)	sich entschuldigen like sich freuen (6)	sich gewöhnen like sich freuen (6)
(sich) ausruhen* like sich freuen (6)	beweisen like bleiben (21)	(sich) entwickeln like sammeln (5)	gießen like schießen (37)
ausscheiden* like bleiben (21)	(sich) bewerben like helfen (30)	erfahren like fahren (23)	glauben like machen (1)
aussteigen* like bleiben (21)	bewohnen like machen (1)	erfinden like singen (42)	haben (7)
aussterben* (*sein*) like helfen (30)	bewundern like feiern (4)	ergehen like gehen (27)	(sich) halten like fallen (24)
ausstrahlen* like machen (1)	bezahlen like machen (1)	erhalten like fallen (24)	(sich) handeln like sammeln (5)
aussuchen* like machen (1)	bezeugen like machen (1)	sich erholen like sich freuen (6)	hassen like machen (1)
austreten* (*sein*) like geben (26)	beziehen like biegen (19)		heilen like machen (1)

heiligen like machen (1)

heiraten like arbeiten (2)

heißen (29)

helfen (30)

herausgeben* like geben (26)

(he)runterladen* like fahren (23)

heulen like machen (1)

sich hinlegen* like machen (1)

hören like machen (1)

impfen like machen (1)

(sich) informieren like studieren (3)

(sich) interessieren like studieren (3)

(sich) irren like machen (1)

(sich) kämmen like machen (1)

kämpfen like machen (1)

kapitulieren like studieren (3)

kaufen like machen (1)

kennen (17)

klagen like machen (1)

klappen like machen (1)

klonen like machen (1)

kolonisieren like studieren (3)

kommen (*sein*) (31)

kommunizieren like studieren (3)

können (11)

krönen like machen (1)

(sich) kümmern like feiern (4)

kündigen like machen (1)

laben like machen (1)

lachen like machen (1)

(sich) langweilen like machen (1)

lassen like fallen (24)

laufen (*sein*) (32)

leiden like greifen (28)

leihen like bleiben (21)

sich leisten like arbeiten (2)

leiten like arbeiten (2)

lernen like machen (1)

lesen like sehen (41)

lieben like machen (1)

liegen (33)

loben like machen (1)

(sich) lohnen like machen (1)

lösen like machen (1)

lügen (34)

machen (1)

malen like machen (1)

merken like machen (1)

mieten like arbeiten (2)

missbrauchen like machen (1)

mögen (12)

müssen (13)

(jemanden) nachahmen like machen (1)

nachdenken* like bringen (16)

nachgehen* (*sein*) like gehen (27)

nehmen (35)

nennen like kennen (17)

organisieren like studieren (3)

parken like machen (1)

passieren like studieren (3)

pflegen like machen (1)

plaudern like feiern (4)

preisen like bleiben (21)

protestieren like studieren (3)

prügeln like sammeln (5)

quälen like machen (1)

räuspern like feiern (4)

(sich) regen like sich freuen (6)

regieren like studieren (3)

regnen like arbeiten (2)

reisen like machen (1)

retten like arbeiten (2)

riechen like schießen (37)

rücken like machen (1)

rufen (36)

runterladen like fahren (23)

sagen like machen (1)

schälen like machen (1)

(sich) schämen like sich freuen (6)

(sich) scheiden (lassen) (*sein*) like bleiben (21)

schildern like feiern (4)

schlafen (38)

(sich) schlagen like fahren (23)

schlendern like feiern (4)

schmecken like machen (1)

(sich) schminken like machen (1)

schneiden like greifen (28)

schreiben like bleiben (21)

schützen like machen (1)

schwärmen like machen (1)

schweben like machen (1)

schwelgen like machen (1)

schwimmen (*sein*) (39)

schwören (40)

segeln like sammeln (5)

sehen (41)

sich sehnen like sich freuen (6)

sein (*sein*) (8)

senden (18)

(sich) setzen like machen (1)

siedeln like sammeln (5)

singen (42)

sitzen (43)

sollen (14)

sonnenbaden like arbeiten (2)

(sich) sorgen like sich freuen (6)

sparen like machen (1)

spielen like machen (1)

sprechen (44)

sprengen like machen (1)

spritzen like machen (1)

stehen (45)

sterben (*sein*) like helfen (30)

stoppen like machen (1)

stören like machen (1)

streben like machen (1)

(sich) streiten like greifen (28)

subventionieren like studieren (3)

stürzen like machen (1)

suchen like machen (1)

surfen like machen (1)

synchronisieren like studieren (3)

tanzen like studieren (3)

taufen like studieren (3)

täuschen like studieren (3)

teilen like studieren (3)

teilnehmen* like nehmen (35)

tragen like fahren (23)

träumen like machen (1)

(sich) treffen like sprechen (44)

treiben like bleiben (21)

(sich) trennen like machen (1)

trinken like singen (42)

trödeln like machen (1)

übernachten like arbeiten (2)

überqueren like machen (1)

übertragen like fahren (23)

übertreiben like bleiben (21)

überwältigen like machen (1)

überwinden like singen (42)

umarmen like machen (1)

(sich) ummelden* like arbeiten (2)

sich umsehen* like sehen (41)

(sich) umziehen* like biegen (19)

unterdrücken like machen (1)

(sich) unterhalten like fallen (24)

unterteilen like machen (1)

verabschieden like arbeiten (2)

veranstalten like arbeiten (2)

verbergen like helfen (30)

verbessern like feiern (4)

verbrauchen like machen (1)

verbringen like bringen (16)

verdienen like machen (1)

verehren like machen (1)

sich verfahren like fahren (23)

verfügen like machen (1)

vergehen (*sein*) like gehen (27)

vergelten like helfen (30)

vergessen like essen (22)

(sich) verheiraten like arbeiten (2)

verklagen like machen (1)

verkleiden like arbeiten (2)

verlangen like machen (1)

verlängern like feiern (4)

(sich) verlassen like fallen (24)

sich verlaufen like laufen (32)

sich verlieben like sich freuen (6)

verlieren like biegen (19)

sich verloben like sich freuen (6)

sich vermählen like sich freuen (6)

vermengen like machen (1)

vermissen like machen (1)

verpassen like machen (1)

(ver)prügeln like sammeln (5)

verraten like schlafen (38)

verrichten like arbeiten (2)

verschlingen like singen (42)

verschmelzen (*sein*) like flechten (25)

verschonen like machen (1)

verschreiben like bleiben (21)

verschwinden (*sein*) like singen (42)

sich verspäten like arbeiten (2)

verspotten like arbeiten (2)

sich versprechen like sprechen (44)

(sich) verstehen like stehen (45)

verstummen (*sein*) like machen (1)

verteidigen like machen (1)

(etwas) vertragen like fahren (23)

(sich) vertrauen like machen (1)

vertreiben like bleiben (21)

verurteilen like machen (1)

verzerren like machen (1)

verzichten like arbeiten (2)

vorbeifahren* (*sein*) like fahren (23)

vorbeigehen* (*sein*) like gehen (27)

(sich) vorbereiten* like arbeiten (2)

(sich) vorstellen* like machen (1)

wählen like machen (1)

wandern (*sein*) like feiern (4)

warnen like machen (1)

warten like arbeiten (2)

(sich) waschen (48)

wenden like senden (18)

werden (9)

werfen like helfen (30)

(sich) widmen like arbeiten (2)

wiederverwerten* like arbeiten (2)

wirken like machen (1)

wissen (49)

wohnen like machen (1)

wollen (15)

sich wundern like feiern (4)

wünschen like machen (1)

würdigen like machen (1)

zählen like machen (1)

zeigen like machen (1)

zerschlagen like fahren (23)

zerstören like machen (1)

ziehen (*haben/sein*) like biegen (19)

zitieren like studieren (3)

zittern like feiern (4)

zubereiten like arbeiten (2)

zudrücken like machen (1)

zusprechen* like sprechen (44)

zweifeln like sammeln (5)

Regular verbs: simple tenses

1 — machen (to make; to do)

Partizip I: machend
Partizip II: gemacht
Perfekt: gemacht haben

	INDIKATIV Präsens	INDIKATIV Präteritum	INDIKATIV Plusquamperfekt	KONJUNKTIV I Präsens	KONJUNKTIV II Präsens	KONJUNKTIV II Perfekt	IMPERATIV
	mache	machte	hatte gemacht	mache	machte	hätte gemacht	
	machst	machtest	hattest gemacht	machest	machtest	hättest gemacht	mache/mach
	macht	machte	hatte gemacht	mache	machte	hätte gemacht	
	machen	machten	hatten gemacht	machen	machten	hätten gemacht	machen wir
	macht	machtet	hattet gemacht	machet	machtet	hättet gemacht	macht
	machen	machten	hatten gemacht	machen	machten	hätten gemacht	machen Sie

2 — arbeiten (to work)

Partizip I: arbeitend
Partizip II: gearbeitet
Perfekt: gearbeitet haben

	INDIKATIV Präsens	INDIKATIV Präteritum	INDIKATIV Plusquamperfekt	KONJUNKTIV I Präsens	KONJUNKTIV II Präsens	KONJUNKTIV II Perfekt	IMPERATIV
	arbeite	arbeitete	hatte gearbeitet	arbeite	arbeitete	hätte gearbeitet	
	arbeitest	arbeitetest	hattest gearbeitet	arbeitest	arbeitetest	hättest gearbeitet	arbeite
	arbeitet	arbeitete	hatte gearbeitet	arbeite	arbeitete	hätte gearbeitet	
	arbeiten	arbeiteten	hatten gearbeitet	arbeiten	arbeiteten	hätten gearbeitet	arbeiten wir
	arbeitet	arbeitetet	hattet gearbeitet	arbeitet	arbeitetet	hättet gearbeitet	arbeitet
	arbeiten	arbeiteten	hatten gearbeitet	arbeiten	arbeiteten	hätten gearbeitet	arbeiten Sie

3 — studieren (to study)

Partizip I: studierend
Partizip II: studiert
Perfekt: studiert haben

	INDIKATIV Präsens	INDIKATIV Präteritum	INDIKATIV Plusquamperfekt	KONJUNKTIV I Präsens	KONJUNKTIV II Präsens	KONJUNKTIV II Perfekt	IMPERATIV
	studiere	studierte	hatte studiert	studiere	studierte	hätte studiert	
	studierst	studiertest	hattest studiert	studierest	studiertest	hättest studiert	studier/studiere
	studiert	studierte	hatte studiert	studiere	studierte	hätte studiert	
	studieren	studierten	hatten studiert	studieren	studierten	hätten studiert	studieren wir
	studiert	studiertet	hattet studiert	studieret	studieret	hättet studiert	studiert
	studieren	studierten	hatten studiert	studieren	studierten	hätten studiert	studieren Sie

4 — feiern (to celebrate)

Partizip I: feiernd
Partizip II: gefeiert
Perfekt: gefeiert haben

	INDIKATIV Präsens	INDIKATIV Präteritum	INDIKATIV Plusquamperfekt	KONJUNKTIV I Präsens	KONJUNKTIV II Präsens	KONJUNKTIV II Perfekt	IMPERATIV
	feiere	feierte	hatte gefeiert	feiere	feierte	hätte gefeiert	
	feierst	feiertest	hattest gefeiert	feierest	feiertest	hättest gefeiert	feiere
	feiert	feierte	hatte gefeiert	feiere	feierte	hätte gefeiert	
	feiern	feierten	hatten gefeiert	feiern	feierten	hätten gefeiert	feiern wir
	feiert	feiertet	hattet gefeiert	feiert	feiertet	hättet gefeiert	feiert
	feiern	feierten	hatten gefeiert	feiern	feierten	hätten gefeiert	feiern Sie

5 — sammeln (to collect)

Partizip I: sammelnd
Partizip II: gesammelt
Perfekt: gesammelt haben

	INDIKATIV Präsens	INDIKATIV Präteritum	INDIKATIV Plusquamperfekt	KONJUNKTIV I Präsens	KONJUNKTIV II Präsens	KONJUNKTIV II Perfekt	IMPERATIV
	sammle	sammelte	hatte gesammelt	sammle	sammelte	hätte gesammelt	
	sammelst	sammeltest	hattest gesammelt	sammlest	sammeltest	hättest gesammelt	sammle
	sammelt	sammelte	hatte gesammelt	sammle	sammelte	hätte gesammelt	
	sammeln	sammelten	hatten gesammelt	sammlen	sammelten	hätten gesammelt	sammeln wir
	sammelt	sammeltet	hattet gesammelt	sammlet	sammeltet	hättet gesammelt	sammelt
	sammeln	sammelten	hatten gesammelt	sammlen	sammelten	hätten gesammelt	sammeln Sie

Reflexive verbs

6 — sich freuen

Infinitiv	INDIKATIV			KONJUNKTIV I	KONJUNKTIV II		IMPERATIV
Partizip I / Partizip II / Perfekt	Präsens	Präteritum	Plusquamperfekt	Präsens	Präsens	Perfekt	
sich freuen *(to be happy)*	freue mich	freute mich	hatte mich gefreut	freue mich	freute mich	hätte mich gefreut	
sich freuend	freust dich	freutest dich	hattest dich gefreut	freuest dich	freutest dich	hättest dich gefreut	freue/freu dich
sich gefreut	freut sich	freute sich	hatte sich gefreut	freue sich	freute sich	hätte sich gefreut	
sich gefreut haben	freuen uns	freuten uns	hatten uns gefreut	freuen uns	freuten uns	hätten uns gefreut	freuen wir uns
	freut euch	freutet euch	hattet euch gefreut	freuet euch	freutet euch	hättet euch gefreut	freut euch
	freuen sich	freuten sich	hatten sich gefreut	freuen sich	freuten sich	hätten sich gefreut	freuen Sie sich

Auxiliary verbs

7 — haben

Infinitiv	INDIKATIV			KONJUNKTIV I	KONJUNKTIV II		IMPERATIV
Partizip I / Partizip II / Perfekt	Präsens	Präteritum	Plusquamperfekt	Präsens	Präsens	Perfekt	
haben *(to have)*	habe	hatte	hatte gehabt	habe	hätte	hätte gehabt	
habend	hast	hattest	hattest gehabt	habest	hättest	hättest gehabt	habe/hab
gehabt	hat	hatte	hatte gehabt	habe	hätte	hätte gehabt	
gehabt haben	haben	hatten	hatten gehabt	haben	hätten	hätten gehabt	haben wir
	habt	hattet	hattet gehabt	habet	hättet	hättet gehabt	habt
	haben	hatten	hatten gehabt	haben	hätten	hätten gehabt	haben Sie

8 — sein

Infinitiv	INDIKATIV			KONJUNKTIV I	KONJUNKTIV II		IMPERATIV
Partizip I / Partizip II / Perfekt	Präsens	Präteritum	Plusquamperfekt	Präsens	Präsens	Perfekt	
sein *(to be)*	bin	war	war gewesen	sei	wäre	wäre gewesen	
seiend	bist	warst	warst gewesen	seiest/seist	wärst	wärest gewesen	sei
gewesen	ist	war	war gewesen	sei	wäre	wäre gewesen	
gewesen sein	sind	waren	waren gewesen	seien	wären	wären gewesen	seien wir
	seid	wart	wart gewesen	seiet	wäret/wärt	wäret gewesen	seid
	sind	waren	waren gewesen	seien	wären	wären gewesen	seien Sie

9 — werden

Infinitiv	INDIKATIV			KONJUNKTIV I	KONJUNKTIV II		IMPERATIV
Partizip I / Partizip II / Perfekt	Präsens	Präteritum	Plusquamperfekt	Präsens	Präsens	Perfekt	
werden *(to become)*	werde	wurde	war geworden	werde	würde	wäre geworden	
werdend	wirst	wurdest	warst geworden	werdest	würdest	wärest geworden	werde
geworden	wird	wurde	war geworden	werde	würde	wäre geworden	
geworden sein	werden	wurden	waren geworden	werden	würden	wären geworden	werden wir
	werdet	wurdet	wart geworden	werdet	würdet	wäret geworden	werdet
	werden	wurden	waren geworden	werden	würden	wären geworden	werden Sie

Compound tenses

Hilfsverb	INDIKATIV			KONJUNKTIV I		KONJUNKTIV II	
	Perfekt	**Plusquamperfekt**	**Futur I/II**	**Perfekt**	**Futur I/II**	**Perfekt**	**Futur I/II**
haben	habe gemacht / hast gearbeitet / hat studiert / haben gefeiert / habt gesammelt / haben	hatte gemacht / hattest gearbeitet / hatte studiert / hatten gefeiert / hattet gesammelt / hatten	werde machen/gemacht haben / wirst machen/gemacht haben / wird machen/gemacht haben / werden machen/gemacht haben / werdet machen/gemacht haben / werden machen/gemacht haben	habe gemacht / habest gearbeitet / habe studiert / haben gefeiert / habet gesammelt / haben	werde machen/gemacht haben / werdest machen/gemacht haben / werde machen/gemacht haben / werden machen/gemacht haben / werdet machen/gemacht haben / werden machen/gemacht haben	hätte gemacht / hättest gearbeitet / hätte studiert / hätten gefeiert / hättet gesammelt / hätten	würde machen/gemacht haben / würdest machen/gemacht haben / würde machen/gemacht haben / würden machen/gemacht haben / würdet machen/gemacht haben / würden machen/gemacht haben
sein	bin gegangen / bist gegangen / ist gegangen / sind gegangen / seid gegangen / sind gegangen	war gegangen / warst gegangen / war gegangen / waren gegangen / wart gegangen / waren gegangen		sei gegangen / seiest/seist gegangen / sei gegangen / seien gegangen / seiet gegangen / seien gegangen		wäre gegangen / wärest/wärst gegangen / wäre gegangen / wären gegangen / wäret/wärt gegangen / wären gegangen	
werden							

Modal verbs

10 dürfen (to be permitted to)
Partizip I: dürfend
Partizip II: gedurft/dürfen
Perfekt: gedurft haben

	INDIKATIV			KONJUNKTIV I	KONJUNKTIV II		IMPERATIV
	Präsens	Präteritum	Plusquamperfekt	Präsens	Präsens	Perfekt	
	darf	durfte	hatte gedurft	dürfe	dürfte	hätte gedurft	Modal verbs are not used in the imperative.
	darfst	durftest	hattest gedurft	dürfest	dürftest	hättest gedurft	
	darf	durfte	hatte gedurft	dürfe	dürfte	hätte gedurft	
	dürfen	durften	hatten gedurft	dürfen	dürften	hätten gedurft	
	dürft	durftet	hattet gedurft	dürfet	dürftet	hättet gedurft	
	dürfen	durften	hatten gedurft	dürfen	dürften	hätten gedurft	

11 können (to be able to)
Partizip I: könnend
Partizip II: gekonnt/können
Perfekt: gekonnt haben

	INDIKATIV			KONJUNKTIV I	KONJUNKTIV II		IMPERATIV
	Präsens	Präteritum	Plusquamperfekt	Präsens	Präsens	Perfekt	
	kann	konnte	hatte gekonnt	könne	könnte	hätte gekonnt	Modal verbs are not used in the imperative.
	kannst	konntest	hattest gekonnt	könnest	könntest	hättest gekonnt	
	kann	konnte	hatte gekonnt	könne	könnte	hätte gekonnt	
	können	konnten	hatten gekonnt	können	könnten	hätten gekonnt	
	könnt	konntet	hattet gekonnt	könnet	könntet	hättet gekonnt	
	können	konnten	hatten gekonnt	können	könnten	hätten gekonnt	

12 mögen (to like)
Partizip I: mögend
Partizip II: gemocht/mögen
Perfekt: gemocht haben

	INDIKATIV			KONJUNKTIV I	KONJUNKTIV II		IMPERATIV
	Präsens	Präteritum	Plusquamperfekt	Präsens	Präsens	Perfekt	
	mag	mochte	hatte gemocht	möge	möchte	hätte gemocht	Modal verbs are not used in the imperative.
	magst	mochtest	hattest gemocht	mögest	möchtest	hättest gemocht	
	mag	mochte	hatte gemocht	möge	möchte	hätte gemocht	
	mögen	mochten	hatten gemocht	mögen	möchten	hätten gemocht	
	mögt	mochtet	hattet gemocht	möget	möchtet	hättet gemocht	
	mögen	mochten	hatten gemocht	mögen	möchten	hätten gemocht	

13 müssen (to have to)
Partizip I: müssend
Partizip II: gemusst/müssen
Perfekt: gemusst haben

	INDIKATIV			KONJUNKTIV I	KONJUNKTIV II		IMPERATIV
	Präsens	Präteritum	Plusquamperfekt	Präsens	Präsens	Perfekt	
	muss	musste	hatte gemusst	müsse	müsste	hätte gemusst	Modal verbs are not used in the imperative.
	musst	musstest	hattest gemusst	müssest	müsstest	hättest gemusst	
	muss	musste	hatte gemusst	müsse	müsste	hätte gemusst	
	müssen	mussten	hatten gemusst	müssen	müssten	hätten gemusst	
	müsst	musstet	hattet gemusst	müsset	müsstet	hättet gemusst	
	müssen	mussten	hatten gemusst	müssen	müssten	hätten gemusst	

14 sollen (to be supposed to)
Partizip I: sollend
Partizip II: gesollt/sollen
Perfekt: gesollt haben

	INDIKATIV			KONJUNKTIV I	KONJUNKTIV II		IMPERATIV
	Präsens	Präteritum	Plusquamperfekt	Präsens	Präsens	Perfekt	
	soll	sollte	hatte gesollt	solle	sollte	hätte gesollt	Modal verbs are not used in the imperative.
	sollst	solltest	hattest gesollt	sollest	solltest	hättest gesollt	
	soll	sollte	hatte gesollt	solle	sollte	hätte gesollt	
	sollen	sollten	hatten gesollt	sollen	sollten	hätten gesollt	
	sollt	solltet	hattet gesollt	sollet	solltet	hättet gesollt	
	sollen	sollten	hatten gesollt	sollen	sollten	hätten gesollt	

15 wollen (to want to)
Partizip I: wollend
Partizip II: gewollt/wollen
Perfekt: gewollt haben

	INDIKATIV			KONJUNKTIV I	KONJUNKTIV II		IMPERATIV
	Präsens	Präteritum	Plusquamperfekt	Präsens	Präsens	Perfekt	
	will	wollte	hatte gewollt	wolle	wollte	hätte gewollt	Modal verbs are not used in the imperative.
	willst	wolltest	hattest gewollt	wollest	wolltest	hättest gewollt	
	will	wollte	hatte gewollt	wolle	wollte	hätte gewollt	
	wollen	wollten	hatten gewollt	wollen	wollten	hätten gewollt	
	wollt	wolltet	hattet gewollt	wollet	wolltet	hättet gewollt	
	wollen	wollten	hatten gewollt	wollen	wollten	hätten gewollt	

Mixed verbs

16 bringen (to bring)
Partizip I: bringend
Partizip II: gebracht
Perfekt: gebracht haben

Infinitiv	INDIKATIV			KONJUNKTIV I	KONJUNKTIV II		IMPERATIV
	Präsens	Präteritum	Plusquamperfekt	Präsens	Präsens	Perfekt	
	bringe	brachte	hatte gebracht	bringe	brächte	hätte gebracht	
	bringst	brachtest	hattest gebracht	bringest	brächtest	hättest gebracht	bringe/bring
	bringt	brachte	hatte gebracht	bringe	brächte	hätte gebracht	
	bringen	brachten	hatten gebracht	bringen	brächten	hätten gebracht	bringen wir
	bringt	brachtet	hattet gebracht	bringet	brächtet	hättet gebracht	bringt
	bringen	brachten	hatten gebracht	bringen	brächten	hätten gebracht	bringen Sie

17 kennen (to know)
Partizip I: kennend
Partizip II: gekannt
Perfekt: gekannt haben

Infinitiv	INDIKATIV			KONJUNKTIV I	KONJUNKTIV II		IMPERATIV
	Präsens	Präteritum	Plusquamperfekt	Präsens	Präsens	Perfekt	
	kenne	kannte	hatte gekannt	kenne	kennte	hätte gekannt	
	kennst	kanntest	hattest gekannt	kennest	kenntest	hättest gekannt	kenne
	kennt	kannte	hatte gekannt	kenne	kennte	hätte gekannt	
	kennen	kannten	hatten gekannt	kennen	kennten	hätten gekannt	kennen wir
	kennt	kanntet	hattet gekannt	kennet	kenntet	hättet gekannt	kennt
	kennen	kannten	hatten gekannt	kennen	kennten	hätten gekannt	kennen Sie

18 senden (to send)
Partizip I: sendend
Partizip II: gesandt/gesendet
Perfekt: gesandt/gesendet haben

Infinitiv	INDIKATIV			KONJUNKTIV I	KONJUNKTIV II		IMPERATIV
	Präsens	Präteritum	Plusquamperfekt	Präsens	Präsens	Perfekt	
	sende	sandte/sendete	hatte gesandt/gesendet	sende	sendete	hätte gesandt/gesendet	
	sendest	sandtest/sendetest	hattest gesandt/gesendet	sendest	sendetest	hättest gesandt/gesendet	sende
	sendet	sandte/sendete	hatte gesandt/gesendet	sende	sendete	hätte gesandt/gesendet	
	senden	sandten/sendeten	hatten gesandt/gesendet	senden	sendeten	hätten gesandt/gesendet	senden wir
	sendet	sandtet/sendetet	hattet gesandt/gesendet	sendet	sendetet	hättet gesandt/gesendet	sendet
	senden	sandten/sendeten	hatten gesandt/gesendet	senden	sendeten	hätten gesandt/gesendet	senden Sie

Irregular verbs

19 biegen (to bend)
Partizip I: biegend
Partizip II: gebogen
Perfekt: gebogen haben

Infinitiv	INDIKATIV			KONJUNKTIV I	KONJUNKTIV II		IMPERATIV
	Präsens	Präteritum	Plusquamperfekt	Präsens	Präsens	Perfekt	
	biege	bog	hatte gebogen	biege	böge	hätte gebogen	
	biegst	bogst	hattest gebogen	biegest	bögest	hättest gebogen	biege, bieg
	biegt	bog	hatte gebogen	biege	böge	hätte gebogen	
	biegen	bogen	hatten gebogen	biegen	bögen	hätten gebogen	biegen wir
	biegt	bogt	hattet gebogen	bieget	böget	hättet gebogen	biegt
	biegen	bogen	hatten gebogen	biegen	bögen	hätten gebogen	biegen Sie

20 bitten (to ask)
Partizip I: bittend
Partizip II: gebeten
Perfekt: gebeten haben

Infinitiv	INDIKATIV			KONJUNKTIV I	KONJUNKTIV II		IMPERATIV
	Präsens	Präteritum	Plusquamperfekt	Präsens	Präsens	Perfekt	
	bitte	bat	hatte gebeten	bitte	bäte	hätte gebeten	
	bittest	batest	hattest gebeten	bittest	bätest	hättest gebeten	bitte
	bittet	bat	hatte gebeten	bitte	bäte	hätte gebeten	
	bitten	baten	hatten gebeten	bitten	bäten	hätten gebeten	bitten wir
	bittet	batet	hattet gebeten	bittet	bätet	hättet gebeten	bittet
	bitten	baten	hatten gebeten	bitten	bäten	hätten gebeten	bitten Sie

21 bleiben

Infinitiv / Partizip I / Partizip II / Perfekt: bleiben *(to stay)*, bleibend, geblieben, geblieben sein

	INDIKATIV			KONJUNKTIV I	KONJUNKTIV II		IMPERATIV
	Präsens	Präteritum	Plusquamperfekt	Präsens	Präsens	Perfekt	
	bleibe	bliebe	war geblieben	bleibe	bliebe	wäre geblieben	
	bleibst	bliebst	warst geblieben	bleibest	bliebest	wärest geblieben	bleibe, bleib
	bleibt	blieb	war geblieben	bleibe	bliebe	wäre geblieben	
	bleiben	blieben	waren geblieben	bleiben	blieben	wären geblieben	bleiben wir
	bleibt	bliebt	wart geblieben	bleibet	bliebet	wäret geblieben	bleibt
	bleiben	blieben	waren geblieben	bleiben	blieben	wären geblieben	bleiben Sie

22 essen

Infinitiv / Partizip I / Partizip II / Perfekt: essen *(to eat)*, essend, gegessen, gegessen haben

	INDIKATIV			KONJUNKTIV I	KONJUNKTIV II		IMPERATIV
	Präsens	Präteritum	Plusquamperfekt	Präsens	Präsens	Perfekt	
	esse	aß	hatte gegessen	esse	äße	hätte gegessen	
	isst	aßest	hattest gegessen	essest	äßest	hättest gegessen	iss
	isst	aß	hatte gegessen	esse	äße	hätte gegessen	
	essen	aßen	hatten gegessen	essen	äßen	hätten gegessen	essen wir
	esst	aßt	hattet gegessen	esset	äßet	hättet gegessen	esst
	essen	aßen	hatten gegessen	essen	äßen	hätten gegessen	essen Sie

23 fahren

Infinitiv / Partizip I / Partizip II / Perfekt: fahren *(to drive)*, fahrend, gefahren, gefahren sein/haben

	INDIKATIV			KONJUNKTIV I	KONJUNKTIV II		IMPERATIV
	Präsens	Präteritum	Plusquamperfekt	Präsens	Präsens	Perfekt	
	fahre	fuhr	war/hatte gefahren	fahre	führe	wäre/hätte gefahren	
	fährst	fuhrst	warst/hattest gefahren	fahrest	führest	wärest/hättest gefahren	fahre, fahr
	fährt	fuhr	war/hatte gefahren	fahre	führe	wäre/hätte gefahren	
	fahren	fuhren	waren/hatten gefahren	fahren	führen	wären/hätten gefahren	fahren wir
	fahrt	fuhrt	wart/hattet gefahren	fahret	führet	wäret/hättet gefahren	fahrt
	fahren	fuhren	waren/hatten gefahren	fahren	führen	wären/hätten gefahren	fahren Sie

24 fallen

Infinitiv / Partizip I / Partizip II / Perfekt: fallen *(to fall)*, fallend, gefallen, gefallen sein

	INDIKATIV			KONJUNKTIV I	KONJUNKTIV II		IMPERATIV
	Präsens	Präteritum	Plusquamperfekt	Präsens	Präsens	Perfekt	
	falle	fiel	war gefallen	falle	fiele	wäre gefallen	
	fällst	fielst	warst gefallen	fallest	fielest	wärest gefallen	falle, fall
	fällt	fiel	war gefallen	falle	fiele	wäre gefallen	
	fallen	fielen	waren gefallen	fallen	fielen	wären gefallen	fallen wir
	fallt	fielt	wart gefallen	fallet	fielet	wäret gefallen	fallt
	fallen	fielen	waren gefallen	fallen	fielen	wären gefallen	fallen Sie

25 flechten

Infinitiv / Partizip I / Partizip II / Perfekt: flechten *(to braid)*, flechtend, geflochten, geflochten haben

	INDIKATIV			KONJUNKTIV I	KONJUNKTIV II		IMPERATIV
	Präsens	Präteritum	Plusquamperfekt	Präsens	Präsens	Perfekt	
	flechte	flocht	hatte geflochten	flechte	flöchte	hätte geflochten	
	flichtst	flochtest	hattest geflochten	flechtest	flöchtest	hättest geflochten	flicht
	flicht	flocht	hatte geflochten	flechte	flöchte	hätte geflochten	
	flechten	flochten	hatten geflochten	flechten	flöchten	hätten geflochten	flechten wir
	flechtet	flochtet	hattet geflochten	flechtet	flöchtet	hättet geflochten	flechtet
	flechten	flochten	hatten geflochten	flechten	flöchten	hätten geflochten	flechten Sie

26 geben

Infinitiv / Partizip I / Partizip II / Perfekt: geben *(to give)*, gebend, gegeben, gegeben haben

	INDIKATIV			KONJUNKTIV I	KONJUNKTIV II		IMPERATIV
	Präsens	Präteritum	Plusquamperfekt	Präsens	Präsens	Perfekt	
	gebe	gab	hatte gegeben	gebe	gäbe	hätte gegeben	
	gibst	gabst	hattest gegeben	gebest	gäbest	hättest gegeben	gib
	gibt	gab	hatte gegeben	gebe	gäbe	hätte gegeben	
	geben	gaben	hatten gegeben	geben	gäben	hätten gegeben	geben wir
	gebt	gabt	hattet gegeben	gebet	gäbet	hättet gegeben	gebt
	geben	gaben	hatten gegeben	geben	gäben	hätten gegeben	geben Sie

27 gehen (to go)
Partizip I: gehend
Partizip II: gegangen
Perfekt: gegangen sein

	INDIKATIV			KONJUNKTIV I	KONJUNKTIV II		IMPERATIV
	Präsens	Präteritum	Plusquamperfekt	Präsens	Präsens	Perfekt	
	gehe	ging	war gegangen	gehe	ginge	wäre gegangen	
	gehst	gingst	warst gegangen	gehest	gingest	wärest gegangen	gehe, geh
	geht	ging	war gegangen	gehe	ginge	wäre gegangen	
	gehen	gingen	waren gegangen	gehen	gingen	wären gegangen	gehen wir
	geht	gingt	wart gegangen	gehet	ginget	wäret gegangen	geht
	gehen	gingen	waren gegangen	gehen	gingen	wären gegangen	gehen Sie

28 greifen (to grasp)
Partizip I: greifend
Partizip II: gegriffen
Perfekt: gegriffen haben

	INDIKATIV			KONJUNKTIV I	KONJUNKTIV II		IMPERATIV
	Präsens	Präteritum	Plusquamperfekt	Präsens	Präsens	Perfekt	
	greife	griff	hatte gegriffen	greife	griffe	hätte gegriffen	
	greifst	griffst	hattest gegriffen	greifest	griffest	hättest gegriffen	greife, greif
	greift	griff	hatte gegriffen	greife	griffe	hätte gegriffen	
	greifen	griffen	hatten gegriffen	greifen	griffen	hätten gegriffen	greifen wir
	greift	grifft	hattet gegriffen	greifet	griffet	hättet gegriffen	greift
	greifen	griffen	hatten gegriffen	greifen	griffen	hätten gegriffen	greifen Sie

29 heißen (to be called)
Partizip I: heißend
Partizip II: geheißen
Perfekt: geheißen haben

	INDIKATIV			KONJUNKTIV I	KONJUNKTIV II		IMPERATIV
	Präsens	Präteritum	Plusquamperfekt	Präsens	Präsens	Perfekt	
	heiße	hieß	hatte geheißen	heiße	hieße	hätte geheißen	
	heißt	hießest	hattest geheißen	heißest	hießest	hättest geheißen	heiß, heiße
	heißt	hieß	hatte geheißen	heiße	hieße	hätte geheißen	
	heißen	hießen	hatten geheißen	heißen	hießen	hätten geheißen	heißen wir
	heißt	hießt	hattet geheißen	heißet	hießet	hättet geheißen	heißt
	heißen	hießen	hatten geheißen	heißen	hießen	hätten geheißen	heißen Sie

30 helfen (to help)
Partizip I: helfend
Partizip II: geholfen
Perfekt: geholfen haben

	INDIKATIV			KONJUNKTIV I	KONJUNKTIV II		IMPERATIV
	Präsens	Präteritum	Plusquamperfekt	Präsens	Präsens	Perfekt	
	helfe	half	hatte geholfen	helfe	hülfe/häfe	hätte geholfen	
	hilfst	halfst	hattest geholfen	helfest	hülfest/hülfst/häfest/häfst	hättest geholfen	hilf
	hilft	half	hatte geholfen	helfe	hülfe/häfe	hätte geholfen	
	helfen	halfen	hatten geholfen	helfen	hülfen/häfen	hätten geholfen	helfen wir
	helft	halft	hattet geholfen	helfet	hülfet/hülft/häfet/häft	hättet geholfen	helft
	helfen	halfen	hatten geholfen	helfen	hülfen/häfen	hätten geholfen	helfen Sie

31 kommen (to come)
Partizip I: kommend
Partizip II: gekommen
Perfekt: gekommen sein

	INDIKATIV			KONJUNKTIV I	KONJUNKTIV II		IMPERATIV
	Präsens	Präteritum	Plusquamperfekt	Präsens	Präsens	Perfekt	
	komme	kam	war gekommen	komme	käme	wäre gekommen	
	kommst	kamst	warst gekommen	kommest	kämest	wärest gekommen	komme, komm
	kommt	kam	war gekommen	komme	käme	wäre gekommen	
	kommen	kamen	waren gekommen	kommen	kämen	wären gekommen	kommen wir
	kommt	kamt	wart gekommen	kommet	kämet	wäret gekommen	kommt
	kommen	kamen	waren gekommen	kommen	kämen	wären gekommen	kommen Sie

32 laufen (to run)
Partizip I: laufend
Partizip II: gelaufen
Perfekt: gelaufen sein

	INDIKATIV			KONJUNKTIV I	KONJUNKTIV II		IMPERATIV
	Präsens	Präteritum	Plusquamperfekt	Präsens	Präsens	Perfekt	
	laufe	lief	war gelaufen	laufe	liefe	wäre gelaufen	
	läufst	liefst	warst gelaufen	laufest	liefest	wärest gelaufen	laufe, lauf
	läuft	lief	war gelaufen	laufe	liefe	wäre gelaufen	
	laufen	liefen	waren gelaufen	laufen	liefen	wären gelaufen	laufen wir
	lauft	lieft	wart gelaufen	laufet	liefet	wäret gelaufen	lauft
	laufen	liefen	waren gelaufen	laufen	liefen	wären gelaufen	laufen Sie

Infinitiv / Partizip I / Partizip II / Perfekt	INDIKATIV Präsens	Präteritum	Plusquamperfekt	KONJUNKTIV I Präsens	KONJUNKTIV II Präsens	Perfekt	IMPERATIV
33 liegen *(to lie; to be lying)* liegend / gelegen / gelegen haben	liege / liegst / liegt / liegen / liegt / liegen	lag / lagst / lag / lagen / lagt / lagen	hatte gelegen / hattest gelegen / hatte gelegen / hatten gelegen / hattet gelegen / hatten gelegen	liege / liegest / liege / liegen / lieget / liegen	läge / lägest / läge / lägen / läget / lägen	hätte gelegen / hättest gelegen / hätte gelegen / hätten gelegen / hättet gelegen / hätten gelegen	liege, lieg / liegen wir / liegt / liegen Sie
34 lügen *(to lie)* lügend / gelogen / gelogen haben	lüge / lügst / lügt / lügen / lügt / lügen	log / logst / log / logen / logt / logen	hatte gelogen / hattest gelogen / hatte gelogen / hatten gelogen / hattet gelogen / hatten gelogen	lüge / lügest / lüge / lügen / lüget / lügen	löge / lögest / löge / lögen / löget / lögen	hätte gelogen / hättest gelogen / hätte gelogen / hätten gelogen / hättet gelogen / hätten gelogen	lüge, lüg / lügen wir / lügt / lügen Sie
35 nehmen *(to take)* nehmend / genommen / genommen haben	nehme / nimmst / nimmt / nehmen / nehmt / nehmen	nahm / nahmst / nahm / nahmen / nahmt / nahmen	hatte genommen / hattest genommen / hatte genommen / hatten genommen / hattet genommen / hatten genommen	nehme / nehmest / nehme / nehmen / nehmet / nehmen	nähme / nähmest / nähme / nähmen / nähmet / nähmen	hätte genommen / hättest genommen / hätte genommen / hätten genommen / hättet genommen / hätten genommen	nimm / nehmen wir / nehmt / nehmen Sie
36 rufen *(to call)* rufend / gerufen / gerufen haben	rufe / rufst / ruft / rufen / ruft / rufen	rief / riefst / rief / riefen / rieft / riefen	hatte gerufen / hattest gerufen / hatte gerufen / hatten gerufen / hattet gerufen / hatten gerufen	rufe / rufest / rufe / rufen / rufet / rufen	riefe / riefest / riefe / riefen / riefet / riefen	hätte gerufen / hättest gerufen / hätte gerufen / hätten gerufen / hättet gerufen / hätten gerufen	rufe, ruf / rufen wir / ruft / rufen Sie
37 schießen *(to shoot)* schießend / geschossen / geschossen haben	schieße / schießt / schießt / schießen / schießt / schießen	schoss / schossest/schosst / schoss / schossen / schosst / schossen	hatte geschossen / hattest geschossen / hatte geschossen / hatten geschossen / hattet geschossen / hatten geschossen	schieße / schießest / schieße / schießen / schießet / schießen	schösse / schössest / schösse / schössen / schösset / schössen	hätte geschossen / hättest geschossen / hätte geschossen / hätten geschossen / hättet geschossen / hätten geschossen	schieße, schieß / schießen wir / schießt / schießen Sie
38 schlafen *(to sleep)* schlafend / geschlafen / geschlafen haben	schlafe / schläfst / schläft / schlafen / schlaft / schlafen	schlief / schliefst / schlief / schliefen / schlieft / schliefen	hatte geschlafen / hattest geschlafen / hatte geschlafen / hatten geschlafen / hattet geschlafen / hatten geschlafen	schlafe / schlafest / schlafe / schlafen / schlafet / schlafen	schliefe / schliefest / schliefe / schliefen / schliefet / schliefen	hätte geschlafen / hättest geschlafen / hätte geschlafen / hätten geschlafen / hättet geschlafen / hätten geschlafen	schlafe, schlaf / schlafen wir / schlaft / schlafen Sie

Infinitiv / Partizip I / Partizip II / Perfekt	INDIKATIV Präsens	Präteritum	Plusquamperfekt	KONJUNKTIV I Präsens	KONJUNKTIV II Präsens	Perfekt	IMPERATIV
39 schwimmen (to swim) schwimmend geschwommen geschwommen sein	schwimme schwimmst schwimmt schwimmen schwimmt schwimmen	schwamm schwammst schwamm schwammen schwammt schwammen	war geschwommen warst geschwommen war geschwommen waren geschwommen wart geschwommen waren geschwommen	schwimme schwimmest schwimme schwimmen schwimmet schwimmen	schwömme schwömmest schwömme schwömmen schwömmet schwömmen	wäre geschwommen wärest geschwommen wäre geschwommen wären geschwommen wäret geschwommen wären geschwommen	schwimme, schwimm schwimmen wir schwimmt schwimmen Sie
40 schwören (to swear) schwörend geschworen geschworen haben	schwöre schwörst schwört schwören schwört schwören	schwor schworst schwor schworen schwort schworen	hatte geschworen hattest geschworen hatte geschworen hatten geschworen hattet geschworen hatten geschworen	schwöre schwörest schwöre schwören schwöret schwören	schwüre schwürest/schwürst schwüre schwüren schwüret schwüren	hätte geschworen hättest geschworen hätte geschworen hätten geschworen hättet geschworen hätten geschworen	schwöre/schwör schwören wir schwört schwören Sie
41 sehen (to see) sehend gesehen gesehen haben	sehe siehst sieht sehen seht sehen	sah sahst sah sahen saht sahen	hatte gesehen hattest gesehen hatte gesehen hatten gesehen hattet gesehen hatten gesehen	sehe sehest sehe sehen sehet sehen	sähe sähest sähe sähen sähet sähen	hätte gesehen hättest gesehen hätte gesehen hätten gesehen hättet gesehen hätten gesehen	sieh sehen wir seht sehen Sie
42 singen (to sing) singend gesungen gesungen haben	singe singst singt singen singt singen	sang sangst sang sangen sangt sangen	hatte gesungen hattest gesungen hatte gesungen hatten gesungen hattet gesungen hatten gesungen	singe singest singe singen singet singen	sänge sängest sänge sängen sänget sängen	hätte gesungen hättest gesungen hätte gesungen hätten gesungen hättet gesungen hätten gesungen	singe, sing singen wir singt singen Sie
43 sitzen (to sit) sitzend gesessen gesessen haben	sitze sitzt sitzt sitzen sitzt sitzen	saß saßest saß saßen saßet saßen	hatte gesessen hattest gesessen hatte gesessen hatten gesessen hattet gesessen hatten gesessen	sitze sitzest sitze sitzen sitzet sitzen	säße säßest säße säßen säßet säßen	hätte gesessen hättest gesessen hätte gesessen hätten gesessen hättet gesessen hätten gesessen	sitze, sitz sitzen wir sitzt sitzen Sie
44 sprechen (to speak) sprechend gesprochen gesprochen haben	spreche sprichst spricht sprechen sprecht sprechen	sprach sprachst sprach sprachen spracht sprachen	hatte gesprochen hattest gesprochen hatte gesprochen hatten gesprochen hattet gesprochen hatten gesprochen	spreche sprechest spreche sprechen sprechet sprechen	spräche sprächest spräche sprächen sprächet sprächen	hätte gesprochen hättest gesprochen hätte gesprochen hätten gesprochen hättet gesprochen hätten gesprochen	sprich sprechen wir sprecht sprechen Sie

45 stehen (to stand)

Infinitiv: stehen · Partizip I: stehend · Partizip II: gestanden · Perfekt: gestanden haben

	INDIKATIV Präsens	Präteritum	Plusquamperfekt	KONJUNKTIV I Präsens	KONJUNKTIV II Präsens	KONJUNKTIV II Perfekt	IMPERATIV
	stehe	stand	hatte gestanden	stehe	stünde/stände	hätte gestanden	
	stehst	standest/standst	hattest gestanden	stehest	stündest/ständest	hättest gestanden	stehe, steh
	steht	stand	hatte gestanden	stehe	stünde/stände	hätte gestanden	
	stehen	standen	hatten gestanden	stehen	stünden/ständen	hätten gestanden	stehen wir
	steht	standet	hattet gestanden	stehet	stündet/ständet	hättet gestanden	steht
	stehen	standen	hatten gestanden	stehen	stünden/ständen	hätten gestanden	stehen Sie

46 stehlen (to steal)

Infinitiv: stehlen · Partizip I: stehlend · Partizip II: gestohlen · Perfekt: gestohlen haben

	INDIKATIV Präsens	Präteritum	Plusquamperfekt	KONJUNKTIV I Präsens	KONJUNKTIV II Präsens	KONJUNKTIV II Perfekt	IMPERATIV
	stehle	stahl	hatte gestohlen	stehle	stähle/stöhle	hätte gestohlen	
	stiehlst	stahlst	hattest gestohlen	stehlest	stählest/stöhlest	hättest gestohlen	stiehl
	stiehlt	stahl	hatte gestohlen	stehle	stähle/stöhle	hätte gestohlen	
	stehlen	stahlen	hatten gestohlen	stehlen	stählen/stöhlen	hätten gestohlen	stehlen wir
	stehlt	stahlt	hattet gestohlen	stehlet	stählet/stöhlet	hättet gestohlen	stehlt
	stehlen	stahlen	hatten gestohlen	stehlen	stählen/stöhlen	hätten gestohlen	stehlen Sie

47 tun (to do)

Infinitiv: tun · Partizip I: tuend · Partizip II: getan · Perfekt: getan haben

	INDIKATIV Präsens	Präteritum	Plusquamperfekt	KONJUNKTIV I Präsens	KONJUNKTIV II Präsens	KONJUNKTIV II Perfekt	IMPERATIV
	tue	tat	hatte getan	tue	täte	hätte getan	
	tust	tatest	hattest getan	tuest	tätest	hättest getan	tue, tu
	tut	tat	hatte getan	tue	täte	hätte getan	
	tun	taten	hatten getan	tuen	täten	hätten getan	tun wir
	tut	tatet	hattet getan	tuet	tätet	hättet getan	tut
	tun	taten	hatten getan	tuen	täten	hätten getan	tun Sie

48 waschen (to wash)

Infinitiv: waschen · Partizip I: waschend · Partizip II: gewaschen · Perfekt: gewaschen haben

	INDIKATIV Präsens	Präteritum	Plusquamperfekt	KONJUNKTIV I Präsens	KONJUNKTIV II Präsens	KONJUNKTIV II Perfekt	IMPERATIV
	wasche	wusch	hatte gewaschen	wasche	wüsche	hätte gewaschen	
	wäschst	wuschest/wuschst	hattest gewaschen	waschest	wüschest/wüschst	hättest gewaschen	wasche, wasch
	wäscht	wusch	hatte gewaschen	wasche	wüsche	hätte gewaschen	
	waschen	wuschen	hatten gewaschen	waschen	wüschen	hätten gewaschen	waschen wir
	wascht	wuscht	hattet gewaschen	waschet	wüschet/wüscht	hättet gewaschen	wascht
	waschen	wuschen	hatten gewaschen	waschen	wüschen	hätten gewaschen	waschen Sie

49 wissen (to know)

Infinitiv: wissen · Partizip I: wissend · Partizip II: gewusst · Perfekt: gewusst haben

	INDIKATIV Präsens	Präteritum	Plusquamperfekt	KONJUNKTIV I Präsens	KONJUNKTIV II Präsens	KONJUNKTIV II Perfekt	IMPERATIV
	weiß	wusste	hatte gewusst	wisse	wüsste	hätte gewusst	
	weißt	wusstest	hattest gewusst	wissest	wüsstest	hättest gewusst	wisse
	weiß	wusste	hatte gewusst	wisse	wüsste	hätte gewusst	
	wissen	wussten	hatten gewusst	wissen	wüssten	hätten gewusst	wissen wir
	wisst	wusstet	hattet gewusst	wisset	wüsstet	hättet gewusst	wisst
	wissen	wussten	hatten gewusst	wissen	wüssten	hätten gewusst	wissen Sie

Irregular verbs

The following is a list of verbs that have irregular **Präteritum** and **Partizip II** forms. For the complete conjugations of these verbs, consult the verb list on pages **397–398** and the verb charts on pages **399–408**.

Infinitiv		Präteritum	Partizip II
aufgießen	*to infuse*	aufgoss	aufgegossen
backen	*to bake*	backte	gebacken
beginnen	*to begin*	begann	begonnen
bergen	*to salvage*	barg	geborgen
beweisen	*to prove*	bewies	bewiesen
bieten	*to bid, to offer*	bot	geboten
binden	*to tie, to bind*	band	gebunden
bitten	*to request*	bat	gebeten
bleiben	*to stay*	blieb	geblieben
braten	*to fry, to roast*	briet	gebraten
brechen	*to break*	brach	gebrochen
brennen	*to burn*	brannte	gebrannt
bringen	*to bring*	brachte	gebracht
denken	*to think*	dachte	gedacht
dürfen	*to be allowed to*	durfte	gedurft
(sich) einfinden	*to arrive*	einfand	eingefunden
empfehlen	*to recommend*	empfahl	empfohlen
erfinden	*to invent*	erfand	erfunden
essen	*to eat*	aß	gegessen
fahren	*to go, to drive*	fuhr	gefahren
fallen	*to fall*	fiel	gefallen
fangen	*to catch*	fing	gefangen
fechten	*to fence*	focht	gefochten
finden	*to find*	fand	gefunden
flechten	*to plait*	flocht	geflochten
fliegen	*to fly*	flog	geflogen
fließen	*to flow, to pour*	floss	geflossen
fressen	*to devour*	fraß	gefressen
frieren	*to freeze*	fror	gefroren
geben	*to give*	gab	gegeben
gehen	*to go, to walk*	ging	gegangen
gelingen	*to succeed*	gelang	gelungen
gelten	*to be valid*	galt	gegolten
genießen	*to enjoy*	genoss	genossen
geschehen	*to happen*	geschah	geschehen
gewinnen	*to win*	gewann	gewonnen
gießen	*to pour*	goss	gegossen
gleichen	*to resemble*	glich	geglichen
graben	*to dig*	grub	gegraben
haben	*to have*	hatte	gehabt
halten	*to hold, to keep*	hielt	gehalten
hängen (*intr.*)	*to hang*	hing	gehangen
heißen	*to be called, to mean*	hieß	geheißen
helfen	*to help*	half	geholfen
kennen	*to know*	kannte	gekannt

Infinitiv		Präteritum	Partizip II
klingen	to sound, to ring	klang	geklungen
kommen	to come	kam	gekommen
können	to be able to, can	konnte	gekonnt
laden	to load, to charge	lud	geladen
lassen	to let, to allow	ließ	gelassen
laufen	to run, to walk	lief	gelaufen
leiden	to suffer	litt	gelitten
leihen	to lend	lieh	geliehen
lesen	to read	las	gelesen
liegen	to lie, to rest	lag	gelegen
lügen	to lie	log	gelogen
meiden	to avoid	mied	gemieden
messen	to measure	maß	gemessen
mögen	to like	mochte	gemocht
müssen	to must, to have to	musste	gemusst
nehmen	to take	nahm	genommen
nennen	to name, to call	nannte	genannt
preisen	to praise	pries	gepriesen
raten	to guess	riet	geraten
reiben	to rub, to grate	rieb	gerieben
riechen	to smell	roch	gerochen
rufen	to call, to shout	rief	gerufen
schaffen	to accomplish	schuf	geschaffen
scheiden	to divorce, to depart	schied	geschieden
scheinen	to shine, to appear	schien	geschienen
schieben	to push, to shove	schob	geschoben
schießen	to shoot	schoss	geschossen
schlafen	to sleep	schlief	geschlafen
schlagen	to beat, to hit	schlug	geschlagen
schließen	to close	schloss	geschlossen
schlingen	to loop, to gulp	schlang	geschlungen
schneiden	to cut	schnitt	geschnitten
schreiben	to write	schrieb	geschrieben
schreiten	to stride	schritt	geschritten
schwimmen	to swim	schwamm	geschwommen
schwinden	to fade, to disappear	schwand	geschwunden
schwören	to swear	schwor	geschworen
sehen	to see	sah	gesehen
sein	to be	war	gewesen
senden	to send	sandte	gesendet
singen	to sing	sang	gesungen
sitzen	to sit	saß	gesessen
sollen	to be supposed to	sollte	gesollt
sprechen	to speak	sprach	gesprochen
stehen	to stand	stand	gestanden
stehlen	to steal	stahl	gestohlen

Infinitiv		Präteritum	Partizip II
steigen	*to climb, to rise*	stieg	gestiegen
sterben	*to die*	starb	gestorben
stoßen	*to push, to thrust*	stieß	gestoßen
streichen	*to paint, to cancel*	strich	gestrichen
streiten	*to argue*	stritt	gestritten
tragen	*to carry*	trug	getragen
treffen	*to hit, to meet*	traf	getroffen
treiben	*to drive, to float*	trieb	getrieben
treten	*to kick*	trat	getreten
trinken	*to drink*	trank	getrunken
tun	*to do*	tat	getan
vergessen	*to forget*	vergaß	vergessen
verlieren	*to lose*	verlor	verloren
ewtas vertragen	*to tolerate*	vertrug	vertragen
wachsen	*to grow*	wuchs	gewachsen
waschen	*to wash*	wusch	gewaschen
weisen	*to indicate, to show*	wies	gewiesen
wenden	*to turn, to flip*	wandte/wendete	gewendet
werben	*to advertise*	warb	geworben
werden	*to become*	wurde	geworden
werfen	*to throw*	warf	geworfen
wiegen	*to weigh*	wog	gewogen
winden	*to wind*	wand	gewunden
wissen	*to know*	wusste	gewusst
wollen	*to want*	wollte	gewollt
ziehen	*to pull, to draw*	zog	gezogen

Declension of articles

Definite articles				
	Masculine	**Feminine**	**Neuter**	**Plural**
Nominative	der	die	das	die
Accusative	den	die	das	die
Dative	dem	der	dem	den
Genitive	des	der	des	der

Der-words				
	Masculine	**Feminine**	**Neuter**	**Plural**
Nominative	dieser	diese	dieses	diese
Accusative	diesen	diese	dieses	diese
Dative	diesem	dieser	diesem	diesen
Genitive	dieses	dieser	dieses	dieser

Indefinite articles				
	Masculine	**Feminine**	**Neuter**	**Plural**
Nominative	ein	eine	ein	-
Accusative	einen	eine	ein	-
Dative	einem	einer	einem	-
Genitive	eines	einer	eines	-

Ein-words				
	Masculine	**Feminine**	**Neuter**	**Plural**
Nominative	mein	meine	mein	meine
Accusative	meinen	meine	mein	meine
Dative	meinem	meiner	meinem	meinen
Genitive	meines	meiner	meines	meiner

Declension of nouns and adjectives

Nouns and adjectives with *der*-words				
	Masculine	**Feminine**	**Neuter**	**Plural**
Nominative	der gute Rat	die gute Landschaft	das gute Brot	die guten Freunde
Accusative	den guten Rat	die gute Landschaft	das gute Brot	die guten Freunde
Dative	dem guten Rat	der guten Landschaft	dem guten Brot	den guten Freunden
Genitive	des guten Rates	der guten Landschaft	des guten Brotes	der guten Freunde

Nouns and adjectives with *ein*-words				
	Masculine	**Feminine**	**Neuter**	**Plural**
Nominative	ein guter Rat	eine gute Landschaft	ein gutes Brot	meine guten Freunde
Accusative	einen guten Rat	eine gute Landschaft	ein gutes Brot	meine guten Freunde
Dative	einem guten Rat	einer guten Landschaft	einem guten Brot	meinen guten Freunden
Genitive	eines guten Rates	einer guten Landschaft	eines guten Brotes	meiner guten Freunde

Unpreceded adjectives				
	Masculine	**Feminine**	**Neuter**	**Plural**
Nominative	guter Rat	gute Landschaft	gutes Brot	gute Freunde
Accusative	guten Rat	gute Landschaft	gutes Brot	gute Freunde
Dative	gutem Rat	guter Landschaft	gutem Brot	guten Freunden
Genitive	guten Rates	guter Landschaft	guten Brotes	guter Freunde

Vocabulary

This glossary contains the words and expressions listed on the **Wortschatz** page found at the end of each lesson in **Denk mal!**, as well as other useful vocabulary. A numeral following an entry indicates the lesson where the word or expression was introduced. The forms of the words in this glossary reflect the forms presented on the **Wortschatz** page.

Abbreviations used in this glossary

adj.	adjective	*form.*	formal	*p.p.*	past participle
adv.	adverb	*indef.*	indefinite	*pl.*	plural
conj.	conjunction	*invar.*	invariable	*prep.*	preposition
f.	feminine	*m.*	masculine	*pron.*	pronoun
fam.	familiar	*n.*	neuter	*v.*	verb

Deutsch-Englisch

A

Heilige Abend *m.* Christmas Eve **6**
Abfahrtszeit, -en *f.* departure time **4**
Abfall, ⁻e *m.* decline **1**
Abflughalle, -n *f.* departure hall/lounge **4**
Abflugzeit, -en *f.* departure time **4**
abgelaufen *v.* expired **4**
abgelenkt *adj.* distracted **3**
(Bundestags)abgeordnete, -n *m./f.* representative, member (of the Bundestag) **10**
sich (etwas) abgewöhnen *v.* to give (something) up **3**
abhanden kommen *v.* to lose **7**
Abkommen, - *n.* agreement **10**
abonnieren *v.* to subscribe **3**
abschieben *v.* to deport **4**
abschrecken *v.* to deter; to discourage **8**
abstempeln *v.* to label **5**
abwechslungsreich *adj.* varied **4**
Achterbahn, -en *f.* roller coaster **6**
achtlos *adj.* careless **10**
Agentur, -en *f.* agency **3**
Aktivist, -en/Aktivistin, -nen *m./f.* activist **8**
aktualisieren *v.* to update **7**
aktuellen Ereignisse *pl.* current events **3**
Allee, -n *f.* avenue **2**
Altersheim, -e *n.* home for the elderly **7**
Ampel, -n *f.* traffic light **2**
Amt, ⁻er *n.* position, office **9**
sich amüsieren *v.* to have fun **2**
Analogsignal, -e *n.* analog signal **7**
Angeber, -/Angeberin, -nen *m./f.* show-off **2**
angemessen *adj.* appropriate **7**
angenehm *adj.* pleasant **4**
Angestellte, -n *m./f.* employee **9**
Angst, ⁻e *f.* fear **8**

anhalten *v.* to stop **2**
anhängen *v.* to attach **7**
anhänglich *adj.* attached **1**
sich anheben *v.* to rise **1**
Ankunftsbereich, -e *m.* arrival area **4**
Ankunftshalle, -n *f.* arrival(s) terminal
anlegen (in + Dat.) *v.* to invest (in) **9**
Anleitung, -en *f.* guideline **8**
annehmen *v.* to accept **1**
(sich) anpassen *v.* to adjust to **2**
Anschaffung, -en *f.* major purchase **7**
den Anschein erwecken *v.* to appear **7**
(militante) Anschlag, ⁻e *m.* (militant) attack **8**
Anschluss, ⁻e *m.* connection **4**
Ansehen *n.* reputation **7**
Anspruch, ⁻e *m.* right, entitlement **8**
anstrengend *adj.* exhausting **4**
Antrag, ⁻e *m.* application **4**
Anzeige, -n *f.* newspaper ad **3**
anziehen *v.* to attract **6**
Apparat, -e *m.* machine; instrument
Aquarell, -e *n.* watercolor painting **5**
Arbeitsamt, ⁻er *n.* employment agency **9**
Arbeitszeit, -en *f.* work hours **9**
ärgern *v.* to annoy **1**
Armee, -n *f.* armed forces **10**
ästhetisch *adj.* aesthetic **5**
Astronaut, -en/Astronautin, -nen *m./f.* astronaut **7**
Astronom, -en/Astronomin, -nen *m./f.* astronomer **7**
Asylbewerber, -/Asylbewerberin, -nen *m./f.* asylum seeker **4**
Atelier, -s *n.* studio
Atomkraftwerk, -e *n.* nuclear power plant **8**
Attachment, -s *n.* attachment **7**
attraktiv *adj.* attractive **1**
Aufführung, -en *f.* performance **5**
aufgeregt *adj.* excited **1**

aufgezeichnet *adj.* (pre-)recorded **3**
aufgießen *v.* to pour (replenish) **7**
aufhören *v.* to stop **3**
auflösen *v.* to dissolve **10**
aufnehmen *v.* to record (audio) **3**
eine Hypothek aufnehmen *v.* to take out a mortgage **9**
Aufruhr, -e *m.* uprising **10**
Aufsatz, ⁻e *m.* essay **5**
aufzeichnen *v.* to record (video) **3**
Aufzucht, -en *f.* raising (of animals) **8**
augenscheinlich *adj.* obvious **2**
Ausbildung, -en *f.* training; development **9**
(sich) ausborgen *v.* to borrow **6**
Ausflug, ⁻e *m.* excursion **4**
(mit j-m) ausgehen *v.* to go out (with) **1**
von etwas ausgehen *v.* to assume something **8**
ausgraben *v.* to dig up **6**
(die) Auskunft geben *v.* to provide information **7**
Ausländer, -/Ausländerin, -nen *m./f.* foreigner **2**
ausnutzen *v.* to take advantage of **9**
Ausreiseantrag *m.* exit permit **2**
Aussage, -en *f.* conclusion **5**
ausscheiden *v.* to eliminate **3**
ausschneiden *v.* to clip **2**
aussteigen *v.* to get out (car); to get off (bus, train) **2**
aussterben *v.* to become extinct **8**
ausstrahlen *v.* to broadcast **3**
austauschen *v.* to exchange **2**
austreten *v.* to use the bathroom **9**
einen Beruf ausüben *v.* to practice a profession **9**
auswandern *v.* to emigrate **1**
Auswanderung, -en *f.* emigration **10**
außergewöhnlich *adj.* exceptional **7**
Autobiografie, -n *f.* autobiography **5**
Autovermietung *f.* car rental **4**
avantgardistisch *adj.* avant-garde **5**

B

Badetuch, ˭er *n.* towel; beach towel 4
Bahnsteig, -e *m.* platform 4
Bärenhunger *m.* ravenous appetite 6
basteln *v.* to do handicrafts; to tinker 7
bedauern *v.* to regret 10
bedeutend *adj.* significant 7
Bedrohung, -en *f.* threat 8
befördern *v.* to transport 7
Beförderung, -en *f.* promotion 9
befreien *v.* to liberate 10
(eine Straftat) begehen *v.* to commit
  (a crime) 4
(ein Fest) begehen *v.* to celebrate 6
begeistern *v.* to excite 4
begeistert *adj.* enthusiastic 1
behandeln *v.* to deal with 2
beherrschen *v.* to master 5
Behörde, -n *f.* administrative body 4
Beifall *m.* applause 5
Beitrag, ˭e *m.* contribution 5
beitragen zu (+ Dat.) *v.* to add to 7
belegt *adj.* full; no vacancy 4
bemerkenswert *adj.* remarkable 7
benachteiligen *v.* to discriminate 2
Bengel, - *m.* rascal 6
(j-n) beobachten *v.* to spy on someone 8;
  v. to observe
Berater, -/Beraterin, -nen *m./f.* consultant 9
Bergbau *m.* mining 4
Bergsteigen *n.* mountain climbing 4
berichten *v.* to report 3
Beruf, -e *m.* job 9
einen Beruf ausüben *v.* to practice
  a profession 9
**eine berufliche Laufbahn (-en)
  einschlagen** *v.* to choose a career path 9
Berufserfahrung, -en *f.* professional
  experience 9
Berührung, -en *f.* touch 5
beschäftigen *v.* to employ 9
beschäftigt sein mit *v.* to be occupied
  with 7
Beschäftigung, -en *f.* job; pursuit 4
Beschäftigungsverhältnis, -se *n.*
  employment relationship 1
beschatten *v.* to shadow someone 8
bescheiden *adj.* modest 1
j-m Bescheid sagen *v.* to let someone know 1
Bescherung, -en *f.* gift giving 6
Beschluss, ˭e, *m.* decision 1
sich beschweren (über) *v.* to complain
  (about) 2
beseitigen *v.* to eliminate 7
besiegen *v.* to defeat 10
besorgt *adj.* worried 1

j-n bestechen *v.* to bribe someone 6
bestellen *v.* to book 4; to order;
  to reserve 6
ein Zimmer bestellen *v.* to book a room 4
bestürzt *adj.* upset 1
Besucher,-/Besucherin, -nen *m./f.* visitor 1
betragen *v.* to amount to 9
betreiben *v.* to operate 2
beurteilen *v.* to judge 8
Bevölkerung, -en *f.* population 10
beweisen *v.* to prove 7
sich (bei j-m) um etwas bewerben *v.*
  to apply (somewhere) for a job 9
bewohnen *v.* to inhabit 10
bewundern *v.* to admire 4
Eintritt bezahlen *v.* to pay admission 6
bezaubernd *adj.* charming 1
beziehen *v.* to get 3
eine Beziehung führen *v.* to be in
  a relationship 1
eine Beziehung haben *v.* to be in
  a relationship 1
Bilanzbuchhalter, -/Bilanzbuchhalterin, -nen
  m./f. accountant 9
Bildhauer, -/Bildhauerin, -nen *m./f.*
  sculptor 5
bildhauern *v.* to sculpt 5
Bildschirm, -e *m.* (TV) screen 3
Biografie, -n *f.* biography 5
Biologe, -n/Biologin, -nen *m./f.* biologist 7
auf dem Laufenden bleiben *v.* to keep up
  with (news) 3
auf dem neuesten Stand bleiben *v.* to keep
  up-to-date 3
blendend *adj.* fantastic 7
blutig *adj.* rare 6
Bodenschätze *pl.* natural resources 8
Boot, -e *n.* boat 4
an Bord *prep.* on board 4
an Bord des Flugzeuges gehen *v.* to board
  the plane 4
Bordkarte, -n *f.* boarding pass 4
(sich) borgen *v.* to borrow 6
Börse, -n *f.* stock exchange 9
böse werden *v.* to get angry 1
Botschafter, - *m.* ambassador 5
braten *v.* to fry; to roast 6
Braten, - *m.* roast 6
Brathähnchen, - *n.* roast chicken 6
Brauch, ˭e *m.* custom 6
Buchhalter, -/Buchhalterin, -nen *m./f.*
  accountant 9
Buchhaltung, -en *f.* accountancy 9
sich bücken *v.* to bend down 8
Bude, -n *f.* booth 6
Bühne, -n *f.* stage 5
bummeln *v.* to stroll 1

Bundeskanzler, -/Bundeskanzlerin, -nen
  m./f. federal chancellor 10
**Bundespräsident, -en/Bundespräsidentin,
  -nen** *m./f.* federal president 10
Bundesrepublik, -en *f.* federal republic 10
bundesweit *adj.* nationwide 3
Bürger, -/Bürgerin, -nen *m./f.* citizen 2
Bürgerkrieg, -e *m.* civil war 10
Bürgermeister, -/Bürgermeisterin, -nen
  m./f. mayor
Bürgersteig, -e *m.* sidewalk 2
Bürokratie, -n *f.* bureaucracy 8
Bushaltestelle, -n *f.* bus stop

C

Campingplatz, ˭e *m.* campground 4
chaotisch *adj.* disorganized 4
charmant *adj.* charming 1
Chef, -s/Chefin, -nen *m./f.* boss 9
Chor, ˭e *m.* choir 5
Code, - *m.* code 7
Comicheft, -e *n.* comic book 3
Computerwissenschaft, -en *f.* computer
  science 7
Copyright, -s *n.* copyright 5

D

damalig *adj.* of that time 10
Darlehen, - *n.* loan 9
Datenbank, -en *f.* database 7
DDR (Deutsche Demokratische Republik) *f.*
  GDR (German Democratic Republic) 2
Deich, -e *m.* levee 4
Demokrat, -en/Demokratin, -nen *m./f.*
  Democrat 10
Demokratie, -n *f.* democracy 10
demokratisch *adj.* democratic 10
deprimiert *adj.* depressed 1
Dichtkunst *f.* poetry 5
Dichtung, -en *f.* work (of literature,
  poetry) 5
Dienstleistungszentrum , -zentren *n.* service
  center 4
Dienststube, -n *f.* office 1
Digitalsignal, -e *n.* digital signal 7
Diktatur, -en *f.* dictatorship 10
direkt *adj.* live 3
DNS *f.* DNA 7
Dokumentarfilm, -e *m.* documentary 3
Dose, -n *f.* (aluminum) can
Dramatiker, -/Dramatikerin, -nen *m./f.*
  playwright 5
Drehbuch, ˭er *n.* script 3
drehen *v.* to film 3
Drohung, -en *f.* threat 8
drucken *v.* to print 3

durchgebraten *adv.* well-done 6
durchkreuzen *v.* to thwart 9
gut durch *exp.* well done 6

E

E-Book, -s *n.* e-book 7
Ecke, -n *f.* corner 2
Effektivität *f.* effectiveness 1
Ehepaar, -e *n.* married couple 1
ehrgeizig sein *v.* to be ambitious 5
ehrlich *adj.* honest 1
eifersüchtig *adj.* jealous 2, 1
eifrig *adj.* eager 2
eigentlich *adv.* actually 7
einchecken *v.* to check in 4
einfallen in (+ Akk.) *v.* to invade 10
einfallsreich *adj.* imaginative 1
einfältig *adj.* simple(-minded) 3
sich einfinden *v.* to arrive 9
Einfluss, -̈e *m.* influence 1
einflussreich *adj.* influential 3
der eingelegte Hering, -e *m.* pickled herring 6
sich einig sein *v.* to agree 8
sich einigen über *v.* to come to an agreement about 6
Einkaufszentrum, -zentren *n.* shopping mall
Einlass, -̈e *m.* admittance 8
Einsamkeit *f.* loneliness
einschätzen *v.* to gauge 8
einschenken *v.* to pour 7
eine berufliche Laufbahn (-en) einschlagen *v.* to choose a career path 9
einsetzen *v.* to employ
einsperren *v.* to imprison 8
Einspielraum, -̈e *m.* rehearsal room 9
einsteigen *v.* to get in (car); to get on (bus, train) 2
einstellen *v.* to hire 9
Einstellung, -en *f.* attitude; opinion 9
einstimmig *adj.* unanimous 1
einstürzen *v.* to collapse 3
Eintopf, -̈e *m.* stew 6
Eintritt bezahlen *v.* to pay admission 6
einwandern *v.* to immigrate 1
Einwanderung, -en *f.* immigration 10
Einwohnermeldeamt, -̈er *n.* registration of address office 4
Eisdiele, -n *f.* ice-cream parlor 6
Eisenerz *n.* iron ore 4
Elektronik *f.* electronics 7
E-Mail *f.* e-mail 7
unerwünschte E-Mail *f.* spam e-mail 7
empfehlen *v.* to recommend 6
empfindlich *adj.* sensitive 1

einer Empfindung Ausdruck geben *v.* to express a sentiment 7
eng *adj.* close 5
engagieren *v.* to hire
englisch *adj.* rare 6
Entdeckung, -en *f.* discovery 7
entfachen *v.* to light (a fire) 6
entlassen *v.* to lay off 9
sich entpuppen *v.* to turn out to be 2
Entscheidung, -en *f.* decision 8
enttäuscht *adj.* disappointed 1
sich entwickeln *v.* to develop 5
(Unter)entwicklung, -en *f.* (under)development 7, 10
Erbe *n.* heritage 1; inheritance 6
aktuellen Ereignisse *pl.* current events 3
etwas erfahren *v.* to find out something
Erfahrung, -en *f.* experience 9
erfinden *v.* to invent 7
erfolgreich *adj.* successful 9
(frei) erfunden *adj.* fictional 5
ergehen (+ Dat.) *v.* to fare; to get on 10
erhalten *v.* to conserve 8
Erholung *f.* recuperation 4
Erkenntnis, -se *f.* awareness; insight 8
erkunden *v.* to explore 4
etwas erlauben *v.* to permit something, to allow something 10
Erlebnis, -se *n.* experience 4
es ernst meinen *v.* to be serious 2
erobern *v.* to conquer 10
Erpressung, -en *f.* blackmail, extortion 2
erreichen *v.* to achieve 8
Ersatz, -e *m.* replacement 1
erscheinen *v.* to come out; to appear; to be published 3
Erscheinung, -en *f.* appearance; phenomenon 10
sich erschrecken *v.* to get frightened 3
j-m etwas ersparen *v.* to spare someone something 2
Ersparnis, -se *f.* savings 9
erstaunt *adj.* surprised
j-n erwarten *v.* to expect someone 6
(sich) erweisen *v.* to prove 2
Erzähler, -/Erzählerin, -nen *m./f.* narrator 5
Erziehung, -en *f.* education 8
Essay, -s *m./n.* essay 5
Essayist, -en/Essayistin, -nen *m./f.* essayist 5
eine Kleinigkeit essen *v.* to have a snack 6
ethisch *adj.* ethical 7
Etikette, -n *f.* etiquette 5
existieren *v.* to exist
exotisch *adj.* exotic 4
Experiment, -e *n.* experiment 7
Exportschlager, - *m.* export hit 5

F

Fachsprache, -n *f.* technical language, terminology
fade *adj.* bland 6
Fahrer, -/Fahrerin, -nen *m./f.* driver
Fahrspur, -en *f.* lane 2
fälschen *v.* to falsify 9
Familienrat, -̈e *m.* family council 1
Familienrolle, -n *f.* role in the family
Farbe, -n *f.* paint 5
Fasching *f.* carnival (Mardi Gras) 6
faschistisch *adj.* fascist 10
Fastnacht *f.* Shrove Tuesday (Mardi Gras) 6
Fastnachtsdienstag *m.* Shrove Tuesday (Mardi Gras) 6
fechten *v.* to fence 8
Feier, -n *f.* celebration 6
Feierlichkeit, -en *f.* festivity; celebration 6
feiern *v.* to celebrate 6
feige *adj.* cowardly 8
Fensterplatz, -̈e *m.* window seat 4
Ferienort, -e *m.* vacation resort 4
Fernsehserie, -n *f.* TV series 3
Fernsehwerbung, -en *f.* TV advertisement 3
ein Fest begehen *v.* to celebrate 6
festlegen *v.* to determine 10
j-n festnehmen *v.* to arrest someone
feuern *v.* to fire 9
Feuerwache, -n *f.* fire station 2
Figur, -en *f.* character 5
fiktiv *adj.* fictitious, fictional
Filmemacher, -/Filmemacherin, -nen *m./f.* filmmaker
finanziell *adj.* financial 9
finster *adj.* dark; grim 10
Fischen *n.* fishing 4
flechten *v.* to braid 5
fliehen *v.* to flee, to escape 3
Flugbegleiter, -/Flugbegleiterin, -nen *m./f.* flight attendant 4
Flugsteig, -e *m.* departure gate 4
an Bord des Flugzeuges gehen *v.* to board the plane 4
die Folge, -n *f.* episode 3
Folklore *f.* folklore 6
fördern *v.* to promote; to encourage 8
Förderung, -en *f.* promotion; sponsorship
Forscher, -/Forscherin, -nen *m./f.* researcher 7
Forschung, -en *f.* research 7
sich fortpflanzen *v.* to multiply
Fortschritt, -e *m.* progress 7
Fotograf, -en /Fotografin, -nen *m./f.* photographer
Zimmer frei *v.* vacancy 4
freie Tag, -e *m.* day off 9
freihalten *exp.* to keep free 3

Freiheit, -en *f.* freedom; liberty **8**
Freiheitsstrafe, -n *f.* prison sentence **2**
Fremde, -n *m./f.* stranger **2**
Freundschaft, -en *f.* friendship **1**
Frieden *m.* peace **10**
friedlich *adj.* peaceful **8**
frittiert *adj.* deep-fried **6**
frustriert *adj.* frustrated **4**
fühlen *v.* to feel **1**
  sich verlassen fühlen *v.* to feel abandoned **1**
führen *v.* to lead **10**
eine Beziehung führen *v.* to be in a relationship **1**
Fünf-Sterne *adj.* five-star **4**
Fußgänger, -/Fußgängerin, -nen *m./f.* pedestrian **2**

Galerie, -n *f.* gallery
den Gang einlegen *v.* to put (the car) into gear **7**
Gangplatz, ̈-e *m.* aisle seat **4**
Ganztagsarbeit, -en *f.* full-time job
Gastfreundschaft *f.* hospitality **1**
Gebäude, - *n.* building
eine Wegbeschreibung geben *v.* to give directions **2**
Gebet, -e *n.* prayer **10**
gebraten *adj.* fried; roasted **6**
Gebrauch von etwas machen *v.* to make use of **9**
gebrechlich *adj.* frail **7**
Geburtenrate, -n *f.* birthrate **10**
Gedenktag, -e *m.* commemoration day **10**
gedünstet *adj.* steamed **6**
gefährdet *adj.* endangered **8**
gefährlich *adj.* dangerous **2**
Gefährt, -e *n.* vehicle **7**
Gefangene, -n *m./f.* prisoner **1**
Gefangenenlager, - *n.* prison camp **1**
Gefängnis, -se *n.* prison **8**
gefroren *adj.* frozen **6**
(Wohn)gegend -en *f.* neighborhood **2**
an Bord des Flugzeuges gehen *v.* to board the plane **1**
in Rente gehen *v.* to retire **9**
Geige, -n *f.* violin **9**
Geld leihen *v.* to borrow money **9**
Geldwechsel *m.* currency exchange **4**
Gemälde, - *n.* painting **5**
gemäßigt *adj.* moderate **8**
Gemeinde, -n *f.* community **2**
Gen, -e *n.* gene **7**
genial *adj.* highly intelligent **1**
Genre, -s *n.* genre **5**

Geologe, -n/Geologin, -nen *m./f.* geologist **7**
Gepäckausgabe, -n *f.* baggage claim **4**
Gerät, -e *n.* device **7**
außer Kontrolle geraten *v.* to get out of control
gerecht *adj.* fair; just **8**
Gerechtigkeit, -en *f.* justice **8**
geregelt *adj.* regulated **9**
Gerichtsgebäude, - *n.* courthouse **2**
gerührt sein *v.* to be touched; to be moved
Geschäftsführer, - /Geschäftsführerin, -nen *m./f.* executive; manager **9**
geschieden *adj.* divorced **1**
Geschworenen *f.* jury **8**
gesellig *adj.* cozy, comfortable **1**
Gesetz *n.* law **8**
Gesetzgebung, -en *f.* law; legislation
ein Gesetz verabschieden *v.* to pass a law **8**
Gesetzverstoß, ̈-e *m.* breach of law **2**
gestalten *v.* to create
sich gestalten *v.* to turn out **7**
Gestapo (Geheime Staatspolizei) *f.* secret police in the 3rd Reich **10**
gestresst *adj.* stressed **3**
gestrichen *adj.* canceled **4**
gewählt werden *v.* to be elected **10**
gewähren *v.* to grant **2**
Gewalt *f.* violence **8**
Gewaltherrschaft, -en *f.* dictatorship **10**
gewalttätig *adj.* violent **10**
Gewerbe, - *n.* trade; business **9**
Gewerkschaft, -en *f.* labor union **9**
Gewissen, - *n.* conscience **8**
  (schlechte) Gewissen *n.* (guilty) conscience **3**
Gewissenskonflikt, -e *m.* moral conflict **2**
gießen *v.* to pour **6**
Gift, -e *n.* poison **8**
gleich *adj.* equal **8**; *adv.* in a moment **7**
Gleichheit, -en *f.* equality **8**
Gleitzeit *f.* flexible working hours **4**
Globalisierung, -en *f.* globalization **10**
Grausamkeit, -en *f.* cruelty **8**
großzügig *adj.* generous **4**
Grund, ̈-e *m.* reason **1**
gründlich *adj.* thorough **1**
rote Grütze, -n *f.* red berry pudding **6**
Gut, ̈-er *n.* goods **9**
Gulasch, -e *m./n.* beef stew **6**

eine Beziehung haben *v.* to be in a relationship **1**
(j-n/etwas) satt haben *v.* to be fed up (with someone/something) **1**

Schulden haben *v.* to be in debt **9**
Spaß (an etwas) haben *v.* to have fun; to enjoy oneself
halbgar *adv.* medium-rare **6**
Halbpension *f.* half board **4**
halten *v.* to stop **2**
Haltestelle, -n *f.* stop
Handlung, -en *f.* plot **5**
Handwerker, -/Handwerkerin, -nen *m./f.* artisan; craftsman **5**
Häppchen, -n. appetizer **6**
Harmonie, -n *f.* harmony **2**
hassen *v.* to hate **1**
Hauptausgabe, -n *f.* main issue **3**
Heer, -e *n.* army **10**
heilen *v.* to cure **7**
Heiligabend *m.* Christmas Eve **6**
Heilige Abend (der) *m.* Christmas Eve **6**
heiligen *v.* to keep holy (tradition) **6**
Heimat *f.* homeland **1**
heimlich *adj.* secretly **3**
Heimweh *n.* homesickness **1**
heiraten *v.* to marry **1**
Heizung, -en *f.* heating system **6**
Herausforderung, -en *f.* challenge **7**
herausgeben *v.* to publish **3**
sich herausstellen als *v.* to turn out to be
der eingelegte Hering, -e *m.* pickled herring **6**
herrenlos *adj.* abandoned; adrift **1**
herunterladen *v.* to download **7**
hervorragend *adj.* outstanding **6**
hervorspritzen *v.* to squirt out
Herzinfarkt, -e *m.* heart attack **3**
heuchlerisch *adj.* hypocritical
heulen *v.* to cry **6**
hineingehen *v.* to fit (into something) **7**
Hingabe *f.* devotion **5**
hinterherreisen *v.* to follow (somebody's travels) **5**
j-m hinterhersteigen *v.* to chase after someone **2**
Hochzeit, -en *f.* wedding **1**
Radio hören *v.* to listen to the radio **3**
Horoskop, -e *n.* horoscope **3**
Hürde, -n *f.* hurdle **4**
eine Hypothek aufnehmen *v.* to take out a mortgage **9**

Ichling, -e *m.* me-generation, self-centered person
Ideenaustausch *m.* exchange of ideas
Identität, -en *f.* identity **1**
illegal *adj.* illegal **8**
Illustrierte, -n *f.* magazine **3**

Imbiss, -e *m.* snack 2

Imbissstube, -n *f.* snack bar 6

Immobilienmarkt, ̈e *m.* real estate market 9

impfen *v.* to vaccinate 7

Impfstoff, -e *m.* vaccine 7

Informatik *f.* computer science 7

Informatiker, -/Informatikerin, -nen *m./f.* computer scientist 7

sich informieren (über + Akk.) *v.* to get/ to stay informed (about) 3

Inhaber, -/Inhaberin, -nen *m./f.* owner 9

Inspiration, -en *f.* inspiration

Institution, -en *f.* institution

Integration, -en *f.* integration 10

integrieren *v.* to integrate 2

Intelligenz *f.* intelligence 7

Interview, -s *n.* interview (newspaper, TV, radio) 3; job interview 9

Interviewer, -/Interviewerin, -nen *m./f.* interviewer 9

introvertiert *adj.* withdrawn 5

irreführend *adj.* misleading, false

(sich) irren *v.* to be wrong 7

Isolation, -en *f.* isolation 2

J

Jahrhundert, -e *n.* century 10

Jahrzehnt, -e *n.* decade 10

Journalist, -en/Journalistin, -nen *m./f.* journalist 3

Judenstern, -e *m.* Yellow Star (worn by Jews in the Third Reich) 10

Judenverfolgung, -en *f.* persecution of Jews 10

Jugendkriminalität *f.* youth crime, juvenile delinquency

Jury, -s *f.* jury (in a competition) 9

K

Kabelfernsehen *n.* cable TV 3

kabellos *adj.* wireless 7

Kaiser, -/Kaiserin, -nen *m./f.* emperor/ empress 10

Kalkulationsverhandlung, -en *f.* price negotiation 3

kämpfen *v.* to fight 8

Kanufahren *n.* canoeing 4

Kanzler, -/Kanzlerin, -nen *m./f.* chancellor 10

kapitulieren *v.* to surrender 10

Karneval *m.* carnival (Mardi Gras) 6

Karriere, -n *f.* career 9

Karriereleiter, -n *f.* career ladder 2

Karrieremacher, - *m.* careerist 3

Kartoffelbrei, -e/-s *m.* mashed potatoes 6

Kartoffelpuffer, - *m.* potato pancake 6

Katastrophe, -n *f.* natural disaster 8

die Katze im Sack kaufen *v.* to buy a pig in a poke 7

Kernphysiker, -/Kernphysikerin, -nen *m./f.* nuclear physicist 7

Kerze, -n *f.* candle 6

klappen *v.* to succeed; to work (out) 7

klassisch *adj.* classical 5

Klatsch *m.* gossip 1

Kleinanzeige, -n *f.* classified ad 3

eine Kleinigkeit essen *v.* to have a snack 6

Klimaerwärmung, -en *f.* global warming 8

klonen *v.* to clone 7

Kneipe, -n *f.* pub 6

Knödel, - *m.* dumpling 6

Kollege, -n/Kollegin, -nen *m./f.* colleague 9

kolonisieren *v.* to colonize 10

komisch *adj.* comical 5

mit j-m kommunizieren *v.* to communicate/ to interact with someone

Komödie, -n *f.* comedy

Komponist, -en/Komponistin, -nen *m./f.* composer 5

Konflikt, -e *m.* conflict 2

Kongressabgeordnete, -n *m./f.* member of congress

König, -e/Königin, -nen *m./f.* king/queen 10

Königreich, -e *n.* kingdom 10

Konjunkturrückgang, ̈e *m.* recession

Konkurrent, -en *m.* competitor 9

Konkurs, -e *m.* bankruptcy 9

konservativ *adj.* conservative 8

Konservative, -n *m./f.* Conservative 10

außer Kontrolle geraten *v.* to get out of control

Konzentrationslager, - (KZ) *n.* concentration camp 10

Konzertsaal, -säle *m.* concert hall 5

Korrespondent, -en/Korrespondentin, -nen *m./f.* correspondent 3

köstlich *adj.* delicious 6

Köstlichkeit, -en *f.* delicacy 6

kräftig *adj.* powerful 10

krass *adj.* crass, extreme, glaring 9

kreativ *adj.* creative

Kreis, -e *m.* county 1

Kreisverkehr, -e *m.* traffic circle 2

Kreuzfahrt, -en *f.* cruise 4

Kreuzung, -en *f.* intersection 2

Krieg, -e *m.* war 10

Kriminalroman, -e *m.* crime novel 5

Kriminelle, -n *m./f.* criminal 8

krumm *adj.* crooked 5

kulturell *adj.* cultural 6

Kulturzentrum, -zentren *n.* cultural center

kündigen *v.* to quit 9

j-m kündigen *v.* to terminate; to fire 1

Kündigung, -en *f.* written notice 1

schönen Künste *pl.* fine arts 5

Kunsthandwerker, -/Kunsthandwerkerin, -nen *m./f.* artisan; craftsman 5

künstlich *adj.* artificial 6

künstliche Intelligenz *f.* artificial intelligence 7

kurzfristig *adj.* short-term 9

L

sich laben an (+ Dat.) *v.* to refresh oneself 6

Lachshäppchen, - *n.* salmon appetizer 6

Lampenfieber *n.* stage fright 5

landesverräterische Nachrichtenübermittlung *f.* traitorous information transmission 2

Landschaft, -en *f.* countryside; scenery 8

Landung, -en *f.* landing 4

langfristig *adj.* long-term 9

Langlauf *m.* cross-country skiing 4

locker lassen *v.* to give up 2

sich scheiden lassen (von j-m) *v.* to get divorced (from) 1

im Stich lassen *v.* to abandon (someone) 2

Last, -en *f.* burden 4

eine berufliche Laufbahn (-en) einschlagen *v.* to choose a career path 9

Spießruten laufen *v.* to run the gauntlet 9

auf dem Laufenden bleiben *v.* to keep up with (news) 3

laut *adj.* noisy 2

Lebenslauf, ̈e *m.* résumé 9

Lebensraum, ̈e *m.* habitat 8

Lebensstandard, -e *m.* standard of living 10

lebhaft *adj.* lively 2

lecker *adj.* delicious 6

ledig *adj.* single (unmarried) 1

leer *adj.* empty 2

legal *adj.* legal 8

leicht *adj.* light 6

leicht durchgebraten *adv.* medium rare 6

leicht zu vergessen *exp.* forgettable 1

leidenschaftlich *adj.* passionate 5

leihen *v.* to borrow 9

Leihhaus, ̈er *n.* pawnshop 6

Leinwand, ̈e *f.* movie screen 3

leiten *v.* to manage 9

liberal *adj.* liberal 8

Liberale, -n *m./f.* Liberal 10

Liebe *f.* love 1

Liebe auf den ersten Blick *exp.* love at first sight 1

liebebedürftig *adj.* in need of affection 1

lieben *v.* to love 1

liebenswürdig *adj.* kind 1

liebevoll *adj.* affectionate 1

Liedermacher, -/Liedermacherin, -nen *m./f.* songwriter 5

liegen *v.* to be located **2**
live *adj.* live **3**
Liveübertragung, -en/Livesendung, -en *f.* live broadcast **3**
loben *v.* to praise
locken *v.* to allure **8**
Lohn, ⸚e *m.* wage **9**
sich lohnen *v.* to be worth it **4**
Lokalzeitung, -en *f.* local paper **3**
lösen *v.* to solve
Luftdruck *m.* air pressure **7**
Lüge, -n *f.* lie **10**
lügen *v.* to lie **1**
lustig *adj.* humorous **5**

sich selbstständig machen *v.* start one's own business **9**
Überstunden *pl.* **(machen)** *n.* (to work) overtime **9**
mächtig *adj.* powerful **8**
Machtmissbrauch, ⸚e *m.* abuse of power **8**
malen *v.* to paint **5**
Maler, -/Malerin, -nen *m./f.* painter **5**
Malheur, -s *n.* mishap **10**
Mängel *pl.; m.* shortcomings **1**
Mansarde, -en *f.* attic room **5**
Mathematiker, -/Mathematikerin, -nen *m./f.* mathematician **7**
medium *adv.* medium-rare **6**
mehrsprachig *adj.* multilingual **10**
Meinung, -en *f.* opinion **8**
Meinungsumfrage *f.* opinion poll; survey **3**
Meisterschaft, -en *f.* championship **2**
Meisterwerk, -e *n.* masterpiece **5**
Menschengeschlecht *n.* humankind
Menschenrechte *f.* human rights **8**
Merkmal, -e *n.* characteristic **2**
mieten *v.* to rent (house, car) **4**
Mieter, -/Mieterin, -nen *m./f.* tenant **2**
Mindestlohn, ⸚e *m.* minimum wage **9**
mischen *v.* to mix
missbrauchen *v.* to abuse **8**
Mitarbeiter, -/Mitarbeiterin, -nen *m./f.* co-worker **9**
Mitbewohner, -/Mitbewohnerin, -nen *m./f.* housemate, roommate **2**
Mitleid *n.* compassion **6**
zum Mitnehmen *adj.* (food) to go **6**
Mittelalter *n.* Middle Ages **4**
Mittelgebirge, - *n.* low mountain range **8**
mittlerweile *adv.* in the meantime **5**
monarchisch *adj.* monarchic **10**
Monatsschrift, -en *f.* monthly magazine **3**
Moralkodex, -e *m.* code of ethics **7**
Motto, -s *n.* theme **6**

Müllentsorgung *f.* waste management
Mülltourismus *m.* garbage tourism
Mülltrennung *f.* waste separation
multikulturell *adj.* multicultural **10**
munter *adj.* cheerful **4**
Musical, -s *n.* musical **5**
Muttersprache, -n *f.* native language **10**

(jemanden) nachahmen *v.* to imitate (someone) **5**
Nachbar, -n/Nachbarin, -nen *m./f.* neighbor **2**
Nachbarschaft *f.* neighborhood
n. Chr. (nach Christus) A.D., C.E. **10**
Nachfahr, -en/Nachfahrin, -nen *m./f.* descendant **1**
nachhaltig *adj.* sustainable **8**
Nachhaltigkeit *f.* sustainability **8**
Nachrichten *pl.* (radio/television) news **3**
Nachrichten beziehen *v.* to get the news **3**
Nachrichtensendung, -en *f.* news program; newscast **3**
landesverräterische Nachrichtenübermittlung *f.* traitorous information transmission **2**
Nachsicht *f.* leniency **10**
Nachsynchronisation, -en *f.* dubbing **3**
Nachteil, -e *m.* disadvantage **8**
Nachtleben *n.* nightlife **2**
nämlich *adv.* namely **7**
Nanotechnologie, -n *f.* nanotechnology **7**
Nashorn, ⸚er *n.* rhino(ceros) **10**
Naturlehrpfad, -e *m.* nature trail **8**
Naturschützer, -/Naturschützerin, -nen *m./f.* conservationist **8**
Nebenbuhler, -/Nebenbuhlerin, -nen *m./f.* rival (in love)
Netzwerk, -e *n.* network **7**
neugierig *adj.* curious **8**
Neuigkeit, -en *f.* news story; news item **3**
Niederlage, -n *f.* defeat **10**
Niedriglohn, ⸚e *m.* low wage **1**
Niveau, -s *n.* level **9**
zur Not *adv.* in a pinch **9**
Notarzt, ⸚e *m.* doctor on emergency call **3**
Noten *pl.* sheet music **10**
Notwendigkeit *f.* necessity
Novelle, -n *f.* novella **5**
Nuklearphysiker, -/Nuklearphysikerin, -nen *m./f.* nuclear physicist **7**

Obdach *n.* shelter **4**
Obdachlose, -n *m./f.* homeless person **10**
Oberfläche, -n *f.* surface **5**

objektiv *adj.* impartial; unbiased **3**; objective
öffentliche Personennahverkehr (ÖPNV) *m.* public transportation **2**
öffentliche Sicherheit *f.* public safety **8**
öffentlichen Verkehrsmittel *f.* public transportation **2**
Ökologie, - *f.* ecology **8**
Ölgemälde, - *n.* oil painting **5**
Olympia-Bewerbung, -en *f.* bid for Olympic Games
Oma *f.* granny **7**
Oper, -n *f.* opera **5**
Operette, -n *f.* operetta **5**
Opfer, - *n.* victim
ÖPNV (öffentliche Personennahverkehr) *m.* public transportation **2**
optimistisch *adj.* optimistic **1**
Orchester, - *n.* orchestra **5**
ordentlich *adj.* tidy **4**
Ordnung *f.* order **1**
organisieren *v.* to organize **4**
organisiert *adj.* organized
Ostermontag *m.* Easter Monday **6**
Ostern *f.* Easter **6**

Paar, -e *n.* couple **1**
parken *v.* to park
(politische) Partei, -en *f.* (political) party **10**
pazifistisch *adj.* pacifist **8**
Pension, -en *f.* guest house **4**
(Halb/Voll)pension *f.* (half/full) board **4**
Personalausweis, -e *m.* ID card **4**
Personalmanager, -/Personalmanagerin, -nen *m./f.* personnel manager **9**
öffentliche Personennahverkehr (ÖPNV) *m.* public transportation **2**
persönlich *adj.* personal **2**
pessimistisch *adj.* pessimistic **1**
Pfand *n.* deposit
Pfandleiher, - *m.* pawnbroker **6**
Pfeil, -e *m.* arrow **5**
pfeilschnell *adj.* as swift as an arrow
Pfingsten *f.* Pentecost **6**
Pfingstmontag *m.* Pentecost Monday **6**
Pflegefall, ⸚e *m.* nursing case **2**
pflegen *v.* to cultivate **1**
Physiker, -/Physikerin, -nen *m./f.* physicist **7**
pikant *adj.* spicy **6**
Pinsel, - *m.* paintbrush **5**
Platz, ⸚e *m.* seat **4**
Platz sparen *v.* to save space **1**
(Weihnachts)plätzchen, - *n.* (Christmas) cookie **6**
plaudern *v.* to chat **2**
Poesie *f.* poetry **5**

Politik, - *f.* politics 8

Politiker, -/Politikerin, -nen *m./f.* politician 10

Polizeibeamte, -n/Polizeibeamtin, -nen *m./f.* police officer 2

Polizeirevier, -e *n.* police station 2

Polizeiwache, -n *f.* police station 4

Porträt, -s *n.* portrait 5

Praktikant, -en/Praktikantin, -nen *m./f.* intern; trainee 9

Präsident, -en/Präsidentin, -nen *m./f.* president 10

preisen *v.* to praise 2

preisgekrönt *adj.* award-winning 5

Preisklasse, -n *f.* price category 4

Pressefreiheit *f.* freedom of the press 3

Pressemitteilung, -en *f.* press release 3

Pressenotiz, -en *f.* news story; news item 3

privat *adj.* private 2

Privatsphäre, -n *f.* privacy 2

Probe, -n *f.* rehearsal 5

Probespiel, -e *n.* audition 9

Prosa *f.* prose 5

protestieren (gegen) *v.* to protest (against) 10

j-n prügeln *v.* to beat up someone

Publikum *n.* audience 5

Q

quälen *v.* to torture

Qualifikation, -en *f.* qualification(s) 9

Qualitätskontrolle, -n *f.* quality control 1

Quatsch *m.* nonsense 5

Quelle, -n *f.* source 3

R

Radio, -s *n.* radio 3

Radio hören *v.* to listen to the radio 3

Radiosender, - *m.* radio station 3

Rampenlicht, -er *n.* limelight

Rassismus *m.* racism 10

Rathaus, ̈er *n.* city/town hall 2

realistisch *adj.* realistic 5

(mit j-m) rechnen *v.* to count on somebody 1

Rechner, - *m.* computer 7

Rechtsanwalt, ̈e/Rechtsanwältin, -nen *m./f.* lawyer 8

Rechtschreibung, -en *f.* correct spelling 3

rechtzeitig *adj.* on time 3

recyceln *v.* to recycle 8

Redakteur, -e/Redakteurin, -nen *m./f.* editor

Regel, -n *f.* rule 1

sich regen *v.* to stir 4

regieren *v.* to govern 10

Regierung, -en *f.* government 2

Regierungssystem, -e *n.* system of government 10

Regisseur, -e/Regisseurin, -nen *m./f.* director 5

reif *adj.* mature 1

Reim, -e *m.* rhyme 5

reinschieben *v.* to insert 3

Reklame, -n *f.* advertising 3

Reklametafel, -n *f.* billboard 2

renommiert *adj.* reputable 3

rentabel *adj.* profitable, cost-efficient 1

in Rente gehen *v.* to retire 9

Reporter, -/Reporterin, -nen *m./f.* reporter 3

Republik, -en *f.* republic 10

Republikaner, -/Republikanerin, -nen *m./f.* Republican 10

republikanisch *adj.* republican 10

Republikflucht *f.* defection from East to West Germany 2

Reservierung, -en *f.* reservation 6

retten *v.* to save; to rescue 8

Rettung, -en *f.* rescue 10

Rezession, -en *f.* recession 9

Richter, -/Richterin, -nen *m./f.* judge 8

Richtung, -en *f.* direction 2

Robotertechnik, -en *f.* robotics 7

Rolle, -n *f.* role 1

Roman, -e *m.* novel 5

rücksichtslos *adj.* inconsiderate 8

ruhig *adj.* quiet 1

Rumänien *n.* Romania 1

rumstehen *v.* to stand around 3

Rundfunk *m.* radio; broadcasting 3

runterladen *v.* to download 7

Rute, -n *f.* rod 6

S

Sachverhalt *m.* fact 2; circumstance

j-m Bescheid sagen *v.* to let someone know 1

salzig *adj.* salty 6

Sanierungskonzept, -e *n.* recovery plan 1

satirisch *adj.* satirical 5

(j-n/etwas) satt haben *v.* to be fed up (with someone/something) 1

Satz, ̈e *m.* rate 9

Sauerbraten, - *m.* braised beef marinated in vinegar 6

Säule, -n *f.* pillar 9

Schaf, -e *n.* sheep

Schaffner, -/Schaffnerin, -nen *m./f.* conductor 4

schälen *v.* to peel 6

Schallplatte, -n *f.* (vinyl) record 3

sich schämen für + Akk./(wegen + Gen.) *v.* to be ashamed of 1

Schauspiel, -e *n.* play

Schauspieler, -/Schauspielerin, -nen *m./f.* actor/actress 3

Schautafel, -n *f.* information boards, posters 10

sich scheiden lassen (von j-m) *v.* to get divorced (from) 1

Scheune *f.* barn 7

scheußlich *adj.* horrible 6

Schicksal, -e *n.* fate 2

schief *adj.* crooked 5

schildern *v.* to describe 3; to narrate

Schlacht, -en *f.* battle 10

Schlafsack, ̈e *m.* sleeping bag 4

sich schlagen *v.* to beat each other (up) 8

Schlagsahne *f.* whipped cream 6

Schlagwort, ̈er *n.* slogan 8

Schlagzeile, -n *f.* headline 3

Schlange *f.* line 4

(in der) Schlange stehen *v.* to stand in line 4

(schlechte) Gewissen (das) *n.* (guilty) conscience 3

schlendern *v.* to walk leisurely 1; to stroll 4

Schleuse, -n *f.* lock (on a canal) 4

schlimm *adj.* very bad 7

schluchzen *v.* to sob 1

Schluck, -e *n.* sip 6

schmackhaft *adj.* flavorful 2; tasty 6

schneiden *v.* to chop 6

Schnellimbiss, -e *m.* snack bar 6

Schnitzel, - *n.* meat cutlet 6

Schnorchel, - *m.* snorkel

schnorcheln *v.* to snorkel 4

schrecklich *adj.* terrible 6

Schriftsteller, -/Schriftstellerin, -nen *m./f.* writer 5

schüchtern *adj.* shy 1

Schulden *pl.* debt 9

Schulden haben *v.* to be in debt 9

Schuldgefühl, -e *n.* sense of guilt 3

schuldig *adj.* guilty 8

Schulung , -en *f.* training 5

Schutz *m.* protection

schützen *v.* to protect 8

schwanger *adj.* pregnant 6

schwärmen... für *v.* to adore 5

schweben *v.* to glide, to float 5

Schweißausbruch, ̈e *m.* breaking into a sweat 3

Schweinekotelett, -s *n.* pork chop 6

Seebad, ̈er *n.* seaside resort 4

Seele, -n *f.* soul 1

Seelenverwandte, -n *m./f.* soul mate 1

Segelboot, -e *n.* sailboat 4

segeln *v.* to sail 4

Seifenoper, -n *f.* soap opera **2**

sich einig sein *v.* to agree **8**

gerührt sein *v.* to be touched; to be moved

auf dem neuesten Stand sein *v.* to be up-to-date **3**

verheiratet sein (mit j-m) *v.* to be married (to) **1**

vernetzt sein *v.* to be a part of a network **8**

Sekretär, -/Sekretärin, -nen *m./f.* secretary **9**

Selbstbedienungsrestaurant, -s *n.* cafeteria **6**

Selbstmitleid *n.* self-pity **10**

selbstgemacht *adj.* homemade **6**

Selbstporträt, -s *n.* self-portrait **5**

sich selbstständig machen *v.* to start one's own business **9**

senden *v.* to broadcast **3**

Sendung, -en *f.* TV program **2**

Seniorenheim *n.* home for the elderly **7**

Sense, -n *f.* scythe **1**

sicher *adj.* safe **2**

Sicherheit, -en *f.* security; safety **8**

  öffentliche Sicherheit *f.* public safety **8**

Sicherheitsbedienstete, -n *m.* security guard

Sicherheitskontrolle, -n *f.* security check **4**

siedeln *v.* to settle **1**

Siedlung, -en *f.* settlement **1**

Sieg, -e *m.* victory **10**

siegreich *adj.* victorious **10**

Signal, -e *n.* signal **7**

Silvester *m.* New Year's Eve **6**

Sitz, -e *m.* headquarters **3**

Skandal, -e *m.* scandal **10**

Skiausrüstung, -en *f.* ski equipment **4**

Skihang, ̈e *m.* ski slope **4**

Skilanglauf *m.* cross-country skiing **4**

Skilift, -e *m.* ski lift **4**

Skipass, ̈e *m.* ski pass **4**

Skiurlaubsort, -e *m.* ski resort **4**

skizzieren *v.* to sketch **5**

Sklaverei *f.* slavery **10**

Skulptur, -en *f.* sculpture **5**

Smartphone, -s *n.* smartphone **7**

sonnenbaden *v.* to sunbathe **4**

Sonnenbrand, ̈e *m.* sunburn **4**

Sonnencreme, -s *f.* sunblock **4**

Sonnenschirm, -e *m.* beach umbrella/parasol **4**

Sonnenschutzcreme, -s *f.* sunblock **4**

sorgfältig *adj.* careful **1**

Soundtrack, -s *m.* soundtrack **2**

Sozialdemokrat, -en/Sozialdemokratin, -nen *m./f.* Social-Democrat **10**

sparen *v.* to save **9**

  Platz sparen *v.* to save space **1**

Spaß (an etwas) haben *v.* to have fun; to enjoy oneself

Spaten, - *m.* spade **6**

Spätzle *f.* spaetzle; Swabian noodles **6**

Special Effects *f.* special effects **2**

spielen *v.* to take place (story, play) **5**

Spielzeugland *n.* toyland **10**

Spießruten laufen *v.* to run the gauntlet **9**

Sprachkenntnisse *pl.; f.* linguistic proficiency **2**

spritzen *v.* to squirt

Spruch, ̈e *m.* saying **7**

Spur, -en *f.* lane **2**

SS (Schutzstaffel) *f.* personal guard unit for Adolf Hitler **10**

Staatsangehörigkeit, -en *f.* nationality **2**

Staatsbürgerschaft, -en *f.* citizenship **10**

Stadtplanung, -en *f.* city/town planning **2**

Stadtrand, ̈er *m.* outskirts **2**

Stadtzentrum, -zentren *n.* city/town center; downtown

Stammzelle, -n *f.* stem cell **7**

auf dem neuesten Stand sein *v.* to be up-to-date **3**

stark *adj.* powerful **10**

Stasi (Staatssicherheit) *f.* secret police (former GDR) **2**

Stau, -s *m.* traffic jam **2**

der Steg, -e *m.* narrow path **4**

(in der) Schlange stehen *v.* to stand in line **4**

Stelle, -n *f.* position **9**

etwas in Frage stellen *v.* to question something **7**

Stellungnahme, -n *f.* comment, position **9**

Fünf-Sterne *adj.* five-star **4**

Steuer, -n *f.* tax **9**

Stich, -e *m.* sting; prick **1**

im Stich lassen *v.* to abandon (someone) **2**

Stil, -e *m.* style **5**

still *adj.* quiet **8**

Stillleben, - *n.* still life **5**

stimmen *v.* to vote **10**

stolz *adj.* proud **1**

stoppen *v.* to stop **2**

Storch, ̈e *m.* stork **8**

stoßen (auf) to hit; to run into **2**

strafbar *adj.* punishable **2**

Straftat, -en *f.* criminal act **8**

Strandsonnenschirm, -e *m.* beach umbrella/parasol **4**

Strandtuch, ̈er *n.* towel; beach towel **4**

Streik, -s *m.* strike **9**

(sich) streiten *v.* to fight (verbally); to argue

stressig *adj.* stressful **4**

Strophe, -n *f.* stanza; verse **5**

Stück, -e *n.* play **5**

stumm *adj.* silent

Stundennachweis, -e *m.* hourly timesheet **1**

stürzen *v.* to overthrow **10**

subjektiv *adj.* partial; biased **3**; subjective

subventionieren *v.* to subsidize **10**

Surfbrett, -er *n.* surfboard **4**

surfen *v.* to surf **4**

Synchronisation, -en *f.* dubbing **3**

synchronisieren *v.* to dub (a film) **3**

T

Tablet, -s *n.* tablet (computer) **7**

arbeitsfreie Tag, -e *m.* day off **9**

freie Tag, -e *m.* day off **9**

Tanz, ̈e *m.* dance **5**

Tänzer, -/Tänzerin, -nen *m./f.* dancer **5**

Tatverdacht *m.* suspicion (of wrongdoing) **8**

taufen *v.* to baptize **6**

tauschen *v.* to swap **3**

täuschen *v.* to deceive

Technik, -en *f.* engineering; technology **7**

Teil, -e *m.* section **3**

teilen *v.* to divide

etwas teilen *v.* to share something **1**

teilnehmen an *v.* to participate in **9**

Teilzeitarbeit, -en *f.* part-time job **9**

Teilzeitstelle, -n *f.* part-time job **9**

Telekommunikation, -en *f.* telecommunication **7**

Terrorismus, - *m.* terrorism **8**

Terrorist, -en/Terroristin, -nen *m./f.* terrorist **8**

  terroristische Vereinigung, -en *f.* terrorist organization **8**

Theaterstück, -e *n.* play **5**

Ton *m.* clay **5**

töricht *adj.* foolish **4**

traditionell *adj.* traditional **6**

tragisch *adj.* tragic **5**

sich trauen *v.* to dare **5**

Trauerspiel, -e *n.* tragedy

träumen *v.* to dream **1**

Treffen, - *n.* meeting **5**

sich (von j-m) trennen *v.* to break up (with) **1**

Treppe *f.* stairs **7**

treu *adj.* faithful **1**

trinkbar *adj.* drinkable **8**

trödeln *v.* to slack off; to dawdle **7**

Türhüter, - *m.* gatekeeper **8**

Turnier, -e *n.* tournament **5**

U

U-Bahnhof, -̈e *m.* subway station 2
U-Bahn-Station, -en *f.* subway station 2
überarbeitet *adj.* overworked 3
überfüllt *adj.* crowded 2
überparteilich *adj.* impartial; unbiased 2
überqueren *v.* to cross (road, river, ocean) 2
Überraschungsangriff, -e *m.* sneak attack 8
überspitzt *adj.* exaggerated 8
Überstunden *pl.* (machen) *f.* (to work) overtime
übertragen *v.* to broadcast 3
übertreiben *v.* to exaggerate
Übervölkerung, -en *f.* overpopulation 10
Überwachungsstaat, -en *f.* surveillance state 8
überwältigen *v.* to overwhelm
überwinden *v.* to overcome 10
Umfeld, -er *n.* (personal) environment
Umfrage *f.* opinion poll; survey 3
sich ummelden *v.* to register one's change of address 4
umstritten *adj.* controversial 7
umweltfreundlich *adj.* environmentally friendly 8
Umweltpolitik *f.* environmental policy
Umweltschutz *m.* environmental conservation 8
Umweltverschmutzung, -en *f.* pollution 8
umziehen *v.* to move 2
unehrlich *adj.* dishonest 1
Unempfindlichkeit, -en *f.* insensitivity 10
unentbehrlich *adj.* indispensable
unerwartet *adj.* unexpected 2
unerwünschte E-Mail *f.* spam e-mail 7
ungerecht *adj.* unfair; unjust 8
ungleich *adj.* unequal 8
unkonzentriert *adj.* lacking concentration 3
Unmenschlichkeit, -en *f.* inhumanity 8
unmoralisch *adj.* unethical 7
Unmut *m.* discontent 10
unparteilich *adj.* impartial; unbiased 3
unrecht *adj.* wrong 7
unreif *adj.* immature 1
unschuldig *adj.* innocent 8
Untat, -en *f.* atrocious deed 10
Unterbringung, -en *f.* accommodations 2
unterdrücken *v.* to oppress 10
unterdrückt *adj.* oppressed 8
(Unter)entwicklung, -en *f.* (under)development 10
sich unterhalten *v.* to converse
Unterkunft, -̈e *f.* accommodations 4
unterschiedlich *adj.* different 8

Unterstellung, -en *f.* allegation 2
unterteilen *v.* to subdivide 10
Untertitel, - *m.* subtitle 3
unterzeichnen *v.* to sign 9
untreu *adj.* unfaithful 1
unvergesslich *adj.* unforgettable 1
unvermögend *adj.* unable
unverrückt *adj.* unmoving 4
unwirtbar *adj.* forbidding, inhospitable 4
Urheberrecht, -e *n.* copyright 5
Urlaubstag, -e *m.* day off 9
Ursprung, -̈e *m.* origin 1
urteilen (über) *v.* to judge 10
USB-Stick, -s *m.* flash drive 7

V

Veganer, -/Veganerin, -nen *m./f.* vegan 6
Vegetarier, -/Vegetarierin, -nen *m./f.* vegetarian 6
vegetarisch *adj.* vegetarian 6
Verabredung, -en *f.* date 1
ein Gesetz verabschieden *v.* to pass a law 8
sich verändern *v.* to change 5
veranstalten *v.* to organize 6
(sich) verbergen *v.* to hide 2
verbessern *v.* to improve 2
verbinden *v.* to connect 4
Verbot, -e *n.* ban 8
verbrauchen *v.* to consume 8
Verbrechen, - *n.* crime 2
verdienen *v.* to earn 9
verehren *v.* to adore 1
Verehrung, -en *f.* admiration; respect
Verein, -e *m.* association; club 3
Vereinigung, -en *f.* unification 2
  terroristische Vereinigung, -en *f.* terrorist organization 8
vereinsamen *v.* to grow lonely 5
Verfahren, - *n.* process 9
sich verfahren *v.* to get/to be lost (by car) 2
verfluchen *v.* to curse 8
verfügen über (+ Akk.) *v.* to have at one's disposal 7
vergehen *v.* to pass away
vergehen vor (+ Dat.) *v.* to be dying of 10
vergelten *v.* to repay 10
leicht zu vergessen *exp.* forgettable 1
vergesslich *adj.* forgetful 1
Vergünstigung, -en *f.* preferential treatment 2
verhaften *v.* to arrest 8
Verhaltenskodex *m.* code of conduct 7
sich verheiraten (mit j-m) *v.* to get married (to)
verheiratet sein (mit j-m) *v.* to be married (to) 1

Verhör, -e *n.* interrogation 2; questioning 8
sich verirren *v.* to get lost 4
Verkaufsstand, -̈e *n.* booth 6
Verkehr *m.* traffic
  Verkehrsampel, -n *f.* traffic light
  öffentlichen Verkehrsmittel *f.* public transportation 2
  Verkehrsschild, -er *n.* traffic sign 2
  Verkehrsstau, -s *m.* traffic jam 2
  Verkehrszeichen, - *n.* traffic sign 2
verklagen *v.* to take to court 7
sich verkleiden *v.* to disguise 9
Verkleidung, -en *f.* disguise 6
verklemmt *adj.* inhibited 5
Verlagshaus, -̈er *n.* publishing house 3
verlängern *v.* to extend 4
verlassen *v.* to leave 1
  (sich) verlassen (auf + Akk.) *v.* to rely on 1
  sich verlassen fühlen *v.* to feel abandoned 1
sich verlaufen *v.* to get/to be lost (by foot) 2
Verleger, -/Verlegerin, -nen *m./f.* publisher 3
sich verlieben (in + Akk.) *v.* to fall in love (with) 1
verliebt (in + Akk.) *adj.* in love (with) 1
sich verloben (mit j-m) *v.* to get engaged (to) 1
verlobt *adj.* engaged 1
Verlobte, -n *m./f.* fiancé(e) 1
sich vermählen mit *v.* to marry 6
vermeiden *v.* to avoid 4
vermengen *v.* to mix (up) 9
Vermietung *f.* rental 4
Vermögen, - *n.* assets 9
vernetzt sein *v.* to be a part of a network 8
Verpfändung, -en *f.* pledging as collateral 9
j-n verprügeln *v.* to beat up someone
verraten *v.* to betray 5
etwas verraten *v.* to reveal something 10
Verräter, -/Verräterin, -nen *m./f.* traitor 2
verrichten *v.* to perform, to carry out 10
Versagen *n.* failure 8
verschmelzen *v.* to merge 10
Verschmutzung, -en *f.* pollution 8
verschonen *v.* to spare 10
verschreiben *v.* to prescribe 9
verschwimmen *v.* to become blurred 1
verschwinden *v.* to disappear 10
Verschwinden *n.* disappearance 10
verspätet *adj.* delayed 4
Verspätung, -en *f.* delay; late arrival 4
verspotten *v.* to make fun of 7
versprechen *v.* to promise 3
verständnisvoll *adj.* understanding 1

verteidigen *v.* to defend **8**

etwas vertragen *v.* to tolerate **5**

vertrauen (+ Dat.) *v.* to trust **1**

vertrauensvoll *adj.* trusting

vertraulich *adj.* confidential **7**

vertreiben *v.* to expel **10**

verunstalten *v.* to deface **5**

Verwaltung, -en *f.* administration **8**

verwandeln *v.* to change

Verwandtschaft *f.* relatives

Verwechslung, -en *f.* mistaken identity **4**

verwegen *adj.* keen **4**

verwitwet *adj.* widowed **1**

verzerren *v.* to distort **10**

Videoüberwachungssystem, -e *n.* video security system

Vielfalt *f.* variety **2**

(Wohn)viertel, - *n.* neighborhood **2**

Volksmusik, -en *f.* folk music **6**

Volkstanz, ̈-e *m.* folk dance **6**

volkstümlich *adj.* folksy **2**

voll *adj.* full **2**

voll belegt *adj.* full; no vacancy **4**

vollkommen *adv.* completely

Vollpension *f.* full board **4**

Vollzeitstelle, -n *f.* full-time job **9**

vorbeigehen *v.* to walk past **2**

Vorbild, -er *n.* role model **5**

v. Chr. (vor Christus) B.C. **10**

Vorfahr, -en *m./f.* ancestor

Vorfreude, -n *f.* anticipation **6**

vorläufig *adj.* temporary **4**

Vorort, -e *m.* suburb **2**

vorsichtig *adj.* cautious **1**

Vorspiel, -e *n.* audition **9**

Vorstellungsgespräch, -e *f.* job interview **9**

v. u. Z. [vor unserer Zeit (rechnung)] B.C.E. **10**

vorzüglich *adj.* exquisite

verzweifelt *adj.* frantic; distraught **8**

W

Wache, -n *f.* police station **4**

Waffe, -n *f.* weapon **10**

wagemutig *adj.* daring **3**

Wahl, -en *f.* election **8**

wählen *v.* to elect; to vote **10**

Wahlniederlage, -n *f.* election defeat **10**

Wahlsieg, -e *m.* election victory **10**

Wahrsager, -/Wahrsagerin, -nen *m./f.* fortune teller **9**

Währung, -en *f.* currency **9**

Walzer, - *m.* waltz **5**

Wanderer, -/Wanderin, -nen *m./f.* hiker **4**

wandern *v.* to hike **4**

Wanderweg, -e *m.* hiking trail **4**

Wechsel *m.* exchange **4**

Wechselstube -n *f.* currency exchange **9**

Weg, -e *m.* path, way **4**

eine Wegbeschreibung geben *v.* to give directions **2**

wegrutschen *v.* to slide away **1**

Weihnachten *n.; pl.* Christmas **6**

Weihnachtsfest, -e *n.* Christmas **6**

Weihnachtsmann, ̈-er *m.* Santa Claus **6**

weiterrücken *v.* to move on

welken *v.* to wilt **7**

Weltkulturerbe *n.* world cultural heritage **5**

wenden *v.* to turn (around) **2**

Werbekampagne, -n *f.* advertising campaign **7**

Werbespot, -s *m.* commercial **3**

Werbung, -en *f.* advertisement **3**

böse werden *v.* to get angry **1**

gewählt werden *v.* to be elected **10**

Wert, -e *m.* worth **1**

Wettbewerb,-e *m.* competition **9**

Wettkampf, ̈-e *m.* competition **6**

widerlich *adj.* disgusting **6**

sich widmen *v.* to dedicate oneself **8**

Wiedervereinigung, -en *f.* reunification **2**

wiederverwertbar *adj.* recyclable **8**

wiederverwerten *v.* to recycle **8**

Wiege, -n *f.* cradle **4**

Wiese, -n *f.* meadow **6**

wirken auf etwas *v.* to have an effect on something

Wirtschaftskrise, -n *f.* economic crisis **9**

Wirtshaus, ̈-er *n.* inn **4**

Witwer, -/Witwe, -n *m./f.* widower/widow **1**

Wochenzeitschrift, -en *f.* weekly magazine **3**

Wochenzeitung, -en *f.* weekly newspaper **3**

sich wohl fühlen *v.* to feel comfortable **7**

Wohlstand *m.* prosperity **7**

Wohnmobil, -e *n.* RV **4**

Wolkenkratzer, - *m.* skyscraper **2**

sich wundern über *v.* to be amazed by **5**

würdigen *v.* to dignify; to appreciate **5**

Wurstbude, -n *f.* sausage stand **6**

würzig *adj.* well-seasoned **6**

Wüste, -n *f.* desert

Wüstenei,-en *f.* barren land, desert **4**

wütend *adj.* angry **1**

Z

Zahl, -en *f.* figure; number **9**

zählen zu *v.* to rank among **4**

zart *adj.* tender **6**

Zebrastreifen, - *m.* crosswalk **2**

Zeichentrickfilm, -e *m.* cartoon(s) **3**

Zeichnung, -en *f.* drawing **5**

zeigen *v.* to show **5**

Zelle, -n *f.* line **5**

Zeit, -en *f.* age; time **10**

Zeitschrift, -en *f.* magazine **3**

Zeitung, -en *f.* newspaper **3**

Zeitungskiosk, -e *m.* newsstand **2**

Zelt, -e *n.* tent **4**

Zensur *f.* censorship **3**

zerreißen *v.* to tear apart **1**

Zerreißprobe, -n *f.* (emotional) ordeal **2**

zerschlagen *v.* to shatter **3**

zerstören *v.* to destroy **8**

Zeuge, -n/Zeugin, -nen *m./f.* witness **8**

Ziel, -e *n.* goal **7**

zielstrebig *adj.* determined

Zimmer frei *exp.* vacancy **4**

Zimmergenosse, -n/Zimmergenossin, -nen *m./f.* roommate **2**

Zinssatz, ̈-e *m.* interest rate **9**

zitieren *v.* to quote **5**

zittern *v.* to tremble **7**

Zivilisation, -en *f.* civilization **10**

zollfrei *adj.* duty-free **4**

Zoologe, -n/Zoologin, -nen *m./f.* zoologist **7**

zubereiten *v.* to prepare **6**

Zuckerstange, -n *f.* candy cane **6**

zufrieden sein *v.* to be content **5**

Zug, ̈-e *m.* character trait **9**

zugänglich *adj.* accessible **8**

Zugehörigkeit, -en *f.* sense of belonging

Zuhörer, -/Zuhörerin, -nen *m./f.* (radio) listener **3**

Zündung, -en *f.* fuse, ignition **7**

Zuneigung, -en *f.* affection **1**

zurückgehen auf (+ Akk.) *v.* to date back to **6**

zurückhaltend *v.* reserved **1**

zusammenbrechen *v.* to collapse **7**

Zuschauer *f.* audience **5**

Zuschauer, -/Zuschauerin, -nen *m./f.* (television) viewer **3**

(j-m etwas) zusprechen *v.* to award something to somebody **10**

zuverlässig *adj.* dependable **3**

Zwangsarbeit *f.* forced labor **1**

zwingen (zu) *v.* to force (someone) **2**

Zwirn, -e *m.* thread **1**

Englisch-Deutsch

A

to abandon (someone) im Stich lassen *v.* 2
abandoned herrenlos *adj.* 1
  to feel abandoned sich verlassen
    fühlen *v.* 1
to abuse missbrauchen *v.* 8
abuse of power Machtmissbrauch, ⁻e *v.* 8
to accept annehmen *v.* 1
accessible zugänglich *adj.* 8
accommodations Unterbringung,
  -en *f.* 2; Unterkunft, ⁻e *f.* 4
accountancy Buchhaltung, -en *f.* 9
accountant Bilanzbuchhalter, -/
    Bilanzbuchhalterin, -nen *m./f.*
    Buchhalter, -/Buchhalterin, -nen *m./f.* 9
to achieve erreichen *v.* 8
activist Aktivist, -en/Aktivistin, -nen *m./f.* 8
actor Schauspieler, - *m.* 3
actress Schauspielerin, -nen *f.* 3
actually eigentlich *adv.* 7
A.D. *n.* Chr. (nach Christus) 10
classified ad Kleinanzeige, -n *f.* 3
adaptation Bearbeitung, -en *f.*
to add beitragen zu (+ Dat) *v.* 7
to adjust to (sich) anpassen *v.* 2
administration Verwaltung, -en *f.* 8
administrative body Behörde, -n *f.* 4
admiration Verehrung, -en *f.*
to admire bewundern *v.* 4
to pay admission Eintritt bezahlen *v.* 6
admittance Einlass *m.* 8
to adore verehren *v.* 1; schwärmen…für
    v. 5; j-n anbeten *v.*
adrift herrenlos *adj.* 1
to take advantage of ausnutzen *v.* 9
advertisement Werbung, -en *f.* 3
  newspaper ad Anzeige, -n *f.* 3
  TV ad(vertisement) Fernsehwerbung,
    -en *f.,* 3
advertising die Reklame, -n *f.* 3
advertising campaign Werbekampagne, -n
    f. 7
aesthetic ästhetisch *adj.* 5
affection Zuneigung, -en *f.* 1
  in need of affection liebebedürftig *adj.* 1
affectionate liebevoll *adj.* 1
age Zeit, -en *f.* 10
agency Agentur, -en *f.* 3
  employment agency Arbeitsamt, ⁻er *n.* 9
to agree sich einig sein *v.* 8
agreement Abkommen, - *n.* 10
air pressure Luftdruck *m.* 7
aisle seat Gangplatz, ⁻e *m.* 4
allegation Unterstellung, -en *f.* 2
to allow something etwas erlauben *v.* 10
to allude to anspielen auf *v.*
to allure locken *v.* 8
to be amazed by sich wundern über *v.* 5
ambassador Botschafter, - *m.* 5

amount betragen *v.* 9
analog signal Analogsignal, -e *n.* 7
ancestor Vorfahr, -en *m./f.* 1
angry wütend *adj.* 1
  to get angry böse werden *v.* 1
to annoy ärgern *v.* 1
anticipation Vorfreude, -n *f.* 6
to appear erscheinen *v.* 3; den Anschein
    erwecken *v.* 7
appearance Erscheinung, -en *f.* 10
appetizer Häppchen, - *n.* 6
applause Beifall *m.* 5
application Antrag, ⁻e *m.* 4;
    Bewerbung, -en *f.*
to apply (somewhere) for a job sich (bei j-m)
    um etwas bewerben *v.* 9
to appreciate würdigen *v.* 5
appropriate angemessen *adj.* 7
area of a city (confined, very typical)
    Ecke, -n *f.* 2
to argue (sich) streiten *v.*
armed forces Armee, -n *f.* 10
army Heer, -e *n.* 10
to arrest (someone) verhaften *v.* 8; j-n
    festnehmen *v.*
arrival area Ankunftsbereich, -e *m.* 4
  late arrival Verspätung, -en *f.* 4
arrival(s) terminal Ankunftshalle, -n *f.*
to arrive sich einfinden *v.* 9
arrow Pfeil, -e *m.* 5
  as swift as an arrow pfeilschnell *adj.*
artificial künstlich *adj.* 6
artificial intelligence künstliche
    Intelligenz *f.* 7
artisan Handwerker, -/Handwerkerin, -nen
    m./f., Kunsthandwerker, -/
    Kunsthandwerkerin, -nen *m./f.* 5
fine arts die schönen Künste *pl.* 5
to be ashamed of sich schämen
    (für + Akk./wegen + Gen.) *v.* 1
assets Vermögen, - *n.* 9
association Verein, -e *m.* 3
to assume something von etwas
    ausgehen *v.* 8
astronaut Astronaut, -en/
    Astronautin, -nen *m./f.* 7
astronomer Astronom, -en/
    Astronomin, -nen *m./f.* 7
asylum seeker Asylbewerber, -/
    Asylbewerberin, -nen *m./f.* 4
atrocious deed Untat, -en *f.* 10
to attach anhängen *v.* 7
attached anhänglich *adj.* 1
attachment Attachment, -s *n.* 7
(military) attack (militante) Anschlag, ⁻e
    m. 8
sneak attack Überraschungsangriff, -e *m.* 8
flight attendant Flugbegleiter, -/
    Flugbegleiterin, -nen *m./f.* 4
attic room Mansarde, -en *f.* 5
attitude Einstellung, -en *f.* 9
to attract anziehen *v.* 6
attractive attraktiv *adj.*

audience Publikum *n.,* Zuschauer *f.* 5
audition Probespiel, -e *n.* 9; Vorspiel,
    -e *n.* 9
authenticity Echtheit *f.*
autobiography Autobiografie, -n *f.* 5
avant-garde avantgardistisch *adj.* 5
avenue Allee, -n *f.* 2
to avoid vermeiden *v.* 4
to award something to somebody (j-m
    etwas) zusprechen *v.* 10
award-winning preisgekrönt *adj.* 5
awareness Erkenntnis, -se *f.* 8

B

very bad schlimm *adj.* 7
sleeping bag Schlafsack, ⁻e *m.* 4
baggage claim Gepäckausgabe, -n *f.* 4
ban Verbot, -e *n.* 8
bankruptcy Konkurs, -e *m.* 9
to baptize taufen *v.* 6
snack bar Imbissstube, -n *f.* 6
    Schnellimbiss, -e *m.* 6
barn Scheune *f.* 7
barren land Wüstenei, -en *f.* 4
battle Schlacht, -en *f.* 10
B.C. v. Chr. (vor Christus),
    v. u. Z. [vor unserer Zeit(rechnung)] 10
B.C.E. v. Chr. (vor Christus),
    v. u. Z. [vor unserer Zeit(rechnung)] 10
to be amazed by sich wundern über *v.* 5
to be ambitious ehrgeizig sein *v.* 5
to be ashamed of sich schämen
    (für + Akk./wegen + Gen.) *v.* 1
to be content zufrieden sein *v.* 5
to be dying of vergehen vor (+ Dat.) *v.* 10
to be elected gewählt werden *v.* 10
to be fed up (with someone/something)
    (j-n/etwas) satt haben *v.* 1
to be in debt Schulden haben *v.* 9
to be located liegen *v.* 2
to be lost sich verfahren *v.,*
    sich verlaufen *v.* 2
to be married (to) verheiratet sein
    (mit j-m) *v.* 1
to be moved gerührt sein *v.*
to be occupied with beschäftigt sein
    mit *v.* 7
to be published erscheinen *v.* 3
to be in a relationship eine Beziehung
    führen/haben *v.* 1
to be serious es ernst meinen *v.* 2
to be touched gerührt sein *v.*
to be up-to-date auf dem neuesten
    Stand sein *v.* 3
to be worth it sich lohnen *v.* 4
to be wrong (sich) irren *v.* 7
beach parasol (Strand)sonnenschirm, -e *m.* 4
beach towel Badetuch, ⁻er *n.* 4
beach umbrella (Strand)sonnenschirm, -e
    m. 4
to beat each other (up) sich schlagen *v.* 8

to beat up someone j-n (ver)prügeln *v.*
to become extinct aussterben *v.* 8
to become blurred verschwimmen *v.* 1
braised beef Sauerbraten, - *m.* 6
beef stew Gulasch, -e *m./n.* 6
sense of belonging Zugehörigkeit, -en *f.*
to bend down sich bücken *v.* 8
red berry pudding rote Grütze, -n *f.* 6
to betray verraten *v.* 5
biased subjektiv *adj.* 3
bid Bewerbung, -en *f.*
billboard Reklametafel, -n *f.* 2
biography Biografie, -n *f.* 5
biologist Biologe, -n/Biologin, -nen *m./f.* 7
birthrate Geburtenrate, -n *f.* 10
bland fade *adj.* 6
to become blurred verschwimmen *v.* 1
(half/full) board (Halb/Voll)pension *f.* 4
boarding pass Bordkarte, -n *f.* 4
on board an Bord *exp.* 4
to board the plane an Bord des Flugzeuges gehen *v.* 4
boat Boot, -e *n.* 3
administrative body Behörde, -n *f.* 4
comic book Comicheft, -e *n.* 3
booth Bude, -n *f.* 6, Verkaufsstand, ¨e. 6
to borrow (money) (Geld) leihen *v.* 9, (sich) ausborgen *v.* 6, (sich) borgen *v.* 6
boss Chef, -s/Chefin, -nen *m./f.* 9
to braid flechten *v.* 5
braised beef Sauerbraten, - *m.* 6
breach of law Gesetzverstoß, ¨e *m.* 2
to break up (with) sich (von j-m) trennen *v.* 1
breaking into a sweat Schweißausbruch, ¨e *m.* 3
to bribe someone j-n bestechen *v.* 6
to broadcast ausstrahlen, senden, übertragen *v.* 3
live broadcast Liveübertragung, -en/ Livesendung, -en *f.* 3
broadcasting Rundfunk *m.* 3
building Gebäude, - *n.*
burden Last, -en *f.* 4
bureaucracy Bürokratie, -n *f.* 8
bus stop Bushaltestelle, -n *f.*
business Gewerbe, - *n.* 9
to buy a pig in a poke die Katze im Sack kaufen *v.* 7

C

cable TV Kabelfernsehen *n.* 3
cafeteria Selbstbedienungsrestaurant, -s *n.* 6
campground Campingplatz, ¨e *m.* 4
canceled gestrichen *adj.* 4
candle Kerze, -n *f.* 6
candy cane Zuckerstange, -n *f.* 6
canoeing Kanufahren *n.* 4
car rental Autovermietung *f.*
ID card Personalausweis, -e *m.* 4

career Karriere, -n *f.* 9
career ladder Karriereleiter, -n *f.* 2
to choose a career path eine berufliche Laufbahn (-en) einschlagen *v.* 9
careerist Karrieremacher, - *m.* 3
careful sorgfältig *adj.* 1
careless achtlos *adj.* 10
carnival (Mardi Gras) Fasching *f.*, Karneval *m.* 6
to carry out verrichten *v.* 10
cartoon(s) Zeichentrickfilm, -e *m.* 3
cauliflower Blumenkohl, -kohlköpfe *m.* 6
cautious vorsichtig *adj.* 1
C.E. n. Chr. (nach Christus) 10
to celebrate feiern *v.* 6, ein Fest begehen *v.* 6
celebration Feier, -n *f.*, Feierlichkeit, -en *f.* 6
stem cell Stammzelle, -n *f.* 7
censorship Zensur *f.* 3
city/town center Stadtzentrum, -zentren *n.*
cultural center Kulturzentrum, -zentren *n.*
century Jahrhundert, -e *n.* 10
challenge Herausforderung, -en *f.* 7
championship Meisterschaft, -en *f.* 2
chancellor Kanzler, -/ Kanzlerin, -nen *m./f.* 10
federal chancellor Bundeskanzler, -/ Bundeskanzlerin, -nen *m./f.* 10
to change sich verändern *v.* 5
character Figur, -en *f.* 5
characteristic Merkmal, -e *n.* 2
character trait der Zug, ¨e *m.* 9
charming charmant, bezaubernd *adj.* 1
to chase after someone j-m hinterhersteigen *v.* 2
to chat plaudern *v.* 2
to check in einchecken *v.* 4
security check Sicherheitskontrolle, -n *f.* 4
cheerful munter *adj.* 4
roast chicken Brathähnchen, - *n.* 6
choir Chor, ¨e *m.* 5
to choose a career path eine berufliche Laufbahn (-en) einschlagen *v.* 9
to chop schneiden *v.* 6
pork chop Schweinekotelett, -s *n.* 6
Christmas Weihnachten *n./pl.*, Weihnachtsfest, -e *n.* 6
Christmas Eve der Heilige Abend *m.*, Heiligabend *m.* 6
traffic circle Kreisverkehr, -e *m.* 2
circumstance Sachverhalt *m.*
citizen Bürger, -/Bürgerin, -nen *m./f.* 2
citizenship Staatsbürgerschaft, -en *f.* 10
city center Stadtzentrum, -zentren *n.*
city hall Rathaus, ¨er *n.* 2
city planning Stadtplanung, -en *f.* 2
civil war Bürgerkrieg, -e *m.* 10
civilization Zivilisation, -en *f.* 10
baggage claim Gepäckausgabe, -n *f.* 4
classical klassisch *adj.* 5
classified ad Kleinanzeige, -n *f.* 3
clay Ton *m.* 5

mountain climbing Bergsteigen *n.* 4
to clip ausschneiden *v.* 2
to clone klonen *v.* 7
close eng *adj.* 5
club Verein, -e *m.* 3
code Code, - *m.* 7
code of conduct Verhaltenskodex *m.* 7
code of ethics Moralkodex, -e *m.* 7
to collapse einstürzen *v.* 3; zusammenbrechen *v.* 7
colleague Kollege, -n/Kollegin, -nen *m./f.* 9
to colonize kolonisieren *v.* 10
to come out erscheinen *v.* 3
to come to an agreement about sich einigen über *v.* 6
comedy Komödie, -n *f.*
comic book Comicheft, -e *n.* 3
comical komisch *adj.* 5
commemoration day Gedenktag, -e *m.* 10
comment Stellungnahme, -n *f.* 9
commercial Werbespot, -s *m.* 3
to commit (a crime) (eine Straftat) begehen *v.* 4
to communicate with someone mit j-m kommunizieren *v.*
community Gemeinde, -n *f.* 2
compassion Mitleid *n.* 6
competition Wettkampf, ¨e *m.* 6; Wettbewerb, -e *m.* 9
competitor Konkurrent, -en *m.* 9
to complain (about) sich beschweren (über) *v.* 2
completely vollkommen *adv.*
composer Komponist, -en/ Komponistin, -nen *m./f.* 5
comprehensible fassbar *adj.*
computer Rechner, - *m.* 7
computer science Computerwissenschaft, -en *f.* 7
computer scientist Informatiker, -/Informatikerin, -nen *f.* 7
concentration camp Konzentrationslager, - (KZ) *n.* 10
concert hall Konzertsaal, -säle *m.* 5
conclusion Aussage, -en *f.* 5
conflict Konflikt, -e *m.* 2
code of conduct Verhaltenskodex *m.* 7
ticket conductor Schaffner, -/ Schaffnerin, -nen *m./f.* 4
confidential vertraulich *adj.* 7
member of congress Kongressabgeordnete, -n *m./f.*
to conjure (up) beschwören *v.*
to connect verbinden *v.* 4
connection Anschluss, ¨e *m.* 4
to conquer erobern *v.* 10
conscience Gewissen, - *n.* 8
(guilty) conscience das (schlechte) Gewissen *n.* 3
environmental conservation Umweltschutz *m.* 8
conservationist Naturschützer, -/ Naturschützerin, -nen *m./f.* 8

conservative konservativ *adj.* 8
Conservative Konservative, -n *m./f.* 10
to conserve erhalten *v.* 8
constant(ly) beständig *adj.*
consultant Berater, -,Beraterin, -nen *m.,f.* 9
to consume verbrauchen *v.* 8
contribution Beitrag, ¨e *m.* 5
quality control Qualitätskontrolle, -n *f.* 1
controversial umstritten *adj.* 7
to converse sich unterhalten *v.*
(Christmas) cookie (Weihnachts)
  plätzchen, - *pl.; n.* 6
copyright Copyright, -s *n.,*
  Urheberrecht, -e *n.* 5
corner Ecke, -n *f.* 2
correct spelling Rechtschreibung, -en *f.* 3
correspondent Korrespondent, -en/
  Korrespondentin, -nen *m./f.* 3
cost-efficient rentabel *adj.* 1
family council Familienrat, ¨e *m.*
to count on somebody (mit j-m)
  rechnen *v.* 1
countryside Landschaft, -en *f.* 8
county Kreis, -e *m.* 1
couple Paar, -e *n.*
  married couple Ehepaar, -e *n.*
courthouse Gerichtsgebäude, - *n.* 2
cowardly feige *adj.* 8
co-worker Mitarbeiter, -/Mitarbeiterin,
  -nen *m./f.* 9
cradle Wiege, -n *f.* 4
craftsman Handwerker, -/Handwerkerin,
  -nen *m./f.,* Kunsthandwerker, -/
  Kunsthandwerkerin, -nen *m./f.* 5
crass krass *adj.* 9
whipped cream Schlagsahne *f.* 6
to create gestalten *v.*
creative kreativ *adj.*
crime Verbrechen, - *n.* 2
  crime novel Kriminalroman, -e *m.* 5
  youth crime Jugendkriminalität *f.*
criminal Kriminelle, -n *m.,f.* 8
  criminal act Straftat, -en *f.* 8
economic crisis Wirtschaftskrise, -n *f.* 9
crooked krumm *adj.* 5; schief *adj.* 5
to cross (road, river, ocean)
  überqueren *v.* 2
cross-country skiing (Ski)langlauf *m.* 4
crosswalk Zebrastreifen, - *m.* 2
crowded überfüllt *adj.* 2
cruelty Grausamkeit, -en *f.* 8
cruise Kreuzfahrt, -en *f.* 4
to cultivate pflegen *v.* 1
cultural kulturell *adj.* 6
  cultural center Kulturzentrum, zentren *n.*
to cure heilen *v.* 7
curious neugierig *adj.* 8
currency Währung, -en *f.* 9
  currency exchange Geldwechsel *m.* 4;
    Wechselstube, -n *f.* 9
current events aktuellen Ereignisse *pl.* 3
to curse verfluchen *v.* 8

custom Brauch, ¨e *m.*
meat cutlet Schnitzel, - *n.* 6

folk dance Volkstanz, ¨e *m.* 6
dance Tanz, ¨e *m.* 5
dancer Tänzer, -/Tänzerin, -nen *m./f.* 5
dangerous gefährlich *adj.* 2
to dare sich trauen *v.* 5
daring wagemutig *adj.* 3
dark finster *adj.* 10
database Datenbank, -en *f.* 7
date Verabredung, -en *f.* 1
to be up-to-date auf dem neuesten Stand
  sein *v.* 3
  to go out (with) (mit j-m) ausgehen *v.* 1
to date back to zurückgehen auf (+ Akk.)
  v. 6
to dawdle trödeln *v.* 7
day off (arbeits)freie Tag, -e *m.* 9
to deal with behandeln *v.* 2
debt Schulden *pl.* 9
to be in debt Schulden haben *v.* 9
decade Jahrzehnt, -e *n.* 10
to deceive täuschen *v.*
devotion Hingabe *f.* 5
decision Beschluss, ¨e *m.* 1;
  Entscheidung, -en *f.* 8
decline Abfall, ¨e *m.* 1
to dedicate oneself sich widmen *v.* 8
(atrocious) deed (Un)tat, -en *f.* 10
deep-fried frittiert *adj.* 6
to deface verunstalten *v.* 5
to defeat besiegen *v.* 10
defeat Niederlage, -n *f.* 10
  election defeat Wahlniederlage, -n *f.* 10
defection from East to West
  Germany Republikflucht *f.* 2
to defend verteidigen *v.* 8
deficit Mangel, ¨ *m.*
delay Verspätung, -en *f.* 4
delayed verspätet *adj.* 4
delicacy Köstlichkeit, -en *f.* 6
delicious köstlich *adj.,* lecker *adj.* 6
juvenile delinquency Jugendkriminalität *f.*
democracy Demokratie, -n *f.* 10
Democrat Demokrat, -en/
  Demokratin, -nen *m./f.* 10
  Social-Democrat Sozialdemokrat, -en/
    Sozialdemokratin, -nen *m./f.* 10
democratic demokratisch *adj.* 10
departure gate Flugsteig, -e *m.* 4
departure hall Abflughalle, -n *f.* 4
departure lounge Abflughalle, -n *f.* 4
departure time Abfahrtszeit, -en *f.,*
  Abflugzeit, -en *f.* 4
dependable zuverlässig *adj.* 3
to deport abschieben *v.* 4
deposit Pfand *n.*
depressed deprimiert *adj.* 1
derogatory term for a Jew Judensau, ¨e *f.* 10

descendant Nachfahr, -en/
  Nachfahrin, -nen *m./f.*
to describe schildern *v.* 3
desert Wüste, -n *f.;* Wüstenei,-en *f.* 4
to destroy zerstören *v.* 8
to deter abschrecken *v.* 8
to determine festlegen *v.* 10
to develop sich entwickeln *v.* 5
development Entwicklung, -en *f.* 7;
  Ausbildung, -en *f.* 9
underdevelopment Unterentwicklung, -en
  f. 10
device Gerät, -e *n.* 7
devotion Hingabe *f.* 5
to devour something etwas verschlingen *v.*
dictatorship Diktatur, -en *f.;*
  Gewaltherrschaft, -en *f.* 10
different unterschiedlich *adj.* 8
digital signal Digitalsignal, -e *n.* 7
to dignify würdigen *v.* 5
to dig up ausgraben *v.* 6
direction Richtung, -en *f.* 2
  to give directions eine Wegbeschreibung
    geben *v.* 2
director Regisseur, -e/
  Regisseurin, -nen *m./f.* 5
disadvantage Nachteil, -e *m.* 8
to disappear verschwinden *v.* 10
disappearance Verschwinden *n.* 10
disappointed enttäuscht *adj.* 1
(natural) disaster Katastrophe, -n *f.* 8
discontent Unmut *m.* 10
discourage abschrecken *v.* 8
discovery Entdeckung, -en *f.* 7
to discriminate benachteiligen *v.* 2
to disguise (sich) verkleiden *v.* 9
disguise Verkleidung *f.* 6
disgusting widerlich *adj.* 6
dishonest unehrlich *adj.* 1
disorganized chaotisch *adj.* 4
disposable bottle Einwegflasche, -n *f.*
to dissolve auflösen *v.* 10
to distort verzerren *v.* 10
distraught verzweifelt *adj.* 4
distracted abgelenkt *adj.* 3
district Bezirk, -e *m.* 10
diversity Vielfalt *f.* 10
to divide teilen *v.*
divorced geschieden *adj.* 1
  to get divorced (from) sich scheiden
    lassen (von j-m) *v.* 1
DNA DNS *f.* 7
to do treiben *v.*
  to do handicrafts basteln *v.* 7
doctor (on emergency call) Notarzt, ¨e *m.* 3
documentary Dokumentarfilm, -e *m.* 5
well done durchgebraten *exp.,*
  gut durch *exp.* 6
to download (he)runterladen *v.* 7
downtown Stadtzentrum, -zentren *n.*
drawing Zeichnung, -en *f.* 5
to dream träumen *v.* 1

drinkable trinkbar *adj.* 8
flash drive USB-Stick, -s *m.* 7
driver Fahrer, -/Fahrerin, -nen *m./f.*
to dub (a film) synchronisieren *v.* 2
dubbing Nachsynchronisation, -en *f.;* Synchronisation, -en *f.* 3
dumpling Knödel, - *m.* 6
duty-free zollfrei *adj.* 4

E

eager eifrig *adj.* 2
early retirement regulation Vorruhestandsregelung, -en *f.* 9
to earn verdienen *v.* 9
Easter Ostern *f.* 6
  Easter Monday Ostermontag *m.* 6
e-book E-Book, -s *n.* 7
ecology Ökologie, - *f.* 8
economic crisis Wirtschaftskrise, -n *f.* 9
editor Redakteur, -e/Redakteurin, -nen *m./f.* 3
education Erziehung, -en *f.* 8
to have an effect on something wirken auf etwas *v.*
effectiveness Effektivität *f.* 1
special effects Special Effects *f.* 2
cost-efficient rentabel *adj.* 1
to elect wählen *v.* 10
  to be elected gewählt werden *v.* 10
election Wahl, -en *f.* 8
  election defeat Wahlniederlage, -n *f.* 10
  election victory Wahlsieg, -e *m.* 10
electronics Elektronik *f.* 7
to eliminate ausscheiden *v.* 3; beseitigen *v.* 7
e-mail E-Mail *f.* 7
(spam) e-mail unerwünschte E-Mail *f.* 7
to emigrate auswandern *v.* 1
emigration Auswanderung, -en *f.* 10
emperor Kaiser, - *m.* 10
to employ beschäftigen *v.* 9, einsetzen *v.*
employee Angestellte, -n *m./f.* 9
employment agency Arbeitsamt, ⸚er *n.* 9
employment relationship Beschäftigungsverhältnis, -e *n.* 1
empress Kaiserin, -nen *f.* 10
empty leer *adj.* 2
to encourage fördern *v.* 8
endangered gefährdet *adj.* 8
engaged verlobt *adj.* 1
  to get engaged (to) sich verloben (mit j-m) *v.* 1
engineering Technik, -en *f.* 7
to enjoy oneself sich amüsieren *v.,* Spaß (an etwas) haben *v.*
enthusiastic begeistert *adj.* 1
entitlement Anspruch, ⸚e *m.* 8
environmental conservation Umweltschutz *m.* 8
environmental policy Umweltpolitik *f.*
environmentally friendly umweltfreundlich *adj.* 8

episode die Folge, -n *f.* 3
equal gleich *adj.* 8
equality Gleichheit, -en *f.* 8
ski equipment Skiausrüstung, -en *f.* 4
escape fliehen *v.* 3
essay Essay, -s *m./n.,* Aufsatz, ⸚e *m.* 5
essayist Essayist, -en/Essayistin, -nen *m./f.* 5
real estate market Immobilienmarkt, ⸚e *m.* 9
ethical ethisch *adj.* 7
code of ethics Moralkodex, -e *m.* 7
etiquette Etikette, -n *f.* 5
New Year's Eve Silvester *m.* 6
current events die aktuellen Ereignisse *pl.* 1
to exaggerate übertreiben *v.*
exaggerated überspitzt *adj.* 8
exceptional außergewöhnlich *adj.* 7
to exchange austauschen *v.* 2
exchange Wechsel *m.* 4; Austausch *m.*
  currency exchange Geldwechsel *m.* 4; Wechselstube *f.* 9
  exchange of ideas Ideenaustausch *m.*
  stock exchange Börse, -n *f.* 9
to excite begeistern *v.* 4
excited aufgeregt *adj.* 1
exciting aufregend *adj.*
excursion Ausflug, ⸚e *m.* 4
executive Geschäftsführer, -/Geschäftsführerin, -nen *m./f.* 9
exhausting anstrengend *adj.* 4
to exist existieren *v.*
exit permit Ausreiseantrag *m.* 2
exotic exotisch *adj.* 4
to expect someone j-n erwarten *v.* 6
to expel vertreiben *v.* 10
experience Erfahrung, -en *f.* 9; Erlebnis, -se *n.* 4
  professional experience Berufserfahrung, -en *f.* 9
experiment Experiment, -e *n.* 7
expired abgelaufen *adj.* 4
to explore erkunden *v.* 4
export hit Exportschlager, - *m.* 5
to express a sentiment einer Empfindung Ausdruck geben *v.* 7
exquisite vorzüglich *adj.*
to extend verlängern *v.* 4
extortion Erpressung, -en *f.* 2
extreme krass *adj.* 9

F

fact Sachverhalt *m.* 2
failure Versagen *n.* 8
fair gerecht *adj.* 8
faithful treu *adj.* 1
to fall in love (with) sich verlieben (in + Akk.) *v.* 1
false irreführend *adj.*
to falsify fälschen *v.* 9
family council Familienrat, ⸚e *m.*
role in the family Familienrolle, -n *f.*
fantastic blendend *adj.* 7

to fare ergehen (+ Dat) *v.* 10
fascist faschistisch *adj.* 10
fate Schicksal, -e *n.* 2; Los, -e *n.*
fear Angst, ⸚e *f.* 8
to be fed up (with someone/something) (j-n/etwas) satt haben *v.* 1
federal chancellor Bundeskanzler, -/Bundeskanzlerin, -nen *m./f.* 10
federal president Bundespräsident, -en/Bundespräsidentin, -nen *m./f.* 10
federal republic Bundesrepublik, -en *f.* 10
to feel fühlen *v.* 1
  to feel abandoned sich verlassen fühlen *v.* 1
  to feel comfortable sich wohl fühlen *v.* 7
to fence fechten *v.* 8
festivity Feierlichkeit, -en *f.*
fiancé(e) Verlobte, -n *m./f.* 1
fictional (frei) erfunden 5; fiktiv *adj.*
fictitious fiktiv *adj.*
to fight kämpfen *v.;* **(verbally)** (sich) streiten *v.*
figure Zahl, -en *f.* 9
to film drehen *v.* 3
filmmaker Filmemacher, -/Filmemacherin, -nen *m./f.*
financial finanziell *adj.* 9
to find out something etwas erfahren *v.*
fine arts die schönen Künste *pl.* 5
to fire (someone) feuern, (j-m) kündigen *v.* 1
fire station Feuerwache, -n *f.* 2
fishing Fischen *n.* 4
to fit (into something) hineingehen *v.* 7
five-star Fünf-Sterne *adj.* 4
flash drive USB-Stick, -s *m.* 7
flavorful schmackhaft *adj.* 2
to flee fliehen *v.* 3
flexible working hours Gleitzeit *f.* 4
to float schweben *v.* 5
to follow (somebody's travels) hinterherreisen *v.* 5
to force (someone) zwingen (zu) *v.* 2
flight attendant Flugbegleiter, -/Flugbegleiterin, -nen *m./f.* 4
folk dance Volkstanz, ⸚e *m.* 6
folklore Folklore f. *f.* 6
folk music Volksmusik, -en *f.* 6
folksy volkstümlich *adj.* 2
foolish töricht *adj.* 4
forbidding unwirtbar *adj.* 4
forced labor Zwangsarbeit *f.* 1
armed forces Armee, -n *f.* 10
foreigner Ausländer, -/Ausländerin, -nen *m./f.* 2
forgetful vergesslich *adj.* 1
forgettable leicht zu vergessen *exp.* 1
fortune teller Wahrsager, -/Wahrsagerin, -nen *m./f.* 9
frail gebrechlich *adj.* 7
frantic verzweifelt *adj.* 4
to keep free freihalten *v.* 3
freedom Freiheit, -en *f.* 8

freedom of the press Pressefreiheit *f.* 3
fried gebraten *adj.* 6
friendship Freundschaft, -en *f.* 1
stage fright Lampenfieber *n.* 5
to get frightened sich erschrecken *v.* 3
frozen gefroren *adj.* 6
frustrated frustriert *adj.* 4
to fry braten *v.* 6
full voll, belegt *adj.* 2
full board Vollpension *f.* 4
full-time job Vollzeitstelle, -n *f.* 9
to have fun sich amüsieren *v.* 2,
  Spaß (an etwas) haben *v.*
to make fun of verspotten *v.* 7
fuse Zündung, -en *f.* 7

G

gallery Galerie, -n *f.*
garbage tourism Mülltourismus *m.*
departure gate Flugsteig, -e *m.* 4
gatekeeper Türhüter, - *m.* 8
to gauge einschätzen *v.* 8
GDR (German Democratic Republic) DDR
  (Deutsche Demokratische Republik) *f.* 2
gene Gen, -e *n.* 7
generous großzügig *adj.* 4
genre Genre, -s *n.* 5
geologist Geologe, -n/Geologin, -nen *m.,f.* 7
to get
  to get angry böse werden *v.* 1
  to get divorced (from) sich scheiden
    lassen (von j-m) *v.* 1
  to get engaged (to) sich verloben
    (mit j-m) *v.* 1
  to get frightened sich erschrecken *v.* 3
  to get in (car) einsteigen *v.* 2
  to get informed (about) sich informieren
    (über + Akk.) *v.* 3
  to get lost sich verfahren *v.*,
    sich verlaufen *v.* 2; sich verirren *v.* 4
  to get married (to) sich verheiraten
    (mit j-m) *v.*
  to get the news Nachrichten beziehen
    v. 3
  to get off (bus, train) aussteigen *v.* 2
  to get on (bus, train) einsteigen *v.* 2
  to get on ergehen (+ Dat) *v.* 10
  to get out (car) aussteigen *v.* 2
  to get out of control außer Kontrolle
    geraten *v.*
gift giving Bescherung, -en *f.* 6
to give
  to give directions eine Wegbeschreibung
    geben *v.* 2
  to give (something) up sich (etwas)
    abgewöhnen *v.* 3
  to give up locker lassen *v.* 2
to glide schweben *v.* 5
global warming Klimaerwärmung, -en *f.* 8
globalization Globalisierung, -en *f.* 10
to go (food) zum Mitnehmen *adj.* 6

to go hiking wandern *v.*
to go out (with) (mit j-m) ausgehen *v.* 1
to go/to become silent verstummen *v.* 3
goal Ziel, -e *n.* 7
goods Gut, ⁻er *n.* 9
gossip Klatsch *m.* 1
to govern regieren *v.* 10
government Regierung, -en *f.* 2, 8
  system of government
    Regierungssystem, -e *n.* 10
granny Oma *f.* 7
to grant gewähren *v.* 2
grim finster *adj.* 10
to grow lonely vereinsamen *v.* 5
security guard Sicherheitsbedienstete, -n *m.*
guest house Pension, -en *f.* 4
guideline Anleitung, -en *f.* 8
guilty schuldig *adj.* 8
  guilty conscience schlechte Gewissen *n.* 3

H

habitat Lebensraum, ⁻e 8
half board Halbpension *f.* 4
concert hall Konzertsaal, -säle *m.* 5
to harass someone j-n anpöbeln *v.*
harmony Harmonie, -n *f.* 2
to hate hassen *v.* 1
to have
  to have at one's disposal verfügen über
    (+ Akk) *v.* 7
  to have an effect on something wirken
    auf etwas *v.*
  to have fun sich amüsieren *v.* 2;
    Spaß (an etwas) haben *v.*
  to have a snack eine Kleinigkeit
    essen *v.* 6
  to have a vocation/calling zu etwas
    berufen sein *v.*
headline Schlagzeile, -n *f.* 3
headquarters Sitz, -e *m.* 3
heart attack Herzinfarkt, -e *m.* 3
heating system Heizung, -en *f.* 6
heritage Erbe *n.* 1
pickled herring der eingelegte Hering, -e *m.* 6
to hide (sich) verbergen *v.* 2
highly intelligent genial *adj.* 1
to hike wandern *v.* 4
hiker Wanderer, -/Wanderin, -nen *m./f.* 4
hiking trail Wanderweg, -e *m.* 4
to hire einstellen *v.* 9; engagieren *v.*
to keep holy (tradition) heiligen *v.* 6
home for the elderly Altersheim,
  -e *n.* 7; Seniorenheim *n.* 7
homeland Heimat *f.* 1
homeless person der/die Obdachlose, -n
  m./f. 10
homemade selbstgemacht *adj.* 6
homesickness Heimweh *n.* 1
honest ehrlich *adj.* 1
horoscope Horoskop, -e *n.* 3
horrible scheußlich *adj.* 6

hourly timesheet Stundennachweis, -e *m.* 1
flexible working hours Gleitzeit *f.* 4
work hours Arbeitszeit, -en *f.* 9
guest house Pension, -en *f.* 4
housemate Mitbewohner, -/
  Mitbewohnerin, -nen *m./f.* 2
publishing house Verlagshaus, ⁻er *n.* 3
humankind Menschengeschlecht *n.*
human rights Menschenrechte *pl.* 8
humorous lustig *adj.* 5
hurdle Hürde, -n *f.* 4
hypocritical heuchlerisch *adj.*

I

ice-cream parlor Eisdiele, -n *f.* 6
ID card Personalausweis, -e *m.* 4
identity Identität, -en *f.* 1
  mistaken identity Verwechslung, -en *f.* 4
ignition Zündung, -en *f.* 7
illegal illegal *adj.* 8
imaginative einfallsreich *adj.* 1
to imitate (someone) (jemanden)
  nachahmen *v.* 5
immature unreif *adj.* 1
to immigrate einwandern *v.* 1
immigration Einwanderung, -en *f.* 10
impartial objektiv *adj.* 3
to imprison einsperren *v.* 8
to improve verbessern *v.* 2
in a moment gleich *adv.* 7
in a pinch zur Not *adv.* 9
in the meantime mittlerweile *adv.* 5
inconsiderate rücksichtslos *adj.* 8
indispensable unentbehrlich *adj.*
to indulge schwelgen *v.* 3
influence Einfluss, ⁻e *m.* 1
influential einflussreich *adj.* 3
information board Schautafel, -n *f.* 10
to get/to stay informed (about)
  sich informieren (über + Akk.) *v.* 3
to inhabit bewohnen *v.* 10
inheritance Erbe *n.* 6
inhibited verklemmt *adj.* 5
inhospitable unwirtbar *adj.* 4
inhumanity Unmenschlichkeit, -en *f.* 8
inn Wirtshaus, ⁻er *n.* 4
innocent unschuldig *adj.* 8
insensitivity Unempfindlichkeit, -en *f.* 10
to insert reinschieben *v.* 3
insight Erkenntnis, -se *f.* 8
inspiration Inspiration, -en *f.*
institution Institution, -en *f.*
instrument Apparat, -e *m.*
to integrate integrieren *v.* 2
integration Integration, -en *f.* 10
artificial intelligence künstliche
  Intelligenz *f.* 7
intention Absicht, -en *f.*
to interact with someone mit j-m
  kommunizieren *v.*
interest rate Zinssatz, ⁻e *m.* 9

intern Praktikant, -en/Praktikantin, -nen *m./f.* **9**

interrogation Verhör, -e *n.* **2**

intersection Kreuzung, -en *f.* **2**

interview (newspaper, TV, radio) Interview, -s *n.* **3**

  job interview Vorstellungsgespräch, -e *n.* **9**

interviewer Interviewer, -/ Interviewerin, -nen *m./f.* **9**

to invade einfallen in (+ Akk.) *v.* **10**

to invent erfinden *v.* **7**

to invest (in) anlegen (in + Dat.) *v.* **9**

to invoke beschwören *v.*

iron ore Eisenerz *n.* **4**

isolation Isolation, -en *f.* **2**

news item Neuigkeit, -en *f.* **3**

ivory Elfenbein *n.*

J

(traffic) jam (Verkehrs)stau, -s *m.* **2**

jealous eifersüchtig *adj.* **1**

persecution of Jews Judenverfolgung, -en *f.* **10**

job Beruf, -e *m.* **9**

  full-time job Vollzeitstelle, -n *f.* **9**; Ganztagsarbeit, -en *f.*

  job interview Vorstellungsgespräch, -e *n.* **9**

  part-time job Teilzeitarbeit, -en *f.*, Teilzeitstelle, -n *f.* **9**

journalist Journalist, -en/ Journalistin, -nen *m./f.* **3**

judge Richter, -/Richterin, -nen *m./f.* **8**

to judge verurteilen *v.* **8**

jury Geschworenen *f.* **8**

jury (in a competition) Jury, -s *f.* **9**

just gerecht *adj.* **8**

justice Gerechtigkeit, -en *f.* **8**

juvenile delinquency Jugendkriminalität *f.*

K

keen verwegen *adj.* **4**

to keep free freihalten *v.* **3**

to keep holy (tradition) heiligen *v.* **6**

to keep up-to-date auf dem neuesten Stand bleiben *v.* **3**

to keep up with (news) auf dem Laufenden bleiben *v.* **3**

kind liebenswürdig *adj.*

king König, -e *m.* **10**

kingdom Königreich, -e *n.* **10**

to let someone know j-m Bescheid sagen *v.* **1**

L

to label abstempeln *v.* **5**

forced labor Zwangsarbeit *f.* **1**

labor union Gewerkschaft, -en *f.* **9**

lacking concentration unkonzentriert *adj.* **3**

landing Landung, -en *f.* **4**

lane Fahrspur, -en *f.*, Spur, -en *f.* **2**

native language Muttersprache, -n *f.* **10**

late arrival Verspätung, -en *f.* **4**

law Gesetz *n.* **8**

  to pass a law ein Gesetz verabschieden *v.* **8**

lawyer Rechtsanwalt, ̈e/ Rechtsanwältin, -nen *m./f.* **8**

to lay off entlassen *v.* **9**

to lead führen *v.* **10**

to leave verlassen *v.* **1**

legal legal *adj.* **8**

legislation Gesetzgebung, -en *f.*

leniency Nachsicht *f.* **10**

to let someone know j-m Bescheid sagen *v.* **1**

levee Deich, -e *m.* **4**

level Niveau, -s *n.* **9**

liberal liberal *adj.* **8**

Liberal Liberale, -n *m./f.* **10**

to liberate befreien *v.* **10**

liberty Freiheit, -en *f.* **8**

lie Lüge, -n *f.* **10**

to lie lügen *v.* **1**

still life Stillleben, - *n.* **5**

ski lift Skilift, -e *m.* **4**

light leicht *adj.* **6**

to light (a fire) entfachen *v.* **6**

traffic light Ampel, -n *f.* **2**

limelight Rampenlicht, -er *n.*

line Schlange *f.* **4**; Zeile, -n *f.* **5**

  to stand in line (in der) Schlange stehen *v.* **4**

linguistic proficiency Sprachkenntnisse *pl.; f.* **2**

to listen to the radio Radio hören *v.* **3**

(radio) listener Zuhörer, -/Zuhörerin, -nen *m./f.* **3**

work of literature Dichtung, -en *f.* **5**

live live, direkt *adj.* **3**

live broadcast Liveübertragung, -en/ Livesendung, -en *f.* **3**

lively lebhaft *adj.* **2**

standard of living Lebensstandard, -e *m.* **10**

loan Darlehen, - *n.* **9**

local paper Lokalzeitung, -en *f.* **3**

to be located liegen *v.* **2**

lock (on a canal) Schleuse, -n *f.* **4**

loneliness Einsamkeit *f.*

long-term langfristig *adj.* **9**

to lose abhanden kommen *v.* **7**

lost

  to be lost sich verfahren *v.*, sich verlaufen *v.* **2**

  to get lost sich verfahren *v.*, sich verlaufen *v.* **2**

lottery ticket Los, -e *n.* **5**

love Liebe *f.* **1**

  to fall in love (with) sich verlieben (in + Akk.) *v.* **1**

  to love lieben *v.* **1**

  love at first sight Liebe auf den ersten Blick *exp.* **1**

in love (with) verliebt (in + Akk.) *adj.* **1**

low mountain range Mittelgebirge, - *n.* **8**

low wage Niedriglohn, ̈e *m.* **1**

lynx Luchs, -e *m.* **8**

M

machine Apparat, -e *m.*

magazine Illustrierte, -n, Zeitschrift, -en *f.* **3**

  weekly magazine Wochenzeitschrift, -en *f.* **3**

main issue Hauptausgabe, -n *f.* **3**

mainly hauptsächlich *adv.* **1**

major purchase Anschaffung, -en *f.* **7**

to make fun of verspotten *v.* **7**

to make use of Gebrauch von etwas machen *v.* **9**

to put on make-up sich schminken *v.* **6**

shopping mall Einkaufszentrum, -zentren *n.*

to manage leiten *v.* **9**

manager Geschäftsführer, - / Geschäftsführerin, -nen *m./f.* **9**

  personnel manager Personalmanager, -/ Personalmanagerin, -nen *m./f.* **9**

real estate market Immobilienmarkt, ̈e *m.* **9**

to be married (to) verheiratet sein (mit j-m) *v.* **1**

to get married (to) sich verheiraten (mit j-m) *v.*

married couple Ehepaar, -e *n.* **1**

to marry heiraten *v.* **1**; sich vermählen mit *v.* **6**

mashed potatoes Kartoffelbrei, -e/-s *m.* **6**

to master beherrschen *v.* **5**

masterpiece Meisterwerk, -e *n.* **5**

mathematician Mathematiker, -/ Mathematikerin, -nen *m./f.* **7**

mature reif *adj.* **1**

mayor Bürgermeister, -/ Bürgermeisterin, -nen *m./f.*

meadow Wiese, -n *f.* **6**

to mean bedeuten *v.*

meat cutlet Schnitzel, - *n.* **6**

medium-rare medium/halbgar *adv.* **6**

meeting Treffen, - *n.* **5**; Besprechung, -en *f.*

me-generation Ichling, -e *m.*

member (of the Bundestag) (Bundestags)abgeordnete, -n *m./f.* **10**

member of congress Kongressabgeordnete, -n *m./f.*

to merge verschmelzen *v.* **10**

Middle Ages Mittelalter *n.* **4**

minimum wage Mindestlohn, ̈e *m.* **9**

mining Bergbau *m.* **4**

mishap Malheur, -s *n.* **10**

misleading irreführend *adj.*

mistaken identity Verwechslung, -en *f.* **4**

to mix mischen *v.*; *(up)* vermengen *v.* **9**

to mock spotten *v.* **5**

moderate gemäßigt *adj.* **8**

modest bescheiden *adj.* **1**

Easter Monday Ostermontag *m.* **6**

monthly magazine Monatsschrift, -en *f.* 3
moral conflict Gewissenskonflikt, -e *m.* 2
mortgage Hypothek, -e *f.* 9
  to take out a mortgage eine Hypothek
    aufnehmen *v.* 9
mountain climbing Bergsteigen *n.* 4
low mountain range Mittelgebirge, - *n.* 8
to move umziehen *v.* 2; **on** weiterrücken *v.*
  to be moved gerührt sein *v.*
movie screen Leinwand, -̈e *f.* 3
multicultural multikulturell *adj.* 10
multilingual mehrsprachig *adj.* 10
to multiply sich fortpflanzen *v.*
folk music Volksmusik, -en *f.* 6
musical Musical, -s *n.* 5

N

namely nämlich *adv.* 7
nanotechnology Nanotechnologie, -n *f.* 7
to narrate schildern *v.*
narrator Erzähler, -/Erzählerin, -nen *m./f.* 5
narrow path der Steg, -e *m.* 4
nationality Staatsangehörigkeit, -en *f.* 2
nationwide bundesweit *adj.* 3
native language Muttersprache, -n *f.* 10
natural disaster Katastrophe, -n *f.* 8
natural resources Bodenschätze *pl.* 8
nature trail Naturlehrpfad, -e *m.* 8
necessity Notwendigkeit *f.*
in need of affection liebebedürftig *adj.* 1
neighbor Nachbar, -n/Nachbarin, -nen
  m./f. 2
neighborhood (Wohn)viertel, -/(Wohn)
  gegend, -en *n./f.* 2
network Netzwerk, -e *n.* 7
  to be part of a network vernetzt sein *v.* 8
(radio/television)news Nachrichten *pl.* 3
to get the news Nachrichten beziehen *v.* 3
newscast Nachrichtensendung, -en *f.* 3
news item Neuigkeit, -en *f.*,
  Pressenotiz, -en *f.* 3
newspaper Zeitung, -en *f.* 3
  newspaper ad Anzeige, -n *f.* 3
  weekly newspaper Wochenzeitung, -en
    f. 2
news program Nachrichtensendung, -en *f.* 3
newsstand Zeitungskiosk, -e *m.* 2
news story Neuigkeit, -en *f.*,
  Pressenotiz, -en *f.* 3
New Year's Eve Silvester *m.* 6
nightlife Nachtleben *n.* 2
noisy laut *adj.* 2
nonsense Quatsch *m.* 5
noodles (Swabian) Spätzle *f.* 6
written notice Kündigung, -en *f.* 1
novel Roman, -e *m.* 5
  crime novel Kriminalroman, -e *m.* 5
novella Novelle, -n *f.* 5
nuclear physicist Nuklearphysiker, -/
  Nuklearphysikerin, -nen *m./f.* 7
nuclear power plant Atomkraftwerk, -e *n.* 8

number Zahl, -en *f.* 9
nursing case Pflegefall, -̈e *m.* 2

O

objective objektiv *adj.*
to observe beobachten *v.*
obvious augenscheinlich *adj.* 2
occasion Anlass, -̈e *m.*
occupation Beschäftigung, -en *f.* 9
office Dienststube, -n *f.* 1; Amt, -̈er *n.* 9
police officer Polizeibeamte, -n/
  Polizeibeamtin, -nen *m./f.* 2
oil painting Ölgemälde, - *n.* 5
on time rechtzeitig *adj.* 3
opera Oper, -n *f.* 5
  soap opera Seifenoper, -n *f.* 3
to operate betreiben *v.* 2
operetta Operette, -n *f.* 5
opinion Meinung, -en *f.* 8, Einstellung, -en
  f. 9
opinion poll Meinungsumfrage *f.* 3
opportunity to work Arbeitsmöglichkeit, en *f.*
to oppress unterdrücken, bedrücken *v.* 10
oppressed unterdrückt *adj.* 8
optimistic optimistisch *adj.* 1
orchestra Orchester, - *n.* 5
(emotional) ordeal Zerreißprobe, -n *f.* 2
order Ordnung *f.* 1
to order bestellen *v.* 6
terrorist organization terroristische
  Vereinigung, -en *f.* 8
to organize organisieren *v.* 4;
  veranstalten *v.* 6
organized organisiert *adj.*
origin Ursprung, -̈e *m.* 1
outskirts Stadtrand, -̈er *m.* 2
outstanding hervorragend *adj.* 6
to overcome überwinden *v.* 10
overpopulation Übervölkerung, -en *f.* 10
to overthrow stürzen *v.* 10
(to work) overtime Überstunden
  pl.; f. (machen)
to overwhelm überwältigen *v.*
overworked überarbeitet *adj.* 3
owner Inhaber, -/Inhaberin, -nen *m./f.* 9

P

pacifist pazifistisch *adj.* 8
to paint malen *v.* 5
paint Farbe, -n *f.* 5
paintbrush Pinsel, - *m.* 5
painter Maler, -/Malerin, -nen *m., f.* 5
painting Gemälde, - *n.* 5
  oil painting Ölgemälde, - *n.* 5
  watercolor painting Aquarell, -e *n.* 5
potato pancake Kartoffelpuffer, - *m.* 6
local paper Lokalzeitung, -en *f.* 3
beach parasol (Strand)sonnenschirm, -e
  m. 4
to park parken *v.*

ice-cream parlor Eisdiele, -n *f.* 6
to be part of a network vernetzt sein *v.* 8
partial subjektiv *adj.* 3
to participate in teilnehmen an *v.* 9
part-time job Teilzeitarbeit, -en *f.*,
  Teilzeitstelle, -n *f.* 9
party Partei, -en *f.* 10
to pass away vergehen *v.*
to pass a law ein Gesetz verabschieden
  v. 8
boarding pass Bordkarte, -n *f.* 4
ski pass Skipass, -̈e *m.* 4
passionate leidenschaftlich *adj.* 5
to walk past vorbeigehen *v.* 2
path Weg, -e *m.* 4
pawnbroker Pfandleiher, - *m.* 6
pawnshop Leihhaus, -̈er *n.* 6
to pay admission Eintritt bezahlen *v.* 6
peace Frieden *m.* 10
peaceful friedlich *adj.* 8
pedestrian Fußgänger, -/
  Fußgängerin, -nen *m./f.* 2
to peel schälen *v.* 6
Pentecost Pfingsten *f.* 6
  Pentecost Monday Pfingstmontag *m.* 6
to perform verrichten *v.* 10
performance Aufführung, -en *f.* 5
to permit something etwas erlauben *v.* 10
persecution of Jews Judenverfolgung, -en
  f. 10
self-centered person Ichling, -e *m.*
personal persönlich *adj.* 2
  personnel manager Personalmanager, -/
    Personalmanagerin, -nen *m./f.* 9
pessimistic pessimistisch *adj.* 1
phenomenon Erscheinung, -en *f.* 10
photographer Fotograf, -en/
  Fotografin, -nen *m./f.*
physicist Physiker, -/Physikerin, -nen
  m./f. 7
  nuclear physicist Nuklearphysiker, -/
    Nuklearphysikerin, -nen *m./f.* 7
pickled herring der eingelegte Hering, -e
  m. 6
pillar Saule, -n *f.* 9
to take place spielen *v.* 5
recovery plan Sanierungskonzept, -e *n.* 1
city/town planning Stadtplanung, -en *f.* 2
nuclear power plant Atomkraftwerk, -e *n.* 8
platform Bahnsteig, -e *m.* 4
play Theaterstück, -e *n.*, Schauspiel -e, *n.*,
  Stück, -e *n.*
playwright Dramatiker, -/
  Dramatikerin, -nen *m./f.* 5
pleasant angenehm *adj.* 4
pledging as collateral Verpfändung,
  -en *f.* 9
plot Handlung, -en *f.* 5
work of poetry Poesie *f.*, Dichtkunst *f.* 5
poison Gift, -e *n.* 8
police officer Polizeibeamte, -n/
  Polizeibeamtin, -nen *m./f.* 2

police station Polizeirevier, -e *n.* **2,**
Polizeiwache, -n *f.,* Wache, -n *f.* **4**
secret police in the Third Reich Gestapo
(Geheime Staatspolizei) *f.* **10**
environmental policy Umweltpolitik *f.*
political politisch *adv.* **10**
politician Politiker, -/Politikerin, -nen
m./f. **10**
politics Politik, - *f.* **8**
opinion poll Meinungsumfrage *f.* **3**
pollution (Umwelt)verschmutzung, -en *f.* **8**
population Bevölkerung, -en *f.* **10**
pork chop Schweinekotelett, -s *n.* **6**
portrait Porträt, -s *n.* **5**
position Stelle, -n *f.,* Stellungnahme, -n
f., Amt, ⁻er *n.* **9**
poster Schautafel, -n *f.* **10**
mashed potatoes Kartoffelbrei, -e/-s *m.* **6**
potato pancake Kartoffelpuffer, - *m.* **6**
to pour gießen *v.* **6**; aufgießen *v.* **7**;
einschenken *v.* **7**
powerful mächtig *adj.* **8**; kräftig *adj.,*
stark *adj.* **10**
to practice a profession einen Beruf
ausüben *v.* **9**
to praise preisen *v.* **2**; loben *v.*
prayer Gebet, -e *n.* **10**
preferential treatment Vergünstigung, -en *f.* **2**
pregnant schwanger *adj.* **6**
to prepare zubereiten *v.* **6**
prepared bereit *adj.*
pre-recorded aufgezeichnet *adj.* **3**
to prescribe verschreiben *v.* **9**
president Präsident, -en/Präsidentin, -nen
m./f. **10**
federal president Bundespräsident, -en/
Bundespräsidentin, -nen *m./f.* **10**
freedom of the press Pressefreiheit *f.* **3**
press release Pressemitteilung, -en *f.* **3**
price negotiation
Kalkulationsverhandlung, -en *f.* **3**
prick Stich, -e *m.* **1**
to print drucken *v.* **3**
prison Gefängnis, -se *n.* **8**
prison camp Gefangenenlager, - *n.* **1**
prison sentence Freiheitsstrafe, -n *f.* **2**
prisoner Gefangene, -n *m./f.* **1**
privacy Privatsphäre, -n *f.* **2**
private privat *adj.* **2**
process Verfahren, - *n.* **9**
professional experience Berufserfahrung,
-en *f.* **9**
profitable rentabel *adj.* **1**
program
news program Nachrichtensendung, -en
f. **3**
TV program Sendung, -en *f.* **3**
progress Fortschritt, -e *m.* **7**
to promise something etwas versprechen *v.* **3**
to promote fördern *v.* **8**
promotion Beförderung, -en *f.* **9**;
Förderung, -en *f.*

prose Prosa *f.* **5**
prosperity Wohlstand *m.* **7**
to protect schützen *v.* **8**
protection Schutz *m.*
protection against threats
Gefahrenabwehr *f.* **8**
to protest (against) protestieren
(gegen) *v.* **10**
proud stolz *adj.* **1**
to prove beweisen *v.* **7**
to provide information (die) Auskunft
geben *v.* **7**
pub Kneipe, -n *f.* **6**
public transportation öffentliche
Personennahverkehr (ÖPNV) *m.,*
öffentlichen Verkehrsmittel *f.* **2**
public safety öffentliche Sicherheit *f.* **8**
to publish herausgeben *v.* **3**
to be published erscheinen *v.* **3**
publisher Verleger, -/Verlegerin, -nen *m./f.* **3**
publishing house Verlagshaus, ⁻er *n.* **3**
red berry pudding rote Grütze, -n *f.* **6**
punishable strafbar *adj.* **2**
to put (the car) into gear den Gang
einlegen *v.* **7**
to put one's face on sich schminken *v.* **6**
to put on make-up sich schminken *v.* **6**

Q

qualification(s) Qualifikation, -en *f.* **9**
quality control Qualitätskontrolle, -n *f.* **1**
queen Königin, -nen *f.* **10**
questioning Verhör, -e *n.* **8**
quiet ruhig *adj.* **1**; still *adv.* **8**
to quit kündigen *v.* **9**
to quote zitieren *v.* **5**

R

racism Rassismus *m.* **10**
radio Radio, -s *n.,* Rundfunk *m.* **3**
to listen to the radio Radio hören *v.* **3**
radio station Radiosendern, - *m.* **3**
raising (of animals) Aufzucht, -en *f.* **8**
low mountain range Mittelgebirge, - *n.* **8**
to rank among zählen zu *v.* **4**
rare blutig, englisch *adj.* **6**
medium-rare medium halbgar *adj.* **6**
rascal Bengel, - *m.* **10**
rate Satz, ⁻e *m.* **9**
birth rate Geburtenrate, -n *f.* **10**
interest rate Zinssatz, ⁻e *m.* **9**
ravenous appetite Bärenhunger *m.* **6**
ready bereit *adj.*
real estate market Immobilienmarkt, ⁻e
m. **9**
realistic realistisch *adj.* **5**
reason Grund, -⁻e *m.*
recession Rezession, -en *f.* **9**;
Konjunkturrückgang, ⁻e *m.*
to recommend empfehlen *v.* **6**

record Schallplatte, -n *f.* **3**
to record (audio) aufnehmen *v.*;
(video) aufzeichnen *v.* **3**
recorded aufgezeichnet *adj.* **3**
recovery plan Sanierungskonzept, -e *n.* **1**
recuperation Erholung *f.* **4**
recyclable wiederverwertbar *adj.* **8**
to recycle recyclen *v.* **8**
red berry pudding rote Grütze, -n *f.* **6**
to refresh oneself sich laben an (+ Dat.)
v. **6**
to register one's change of address sich
ummelden *v.* **4**
registration of address office
Einwohnermeldeamt, ⁻er *n.* **4**
to regret bedauern *v.* **10**
regulated geregelt *adj.* **9**
rehearsal Probe, -n *f.* **5**
rehearsal room Einspielraum, ⁻e *m.* **9**
to reject ablehnen *v.*
to be in a relationship eine Beziehung
führen/haben *v.* **1**
employment relationship
Beschäftigungsverhältnis, -e *n.* **1**
relatives Verwandtschaft *f.*
press release Pressemitteilung, -en *f.* **3**
to rely on sich verlassen (auf + Akk.) *v.* **1**
remarkable bemerkenswert *adj.* **7**
to remember (someone) (sich) erinnern
(an + Akk.) *v.*
remorse Schuldgefühl, -e *n.*
remote abgelegen *adj.*
to rent (house, car) mieten *v.* **4**
rental Vermietung *f.* **4**
car rental Autovermietung *f.* **4**
to repay vergelten *v.* **10**
replacement Ersatz, -e *m.* **1**
to report berichten *v.* **3**
reporter Reporter, -/Reporterin, -nen
m./f. **3**
representative
representative (of the Bundestag)
(Bundestags)abgeordnete, -n *m./f.* **10**
republic Republik, -en *f.* **10**
federal republic Bundesrepublik, -en
f. **10**
Republican Republikaner, -/
Republikanerin, -nen *m./f.* **10**
republican republikanisch *adj.* **10**
reputable renommiert *adj.* **3**
reputation Ansehen *n.* **7**
rescue Rettung, -en *f.* **10**
to rescue retten *v.* **8**
research Forschung, -en *f.* **7**
researcher Forscher, -/Forscherin, -nen
m./f. **7**
reservation Reservierung, -en *f.* **6**
to reserve bestellen *v.* **6**
reserved zurückhaltend *adj.*
respect Verehrung, -en *f.*
seaside resort Seebad, ⁻er *n.* **4**
ski resort Skiurlaubsort, -e *m.* **4**

vacation resort Ferienort, -e *m.* **4**
natural resources Bodenschätze *pl.* **8**
résumé Lebenslauf, ⸚e *m.* **9**
to retire in Rente gehen *v.* **9**
reunification Wiedervereinigung, -en *f.* **2**
to reveal something etwas verraten *v.* **10**
reverent ehrfürchtig *adj.*
rhino(ceros) Nashorn, ⸚er *n.* **10**
rhyme Reim, -e *m.* **5**
right Anspruch, ⸚e *m.* **8**
human rights Menschenrechte *pl.* **8**
to rise sich anheben *v.* **1**
rival (in love) Nebenbuhler, -/
Nebenbuhlerin, -nen *m./f.*
roast Braten, - *m.* **6**
roast chicken Brathähnchen, - *n.* **6**
to roast braten *v.* **6**
roasted gebraten *adj.* **6**
robotics Robotertechnik, -en *f.* **7**
rod Rute, -n *f.* **6**
role Rolle, -n *f.* **1**
role in the family Familienrolle, -n *f.*
role model Vorbild, -er *n.* **5**
roller coaster Achterbahn, -en *f.* **6**
Romania Rumänien *n.* **1**
roommate Mitbewohner, -/
Mitbewohnerin, -nen *m./f.* **2**;
Zimmergenosse, -n/Zimmergenossin,
-nen *m./f.* **2**
rotary Kreisverkehr, -e *m.*
roundabout Kreisverkehr, -e *m.*
rule Regel, -n *f.*
to run the gauntlet Spießruten laufen *v.* **9**
RV Wohnmobil, -e *n.* **4**

S

safe sicher *adj.* **2**
safety Sicherheit, -en *f.* **8**
public safety öffentliche Sicherheit *f.* **8**
to sail segeln *v.* **4**
sailboat Segelboot, -e *n.* **4**
salmon appetizer Lachshäppchen, - *n.* **6**
salty salzig *adj.* **6**
Santa Claus Weihnachtsmann, ⸚er *m.* **6**
satirical satirisch *adj.* **5**
sausage stand Wurstbude, -n *f.* **6**
to save retten *v.* **8**; sparen *v.* **9**
to save space Platz sparen *v.* **1**
savings Ersparnis, -se *f.* **9**
saying Spruch, ⸚e *m.* **7**
scandal Skandal, -e *m.* **10**
scenery Landschaft, -en *f.* **8**
computer science
Computerwissenschaft, -en *f.* **7**
computer scientist Informatiker, -/
Informatikerin, -nen *m./f.* **7**
screen Bildschirm, -e *m.* **3**
movie screen Leinwand, ⸚e *f.* **3**
script Drehbuch, ⸚er *n.* **3**
to sculpt bildhauern *v.* **5**

sculptor Bildhauer, -/Bildhauerin, -nen
m./f. **5**
sculpture Skulptur, -en *f.* **5**
scythe Sense, -n *f.* **1**
seaside resort Seebad, ⸚er *n.* **4**
seat Platz, ⸚e *m.* **4**
aisle seat Gangplatz, ⸚e *m.* **4**
window seat Fensterplatz, ⸚e *m.* **4**
secret Geheimnis, -se *n.*
secret police (former GDR)
Stasi (Staatssicherheit) *f.* **2**
secretary Sekretär, -/Sekretärin, -nen
m./f. **9**
secretly heimlich *adj.* **3**
secret police in the Third Reich Gestapo
(Geheime Staatspolizei) *f.* **10**
section Teil, -e *m.* **3**
to secure something etwas befestigen *v.*
security Sicherheit, -en *f.* **8**
security check Sicherheitskontrolle, -n
f. **4**
security guard Sicherheitsbedienstete, -n *m.*
video security system
Videoüberwachungssystem *n.*
self-centered person Ichling, -e *m.*
self-pity Selbstmitleid *n.* **10**
self-portrait Selbstporträt, -s *n.* **5**
sense of belonging Zugehörigkeit, -en *f.*
sense of guilt Schuldgefühl, - *n.* **3**
sensitive empfindlich *adj.* **1**
TV series Fernsehserie, -n *f.* **3**
service center Dienstleistungszentrum,
-zentren *n.* **4**
to settle (sich) ansiedeln, siedeln *v.* **1**; **10**
settlement Siedlung, -en *f.*
to shadow someone beschatten *v.* **8**
to share (something) (etwas) teilen *v.* **1**
to shatter zerschlagen *v.* **3**
sheep Schaf, -e *n.*
sheet music Noten (*pl.*) **10**
shelter Obdach *n.* **4**
shopping mall Einkaufszentrum,
-zentren *n.*
shortcomings Mängel (*pl.*) *m.* **1**
short-term kurzfristig *adj.* **9**
to show zeigen *v.* **5**
show-off Angeber, -/Angeberin, -nen
m./f. **2**
Shrove Tuesday (Mardi Gras) Fastnacht *f.*,
Fastnachtsdienstag *m.* **6**
shy schüchtern *adj.* **1**
sidewalk Bürgersteig, -e *m.* **2**
sign Verkehrsschild, -er *n.*,
Verkehrszeichen, - *n.* **2**
to sign unterzeichnen *v.* **9**
signal Signal, -e *n.* **7**
analog signal Analogsignal, -e *n.* **7**
digital signal Digitalsignal, -e *n.* **7**
significant bedeutend *adj.* **7**
silence Stille *f.*
silent stumm *adj.*
simple(-minded) einfältig *adj.* **3**

single (unmarried) ledig *adj.* **1**
sip Schluck, -e *n.* **6**
to sketch skizzieren *v.* **5**
cross-country (skiing) (Ski)langlauf *m.* **4**
ski equipment Skiausrüstung, -en *f.* **4**
ski lift Skilift, -e *m.* **4**
ski pass Skipass, ⸚e *m.* **4**
ski slope Skihang, ⸚e *m.* **4**
ski resort Skiurlaubsort, -e *m.* **4**
skyscraper Wolkenkratzer, - *m.* **2**
to slack off trödeln *v.* **7**
slavery Sklaverei *f.* **10**
sleeping bag Schlafsack, ⸚e *m.* **4**
to slide away wegrutschen *v.* **1**
slogan Schlagwort, ⸚er *n.* **8**
slow train Bummelzug, ⸚e *m.*
smartphone Smartphone, -s *n.* **7**
snack Imbiss, -e *m.* **2**
snack bar Imbissstube, -n *f.*,
Schnellimbiss, -e *m.* **6**
to have a snack eine Kleinigkeit
essen *v.* **6**
sneak attack Überraschungsangriff, -e *m.* **8**
to snorkel schnorcheln *v.* **4**
snorkel Schnorchel, - *m.*
soap opera Seifenoper, -n *f.* **3**
to sob schluchzen *v.* **1**
Social-Democrat Sozialdemokrat, -en/
Sozialdemokratin, -nen *m./f.* **10**
to solve lösen *v.*
songwriter Liedermacher, -/
Liedermacherin, -nen *m./f.* **5**
soul Seele, -n *f.* **1**
soulmate Seelenverwandte, -n *m./f.* **1**
source Quelle, -n *f.* **3**
to save space Platz sparen *v.* **1**
spade Spaten, - *m.* **6**
spaetzle Spätzle *f.* **6**
spam e-mail unerwünschte E-Mail *f.* **7**
spare verschonen *v.* **10**
to spare someone something j m etwas
ersparen *v.* **2**
special effects Special Effects *f.* **3**
species-appropriate artgerecht *adj.* **5**
correct spelling Rechtschreibung, -en *f.* **3**
spicy pikant *adj.* **6**
sponsorship Förderung, -en *f.*
to spy on someone j-n beobachten *v.* **8**
to squirt spritzen *v.*
to squirt out hervorspritzen *v.*
stage Bühne, -n *f.* **5**
stage fright Lampenfieber *n.* **5**
stairs Treppe *f.* **7**
to stand around rumstehen *v.* **3**
to stand in line (in der) Schlange
stehen *v.* **4**
standard of living Lebensstandard, -e *m.* **10**
stanza Strophe, -n *f.* **5**
five-star Fünf-Sterne *adj.* **4**
to start one's own business sich
selbstständig machen *v.* **9**

surveillance state Überwachungsstaat, -en f. 8
station
 fire station Feuerwache, -n f. 2
 police station Polizeirevier, -e n. 2, Polizeiwache, -n f., Wache, -n f. 4
 radio station Radiosender, - m. 3
 subway station U-Bahnhof, ⁻e m., U-Bahn-Station, -en f. 2
to stay informed (about) sich informieren (über + Akk.) v. 3
steamed gedünstet adj. 6
stem cell Stammzelle, -n f. 7
stew Eintopf, ⁻e m. 6
 beef stew Gulasch, -e m./n. 6
still life Stillleben, - n. 5
sting Stich, -e m. 1
to stir sich regen v. 4
stock exchange Börse, -n f. 9
to stop (an)halten, stoppen v. 2; aufhören v. 3
stop Haltestelle, -n f.
 bus stop Bushaltestelle, -n f.
stork Storch, ⁻e m. 8
news story Neuigkeit, -en f. 3
stranger Fremde, -n m., f. 2
stressed gestresst adj. 3
stressful stressig adj. 4
strike Streik, -s m. 9
to stroll bummeln, schlendern v. 4
to struggle kämpfen v. 10
studio Atelier, -s n.
style Stil, -e m. 5
to subdivide unterteilen v. 10
subjective subjektiv adj.
to subscribe abonnieren v. 10
to subsidize subventionieren v. 10
subtitle Untertitel, - m. 3
suburb Vorort, -e m. 2
subway station U-Bahnhof, ⁻e m., U-Bahn-Station, -en f. 2
to succeed klappen v. 7
successful erfolgreich adj. 9
to sunbathe sonnenbaden v. 4
sunblock Sonnen(schutz)creme, -s f. 4
sunburn Sonnenbrand, ⁻e m. 4
to surf surfen v. 4
surface Oberfläche, -n f. 5
surfboard Surfbrett, -er n. 4
surprised erstaunt adj.
to surrender kapitulieren v. 10
surveillance state Überwachungsstaat, -en f. 8
survey Umfrage f., Meinungsumfrage f. 3
suspicion (of wrongdoing) Tatverdacht m. 8
sustainability Nachhaltigkeit f. 8
sustainable nachhaltig adj. 8
Swabian noodles Spätzle f. 6
to swap tauschen v. 3
breaking into a sweat Schweißausbruch, ⁻e m. 3
as swift as an arrow pfeilschnell adj.

system
 system of government Regierungssystem, -e n. 10
 video security system Videoüberwachungssystem, -e n.

T

tablet (computer) Tablet, -s n. 7
to take
 to take advantage of ausnutzen v. 9
 to take out a mortgage eine Hypothek aufnehmen v. 9
 to take place spielen v. 5
 to take to court verklagen v. 7
tasty schmackhaft adj. 6
tax Steuer, -n f. 9
technical language Fachsprache, -n f.
to tear apart zerreißen v. 1
technology Technik, -en f. 7
telecommunication Telekommunikation, -en f. 7
fortune-teller Wahrsager, -/ Wahrsagerin, -nen m./f. 9
temporary vorläufig adj. 4
tenant Mieter, -/Mieterin, -nen m./f. 2
tender zart adj. 6
tent Zelt, -e n. 4
long-term langfristig adj. 9
short-term kurzfristig adj. 9
arrival(s) terminal Ankunftshalle, -n f. 4
to terminate j-m kündigen v. 1
termination Kündigung, -en f. 9
terminology Fachsprache, -n f.
terrible schrecklich adj. 6
terrorism Terrorismus, - m. 8
terrorist Terrorist, -en/Terroristin, -nen m./f. 8
 terrorist organization terroristische Vereinigung, -en f. 8
to thank (someone) sich (bei j-m) bedanken v. 6
theme Motto, -s n. 6
thorough gründlich adj. 1
thread Zirn, -e m. 1
threat Bedrohung, -en f.;Drohung, -en f. 8
 protection against threats Gefahrenabwehr f. 8
to thwart durchkreuzen v. 9
ticket conductor Schaffner, -/ Schaffnerin, -nen m./f. 4
tidy ordentlich adj. 4
time Zeit, -en f. 10
 of that time damalig adj. 10
 on time rechtzeitig adj. 3
 hourly timesheet Stundennachweis, -e m. 1
to tinker basteln v. 7
to tolerate etwas vertragen v. 5
to torture quälen v.
touch Berührung, -en f. 5
to be touched gerührt sein v.

tournament Turnier, -e n. 5
towel Badetuch, ⁻er n. 4
 beach towel Strandtuch, ⁻er n. 4
town center Stadtzentrum, -zentren n.
town hall Rathaus, ⁻er n. 2
town planning Stadtplanung, -en f. 2
toyland Spielzeugland n. 10
trade Gewerbe, - n. 9
traditional traditionell adj. 6
traffic Verkehr m.
 traffic circle Kreisverkehr, -e m. 2
 traffic jam (Verkehrs)stau, -s m. 2
 traffic light Ampel, -n f. 2
 traffic sign Verkehrsschild, -er n., Verkehrszeichen, - n. 2
tragedy Trauerspiel, -e n.
tragic tragisch adj. 5
hiking trail Wanderweg, -e m. 4
nature trail Naturlehrpfad, -e m. 8
slow train Bummelzug, ⁻e m.
trainee Praktikant, -en/Praktikantin, -nen m./f. 9
training Ausbildung, -en f. 9; Schulung, -en f. 5
to transport befördern v. 7
public transportation öffentliche Personennahverkehr (ÖPNV) m., öffentlichen Verkehrsmittel f. 2
traitor Verräter, -/Verräterin, -nen m./f. 2
traitorous information transmission landesverräterische Nachrichtenübermittlung f. 2
to tremble zittern v. 7
to trust vertrauen (+ Dat.) v. 1
trusting vertrauensvoll adj.
to turn (around) wenden v. 2
 to turn out to be sich entpuppen v. 2, sich gestalten v. 7
cable TV Kabelfernsehen n. 3
TV advertisement Fernsehwerbung, -en f.
TV program Sendung, -en f. 3
TV screen Bildschirm, -e m. 3
TV series Fernsehserie, -n f. 3

U

(beach) umbrella (Strand)sonnenschirm, -e m. 4
unable unvermögend adj.
unanimous einstimmig adj. 1
unbiased objektiv adj. 3
underdevelopment Unterentwicklung, -en f. 10
understanding verständnisvoll adj. 1
unequal ungleich adj. 8
unethical unmoralisch adj. 7
unexpected unerwartet adj. 2
unfair ungerecht adj. 8
unfaithful untreu adj. 1
unforgettable unvergesslich adj. 1
unification Vereinigung, -en f. 2
labor union Gewerkschaft, -en f. 9

unjust ungerecht *adj.* 8
unmoving unverrückt *adj.* 4
to update aktualisieren *v.* 7
uprising Aufruhr, -e *m.* 10
upset bestürzt *adj.* 1
to be up-to-date auf dem neuesten Stand sein *v.* 3
urge Drang *f.*
to use the bathroom austreten *v.* 9

V

vacancy Zimmer frei *exp.* 4
 no vacancy belegt *adj.* 4
vacation resort Ferienort, -e *m.* 4
to vaccinate impfen *v.* 7
vaccine Impfstoff, -e *m.* 7
vain eitel *adj.*
varied abwechslungsreich *adj.* 4
variety Vielfalt *f.* 2
vegan Veganer, -/Veganerin, -nen *m./f.* 6
vegetarian Vegetarier, -/Vegetarierin, -nen *m./f.* 6
vegetarian vegetarisch *adj.* 6
vehicle Gefährt, -e *n.* 7
to verbally fight sich streiten *v.*
verse Strophe, -n *f.* 5
victim Opfer, - *n.*
victorious siegreich *adj.* 10
victory Sieg, -e *m.* 10
 election victory Wahlsieg, -e *m.* 10
video security system Videoüberwachungssystem, -e *n.*
(television) viewer Zuschauer, -/Zuschauerin, -nen *m./f.* 3

vinyl record Schallplatte, -n *f.* 3
violence Gewalt *f.* 8
violent gewalttätig *adj.* 10
violin Geige, -n *f.* 9
to vote abstimmen (über), stimmen, wählen *v.* 10

W

wage Lohn, ̈-e *m.* 9
 low wage Niedriglohn, ̈-e *m.* 9
 minimum wage Mindestlohn, ̈-e *m.* 9
to walk leisurely schlendern, bummeln *v.* 1
to walk past vorbeigehen *v.* 2
waltz Walzer, - *m.* 5
war Krieg, -e *m.* 10
 civil war Bürgerkrieg, -e *m.* 10
global warming Klimaerwärmung, -en *f.* 8
waste management Müllentsorgung *f.*
waste separation Mülltrennung *f.*
watercolor painting Aquarell, -e *n.* 5
way Weg, -e *m.* 4
weapon Waffe, -n *f.* 10
wedding Hochzeit, -en *f.* 1
weekly magazine Wochenzeitschrift, -en *f.* 3
weekly newspaper Wochenzeitung, -en *f.* 3
well-done durchgebraten *adj.*, gut durch *exp.* 6
well-seasoned würzig *adj.* 6
whipped cream Schlagsahne *f.* 6
widow Witwe, -n *f.* 1
widowed verwitwet *adj.* 1
widower Witwer, - *m.* 1

to wilt welken *v.* 7
window seat Fensterplatz, ̈-e *m.* 4
award-winning preisgekrönt *adj.* 5
wireless kabellos *adj.* 7
withdrawn introvertiert *adj.* 5
witness Zeuge, -n/Zeugin, -nen *m./f.* 8
work hours Arbeitszeit, -en *f.* 9
work of literature Dichtung, -en *f.* 5
opportunity to work Arbeitsmöglichkeit, -en *f.*
to work (out) klappen *v.* 7
to work overtime Überstunden *(pl.; f.)* (machen)
work of poetry Dichtung, -en *f.* 5
overworked überarbeitet *adj.* 3
flexible working hours Gleitzeit *f.* 4
world cultural heritage Weltkulturerbe *n.* 5
worried besorgt *adj.* 1
worth Wert, -e *m.* 1
to be worth it sich lohnen *v.* 4
writer Schriftsteller, -/Schriftstellerin, -nen *m./f.* 5
written notice Kündigung, -en *f.* 1
wrong unrecht *adj.* 7

Y

Yellow Star Judenstern, -e *m.* 10
youth crime Jugendkriminalität *f.*

Z

zoologist Zoologe, -n/Zoologin, -nen *m./f.* 7

Index

Credits

Short Film Credits

page 8-9 Courtesy of KurzFilmAgentur Hamburg.

page 46-47 Courtesy of Premium Films.

page 84-85 Courtesy of Premium Films.

page 124-125 Courtesy of KurzFilmAgentur Hamburg.

page 162-163 Courtesy of KurzFilmAgentur Hamburg.

page 202-203 Courtesy of KurzFilmAgentur Hamburg.

page 244-245 Gregor's größte Erfindung Buch und Egie: Johannes Kiefer Gregor's Greatest Invention Written and Directed by Johannes Kiefer

page 282-283 Courtesy of The Match Factory GmbH.

page 320-321 Blind Audition by Andreas Kessler © Filmakademie baden-wurttemberg

page 360-361 By permission of Georg Gruber.

Literature Credits

page 34-35 Herta Müller, Atemshaukel © Carl Hanser Verlag München 2009.

page 72-73 Wladimir Kaminer, Russendisko © 2000 Manhattan, München, in der Verlagsgruppe Random House GmbH

page 110-113 Jana Hensel, "Zonenkinder", Copyright © 2002 Rowohlt Verlag GmbH, Reinbek bei Hamburg.

page 188-191 Märchen vom Korbstuhl", in: Hermann Hesse, Sämtliche Werke in 20 Bänden. Herausgegeben von Volker Michels. Band 9: Märchen und Legenden. pp. 157-160. © Suhrkamp Verlag Frankfurt am Main 2002. All rights reserved by and controlled through Suhrkamp Verlag Berlin.

page 228-233 © Berlin 2008, Berlin Verlag in der Piper Verlag GmbH

page 270-271 "Eine größere Anschaffung", in: Wolfgang Hildesheimer, Lieblose Legenden. © Suhrkamp Verlag Frankfurt am Main 1962. All rights reserved by and controlled through Suhrkamp Verlag Berlin.

page 346-349 By permission of Felix Wonhas.

page 386-389 "An die Nachgeborenen", aus: Bertolt Brecht, Werke. Grosse kommentierte Berliner und Frankfurter Ausgabe, Band 12: Gedichte 2. © Bertolt-Brech-Erben / Suhrkamp Verlag 1988.

Photography Credits

All images © Vista Higher Learning unless otherwise noted.

Cover: Westend61/Getty Images.

IAE FM: Rido/123RF.

Lesson 1: 2: Westend61/Getty Images; **3:** Jeff Greenberg/Getty Images; **4:** (t) Jack Hollingsworth/Brand X/Corbis; (ml) My Good Images/Shutterstock; (mr) Godfer/Fotolia; (b) Pixland Image/Jupiterimages; **12:** Steve Stearns; **13:** (t) Carsten Rehder/EPA/Newscom; (m) David R. Frazier Photolibrary/Alamy; (b) Msheldrake/Shutterstock; **14:** (t) Annie Pickert Fuller; (bl) Annie Pickert Fuller; (br) Courtesy of de Grummond Children's Literature Collection at the University of Southern Mississippi; **15:** (t) Rex/Shutterstock; (bl) Jens Wolf/dpa/Picture-Alliance/Newscom; (br) Chris Wilson/Alamy; **19:** Blend Images/Alamy; **23:** (all) Anne Loubet; **26:** Martín Bernetti; 27: Gillian Laub/Getty Images; **30:** Jeff Greenberg/Getty Images; **31:** Courtesy of New Braunfels Herald-Zeitung; **32:** Joe Seer/Shutterstock; **33:** Massimo Landucci/MaXx Images; **34:** Eugene Ivanov/Shutterstock.

Lesson 2 40: Giorgio Magini/Getty Images; **41:** Caro/Alamy; **42:** (t) Ana Cabezas Martín; (m) Gudrun Hommel; (b) EGDigital/iStockphoto; **50:** Maree Stachel-Williamson/Shutterstock; **51:** (t) Sashagala/Shutterstock; (bl) Vorm in Beeld/Shutterstock; (bm) Kai Hecker/Shutterstock; (br) Camerique/ClassicStock/Getty Images; **52:** (tl) Bryan Bedder/Stringer/Getty Images; (tr) Clemens Behr; (bl) Peter Steffen/dpa/picture-alliance/Newscom; (br) Philip Lewis/Bloomberg/Getty Images; **53:** (tl) LianeM/Alamy; (tr) Isokon Occasional Table, 1936 (wood, plywood, birch & rexine), Gropius, Walter (1883-1969) / University of East Anglia, Norfolk, UK / UEA Collection of Abstract and Constructivist Art /

Bridgeman Images; (m) Daniel Feistenauer; (b) Simon Schwartz & avant-verlag, 2009; **57:** Richard Metzger; **66:** Nicole Winchell; **68:** Caro/Alamy; **69:** Anne-Marie Palmer/Alamy; **71:** Frank May/Picture-Alliance/EPA/AP Images; **72:** Diana Goetting; **75:** Gudrun Hommel.

Lesson 3 78: FStop Photography/Veer; **79:** Manfred Hartmann; **80:** (t) Rafael Rios; (b) Kristy-Anne Glubish/Design Pics/Corbis; **88:** Nagelestock.com/Alamy; **89:** (t) Foto 28/Alamy; (m) Carsten Medom Madsen/Shutterstock; (b) Dpics/ Alamy; **90:** (t) Victor Virgile/Getty Images; (bl) Album/Newscom; (br) Photo 12/Alamy; **91:** (tl) Annie Pickert Fuller; (tr) Eric Schaal/The LIFE Images Collection/Getty Images; (b) Waltraud Grubitzsch/DPA-Zentralbild/Picture Alliance; **103:** Picture-Alliance/Newscom; **106:** Manfred Hartmann; **107:** Michael Probst/AP Images; **109:** Dominik Butzmann/ LAIF/Redux; **110-111:** Stephen Carroll Photography/Getty Images.

Lesson 4 118: Uwe Umstatter/Westend61/Offset; **119:** Blickwinkel/Alamy; **120:** (tl) Pascal Pernix; (tm) Imag'In Pyrénées/ Fotolia; (tr) Alexander Chaikin/Shutterstock; (bl) Jasther/Shutterstock; (br) Avner Richard/Shutterstock; **128:** (t) Arco Images GmbH/Alamy; (b) Federico Gambarini/Epa/REX/Shutterstock; **129:** (t) Frank Augstein/AP Images; (m) Imagebroker/Alamy; (b) Arco Images GmbH/Alamy; **130:** (t) The Solomon R. Guggenheim Foundation / Art Resource, NY; (bl) NAVYA/Cover Images/Newscom; (br) Frank Mächler/DPA - Fotoreport/Picture-Alliance; **131:** (tl) Warner Bros/Album/Newscom; (tr) DAS BOOT, (aka THE BOAT), German poster art, 1981, Columbia Pictures/courtesy Everett Collection; (b) Frank Hoensch/Redferns/Getty Images; **135:** Sindlera/Shutterstock; **138:** Claudio Divizia/Shutterstock; **139:** (tl) Iurii Buriak/Shutterstock; (tr) Walter Quirtmair/Shutterstock; (ml) Bryan Busovicki/Shutterstock; (mr) IDP Manchester Airport Collection/Alamy; (bl) Nicole Winchell; (br) Christopher Penler/Shutterstock; **142:** David Harding/ Shutterstock; **143:** (tl) Ali Burafi; (tr) Ana Cabezas Martín; (bl) Martín Bernetti; (br) Michael715/Shutterstock; **144:** (l) Gudrun Hommel; (r) Manfred Steinbach/123RF; **145:** Ullstein Bild. Dtl./Getty Images; **146:** Blickwinkel/ Alamy; **147:** Frédéric Vielcanet/Alamy; **149:** Chronicle/Alamy; **150-151:** Sandsun/Getty Images.

Lesson 5 156: Iain Masterton/Getty Images; **157:** Music-Images/Alamy; **158:** (t) Kuzma/Big Stock Photo; (b) Andrew Paradise; **166:** Maria Veras/Shutterstock; **167:** (t) Karel Gallas/Shutterstock; (m) SIME/eStock Photo; (b) Gldburger/ iStockphoto; **168:** (tl) Imagno/Getty Images; (tr) Ullstein Bild Dtl./Getty Images; (bl) Michelle Quance/Variety/REX/ Shutterstock; (br) Anastad/Deposit Photos; **169:** (t) Christie's Images Ltd./SuperStock; (b) Christine Nöstlinger, "Maikäfer, flieg!" 1973, 1996 Beltz & Gelberg in the publishing group Beltz , Weinheim Basel; **176:** Tetra Images/ Corbis; **177:** (all) Interfoto/Alamy; **182:** B. O'Kane/Alamy; **184:** DPA Picture Alliance/Alamy; **185:** DPA Picture Alliance/Alamy; **186:** Music-Images/Alamy; **187:** Ullstein Bild Dtl./Getty Images; **188-189:** (foreground) Exopixel/ Shutterstock; (background) Todd Gipstein/Getty Images.

Lesson 6 196: Martin Siepmann/Getty Images; **197:** Jan Greune/Getty Images; **200:** (tl) Lebanmax/Shutterstock; (tm) Gudrun Hommel; (tr) Yuri Arcurs/AGE Fotostock; (b) Jack Puccio/iStockphoto; **206:** Andrew Nguyen/EyeEm/Getty Images; **207:** (t) Maksim Toome/Shutterstock; (m) Allfive/Alamy; (b) Maugli/Shutterstock; **208:** (tl) Basement Stock/ Alamy; (tr) DPA/DPAWeb/Picture-Alliance; (bl) Peter Bischoff/Getty Images; (br) Courtesy of ZS Verlag GmbH, Munich; **209:** (t) Werner Herzog Filmproduktion/Album/Newscom; (m) Kurt Hoerbst & Alexandra Grill; (b) Stefano Mori; **212:** (tl) Martín Bernetti; (tm) Anne Loubet; (tr) Martín Bernetti; (bl) Ali Burafi; (bm) Martín Bernetti; (br) Ana Cabezas Martín; **213:** Ingeborg Knol/AGE Fotostock; **215:** (t) Anne Loubet; (b) Paula Diez; **217:** (tl) Nicole Winchell; (tm) Gudrun Hommel; (tr) Nicole Winchell; (bl) Peter Kirillov/Shutterstock; (bm) Janet Dracksdorf; (br) Jan Kranendonk/Shutterstock; **220:** Gudrun Hommel; **221:** Andrea Leone/Shutterstock; **223:** Stock4B Creative/Getty Images; **224:** Jan Greune/Getty Images; **225:** Mauritius Images GmbH/Alamy; **227:** AKG-Images; **228-229:** John E. Marriott/All Canada Photos/Getty Images; **231:** Ruth Black/Shutterstock; **232:** David M. Schrader/Shutterstock.

Lesson 7 238: Amelie-Benoist/BSIP/Getty Images; **239:** Interfoto/Alamy; **240:** (tl) Comstock/Fotosearch; (tr) Lipsky / Shutterstock; (m) Fstockphoto/Shutterstock; (b) Javier Larrea/AGE Fotostock; **248:** Kuttig-Travel/Alamy; **249:** (t) Werner Otto/Alamy; (m) Interfoto/Alamy; (b) Ralf-Udo Thiele/Fotolia; **250:** (tl) Popperfoto/Getty Images; (tr) Brian Jannsen/Danita Delimont Photography/Newscom; (bl) Robert Winter; (br) Hendrik Beikirch; **251:** (tl) Ullstein Bild/Getty Images; (tr) Thomas Niedermueller/Getty Images; (bl) Ullstein Bild Dtl./Getty Images; (br) Album/Prisma/Newscom; **259:** (all) Martín Bernetti; **264:** Monkey Business Images/Shutterstock; **266:** Interfoto/Alamy; **267:** Mary Evans Picture Library/Alamy; **268:** Vanessa Bertozzi; **269:** Fred Lindinger/Ullstein bild/Getty Images; **270:** Michael715/Shutterstock.

Lesson 8 276: Christian Mang/Alamy; **277:** Kuttig-Travel-2/Alamy; **278:** (t) Mark Karrass/Corbis; (b) Tom Grill/ Corbis; **286:** Science Photo/Shutterstock; **287:** (t) Amazing Images/Alamy; (m) Martin Schutt/EPA/REX/Shutterstock; (b) Picture Alliance/Photoshot; **288:** (tl) Mattjeacock/Getty Images; (tr) Mattjeacock/Getty Images; (m) Andreas Schoelzel; (b) Roland Weihrauch/dpa Report/Picture Alliance; **289:** (tl) Olga Miltsova/Shutterstock; (tr) The History Collection/Alamy; (m) Historica Graphica Collection/Heritage Images/Getty Images; (b) Corbis/Getty Images; **290:** Carolinebee999/iStockphoto; **291:** Kuttig - RF - Travel/Alamy; **297:** (tl) Katie Wade; (tr) EGDigital/iStockphoto; (bl) Martín Bernetti; (br) Jan Martin Will/Shutterstock; **300:** (l) Javier Larrea/AGE Fotostock; (r) Image Source/ Corbis; **301:** (tl) Nicole Winchell; (tr) Palko72/Deposit Photos; (bl) Tom Delano; (br) Nicole Winchell; **302:** Goodshoot/ Alamy; **304:** Kuttig-Travel-2/Alamy; **305:** Imagebroker/Alamy; **307:** David Cole/Alamy; **308:** Dave Wall/Arcangel Images.

Lesson 9 314: DigitalVision/Getty Images; **315:** PjrStudio/Alamy; **316:** (t) Javier Larrea/AGE Fotostock; (bl) Michael DeLeon/iStockphoto; (bm) Nicole Winchell; (br) Yurchyks/Shutterstock; **320:** PrinceOfLove/Shutterstock; **324:** José Fuste Raga/AGE Fotostock; **325:** (t) Darryl Montreuil/Shutterstock; (m) Aflo Co Ltd./Alamy; (b) Lazar Mihai-Bogdan/ Shutterstock; **326:** (tl) Jojoo64/Shutterstock; (tr) iStock/Getty Images; (bl) SZ Photo/Bauer, Jürgen/The Image Works; (br) Frankfurter Verlagsanstalt GmbH, Frankfurt am Main 1997; **327:** (tl) Bettina Strenske/Photoshot/Newscom; (tr) Theatrepix/Alamy; (bl) DPA Picture Alliance/Alamy; (br) Mike Coppola/Getty Images; **328:** Flying Colours/Media Bakery; **335:** Javier Larrea/AGE Fotostock; **339:** Javier Larrea/AGE Fotostock; **340:** (tl) Anne Loubet; (tr) Martín Bernetti; (bl) VII/Fotolia; (br) Photoinjection/Shutterstock; **342:** PjrStudio/Alamy; **343:** Ingo Boddenberg/Getty Images; **345:** Brigitte Friedrich/Interfoto; **346:** Dave Cutler/Illustration Source; **350:** Blinkstock/Alamy; **351:** Moodboard/Fotolia.

Lesson 10 354: Ulrich Baumgarten/Vario Images; **355:** Tom Stoddart/Getty Images; **356:** (t) María Eugenia Corbo; (m) Corel/Corbis; (b) Katie Wade; **360:** (t) Nikita Rogul/Shutterstock; (b) Artography/Shutterstock; **364:** DPA Picture Alliance Archive/Alamy; **365:** (t) Markus Gann/Shutterstock; (m) Julie Woodhouse/Alamy; (b) Brendan Howard/ Shutterstock; **366:** (tl) Marco Prosch/Getty Images; (tr) Marco Prosch Photography; (bl) Goebel/Picture-Alliance/dpa/ Newscom; (br) Walter Trier: Emil und die Detektive von Erich Kästner/Atrium Verlag AG, Zürich 1935; **367:** (t) Silver-plated brass hemispherical teapot with ebony handle and cross-shaped base, ca 1934, designed by Marianne Brandt (1893-1983). 20th century., Brandt, Marianne (1893-1983) / Bauhaus Archive, Berlin, Germany / De Agostini Picture Library / Bridgeman Images; (b) Andreas Gursky/ARS, Courtesy of Sprüth Magers; **370:** Dainis Derics/Shutterstock; **375:** Gudrun Hommel; **378:** Gudrun Hommel; **381:** Caro/Alamy; **382:** Tom Stoddart/Getty Images; **383:** Route66/ Shutterstock; **385:** Mary Evans Picture Library/Alamy; **386-387:** Hulton-Deutsch Collection/Corbis/Getty Images; **388-389:** Sónia Teixeira.

Back Cover: Demaerre/iStockphoto.

About the Authors

Tobias Barske, a native of Bavaria, is a Professor of German and Applied Linguistics at the University of Wisconsin-Stevens Point. He earned a Ph.D. in German Applied Linguistics from the University of Illinois at Urbana-Champaign with emphases on language and social interaction as well as language pedagogy. He has also studied at the Universität Regensburg in Germany. Tobias has over 15 years of experience teaching undergraduate and graduate courses at the university level. Among other accomplishments, he has earned numerous awards for excellence in teaching.

Megan McKinstry is from Seattle and has an M.A. in Germanics from the University of Washington. She is Assistant Teaching Professor of German Studies and the Co-Coordinator for Elementary German at the University of Missouri, where she received the University's "Purple Chalk" teaching award and an award for "Best Online Course," which she co-wrote with Dr. Monika Fischer. Megan has been teaching for over 15 years and is currently trying to learn Spanish. (In other words, she is being reminded of the challenges of starting a new language!)

Karin Schestokat, an award-winning teacher and native of Germany, is a Professor of German at Oklahoma State University. She has over 25 years of teaching experience at various universities and community colleges. Karin earned a Ph.D. from the University of Southern California, her M.A. from the University of New Mexico, and a *Staatsexamen* from the Albert-Ludwigs-University in Freiburg, Germany. She is also a published author on German women writers of the 19th and 20th centuries.

Jane Sokolosky is a Senior Lecturer in German Studies at Brown University, where she is the language program director and supervisor of graduate student teaching assistants. Prior to coming to Brown, she was a Visiting Assistant Professor of German at Middlebury College. She received her Ph.D. from Washington University in St Louis. Jane specializes in the educational uses of technology for language learning. She successfully integrates blogs, wikis, iPods, video, and Internet-based learning into the curriculum.